Rethinking the Weimar Republic
Authority and Authoritarianism 1916–1936

反思魏玛共和国
1916—1936 年的权威和威权主义

〔爱尔兰〕安东尼·麦克利戈特 ———— 著
王顺君 ———— 译

商务印书馆
The Commercial Press

©Anthony McElligott, 2014

This translation is published by arrangement with Bloomsbury Publishing Plc.

永远纪念 W·L 和尼克（1950—2013）

目 录

鸣 谢 …………………………………………………………… 1

第一章 引言：没有权威的共和国？ ………………………… 1
第二章 1916/1919：权威的自相矛盾 ……………………… 11
第三章 权威的复苏：魏玛的外交政策 ……………………… 41
第四章 货币的权威 …………………………………………… 78
第五章 法律的权威：司法系统 ……………………………… 112
第六章 打造文化权威 ………………………………………… 145
第七章 反叛权威：容克县长 ………………………………… 176
第八章 徘徊在民主与独裁间的权威 ………………………… 201
第九章 1933—1936 年权威的释放 ………………………… 231

注 释 …………………………………………………………… 246
译后记 …………………………………………………………… 428

鸣　谢

本书起源于克里斯托弗·惠勒（Christopher Wheeler）的一个建议，他问我是否能给伊恩·克肖（Ian Kershaw）的《纳粹独裁》（Nazi Dictatorship）撰写一部前篇。这件事距今已有近20年了，一方面，写书本身花费了不可计数的时间；另一方面，本书也和开始的初衷大不相同。写作过程中也有不少编辑人事上的变动——他们每个人都对我这个出了名的慢性子作者非常宽容。因此，布卢姆茨伯里学院出版社现在的两位编辑艾米莉·德鲁（Emily Drew）及弗朗西斯·阿诺尔德（Frances Arnold）耐心地催促我交稿，这确实是巨大的贡献。我仅希望此书能对他们的耐心有足够的报答。本书也与初始的主题有着巨大区别。本来的初衷是简单的历史资料汇编，引导学生以不同的方式和角度了解魏玛共和国；现在我加上了本人对"一战"和第三帝国早期的研究，因此也就不再按照时间顺序。有些章节使用的资料不太有名甚至无人知晓，不过我依然希望即使是我使用了较多印刷资料及二次文献的章节，也能有自己的独特性。我也特别感谢柏林-利希特费尔德的国家档案馆、柏林-达林普鲁士机密文化档案馆、慕尼黑国家档案馆、不来梅国家档案馆、汉堡国家档案馆、石勒苏益格州档案馆、柏林州档案馆的工作人员，还要感谢柏林国家图书馆、洪堡大学图书馆以及伦敦经济学院图书馆的积极配合。不同的章节我还在不同场合请教过不少读者，这里我想特别感谢斯旺西的吉尔·路易斯（Jiu Lewis）、曼彻斯特大学的迈肯·乌姆巴赫（Maiken Umbach）及杰埃夫·勒拉姆（Jeif Lerram），都柏林三一学院的约翰·霍恩（John Horne）、安妮·多兰（Anne Dolan）及阿兰·克拉默（Alan Kramer），梅努斯的文森特·科默福德（Vincent Comerford），还有都柏林大学人文学院的马克·卡珀尔（Marc Caball）；在有他们参加的热闹的研讨会上，他们允许我在他们身上验证我书中的一些想法。此外还有两位不愿透露姓名的评论者，给我提出了有益且令人鼓舞的意见；还有三位友人阅读了此书的全部或部分章节，我也在此表示感谢：莫里茨·弗尔默（Moritz Föllmer）、蒂姆·寇克（Tim Kirk）及阿兰·克拉默。多年以来，我与他们谈话及合作，还有伊丽莎白·哈维（Elizabeth Harvey）、巴里·道尔（Barry Doyle）、纳丁·罗索尔（Nadine Rossol）、阿德尔海德·冯·萨尔登（Adelheid von Saldern）、简·卡普兰（Jane Caplan）、约翰·奥布瑞南（John O'Brennan）、克劳斯·魏豪恩（Klaus Weinhauer）以及坎宁·卡特勒恩（Kathleen Canning），他们都促进我的思考；郭秀玲（Hsiu-ling Kuo）与我也一直就魏玛共和国、现代性甚至是人生进行探讨。若说魏玛共和国以任何方式处在第三帝国的阴影下，我要感谢伊恩·克肖和理查德·埃文斯（Richard Evans）的研究给我的启发。当然，这里提及的所有人，都不需要为我对魏玛共和国理解中出现的可能谬误或愚见而负责。

著书立言者都知道，写作本身偶尔会带来沮丧。这个时候，我所深爱的人们和朋友们会帮我回到正途。我有趣又可爱的孩子们——安娜（Anna）、索菲（Sophie）和马克斯（Max）以及他们的生活伴侣加文（Gavin）、塞尔吉奥（Sergio）及玛丽（Marie）；还有我们中间最开心的：阿米莉娅·罗丝（Amelia Rose）。我在伦敦的家人乔丹·古德曼（Jordan Goodman）和达拉斯·西利（Dallas Sealy）也非常熟悉本书；汉堡的埃科·施韦佩（Ecki Schweppe）（医院大街时代的老友"坏蛋"）以及他的妻子克劳迪亚·翁鲁（Claudia Unruh），还有他的孩子们也待我如同家人；同样来自汉堡的还有迪特尔·普策尔（Dieter Putzier），他可是历史学者的好帮手，一直坚持着跟踪我的进展，并在近30年中阅读了我的无数作品；同样还有玛格丽特·德格哈特（Margaret Degenhardt）以及她的丈夫弗朗茨-约瑟夫（Franz-Josef）（"卡拉季""karatsch"）；还有柏林的弗里克（Frauk Tedsen-Ufer）及塞巴斯蒂安·泰德森-乌费尔（Sebastian Tedsen-Ufer）夫妇，蒂娜·丁格尔（Tina Dingel）及黛安·巴托什科（Diane Bartoszyk），他们不仅偶尔为我准备了美味的食物，也介绍了无数优秀的朋友给我认识；施特菲·格劳（Steffi Grall）还将她在马略卡岛的房子借给我，这样我才能安静放松写作。因此，这本书是对他们所有人的小小"Dankeschön"（感谢），感谢他们这么多年的友谊。

最终，还有两个人最了解我（和这本书）：我的妻子维尔特鲁德（Wiltrud），还有我最好的朋友尼克（Nick）——杰拉尔丁（Geraldine）的丈夫、杰克（Jack）和菲恩（Fin）的父亲，我谨将此书献给他们。

第一章　引言：没有权威的共和国？

> "魏玛共和国生于战败，受尽了凡尔赛的羞辱，在国内受到政敌的嘲笑和攻击，并从未获得大众的支持——或许仅靠大众支持这一点，它的议会系统还能够长久，哪怕是在遇到危机时。"¹

谈到魏玛共和国时，研究德国战后历史的大家们总会抛出如此老生常谈的话语。弗里茨·施特恩①的这段评语，正是20世纪50年代流亡（émigré）美国历史学者的典型看法——当然那些留在德国的学者们也有类似观点。²这一代的历史学者拿着一面镜子给年轻的联邦德国看，为了证明它和"失败的"前任并不相同。³缺乏法统且注定早亡，那个开明的第一共和国在一系列危机中蹒跚前进，最终陷入敌人的圈套而灭亡——这些历史学家是如此告诉我们的。从一开始，魏玛共和国就遭受激烈批评，其激烈程度超过任何现代政治组织。那个时代的政界，无论是左、右还是中间派，都乐于抨击共和国的短处，耻于褒扬其成就。⁴

政界右派对魏玛共和国傲慢的批评，在宪法墨迹还未干的时候就已经开始了。他们批评的要义，从奥斯瓦尔德·斯宾格勒②于1924年发表的短文中可见一斑：他认为正是那种曾毁灭德意志帝国的狭隘党派意志，创建了魏玛共和国。⁵几年后，曾经的社会民主党党员、短暂出任过梅克伦堡长

---

① 弗里茨·施特恩（Fritz Stern，1926—2016年），德裔美国历史学家，研究方向为德国史和犹太史。——译者

② 奥斯瓦尔德·斯宾格勒（Oswald Spengler，1880—1936年），德国历史哲学家、文化史学家和反民主政治的作家，代表作为《西方的没落》。——译者

官并组织过卡普政变①的奥古斯特·魏宁格②指出：魏玛共和国是个失败的国家。⁶ 招致批评与魏玛共和国的政治实践不无关系，正如我们后文在莱比锡保守派市长卡尔·格德勒③和宪法理论家卡尔·施米特④的例子中看到的那样。他们对权威的专制设想，反映了保守派对所谓布尔什维克主义的看法，为 1933 年的独裁统治铺平了道路。⁷

认为共和国缺乏权威，不是只属于右派的专利。回顾魏玛的经历，以及随之而来数年的灾难，作为最早研究共和国一批历史学者中的一员，弗里德里希·迈内克⑤形容它是"应急建筑"（Notbau）⁸；他年轻的同仁特奥多尔·埃申堡⑥则认为共和国是"临时拼凑而成"的。⁹ 魏玛共和国就是这样一个被视为临时应急的政治组织，几乎不能唤起民众的信任和信心并建立权威，这自然毫不足奇。另一些学者认为共和国民主的必然失败，是由于尝试着用人民稳固统治。20 世纪 40 年代一大批文章中，北美的社会心理学者们提出了下等社会阶层（déclassé）理论，这个社会陷入领袖崇拜的集体歇斯底里中，这导致了共和国的衰落（以及希特勒夺权）。¹⁰ 同样活跃在这个时期的德国著名心理学家菲利克斯·舒特兰德（Felix Schottlaender）认为：共和国的痛楚和希特勒带来的恐怖来源于民众的集体不安全感，或者说"对自由的恐惧"（值得一提的是，恰恰雨果·普罗伊斯⑦在革命发生的第一个星期就得出同样的结论）。¹¹ 魏玛共和国的早期批评者中，没有一位是反对民主的。比如众所周知的迈内克很快就站在了共和国一边，他称自己为"Vernunftrepublikaner"，一位"头脑的共和主义者"——如果并非

---

① 卡普政变是一场发生在1920年的企图推翻魏玛共和国的政变，导火索是魏玛共和国签署《凡尔赛条约》。因工人阶级愿意支持政府，大部分军队也不支持政变而告失败。——译者

② 奥古斯特·魏宁格（August Winnig，1878—1956 年）是德国工会领袖、政治家和作家。——译者

③ 卡尔·格德勒（Carl Goedeler，1884—1945年）是信奉保守主义的德国政治家、经济学家和反纳粹的德国抵抗组织成员。——译者

④ 卡尔·施米特（Carl Schmitt，1888—1985年）是德国著名法学家和政治思想家。他的政治思想对 20 世纪政治哲学和神学思想产生了重大影响。——译者

⑤ 弗里德里希·迈内克（Friedrich Meinecke，1862—1954年），德国著名历史学家，反犹主义者。——译者

⑥ 特奥多尔·埃申堡（Theodor Eschenburg，1904—1999年），德国政治学家。——译者

⑦ 雨果·普罗伊斯（Hugo Preuss，1860—1925年），德国公法学者、宪法学者和政治家。——译者

由心而发的话。埃申堡年轻时，曾在古斯塔夫·施特雷泽曼①的办公室担任秘书，与自由派的德国民主党有着紧密联系，当然也和1930年7月后此党右倾而成立的德国国家党有很深的渊源。[12] 舒特兰德（Schottlaender）也是改革自由派。[13] 把魏玛共和国的命运描写成注定灭亡不是这些作者的专利；与他们相对的极左派中，一些魏玛共和国中最高层的领导人物在回忆录中，也把共和国描述成为一位没有存活希望的病人。[14]

对共和国的存活不抱希望的又何止是这一代人。20世纪50年代时，卡尔·狄特里希·布拉赫尔②在一篇到今日依然极具影响力且出类拔萃的分析文章中，详述了魏玛共和国的体制。他认为，共和国解体的根源在于一系列宪法机制（主要是第48条）：缺乏领袖，既得利益集团和政治上倒退。[15] 在一篇20世纪80年代中期发表的文章中，瓦尔特·冈瑟尔（Walter Ganßer），当时的巴伐利亚州教育部长，认为魏玛共和国宪法中的缺陷让它成为"抛弃型民主"。[16] 80年代末，汉斯·蒙森③发表极有影响的研究指出：魏玛共和国是一场赌博，一场其支持者输掉的赌博。[17] 二十年后，乌尔苏拉·布特纳④看到魏玛共和国根本无法承受反对它的巨大力量，最终被"压垮"。[18] 同时期亨德里克·托斯⑤在他的通俗史中，又回到了那种（算得上陈词滥调的）观点，认为魏玛共和国是没有"民主人士的民主"——仿佛一艘没有船员的轮船，东倒西歪、毫无方向地驶向不可避免的灭亡。[19]

这些所谓导致魏玛共和国灭亡的法律上的缺陷和弱点，已经成为数代学者默认不争的潜台词，直到今日才有人仔细审视。[20] 今日，新一代的历史学者们不再认为魏玛共和国脆弱、妥协、破碎且缺乏政治上的权威[21]，他们开始从老套的解读方式——政治失败加上文化经验主义——中解放出来。[22] 相反的，他们看到的是一个议会法律非常有适应力、共和主义文化相当自信、公民身份明确的共和国，而且它的社保政策不仅仅是良性福利主义的表达，同样还带有自由威权主义的内涵。[23]

---

① 古斯塔夫·施特雷泽曼（Gustav Stresemann，1878—1929年），德国魏玛共和国总理和外交部长，因其主张和解和谈判的立场，与法国外交部长白里安于1926年同获诺贝尔和平奖。——译者

② 卡尔·狄特里希·布拉赫尔（Karl Dietrich Bracher，1922年至今），专门研究魏玛共和国和纳粹德国的德国历史学家。——译者

③ 汉斯·蒙森（Hans Mommsen，1930—2015年），德国社会史学家。——译者

④ 乌尔苏拉·布特纳（Ursula Büttner，1946年至今），德国历史学女学者。——译者

⑤ 亨德里克·托斯（Hendrik Thoß，1969年至今），德国历史学家。——译者

4 反思魏玛共和国

按照德特勒夫·珀克特①最新的说法，魏玛共和国的窘境在于它不能同时调和并克服"古典现代性"中的内在矛盾。²⁴ 无论如何，学者们不会否认，这一共和制的项目无论按照任何标准完全属于早期 20 世纪欧洲现代化和现代性的先锋。紧接着的问题是：这个时期的现代性由什么构成？政治风暴正在德国形成之时，被人称为"红色伯爵"的哈里·冯·科斯勒②曾在日记中写道：

> 在革命过后的仅仅 12 年中，我们就创立了一个新的美妙世界——这堪称一个奇迹；这个与民主实践相得益彰的世界，造就了更正派、更健康、更优美、更智慧的民族；……我从未如此清晰地感觉到，过去的阶段已经彻底结束，变得荒唐至极。革命绝不仅由外在因素引起，它是一个混乱时代的结果，是基本生存环境被不可逆转地颠覆的结果。政治层面可见的部分仅仅是冰山一角；事实上革命更加彻底深入。²⁵

现代化在那个时代带来了科技上的巨大进步、货币/金融的调整、政治重组以及普遍民主不断推进导致社会矛盾加剧，加之战争带来的动乱，使得现代性更注重建立理性管理体制。²⁶ 战争本身又扩大并加剧了国内和国际的变化，导致原有的秩序走向不稳定。魏玛共和国所面临的窘境，如上面所述，正是面对这一系列根本性的挑战。这里可以赞同珀克特有关魏玛共和国的解读，他认为正是不断地探寻一个完全的解决方案来消除现代性的负面能量，导致魏玛共和国从一个 1918 年建立时积极向往自由—民主的政体，变成 1933 年时那个专制的独裁政权。共和国既是一个文化层面上的工程，同时也是一个政治工程，并且绝不仅仅是老生常谈的文化实验时代中的浅尝辄止，而是——正如我们将在第六章中看到的那样——试图把民族社会重新打造成为包裹在齐格弗里德·科拉考尔③的群体美化（mass

---

① 德特勒夫·珀克特（Detlev Perkert，1950—1990 年），德国历史学家，主要研究社会史和魏玛共和国史。——译者

② 哈里·冯·科斯勒（Harry von Kessler，1868—1937 年）是一位盎格鲁-德意志血统的伯爵，他是外交家、出版人、作家和现代艺术的资助人。——译者

③ 齐格弗里德·科拉考尔（Siegfried Kracauer，1889—1966 年），德国作家、记者、社会学家、文化评论家和电影理论家。——译者

ornament）理论中的道德统一体。因而，共和国内的紧张对立并不像许多资料中描述的那种简单左/自由/右政治三极模型，而是管理现代社会所需要的各种政治设想投射造成的结果。这并不是否认导致竞争局面的各种政治思想的存在，而是要强调如果不涉及政治层面上国家权威的问题的话，各个派别经常有着趋同的观念。

*

上面引述科斯勒的看法对于重新思考魏玛共和国是很好的出发点。它指出传统的政治及文化时代划分（比如 1918—1933 年，及 1900—1930 年）无助于理解共和国背景中的广泛变化。因此，重新思考魏玛共和国必须抛弃传统的划分点，即共和国从 1918 年革命开始，直到 1933 年希特勒被任命为总理为止。共和国的社会历史研究中早有看法，认为归属"魏玛文化"的现象早在共和国之前就出现了，至少可以追溯到百年之交（Jahrhundertwende）时[27]；而正如我在其他文章中论证的，这些现象一直延伸到了 20 世纪 30 年代之后。[28] 不过就研究困扰共和国的关键难题而言，在共和国权威始终是中心问题的情况下，时间可以确定在 1916/1917 至 1936/1937 这二十年中。在这些年中可以将魏玛共和国视为一个有争议的政体。

魏玛共和国本身是政治权威危机的产物，这场危机的根源在 1915/1916 年随着兴登堡–鲁登道夫（Hindenburg–Ludendorff）形成的军–民二元制以及贝特曼·霍尔维格①的内阁和尖锐批评声音越来越强的帝国议会的出现而出现。军政府和民政府公开的矛盾，实质上是两种不同政府设想的矛盾：即属于人民的政府和由人民组成的政府；前者注重威权政府（Obrigkeitsstaat），后者则主张民主。两者结合在一起，成为现代专制主义的重要特性，其形式表现为全民公决原则。这些有关权力的不同理念将在第八章中详细探讨。威廉二世的威权主义危机也传染到了共和国，但是却经历奇怪的蜕变：它获得了新生。

受到 1918 年战败的打击后，右派尝试攫取共和国大权，到 1924 年时宣告失败；保守派们很快意识到，共和国实际上给他们提供了掌权的机会，

---

① 贝特曼·霍尔维格（Theobald von Bethmann Hollweg，1856—1921 年），德国政治家，在 1909 年至 1917 年期间担任德意志帝国总理。——译者

但这个机会很可能被无视或忽略。约翰·惠勒–贝内特①描写共和国为"从内部野蛮化",传达了一幅十分戏剧化的画面:共和国被比喻成罗马斗兽场,民主作为牺牲品被扔给了狮子。[29] 更典型的画面是日常微小但是侵蚀效应巨大的策略:否认共和国的合法性,在管理实践中有无数这样的例子,比如地区议会(Landrat)、德国西部的县郡长官,这些将在第七章中进行详细探讨。首都以外的偏僻地区,(人们自认为)远离权力中心,因而存在着平行权力,成为"红色"柏林的对立面。这里,权力在象征层面上进行博弈。事实上,这展现在日常法庭实践中,尤其是被告被指控损害共和国团结和声誉而被带上法庭时。然而在法庭中,共和国权力面临的挑战不仅仅是处理这类案件,显而易见的还有有关"软性"法律与"硬性"法律本质的讨论,(与众多其他讨论相同)成为有关共和国权威薄弱的替代辩论。对抗辩论的手段便是极权的法律,这会给国家带来更多威严。正如我们将在第五章看到的那样,直至1936年,与第三帝国极权有关的法律实践,其根源可追溯到第一次世界大战。但是这不仅仅是军政府和希特勒早期独裁的特色,同时还是民主的魏玛共和国的特色。

1918年德国战败,不仅预示着政府的崩溃,同时也意味着"后方"士气的解体。战争的影响将在第二章中讨论,战时的国家面临严重考验。强制性的"Burgfrieden"(内部和平)维持了社会和平,尽管如此,不同阶层为了争夺物质保障,因而造成了对立和争斗。战时政府对此的反应也仿佛双面人,在综合治理和惩罚性的强制措施之间摇摆。即使如此所有政策还是失败了。到1917/1918年时,威廉帝国——不仅仅是作为一个战争状态的国家,而且是作为一个文化国家——信誉扫地。1918年秋末,政权解体,自由派和社会民主派面临严峻挑战;纵观魏玛共和国的政策,我们不难找到战争遗留教训的痕迹。此外,战败国带来的挑战和民族精神的丧失这些教训直到1933年希特勒上台后依然不能忘记。[30]

学者们经常忽视与新政府努力建立新的共和国公民身份相关的文化和教育的方面。[31] 帝国议会除了详细讨论市政建设和福利项目外,还花了许多时间和精力争论:作为德国复兴的一部分,哪条才是恢复民族精神最好的道路?但是不断尝试引入文化权威将议会的讨论及作为讨论结果的新法

---

① 约翰·惠勒–贝内特(John Wheeler-Bennett,1902—1975年),保守派的英国历史学家,研究德国史和外交史,并为英王乔治六世撰写了官方传记。——译者

律引入文化威权主义的歧途。考虑到魏玛共和国内部斗争的根源，即联邦制度具有的强烈离心倾向，政府面临的最大挑战是如何把迥然各异的部分打造成一个民族文化整体。其中一个手段是对历史事件和符号进行正确解读，让其为共和国服务。共和国的文化政策实际上是公民教育学。因此，庆祝共和国成立日并没有选择11月9日，而是选择了8月11日宪法签署日，便是引导民众接受共和国的权威，使之合法化。否定1918年革命、强调政府的延续性及凸显共和国是既成规定的结合，确保了其合法性中理性大于感性。

共和国的普通公民到底在多大程度上了解自己的公民身份并对其感兴趣呢？那时共和国公民参与选举的比例在整个欧洲包括英国来说是最高的，这一点毋庸置疑。然而深层次对政治漠不关心的例子，还是能在那个时代两部划时代电影中的小场景中找到：描写享乐消费新文化的由罗伯特·西奥德梅克[①]指导的《周日大众》(People on Sunday，1931年)，以及斯拉坦·杜多[②]指导的《清凉的露营地，或者世界属于谁？》(Kuhle Wampe, oder Wem gehört die Welt?，1932年)，后者是左派批评魏玛共和国的作品。这里我指的场景，是在两部电影中男主人公在读报纸时，跳过了有关政治的主要版面，更喜欢阅读带有图片的社会"明星"花边新闻副册。这两部电影都是在共和国权威发生危机时制作的，趣味地将魏玛共和国比作教育者。正如第六章和第八章展现的那样，神话传说在塑造民族身份时发挥了重要作用。需要注意的是，魏玛共和国并没有那些标志性的文艺作品：比如爱森斯坦[③]攻占冬宫的传奇成为布尔什维克国家成立的标志性时刻，或者莱尼·里芬斯塔尔[④]的《意志的胜利》(Triumph of the Will)在视觉上打造了德国重生的宣传神话。

当外部和内部巩固政治合法性的要素未被接受或不存在时，政治合法性便很难达成。此种情况下值得关注的是国家主权的问题。《凡尔赛和约》

[①] 罗伯特·西奥德梅克(Robert Siodmak，1900—1973年)，德国电影导演、编剧和制片人。后到美国工作和发展。——译者

[②] 斯拉坦·杜多(Slatan Dudow，1903—1963年)，保加利亚血统的德国电影导演和编剧。——译者

[③] 爱森斯坦(Eisenstein，1898—1948年)，苏联导演和电影理论家，犹太人出身，他是电影学中蒙太奇理论的奠基人之一。——译者

[④] 莱尼·里芬斯塔尔(Leni Riefenstahl，1902—2003年)，德国女演员、导演和电影制作人。她是希特勒的密友，其电影技法和美学成就对后世产生了深远的影响。——译者

强迫魏玛共和国为自己帝国父亲的罪过付出代价，国家财产丧失，国界重新划分，曾经（法国仍然是）的敌人作为占领者和托管国，严重打击了民族自豪感。同时，战争和战败不仅摧毁了金融系统，还造成了是非颠倒的社会——生命的价值似乎不再重要。对于一些学者而言，这些初期的混乱现实是国家与共和政体渐行渐远的理由。[32] 物质匮乏与战后美好生活期待之间相冲突（这当然不仅仅出现在德国）。毫无疑问的，共和国的权威与任何政治系统一样，与经济状况是否良好息息相关。[33] 战争使得交战国强力干预和管理国家经济。在民主国家中，政府的权威不仅建立在创立经济增长架构的基础上，还建立在公正分配增长的成果上。正如艾里克·韦茨（Eric Weitz）在他最近的研究中指出的，魏玛共和国的"悲剧"在于毫无能力兑现让普通德国人重新开始生活的"承诺"。[34] 一些人没有足够的钱维持生计，还有一些人——主要靠经济利益——共和国则给了他们太多。类似的，一方面德国输掉了战争；另一方面，魏玛共和国的政治领导人因为签订《凡尔赛和约》而被指责软弱，最终这两点导致民众，尤其是年轻人，渴望一位"强有力的领导者"。[35] 我们将在第三章和第四章看到，通过国际和解和经济复苏以恢复国家权威的道路，也导致共和国回到了"一战"前的状态，即目标是成为中欧的领导力量，因此必须重建威权政治体。这两大任务——正像我在第八章论述的——只有独裁统治才能做到。

*

魏玛共和国一直被描述成在左右两派强大围攻下灭亡的无辜受害者。在这样的叙述语境下，共和国一直被视为缺少管理职能的被动架构。本书与新一波的修正主义学术浪潮相一致，认为魏玛共和国是更坚定自信的，在这个国家中，诸多政治潮流经常进入意识形态领域空无一人之境，打造了独特的"民主反自由主义"。[36] 同时，正如我在第八章中论述的，魏玛共和国的宪法条款中要求强力执行的规定（宪法第41条及第48条），并不意味着法律结构上的缺陷。宪法中的这些条款在资料中，或者被误解，或者被歪曲，有时甚至是故意歪曲——这和那个时代努力去除共和国权威合法化的论调完全一致。[37]

民族主义者和纳粹分子把魏玛共和国压缩成了历史的插曲，一个"伪国家"。[38] 1933年后，共和国基本被描述成以政党机器为基础的"体制时期"（Systemzeit），用来对比以国民（Volk）与元首（Führer）熔合为基础的"国民共同体"（Volksgemeinschaft）。战后第一批历史著作本身是由同时代的人写的，这些人因经历过早前的挣扎，因而这些著作常常带有偏见的瑕疵。在某些方面上，这一批记述目光短浅的主要原因，或者因为作者们试图证明个人历史的正确性，或者受目的论所限，以希特勒独裁统治的眼光看待魏玛共和国。[39] 这"漫长的阴影"（Mommsen）现在才开始慢慢退去。[40] 在两德统一已经二十年后的今日，魏玛共和国的失败不再是关键问题，学者们越来越多关注其细节上的复杂性。[41] 此外，近期的研究越来越注重基于其他因素重新调整年表，而不限于正式的政治时代划分。因此，"1933"作为德国历史中的"消失点"（vanishing point）已经失去了重要性；同样的，"1918"也不再被视为一块供魏玛共和国书写的白板。[42]

我选择 1916 年至 1936 年作为反思魏玛共和国的时间点，主要基于这个时期的特点：权威与国家及其政治机关的关系问题，在这个时期无论是在自由还是专制的语境中被重新定义，这不仅发生在所有发达国家，更发生在德国。1918 年后的两个十年中，动员群众为基础的专制政府未必被视为负面，左派以外的人士也不认为它与宪政相矛盾。[43] 自由派与保守派对权威的定义的界线非常不确定，经常达成一致，尤其是在共和国的早期，甚至包括 1933 年。这一点可以在 1918 年后有关领导性质和形式的讨论中看出——讨论认为政党与名人竞争；自由-社会民主派对这一问题的解答，尽管在某种程度上充满批评，但结论模棱两可；同时，保守派指责党派议会系统导致了国家发展的停滞不前和信任危机，结果是国家失去改革进取的能力。[44]

整个 20 世纪 20 年代，权威的问题并没有得到解决；即使在 1933 年后，这一问题依然悬而未决——尽管纳粹宣称希特勒能够克服国家不团结这一问题。1933 年的初春，保守派有关极权国家的观点似乎短暂地与希特勒、戈林和弗利克①的观点相同。实际上，为了理解 1933 年共和国到希特勒的转变，我们必须考察希特勒独裁前的整整 15 年，而不是武断地从"处在第三帝国阴影下的魏玛共和国"角度出发。举例来说，《授权法》的根源在于魏玛共和国的宪法和政治事件，揭示共和国的政治精英与纳粹党领导层的

---

① 弗利克（Wilhelm Frick，1876—1976 年）是 1933 年至 1943 年期间的德国内政部长。在"二战"后，因战争罪被处以绞刑。——译者

关系比想象中要紧密得多。无疑的，正如我在结论的第九章中论述的那样，开启极权独裁统治时代的《授权法》并非是魏玛民主"投降"的结果，而是在有关权威的实践与讨论中产生的理性结论——这些实践与讨论可以追溯到"一战"时期，一直持续到20世纪20年代。这个政治纲领曾被短暂分享，1934年6月的暴力后略微动摇，但并未垮塌；事实上，1933年后的三年中，从1916年就开始的不断对权威的蹒跚搜寻最终在希特勒的全民公投国家中得以表达，成为后者20世纪30年代晚期极端化的基础。

第二章 1916/1919：权威的自相矛盾

> "有人对我说在机枪存在的时代，不会发生革命。对此我无法相信。圣彼得堡发生的事件后我更不相信。一个掌权的王朝，尤其是在俄罗斯，居然在未发一枪一弹［防守］的情况下灭亡，值得我们深思。"
> ——阿尔伯特·巴林（Albert Ballin），1917年4月4日[1]

第一节 引言

11月10日，周日，德国皇帝威廉二世在十名忠诚军官的陪同下，经比利时越境进入荷兰。威廉离开位于斯帕的最高军队指挥部（Oberste Heeresleitung–OHL）标志着以他为首的德国贵族统治的结束。到周二时，七位国王、王子、大公和公爵分别离开了他们统治的首都；11月30日，在威廉和他的皇太子正式宣布霍亨索伦（Hohenzollern）家族放弃普鲁士和德国皇位仅仅两天后，德国第22任君主符腾堡的威廉①宣布放弃自己家族的继承权。[2]

在此前一天，由多数派社民党成员组成的议会团体的领袖菲利普·谢德曼②被迫中断议会午餐，向一群聚集在议会外的群众发表演说。谢德曼

---

① Wilhelm of Württemberg，即符腾堡国王威廉二世（1848—1921年），他是符腾堡王国末代君主，与其他德意志统治者一起，均在1918年被废黜。——译者

② 菲利普·谢德曼（Philip Scheidemann，1865—1939年）是德国社会民主党右翼领袖之一，积极支持"一战"，1918年任巴登亲王内阁成员，1919年任魏玛共和国首任总理，1933年纳粹执政后流亡海外，死于丹麦哥本哈根。——译者

得到通知：斯巴达克同盟①极端领导人卡尔·李卜克内西②在前往霍亨索伦家族的宫殿（Stadtschloß）途中，宣布成立一个"自由社会主义共和国"。在未和自己同僚商量的情况下，谢德曼走向了帝国议会大厦一扇打开的窗，向窗下聚集的群众们大声宣布："霍亨索伦退位了。千万别让任何事毁了这自豪的日子。这将是德国历史上永远值得自豪的日子。德意志共和国万岁！"³ 柏林和一些其他城市的大街小巷挤满了群众，一些是革命者，一些不是——他们来自各个阶层。这景象让人想起了1914年8月初；不过欢心鼓舞的理由完全不同。与此同时，300公里外的基尔海军港，谢德曼的党派同事古斯塔夫·诺斯克③被派去安抚那里的局势，他向叛乱的海员们宣布：皇帝的离开表明革命已经成功。⁴

从基尔军舰的锅炉工拒绝上司的起航命令，到皇帝出逃，再到共和国宣布成立，才不过短短10天时间。帝国塌陷的速度让许多德国人震惊，尤其是那些民族主义者，还有中产阶级——他们一致相信德国在战场上会取得胜利，因此依然抱着"胜利和平"（Siegfrieden）的幻想。⁵ 似乎连帝国陆军元帅保罗·冯·兴登堡④都相信这些宣传。在8月14日军队最高将领会议上，也就是亚眠战役之后仅仅6天，他的左膀右臂埃里希·鲁登道夫⑤将军形容那场战役是德国军队"黑暗的一天"：德军无力阻挡联军的攻势，标志着德国命运的转折，不过兴登堡告诉皇帝军队只要守住阵地，国家内部保持士气，德国依然可以取得胜利。⁶ 德国媒体依然宣传德国军队在协约国军队面前依然坚定地守住阵地，这种宣传一直持续到9月底

---

① 斯巴达克同盟是德国社会民主党左翼于1915年建立的反战革命组织，因以古罗马奴隶起义领袖斯巴达克斯的名字发表政治通信，故被称为斯巴达克派。1918年12月，斯巴达克同盟联合不来梅左派成立德国共产党。——译者

② 卡尔·李卜克内西（Karl Liebknecht，1871—1919年），德国马克思主义政治家、律师、活跃的第二国际成员。1919年被自由军团杀害。——译者

③ 古斯塔夫·诺斯克（Gustav Noske，1868—1946年），德国政治家，在1919—1920年担任魏玛共和国的首任国防部长。他因残酷镇压德国共产党、无政府主义者等左翼人士而饱受争议。——译者

④ 保罗·冯·兴登堡（Paul von Hindenburg，1847—1934年），陆军元帅、德国总参谋部总参谋长、魏玛共和国的第二任联邦大总统。他加强总统权力，在1933年任命希特勒为德国总理，在希特勒的影响下签署授权法案，实际上废除了魏玛共和国的民主制度，为希特勒的独裁统治铺平了道路。——译者

⑤ 埃里希·鲁登道夫（Erich Ludendorff，1865—1937年），德国著名将领，也是"一战"时的主要将领。后成为右翼政客，并支持希特勒发动啤酒馆政变，逝世时得到国葬待遇。——译者

10月初；而对于聪明的观察者而言，输掉战争已成定局。⁷ 11月9日，人民代表委员会取代了马克斯·冯·巴登①亲王的政府，此后的11月11日，当大会同意休战时，人们意识到，所谓的德国"胜利和平"甚至是"调解和平"都成为泡影，这在德国国内造成一波盲目情绪和绝望的浪潮。《泰晤士报》(The Times)曾报道，一位已退役的普法战争老将军听到德国战败的消息，在附近公园的腓特烈大帝塑像前自杀。此类事件并不鲜见：海运大亨阿尔伯特·巴林②，这位威廉二世的知己，对战争的结果感到非常悲痛，于11月9日也结束了自己的生命。⁸ 德国文化历史学者沃尔夫冈·施维尔布许(Wolfgang Schivelbusch)认为，战败让国家陷入了深刻创伤中，许久没有能恢复，直到1929年民族主义复兴，并最终导致1933年希特勒出任总理。⁹

尽管旧秩序的崩溃标志着王朝覆灭，但国家的机构并没有终结。整个政府行政机构依然或多或少正常运作，甚至和各地出现的革命委员会合作。¹⁰ 在国家层面上，作为人民代表委员会议长的弗里德里希·艾伯特③，在其宣布的第一批通告中，便号召所有的帝国公仆们坚守自己的岗位。¹¹ 同样呼吁合作的号召也同样出现在省级层面上。在汉堡，工人士兵革命大会达成协议，与市长阿诺尔德·迪斯特尔(Arnold Diestel)和该市议会共同协商行动，最重要的，是由人民警察维持治安。在这座德国第二大城市里，和其他地方一样，"一切照常"。¹² 在斯图加特，市长卡尔·劳滕施拉格尔(Karl Lautenschlager)呼吁市民保持冷静：

"同胞们！今日下午斯图加特工人们将在宫殿前集会，听取他们领袖有关最新政治事件的报告。这一会议有助于恢复国家法制(staatsrechtlich)的冷静和秩序。我呼吁全体市民保持秩序和镇定。这样每个人都为我们的城市和祖国效力。"¹³

---

① 马克斯·冯·巴登(Max von Baden, 1867—1929年)，短暂地出任德意志帝国第八任宰相，因军队哗变而将权力移交给社会民主党主席弗里德里希·艾伯特，德国遂成为共和国。——译者

② 阿尔伯特·巴林(Albert Balin, 1856—1918年)，犹太裔德国人，拥有当时全世界最大的海运公司，并被誉为"现代游轮旅行之父"。——译者

③ 弗里德里希·艾伯特(Friedrich Ebert, 1871—1925年)，德国政治家，魏玛共和国首任总统。——译者

劳滕施拉格尔一直坚持在自己的岗位上，忠诚地为共和国服务，直到 1933 年被纳粹撤职。从他的经历我们能看出君主制系统的权力在 1918 年是如何转移到共和国的：公职官员为新旧秩序交替提供了一个桥头堡。[14] 不过，这种转移也不总是这样顺利。巴伐利亚直到 1924 年一直是反民主暴力的滋生地，库尔特·艾斯纳①的临时政府开始时发现人民公仆并不愿意宣誓效忠新政权，直到双方达成协议，要求人民公仆们忠于自己的职责，而不必忠于革命。[15]

我们将要在下面看到，同时代的评论者和那以后的历史学者们一直为 1918 年革命在共和国诞生过程中扮演的角色争论不休。[16] 本章的焦点，是战争背景下政府的性质：从 1916 年军政府统治下未能成功建立威权国家，到 1918 年 10 月时"自上而下"转变成为一个民主议会制政治体，再到一直持续到 12 月底的"自下而上"革命发出的挑战。

第二节　战争威权主义和权威遭到侵蚀

尽管对革命的性质存在争论，历史学者广泛接受的观点是，"1918"年革命的道路在第一次世界大战时已经铺好。[17] 起初，8 月战争爆发时，一波爱国主义的热潮似乎平复了帝国社会中的尖锐矛盾，瓦尔特·拉特瑙②曾对此致敬，称这是德意志帝国的重生。[18] 国家和民族权威的重新建立，包裹在"城堡和平"（*Burgfrieden*）③或者说"人民和平"中，将分裂帝国社会的意识形态分歧搁置一旁。广为人知的德皇的宣言中，他再也看不到分裂的党派，只有团结一致被喜悦感染的德国人，即所谓的"1914 年精神"（*Augusterlebnis*）④，而这一点在 8 月 4 日时社会民主党对战争债券

---

① 库尔特·艾斯纳（Kurt Eisner，1867—1919 年），德国犹太人、政治人物、新闻工作者。参与德国十一月革命，推翻维特尔斯巴赫王朝。1918—1919 年间，担任巴伐利亚州首任州长。——译者

② 瓦尔特·拉特瑙（Walther Rathenau，1867—1922 年），犹太裔德国人，是一位德国实业家、政治家、作家。在魏玛共和国期间担任德国外交部长。在签订对布尔什维克统治的俄国友好的《拉巴洛条约》后，被暗杀身亡。——译者

③ Burgfrieden 是源自中世纪的一种观念，意为由皇帝下令在封建领主的城堡中达成的强制性的和平与和解。后引申为外敌当前，自上而下命令国家内部达成和平，一致对外。——译者

④ Augusterlebnis 指得是在第一次世界大战爆发时，在 1914 年 8 月期间，整个德意志帝国爆发的一种乐观的狂热的爱国主义热情。——译者

的热情支持中得以证明。[19] 但是，这一"城堡和平"并没能消除威廉时代社会各阶层之间深层次的敌意。[20] 事实上，战争并没有能统一支离破碎的民族，而是让分裂更加明显。原本的期望是"预期契约"，即民族团结意味着在祖国需要时每个人平等的牺牲。[21] 但是这一点从未实现。人们意识到"城堡和平"的缺陷并没有用太久。战争开始才一年，24 个地方军政府（当时国家被这样划分）不得不承认（有时是带着愤慨），贫苦大众和靠战争发了大财的一票人深深分裂了后方，且后者还用炫耀的消费来显示自己的财富。[22]

除此之外还有另一点认识，即国家根本没有为长期战争做任何准备，战时完全无法调控物品供应。期待"圣诞节前结束战争"，意味着战时物资上准备极不充分。结果是仅仅在 1915 年初，弹药生产和物品分配便出现了问题，并且持续了两年。[23] 战争的第一年，矿业、钢铁业和金属加工业（例如武器制造相关行业）产量大幅下降。宏观上，国民生产总值相比 1913 年下降六成。在一场主要由供给而不是由战略决定的战争中，生产的下降意味着战争不是输在了政府和军事管理层面上。索姆河战役后，据估计德国应该每个月生产一万吨火药或与之相当的弹药火炮，才能够抵抗敌人。靠制订计划来解决这一问题的尝试——尤其是兴登堡计划中不切实际的要求（详情见下）——全部失败了。有关弹药场工人缺席的报告越加频繁，尤其是 1916/1917 年，这不仅反映了工人们在战时装病和反战情绪增加，而且还显示出他们健康状况的恶化。[24]

尽管食物分配局（Reichsernährungsamt，帝国食品营养局）成立，1915 年开始通过价格调控和食品配额来管理市场的尝试最多算得上临时举措，调配依然主要由地方行政负责。[25] 并且，由于没有有效的强制手段，监管毫无效果（1917 年开始，在这方面管理部门手段越来越强硬，但是为时已晚）。[26] 战争开始仅仅数月，有关食物分配出现瓶颈的投诉层出不穷；许多家庭基本食物的消耗量急剧下降（尤其是动物脂肪）。到 1917 年中时，食物分配出现了两套系统：一是官方配给系统，二是黑市。大多数德国人 1917 年摄入的热量中，只有一半来自配给系统，这意味着消费者要么到黑市不平等交易，要么饿着肚子扛过去。为了能躲避价格和配给检查，食品生产商和中间商囤积货物，暗中交易遍地横行；不可避免的，人为制造的短缺令价格一路飙升（加之 1917/1918 年粮食歉收）。"一战"前德国人均消耗量约为 3400 卡路里，到 1915/1916 年时已经降到这一水平的三分之一左右，城市居民的卡路里摄入量也降到原来的一半。到"一战"结束时，每周动物脂肪消耗量也较1916年降低三分之一，尤其是在大城市。[27]

战争期间，人们的生活费用翻了三倍，而收入减少了三分之一，某些情况下，比如高级公务员的收入减少了三分之二。尤其是那些肩负养家糊口重任的男人被送上战场或者更糟糕地在战场上死去的家庭，收入直线下滑，陷入极度贫困，微薄的"战争福利"几乎没有什么用。[28]战争的最后两年，施舍处激增，反映了物质匮乏的危机；随着贫困泛滥，本来领施舍的仅是穷人，最后也扩展到了社会"中层"的很大部分。[29]比如在汉堡，1917年的前四个月中，城市施舍处供应的事物从300万升激增到600万升以上。[30]不意外地，大众健康水平恶化，社会中最弱势群体的死亡率增加，尤其是幼童和老年人。[31]同时，同盟国对德国的制裁，对普通人造成了可怕且致命的后果，截至1918年造成了75万人死亡，1913年则有37%的死亡人口是死于制裁。[32]

实物分配不均且严重不足，造成社会中个体之间和群体之间的冲突。同时这还导致广泛的消费者与官僚体制的斗争——后者（有时是急迫地）强力执行有关食物配给的规定。[33]黑市交易商们要么躲避法律，要么干脆视而不见，一些消费者只得选择偷窃，或者伪造分配卡。结果是为了生存，每天的生活中违法行为越来越多，这让许多原本不必直接与国家打交道的人和国家发生正面冲突。[34]正像乌特·达尼尔①和贝林达·戴维斯（Belinda Davis）论述的，这样的情况导致食品消费者不满逐渐增加：战时国家没有能够管理市场，游行示威和对食物的抗议数不胜数。

早在1915年6月时，汉堡和慕尼黑便有人撒传单，抗议食品供应情况。[35]1916年时情况更糟，慕尼黑的物价管理处报告民众出现"周期性极度焦虑"。在科隆、什切青、法兰克福和莱比锡，市政府官员不得不面对大量小册子和传单造成的威胁。[36]莱比锡政府没有能提供正常食物和必需品供给，让当地妇女异常愤怒，出现占领街道的群体事件；同样的情况还出现在柏林、布雷斯劳、斯图加特和汉堡。1916年8月，西北消费者联合会在汉堡召开大型会议，商讨粮食供应形势。大会的主发言人奥古斯特·穆勒

---

① 乌特·达尼尔（Ute Daniel，1953年至今），德国女历史学家。——译者

(August Müller)博士是一位重要的社会民主派人士，同时还是消费者协会主席，还是汉堡战时食物供应处（Kriegsernährungsamt）的成员；他在为汉堡市食品分配工作欠缺辩解时，遭到众人诘难。在劝导众人保持冷静失败后，大会在混乱中只好解散；同时，与会的群众组织示威游行。[37] 那年的冬天，无数的城镇中人们走上街头抗议食物短缺、价格飙升，要求政府提供"面包与和平"。[38] 受到牵连的还不仅仅是大城市。帕德博恩的地方媒体抨击市委会，说它在艰难的情况中无动于衷、无所作为。在路德维希港，强制对食品价格进行管理从一开始便失败，因为那些接到任务每周巡视市场检查价格的警官"根本没心思去管"，而"他们中很多人也没有得到关于价格上限的通知"。[39]

同时，抗议者们学会利用战时政府的弱点——害怕负面消息传到前线。1916年9月，由于市政府没有能适时为市民提供必需品（尤其是动物脂肪），"几位马格德堡的市民"便充分利用政府的弱点，给一位市委写信。抗议者按照惯例，措辞十分有礼貌（抬头写"亲爱的委员"），但是非常巧妙地提到了慕尼黑和汉堡发生的抗议热潮，及临时驻扎在莱比锡的士兵们无法保持秩序，还有那些休假回家的士兵发现自己家人生活在水深火热时深感愤怒。最后，这些匿名的作者写道：

> ……若是这些悲惨的遭遇不能很快得到解决，人民得不到自己的基本权利……那么我们没有办法，只好通知前线勇敢的将士们，他们的妻儿在后方挨饿，为了得到一点动物脂肪不得不苦苦哀求。而你们要对此负责。我们会至少印五百份传单，发到每一个马格德堡的预备部队、每一个分配公司，这样那些在前线的（战士）就能知道我们这里的真相。我们会告诉他们，即使俄国人、法国人和英国人占领这儿也不会那么糟糕。战士的妻子们这时不能挨饿，而我们勇敢的士兵们也应该坚持战斗……
>
> ——几位马格德堡市民[40]

这些抗议表明，到1916年的秋天时，国内市场管理不善已经变成战时政府的政治负担。[41]

"面包与和平"的呼吁被当局将其与战争中的政治对手联系起来，特别是与胡戈·哈泽①和弗兰茨·梅林②为首的社民党左翼异见者联系起来。[42]在汉堡、莱比锡、柏林、不伦瑞克、马格德堡和奥斯纳布吕克发生了一系列抗议后，另外两位持不同政见者卡尔和罗莎·卢森堡③开始出版《斯巴达克信札》（Spartacus Letters），发行量达六千份；他们抨击战时政府，及其越来越严酷的镇压手段。[43]同时，多达十万册的《伯尔尼大会宣言》（Bern Congress Manifesto）（1915）在德国非法流通，其作者之一的克拉拉·蔡特金④是位经验丰富的社会主义者、女权主义者和和平主义者，在其中她呼唤和平，进行社会主义革命；另外，总部在柏林的国际社会主义者联盟出版了自己的期刊《光芒》（Lichtstrahlen），以和平为主旨。[44]这种宣传引人注意的，不仅仅是在物质匮乏的问题上切中要害，而是将民众的怨恨表达为政治语言，挑战威廉统治的合法性和权威性。反对派强力主张战争代表了大工业的利益（在某些情况下利润上涨了百分之八百），而不是饥饿的人民——他们的牺牲没有带来任何回报。[45]

令人毫不意外的是：政府很快认为斯巴达克联盟是抗议浪潮的幕后主使。在人数上，这些极端分子不过是政治边缘的一小撮革命知识分子。但是这些人发出的信息引起了普通人在每日生活中经历的共鸣，因此很快"面包与和平"成了抗议战时政府的主要口号。1916年10月，数座城市的官员面临着新的一轮抗议热潮，他们相信这幕后的原因必然是那些所谓"外来势力"的宣传机器。比如，什切青的一则报道这样认为：

> 到处游走的鼓动者"谣传运动"（Einflüsterungen）似乎终见成效。

---

① 胡戈·哈泽（Hugo Haase，1863—1919年），德国政治家、法学家与和平主义者。——译者

② 弗兰茨·梅林（Franz Mehring，1846—1919年）是一位德国公共知识分子、政治家、历史学家、国际工人运动活动家、德国社会民主党左翼领袖、理论家、德国共产党创始人之一。——译者

③ 罗莎·卢森堡（Rosa Luxemburg，1871—1919年），出生在俄占波兰王国的一个犹太家庭，1898年移居德国。她是德国马克思主义政治家、社会主义哲学家及革命家，德国共产党的奠基人之一。在"一战"期间，她领导反战游行，呼吁民众拒服兵役。在推翻威廉二世的十一月革命后，被艾伯特聘用的自由军团杀害。她独到的政治思想被后人称之为"卢森堡主义"。——译者

④ 克拉拉·蔡特金（Clara Zetkin，1857—1933年）德国人，出生于德国萨克森，是国际妇女运动的先驱人物。她也是"第二国际"的创始人之一，被誉为"国际妇女运动之母"。——译者

第二章　1916/1919：权威的自相矛盾　19

因此在统一时刻，一大群妇女受非本地煽动者的鼓动，首先到市长那里要求得到面包，然后到市政厅要求得到土豆。[46]

排队领取食物的人绝大多数——尽管不是全部——由妇女组成，自1916年开始他们成为德国后方民众抗议中的显著力量。[47] 不伦瑞克市政府将这些抗议归咎于自私，并且认为女人见识短，看不见厨房、洗碗池以外的世界。[48] 此外，当局认为女人们不仅不能理解"战争大局"，还非常容易轻信恶毒流言。政府作出努力，区别对待因为谣言或者令人沮丧的排队造成的自发抗议，以及有组织的政治性抗议。[49] 但是区分两者并不容易。处于困境的政府发现，物质匮乏导致的自发抗议与不满战时政府发生的政治抗议存在某种联系。战争部长在报告上曾经批示："过去的数月中，大多数大城市里举行的街头抗议都以'和平与面包'为口号，这让人感到遗憾。"[50] 政府注意到公众的"激动情绪"，为了安抚而采取了反宣传手段，并开始对批评声音越来越多的媒体言论进行钳制。[51] 但即使是审查也有自己的限度，排队领取食物的人群中的各种谣言根本无法控制。

*

到1916年夏天时，无论是政府还是军队都已经意识到，战争被弹药供给的不足和必要物资的匮乏严重阻碍。为了能恢复不断下降的生产水平，保证战争物资供应，并且防止前线和后方的士气崩溃，战时政府从1916年8月开始对经济进行*整体性*重组——尽管为时已晚。这一举措的结果是权力转移给军队，首先在8月29日，陆军元帅保罗·冯·兴登堡被意外地指定为全军总指挥（Oberste heeresleitung，或缩写为OHL），取代了优柔寡断的法金汉①将军——本来他是皇帝的宠臣，但在贝特曼-霍尔维格②和军中高级将领那里则不受欢迎。[52]

作为1914年坦能堡战役中的英雄，兴登堡击败了一支数量庞大的俄军；

---

①　法金汉（Falkinhayn，1861—1922年），德国军事家、步兵上将，1914年至1916年间任德军总参谋长。他曾在张之洞创办的湖北武备学堂担任教官，并督促威廉二世向英法宣战，是第一次世界大战的发动者之一。——译者

②　贝特曼-霍尔维格（Bethmann-Hollweg，1856—1921年），德国政治家，曾于1909年至1917年间任德意志帝国总理。——译者

因此他在国内很受欢迎，任命他为全军总指挥应该可以激励士气，恢复人们对军事领导层的信心。1916年10月底，普鲁士战争部长维尔德·冯·霍恩博恩①——他已经成为战争部和军队高层之间合作的绊脚石——在兴登堡的建议下被撤职，替换上赫曼·冯·斯坦②将军。[53] 或许军队最高层中最大的变化，要数任命埃里希·鲁登道夫作为全军军需部长，对战争的经济规划进行有效控制。鲁登道夫被任命时已经51岁，和他的知己、曾任四年下属并负责装备及训练的马克斯·鲍尔③一样，他们属于新一代的军事技术派，出身于市民阶层；他们与工业联系紧密，对阻挡他们目标的民主进程不感兴趣。[54]

上层这样的变动，使德国国家与社会之间的关系发生了明显的改变。战时国家的性质也在这时从权威转向威权。鲁登道夫和鲍尔设想，为了保障战时生产，需将军事控制扩展到社会的每个层面。[55] 后方军事化的关键法律，即《爱国辅助服役法》(Gesetz über den väterländischen Hilfsdienst)，于1916年12月5日生效，也就是广为人知的"兴登堡计划"。[56] 按照这一法律，所有17岁至60岁的男性公民都要动员起来，为战时经济做贡献；为了实施动员计划，还专门创建了一系列部门，由战争部（Kriegsamt）部长威廉·格勒纳④将军（和鲍尔相同，也是一个技术派）负责协调。格勒纳的部门接管了过去物资采购局的职能——该局直到1915年4月一直受瓦尔特·拉特瑙领导，那时该局已经成为准军事独裁，同时还负责重组帝国食品分配署和物价监督局——正如我们之前看到的，这两个部门的运作此前一直没有什么效果。[57] 这一法律不仅严格控制工业，而且暂停了工人权益的保护——胡戈·哈泽对此评论道：该法"剥夺了工人的劳动力"，让他们臣服于严苛的纪律和处罚。[58] 为了（通过征募那些令人不愉快的激进分子）保障"清理"政治空间，辅助法意图将经济的管理降低至技术层面。

---

① 维尔德·冯·霍恩博恩（Wild von Hohenborn，1860—1925年），普鲁士将军，1915—1916年期间是战争部长。——译者

② 赫曼·冯·斯坦（Hermann von Stein，1854—1927年），普鲁士将军，蓝马克斯勋章获得者。——译者

③ 马克斯·鲍尔（Max Bauer，1869—1929年），德国炮兵专家，"一战"中在德军总参谋部服役。"一战"后，他成为中华民国德国顾问团成员，病逝于上海。——译者

④ 威廉·格勒纳（Wilhelm Groener，1867—1939年），是一位德国将军及政治家，最高军衔为陆军中将。1918年威廉二世退位后，他与艾伯特密约，达成了艾伯特-格勒纳协定，将军权交给新政府。——译者

一种自治的社团主义形式出现了：由雇主和工人代表组成的劳动委员会和联合仲裁理事会成立（根据宪法第 165 条，这两个组织也出现在魏玛共和国）。[59] 由此可见，作为现代化立法的一步，此辅助法带有明显技术性质。但是它的主要目标是，在过去的两年权威遭受侵蚀后，通过军事权力取代政治权力恢复国家的权威。[60]

《爱国辅助服役法》一直被众多学者——如恩斯特·鲁道夫·胡贝尔（Ernst Rudolf Huber）和马丁·凯臣（Martin Kitchen）——看作兴登堡和鲁登道夫的"沉默独裁"[61]，曾一度以另外的方式解读。汉斯·乌尔里希·维勒（Hans Ulrich Wehler）视该法为所谓的"七月大联盟"与军方合作的胜利成果，这一中间路线的联盟由社民党（SPD）、自由进步党和中央党组成。对维勒而言，新老政治精英历史性和解的象征，便是后来 11 月 9 日达成的艾伯特–格勒纳协定。[62] 虽然如此，无论是兴登堡还是鲁登道夫身边的圈子，都有建立一个准独裁政府的强烈意向，这个政府将以富有魅力的兴登堡为领导核心。尽管这种愿望没有能正式实现，到 1917 年 2 月时，鲁登道夫被指定为德国统治者，尽管他的职权还处在兴登堡魅力的阴影以及以皇帝名义的权力之下。[63] 我们将在第八章看到，具有准独裁权力的核心领导作为制衡议会的手段的想法，也断断续续地出现在魏玛共和国，尤其是在危机出现的时候。

然而，《爱国辅助服役法》没有能解决德国面临的后勤问题，直到战争结束鲁登道夫将国家交给马克斯·冯·巴登亲王。[64] 不论是国内生产总值，还是工业生产率，再或者是民众参与劳动的积极性，德国都远远落后于其他交战国（奥匈帝国和沙皇俄国除外）。德国无法生产足够的潜艇，鉴于潜艇是 1916—1917 年的核心作战策略，这无疑是场灾难；同时，装甲车和坦克产量也不足，无法与敌人作战。[65] 事实上，战争经济需要大量劳力与前线需要大量士兵这两个不可调和的矛盾一直没有解决；尽管违反 1907 年的《海牙公约》，德国从 1916 年 11 月开始征用了近 50 万来自比利时、俄罗斯和波兰的俘虏做劳工，情况依然没有好转。[66]

16 岁至 50 岁男性中，超过 500 万人被征召上前线，改变了劳动力结构。尽管工业能够靠"战时义务"找到某些种类的工人，劳力匮乏还是非常严重，不得不雇佣许多乡下没有经过任何训练的年轻人或男性劳力。特别是女性大批进入军工厂工作，比如德累斯顿–诺伊施塔特和莱比锡；正如乌特·达尼尔在巴伐利亚火药厂发现的，许多女性还是第一次就业。[67]

这些工人参加工会的比例开始时很低（1915年由于大量调动而造成工会人数急剧下降，直到1917年才再次出现大幅增加）。鉴于工会在兴登堡计划中起到保障工作秩序的作用，这样的情况对于工厂管理相当不利，同样工会本身的权威也因此下降。自然，随着战争持续，消极怠工、自发罢工和装病也愈演愈烈。

生产强度的增强，加上恶劣的工作环境，导致军火工业中的生产纪律不断下降——尤其是在那些年轻的工人中。正如他们在圣彼得堡和莫斯科的同行一样，对于现有工会的指示，这些年轻人的反应难以预测，也不情愿合作。战争开始的头两年中，工会的人数下降了一半多，而罢工和劳资冲突以令人惊讶的速度上升。战争中的前几个月还算平静，之后罢工以令人恐惧的频率出现。1915年，总计有12000名工人组织了141次罢工，尽管与战前相比不值一提，但是在战时罢工数量极速增加：第二年，参加罢工的人数增加了10倍；1917年——对德国至关重要的一年——总共发生562次罢工，有超过50万工人参加；随后的一年中，即革命之年，有超过130万工人参加了773次罢工。[68]这些罢工活动破坏了德国军方动员军火工厂工人成为生产军事机器辅助力的计划，被鲁登道夫尖锐批评，他号召进行"爱国主义教育"[主要由新建立的帝国国家服务中心（Reichszentrale für Heimatdienst）负责]；格勒纳将军则称参加罢工的工人们为"叛徒"，要求对罢工者进行严厉惩罚。[69]1917年初时，街区性抗议食品供应和军火工厂工人的罢工活动逐渐汇聚成更大的政治运动，且越来越多地具有隐形革命的意味。[70]当然，汹涌的罢工潮对于国家权威提出了严峻挑战，对社会不满和工作抗议逐渐从经济层面上演变成了对战时政府普遍且令人不安的信任危机。[71]

1917年4月，对战时政府的第一次严重考验发生了：来自超过300座军火工厂的30万名工人，在莱比锡和柏林放下了工具，抗议降低食品配额。因为这两地罢工同时发生（并且，需要额外说明的是，威廉港的海军才发生哗变不久），在政府眼中俨然成为一场"运动"。这些罢工还将新近成立的德国独立社民党（USPD）看作为不满者发声重要的政治力量，因为社民党明显失势，而工会也在《爱国辅助服役法》的框架下无法施展。[72]联系到俄国发生的事件，若是不能通过改革改善人民的社会和政治处境，这些抗议唤醒的革命幽灵将无法平息。俄国沙皇倒台后还不到两月，汉堡船业大亨及汉堡-美洲行包航运股份公司（Hamburg-

Amerikanische Packetfahrt-Actien-Gesellschaft，HAPAG，又名 "汉堡轮船公司/亨宝船行"）总裁阿尔伯特·巴林，曾写信给皇帝私人民事内阁总长鲁道夫·冯·瓦伦蒂尼①：

> 有人对我说在机枪存在的时代，不会发生革命。对此我无法相信。彼得堡发生的事件后我更不相信。一个掌权的王朝，尤其是在俄罗斯，居然在未发一枪一弹［防守］的情况下灭亡，值得我们深思。73

在战争进行期间，尤其是 1917 及 1918 年，区分社会不满和政治诉求变得越来越难。通常，抗议的发展与政府的反应将这两者紧密结合在一起。比如 1918 年 5 月，英戈尔施塔特的一群人袭击了警察局及市政厅，原因是一名伤病军人因敌视国家被逮捕。巴伐利亚内政部长认为这一事件"给当局一记响亮的耳光"，他在报告中指出："这一事件证明无纪律的群众是多么容易被煽动，他们的愤怒有着巨大的破坏性，而我们应该从一开始就注意他们的动向。"74 为了控制局面，当局不得不出动军队。这次事件由一人被捕导致，并没有计划，也没有政治诉求，参与暴动的大多数是年轻人，主要是 15 岁到 17 岁的青年。但是当局采取的行动，以及事后发生的大规模逮捕，迫使英戈尔施塔特的市民（至少是一部分市民）改变想法，反对战争。

因为支持城堡和平，且部分由于与当局暧昧的关系，社会民主党领导层发现自己越来越深地卷入到国家权力结构中，并且随着这个过程丧失了大量党员。75 社民党"积极融入"威廉二世的政府，降低了自己在战争进程中行动的空间。76 该党向*旧制度*（ancient regime）的妥协导致战争前党内的分裂此时变得格外引人注目。77 1914 年社民党支持战争债券，1916 年在帝国议会中发表一系列讲话拥护帝国扩张（伪装成德国在欧洲中部的"至关重要的利益"），包括其领导层对《爱国辅助服役法》的支持，最终让党内的对立浮出水面。到 1917 年时，面对着民众对和平越来越高的呼声，加上极端批评者的严厉抨击，还有来自党内的不同意见：诺斯克要求对宪法进行改革，谢德曼要求该党停止支持城堡和平，所有这些都让社民党领导层承受着巨大压力。78 随着物质条件不断恶化，社民党领导层发现自己的政治可信度受到严重怀疑——德国普通工人的不满情绪高涨，

---

① 鲁道夫·冯·瓦伦蒂尼（Rudolf von Valentini，1855—1925 年），德国政治家。——译者

而该党越来越多成为抗议的对象。毫不奇怪的，社民党成员数量急剧下降。支持一场不受欢迎的战争，加上无法对战时政府施加影响，给其他左翼留下了政治空间。最终在1917年4月，德国独立社民党（Unabhängige Sozialdemokratische Partei Deutschlands）成立，创立人正是社会民主派中的重要抗议者。[79]

卡尔·李卜克内西在1914年12月4日投票反对战争债券时，作为持反对意见一派的领袖之一成为第一位不赞同"党鞭"的社会民主党；和他一起的还有哈泽、爱德华·伯恩施坦①及库尔特·艾斯纳。[80] 1915年3月20日再次举行有关债券的投票，有30个选区弃权，2张反对票；到1915年12月29日时，原本反对的43个选区，又增加了20个。于是，这些人逐渐形成了党内的反对派。1916年3月，李卜克内西、奥托·吕尔②、格奥尔格·列杰布尔③以及一些追随者辞去了议会党魁职位，不过他们还没有被驱逐出党。1917年1月16日他们被正式开除出党。几个月后，4月6日至8日，这些异议人士在哥达开会，成立了全新的政党"独立社会主义党"。即使是这个小党也分为几派：以胡戈·哈泽和威廉·迪特曼④为代表的"右翼"、列杰布尔领导的中左翼，以及以李卜克内西和雷奥·乔吉彻斯⑤为核心的极左翼，罗莎·卢森堡在柏林、卡尔·拉狄克⑥在不来梅也构成了极左翼的一部分；同时，在德国南部，独立党不久就在曼海姆招收了大量党员。[81]对战争不满的最强烈表达发生在柏林：那里的金属加工业工

---

① 爱德华·伯恩施坦（Eduard Bernstein，1850—1932年）是一位德国社会民主主义理论家及政治家。后成为了修正主义的理论家，是修正马克思主义基本原则的第一批社会主义者中的一个。——译者

② 奥托·吕尔（Otto Rühle，1874—1943年）是一名德国马克思主义者，活跃于反对"一战"和"二战"的运动，并且与卡尔·李卜克内西、罗莎·卢森堡、弗兰茨·梅林及其他人一起创建了提出革命性的国际主义以反对各国相互杀伐的世界的《国际》杂志，以及1916年的斯巴达克同盟。斯巴达克同盟站在反对列宁主义的立场上，并受到布尔什维克党人不一致的攻击。——译者

③ 格奥尔格·列杰布尔（Georg Ledebour，1850—1947年）是德国社会主义政治家和记者。——译者

④ 威廉·迪特曼（Wilhelm Dittman，1874—1954年）是德国社会民主党的政治家。——译者

⑤ 雷奥·乔吉彻斯（Leo Jogiches，1867—1919年）是生于今日立陶宛维尔纽斯的社会主义政治家，德国共产党的创始人之一。——译者

⑥ 卡尔·拉狄克（Karl Radek，1885—1939年），共产主义宣传家，第一次世界大战前在波兰、德国活动，共产国际的早期领导人，在30年代成为斯大林大清洗的受害者。——译者

会代表在埃米尔·巴尔特①和里夏德·穆勒②的带领下发动革命。1917年初，这些人因为渴望结束战争而团结在一起，决定推翻帝制。独立社民党尽管内部存在分歧，还是发展迅速，到 1917 年 10 月时已经有 12 万党员。尽管这一数字只是社民党的一半，但是社民党自战争开始已经失去了四分之三的党员，这让独立社民党的领导层相信，他们才继承了领导工人阶级的衣钵，在战争情况下则尤其如此。[82]

期间，减轻战争磨难与政治改革结合在一起，而政治改革又与结束战争紧密联系。对改革的呼声——尤其重要的是要求改革商业和帝国议会——在德军于凡尔登惨败之后越来越高涨，1917 年 2 月俄国革命又给了这种潮流新的动力——从上面引用的巴林的评述中，我们可以看到这一点。[83]

第三节　改革和革命中的权威

尽管德国在东线的战事取得成功，民众对战时政府的信任在 1918 年中不断下降。德军最高指挥部（OHL）的权威越发不稳，是一系列因素汇聚的结果。除了民众对战争越来越不满，自由派中间越来越对战败俄国接受的不平等条件感到不安；是年 1 月，美国总统威尔逊提出的"十四点和平原则"，更增加了德国国内要求结束战争和政治改革的呼声。此现象的背后，则是平民与军方当局几乎从战争爆发开始就持续不断的矛盾，随着鲁登道夫-兴登堡双核心地位的下降，这种矛盾越来越激化。战争进行中，军方基本能够对国内政策施加影响；《爱国辅助服役法》便是为了巩固这一地位而设，但是 1918 年时历史的钟摆又荡回了议员一边：军方夏季采取的进攻行动的失败给了议员巨大的信心。

历史学家们曾经争论过导致议会恢复权威的决定性因素。[84] 一方面，议会化的要求被保守派视为美国总统伍德罗·威尔逊③意志的投射，谴责这是"外来"的政治文化，不属于德国。[85] 另一方面，在 1918 年这一年中，抗议示威越来越极端化，尤其到了夏末时，出现了对"由下而上"革命的恐惧，对此唯一的办法便是"由上而下"的改革，才能避免灾难。资深外

---

① 埃米尔·巴尔特（Emil Barth，1879—1941 年），德国政治家。——译者
② 里夏德·穆勒（Richard Müller，1851—1931 年），德国政治家。——译者
③ 伍德罗·威尔逊（Woodrow Wilson，1856—1824 年），美国第 28 任总统。——译者

交家及发生事件的关键人物保罗·冯·辛慈①认为,这种改革的目标不是结束王朝统治,而是改变它。最终连兴登堡也承认,议会改革是抵挡革命的最好方式。[86]

事实上,在俄国革命的背景下,有关商业改革的问题早已成为德国国内政治的中央舞台,1917年4月7日德皇的讲话中谈到了这一点。[87]不过改革一拖再拖,主要原因是总理贝特曼·霍尔维格认为在战争时改革不可能成功,这在自由主义的圈子中引起了许多不满。[88]战争的最后十个月中,对改革的呼声达到了前所未有的高度,而1918年1月威尔逊提出的"十四点和平原则",无疑加强了这种趋势。[89]当威尔逊在国会面前提出民族自决原则时,他并没有针对某个国家做出具体的政治安排,而是希望弱小民族能够决定自己的命运,并且结束对征服的领土的军事占领。不论如何,威尔逊呼吁民族自决,在一些德国人看来,也意味着终结不公正的普鲁士王朝的特权,给议会更多建设性职能。为了制订改革的详细内容,一个跨党派宪法委员会于5月成立,讨论特权改革的方案。尽管委员会的讨论招致一些人的怀疑,德国统治阶层还是不得不承认,某种性质的改革不可避免。[90]正如古斯塔夫·施特雷泽曼于1917年3月在帝国议会发表演说时指出的:战争不可逆转地改变了人民、政府和国家这三极的关系,对应新的关系必须要求政府具有更民主的系统。[91]然而,当委员会12月提出预案时,被普鲁士上议院(Herrenhaus)的容克贵族完全否决。[92]

威尔逊于7月4日提出的四个目标,呼吁结束武断专横的权力、消灭军政府,这给改革带来新的动力。这一要求直接挑战王朝统治的权力核心,但是和前面的十四点原则被拆制的命运相同,接替贝特曼·霍尔维格的顽固保守派总理赫特林伯爵②坚决抵制这一要求。他上任时,兴登堡和鲁登道夫全力阻止,毕竟军方一直视平民政府为实现军事目标的障碍(这一次,外交部国务卿理查德·冯·库尔曼③曾计划1月开始进行和平谈判)。[93]春夏的进攻失败、阵亡将士的骇人数目和军队士气瓦解——战败已经无法避

---

① 保罗·冯·辛慈(Paul von Hintze,1864—1941年),德国海军军官、外交家和政治家。——译者

② 赫特林伯爵(Graf Hertling,1843—1919年),巴伐利亚政治家,担任过巴伐利亚王国总理大臣、普鲁士总理大臣和德意志帝国首相。——译者

③ 理查德·冯·库尔曼(Richard von Kühlmann,1873—1948年),德国外交家和实业家。——译者

免。亚眠战役之后，所有人都看到鲁登道夫 – 兴登堡的独裁统治根本没能取得胜利，他们不受限制的权威也就失去了存在的理由。[94] 9月29日到10月1日军队最高指挥部召开的作战会议上，除了讨论目前局势及反对改革的总理赫特林的辞呈，与会者还达成共识，若要避免"'自下而上'的革命"就必须进行"'自上而下'的革命"，另外还要采取行动将社民党引入政府中，让没有胜利且无法避免的休战变得容易接受。[95] 真实情况是，鲁登道夫一方面将军事上的惨败归咎于议会，同时又将权力分给他们：

> 我已经向吾皇请求，为了感谢那些把我们带到这个境地的人，让他们进入政府执政。我们将看到那些先生们进入各大部门任职……这下他们可以喝下自己本来为我们准备的苦水了！[96]

这一评论经常被历史学者引用，用来证明第三任军队最高指挥部手段何等高明。[97] 军方的箴言是"坚持到底"（Durchhalten），此举则是彻底地甩掉了战争失败的责任，把所有的政治包袱压在了马克斯·冯·巴登亲王的大联盟政府身上，最终转嫁给了共和国。[98] 但是这种论调未免过于将马基雅维利式的想法强加在鲁登道夫的行为上。面对大萧条的危险，他和兴登堡意识到行动空间已经大大减少，除了妥协和解之外几乎毫无选择。[99] 随着1918年夏季进攻行动失败，他们的权威也消失了。[100] 此后靠军事成功而合法化的独裁政权无法延续，他们唯一的选择，便是将权力移交给以议会各党联盟为基础的政府。[101] 然而，鲁登道夫在最后一刻依然尽力破坏和平谈判，正如汉斯·冯·海夫腾①少将记述的，不仅是他本人的精神状态已经相当不稳定，同时还表明他被迫意识到自己的权力最终消散。[102]

威尔逊呼吁民族"自决"、结束军国主义和他有关宪法改革的呼吁相吻合。后来，保守的反共和国派将德国1918年面临的窘境归咎于帝国内外敌人的联合势力，这是他们否定共和国权威的策略之一。[103] 当冯·巴登的政府推行的改革不断深入，不久后遇到险境时，一种极端的驱动力出现了。鲁登道夫左膀右臂之一的马克斯·鲍尔上校，从自己的角度记录了普鲁士倒台的事件，他发现："历史教导时代，而这再一次的向所谓的人民的意愿妥协，造

---

① 汉斯·冯·海夫腾（Hans von Haeften，1870—1937年），一位德国少将，1931—1935年是波茨坦帝国档案馆馆长。——译者

成了必然的崩溃。"[104] 鲁登道夫在十月底被撤职，这被视为平民政府战胜军政府的标志，这不仅消除了政治异见者的一个目标，而且让皇帝成为了这些异见者的新目标。[105] 考虑到威廉二世已经不再信任军队最高指挥部，此时他终于改变想法，赞成与社会民主党合作，这无疑是巨大的讽刺。[106] 因此，尽管并非刻意为之，鲁登道夫被撤职的确是旧秩序大祸临头的日子。[107]

*

战时物资匮乏而造成的抗议一般是自发性的，而且持续时间较短——尽管其政治性很强。除了在柏林组织混乱的由巴尔特和穆勒领导的革命小组成员（revolutionäre Obleute），李卜克内西领导的斯巴达克同盟，以及独立社民党中的极端派别外，废黜皇帝、结束王朝统治并不是抗议者们的主要诉求——直到10月底11月初这一情况发生了改变。[108] 这些迥然不同的群众抗议所累积的效果便是皇帝权威的削弱。10月底11月初时，认为皇帝已经大势已去或者失去了其天然支持者的信任和信心这样类似的观点如洪水般涌现。

威廉二世失去权威的核心原因，是人们将他对改革问题模棱两可的态度与结束战争联系在一起。[109] 10月初时，马克斯·韦伯①写信给生活在弗莱堡的经济学家格尔哈德·冯·舒尔茨－格弗尼茨②，谈到皇帝的固执时这样写道：

> "作为王朝统治的坚决支持者——当然必须要有议会加以限制——尤其是德意志王朝的支持者，我坚信今上为了帝国和王朝的利益必须退位。他完全可以做到这一点而且保留全部的尊严，只需要说'他坚信这是不得已的唯一选择。命运不济，而他不想挡在臣民前进的道路上'……如果他在没有外部压力的情况下退位，那么他退得非常体面，且整个民族都会为他的骑士精神感动。观察了今上的行为后，我可以毫不掩饰地说，我对他的种种行径表示极度厌恶。但考虑到帝国皇

---

① 马克斯·韦伯（Max Weber，1864—1920年），德国的政治经济学家、法学家、社会学家、哲学家，他被公认是现代社会学和公共行政学最重要的创始人之一。——译者

② 格尔哈德·冯·舒尔茨－格弗尼茨（Gerhard von Schulze-Gaevernitz，1864—1943年），德国经济学家、政治家。——译者

威,我只希望吾皇最后不至羞耻……"110

韦伯对皇帝的失望,反映出德国自由派精英们对君主态度的改变;拥有这样想法的,还有工业巨子罗伯特·博世①、新任总理马克斯·冯·巴登亲王,和副总理弗里德里希·冯·派尔111。在危急时刻威廉二世总是躲躲藏藏,让他不断丧失个人权威,最后即使是他的忠实支持者也都离他而去。此外,要求休战的外部压力越来越大,皇帝与皇太子被视为谈判的障碍。正如性格强悍的普鲁士内政部长比尔·德鲁斯②所述:

> "人民中间要求皇帝陛下退位的运动越来越多;不仅是在工人阶层中,中产阶级也是如此。人们认为皇帝和太子是和平道路上的障碍。"112

10月1日到11月9日这段漫长的时间里,华盛顿与柏林之间为了休战而展开了数次外交谈判,这样的外部压力最终迫使鲁登道夫被撤职,普鲁士皇帝逃离德国。在这段时间的初始,坚信"国坚不可破"且"其资源取之不竭"的拉特瑙批评了他眼中急于求成的休战,呼吁成立新的国家防御部,领导人民崛起(levée en masse, Erhebung des Volkes),避免军事独裁和内战(无疑他想到了俄罗斯的情况)。113 同时,军队士气崩溃加上后方压力巨大,意味着在极短时间里,敌意是否消除取决于威廉二世是否退位。114 11月初时,首都到处都出现了民众集会,公开讨论皇帝退位。115

在一封10月14日写给德国平民政府的信笺中,美国政府表示只与平民领导的政府谈判,不与皇帝政府或军政府打交道。身居高位的外交官库尔特·里茨勒③在他的日记中认为皇帝退位绝对不可。116 由于德国政府在改革问题上止步不前,美国10月23日发布的第三封公告通知德国面临的选择只有两种:要么派民选政府进行和谈,要么投降。117 这封公告促使帝国议会10月26日通过宪法修正案,两天后,威廉二世签署生

---

① 罗伯特·博世(Robert Bosch,1861—1942年)是一位德国实业家、工程师和发明家。——译者
② 比尔·德鲁斯(Bill Drews,1870—1938年),德国法学家。——译者
③ 库尔特·里茨勒(Kurt Riezler,1882—1955年),德国外交家、政治家和哲学家。——译者

效，将德意志帝国从"隐形议会制"国家变成议会君主立宪制国家。¹¹⁸ 皇帝明显的顺从意愿在一些媒体中获得一片称赞，但是却难免被人耻笑，比如哈里·冯·科斯勒伯爵在日记中写道："谁还会信任这样一个人？"¹¹⁹ 社会主义者大联盟成员奥托·兰茨贝格①在 11 月 5 日举行的跨党团委员会（Interfraktioneller Ausschuss）会议上谈到皇帝时直言不讳地说：

> "人们真能相信这个近 60 岁的男人，以他的性格能够改变？这个问题不是针对某个人，[但是] 现实如此。这个人绝对不会改变！看在仁慈上帝的分上！我们必须要除掉他！"¹²⁰

一场更深远的改变就此积攒了足够的势能，这不仅是因为威尔逊的第三封公告的阻扰，而且皇帝与和平直接联系在一起。¹²¹ 巨大的压力迫使皇帝做出抉择，但是直到 11 点时他还迟疑不决，而让他下台的呼声越来越高。¹²² 弗里德里希·迈内克后来回忆道：

> "有着这样过去的皇帝想继续君主立宪议会制，在心理上无法被人们接受。皇帝及同样负有责任的太子适时且自愿的退位，不仅让敌人无法提出荒谬的要求，还能抑制尚处在萌芽状态的革命。"¹²³

正如迈内克所暗示的，岌岌可危的绝不只是威廉二世的皇位。正如我们在前面韦伯写给舒尔茨-格弗尼茨信中看到的，哪怕是在社会民主党人之间，只有很少人愿意看到王朝统治结束，但谁又能想到皇帝退位是无法避免的事。哈里·冯·科斯勒伯爵在自己的日记中，记述了 10 月末他与中央党（Centre Party）党魁马蒂亚斯·埃茨贝格尔②一起共进早餐，谈到皇帝退位时他的想法：

> "我那时说，我认为这是必要的，皇帝应该在休战达成之前退位，有可能应该在 48 小时内……如果他不退位的话，极有可能发生的是我们得接受苛刻的条件，或者根本不会有休战；刺杀也有可能发生；人

---

① 奥托·兰茨贝格（Otto Landsberg，1869—1957 年），德国法学家、政治家和外交官。——译者

② 马蒂亚斯·埃茨贝格尔（Matthias Erzberger，1875—1921 年），德国政治家。——译者

民也可能会冲进皇宫。这样一来，王朝还是会灭亡，对于民族而言将是巨大的灾难。"[124]

自由派和社会民主派陷入到进退维谷的境地中。1918 年秋天举行的大游行让旧政权的支持者更加坚信，德国的战士们被"出卖"了。兴登堡在他的回忆录中认为德军"仿佛齐格弗里德①，死在了卑鄙又狰狞的哈根的矛下"。[125] 军国主义者鞭笞了一系列"内部敌人"，包括马克斯亲王本人，新祖国同盟（Bund Neues Vaterland）中的和平主义知识分子，社会民主派大联盟，独立社会民主党，柏林和莱比锡军火工厂中的革命工人，还有汉堡、不来梅、威廉港和基尔德船厂的革命工人——所有这些人精心合作造成了德意志帝国的崩溃。[126] 保皇党们完全忽略一系列事件中皇帝的责任，他们后来坚称，那些自由派精英纵容威尔逊的要求，实际上是为了自己攫取权力（议会的权威），挑起了一系列事端，导致皇帝退位；而那些社会主义者通过"在后方施射无数暗箭"，削弱了将士继续战斗的士气与力量。[127]

但德国军队遭受的打击大多数来自军官们。和欧洲其他各处战时军队的情况一样，军队中官兵之间的差距巨大。军方在战略上的无能，毫无意义地浪费生命，导致数百万人丧生，自然失去了士兵的信任；1917/1919 年，违抗命令的浪潮席卷了军队，夹带着强烈的政治暗示。在实施更加严格的纪律后，威廉港和基尔的舰队及海军造船厂自 1916 年开始酝酿危险情绪，让刚成立的独立社民党在这里站稳了脚跟。1917 年出现了严重的抗命事件，水兵使用水枪攻击上级军官。当局将这次事件定性为叛乱，由军事法庭判两人死刑，数人长期监禁；此举不仅没有压制水兵们的叛乱情绪，反而让他们更加政治化。[128]

无论如何，基尔的叛乱情绪没有在温和的不满上止步，而是最终爆发出来。极端民族主义派别"全体德国人"（Alldeutschen）在舰队军官和军士中间非常受欢迎，尤其是在"边伯"（Markgraf）号——革命的火焰正是在这艘军舰上点燃的。[129] 上级下令舰队 10 月 28 日启航，而

---

① Siegfried，中世纪中古高地德语史诗《尼伯龙人之歌》中的英雄主角。在史诗中，他屠杀巨龙法夫纳，用龙血沐浴，使得全身刀枪不入，仅在背后有一处因被树叶遮蔽而留下弱点。后哈根施计使其妻子克里姆希尔德在此处做下记号，在一次狩猎中待齐格弗里德口渴在溪边喝水时，从背后偷袭，用矛将其捅死。——译者

这一天正是议会投票进行制度改革的日子，因此水兵们怀疑海军司令部想动用军队阻挠担任总理的马克斯·冯·巴登。为了与海军高层针锋相对，锅炉工和机工破坏了引擎，以阻止舰队出海，有报道说军中出现了大规模的哗变。[130] 按照社会主义者联盟《石勒苏益格－荷尔斯泰因人民报》(Schleswig-Holsteinische Volkszeitung)编辑、同时兼任基尔工人大会委员伯恩哈德·劳施（Bernhard Rausch）的说法，兵变并不是反对马克斯·冯·巴登亲王的政府，而是支持他（尽管亲王并不这样认为）。[131] 劳施回忆道："……最终分析表明，水兵们叛变想要表达的，无非是对造成大量战争罪行的体制的极度厌恶，而且它还有可能做出可怕的事情［比如让舰队沉没］。"[132] 因此，此次兵变是帝国威权主义和民主权威之间的较量。[133]

兵变演变成为革命的主要原因，是基尔海军基地不称职的军官们误判了士兵的情绪，粗暴地处理他们的抗议。[134] 水兵们组织了自己的工会，准备参加基尔工人大会号召周日召开的会议，但军官粗暴干涉，下令对水兵和一些加入到他们之中的群众开枪——其中还有不少妇女儿童——造成 8 死 29 伤的惨剧。下令开火的中尉，在暴力升级后被错误地报告成已被杀死。[135] 在抗议示威者拿起武器后，局势已经无可挽回。第二天，"大选帝侯"（Großer Kurfürst）号上的锅炉工代表聚到惨剧发生的不伦瑞克大街，举起标语、高喊口号悼念死难者。同时，陆军第五连和海军第一师的士兵们冲入监狱，把昨天被捕的人们救了出来。随后，第一造船厂动用新兵试图驱赶叛乱者，双方发生了持续冲突。这又造成第一鱼雷师的士兵们叛变，拒绝服从命令。到了 4 日周一时，水兵已经控制了舰队，城里驻扎的士兵也投靠了叛乱者。一位军官宣称"我们军人不了解政治，因此也不应该参与政治"，并坚持"军人必须服从，也应该服从"，却惹得一片口哨和嘘声。锅炉工领导人之一卡尔·阿特尔特（Karl Artelt），同时还是独立社会主义党成员，提出了六点要求（以响应 1918 年柏林罢工者），包括要求皇帝退位、罢黜霍亨索伦王朝、废除从战争初期开始实行的占领法（Belagerungsgesetz）、释放所有的政治犯和抗议者、释放 1917 年威廉港兵变中被囚禁的水手们，以及实现妇女平等的参政议政权。

正如我们前面提到的，古斯塔夫·诺斯克被派往基尔，对局势进行评估并报告柏林当局。周一晚上他和国务卿康拉德·豪斯曼（Conrad

Haußman）一同赶到这里时，局面已经失去控制。[136] 诺斯克和豪斯曼被带到了威廉广场聚集的群众那里，诺斯克这时还很受普通士兵的爱戴。在与军方会面前，他被簇拥着"加冕"成为人民上将（Ziviladmiral）。在此次与当地长官苏雄（Souchon）上将会面中，陆军代表大会提出了14点要求，并威胁如果不能兑现，控制舰队的水手们将炮轰基尔。[137] 苏雄对"兵变毫无准备"，同意了所有要求，诺斯克替代他成为基尔地方长官。[138] 第二天早晨，陆军士兵和水兵选举出了全体代表大会，选举诺斯克作为领袖。豪斯曼对4日的大会内容感到震惊。本来他以为自己和诺斯克到这里是来调解兵变的，[139] 现在忽然间一场革命正在成型。正如劳施所说，"局势已经不可逆转"，而那个"丑陋的旧世界被彻底摧毁"。[140]《石勒苏益格－荷尔斯泰因人民报》11月5日发表社论预言道：

> "革命正在昂首前进。在基尔发生的一切，数日内就将激励其他群体，激发一场席卷整个德国的运动。工人和士兵们的诉求，绝不是混乱，而是新秩序；不是无政府状态，而是社会主义共和国。"[141]

后来成为总理的赫尔曼·穆勒①在他的回忆录中记录自己在6日到达基尔了解的情况，认为4日晚间代表与苏雄的会议是由军队哗变演化成了革命，随后从德国波罗的海沿岸开始向德国全境蔓延。[142] 到8日周五时，这场风潮已经抵达汉诺威，9日周六已经波及柏林。[143]

*

发生在德国的革命各地独立，并没有统一指挥的核心。[144] 这一事实让革命更具威胁性，同时较易极端化；革命解体了社会等级秩序，即使只是暂时性的；最终分析表明，无中央组织遏制了这次极端运动的危险，使其影响力无法超越11月9日的"政权更替"。[145]

担忧革命扩大，谢德曼试图说服冯·巴登，威廉只有退位才能保住王朝和十月改革的成果，而且能避免德国受布尔什维克主义的影响。[146] 但当

---

① 赫尔曼·穆勒（Hermann Müller，1876—1931年），德国的政治家。1919—1920年，他作为德国社会民主党的成员，出任外交部长，并代表德国签署《凡尔赛和约》。在魏玛共和国期间，他曾于1920年及1928—1930年两度出任德国总理。——译者

普鲁士内政部长比尔·德鲁斯（Bill Drews）前往斯帕试图说服皇帝退位时，他被立即免职。威廉安坐在距离柏林近 700 公里的斯帕，被一群出身贵族（且反动）的谋臣集团包围，皇帝对首都发生的事件毫不知情，尽管每天政府都将简报快送到斯帕。毫不妥协的性格让他没有犹豫不决。[147] 皇家卫队副官汉斯·冯·普勒森（Hans von Plessen）以及德意志皇太子军团总指挥弗里德里希·冯·德尔·舒伦贝格（Friedrich von der Schulenberg）劝说他抓住机会，返回柏林，亲自指挥军队。[148] 格勒纳忧心忡忡地从柏林返回，他说自己"亲眼见到革命"。他对驻守在斯帕的军官进行简短调查后得出结论——威廉已经无兵可用。11 月 8 日，驻守在斯帕的 5000 名士兵组织了代表大会，反抗军官的领导——他们对皇帝的忠诚受到严重怀疑；在前线的总共 39 名指挥官中，有 23 人确定不会追随皇帝，剩下的人中还有 15 位态度模棱两可。[149] 最令人震惊的是他们对威廉二世的"极端的冷漠"（große Gleichgültigkeit）。就连兴登堡也在整个过程中采取消极态度，只有格勒纳去向皇帝汇报。此外，威廉的朝廷重臣们也认为皇帝退位并非毫无道理，这一态度尤其明显。恩斯特·鲁道夫·胡贝尔确信，威廉丧失权威决定了他的命运。[150]

11 月 9 日，冯·巴登宣布皇帝退位，这一看上去似乎僭越的行为，实际上是一场拉锯战和不同力量相互作用的结果。德鲁斯没有从斯帕带来皇帝的回音，而马克斯亲王必须要达成各方谅解、安抚社会民主党人士还要防止民众革命闹事，于是他下令宣布皇帝退位的"决定"是"自愿"的。[151] 从十月下旬开始的一系列政治风波，自从兴登堡－鲁登道夫得权之后，威廉已经被架空成为"影子君主"，皇帝没有能成功地控制住发生在他身边的事件。引用德国历史学者赫尔穆特·诺伊豪斯（Helmut Neuhaus）的话：历史绕过了他。[152]

第四节　在革命中恢复权威

皇帝威廉二世退位，权力于 11 月 9 日早晨移交给人民代表委员会，似乎政治权威的问题已经尘埃落定。事实确非如此。首先一点便是新政府合法性的不确定性：革命导致了政体上的中断。本来，冯·巴登基本上没有将政府职能交给艾伯特和他的同僚们，这导致后者认为自己不过是皇权监视下的过渡政府，负责达成各方谅解、维持后方稳定。仅仅几个小时后这一局面就发生了变化:谢德曼仓促间宣布德意志共和国成立。此时,与过去的正式决裂发生了:人民代表委员会处在另一个政体的领导地位上。艾伯特宣布帝国议会暂停后,人民代表委员会的革命权威得到巩固,尽管这让大会发言人康斯坦丁·费伦巴赫①倍感惊讶(后来他自1920年6月至1921年5月出任总理)。代表大会这一概念可以追溯到法国大革命及督政府时期;更具挑战意味的是,它与卡尔·施米特设想的不同寻常的独裁有着相似之处(详见第八章)。政府宣布将进行制宪国民大会的选举,更表明了人民代表委员会的过渡性质——尽管制宪大会本身也是为制定新宪法而成立的过渡机构。[153]

另外两个因素让权力问题更加复杂:一是斯巴达克同盟和其他左翼分子不断持续煽动革命,更重要的是,由于革命的大柏林工人士兵委员会的存在,这个委员会视自己为革命决策者,即执行委员会(Vollzugsrat)(其职能后来在12月中旬第一次代表大会时转移到一个中央委员会中)[154],它视自己为在委员会监督下的国家最高权力机构。12月,国民各地委员会联合代表大会(Congress of Councils)成立,这一新的机构由里夏德·穆勒(Richard Müller)领导,主要由左翼的社会主义者大联盟组成,他们对德国的未来有着完全不同的设想。这些极端分子想要建立一个由"底层"人民领导的苏维埃政府(Räterrepublik),彻底变革德国的政治及经济机构。这些政治团体的地位根本无法充分调和。于是,从11月10日执行委员会(Vollzugsrat)成立,直到1月19日选举国民大会,这些从根本上对权力设想不同的政治团体——从议会制民主到无产阶级专政——在政治空间中你争我夺。[155]

*

在这一时期,极左翼与社会主义者大联盟发生激烈争论,双方争论的焦点,是德国未来是否应该以议会制为基础,还是应该建立苏维埃共和国(Räterepublik);20世纪60年代开始,研究德国革命的历史著作集中探讨这一问题长达20年。[156] 在许多角度上,这次争论可以说是1918年政治

---

① 康斯坦丁·费伦巴赫(Konstantin Fehrenbach,1852—1926年),德国天主教政治家,中央党主要领导人之一。魏玛共和国总理(1920—1921)。——译者

领袖们观点的延续——当年的争论在所谓过分谨慎的社会主义者大联盟和革命的工人和士兵委员会之间展开。对于左派而言，因为社民党与旧秩序（即军队、司法系统和官僚系统）的妥协，而未能意识到革命的全部潜能。赞同亚瑟·罗森伯格①观点的埃伯哈德·库伯（Eberhard Kolb）认为，德国革命"在进程中被终止"，共和国权力的轮廓也不再清晰。[157] 莱因哈特·吕路普②在一篇影响力较大的综述中更近一步，引用恩斯特·特勒尔奇③的评论，认为"实质上，反革命、重秩序的原则与无产阶级专政相对"已经决定了社民党的行为。[158]

这些结论都基于一个不切实际的期望，即社会主义者大联盟应该像个革命党一样采取行动。诚然，1891 年在埃尔福特确定的党纲尊崇马克思主义的原则，但是其实现方式应为渐进体系。11 月及 12 月无政府过渡期期间，社民党领导层认为 11 月 9 日发生的事件是"合法的"革命——基于巴登将权力移交给艾伯特及他的同僚这一事实；从许多方面而言，这仅仅是 10 月 26 日推出改革措施的延续，并不符合民意。[159] 因此，社民党要求民主化，并不是出于革命的需要，而是希望通过扩大相关利益集团而维系国家，[160] 而后者已经部分通过十月改革达到，并在 11 月 12 日实现普选权时彻底完成。宣布成立共和国把所有人都带入到了无人涉足的领域，唯一的指引便是召开立宪大会制定新宪法。所以，社会主义者大联盟视自己为革命中的积极参与者，但绝不是布尔什维克。[161] 的确，这样的革命带来的只有混乱，甚至可能会造成帝国崩溃——柏林政界没有谁会愿意这样。在艾伯特特别是谢德曼看来，对休战和其他有关工人阶级利益事务的最大威胁来自于革命左派。[162] 甚至在王朝覆灭之前，社民党领导层便坚持"和平过渡［到民主议会制］而不要布尔什维克混乱"。[163] 回忆这段岁月，谢德曼承认"帝国，尤其是柏林，在王朝覆灭后的数周内仿佛疯人院般混乱"。[164] 他还坚信，极左翼（独立社民党）中的极端派，尤其是斯巴达克同盟"［对德国而言］比外敌要危险得多"，这一点他曾多次强调；11 月 8 日，冯·巴登的内阁会议上他宣布："我的政党会确保德国远离布尔什维克主义。"[165] 尽

---

① 亚瑟·罗森伯格（Arthur Rosenberg，1889—1943 年），德国马克思主义历史学家和政治家，在纳粹上台之后，由于其犹太血统，最后逃亡美国。——译者

② 莱因哈特·吕路普（Reinhard Rürup，1934 至今），德国历史学家。——译者

③ 恩斯特·特勒尔奇（Ernst Troeltsch，1865—1923 年），德国新教神学家和历史哲学作家。——译者

管国家政体出现了中断,德国的新领导层谋求通过政策和实践的延续性确保稳定,这意味着权力来自各方战线所达成的共识。因此应该在其决策的过程中来评估社民党的领导能力;1918年时,选择只有两个:自上而下的"合法"革命,或者是自下而上的极端法外革命。[166]

在立宪大会选举完成之前,政治权力至少集中在革命的两个机构中:人民代表委员会——即事实上的政府,以及位于柏林的工人和士兵委员会的执行委员会(即 Vollzugsrat)。这两个机构本来应该互相协助,实际上他们的合作并不顺畅,为了行政决策而冲突不断。[167]这两个机构的政治目标完全不同,军队民主化以及经济社会主义化的实践也不同;一系列领导人之间的个性冲突给双方关系近一步蒙上阴影,最严重的或许要数独立社民党的格奥尔格·列杰布尔——凯绥·柯勒惠支①称其为"煽动者"和"搅事精"——与谢德曼之间的不合。[168]执委会认为自己是极端政治的载体,尽管总体上这并不代表工人和士兵委员会的政见。[169]关键问题是,军方领导人不认可执委会的权力,认为其领导人不过是一群政治莽夫。不过,格勒纳和其他军方领导承认人民代表委员会的权力,并与其共商国是。[170]不可避免地,人民代表委员会与执委会之间的关系恶化到无法修复的程度,导致联席会议气氛紧张,双方互相指责对方威胁革命。12月6日,军方逮捕了执委会成员,双方争执才告一段落;下逮捕令者是谁无人知晓。尘埃落定,第二天举行的联席会议中,执委会明显永久地失去了权力。[171]

独立社民党内部也出现了分裂。与执委会相似的,独立社民党希望立即彻底地进行经济社会主义化,并进行必要的政治转变,但是党内对于如何实现这一目标看法各不相同。无论如何,作为政党它自然遵循议会民主的轨迹,第二年3月独立民主党在退出政府近三个月后,重新支持"所有权力属于人民代表委员会";而此时尽管暴动不断,革命的时机已经永远消失。[172]

俄国革命发生后,只有极左翼相信,11月9日所发生的不过是第二次革命的前奏,而这第二次革命将是无产阶级建立布尔什维克式独裁统治的世界革命的一部分。[173]自由派《福斯日报》刊登的一篇文章中,特勒尔奇(Troeltsch)认为布尔什维克式的革命携带着内战和混乱的幽灵,帝国也可

---

① 凯绥·柯勒惠支(Käthe Kollwitz,1867—1945年),德国女艺术家,表现主义版画家和雕塑家,20世纪德国最重要的画家之一。——译者

能会解体。¹⁷⁴ 从王朝统治到议会民主的转变让许多保守派异常难过，比如托马斯·曼。¹⁷⁵ 若把革命放入当时的历史背景（结束战争、军队遣散和恢复社会秩序），当局绝不允许其极端化。面对在休战谈判中不愿妥协的联军阵营和国内暴动的极端分子，社民党的领导层认为斡旋的空间极为有限。正如柏林负责安全的社民党人士奥托·威尔斯（Otto Wels）在一次人民代表委员会和执委会联席举行的气氛紧张的会议中指出的：" 我不得不保护革命不受左派和右派的破坏。"¹⁷⁶

战争的经验让艾伯特和他的同僚们学会了一个道理：掌握权力，哪怕是以专制的形式，也会轻易被民众的抗议击溃。此外，当时的民众似乎并不愿这样；的确，革命到12月中旬时有了新的动向：第一次工人和士兵委员会于柏林召开并决议坚决支持国民制宪大会。到这时可以清楚地看出，德国不可能通过自下而上的议会运动重建，高度的地区性差异和无政府结构使得国家层面上政权的构建无法达成一致。¹⁷⁷

然而，就在宣布进行制宪大会选举的一周内，罗莎·卢森堡在《红旗》（Rote Fahne）报上号召将革命极端化。"骰子终将落地"，她写道，"过去议会的缺陷是力量薄弱，现在是争论不休，将来就要背叛社会主义。"¹⁷⁸ 持有这种观点的不只是卢森堡一人。1916年及1917年两次柏林罢工领袖埃米尔·巴尔特（Emil Barth）——后来加入到人民代表委员会（在李卜克内西拒绝独立社民党的提名后）——也认为革命应该沿着布尔什维克的路线极端化；他认为自己的同行者们，尤其是胡戈·哈泽和威廉·迪特曼，造成了卢森堡提到的"议会的缺陷"。¹⁷⁹ 在他片面的记述革命的著作中，巴尔特评论了所有的极端人士，从柏林的李卜克内西到慕尼黑的埃里希·米萨姆①和尤金·莱文②，他指责这些人"全然不顾所有现实"。甚至执委会及柏林革命工人代表主席里夏德·穆勒，也没能避免巴尔特的尖刻批评。¹⁸⁰ 因此这些半吊子革命家组织的极端革命失败也就不足为奇了。当然，巴尔特最多指责的是社会主义者大联盟，他认为他们"背叛了革命"，与旧势力精英合作。¹⁸¹

对于社民党领导层未能成功实现社会生产关系的转变，克拉拉·蔡特

---

① 埃里希·米萨姆（Erich Mühsam，1878—1934年），德国作家、诗人、无政府主义者、和平主义者与反法西斯主义者。因谴责纳粹主义被杀于奥拉宁堡集中营。——译者

② 尤金·莱文（Eugen Leviné，1883—1919年），犹太血统的共产主义革命家，短命的巴伐利亚苏维埃共和国的领导人。——译者

金（Clara Zetkin）提供了不那么偏激但尖锐的批评；这片文章发表在12月初的《莱比锡人民报》上，她指出：

> "民主"是选定的轨道（Gleis），[并且]是当时错误的方案，反革命异常活跃，将无产阶级打回到原有的政治无权力状态中。召开"国民立宪大会"的呼声在帝国中、在联邦中越来越高。我们来仔细审查一下这背后的缘由，讨论立宪大会的含义及其目的。
>
> 在特定的历史条件下，靠民主、以立宪大会的方式找到民族团结难道真是与阶级统治对立的吗？恰恰相反，完全不是这样。现在互不相容而冲突的不是阶级[矛盾]；实质上完全是另外一回事。那些反革命者自觉或不自觉拥护的所谓民主，像一只没有内容的空蛋壳。蛋壳尽管还保留了形状，但是组成鸡蛋的实质部分已经消失。的确如此！政治平等，政治民主，只要不以经济平等为基础，那就只能是形式的、表面的和不完整的。这个坚实不动摇的基础，在市民阶级资本家那里无法实现。[182]

这种背叛革命的想法，从极左翼阵营蔓延开来——凯绥·柯勒惠支的日记可以提供证据。[183] 无论如何，蔡特金的论调，出现在极端者开始不受欢迎的时期。到12月中旬时，没有人愿意用革命实现她论点中那种目标。12月17日，当凯斯勒从波兰返回柏林时，他发现红旗已经消失，取而代之的是帝国和普鲁士的旗帜，偶尔会出现的还有黑红黄三色的共和派旗帜（源自1848年革命，还未成为共和国国旗），以及一周前用来欢迎西线士兵归来、有些残破的花环。凯斯勒明显注意到这景象与11月中旬"大相径庭"。[184] 确实，当时普遍的情绪，甚至在"革命的"团体中，都是尽快地恢复国内和平状态。[185] 纪念革命一周年《世界周报》（*Die Welt am Montag*）中拉特瑙认为，普通德国人大多希望"回到正常生活"，而选举议会则是其重要的标志。[186]

在柏林召开的第一次全德代表大会（12月16—19日）以绝对多数赞成召开制宪会议，及几乎二比一的比例反对恩斯特·多伊米希① 建立苏维

---

① 恩斯特·多伊米希（Ernst Däumig, 1866—1922年），德国社会主义政治家和记者。——译者

埃共和国的提案。这不仅是让议会政府获得合法地位,大会还决议将所有宪法权力(让独立社民党和极左派失望)移交给人民代表委员会,等于终结了革命中产生的两家争相执政的局面。执委会被中央委员会(Zentralrat)取代,其中多数派社民党(MSPD)占领导地位。大会最终结果是 489 个席位中,社会主义者大联盟占据 296 席,独立社民党只有 96 席,而海因里希·劳芬贝格①率领的革命者联盟仅得 11 席。[187] 此次大会还以压倒性票数(344 票赞成,89 票反对)决议支持召开国民大会,后者在 1919 年 1 月得到了广泛响应——约四分之三的选民投票给了所谓的魏玛大联盟(由社民党、中央党和自由党组成)。革命就其政治诉求及形式而言已经结束;尽管大街小巷还没有完全平静下来(在这一阶段,直到 5 月),但骚乱已经不再是极端革命派的渠道,这里成了一个角斗场——在法律和秩序的名义下,为了寻求重新建立权威而给反革命暴力提供了机会。[188]

第五节　结　论

海尔佳·格勒宾②在考察德国工人运动时,认为 1918 年"社民党无法为新国家奠定社会和意识形态的基础;他们没有清晰的、可以照顾到所有阶层的社会主义民主政策。他们的政策依然以王朝独裁系统为蓝本,使得政府理念混乱不清"。[189] "社会主义民主政策"应有的状态并不完全清晰。魏玛共和国权力政策的初始,来自于战时各种势力的融合——正如我们在这章看到的那样——它一直在那些历史人物生活的历史背景限制下成型。1918 年的当务之急,是拯救战败泥潭中的帝国并在议会民主的基础上重建民族主权,国家才得以重建。无论怎样,完成这一任务所需的政权也是两面性的,迈内克也写下了与特勒尔奇接近的话。谈论到 1848 年革命的解放时刻时,迈内克注意到:"民族主权曾一度是革命性的理念,此时却有了保守的内涵";这一内涵将在共和国的历史中以各种形式展现出来。[190]

---

① 海因里希·劳芬贝格(Heinrich Laufenberg,1872—1932 年),德国共产主义领袖,他最初发展出布尔什维克国家的设想。——译者

② 海尔佳·格勒宾(Helga Grebing,1930 至今),德国女性历史学家,关注于社会史。——译者

第三章 权威的复苏：
魏玛的外交政策

> "……1918年的崩溃中，威廉治下想要崛起成为经济强盛的世界强国之梦戛然而止。"[1]

第一节 引言

1918年战败，德国成为世界强国的目标也随之而终。[2]《凡尔赛和约》不仅将帝国摧毁得踪迹全无，其第231条——即战争罪责条款——也将战争的责任归咎于德国，贬称德国为应受严厉惩罚的战争贩子。[3]接下来的两年中，一系列的和会和决议，使得德国的东部、西南部和北部大片领土被割让，减少了许多人口。在东部，上西里西亚被割让给了波兰，但泽也成为国际联盟监管下的自由城市；石勒苏益格北部割让给了丹麦；西部萨尔工业区被置于国际监管之下，并由法军占领15年以赔偿战争给法国矿业带来的损失；西南部的阿尔萨斯-洛林被割让给法国；欧本-马尔梅迪（Eupen-Malmedy）割让给比利时；处于莱茵河西岸的一系列重要城市，如美因茨、科布伦茨、科隆和杜塞尔多夫也成为占领区，延伸至50公里的区域也成为非军事化区。直到1930年占领军提前撤离，包含760万人口的这一区域一直作为保留区。卡尔·施米特认为，德国被不同的国家/联盟军占领，是帝国主义现代形式的最好例子。[4]德国总计失去了约71000平方公里的土地——大约是战前领土的八分之一（或约13%）——加上640万德国人（战前人口的十分之一）生活在领土之外。物质资源的匮乏也非常严重。

德国国内对此愤愤不平，称和约为"强权和平"（Gewaltfrieden）和"蹂躏"。[5] 1919 年 5 月 12 日国民大会召开，讨论是否接受和约的条款，谢德曼总理称和约为"恐怖的谋杀行为"、不过是"战争的延续"时，全场掌声雷动。[6] 被这样羞辱的德国或许感到不平，但是他们自己的政府在一年前的《布列斯特—立托夫斯克和约》中同样严厉地惩罚俄国，与 1871 年普鲁士打败法国后的条款类似。[7] 这个怪异的圈子终于回到了起点。

《凡尔赛和约》中有四个相互关联的部分，从 1919 年直到 1930 年代中期一直让所有德国人不满——无论他们属于哪个政治阵营。首先是有关赔偿，尤其是要求德国为战争负全部责任；第二部分涉及边界的军事安全及德国在众国家中"平等"的问题；与此相关的还有第三部分，即国际政治体系和国联的地位问题；第四部分着眼于被占领地区的国家主权及全民公投后领土的丧失等相互关联的问题。[8] 处理这些问题中的任何一个皆是对政府权威的考量，因为每个部分都与德国作为主权国家在国际中的权威有关。战后初期，德国无法左右自己的命运，因为其政策都是被动地对《凡尔赛和约》的回应；并且，正如我们即将看到的，这成为共和国政府合法性的严峻挑战。[9]

法国人要求和约的所有条款必须得到彻底执行，这意味着共和国要为前朝的罪过付出代价，还要确保法国边境的安全。[10] 帝国的后续政府如何面对这一债务决定了此后十年中魏玛共和国的外交政策，也与共和国的内政紧密结合。[11] 国内分成了两大派，一派要求重新展开和平谈判，修改《凡尔赛和约》——这一派直到 30 年代初基本控制了魏玛共和国的政治，而另一派完全不承认和约。即使是在希特勒上台后直接拒绝和约，德国还有一部分人依然相信可能修订和约，尽管这一希望越来越小。[12] 但在此之前，德国对和约的接受及其产生的后果形成了托马斯·梅格尔①所言的"基础共识"——这种共识在修正后的政治言论中展现出来；同时，这一言论的消极方面为批评共和国提供了平台——正像沃尔夫冈·埃尔茨②和托马斯·劳伦兹（Thomas Lorenz）指出的。[13]

尽管有争议的问题到 1925 年的《洛迦诺公约》已经大部分得到解决，德国也在此后的一年加入了国联，但是"战争罪行"和赔偿依然是德国的

---

① 托马斯·梅格尔（Thomas Mergel，1960 年至今），德国历史学家，主攻 20 世纪史。——译者

② 沃尔夫冈·埃尔茨（Wolfgang Elz，1956 年至今），德国历史学家。——译者

眼中钉。无论如何，《洛迦诺公约》及加入国联这两大事件是大萧条前德国外交政策的顶点，不仅让德国重新加入国际社会，同时也帮助稳定了国内共和国的权威，奠定了1930年所有外国军队从莱茵兰撤军的外交基础。1928年5月的选举中，包括施特雷泽曼的德国人民党（DVP）及天主教巴伐利亚人民党（BVP）的魏玛大联盟获得了58.1%的选票，这虽远远超过1919年1月的支持率，但并不能表明在和解的基础上修订《凡尔赛和约》这一政策是正确的——这一点我们将在本章的第二部分看到。1930年7月法国和比利时的军队从莱茵兰撤军，可以称得上施特雷泽曼政策的另一顶点，不过他本人没能活着看到这一天。对于我们的研究而言，重要的是撤军给国民带来的激励。这一激励是把双刃剑——尽管毫无疑问的，撤军的确算得上是魏玛共和国的功绩；但是它释放了潮水般的民族感情，模糊了和解性修订《凡尔赛和约》与民族主义复兴的界限。正如我们将要看到的，魏玛共和国的领导层试图借用这一波民族主义的风潮，但是最终把他们带入了以专制政治为基础的外交政策激流中。

尽管实现以上目标是魏玛共和国政治家们的要务，但是魏玛共和国的外交政策还有另一层经常被忽视。可以理解地，过去的研究一直集中在古斯塔夫·施特雷泽曼身上：自1923年8月至1929年10月初他去世，施特雷泽曼一直担任外交部长。[14] 这意味着，研究主要集中在他在任时"履行义务"问题和"修订主义"政策上。[15] 这种研究方式带来的弊病，是在讨论共和国的外交政策时，忘记了德国外交政策的广义和长期的基调，即成为欧洲大陆中心的强国（mitteleuropäische Staatsmacht）。有关德国成为欧洲大陆及世界强国的野心，研究一直是集中在1914年前——比如弗里茨·费歇尔①拓展性的杰作《德国寻求成为世界强国》（"Germany's quest for world power"）——及1933年起希特勒侵略性扩张主义，而魏玛时期的外交政策一直被视为这一政策的中断。但在我们研究的整个时代中，地缘政治的考量一直持续。一方面，德国的地理位置带来了许多好处，这远不仅仅是市场和大陆的影响力；另一方面，1914年德国两线作战的现实，让古老的"环绕"想法获得认可。[16] 德国在欧洲大陆上的野心以及寻求边境安全，决定了其在"一战"期间东西两侧吞并领土的政策。[17]《凡尔赛和约》后，德国制定了和解政策及修订主义——先是拉特瑙后有施特雷泽曼，一直奉行

---

① 弗里茨·费歇尔（Fritz Fischer，1908—1999年），德国历史学家。——译者

这一原则。1925年后，这一政策变得更加主动：柏林此时在实现自己目标时显示出更大的自信；大萧条又带来了采取更具进攻性政策的机会——尽管德国经济也受到影响，但还是能够迅速调整，从伦敦和华盛顿撤出欧洲市场中获益。

尽管大多数文献倾向于将"施特雷泽曼时代"描绘成为帝国时代寻求德国"阳光照耀之地"与希特勒侵略扩张主义之间的真空区，它也可以被视为两者之间的联系。[18]"履行义务"及"暗中修订主义"政策可以看作德国战败面对特定条件时的务实策略，并没有什么特别。一旦这些外在条件被部分或全部消除，柏林的外交政策又回到了之前的路线上，寻求成为欧洲中心的强国。

1918年后，出于显而易见的原因，寻求成为大陆霸权这一目标降至次要地位，首要任务是在《凡尔赛和约》之后重新恢复德国的国际地位。当这一点随着1926年的《洛迦诺公约》和德国重新加入国联而使这一首要任务部分得以实现之后，地缘政治的考量重新成为外交政策的重要元素。在施特雷泽曼去世后，他的党内同志尤里乌斯·柯蒂斯[①]尝试将德国的长期目标变为现实，但是与他前任的做法大不相同。在他担任外长两年期间，柯蒂斯试图利用世界贸易崩溃扩大德国经济利益和政治影响，尤其是在欧洲中部和东南部。1933年起，随着德国实现欧洲中部经济强权的外交政策加快了脚步，其外交也越来越自信，1936—1938年到达顶峰；也正是在这一时期，柏林和那些过于依赖贸易的伙伴之间关系逐渐冷却。德国在欧洲大陆的野心最终形成了武力统一欧洲的计划，这一计划是1940年法国战败后由瓦尔特·冯克[②]领导的经济计划部提出的。[19]推动德国外交政策从晚期魏玛共和国过渡到第三帝国的核心，正是"成为欧洲中部强国"的理想；这种理想与国内强权政治之间的复杂关系，将在本章的最后部分进行讨论。[20]

[①] 尤里乌斯·柯蒂斯（Julius Curtius，1877—1948年），德国政治家，主管经济和外交事务。——译者

[②] 瓦尔特·冯克（Walther Funk，1860—1960年），瓦尔特·冯克经济学家、知名纳粹高官，曾担任纳粹德国经济部部长、政府新闻总署和宣传部负责人、战争经济全权委员会、德国国家银行总裁。纽伦堡审判中被判终身监禁。——译者

第二节　从大陆强国到被世界遗弃：《凡尔赛和约》

　　1916年，第一次世界大战进行正酣，许多德国人非常期待战后的欧洲——那时德国将成为大陆毫无疑问的领导者。有关德国主导欧洲的理想最重要的文献，是弗里德里希·瑙曼在1915年出版的《欧洲中心》（*Mitteleuropa*）；在这本书中，他制订了德国成为欧洲中部文化和经济领导国的蓝图。瑙曼的这一设想得到了著名地理学家埃米尔·施图策（Emil Stutzer）的赞同，在他1917年出版的著作《德国城市》（*The German Cities*）中，一幅欧洲大陆的地图以柏林—维也纳为首府，而其他国家首都仅是地区性大城市。[21] 德国成为欧洲中心强国的理想，在"一战"结束时被政界广泛接受，但是支持者不尽相同——有好战的侵略主义者，还有友好的调和主义者。[22] 但是这些政见不同的人都赞同保罗·史潘①的看法——1916年春他就中心这一主题在国会演讲，他的结论是"战争必须有实质的结果。"[23] 事实上，战争确实产生了实质结果，不过不是德国期待的那种。1918年，一度自认是大陆强国的德国人，忽然发现自己被联军打败，国家陷入了政治混乱，分裂运动不断，帝国完整受到严重威胁。最严重的是，被广泛认为十分苛刻的和约条款主导了政治议事日程。新成立的魏玛共和国政府，要完成几乎不可能的任务，重新设定德国的外交政策——尽管斡旋的空间几乎或根本不存在。这一局势带来的后果，是共和国的权威初期安危未定。[24]

　　11月停火普遍受到民众欢迎，但是协约国和谈的条件却是另外的情况，尤其是德国了解到战败及其后果时。在国民大会上，社会民主党人威廉·凯尔（Wilhelm Keil）重申，和平必须建立在威尔逊"十四点和平原则"的基础上——在接下来的数年中，这成为德国一再要求修订《凡尔赛和约》的主导思想。[25] 为了避免屈辱条约带来的灾难，职业外交家们将希望寄托在美国身上，希望其能扮演调解角色；而德国的新领导者们于2月6日在魏玛举行会议，也坚决要求威尔逊"十四点和平原则"是和约条款制定的基础。[26] 关于这一立场，从一开始乌尔里希·冯·布洛克多夫－兰晁（Ulrich von Brockdorff-Rantzau）伯爵就直接并公开地声明要坚持。这位职业外交家，同时是魏玛共和国的首任外交部长，在接下来的数月中巴

---

　　① 保罗·史潘（Paul Spahn，1914—2002年），经济学家。——译者

黎谈判尚未展开时，一再强调这一立场；尽管一些关键政治家——比如艾伯特——认为这次谈判对德国而言没有希望。[27] 四月初，在德国代表团出发前往凡尔赛之前，一场有关和平条件的讨论全面展开；参加国民大会（除了独立社会主义者之外）的所有各方都坚持，和约必须建立在平等和理解的基础上，尽管此时大多数与会者非常清楚，这基本毫无可能。无论如何，议员们依然坚持实现调解和约的路线；正如社民党议员古斯塔夫·霍赫（Gustav Hoch）所说：“任何人不能强迫六七千万人接受不平等的和平条款。”[28] 国民大会发表跨党派（独立社民党除外）声明，要求政府拒绝接受不利条款，仅接受在威尔逊"十四点和平原则"框架内的条件，因为"只有这样的和平才符合人道主义，强加的和平不过是诅咒"。[29] 国民大会达成一致，欧洲若要化干戈为玉帛，必须在深刻理解和平的条件下进行重建。但是4月10日的讨论结果是，德国完全拒绝承担全部战争责任，这不仅严重限制了政府和代表团的斡旋空间，更让公众产生了不现实的希望。[30]

布洛克多夫－兰晁率领的德国代表团在巴黎受尽羞辱，预示着各方在政治上相互不理解，尤其是德法双方。4月29日，代表团抵达巴黎后立即被隔离，与其他各国代表团毫无接触；10名法国士兵和1名美国士兵监视代表团，在等待数日之后，代表团直接被传唤去接受胜利者们制定好的条款。[31] 之前，布洛克多夫－兰晁曾在2月14日于魏玛举行的国民大会上发表演说，要用和解平衡强硬：除了实现德国要在威尔逊"十四点和平原则"内实现和平的意图，他一再强调拒绝承认德国为战争负全责。[32] 本来5月7日在凡尔赛，布洛克多夫－兰晁想再次重申这些要求。面对与会众代表团，他承认德国对挑起战争负部分责任，并不否认德国入侵比利时，但同时他陈述道：

> 我们被要求承认德国承担战争的全部罪责；我若是承认这一点，那将是一个谎言。拒绝承认德国在挑起战争以及左右战争进展方面的责任，绝不是我们的意图……但是我们强烈反对德国单方——其国民一致认为自己进行的是自卫战争——应该为战争负全责。[33]

提及11月5日兰辛①的讲话，布洛克多夫－兰晁呼吁实现建立在公

---

① 罗伯特·兰辛（Robert Lansing，1864—1928年），美国法学家、律师、政治家，曾任美国国务卿。《兰辛－石井协定》的当事人。——译者

正和平等基础上的和平，而不是"强权和平"（Gewaltfrieden）；他要求对"一战"起源和进展进行公正调查，他坚信最终的调查结果必然是德国并不比其他大国负有更多责任。这一切的努力都是徒劳的。他的讲话根本没有打动协约国，尤其是法国总理乔治·克列孟梭。布洛克多夫-兰晁意识到自己将面临一场外交战争。针对 5 月 7 日克列孟梭有关合约条件特别是 231 条款（战争罪责条款）的言论，布洛克多夫-兰晁这位守旧的外交家进行了反驳，拒绝承认德国承担战争的全部责任，并进行静坐抗议来表示德国有权不被当作战败国而是应被平等对待（正如议程规定的那样）。[34] 在发表措辞强硬拒绝承认全部战争责任的演说后，他离开了会议大厅，走到特里亚农宫入口处点燃香烟暂时休息，这一幕被记者捕捉到，永久保留在了照片上。[35]

代表团在最终提交的报告中，建议内阁不要接受和约条件。瓦尔特·西蒙斯（Walter Simons，后来的外交部长）在写给妻子的信中提到"法国人病态地害怕且憎恨"德国人，而人们普遍认为法国是惩罚性和约的幕后主使——这也反映了德国外交部的普遍心态。[36] 不论如何，人们普遍认为德国对此无能为力——无论采取何种方式抗议。克列孟梭毫不让步：要么德国全面接受和约，包括承担全部战争责任；要么再次陷入悲惨境地，面临被武力入侵的可能。[37] 社民党外交使节、代表团成员之一的奥托·兰茨贝格（Otto Landsberg）在谈到协约国武力干预时，总结认为德国根本无力抵抗，他表示"和约是慢性谋杀德国人民；但若是不签字，那就是自杀"。[38] 内阁在讨论这一问题时发生严重分歧。马蒂亚斯·埃尔茨贝格（Matthias Erzberger，不管部部长）、古斯塔夫·鲍尔①、古斯塔夫·诺斯克和爱德华·大卫（Edward David）担忧帝国分裂、莱茵兰分裂势力崛起以及不签订和约带来的混乱极有可能导致布尔什维克式的政权更替；而另一方布洛克多夫-兰晁倾向于拒绝和约条款，认为克列孟梭不过是虚张声势。对布洛克多夫-兰晁而言，此事不仅有关国家尊严及个人荣誉，他认为外交不过是赌注极高的纸牌游戏，此时一定要坚持住。因此他建议柏林政府保持"绝对冷静、冷血且矜持"。[39] 他相信，德国一旦拒绝协定，协约国阵线必将瓦解，这样以来柏林政府就能利用单边谈判获得更好条件。[40] 但是，他无法说服帝国和各州的大

---

① 古斯塔夫·鲍尔（Gustav Bauer，1870—1944 年），德国社会民主党领袖和魏玛共和国总理，政府只维持了 219 天。——译者

多数部长使其相信协约国将瓦解。不管部部长埃尔茨贝格撰写报告,描述了若是拒绝签字,德国将面临一系列国内政治问题,最终这一观点占据了舆论上风。[41] 事实上,根据布洛克多夫–兰晁事后有关这些关键讨论的回忆,正是这份报告打破平衡得到更多支持,导致艾伯特于6月6日出面干涉。[42] 面对分裂的内阁,谢德曼和布洛克多夫–兰晁及德国民主党(DDP)的德恩堡(Dernburg)与格泰因(Gothein),还有两位社民党大联盟部长兰茨贝格及施米特一起,在上任仅仅四个月后,于6月20日宣布辞去公职。[43] 剩下的部长们形成了新的内阁,由古斯塔夫·鲍尔领导;不过也有人怀疑政府的真正权力掌握在埃尔茨贝格手中。在获得众多州政府的支持后,6月22日鲍尔将《凡尔赛和约》递交国民大会进行讨论,并最终以明显的多数票通过(237票赞成,138票反对)。[44] 一周后的6月28日,在柏林方面种种努力要求删除227—231条款失败后,外交部长赫尔曼·穆勒和殖民大臣约翰内斯·贝尔(Johannes Bell)在和约上签字,"但是并未接受德国人民是战争的发起者这一罪责"。[45] 两周后,7月11日,和约正式生效。

这一和约激起了民族愤怒的火焰:有人指控共和国的领导人们——尤其是饱受右派批评的埃尔茨贝格——集体向法国投降;[46] 国内(不出所料地)出现了呼声,号召抵制《凡尔赛和约》。普法战争中普军缴获的法国旗帜,按照条约应当归还,这时被愤怒的学生从军械库中抢了出来,在柏林中央腓特烈大帝的塑像前被烧掉。历史学家恩斯特·特勒尔奇谈到这段岁月时,认为德国国内出现了一股爱国主义的大潮——这种情况自1914年(所谓的八月热情)以及"一战"初期时"城堡和平"起便再没有出现过:

> "不能接受"再次出现成为史诗般的声音,民族自豪感被点燃,1914年的那种团结氛围似乎又一次出现。再一次共同面对死亡的危险战胜了无休止的分裂、相互争斗和敌意。学生们上街举着黑白红三色旗大规模游行,高声歌唱《守卫莱茵》(*Die Wacht am Rhein*)——并不含有任何讽刺的意味。[47]

开始时,民众呼吁拒绝和约条款非常普遍,只有一些异见声音——比如《世界周报》(*Welt am Montag*)的主编赫尔穆特·冯·格尔拉赫(Helmuth von Gerlach)。非常典型的活动是联合签名请愿书,例如托马斯·曼也曾经参加过这样的抗议活动。[48] 瓦尔特·拉特瑙绝不是位极端人士，他一直要求德国对"一战"时在比利时的掠夺行为进行补偿；然而即使是他也形容和约为"精心策划的谋杀，冷酷、明显、精明且苍白，毁掉了过去和将来数代人的心血"。[49] 5月12日国民大会讨论协约国制定的条款，大会议长及未来的总理康斯坦丁·费伦巴赫给与会代表们描述了全国各地谴责和约内容的电报仿佛洪水一般涌现。[50] 此次大会在柏林大学的礼堂举行，每一位站起来激烈发言要求拒绝和约的代表，不分党派都收到了热烈掌声。[51] 我们曾提到总理菲利普·谢德曼发言时受到的热烈欢呼，而他要求大会拒绝《凡尔赛和约》的发言也被媒体广泛报道。

柏林大学校长、著名法学家兼德国人民党威廉·卡尔（Wilhelm Kahl）在大会开幕时的演讲中也提醒众位与会代表：当年柏林大学第一任校长约翰·戈特利布·费希特①也在同一座礼堂，号召民众在拿破仑战胜了德国的关键历史拐点坚持不懈。[52] 尽管特勒尔奇意识到这种不满情绪意味着回到祖国党政策的老路上，但除德国民族主义者之外参与讨论的代表们呼吁正义而非仇恨。[53] 辩论的基调是愤慨和感人的奇怪混合，尽管其中有些政治戏剧的味道，但无疑我们能看到和约激起了德国的民族情感。但事实是，正如我们前面提到的，大多数代表认同德国必须"与此合约友好相处"，尽管威尔逊的"十四点和平原则"没有兑现。[54]

民众中的愤怒和拒绝同时还带有了宿命和沮丧的味道。谢德曼签署合约意味着德国必须接受条款；哈里·科斯勒（Harry Kessler）伯爵同许多贵族一样，认为德国不应该对战争负全部责任，在日记中他记述到，他被"无法形容的沮丧"折磨着，"仿佛我心和灵魂中所有的生命都已逝去"。[55] 他认为，德国背上这样的"耻辱"，责任在于中央党领袖马蒂亚斯·埃尔茨贝格，是他在主导谈判，也是他强烈赞成签署和约；科斯勒预见性地认为这些部长们将和数月前被刺杀的卡尔·李卜克内西遭受同样的命运。[56] 距此600公里外的慕尼黑，托马斯·曼在日记中记下了民众中的困惑与沮丧，他自己也感觉到"非常愤怒、厌恶、怨愤和疲倦"。[57] 托马斯·曼一直欢迎国民大会以大多数票支持签署和约，但是应该以"恰当抗议"加上限

---

① 约翰·戈特利布·费希特（Johann Gottlieb Fichte, 1762—1814年），德国哲学家。德国唯心主义哲学的主要奠基人之一。——译者

制条款为条件；"无条件"接受和约的消息让他震惊。[58]文化历史学者沃尔夫冈·施维尔布许认为，意识到德国不再是世界强国而是沦为战败国的想法孕育了一种愤愤不平的"战败文化"，在民族文化上打上深深烙印，折磨了整整一代人，最终被希特勒利用。[59]但正如托马斯·劳伦兹论述的那样，对于和约的极端反应只是来自于吵闹的民主主义者阵营，但他们的数量不具代表性。[60]还有一些人，比如和平主义者及艺术家凯绥·柯勒惠支及浪漫主义学者维克托·克伦佩勒①，对于他们而言，和约与每日生活的艰难相比不值一提。柯勒惠支和克伦佩勒对此的冷漠提醒我们，不应过分夸张和约对德国人日常生活中心理上的影响。[61]

为了能抵抗"右翼的浪涌"（Welle von Rechts），鲍尔于10月在国民大会演讲，认为德国"在自己能力所及内"自愿履行《凡尔赛和约》的条款，将会揭发《凡尔赛和约》的不可行和不公正性，最终导致其修订。[62]鲍尔和他的继任者们非常明白，作为战败国的现实严重限制了德国外交的斡旋空间，因此应该在国家利益问题上采取实用主义，而不是民族主义情绪。这种温和的态度并不能掩盖一个事实，即所有的党派都认为和约的条款及由其引发的德国的境况最终还是要被修改，无论是有关（尤其是德国东部）领土变化，还是战争补偿。[63]

在这种国际较量（主要是与法国）的背后，不仅仅是物质层面的问题，还有对权威的质疑——两者同时在世界和国内政治舞台展开。到底应该奉行贯彻执行和约的政策，还是强硬要求修改合约，这一争论让德国产生分歧，主导着这些年中德国国内政治的走向，让政党走向分裂，也对共和国的权威提出挑战——比如1920年3月沃尔夫冈·卡普（Wolfgang Kapp）和瓦尔特·冯·吕特维持兹（Walther von Lüttwitz）发动的卡普政变。[64]不过，所有人也（勉强）达成共识，所有政治战争都要务实。因此，康斯坦丁·费伦巴赫在1920年6月能够依靠德国国家人民党（DNVP）和社会主义者大联盟，在议会中挫败德国共产党（KPD）和独立社会党发起的"不信任"议案，其起因是德国代表团于7月初在斯帕的会谈中受到侮辱——此次会议的主题是战争赔偿和德国裁军。[65]1921年3月的伦敦会议（被右翼形容为德国的又一灾难）之前，有关战争赔偿问题一直悬而未决。费伦巴赫前往伦敦，希望德国就有关赔偿问题能与法国、意大利和

---

① 维克托·克伦佩勒（Victor Klemperer，1881—1960年）是罗曼语研究学者。——译者

英国达成一致，但是失望而回。赔偿委员会态度强硬，无论是在赔偿金额还是在赔偿期限上；柏林阐明愿意赔偿的态度，但是再次强调赔偿必须符合其能力；当前的经济情况无力支付，所以柏林方面希望暂时推迟赔偿。

3月12日，总理将计划提交国会审议，在漫长的讨论投票后最终通过。[66] 在此之前，德国外长瓦尔特·西蒙斯到南部许多城市访问，包括卡尔斯鲁厄和斯图加特，向许多工业家们介绍政府为伦敦会议准备的计划。一个月后的另一场国会辩论中，尽管有保留意见（社民党鲁道夫·布赖特沙伊德指责政府的政策"无奈屈从"和"放任自流"），众人还是达成一致：唯一的出路就是实行"在德国的能力范围内兑现"的政策。[67] 英国和法国（在4月30日的会议上）对此表示拒绝，协约国下定决心要德国为战争付出代价，而德国政府对此无能为力。[68] 德国向美国请求其出面进行仲裁，但未得理会。3月8日，法国及比利时军队占领莱茵河左岸，包括杜塞尔多夫和杜伊斯堡。仅仅数周内，伦敦会议最后通牒要求德国赔偿1.32亿金马克、外国军队可占领其两座重要工业城市，且其被强硬的委员会要求将所有的黄金和白银储备作为赔偿押金——德国政府面临绝境。当下只有两种可能：要么接受伦敦会议条款及赔偿要求，要么拒绝但是最终被强制占领并扣押金银储备（Zwangsvollstreckung）。在5月5日至6日伦敦会议发出通牒之前，费伦巴赫和他的内阁于5月4日辞职。[69]

约瑟夫·维尔特①组阁成立下届政府时，他于5月10日在国会面前指出，抵抗政策可能威胁帝国完整性（巴伐利亚地区怨声载道，而莱茵兰地区分裂分子也在积极活动）。在与内阁商讨了各种可能后，新一届政府不情愿地决定接受伦敦通牒。然而，维尔特不仅仅是希望他的政府政策得到批准，他更是要通过国会投票让所有人承担责任。一方面，这可以被视为软弱或缺乏信心，同样也可以被解读为聪明的策略——在国家危机的时刻保证政党间的一致。让国会参与决策，维尔特能够让批评者们（大多数是右派但不是全部）对接受通牒噤声。但是希冀以此在新逆境面前实现新的"城堡和平"（Burgfrieden）很快破灭。尽管维尔特能够在国会中获得大多数议员的支持（220赞成票），但还有数量可观的议员（172票）反对他。

---

① 约瑟夫·维尔特（Joseph Wirth，1879—1956年），德国魏玛共和时期的一名政治家，所属政党为中央党，于1921年至隔年期间担任总理一职，为德国史上最年轻的总理。——译者

更重要的是，此次投票分裂了市民阶层政党，尤其是政府中的自由党被一分为二。[70] 正如宪法历史学者恩斯特·鲁道夫·胡贝尔所评论的："在魏玛时期，极少有'自由投票权'在像此次有关伦敦强令（原文如此）的跨党派分裂投票中那样明显地表达出来"。[71]

自相矛盾的是，这次投票因为澄清了外交路线而稳定了德国的外交政策。直到此时，对于战争赔偿的答复一直是"在可行范围内"，这一说法政治上模棱两可，经济上也没有确定性。在获得国会多数票支持后，维尔特无条件（Ohne Vorbehalt oder Bedingung）接受了伦敦通牒有关德国的条款。无论此举是否如胡贝尔所称是"投降"，德国政府那时毫无选择余地。对此维尔特谈道："为国家自由付出再多代价也值得"。[72] 从财政角度而言，经济迅速恶化，工业生产不断下降；一些地区似乎陷入到永恒的暴乱中；为了结束与美国形式上依然进行的战争还在不断谈判（4月，哈定总统最终签署了和平协议并于11月得到国会批准）；德国与波兰和捷克斯洛伐克的边界还没有确定。因此，对于柏林而言，确定了战争赔偿才终于有可能处理其他事务。

维尔特和瓦尔特·拉特瑙一样（后者是重建部部长及维尔特第二期内阁外交部长），愿意暂时牺牲民族（主义）的骄傲换来欧洲和国际稳定，不排除日后再重议战争赔偿的问题。此时，不少人认同为了能找到稳定的立足点，把德国从政治经济灾难的深渊拯救出来，必须坚持兑现和约的政策，这样才能使德国恢复信誉，尤其是在大陆上重构自己的权益。拉特瑙于1921年6月2日在国会发表演说，他谈到了欧洲的"团体利益"，作为国内政策的要务他把这种利益与德国重建联系在一起。[73] 7月4日他在汉堡重申这一观点，"恢复名誉、重建安全和和平只有在世界所有［民族］普遍互相联系的共识下才能实现"。[74] 为此目的，1921年10月拉特瑙与法国解放区区长①路易·卢舍尔（Louis Loucheur）举行谈判，并制定了后世所谓的《威斯巴登协议》，其中德国承诺承担法国北部的重建费用，并规定截至1926年5月1日最多支付70亿金马克。[75] 这是与法国和解的第一步，也确立了施特雷泽曼政策的基调。[76] 当然这一政策招致右翼的批评，认为这等于向法国投降。德国国家人民党的瓦尔特·兰姆巴赫（Walther Lambach）曾经批评拉特瑙纯粹出于他作为工业大亨的私利，自战争结束

---

① 法国解放区指"一战"后的阿尔萨斯和洛林。——译者

起一直干涉外交政策。[77] 但是，维尔特与拉特瑙那时至少一直反对将外交政策置于国内政策之上，因而为 1924 年起任职的施特雷泽曼打下基础。[78] 与法国有关赔偿问题的争执不断恶化，最终导致 1923 年危机，不过这一点在 1921 年时还无法预见。

1922 年初，德国拖欠赔款，与法国的关系陷入低谷。维尔特于 12 月初给赔偿委员会主席路易斯·杜布瓦（Louis Dubois）写信，若要支付赔偿金，德国必须被允许在金融市场上发行债券，但是这一点因为德国信用评级很低（不只与德国政治局势不稳有关）未能实现。为了给发行债券谈判争取时间，维尔特申请延期偿付赔款，但是遭到拒绝。同时，一些其他的事件暴露了政府面对协约国强权虚弱不堪。维尔特通过兑现和约换取和解的政策失败了，而一周后他向国会预算委员会作报告时承认了这一点。[79] 到此时，维尔特与十年后的海因里希·布吕宁①一样，认为通过显示乐意合作的态度，德国能够让其他国家至少意识到：赔偿金数额即使不是绝无可能兑现，也是不现实的（1921 年 7 月至 8 月有关"道威斯计划"的谈判时，英方与美方对德国的态度的确有所缓和）。[80] 但是这一政策的局限性很快凸显出来：1921 年 10 月 12 日，协约国强硬要求分割上西里西亚（Upper Silesia），10 月 20 日，阿里斯蒂德·白里安②针对拖欠赔偿发出最后通牒。这两个事件导致 10 月 26 日维尔特内阁抗议并辞职。因上西里西亚土地问题，维尔特未能与德国人民党结盟，只好立即与社民党和中央党组成少数内阁，瓦尔特·拉特瑙于 1922 年 1 月加入，并出任外交部长。[81]

尽管民族主义者和中右派们批评维尔特的"投降"政策，大多数议员还是表示接受。[82] 1 月赔偿问题导致第一次危机（第二次是 1923 年），共产党发起对政府的"不信任"议案的投票，此议案未通过的主要原因是右派投了弃权票。1 月，德国国家人民党和德国人民党的党员在再次投票前退出议会，可以被解读为蔑视或者某种形式的"消极容忍"。[83] 维尔特的改革及担保计划于 1 月 28 日被国会批准，但是被协约国赔偿委员会否决。德国国家人民党形容委员会的决议是"对德国主权的攻击"，这破坏

---

① 海因里希·布吕宁（Heinrich Brünning, 1885—1970 年），德国的政治家。在魏玛共和国末期的 1930 年到 1932 年间担任德国总理。——译者

② 阿里斯蒂德·白里安（Aristide Briand, 1862—1932 年），法国政治家。他为国际合作、国际联盟和世界和平所作的努力，使他在 1926 年与施特雷泽曼共获诺贝尔和平奖。——译者

了维尔特在政坛的信誉。此前，德国国家人民党的韦斯塔普伯爵（Graf von Westarp）在辩论中指责维尔特奉行"投降政策"，距离指控他叛国仅有分毫之遥。[84] 此次辩论之热烈，措辞非常激进，令人回想起"一战"时的论战；这给外交部长瓦尔特·拉特瑙在 6 月 24 日惨遭刺杀做了铺垫；和一年前马蒂亚斯·埃尔茨贝格被刺杀相似，其根源在于右翼对兑现和约政策所产生的"精神变态"的反应（尽管右派赞扬他在《拉巴洛条约》①中的积极角色以及他在萨尔兰问题上坚定立场）。右翼媒体对拉特瑙口诛笔伐，而民族主义者议员攻击他在《威斯巴登协议》中对法国让步太多。[85]

在左派和右派的攻击中，维尔特的第二任内阁在风雨飘摇中坚持到了 1922 年 11 月，社民党不满内阁的财政政策而退出内阁，最终导致其垮台。[86] 新上任的中右"专家内阁"由威廉·古诺②担任总理，他是汉堡－美洲轮船公司总监，试图将赔偿问题去政治化，强调其纯粹的金融及经济层面。古诺是位无党派的商人，但他也无法逃脱由赔偿引发的国内政治的急迫压力，几乎立即回到了上届政府的老路上。对于一位视自己为超越政治层面的总理而言，深深陷入政治泥潭真是种讽刺。11 月 24 日，他向国会介绍政府计划，宣布"面包优先，赔偿第二"的原则时受到雷鸣般的掌声。[87] 自费伦巴赫内阁起，这是国会第一次在外交政策上达成一致；但古诺的胜利好景不长。[88] 1 月的巴黎会议中各国没有能达成一致，对于如何对待德国要求暂停赔偿的问题，博纳劳③与法方持不同意见，要求采取温和政策并搁置赔偿。[89] 法国一直获得赔偿委员会的支持，和比利时军队在 1 月 11 日一起进入鲁尔区，尽管这明显违背国际法。[90]

1 月的这次占领莱茵河右岸对于柏林政府而言并不意外。[91] 前一年的夏季，德国一直受到制裁威胁（巴黎方面自《拉巴洛条约》开始采取强硬路线）。1921 年时法国曾经采取相同的策略，在德国拖欠赔偿时出兵抢占

---

① 《拉巴洛条约》（Treaty of Rapallo）是 1922 年 4 月 16 日，由德国魏玛政府与俄罗斯苏维埃在意大利利古里亚省拉帕洛签署的条约。两国宣布放弃在布列斯特－立陶夫斯克条约及"一战"后向对方提出的领土和金钱之要求，并同意外交正常化并"友好合作，在经济上互惠互利"。——译者

② 威廉·古诺（Wilhelm Cuno，1876—1933 年），德国政治家，他担任魏玛共和国总理，总计 264 天。他任期内德国经济崩溃，为偿还国家债务，政府大量印刷货币，导致恶性通货膨胀达到顶点。——译者

③ 博纳劳（Bonar Law，1858—1923 年），加拿大裔英国保守党政治家，1922 年至 1923 年出任英国首相，他是唯一一位生于英伦以外的英国首相。——译者

其生产基地及生产资料。此次不同的是，德国采取了另外的对策。德国在国际政治中一直处于不利地位，自和约签署之日起的所有四届政府都拒绝231条款。尽管如此，所有政府还是坚持其兑现合约规定条款的政策——虽然极不情愿——这点一直被民族主义批评者视为魏玛共和国政府懦弱的证据，（借助恶毒的民族主义媒体）在民众中造成一种假象：共和国懦弱的政府根本不能维护德国利益。所以，政府如何应对此次占领影响着政府的可信性和权威性。一方面，这显示了德国作为战败国军事上的虚弱；但是另一方面，考虑到此次占领对欧洲整体经济的影响及法方的强硬态度，也让德国占领了道德高地。

政府号召进行消极抵抗还达到另一层目的：国际对德国的态度得以缓和，尤其是此次危机持续进行，法方在斗争中的行动越来越残酷，促成了德国国内暂时的民族团结（尽管莱茵兰地区独立运动高涨）。[92] 实际上，鲁尔区的被占激励了整个民族，把国内对政府的不满引到了法国人身上——口诛笔伐这次找到了更好的靶子。[93] 大多数阵营都忽略了法国—比利时出兵鲁尔区，同时还造成了法国政治的分裂。取而代之的，德方指责法方的暴力、傲慢、不人道（军妓）、在食物和住处分配上的不近人情等，这些指责在德国境内传播，在未来数代中影响了德法关系。占领区的残暴行为被官方记录，成为德法关系危机的缘由，唤醒人们对战争中严重罪行的记忆。[94] 1923年出版的三部纪实报道包含至少90份证词和大量图片作为确凿证据，记录下法国—比利时军队对德国官民的残暴行径，包括谋杀和强奸。这些材料本来并未向公众公开，只是针对法国政府而收集的卷宗。[95] 但是这些记录还是暴露在了公众视野中，造成了民众强烈不满情绪。也有一些针对国际受众的报道。比较典型的例子是以下的报道，摘自一本48页的小册子，内容来自官方记录，为了方便美国读者用英语写成：

> 穿过占领区的城镇，可以观察到占领军和他们的家人趾高气昂地走在大街上，衣着优雅，展示着胜利者的骄傲。同时可以看到德国人昔盛今衰，衣衫褴褛，面有菜色，无动于衷，与周遭环境格格不入。[96]

这是对非德国受众的温和宣传。有关所谓的"黑色耻辱"（Schwarze Schmach）还有更加骇人听闻的记录，这里指的是来自法国殖民地25000名士兵的性行为，这些报道主要见诸报端，附有图片，言语异常激烈。[97]

鲁尔区被占领期间产生的民族共识，到了夏天时便消失殆尽。[98] 共和国因为腐败摇摇欲坠，古诺被指责忘记了"民主的原则"，因为他在为消极抵抗筹款时，既没有征得国会同意也没有询问其他利益集团的意见。[99] 尤其是施特雷泽曼及德国人民党在社民党的支持下向内阁发难，认为其统治风格仿佛独裁政府。此前两天，即8月10日，古诺通过紧急法案，给政府更大的权力——由于在危机下国会无限期休会，意味着这些权力基本不受控制。[100]

8月13日，施特雷泽曼组建下一任政府，此时危机达到顶峰；尽管他曾一直批评古诺，但还是继续前任绕过国会的政策，宁可采取公开对话向德国势力巨大的利益集团阐释自己的计划，也不愿面对民众选出来的代表。[101] 10月初再次召开国会，德国国家人民党批评当前政府，对此施特雷泽曼要求所有党派暂时搁置党际争执，以国家利益为重。[102] 此前的9月2日，施特雷泽曼在向工商业代表演讲时，制定了更加缓和的外交政策，他还特别强调这一计划对德国长远目标的重要意义：他希望通过解决莱茵—鲁尔问题开启一个新的"和平时代"，通过与法国和解结束占领，接受物质牺牲，但不割让国土。10天后，柏林的德国各大媒体见面会上，他重申了这一讲话的要点，他还谈到准备采取收缩财政的方式修复公共开支和稳定货币，并强调"我们必须要给国家所需的一切"。[103]

鲁尔危机确实让德国大为震惊，但也坚定其决心；不可思议地，还巩固了共和国地位。自从所谓的"1914年精神"及"城堡和平"后，第一次出现了一种普遍的民族集体情感（rassemblement）——这种思潮至少持续到1923年的夏天。[104] 鲁尔危机的结束恰巧与一系列事件同时发生：10月完全镇压共产党、11月挫败慕尼黑的啤酒馆政变①及莱茵兰分裂势力的垮台。魏玛共和国自（对德国而言）成功的伦敦会议后，终于可以全面掌权。随着"道威斯计划"进入国际政治舞台的美国人不仅帮助德国稳定了货币，为德国经济重建铺平道路，而且还给柏林提供必要的支持，让德国在金融和道德层面得以修复并重返国际舞台。[105] 英法两国政府更替（两国都迎来了中左翼政府）也缓和了国际局势。[106]

共和国建立初年面对的挑战及步履蹒跚的外交政策，并非独一无二。

---

① 啤酒馆政变，1923年11月9日晚上，由德国纳粹党在慕尼黑的贝格勃劳凯勒啤酒馆发动，并计划仿效墨索里尼的向罗马进军，进行类似行动推翻魏玛共和国，但最后失败。主要策划者包括纳粹党领导人阿道夫·希特勒、"一战"德军名将埃里希·鲁登道夫及其他战斗联盟的成员。——译者

赔偿问题同样也给法国政治造成负面影响，也给协约国内造成嫌隙。[107] 1924年12月国会选举时确认了当前政府的政策，魏玛联盟又赢回了一些席位（见表3.1）。尽管如此，1月中旬，马克斯的中左翼政府被中右翼取代，开启了国内保守紧缩政策的时代，在外交关系上与之互补的是渐进和解的政策。这一道路对于民众期待的共和国复兴至关重要，而其外交政策则集中在恢复德国在国际舞台上的国家主权上，同时继续寻求实现长期的大陆及国际利益。

表3.1 票数（百分比）和在国会的席位（数字），1919—1924年

年份	德国国家人民党	德国人民党	德国中央党	巴伐利亚人民党	德国民主党	德国社民党	德国独立社民党	德国共产党	纳粹党
1919	10.3	4.4	19.7	–	18.5	37.9	7.6	–	–
	44	19	91	–	75	163	22	–	–
1920	15.0	13.9	13.6	4.1	8.2	21.7	17.8	2.0	–
	71	66	68	21	39	102	84	4	–
1924	18.4	9.2	13.3	3.2	5.3	23.9	–	12.5	6.5
	95	45	65	16	28	100	–	62	32
1924	20.4	10.6	13.5	3.7	6.3	26.0	–	8.9	2.9
	103	51	69	19	32	131	–	45	14

来源：改编自 Herbert Michaelis and Ernst Schraepler (eds), *Ursachen und Folgen Vom deutschen Zusammenbruch 1918 und 1945 bis zur staatlichen Neuordnung Deutschlands in der Gegenwart*, Vol. 3: Der Weg in die Weimarer Republik (Berlin, n.d.), Anlage I: Die Wahlen zur Nationalversammlung und zum Reichstag 1919 – 1933.

战后初期，共和国在国内的权威岌岌可危，由于其决策受战胜国影响。1924年的两次选举，和所有选举一样，可以被视为公众对政府工作满意度的晴雨表。[108] 1919年1月的国民大会选举中，魏玛大联盟以绝无仅有的压倒性优势获胜，学者们一般喜欢以此作为标尺，在之后的选举中衡量共和国内的政治气候变化，判定"中坚力量"在魏玛政治文化中的衰退。然而，战后的首次选举显示出了民众对于"正常状态"的渴望。它发生在革命和社会动荡的年代，因此，这次选举是对特殊社会境况的反应，用它来衡量魏玛民主的支持率似乎意义不大。而这一年的主要议题是"道威斯计划"

以及赔偿、与法国和解、加入国联以及德国的"战争罪责"。在两次选举期间，国会中都有过激烈的争论，无论是左翼还是右翼都在攻击政府的部长们，攻击他们"毫无用处地配合政策"。[109] 5月选举一般被认为被通胀后经济斗争引起的不满所笼罩（主要是因为战争国债的重新估价）。但事实是，尽管五月选举的"失败者"是德国人民党和德国民主党中右翼和自由派，但执政的社民党和以莱茵兰为腹地的中央党也都没有得胜；不过社民党还是在1920年对他们的执政表现作出了改进。这两大党在执政期间对外交政策的成形起到了关键作用。12月选举更能说明问题。此次选举可以被解读为从早期财政动荡中恢复稳定，但也可以被视为对政府外交政策的肯定。

整个夏季，汉斯·路德①总理一直强调一个极具说服力的观点：近期历史表明，穷兵黩武毫无意义，只有众民族团结才能达成目标。国会（8月29日）就"道威斯计划"举行投票，最终以65%的绝对多数通过；仅两个月后，国会再次举行投票，考量政府政策。最终结果显示公众对执政各党满意度较高，只有纳粹党（NSDAP，也称德国国家社会主义工人党）除外——该党的发言人在国会辩论中，被前任总理及国家元老康斯坦丁·费伦巴赫批评太幼稚。[110]

共和国早期的外交政策，主要受协约国政策的偏见及突发奇想影响。美国重新介入对于鲁尔危机的处理，打破了权力制衡；加上英国态度的转变，以及法国被孤立——这些因素大大增加了德国的信心，为其东山再起、维护自己利益铺平了道路。[111] 接下来的数年中德国完全恢复了国际地位，这巩固了共和国在国内的威望。

第三节　恢复权威：《洛迦诺公约》及莱茵兰

对峙时代结束，和解时代开始，施特雷泽曼的"暗中修订主义"给1924年末到1930年春的三届政府都带来不少裨益。《凡尔赛和约》对德国的贸易制裁此时被取消。[112] 尤其，随着德国于1926年9月加入国联，造成德国"遗弃"身份的《凡尔赛和约》第231条款事实上被取消。1925年10月签署的《洛迦诺公约》无疑是巨大成功，其中正式确定了德国与法国

---

① 汉斯·路德（Hans Luther，1879—1962年），德国政治家，担任魏玛共和国总理482天。——译者

和比利时的边境；与波兰和捷克斯洛伐克（两国皆受法国托管）的边境尽管还没有正式确定，至少在当时于洛迦诺已被心照不宣地承认。[113] 一些历史学家认为，《洛迦诺公约》和国联是魏玛共和国外交政策的巅峰和转折点。[114] 不论如何，这一外交成就依然被阴云笼罩：赔偿问题和德国领土上驻扎外国军队；此外，公约在德国国内没有获得任何一方好评，包括总统在内。[115] "道威斯计划"只是暂时的机制，虽然没有根本解决赔偿问题，但是却缓解了赔偿的压力。有关赔偿最终协定（1929年的"杨格计划"）的最初讨论对共和国外交政策而言是严峻考验，这与修订《凡尔赛和约》中最致命的条款——即战争罪行及从莱茵兰撤军的问题——联系在一起。

鲁尔危机结束以及"道威斯计划"引入的稳定一揽子计划后各方坚持和解路线，这推动了对共和国民主理想的再次肯定，也让两者联系起来。（1925年）1月19日，路德向国会陈述政府计划，他把莱茵兰北部撤军问题作为政府外交政策的目标。[116]

> 新一届政府外交政策方向主要由《伦敦协定》确立。欧洲的情况，以《伦敦协定》确定赔偿问题为出发点。根据这一协定修订的法律，我们会认真执行，同样我们也期望缔结协定的其他各方（Vertragsgegners）也认真履行。不幸的是，《伦敦协定》带来的政治和情感上的缓和，因为莱茵兰北部撤军问题而受到恶劣影响。因此，本届政府继续坚持上届政府有关撤军的政策。保留莱茵兰北部的占领区意味着基于《凡尔赛和约》的合法要求未能满足，而且是对《伦敦协定》的精神和基本信任的公开破坏。[117]

1925年5月，国会进行长达三日的激烈辩论，主要议题是政府的外交政策；路德和施特雷泽曼发现自己夹在两大阵营中间：一边是民族主义者要求在与协约国有关安全条件的谈判中采取更强硬的立场，另一方面是社民党要求采取更怀柔的政策。[118] 这种在和解政策上的分歧，不仅来自于不同的政治意识形态，一党内的不同阵营亦是如此。1924年的一次有关外交政策的辩论中，菲利普指出德国民族主义者陷入好战言辞与政治现实毫不相符的困境中，他的言论获得不少喝彩。[119] 1924年8月在针对"道威斯计划"的投票中，德国国家人民党的一些代表对政府投了反对票，尽管该党是执政党之一；1925年11月对是否接受《洛迦诺公约》投票时，巴伐利亚人民党有着同样表现。[120]

对施特雷泽曼最严厉的指责，是他不断让步但却收获甚微甚至全无。有关这次争论的一个典型例子，是在对"道威斯计划"进行辩论时，一位民族主义（völkisch）的德国社会主义党（DSP）代表里夏德·孔策①的发言，他强调"历史是最后的审判，我依然相信善恶终有报"。[121] 孔策是政治边缘人物的一个例子，但是他以启示录般的言语，甚至感染了那些温和的民族主义者，比如实用主义的昆诺·冯·韦斯塔普（Kuno Graf von Westarp）伯爵，孔策的言语影响了他在有关《洛迦诺公约》辩论中的发言。[122] 民族主义者们确实达成了某种跨党派的一致：只要战争罪行的"污点"一日不除，德国的国际权力就会被严重限制。同样的，修订《凡尔赛和约》条款也能巩固共和国在国内的政权。

在国会举行的数次有关外交政策的辩论中，后来于1926年5月重新成为总理并任职两年的威廉·马克斯，论及国内政策和外交政策的紧密关系时认为前者中多元主义是生活常态，但是后者决不允许党派政治干涉民族统一。布赖特沙伊德（Breitscheid）作为社民党在国会中针对外交政策讨论的主要贡献者，不赞同外交政策在对于团结德国方面所能起到的作用，而这一点正是马克斯的市民阶层政府所尝试的。他也一样指责政府自《洛迦诺公约》后毫无作为，他宣称："我们面对着一片空白。"但是，马克斯为自己建立在协约国"相互理解"基础上的政策辩护，强调其既不是"全面配合"也不是"修订主义"。他领导的内阁将坚持这一路线：

> 战后（各界）政府坚定不移的外交政策，是基于放弃寻求报复这一基础的，这样才能有伦敦"道威斯计划"，有《洛迦诺公约》，加入国联……实际上，其方向是建立相互信任。[123]

总理接下来还列举了一系列这一政策的成就，尤其是某些占领地区不再受联军控制，以及法国和比利时军队撤离鲁尔区（1925年8月）。[124] 他非常自信民众广泛接受了缓和政策，尽管有一小部分拒绝任何形式的和解行为。

不过他还提到面临的一系列困难，最主要的是"我们和各国在政治和

---

① 里夏德·孔策（Richard Kunze，1872—1945年），德国右翼政治家，以反犹主义言论而著名。——译者

道德上的平等，此点坚决不容置疑。我们政治工作的目标是将其完全实现"。[125]

但德国要实现这一目标，必须先就赔偿条件进行谈判，而这正是法国关注的焦点。"道威斯计划"到1930年5月结束，1928年秋季时，六国（德国、法国、比利时、英国、意大利及日本）在日内瓦进行后续条约的谈判，帕克·吉尔伯特（Park Gilbert，美国）作为赔款专员进行调解斡旋工作。谈判一直持续到1929年夏，到8月在海牙举行特别赔款会议时才达成初步协议；1930年1月第二次海牙赔款会议才最终达成新计划（即后世所知的"杨格计划"）。计划中规定：截至1930年6月，外国军队需从莱茵兰撤军。[126]

尽管赔偿要求依然存在，但是其支付金额改变为德国经济每年可以承担的数额，而且最重要的是赔偿总额有了限度（依照计划德国将缴纳赔偿直到1987/1988年）。[127] 更重要的是，管制理事会解除对德国的监管后，德国终于能够重获财政自由；外国军队从莱茵兰撤军，德国也可以保证领土完整（尽管萨尔兰州一直处于国际监管下直到1935年）。按照施特雷泽曼的观点，"在赔偿和政治方面的制裁越小，毫无疑问就是更好的解决方案"。[128] 第一次海牙会议或许是施特雷泽曼最得意的时刻。但是从同时代人那里他未获赞许，当然他也没有能活到一切实现的那一刻。[129] 可以预见地，德国民族主义者们批评政府采取"投降政策"。[130] 但到1930年3月第二次海牙会议后，国会对是否接受"杨格计划"进行讨论并投票时，政府方面要求同意"杨格计划"的音调更加尖锐，而政治气氛也偏向了支持者。3月6日，施特雷泽曼去世后接任外长的尤利乌斯·柯蒂斯号召国会支持他寻求重新制定面向未来的外交政策；仅仅不到一周后，中央党领袖布吕宁代表各执政党，宣读恳请国会批准"杨格计划"的声明：

> （杨格计划）不惜一切手段、以牺牲和平外交政策的代价来抵抗《凡尔赛和约》带来的窘境。国际关系的唯一基础不是权力制衡，而是各民族的荣誉、自由和平等。这一关系的未来发展一定要为德国提供现在尚未实现的必需的生存空间。只有以这种方式，对历史的清偿才能完成，各民族之间才能发展稳定的和平。[131]

对"杨格计划"的提案最终以多数票通过：265票赞成对192票反对

（3 票弃权）。如果说把《洛迦诺公约》看作困难重重之水中抵达和解彼岸的一块踏脚石，那么国会有关"杨格计划"的讨论释放出了积极肯定的信号，使得政府政治措辞中，和解政策和坚决修订主义之间的错位加剧。发表演说的布吕宁在两周内被兴登堡任命为新内阁总理，这无异于玩火。在此后的两年多里，他领导下的政府在外交政策中不断冒险追逐德国在欧陆上的野心。实现财政紧缩政策在国内缺乏权力基础，总理不得不在外交政策上获取成效，满足国内越来越激烈的民族主义气氛——在这种情况下，外交政策的成功给右翼好战的民族主义提供了养料。

*

《洛迦诺公约》的成功后，继任的几位总理最关注的是法国军队从莱茵兰撤军问题；从路德到马克斯，再到穆勒以及布吕宁，包括布吕宁的外相柯蒂斯，他们坐享其成，挥霍着施特雷泽曼的外交遗产。对政治家来说，外国军队从莱茵兰撤军不仅仅是恢复德国民族自尊的问题，尽管在民众中间——正像我们即将看到的那样——这是最首要的目标；赔偿问题去政治化事关生存——1928 年末，总理穆勒这样告诫德国国联的代表。自从"道威斯计划"以来德国履行了所有义务，因此没有理由不对德国的"善意"给予回报，即按照《凡尔赛和约》第 431 号条款，对撤离占领区进行提早评估。[132] 一系列德国政要指责法国没有能充分地回报善意，尽管自 1923 年起驻军数量不断减少。1928 年 2 月末，德国国家人民党党员、德国东部政策专家及历史学者奥托·霍兹施（Otto Hötzsch）教授表达了对拖拖沓沓的法国政府的失望。[133] 但到初夏时，德国驻法大使利奥波德·冯·赫施（Leopold von Hösch）注意到情况发生了变化。[134] 不过等到 1930 年 6 月军队确实全部撤离时，德法关系不良已经在政府的所有角落都显现出来了（不仅仅是柯蒂斯一个人！），这让冯·赫施惊讶不止。[135]

按照《凡尔赛和约》的条款，莱茵河右岸被划分为三个军事占领区，由协约国在不同时期占领（参见地图 3.2 第 1—12 号）。[136] 第一区（A 线以北）应该在 1925 年 1 月 10 日前撤军；A 线与 B 线之间构成了第二区，按计划应在 1930 年撤军，剩下的第三区撤军时间为 1935 年。按照海牙会议的决议，协约国要提前从第三区撤军（与第二区撤军同时进行），截止日期为 1930 年 6 月。[137]

第三章　权威的复苏：魏玛的外交政策　63

包括科隆在内的英国占领区于 1926 年 1 月正式解除占领（比计划整整晚了一年）。军队撤离庆典的发起者，正是该市市长康拉德·阿登纳①。选择在科隆大教堂举行庆典极有象征意义，也造成了对此不同的情感解读。对于一些人而言，科隆大教堂具有特别意义，无论是在解放战争，②还是1814 年普鲁士在莱比锡大败拿破仑军队。¹³⁸ 人们自发走上街头，游行穿过科隆市中心，伴随着响彻云霄的午夜钟声和爱国歌曲，接着是阿登纳的慷慨陈词："请注意，科隆解放了！"兴登堡总统作为嘉宾，也出席了 600 人的庆典晚宴。¹³⁹

科隆的"解放"是恢复主权道路上重要的一步，标志着德国与协约国关系的明显改善，为 9 月加入国联铺平道路。但直到四年后的 1930 年 6 月 30 日，莱茵兰全部撤军，民族主义情感才得以完全释放。自《凡尔赛和约》宣布之日，到鲁尔区被占领，不分党派的外交政策激励起民族情感，此时终于变成了波涛汹涌的欢庆浪潮（那些被民族主义者视为与法国人合作的叛徒或加快帝国崩塌的德奸也受到惩罚）。¹⁴⁰

联军从莱茵兰占领区撤军，被选为当年宪法日庆典的主题。除了官方庆祝和国会演讲外，负责组织庆典的国家艺术总监（Reichskunstwart）埃德温·雷德斯洛布（Edwin Redslob）¹⁴¹ 构思出在莱茵兰和全国各地举行一系列有组织的活动，最终以 8 月 10 日柏林体育场举行的万人庆典结束。庆典于午后开始，大约 3 万人出席，包括政府要员及总统。庆典演出以雷德斯洛布特地为此创作的剧本《德意志之河》（Deutschlands Strom）开场，其灵感来自于恩斯特·莫里茨·阿恩特③的诗篇《莱茵河——德意志之河，并非德意志之边界》（Rhein, Deutschlands Strom nicht Deutschlands Grenze，这一主题同时用在了纪念币上，其中帝国之鹰象征性地连接着莱茵河两岸，

---

① 康拉德·阿登纳（Konrad Adenauer，1976—1967 年），前西德总理。"二战"前曾以天主教中央党身份担任科隆市长十几年，"二战"后在联邦德国担任第一任德国总理、德国基督教民主联盟党魁，著名政治家、法学家。——译者

② 1813 年解放战争（German Campaign of 1813），即第六次反法同盟在 1813 年抗击法国拿破仑在德国土地上发生的一系列争取独立的战争。由于 1812 年俄国卫国战争的胜利，驻在波罗的海沿岸的普鲁士辅助军指挥官约克·冯·瓦滕堡将军与俄军统帅部签订了《陶罗根专约》，随之民族解放运动席卷整个德国。1813 年年底，整个德意志在拿破仑的统治下获得解放。德意志解放战争实现了德意志的独立、统一。——译者

③ 恩斯特·莫里茨·阿恩特（Ernst Moritz Arndt，1769—1860 年），德国民族主义和反犹主义作家及诗人。早年曾经为废除农奴制而斗争，后因反对拿破仑对德国的主导及反法观点而离开德国前往瑞典。他是德国民族主义及德国统一运动的主要奠基人之一。——译者

代表德国的统一）。¹⁴² 1813 年，阿恩特的这首诗歌号召民众奋起抗击法国，雷德斯洛布有意使用了这一历史主题，宣传整个国家参与到新民族认同感"文化奋起"的主旋律中。正如雷德斯洛布写的："这是历史事件的有意再造。"¹⁴³ 庆典以贝多芬的第九交响曲作为结尾。¹⁴⁴《德意志之河》的表演获得了预期的效果，但要完全理解雷德斯洛布庆典背后的想法，即恢复国家领土 1919 年被瓜分前的状态，则须考察一下 7 月 20 日在威斯巴登举行的预演。¹⁴⁵

一个被橡树围绕的剧场兼体育场，建立在曾经法国占领军的营房中（因此充满了象征意义），可以容纳 10500 人。对雷德斯洛布而言，这一布置——以树木作为背景——可以让营房和背景融合在一起"从而消除运动场的硬性界限"。在庆典开始时，兴登堡总统乘坐敞篷车绕场一周，向欢呼的群众致意。

大型演出的开始，一位象征德国统一的信使出场，召唤国家的大河流入场。以 500 人为一组，身着金色和蓝色服装的儿童从三个不同入口入场，每一组象征着德国的主要水系：易北河－威悉河，维斯瓦河－奥得河以及多瑙河。只有一条河没有出场：莱茵河。会场内已经出场的"河流们"不停地召唤着没出场的河流——但是只听到作为回应的锁链声。信使巡视全场，德国众河流再次召唤那条缺失的河流后，莱茵河出场并停在了第四入口处；500 名儿童一同鞠躬"等待着解放信号的到来"。¹⁴⁶ 信使再次召唤，宣布莱茵河的解放，一时间剧场突然涌入了农民、葡萄酒酿酒人、工匠、矿工、水手及渔民，每一组都身着传统服装，重复颂咏着象征自己职业的歌谣，最终围聚成一圈并一同歌唱：

> 我们是人民
> 我们肩负重担
> 我们要打碎
> 那奴役的锁链！¹⁴⁷

大合唱群众转向被锁住的莱茵河，此时突然间莱茵河冲破枷锁，大声欢呼："自由！""莱茵河"，其"河水"涌入并充满了整个会场。此时表演进入高潮，一直半升的帝国旗帜现在被全部升起。

此次表演效果惊人。在场群众的数量超出了剧场可容纳总数约 5000

人，¹⁴⁸ 众人激动地起立欢呼，自发地高唱《德意志之歌》——这首歌曲在占领区被禁。雷德斯洛布记述道：

> 观众和表演者合为一体，仿佛剧场瞬间扩展，仿佛整个莱茵兰，整个德意志参加到了为庆祝莱茵兰解放举行的庆典中。¹⁴⁹

贝多芬的第九交响曲以及席勒《欢乐颂》及《德意志之歌》的大合唱让活动在高涨的情绪中结束。这时大合唱队伍也转向观众，高举双手——

> 于是再一次，但是从内到外，演出的参与者和嘉宾形成了一个内在紧密联系的整体。¹⁵⁰

雷德斯洛布成功地将埃尔温·皮斯卡托（Erwin Piscator）的"完全剧场"理论变为现实，不仅仅是一次演出，他将整个德意志民族转变为"完全的艺术作品"。¹⁵¹

这次表演也是自20世纪30年代开始"公民教育"被模棱两可化的典型（我们将在第六章详细研究这一话题）。《德意志之河》给风头正盛的反法情绪煽风点火，导致一批战争小说出现，美化战争和战斗的历史记忆。¹⁵² 这让人产生疑问：威斯巴登和后来的柏林到底上演的是什么？按照剧本，雷德斯洛布明确指出压迫的锁链是被莱茵兰人民的"和解意志"打破。¹⁵³ 但是和解的信息被《德意志之河》导致的民族主义情感浪潮淹没。柯蒂斯在施派尔庆祝活动的欢迎词更是激发了民族主义者的热忱，他对观众说："我们并不是站在这条路的尽头。只要看看普法尔茨和整个萨尔兰（Saar）就知道了。"¹⁵⁴

1930年庆祝外国军队从德国撤军时的国际及国内环境，让庆典演出和受众反应充满了民族主义的调调。右翼媒体第一次同自由派及社会主义民主派媒体一起，为雷德斯洛布喝彩。¹⁵⁵ 1930年时反法情绪异常高涨，让政府大为担忧，也令巴黎方面大为惊讶。出于这个原因，《德意志之河》在柏林上演时，雷德斯洛布被勒令删除门德尔松的《莱茵酒歌》（*Rheinweinlied*），因为其中充斥着明显反法的歌词。¹⁵⁶ 从文化角度而言，雷德斯洛布不经意间已经在人们的心理上对《凡尔赛和约》进行了修订：威斯巴登和柏林大合唱中，"自由！"和"莱茵兰！"两个词背后的情感力量，无疑对所有因《凡尔赛和约》而"失去"的领土有着同样的意义，尤其是萨尔兰地区和已经归属波兰的西里西亚。兴登堡一直在与波兰边界的问题上止步不前（《凡尔赛和约》的第十部分，此时也是"杨格计划"的一部分）。1930年6月他于政府对全民的联合声明中指出："统一是我们庄严的誓言！……德意志，德意志高于一切！"这里的德意志可以被理解为德国在《凡尔赛和约》前的全部领土。[157]

因此，这一事件同时隐藏着德国走上一条更危险旅途的可能。一位占领区部长顾问给雷德斯洛布写信，赞美他把德意志民族的认同感包裹在河流中，不过他和他的客人们认为文艺演出（Festspiel）过于情绪化，他同时补充道"莱茵河流经欧洲各国！"[158]

时机至关重要。法国—比利时军队撤军，就没有选择好时机。这次撤军本来应该是魏玛共和国外交政策的巅峰，最后却变成那些敌视共和国并指责其面对法国过于"软弱"的声音汇聚之焦点。连兴登堡也利用撤军及相关庆典给民族主义者创造有利条件：若要他与普鲁士政府代表一起参加美因茨举行的国家庆典，则必须首先解除莱茵兰地区对"钢盔"（Stahlhelm，钢盔前线士兵联盟）组织的禁令。[159] 两次海牙会议的中间期，民族主义宣传大肆兴起，目标是自《凡尔赛和约》开始，德国受到的一系列不公对待，而其幕后"黑手"正是法国；这种宣传不仅出现在严谨学术及高规格政治文章，也出现在小册子一类的普及读物中。[160]

因为无法通过财政紧缩预案，7月16日，布吕宁要求解散国会，并计划于9月6日再次选举。尽管整个20世纪20年代中期，德国民族主义者一直是施特雷泽曼和解政策的批评者，到此时作为政党的德国国家人民党却未能成功抓住这一机会，主要原因是其领导层对欧洲和解路线一直采取模棱两可的态度。[161] 1930年夏，席卷德国的普遍民族主义不仅影响选举，而且让纳粹党占得不少便宜。历史学者们一直将研究集中在两个事实上：一是希特勒及其党羽利用德国民族主义者对"杨格计划"的宣传攻势（以公民投票[162]的形式），另一个事实是1931年，风头十足的民族主义哈茨堡前线运动（Harzburger Front）。德国国家人民党作为国会中的少数派，其在反对外交政策上所起作用可以忽略，虽然该党态度强硬。9月大选中该党令人惊讶的成功，无疑与它善于利用正在发生的经济危机有关（我们将在下一章中看到这一点）。不过大多数历史学家一直忽略的，是外交政策及法国从莱茵兰撤军对普遍民族主义的影响。

此次大选的参选率一路飙升，从 1928 年的 72.3% 上升至 81.5%，这标志着地区性的大量动员，当然这并不一定是纳粹努力的结果。莱茵兰和普法尔茨的选民数量尤其巨大，虽然莱茵兰对希特勒的政党支持率低于全国平均水平，普法尔茨则高于全国平均水平 4 个百分点（表 3.2 及表 3.3），贝格察伯恩、茨魏布吕肯及皮尔马森斯三个地区甚至高于全国平均水平 30 个百分点。[163]

表 3.2　莱茵兰的国会／州议会选举，1928—1933 年（主要政党）

年份	德国国家人民党	德国人民党	德国中央党	德国民主党	德国社民党	德国共产党	纳粹党	其他政党[*]
1928	9.5	8.2	34.9	2.9	17.5	14.2	1.5	12.1
1930	4.5	4.6	30.1	2.2	12.8	17.4	15.8	11.5
1932[a]	4.2	1.9	34.6	0.8	10.1	15.4	28.3	4.5
1932[b]	4.8	1.4	33.7	0.3	12.0	19.2	26.7	2.2
1932[c]	6.3	2.0	33.2	0.2	11.6	21.3	23.2	2.0
1933	6.6	1.6	30.6	0.3	10.0	15.7	34.7	0.8

* 包括经济党。
[a] 4 月召开的普鲁士州会议。
[b] 7 月召开的国会。
[c] 11 月召开的国会，数字精确到小数点后一位。
来源：http://www.gonschior.de/weimar/Preussen/Rheinprovinz/Uebersicht_RTW.html

表 3.3　普法尔茨的国会选举，1928—1932 年（主要政党）

年份	德国国家人民党[1]	德国人民党	德国中央党	德国民主党[2]	德国社民党	德国共产党	纳粹党	其他政党
1928	9.5	8.2	34.9	2.9	17.5	14.2	1.5	12.1
1930	0.8	6.6	24.9	2.3	22.4	10.5	22.8	9.7
1932[a]	1.1	1.4	23.8	0.5	17.6	10.7	43.7	1.2

续表

年份	德国国家人民党[1]	德国人民党	德国中央党	德国民主党[2]	德国社民党	德国共产党	纳粹党	其他政党
1932[b]	1.8	2.1	22.5	0.6	16.1	12.9	42.6	1.4
1933	2.5	1.2	22.7	0.6	16.8	9.0	46.5	0.7

[1] = 保守的黑—白—红。
[2] = 来自1930年的德国国家党。
[a] 7月。
[b] 11月。

来源：J. Falter, Th. Lindenberger und S. Schumann, *Wahlen und Abstimmungen in der Weimarer Republik* (Munich, 1986), pp. 71–5.

严格来说，那一年夏秋，席卷全国的普遍民族主义浪潮的受益者应该是走中间路线、与法军撤退有联系的政党（施特雷泽曼和柯蒂斯都来自德国人民党）。但这些政党内充斥着斗争和分裂；本来在莱茵兰及普法尔茨就不算强大的德国国家人民党，在选民中遭受着不信任危机——重要原因便是其内部在政见上的不合。尽管赫尔曼·穆勒于1928年作为魏玛政党大联盟的首领掌握了权力的缰绳，德国国家人民党回到了民族主义的大话空话路线上，并且此后右翼媒体大亨阿尔弗雷德·胡根贝格（Alfred Hugenberg）执掌该党，导致其迅速极端化，但所有这些依然不能阻止大批支持者转向纳粹党。纳粹党一致努力将自己和其他民族主义者区别开来，自"道威斯计划"以来该党一直攻城略地，获取大量支持。[164] 1930年该党一路高歌猛进，让希特勒信心大增。萨克森议会选举后，希特勒在《民族观察报》（*Völkischer Beobachter*）撰文指出，纳粹党吸引的"不是那些失望的民主人士，而是牢骚满腹的市民阶层民族主义者——他们对那些亲马克思主义者的政党不信任"。[165]

莱茵兰地区占领结束不仅是魏玛共和国外交政策的亮点，同时也是共和国权力的拐点；本来应该巩固《洛迦诺公约》的魏玛共和国政府，却从"沉默复议"的政策转向强硬推行民族利益。

第四节　权威之复兴：1930—1936 年欧洲中心的风险与地缘政治

德国外交政策的复兴始于《洛迦诺公约》，此后便转向强硬。德国历史学家卡尔·海因里希·波尔（Karl Heinrich Pohl）曾主张，从这一公约开始外交政策更多地集中在东欧，而这和重工业的利益息息相关。对波尔而言，此次复兴在德国外交政策上带来的修复能量，预示着未来希特勒掌权时的激进政策。[166]

波尔的分析中有许多过人之处，能帮助我们理解施特雷泽曼去世前三年外交政策的背景：与其说《洛迦诺公约》和莱茵兰撤军是德国外交政策的拐点，不如说它们都是恢复德国昔日地位漫长道路上的铺路石。[167] "一战"爆发前，德国是世界第二大贸易国，占国际贸易总额的 13%。到 20 世纪 20 年代时，德国占世界贸易的百分比已经减半，下降到 7%，落在法国之后排名第四。尽管如此，加上《凡尔赛和约》的限制，德国依然是欧洲最大的工业强国。1926 年，德国强大到足以在法国面临严重经济和货币问题时尝试借债给法国（尽管未能成功）。重要的还有其在中欧及东欧的关键地位得到承认。1922 年与俄国缔结的《拉巴洛条约》绝不仅是国际社会两个局外者的协议，而是呈现了德国外交部基于一贯的东方政策（Ostpolitik）的思路——一方面强调贸易的重要性，另外还借着把俄国拉入欧洲政治的机会，为德国面对西方其他国家争取影响力增加筹码。[168] 对总理维尔特而言，他奉行的配合兑现政策似乎未能带来政治上明显的益处，在拉巴洛签订的协议也是其在国内及国际加强政治权威的手段，尽管是非常冒险的。[169]

同时，施特雷泽曼后来拒绝与波兰达成和解性的所谓"东方洛迦诺"（Ostlocarno）也有着其他方面的考量。若是确立边界，那么恢复《凡尔赛和约》前的国土将会阻力重重；而这个特殊方面在接下来的数年中都是外交政策重要的出发点。[170] 因此，施特雷泽曼在维护传统德国民族主义的利益时毫不含糊。他的支持者，比如亲密的伙伴维尔纳·冯·莱茵哈本（Werner von Rheinhaben），一直为他的"和解"政策辩护，称其为"有力的且民族的"。[171] 在民粹主义层面上，民族主义者煽动的反波兰情绪一直不比反法情绪差许多。实际上，《洛迦诺公约》标志着德法关系开始了新时代，而与波兰的关系则一直充满相互责备及敌意。[172]

如果按照我们的论述,《洛迦诺公约》与其说是德国大陆野心政策的拐点,不如说是"铺路石",那么把从20年代中期开始的外交政策放到更长的时期进行考察则更容易理解。这意味着1929年10月施特雷泽曼的早逝并非是重新制定外交政策方向的重要因素,而是实际上加快了外交政策的步伐。施特雷泽曼去世的同一月,美国证券交易所的"黑色星期五"导致国际贸易崩溃,这给德国试验自己的恢复欧陆强国政策创造了极好的机会。国际经济危机,加上伴随其发生的国际关系停滞,德国外交政策在复议《凡尔赛和约》问题上越来越强硬。大萧条让美国退出欧洲政坛,英国也转而关注帝国内部事务以及虚弱的法国——1936年社会主义者主导的人民阵线(Front Populaire)组成政府,莱昂·布鲁姆①当选法国总理,而欧洲(包括英国在内)所有其他国家右转,导致法国处于大陆政治孤立的境地。[173] 德国外交部的不少外交官,比如常务次官伯恩哈德·冯·比洛②,看到了复辟德国传统大陆政策的机会,使其与民众情感契合,成就德国"不受约束"的地位——若在世界范围内不成功,那至少在欧洲大陆上实现。[174] 同时,由于国内政策导致公众抗议不断,为了巩固政府在国内的权威,作为施特雷泽曼的继任者,完全不胜任的柯蒂斯将外交政策的主要方向集中在"自由和权利平等"上——尽管这破坏了与法国的友好关系。[175] 柯蒂斯在国会发表讲话时表示:"德国(外交)政策的目标,要由德国国内及国际条件的综合状况来决定。"因国际情况严重倒退,政治(及政策)越来越受到国内"爱国潮流"的影响,以致到危险的地步,最终还是回到德国地缘政治"中欧大国"的路线上,不仅关注其东面邻国,甚至包括多瑙河流域诸国以及更多。[176] 为了支持越来越强硬的德国外交政策,国内政治"中欧大国"理念也因此复兴。

---

① 莱昂·布鲁姆(Leon Blum,1872—1950年)为法国政坛温和左派的代表人物和三任法国总理。他在1936—1937年当上人民阵线联合政府的领袖,成为法国第一位社会党籍总理。由于坚定反对亲德的维琪政权而遭到逮捕,被监禁到1945年才获释。——译者

② 恩哈德·冯·比洛(Bernhard von Bülow,1849—1929年),德国政治家,曾于1900年至1909年间任德意志帝国总理。曾有名言揭示20世纪初德国的对外扩张政策:"让别的民族去分割大陆和海洋,而我们德国满足于蓝色的天空的时代已经过去了,我们也要求阳光下的地盘。"——译者

*

德国领导"中欧"（Mitteleuropa）的自由抱负源于地缘政治的理念，其源头可追溯到 19 世纪初期。1848 革命期间，法兰克福议会有关统一德国诸邦组成大德国的讨论中，"中欧大国"便是重要的主旨。[177] 俾斯麦曾更倾向于"小德意志"（kleindeutsch）方案，而不是统一的"大德意志"，因为前者能够增加普鲁士的领导权。[178] 尽管如此，德国领导"中欧"的概念在俾斯麦离职后，逐渐贯彻到 19 世纪最后十年的贸易政策中。俾斯麦的继任者列奥·冯·卡普里维①推崇"欧洲中部"诸国的关税联盟，实现贸易自由体，这在德国做出口生意者中大受欢迎。这一理想在此后不久于 1904 年成立的中欧经济联盟（Mitteleuropäischer Wirtschaftsverein）部分实现，这一联盟由经济学家尤里乌斯·沃尔夫（Julius Wolff）发起倡议；尽管贸易联系深厚，但一体化的梦想依然难以达到。[179] 1914 年的"一战"复兴了这一理想，将柏林及盟友的贸易更紧密地一体化；1915 年弗里德里希·瑙曼很有影响力的著作《中欧大国》（Mitteleuropa）更是巩固了这一政策中德国在文化和经济上处于主要地位的理想。[180]

瑙曼后来和雨果·普罗伊斯、马克斯·韦伯和《柏林日报》（*Berliner Tageblatt*）主编特奥多尔·沃尔夫（Theodor Wolff）一起成立了自由左翼的德国民主党，他们认为德国的地理位置加上其工业强盛让其与周围国家组建天然联盟，尤其是奥地利和匈牙利。[181] 这一广大地区的语言和文化黏合剂，正是德语及哈布斯堡帝国；因此中欧大国是以日耳曼部落文化及语言遗产为核心的。[182] 这本书出版的时机并非偶然。"一战"前，国家权威和实力由贸易衡量，贸易则由市场增长及安全性决定，造成了战前各帝国之间的竞争。"中欧大国"能够平衡东方（俄罗斯）西方（英国）两大"政治经济巨头"，在帝国林立的世界中保持独立。[183]

因此，"一战"中的两线作战被德国国内各方视作保卫战：抵抗那些意图切断德国贸易空间、阻止德国作为世界强国的敌对帝国主义势力。[184] 海上封锁使得德国保证战时经济的关键资源、能够自给自足变得尤其必要。施特雷泽曼在分析战争的经济根源，以及进行东西两向军事扩张以保证欧

---

① 列奥·冯·卡普里维（Leo von Caprivi，1831—1899 年），德国少将及政治人物，他接替奥托·冯·俾斯麦，在 1890—1894 年之间担任德意志帝国第二任的首相。——译者

洲中部贸易的必要性时,将这一点作为主要论据。[185] 正如我们前面提到的,战前德国不断扩展贸易成为世界第二大贸易国。在国会述职时,施特雷泽曼列举了出口数字,证明德国与英国不相上下——毕竟后者三分之一的贸易额来自大英帝国内部。当然他的主要用意是为德国殖民地辩护;但更重要的,德国贸易(总值约90亿马克)的大部分来自欧洲大陆。[186] 瑙曼提出论据强调与奥匈帝国结盟的地缘政治必要性。[187] "一战"初期,德国坦能堡(Tannenberg)战役中击败俄军,带来军事霸权的希望——尽管西线的战事正在陷入僵局。对于这些议员而言,德国主导欧陆能带来未来的稳定与和平。[188]

国会有关德国"中欧大国"理想的辩论,不仅仅揭示了德国在经济上占主导地位的野心。独立社会主义者议员格奥尔格·列杰布尔勾勒了如何将德国领导的"中欧"从帝国主义转变为欧洲和平的载体。[189] 退伍老兵社会民主思想家卡尔·考茨基①对瑙曼的"中欧大国"理想(这一理想被社会民主派人士广泛接受)以及在德国领导下吞并欧陆各国的想法持深深的怀疑态度。考茨基和列杰布尔一样,认为各民族能够在平等而不是强权的基础上建立联盟,但他看穿了瑙曼所谓欧洲中心贸易体理想背后的实质是帝国主义,因此评述道:"那么,为了推翻克劳塞维茨那句著名的话,欧洲中部必须使用以和平手段继续战争的政策"。[190]

从这些论战中,我们不难看出共和国外交政策的多重性:一方面是在施特雷泽曼—白里安打造的"穿梭外交"下、以和解为基础的欧洲计划;而同时在另一方面谋求建立大陆上的经济霸权,这在1933年后越来越多地接近瑙曼的"中欧大国"构想。《凡尔赛和约》限制了德国在欧洲大陆和世界的贸易地位,丢失了海外及欧洲市场,让德国落在法国后面,仅居第四位。1924年后的外交政策逐步为德国恢复大陆地位做准备。因此,1918/1919年统一残存的奥地利和德国的尝试(奥地利人同样希望如此,但是被《圣日尔曼条约》拒绝),到后来(被阻挠)的1930年关税联盟,再到1938年德奥成功合并(Anschluss),都反映着德国"中欧大国"的理想,而奥地利作为通往欧洲中南部的跳板异常重要。[191]

这一地区作为原料来源及市场的重要性可追溯到19世纪80年代。[192]

---

① 卡尔·考茨基(Karl Kautsky,1854—1938年),社会民主主义活动家,亦是马克思主义发展史中的重要人物。考茨基是卡尔·马克思代表作《资本论》第四卷的编者。——译者

传统上，德国一直和较小的欧洲和斯堪的纳维亚国家贸易，比如荷兰和丹麦——主要以肉奶制品为主，还有瑞典——主要以木材为主，德国与英国的贸易联系也很紧密；但是在大萧条时代，这些市场关闭，这一情况发生了转变。1932/1933 年起，通过一系列优惠性双边贸易协定，德国开启了与中南欧的大量贸易，而这一情况将持续十余年：德国进口初级产品并向这些国家出口德国制造的工业品。通过无现金物物交换的贸易，巴尔干各经济体得到许多好处，这使它们逐渐向德国靠拢。1935 年 1 月社民党领导层逃亡布拉格期间，撰写的初步分析报告认为：这一发展不是基于"欧洲经济活力的有机组织"，而是"封建帝国主义计划"，其中"大经济区……是在（中部）及东南部欧洲攫取权力的途径"。[193] 这篇报告把传统目标与纳粹的意图区分开来。事实上这种划分只是表面的。重要的企业，如奥托·沃尔夫钢材（Otto Wolff A. G.）、莱茵金属（Rheinmetall）、法本公司（I. G. Farben）、北德铝材（Norddeutsche Aluminium A. G.）、克虏伯公司（Krupp）及西门子公司，从 20 世纪 20 年代开始一直在巴尔干拓展业务，通常以技术投资及服务的方式加强勘探及剥夺矿藏。[194] 同时，德国商业银行（Commerzbank）以及德意志银行（Deutsche Bank）热衷于在此地区投资（通过维也纳的奥地利银行）。[195] 所有这些企业，和大多数"工业巨子"一样，是 1933 年政权更替的受益者。[196]

利用外交经济政策实现大陆目标的这一做法不仅仅限于第三帝国，魏玛共和国时也与南斯拉夫和保加利亚保持贸易关系。[197] 自 20 世纪 30 年代初开始，加强与东南欧洲六国的贸易（包括保加利亚、希腊、匈牙利、罗马尼亚、土耳其和南斯拉夫），以及关注东部利益，都是确保德国大陆地位政策的中心部署。与其将此作为外交政策的转折，不如将其看作时机合适时的更进一步。不论如何，正如汉斯·保罗·赫普夫纳（Hans Paul Höpfner）以及汉斯-尤根·施罗德（Hans-Jürgen Schröder）论证的那样，晚期的魏玛共和国主张复议《凡尔赛和约》者实行的贸易扩张，与 1933 年后采取的强硬政策并不相同。随后的几年，直到 1936/1937 年，外交政策越来越多地集中到让德国在中部及东南部欧洲建立主导地位。

20 世纪 30 年代开始，外交部试图阻止巴尔干国家结盟（多瑙河联盟）——该联盟被视为对德国经济及政治利益的威胁，但一开始它受到意大利、法国和英国的支持。在 1932 年 3 月 2 日，冯·比洛在写给维也纳大使的备忘录中，以及该月月底其在区域同僚中传阅的备忘录中明确指出，应毫不含糊地向有关政府表达出联盟将给其经济带来不良后果。[198] 作为这一策略的一部分,与奥地利及匈牙利结盟,成为首要任务。[199] 1933年起,这一策略扩展到整个地区;到了20世纪30年代中期,柏林毫不伪装地大举缔结经济合作联盟。[200] 1935年,德国驻希腊使节向柏林报告道:

> 在讨论经济贸易时,我尽力向希腊国王表明,希腊离不开德国顾客,若是我们减少或停止购买烟草,则会导致马其顿农民贫困,这将给希腊国内政策带来不稳定。谨慎地加强这一关系(希腊与德国之间)因此既是经济也是政治上的当务之急……我还对国王说,我认为陛下对重新装备军队一定非常关心,这将大大加强国防力量,给希腊更高的政治地位——尤其是在盟友中;并且国王应该考虑让军队效忠于他一人,这将在变化多端的内部政治中为其王位提供可靠保证。[201]

德国改变这些国家,将其纳入自己的经济圈,主要原因是这能使德国在所谓敌对环境中获得独立的地位。[202] 20世纪20年代中期的和解政策改善了非敌即友的思维模式;而20世纪30年代初,这一考量又使德国的政策制定必须考虑到其在"一战"中所出现的种种问题。1936年的一份外交部通报这样记述到:

> 未来德国的商业政策不再像过去那样,由技术生产风险或者市场影响来决定从哪个国家进口不可或缺的原料及食品。[她]将下决心尽可能地从那些即使在经济、财政或者政治危机时依然准备且能够给德国提供补给的国家获取这些物品。长久来看,保证经济及政治独立性必须系统计划进口原材料及食品。[203]

这份通报非常典型地展现了德国外交政策在二十年中的思维模式。1930年柯蒂斯在施派尔谈到萨尔兰州问题时使用了"围困"一词。"一战"结束以来在政府圈中几乎从未出现这样的词汇,自此却又重新回到政治辞典中。1924年至1929年之间修订《凡尔赛和约》基本上没有风险,而且与协约国保持一致。施特雷泽曼去世后,德国不再小心翼翼,外交政策重新回到赌桌,为了能打破"凡尔赛的枷锁",德国愿意赌上更高代价。

德国外交政策似乎变成了赌博者心态,这反映在柯蒂斯尝试与奥地利建立关税联盟却失败，以及 1932 年布吕宁宣布德国不能（或者不愿）支付"政治"补偿上；也能在外交部副官埃恩斯特·冯·魏茨泽克（Ernst von Weizsäcker）的私人信件中找到佐证；我们也可以在德国常务秘书伯恩哈德·冯·比洛身上看到一位扑克老手的身影，他的报告分析并影响了外交政策；和他的上司康斯坦丁·冯·纽赖特①一样，比洛用吹嘘的手段来凸显德国的利益。把这些行为比作桥牌游戏恰如其分。我们前面看到布洛克多夫-兰晁在凡尔赛压上了大赌注——仿佛在牌桌上一般。希特勒内阁开始数月的讨论（在 11 月的准改组之前），为后来的政策制定了基调。1933 年的形势与魏玛共和国时期的不同之处，在于变化的国际环境，这给德国新的机会，能够在外交吹嘘的游戏中采取更极端的手段。主导议程的关键外交政策问题，便是德国有权享有平等的军事安全，而不是包裹在国联治下的集体安全并受正在进行的裁军会议监控。这一政策直接与德国寻求为工业保障关键原料及保证民众粮食供给有关——1916 年起这两点一直被认为是德国战败的原因。

  1933 年 4 月 7 日进行的内阁会议中，冯·诺伊拉特重申德国外交政策依然由修订《凡尔赛和约》的迫切需求来决定（主要是第 19 条）。[204] 冯·诺伊拉特只是与前任在方法上不同，他认为《凡尔赛和约》对德国的削弱大大超过预期，比如军事平等问题上与波兰相比极其明显。法国依然是敌对势力；英国人不可相信，但是出于现实政治（Realpolitik）的逻辑可以争取其支持德国平衡大陆势力。在分析了局势之后，冯·诺伊拉特非常有信心，依靠德国的地理位置，能够让它为可能发生的战争做好准备——战争的原因，可能是外交政策从"一点一滴"修订转向明确提出修订《凡尔赛和约》的领土条款。正是为此目的，希特勒准备放弃参加裁军会议且退出国联，后来于 1936 年 3 月派德国军队入驻莱茵兰非军事区，悍然违反《凡尔赛和约》第 42 及 43 条条款，并数次冒着被制裁或军事干预的危险。[205] 艾伦·布洛克②形容希特勒的行为仿佛外交牌桌上的赌徒；每次胜利都促使他投下

---

  ① 康斯坦丁·冯·纽赖特（Konstantin von Neurath，1873—1956 年）是一位德国外交官、政治人物。他出生于施瓦本的贵族家庭，拥有男爵头衔，1932 年至 1938 年担任德国外交部长；1939 年至 1941 年担任波希米亚和摩拉维亚保护国保护者，并保留该保护者名号至 1943 年。——译者

  ② 艾伦·布洛克（Alan Bullock，1914—2004 年），英国历史学家，男爵，曾任牛津大学校长。他写就第一部阿道夫·希特勒的综合性传记。——译者

更大的赌注。²⁰⁶

我们不必详细叙述冯·诺伊拉特在4月描绘出的第三帝国外交政策，只需要注意到他对1933年局势的预测及解决方案（有关德国的事务）代表着对过去外交政策的加强，绝不是外交政策的转变，其目标是接受可能发生的战争。²⁰⁷ 冯·诺伊拉特并不认为德国应该离开国联；他也不认为柏林应该挑战巴黎；但在有关德国东部边境问题上，诺伊拉特设想了一个"全面"的解决方案，而不是"暂时性妥协方案"（Zwischen- und Teillösungen）。²⁰⁸ 指引着诺伊拉特实现德国地缘政治路线的，正是对四面受敌的恐惧——在皇帝时代这一古老的主题便主导着政策决定，也是国会在大战期间讨论军事及经济安全主题的核心。这种四面受敌的想法从未停止影响政治决策，于20世纪30年代再次回到了外交政策的中心，并直接影响着德国国内政权的性质。

第五节　结论

1933年，守旧派和纳粹党领导层达成一致，为实现长远的领土目标及抵御随之而来的战争风险，德国需要有经济上的实力为战争做准备，更重要的是全民族要为此做好准备，并且从内部得到强化。²⁰⁹ 换言之，通过修正"一战"后制定的不平等条约的这一独断的扩张政策所表达出来的国家主权想要实现，需要在国内采取专制的政权，以确保国家目标一致。希特勒于5月17日发表了所谓的和平演说，其中他描绘德国因为日内瓦裁军会议毫不妥协而被迫采取手段维护自身安全，此后国会批准了纳粹党、中央党及巴伐利亚人民党的动议，表示对政府的支持。²¹⁰ 七个月后，国会选举及政府外交政策全民公投据称是显示了对希特勒的热烈拥护。在一封讨好政府的祝贺信中，副总理冯·帕彭①称赞希特勒实现了"国家完整"并带来了民族团结以及对德国政治树立决心，其影响必然超越国界，"欧洲必须和平重建新秩序，且需遵循公正和平等原则（Gesetz von Recht und Gerechtigkeit），而这一过程已经进入了全新关键的时期"。²¹¹

"重建欧洲新秩序"这一目标的含义与谁领导内阁紧密相关：魏玛共和

---

①　冯·帕彭（Franz von Papen，1879—1969年），德国政治家和外交家，信奉天主教，曾在1932年担任德国总理。——译者

国初期，这意味着废除《凡尔赛和约》中惩罚及排挤的条款；1924—1929年间，目标是让德国重回外交大局中；1930年起，"重建欧洲秩序"言符其实，手段是否决《凡尔赛和约》的剩余限制条款。1933年《凡尔赛和约》的余下部分可以被视为越发"柔和"的政策，可以轻易地在外交恐吓中废除；在这一过程中，希特勒做到了他的前任无法达成的事情：增强自己作为领导及政治家的威望，并稳定其统治。[212] 对于德国外交部中的外交官而言，这一目标是更加长远的：即以德国"天然"地缘政治领导地位（此地位在"一战"时被打破）来完成建立大陆"中欧大国"的理想。保守派和纳粹为了实现这一目标，从1933年开始走上了同一条道路，因此国家需要与魏玛共和国议会体制不同的极权政府，这一点我们将在本书的最后一章看到。

第四章 货币的权威

> 一个人只有拥有金钱，才能成为体面人。若是没有钱，连空气质量都不好；因为取暖昂贵，连窗子都不敢开。烧热水需要煤炭，所以无法洗澡。剃须刀又旧又钝。洗衣也要算计——没有桌布、没有餐巾。还必须节省香皂。梳子上的毛都掉光了，咖啡壶充满裂痕和补丁，勺子已经发黑。枕头里装的都是一团团劣质老旧的羽毛。无论什么坏了，只能任其坏着。什么也做不了。没有钱缴纳保险金。而且人活成这样完全没有知觉，认为这就是生活的常态……一个人有钱有购买力后，会变成完全不同的另外一个人。[1]

第一节 引言

若是普通德国人，像上面维姬·鲍姆（Vicki Baum）的小说《大饭店》（*Menschen im Hotel*）主人公克林勒恩（Kringelein）这样，生活舒适度取决于口袋里金钱的数量，那么魏玛共和国的威望很大程度上取决于其能否提供物质保障。众所周知，魏玛共和国的数届政府，多半在兑现物资稳定的承诺时面对着巨大的困难。学术界普遍认同，魏玛共和国早期经历货币混乱，而晚期因大萧条时代面临物质稀缺，这给共和国与人民间造成了不可逾越的矛盾。就连相对稳定的1924—1929年，也有学者认为在其后期也出现了财政困难。[2]

两次世界大战期间，德国并非是欧洲唯一一个经历通货膨胀和大萧条带来大起大落的国家。战后德国出现的通货膨胀，与中东欧诸国（奥匈帝国崩溃后产生的）非常相似，同时内外部的各种混乱加剧了不稳定。特别是匈牙利和波兰遭受了恶性通货膨胀，严重削弱了国家实力——奥地利也难逃此劫。所有这些国家和德国类似，只有靠国际浮动贷款及货币改革才获得稳定。战后初期，货币不稳定不仅限于欧洲的这一地区。意大利、荷兰、比利时和法国也面临着通货膨胀的压力。实际上，逃过通货膨胀的只有英国和捷克斯洛伐克。[3]

1929年开始直到20世纪30年代中期，欧洲几乎没有一个国家能逃过华尔街的"黑色星期五"，随之而来的是生产下降、市场萎缩、社会福利大幅削减及大量失业。[4]大萧条是对自由民主的严峻考验，20世纪30年代欧洲明显集体右转（只有法国于1936年选出左派政府）。意大利及程度略轻微的波兰走向激进的法西斯及早期法西斯政策时，希特勒政权——尤其是1935年后的那种民族法西斯主义并没有出现，正如迪特列夫·克特① 曾对此进行的论述那样。[5]造成这一局面的部分原因，是魏玛政府在经济管理中的角色，以及由这一角色而产生的共和国权威。1918年共和国领导人宣布要建立社会福利国家，兑现让普通德国人过上更好生活的承诺。社会福利国家的内在的福利制度承诺重新分配社会财富，如何给这一福利制度提供资金，这一点在工商业中饱受质疑和反对。若是德国民众的物质生活没有改善，共和国民主的天然威望必然破灭。

魏玛的经济生活是本章讨论的主题。正如马丁·格耶（Martin Geyer）最近论述的，仅仅集中研究经济政策，我们会忽略普通市民的生活经历。[6] 1918年的革命到底给经历了整整四年由"一战"导致的艰苦卓绝、牺牲无数这种生活的数百万家庭带来了什么？议会制民主以及宪法承诺的改善福利、工作及健康条件，是否对普通民众的生活有意义？初期通货膨胀、中期相对稳定及后来的大萧条对普通民众而言是怎样的经历？这一系列极其重要问题的核心是货币。在战后的岁月中——通货膨胀的时代，货币供给过多，因此不断贬值；晚期的大萧条，货币稀缺而造成其升值；而两者之间的年代让人难以捉摸。下面我们将描绘普通德国人在魏玛共和国经济的这三个时期中的具体经历。

第二节 早期的威望参数：通货膨胀

对魏玛经济的研究主要集中在制约因素的问题上：历史学者对政策斡旋的空间大小争论不休——这种争论不仅集中在通货膨胀时期，还集中在

---

① 迪特列夫·克特（Detlev Peukert，1950—1990年），德国历史学家。——译者

海因里希·布吕宁执政时期。[7]众所周知,共和国决策除了考虑国内利益外,必须还要照顾国际局势——赔偿问题与此息息相关,几乎难以和国内政策区分开来。确定经济政策的考量因素是权威问题——无论是政府还是企业主。利益政治及国家权力自兴登堡计划以来,一直纠缠不清——这一局面持续到了1918年后;只是到此时,在全新的民主舞台上充满了新的矛盾。共和国初期,政府通过同时收买资本及劳动者,努力防止政治及经济极端化,其结果正如阿罗德·詹姆斯①所言:"仅在印刷媒体上达成一致"。[8]十年后,大商业和保守政治势力利用当时的大萧条,面对工会和社会民主主义重新夺取"家长式"的权力,妥协变得不再重要;最终这一过程于1933年完成。[9]共和国经济政策——无论是妥协还是斗争的结果——对普通人的物质及政治影响,将在本章最后讨论。在考察它们之前,我们首先要追溯共和国权威形成时的初期经济条件。

*

魏玛共和国早期面临的毁灭性通货膨胀起源自战争。绝大多数参战国给战争提供资金的方式是各种税收、资产变现及借贷。[10]贝特曼·霍尔维格政府被排除在前两种可能之外,主要因为德国资产被冻结,且国家没有中央税收制度。此外,涨税也不受欢迎(因为这与古典经济思想相悖)。整个"一战"期间,只有11.1%的支出来自税收;除了发行战争债券外,唯一能够给战争提供资金的办法是发行商业票据。1914年至1918年,这种方式募集了大约1718亿马克(占整个战争预算2116亿马克的81.8%)。[11]这一政策给经济打来巨大通胀压力——尽管当时并没有意识到这一点。[12]

截止到1918年,国家债务膨胀到1500亿马克,是1914年的三倍。若是德国赢得战争,那么战败国将承担这笔巨大的债务。但是德国战败了,因此本该由"敌人支付"的债务落到自己头上。协约国还要求战争赔偿。正如我们在前一章看到的,德国对战争的责任在《凡尔赛和约》第231条款(即"战争罪责条款")中已经确定。但直到1921年3月赔偿委员会才

---

① 阿罗德·詹姆斯(Harold James,1956年至今),经济史学家,方向是德国史和欧洲经济史。——译者

确定德国赔款总额为 1320 亿金马克，且并未规定免除金额，德国内部因此动荡不安，而国际形势也日趋紧张——尤其是德法关系。这直接影响了通货膨胀的发展路径。

面对不确定的赔偿金额，加上国内革命不断，魏玛共和国政府的唯一选择是继续借债并不断印钞，以应对危机。这样一来，国家债务依旧极速增加。截止到 1920 年 3 月，财政赤字似乎已经失去了控制，这给货币价值及收支平衡造成强烈的负面影响。[13] 许多历史学家，包括卡尔·哈达赫（Karl Hardach）在内，对这样扩大财政赤字的政策持批评意见，正是它造成了 1922 年中开始的恶性通货膨胀。[14] 此外，尼尔·弗格森① 查找到了最早（货币主义）对通货膨胀的研究，即布罗夏尼–图罗尼（Bresciani-Turroni）于 1931 年在意大利发表的论文，其中指出德国通货膨胀的成本效益是非常负面的，因为它阻碍投资并鼓励精神上和经济上的宽松策略。[15] 然而，早期想要达到收支平衡就意味着加深政治危机，因而威胁到羽翼未丰的共和国。于是，国内政治加上国际压力的双重考量，让战后初期政府采取通货膨胀的政策。这有助于稳定魏玛共和国，几乎所有人获益。[16] 正是出于这一原因，卡尔–路德维希·霍尔特弗莱里希（Carl-Ludwig Holtfrerich）论述到理解通货膨胀不能局限在货币主义的解读上，而是应考虑到他引入的"政治危机循环"概念。[17] 因此，一些历史学者，比如维尔纳·阿贝尔斯豪塞（Werner Abelshauser），较少强调通货膨胀的危机特性，而是注意其帮助战后重建的积极影响。这种"较少危害"的研究角度也受到很多质疑，尤其是受到持强烈反对态度的历史学家比如尼尔·弗格森，某种程度上也包括阿罗德·詹姆斯的质疑，这些人反对以凯恩斯主义的方式解读通货膨胀。[18]

依靠给工业提供的廉价商业票据，魏玛共和国初期各界政府在战争向和平转型时期保证了生产；同时，劳资双方在收益及报酬上的分配斗争得以缓解——至少暂时如此。为了应对战败及革命，雇主们和贸易联盟同意相互配合来保证国家主权完整，防止革命极端化。1918 年 11 月 15 日的共同工作协议，也就是为人熟知的《斯廷内斯–列金协议》[19]，由两位签署人名字——莱茵兰工业大亨雨果·斯廷内斯（Hugo Stinnes）以及总工会主席

---

① 尼尔·弗格森（Niall Ferguson，1964 年至今），英国历史学者，现任职为哈佛大学的提胥讲座教授、牛津大学耶稣学院等大学机构的资深研究员。他的专长是与世界史、经济史、恶性通货膨胀、基金市场、美国暨英国的帝国主义等的相关研究。——译者

卡尔·列金（Carl Legien）——命名，该协议是对战时"城堡和平"的重新肯定。[20] 至于这一协议在多大程度上取得成功值得怀疑，尤其是在工会抗议不断的情况下——这一点魏玛共和国早期和战时相同，由资方来寻求与劳方达成和解。仅 1922 年就发生了 4300 次罢工，有约 50 万劳动者参与其中，共损失 230 万工作日。[21]

一直持续到 1921 年的缓慢发展的通货膨胀，根源在于战争失败及革命带来的一系列问题；但是自这一年的夏天开始，国内及国外一系列的不良因素（尤其是 1921 年 6 月财政部长马蒂亚斯·埃尔茨贝格被刺杀，而一年后外交部长瓦尔特·拉特瑙也遇刺身亡，另外与法国的摩擦不断）导致国际对德国货币的信心暴跌。我们在前面看到，《凡尔赛和约》条款在赔偿问题上导致了一系列争论。前面我们讨论过，各方在国会达成的一致是，德国无力进行赔偿；当然德国政府在这个问题上毫无选择，必须缴纳赔偿。赔偿的金额、德国是否有能力缴纳以及赔偿的方法，这三点导致了 1922 年底开始的恶性通货膨胀。停战条约生效后，德国赔偿的金额并未确定，主要原因是协约国未能达成一致。直到 1921 年 3 月的伦敦会议，赔偿委员会才最终确定金额为 1320 亿金马克。英国经济学家约翰·梅纳德·凯恩斯（John Maynard Keynes）认为这种"迦太基和平"愚蠢至极，其目标在于"榨取"德国直到"每粒果核都吱吱作响"。①

1924 年以前，赔偿主要以物品为主（劳务、煤炭、木材及火车等）；自 1924 年起，经济稳定并引入新的货币——地租马克（Rentenmark）后，现金也成为赔偿方式，直到 1932 年夏天，赔偿总额超过 112 亿地租马克，其主要来源是按照"道威斯计划"美国提供给德国的贷款。这期间对赔偿金额的计算因为通货膨胀而变得异常复杂。各个国家所计算出的赔偿金数额之间的差异巨大，原因在于计算方法不同。法国总是低估赔偿金的价值，而德国总是高估赔偿金的价值。于是，法国赔偿委员会计算德国截至 1922 年支付了 96 亿金马克，而德方认为已经赔偿四倍的数额。比如按照

---

① 凯恩斯援引前海军部第一大臣、劳合·乔治的密友埃里克·格迪斯爵士之语，John Maynard Keynes，《和平的经济成果》(The Economic Consequences of Peace)（伦敦，1919 年），第 131 页。Stolper，《德国经济》(The German Economy)，第 76 页。

卢约·布伦塔诺①计算，截至1922年底德国已经赔偿了362亿金马克。布伦塔诺的数字与伦敦经济学院的结果接近；后者认为截至1922年9月，德国已经支付了258亿金马克。在这个日期后，因为恶性的通货膨胀，对战争赔偿的计算基本不可能。²²

这期间，德国政府采取了一系列拖欠赔款的策略，避免一切可能的战争赔偿。但是不能履行义务（加上一系列其他违约行为）加深了法国的反感——正如一系列写给德国政府的公文所显示的那样。²³ 加泰罗尼亚记者欧仁·克撒玛（Eugeni Xammar）尖锐地讽刺了胜败双方的疏远给马克（以及对法郎）带来了严重后果。²⁴ 这种疏远深深影响了国家内部稳定，让投资者失去信心，自1922年中开始大量抛售马克。到这时，马克的价值仅相当于1913年的1%（到1921年中马克的价值就只有1913年的7%了）。1923年1月，因德国拖欠一笔赔偿，法国及比利时出兵攻占莱茵河右岸，马克只有战前价值的0.0004%，换言之，战前1万马克的抵押贷款此时只有4金马克。²⁵ 因此通货膨胀最后阶段的发展由国际关系所面临的危机决定。这时，德国政府面临着内部政治稳定及帝国完整的严重威胁。民族主义者对法国的激烈反感促使威廉·古诺内阁采取消极抵抗政策，造成了灾难性的财政后果：到10月时，马克已经一文不值，国家破产。1922年夏天前所有的货币收益，这时全部消失殆尽。但克努克·博尔夏特（Knut Borchardt）认为，早在鲁尔危机造成恶性通胀之前，灾难早已铸成——也就是在1922年下半年。正如他讽刺地写道："一个人的资产仅剩原来的千分之一还是原来的万亿分之一，似乎无足轻重。"

*

博尔夏特的评论切中要害，直击历史学家对通货膨胀中赢家与输家的争论。毫无疑问，大输家中有不少外国投资者，截止到1922年夏天，他们投机不断贬值的马克。研究通货膨胀的最杰出学者之一的卡尔-路德维希·霍尔特弗莱里希估计，这一时期有约18亿美金的热钱流入德国——一笔空前的数目。如果说外国投资者吃了大亏，那么魏玛共和国则是大赢家：不仅完

---

① 卢约·布伦塔诺（Lujo Brentano，1844—1931年），德国经济学家。其兄为德国哲学家弗朗兹·布伦塔诺。卢约·布伦塔诺为经济历史学派的领导者之一。——译者

全清偿了战争债务，还完全抵消了赔偿成本（至少直到1922年中期）。[26] 诚然，动荡的局面影响了政坛；人们普遍认为魏玛共和国政治不稳定，就是在1920年3月至1923年11月这一时期，在这段时期内共有七次内阁重组。[27] 但在通货膨胀的最终阶段，共和国使用第48条条款而加强了行政权。[28] 与货币不同的是，政治系统并未崩溃。

魏玛共和国的权威在这段初期岁月中极易被内部及外部的挑战颠覆，因此促成了其妥协的政策，使得本来敌对的利益集团为了共同福祉而结成了同盟。查尔斯·麦尔[①]论述道，发生在德国的通货膨胀意味着工会和企业之间达成"默契"。不过他同时认为，出于共同利益而毫不犹豫一致行动，也意味着政治系统陷入了瘫痪。麦尔说道：

> 柏林的历届政府要么反映了不同利益集团之间的僵局——例如1921年至1922年的约瑟夫·维尔特－拉特瑙内阁致力于同时保持社民党派的支持及商业合作；要么就反映了工业及金融业的传统观点——例如在古诺总理执政时期（1922年至1923年）。工业宽容的代价是财政瘫痪。[29]

这种和解意味着1918年革命中加强的工业及白领联盟能够给他们的900万成员增加薪水；而雇主们则从极其廉价的商业票据及收入增加中受益，同时货币贬值事实上免除了所有债务。然而，若是仔细观察，那么情况绝不仅仅是"赢家"和"输家"那么简单。[30] 鲁道夫·切布斯（Rudolf Tschirbs）对鲁尔区矿工进行的研究表明，尽管一些工人的薪水能够在恶性通货膨胀期间保持相应增长，但并非所有工人都能如此。[31] 鲁尔区矿工不过是例外。有证据表明，工业薪水很难跟上价格上涨的水平。[32] 工人的收入哪怕在最好的1920/1921年繁荣时代，也难以养家糊口，更何况是在1922/1923年，那时薪金因为疯狂的通货膨胀化为乌有。

同时代的一篇报道曾经记述了一位已婚的铁路工人，在通货膨胀的晚期岁月中艰难养活三个孩子和自己的老母——而他们对家庭收入几乎毫无贡献。和许多工人一样，他只把很少的一部分收入分配给食物，为了支付小额账单而做些苦工，但是这个家庭没有任何余款，没有能力购买

---

① 查尔斯·麦尔（Charles Maier，1939年至今），美国历史学者，哈佛大学教授。——译者

酒、香烟，更无法负担其他的"奢侈品"，比如报纸、书籍甚至是看戏剧（Volksbühne）或电影。[33] 经历由通货膨胀导致贫穷的不仅仅是蓝领工人。尽管有一些白领能够在一定程度上维持私人和工作领域的生活标准，大多数人难以做到。许多与谈判薪水的能力有关，同时也受地理位置及不同地区生活费用的影响；安德烈亚斯·昆茨（Andreas Kunz）曾对这一人群进行过集中研究。[34] 昆茨认为白领阶层的收入在"一战"期间有所下降，然而在战后的通货膨胀中情况则并非如此；事实上，一些雇员得到了补偿。尽管如此，一部分雇员确实被落在后面——哪怕只是相对的，而这一点将在通货膨胀后的数年中显现出来。

货币贬值导致德国民众体质恶化——"一战"时物资稀缺，加上1919年盟国封锁，本来就已经严重威胁着人民健康。婴幼儿死亡率上升，胎停比例也居高不下——这标志着母亲的身体状况不良。营养不良到处肆虐，尤其是在老年人和儿童中间；德国城市代表大会（Deutsche Städtetag）的一系列报告为此提供了证据。举例来说，1922年柏林的普伦茨劳贝格区（Prenzlauer Berg），对450名2~6岁学龄前儿童的医学检查显示，90%的被检儿童营养不良（十年后，估计仅柏林就有55000名小学生影响不良）。加上柏林平民窟的恶劣条件，许多孩子患上了坏血病、佝偻症以及肺结核。[35]

若说工人不全都是"胜利者"，那么最近的研究也挑战了那种认为中产阶级被通货膨胀摧毁的印象。[36] 不是所有的商人都像鲁尔区大亨们那样，能被算作通货膨胀的"胜利者"。更典型的是位于城市的众多小企业和家庭企业的各种遭遇。截至1922年中期，它们大多从通货膨胀中受益；但是恶性通货膨胀导致采购力及租金崩溃，许多中小企业陷入危险境地，还有不少面临破产。鲁道夫·昆斯特迈耶（Rudolf Küstermeier）的深入研究显示，1919年至1923年，约有三分之一的城市资产易手，独立运作的企业越来越依赖市政府或大企业。[37] 尽管许多业主以及中小企业用一文不值的货币抵债，但是它们也面对其他费用，若是考察收支，通货膨胀弊大于利。

乡下的经历与此类似：小农场主和城市的企业主一样，开始时从通货膨胀中受益。两次世界大战期间，从事农业的人口占劳动人口的四分之一到三分之一。与东部易北河的农场不同，德国西北部和巴伐利亚以中小农场为主，农民独立经营，靠家庭成员帮助，偶尔雇用一些临时工。[38] 罗伯特·穆勒（Robert Möller）深入研究莱茵兰－威斯特法伦的农民，乔纳森考察普法尔茨农民，两者的结论是尽管农民的债务因为通货膨胀而消失，但是他们依然觉得自己是"失败者"。[39] 这种想法的来源，是对战争期间国家监管不满，并非是严格意义上的物质损失。在恶性通货膨胀的最后阶段，施特雷泽曼内阁使用了紧急法案来控制价格和租金，提高税收，管理食品市场；因此延长了那种"一战"期间受人厌恶的"强迫计划经济"（Zwangswirtschaft）。农民和那些城市中的业主一样，把自己当作政府实现计划的"小奴隶"。比如拥有10万会员的莱茵兰－威斯特法伦莱茵农民协会，形容自己的会员们在政治上被剥夺权利，经济上成了共和国的"农奴"。

"沦为奴隶"的说法通常来自那些资产被通货膨胀吞没的人群。但鉴于这些人往往有其他收入来源，他们的处境没有所谓的"食利者"——那些投资家、储蓄者、退休人员和其他一些靠利息收入生活的人——悲惨，然而即使是这群人中，通货膨胀的影响依然并不相同。[40] 所有的"中产阶级"（Mittelstand）中，这一类人最有可能是通胀的"输家"，也是最憎恨共和国的一群人。[41] 迈克尔·休（Michael Hugh）对中小债权人进行研究，统计出他们总共损失了2千亿马克资产（存款、贷款和国债）。实际上，正如雨果指出的，1918年到1923年，通货膨胀"摧毁了数百万人的所有积蓄，让数十万人落入贫困阶层"。[42] 在中等城市这种情况的严重程度能从德国北部阿尔托纳城（Altona）的例子中看到：1914年该城有7000名市民缴纳了财富税（Vermögenssteuer），十年后这个数字下降到一半。[43] 这个地方的情况可以从统计数据中看到（表4.1）。20世纪20年代中期，魏玛共和国62.1%的纳税人属于低收入人群（年收入少于1200地租马克），而1913年这一数字是47.6%。1928年经济最好时，2900万纳税人中，有88%属于收入最低的两个级别（尽管这两个级别的年收入金额较之前有所提升）；至少有1600万纳税人收入少于1200地租马克（表4.1），只有不到1%的人年收入超过5万地租马克（意味着贫富差距拉大）。[44] 经济稳定后这一状况并未好转。事实是，在1924年引入地租马克后货币的价值被固定在一个很低的水平，这令情况更加恶化；那些资产被通胀摧毁的人，此时又面临着物质危机。毫不意外的，货币重新估价引起众怒，人们普遍持反对态度。[45]

表 4.1　纳税人的分布图，1913—1926/1936 年

税阶[46]	1913	1926	1928	1936
	n 000s			
	23,550	–	29,011	31,031
	百分比（%）			
1	47.6	62.2	54.5	54.0
2	42.6	28.6	34.2	35.1
3	5.2	5.0	6.8	7.2
4	2.4}		2.6	2.2
5	0.9}	2.4	0.8	0.6
6	0.2	0.4	0.3	0.2
7	0.3	0.2	0.2	0.2
8	0.2}	–	0.1	0.1
9	0.1}	0.13	0.04	0.03
10	0.05	0.01	0.01	0.02

来源：Rudolf Meerwarth, Adolf Günther, Waldemar Zimmermann, *Die Einwirkung des Krieges auf Bevölkerungs-bewegung, Einkommen und Lebenshaltung in Deutschland* (Stuttgart, Berlin, Leipzig, 1932), p. 194 (1926); D. Petzina, W. Abelshauser, A. Faust (eds), *Sozialgeschichtliches Arbeitsbuch III. Materialien zur Statistik des Deutsche Reiches 1914 – 1945* (Munich, 1978), p. 105 (1913 and 1936).

通货膨胀造成的物资短缺的例子很容易找到。"一战"期间救济厨房数量大增，艰难谋生的中产阶级领取救济越来越多——按照杜塞尔多夫市中央党威廉·特韦斯（Wilhelm Tewes）的说法，他们"输掉了物资战争"。[47] 通货膨胀的最后阶段，类似的救济厨房再次出现，帮助贫穷的人，还有许多中产阶层及退休者。这些人的赤贫往往隐而不现，只有在他们把救济厨房当作最后避难所时才显现出来。曾有研究调查巴伐利亚的家庭预算，调查显示一位中产阶级公务员收入大幅下降，蛋白质和脂肪摄入量也随之大幅减少。[48]

特奥多尔·盖格尔（Theodor Geiger）于1932年发表重要论文，讨论战争及通货膨胀对社会结构的影响。[49] 在这篇论文中，盖格尔仔细研究了贸易、商业及公务员中的中产阶级是怎样在战争及通货膨胀的影响下衰落

的。鉴于论文发表时政治极端化迅速扩散，盖格尔希望能够弄清楚"阶层"这个已经持续数代、给贸易及手工业的中产阶级提供了典型的社会及文化权威的概念暗含的稳固性，以及这种稳固性消失后带来的强烈心理影响。[50] 尤其是国内上下许多农民、中产商人以及小企业者，因为替共和国经济政策买单，认为自己成了政府的"小奴隶"。[51] 通货膨胀对平民中的某些人群影响巨大，稳定政策则是雪上加霜。按照托马斯·柴尔德斯（Thomas Childers）的说法，德国选民中有四分之一到三分之一受到影响，导致共和国的信任危机。[52] 但无论通胀早期带来的真实或虚假的痛苦，中产阶级选民并没有像后来那样极端化。事实是，1924年的两次选举及1925年的总统选举，皆可以看作保守派和传统主义者的胜利，揭示着人们对稳定的渴望。1924年的5月及12月，城市和乡村的中产阶级支持国家人民党；而1925年，他们选择了"一战"期间显示了非凡个人魅力的强权人物出任总统：保罗·冯·兴登堡。[53]

第三节　福利国家的决定因素：稳定，1924—1930年

1923年年末货币崩溃的背景，正是一系列的政治危机：萨克森和图林根的左翼联盟、失败的汉堡共产主义者"革命"、10月及11月发生在慕尼黑的希特勒-鲁登道夫政变，最终导致协约国重新考虑对德政策。[54] 其结果是1924年1月的稳定一揽子计划，该计划提出战争债务及赔款商业化——即后世所谓的"道威斯计划"，以国际专家委员会主席查尔斯·道威斯（Charles Dawes）命名。按照这一计划，华盛顿终于承认德国赔偿与战时盟国间债务的联系。[55] 计划中还包括国际社会向德国提供80亿美金贷款，帮助德国于11月中发行（过渡）货币——地租马克。从此开始，中央党政治家威廉·马克斯领导的共和国政府（施特雷泽曼的第二届内阁远没有第一届成功，于11月下台）通过授权立法手段，开始着手平衡收支。"道威斯计划"本来只是过渡计划，原定于1929年进行重新修订；战争赔偿金额暂时变成在德国力所能及范围内，按年度支付（1924/1925年赔偿金额为10亿地租马克，1928/1929年涨至25亿地租马克），该计划开启了魏玛共和国经济相对稳定的时代。

在这个短暂但经济相对稳定的时代，大约有135亿的国际贷款（以美国为主）流向德国。[56] 这些私人贷款与发钞的作用相同，即平衡资本和劳

动的需求。大企业通过贷款能够进行深入的重组，政府也在这些年中努力兑现福利国家的承诺。工业生产迅速回升，截至1928年，工业生产水平超过1913年多达14%；同年实际收入（扣除价格上涨因素）也达到了战前水平。[57]表面上，经济状况良好，可以说得上是"黄金年代"；但事实上国民收入增长了24%，企业活动收入增加17%，而工人工资上涨达到了29%。此外，农业面临着危机：许多农民无力还债或缴税，导致不少农场破产并被抵押。石勒苏益格－荷尔斯泰因州——很快我们在本章中还会论及——面临着德国最高的扣押及强迫拍卖率，导致猛烈的抗议潮。[58]该州也是最早抛弃共和国的地区之一。

如果说通货膨胀某种程度上是由心照不宣的财政共识所造成的，那么这种共识到了末期已经消失。"道威斯计划"中的稳定条款，其实质是通货紧缩，标志着让步的结束。社会妥协开始瓦解的标志，正是有关8小时工作日的斗争——这是1918年工人阶级革命的主要成果。自1922年起社民党退出政府，部分削弱了工人阶级的政治影响力；另外左派自由工会成员大幅下降，1920年成员超过800万人，而1924年只有400万[59]。中央政府下达所谓的强制令（Reichsexekution），1923年秋天暂停了萨克森和图林根两周的政府职务；此外还颁布紧急法案来控制生产，让集体劳动的农场陷入守势。[60]同时，雇主们发现，鲁尔危机导致民族主义复兴，自己的地位不断加强，同时还得到古诺和施特雷泽曼重商政府的帮助。通货膨胀增加了大工业的经济能力，"道威斯计划"则缓冲了通货膨胀带来的政治冲击。

按照《斯廷内斯－列金协议》，工作日确定为每天8小时，薪酬要由劳资双方协商确定。这一协议涉及大约一半的劳动力。[61]相应的，（直至1928年）国民收入中薪酬比例，相比战前增加了15%，达到60%。然而工作条件并没有改善。在短短时间内，工作时间就上升到了过去的水平。到1924年中期，8小时工作制基本已经消失。[62]1926年弗里茨·朗①拍摄的电影《大都会》（Metroplis）中，唯利是图的工厂主及城市大亨的儿子弗雷德（Freder）秘密去城市电厂和工人一起上早班，最后他痛苦地抱怨："父亲，

---

① 弗里茨·朗（Fritz Lang, 1890—1976年），出生于维也纳，知名编剧，导演。20世纪20年代早期，他出品的一连串犯罪默片电影，开启了世界电影的新风貌。1930年代，电影进入有声黑白电影后，他也编导了如《M》的精彩剧作。之后，他屡屡尝试新的电影剧种，如首次有机器人剧情出现于电影银幕，就是他在1927年的电影作品《大都会》。——译者

您知道每天工作 10 小时是多么大的折磨吗？"他这一席话说出了许多德国工人的心声。

1922 年工业动乱到达高峰——正如我们前面看到的——大约出现了 4500 次罢工。稳定时期时，罢工及闭厂总数下降至一半，而参加罢工的工人数目也减少了三分之二。随后的两年（1926 年及 1927 年）数量持续下降，看上去似乎雇主与雇员之间的关系非常平静，但若是仔细检查便会发现，尽管罢工数量下降，罢工者更容易达成目的（通常是薪金及工作时间）。相比之下，"一战"前及革命期间，罢工往往不会成功（直到 1922 年，只有不到四分之一的罢工取得成功，还有四分之一失败，剩下的大约 2300 起罢工只有部分取得了成功）；在稳定时期，大约五分之一到三分之一的罢工以工人胜利告终。到 1928/1929 年罢工和闭厂的数量稳定下降，参加的工人数量也有所下降，但是自 1927 年起损失工作日的数量大幅上升。实际上只有 1926 年劳资争端相对平静。[63]

不是所有的劳资纠纷都导致了罢工或闭厂。魏玛共和国重要的解决手段之一是工业调解程序（Schlichtungswesen）。1923 年该机制开始实行，强迫工会及雇主必须参与其中。[64] 这一体制建立的调解委员会及劳动法庭，其职能不仅仅是解决纷争，还有保证集体谈判的顺利进行等。1924 年至 1929 年调解委员会总共受理 60648 起调解案件，自 1927 年起数目有所增加。[65] 作为最后调解的中立机构，其调解结果具有法律约束力；作为政府在劳动市场上的代理，调解委员会通常会做出对工人有利的判决。1927 年雇主们的立场转向强硬，超过 25 万工人参加了停工，数量增加了三倍；这同时也反映了人们对国家干预的反感。

1928 年 11 月的鲁尔区大停产，应当被视为不断增加的保守派势力对福利共和国不满的产物。[66] 从此开始，雇主不仅仅要面对强大的工会——截止到 1928 年，工会共成功达成了 8925 份协议，覆盖所有从业工人的三分之一；同时这些工会也瓦解了共和国调解劳资纠纷的权力——而这是魏玛共和国福利政策的基石。1928 年 11 月 1 日，钢铁行业雇主进行大面积停工，总共涉及 22 万工人——目的是抗议一项有关提升工人时薪 5% 的法庭裁决（1928 年 10 月 26 日）。[67] 雇主们拒绝接受法庭的决定，并单边宣布钢铁行业不受任何时薪协议的约束。这次停工是资方先发制人，来打乱工会的阵脚。很快斗争从工厂转移到了法庭，杜伊斯堡地方劳动法院于 11 月中裁决资方胜诉。但仅仅一周后的 24 日，这一裁决被上一级地方劳动法院推翻。这次重大劳资纠纷标志着20世纪20年代初期大规模纠纷的回归，也为共和国晚期的大危机拉开了帷幕。斗争的双方，一方是影响巨大的德国钢铁工业主西北联合会（Arbeitsgeberverband der nordwestlichen Gruppe des Vereins deutscher Eisen- und Stahlindustrieller），另一方则是三大工会联合：基督教钢铁工人联盟、德国钢铁工人联盟及德国钢铁工人贸易联盟协会。这次纠纷也分裂了大联盟政府与来自德国人民党的经济部长尤里乌斯·柯蒂斯的关系，并与劳动部社民党的鲁道夫·维塞尔（Rudolf Wissel）相互对立。1928年底，共有2410家工厂发生停工，涉及约50万工人，共损失1200万工作日。[68]

对于鲁尔区雇主而言，关键问题不仅仅是国家的调解干预、其作为一个独立个体被限制的自治权力以及面对工人失去威慑力，还在于劳动力成本。正如我们前面论述的，薪金增长超过了生产率增长。因此，雇主一再强调国家调解干预及工会为超过1200万工人谈判有法律约束力的薪水这种控制大大增加了劳动力成本，超过了经济能承受的范围。换言之，让薪金与市场机制脱钩造成了所谓的"黏性工资"。博尔夏特及其追随者认为，魏玛福利制度使整个国家入不敷出。[69]博尔夏特的论文写于20世纪70年代（也是在有些相似的经济环境下），他认为魏玛共和国的福利待遇导致经济"得病"。[70]确实，直到20世纪20年代末，平均工资在所有行业都保持稳定增长。截止到1930年，产业工人的时薪及周薪指数超越战前，分别达到194及156。大萧条开始六年后，这两项指数下跌了峰值的五分之一，在所有欧洲国家中，只有波兰跌幅比其更大。此外，20世纪20年代中期，工资上扬的优势被生活费用上涨消耗殆尽；只有在大萧条期间，生活费用才有所下降。事实上，按照购买力计算的实际工资，与战前相比几乎并未增长，1916年至1936年的二十年中基本保持不变。[71]此外，与英美同期相比，魏玛共和国的劳动成本并未有太大区别；唯一的区别是劳动成本的变化有略微的滞后性，阿尔弗雷德·布劳恩塔尔（Alfred Braunthal）观察到，对福利国家的负面宣传中，"高工资神话"是常用词汇之一。[72]无论如何，因为劳资谈判的结果，往往是调解委员会强制加薪，众企业普遍认为这是"薪金独裁"。因而，鲁尔大停工正是由于雇主们拒绝承认魏玛福利国家的权威。

自相矛盾的是，鲁尔区的劳资纠纷恰恰发生在战后经济鼎盛时期，劳方权力不断复兴，最有力的证据，便是社会民主党在五月选举中大获全胜，重回政治舞台。该党回归权力中心，承诺要加强劳资谈判调解框架，绝不是削弱它。建立魏玛共和国社会福利及经济基础的理念，源自战时经济公认的工业集体主义。[73] 魏玛共和国时期，这种主义带着"更温和"的民主基调。天主教中央党员海因里希·布劳恩（Heinrich Braun）博士在这期间（1920—1928）多数时候担任帝国劳工部长，他奉行的政策是"以共同工作权利为基础、各阶级达成和解，即劳资双方及其代表机构需平等参与"。[74] 他的继任者鲁道夫·维塞尔——爱国动员法时代任工会官员，并于1919年成为经济部长——也继续奉行这一政策，致力于建立福利国家，促成各阶级和解。

1928年6月，维塞尔上任时，雇主的不满扩展到了失业保险方面。[75] 魏玛共和国继承了俾斯麦创立的社会保险体制，并在1923年至1926年通过一系列改革让体制更加普遍化；1927年正是改革高峰，7月通过的《失业保险法》为失业者带来了保障。[76] 因此，过去政府的仲裁干预让雇主们不满，现在又要加上失业费用。在通货膨胀结束后，政府大刀阔斧扩展福利社会制度。例如，1925年至1929年，政府支出（包括社会保险）占国民生产总值的比例由四分之一上升至超过30%（大萧条期间上升至36.6%，到20世纪30年代时上升到42.4%，尽管上升的原因各不相同）。若是以战前政府开支衡量，政府在健康及救济金以及公共住房上的预算比例也显著增加（后者也是开支中增加最大的）。[77]

与通货膨胀时期类似，相对稳定的时期以及美国提供的贷款，让政府在不断强硬的雇主和魏玛共和国福利国家需求之间，尚能有一定斡旋空间。尽管对魏玛福利制度有不少批评，认为它破坏了原本健康的经济，但较低的生产率薪金比例并没有给私营企业的盈利带来太多危害——特奥·巴尔德斯顿（Theo Balderston）最近的研究显示了这一点。事实是，1924年至1928年，资本投资的总额几乎增加了一倍，大部分投入重工业（恰恰是对劳动力成本抱怨最强烈的行业）。[78] 尽管如此，对于许多雇主及保守派政治家——比如汉斯·路德总理（1926年在任，后来也在布吕宁及冯·帕彭的通货紧缩内阁中任职）以及帝国银行总裁亚尔马·沙赫特①而言，魏玛福

---

① 亚尔马·沙赫特（Hjalmar Schacht，1877—1970年），德国经济学家、银行家、自由主义政治家，德国民主党的联合创始人。在魏玛共和国时期，亚尔马·沙赫特担任货币局局长和德国央行行长，对"一战"后德国的赔款义务抱持猛烈批评之态度。他后来成为了希特勒和纳粹党的支持者，在希特勒政府中担任央行行长和经济部长。——译者

利国家是德国套在脖子上的沉重负担。

容克地主阶级中的"蛮荒"议员们普遍持有这种观点，尽管在共和国他们普遍过得不错，他们依然出于意识形态原因，痛恨共和国。在普鲁士易北河以东的各省，革命消灭了农村劳力那种类似于农奴的法律及政治状态。1918 年 8 月 11 日通过的《帝国定居法》，意在给零散定居者分配大约三分之一的土地，但根本无法撼动庞大复杂的地产体系。[79] 虽然这一法律出台并实行，但易北河东部农场主的经济及社会权力结构几乎没有变化。某些区域，农场主对待劳动者仅比农奴略强一些而已。举例而言，在梅克伦堡的施特拉斯堡，大约 6000 名劳动者分散在 51 处农场，其中 41% 为雇工①；20 世纪 30 年代初，劳教者每个小时的薪水为 5~10 芬尼，冬天时每天工作 8~9 小时（夏天时每天工作长达 14 小时）。这种微薄的薪水以实物作为补偿，通常是土豆、谷物、木材及煤炭、动物饲料，当然还有雇工农舍，这样劳动者每小时的薪酬可以达到 43 芬尼，尽管不同的农场现金与实物比例不尽相同。总的来说，农村薪金水平差别较大，某些种类的工人的收入远远好于其他人。[80] 因此，施特拉斯堡的自由季节工也能有每小时 35 芬尼的收入，加上支付的实物及食宿（尽管是马厩的草垫上）。农场主利用权力强迫实行这样严厉的不平等条件，易北河以东农村地区劳动力的贫乏，至少和亚历山大·施滕博克 – 费莫尔（Alexander Stenbock-Fermor）记录的德国中部及东部的工业村落的贫困水平差不多。[81]

容克大亨们，比如埃拉德·冯·奥尔登堡 – 雅努绍（Elard von Oldenburg-Januschau），在普鲁士公务员及高层中有着广泛人脉——甚至认识兴登堡本人，能够在当地作威作福，革命后依然如此。[82] 作为强大的游说团，加上兴登堡的支持，他们能够说服布吕宁总理，批准了高达 20 亿地租马克的巨型援助项目（所谓的东部援助，Osthilfe），仅在表面上复苏这些因边界变化而受影响省份的经济。[83]

*

尽管在某些工业行业中，薪金和劳动条件有所改善，但是在其余行业中，长期收入偏低及加班普遍存在。[84] 工薪阶层常常在简陋的家里工作，尽

---

① 即 Deputate，领取实物津贴者。——译者

管 20 世纪 20 年代初，政府出台相关法律控制使用廉价劳动力。传统的家庭作坊，比如雪茄制作，到 20 年代末基本已经在德国北部消失，但在萨克森还普遍存在。外包制度普遍存在，不仅仅集中在乡村。大萧条时，外包不断增加。事实上，根据 1925 年人口普查数据，大约 25 万人——绝大多数是女性——依然在家庭作坊工作；接下来的十年中这个数字翻了一番。[85] 魏玛共和国时期，女性工作条件几乎没有改善。首先，女性的薪酬只有男性的三分之一至一半。[86] 尤其是战争造成的寡妇，占到女性人口的 9%，她们通常从事清洁工、洗衣工的工作或者在不断发展的成衣行业中担任裁缝或纽扣工。到 20 年代中期，柏林中部的豪斯弗格泰广场成为德国时尚行业的制造中心。在这个区的无数公寓里，有大约 78000 名女性在家做工，但收入极低。这种工作有很强的季节差异，并且白天必须连续工作很久，晚上只能休息几小时。女工们大多数时候只有很低的收入，每件成衣只能得到少于 60 芬尼的报酬。若是订单较多，一位女裁缝可以每周挣到 25~30 马克，但是不会更多了。这笔钱都不足以买一件时髦的秋季女式羊毛大衣——尽管这样的大衣可能是她们缝制的——其价格大约 40 地租马克。[87]

外出工作的女性生活相当艰苦，周末也很少休息。1928 年，工会请 150 名女性纺织工描写一下工作日及周末。有家庭的女性工人，典型又漫长的一天是这样度过的："早晨 5 点 45 起床；5 点 45 至 6 点 30 早餐；6 点 30 至 7 点花在上班路上；工作从早晨 7 点到下午 5 点；中间只有 9 点钟休息 10 分钟加上午休 1 小时；下午 5 点至 6 点赶回家并在路上买菜；晚上 6 点至 6 点 30 休息半小时；6 点 30 起至晚上 10 点为第二天准备饭菜，或者做家务活；晚上 10 点准时睡觉。"[88] 实际上，许多女工上班的时间远远早于 7 点。艰辛工作的生活可以在下面这位 36 岁妇女的叙述中找到：

> 我结婚已经 12 年了，迫不得已去工作。我的五个孩子，分别是 12 岁、10 岁、8 岁、7 岁和 1 岁半，丈夫生病在家。我早晚上下班的路，单程要 1 个小时零 1 刻。最小的孩子需要人照顾，为此我每周要支付 7 马克；其他的孩子要自己照顾自己。早晨 6 点我必须开始工作，所以 4 点起床。我曾为此痛苦。但是为了健康和孩子，我必须强忍泪水。晚上回到家，我还要忙家务。大多数时候这毫无快乐可言，也没有家庭的闲聊。我的生活了无乐趣。[89]

她的经历非常普遍。一些妇女生动地描述在凌晨时为孩子们准备上学所用物品的沮丧,表达了她们为错过孩子童年的快乐而难过;缺乏食物的担忧整日纠缠着她们;不断地修补衣服;繁重的家务劳动。不论是否有孩子,许多女性的生活都打上了工作及家庭的双重烙印。无论如何,大多数女性拒绝向工作和贫穷的折磨妥协。年长些的女性努力阅读报纸,在家外寻找兴趣。上面引述的这位妇女,尽管工作乏味辛苦,但是依然积极参加工会工作,是当地工会的财务主管,且刚刚参加了一次工会代表大会。[90] 有不同社会背景的职业女性成为正在崛起的魏玛消费娱乐文化的尝鲜者,以此来逃避令人窒息的工作生活,这一点我们可以在比尔·怀尔德①的剧作中明显看到。此剧1930年上演,改编自库尔特·西奥德马克(Curt Siodmak)在《周日大众》中的报道。[91]

1927年3月至1928年2月,帝国统计局对2000个家庭的开支进行的统计显示,担任公务员、白领和蓝领三种社会职能的人的开支和消费模式彼此差异巨大——这点我们在表4.2中可以看到(其中还加上了1930年对乡村劳动家庭进行的另外一次调查,该调查展示了"中产"与城市"工薪阶层"之间的强烈对比)。

表4.2　家庭每月预算(1927/1928—1930年)

	A[a]	B	C	D[b]
家庭数量	498	546	896	130
家庭人员平均数量	3.9	3.6	4.2	?
每月平均收入（地租马克）	445.78	392.69	277.09	169.65
每月平均支出（地租马克）	430.96	379.84	270.54	161.75
	百分比（%）			
食物	33.2	34.5	45.3	56.9
住房（租金及维修）	18.4	17.0	13.9	13.9

---

① 比尔·怀尔德(Billy Wilder,1906—2002年),犹太裔的美国导演、制作人与编剧家,也是美国史上最重要和最成功的导演之一。——译者

续表

取暖和照明	3.7	3.5	3.6	–
衣服	13.9	12.6	12.7	15.3
个人健康/卫生	2.6	2.0	1.4	–
保险	3.2	7.8	7.9	–
税	4.6	4.4	2.5	–
教育/休闲	5.0	4.4	2.9	–
其他	15.4	13.8	9.8	13.9

[a] A = 公务员；B = 白领阶层；C = 城市工人阶级；D = 农村劳动力。
[b] c. 1930。

来源：*Statistisches Jahrbuch für das Deutsche Reich 49* (1930), 342; 'Untersuchungen über die Lebenshaltung des Landarbeiters'. *Fortschritte der Gesundheitsfürsorge*, Nr.3 (1931), 78 – 81, cited in Jens Flemming, Klaus Saul, Peter-Christian Witt (eds), *Familienleben im Schatten der Krise. Dokumente und Analysen zur Sozialgeschichte der Weimarer Republik 1918 – 1933* (Düsseldorf, 1988), pp. 75 – 7.

尽管这一调查主要是针对不同社会职能的家庭消费，我们能从中得出其他的结论。[92] 的确，这种调查（以及所有类似的调查）只能为那些被调查者的生活给出极其模糊的印象（只是统计平均收入及支出，而不是实际收入及支出），更别提那些没有被调查到的人们。此外，这些数据只调查传统已婚家庭，因此便忽略了"自由"同居者、单身及单亲家庭，或者那些有老人、退休者及伤残军人的家庭。

而这次调查的数据也来自就业及薪金最好的一年。它并没有记录为了维持生活水平而工作的小时数（往往是12小时以上），也对这一年物品及食品的数量及质量闭口不谈。1929年发表的一份工会报告指出，与1907年相比，工薪阶层家庭20世纪20年代中期需要花费更多在食品上，但是高营养高热量的食物明显减少，尤其是奶制品。农村劳动者——他们的家庭往往人口较多，但是收入明显较少——的饮食情况更加糟糕。[93] 科斯勒于"一战"后不久，对柏林贫困家庭的饮食进行了调查，认为其饮食"令人震惊地单调"：

> 早晨孩子们及大人只能吃一片干面包，情况允许时或者加一片面

包，或者加一些果酱及人造黄油。佐餐是咖啡替代品（Kaffeeersatz）。在单位的午餐往往是一片或两片面包，情况好时还有人造黄油。晚餐只有土豆、圆白菜或者胡萝卜。只有在情况好时才能吃到肉，一周最多只有一次。[94]

正如阿尔夫·吕特克（Alf Lüdtke）论述的那样，饥饿是两次大战期间人们的普遍经历，绝不仅仅限于那些穿插在魏玛共和国历史中的极端经济情况——比如所谓的1917年萝卜冬天（Steckrübenwinter）、1919年的盟国封锁以及20世纪30年代的大萧条。[95] 这对健康的影响是非常严重的，正如科斯勒以及他之后的社会评价家看到的：

> 仔细看看（在这本小册子中）照片上每个孩子：浮肿、面色苍白、瘦弱无形、摇摇晃晃加上手脚畸形。这就是下一代的特性（原文如此）。这些悲惨、令人哀伤又无助的小家伙，只有陀思妥耶夫斯基才能描写他们的状态，他们就是曾经强壮又高大的德意志民族的终结。[96]

十年后这一境况并未有太大变化。这些对在魏玛共和国挣扎着生活的人们的描述，与那些着重调查高薪人群或高官的社会调查格格不入。这里科斯勒再次给我们呈现了令人震惊的居住条件：20世纪20年代初"狭小密不通风的环境里，太多人挤在太少的房间中。四五个成年人及小孩住在同一个房间的上下铺中，几乎是生活常态。同样的，三四个人睡一张床也很常见。"[97] 1923年源自波罗的海之城格赖夫斯瓦尔德（Greifswald）的报告显示，有62.3%的孩子要和别人共寝。[98] 20世纪20年代末，对柏林年轻工人的调查显示了类似的狭窄居住情况。[99] 多数接受调查者挤在只有一个或两个房间的公寓里，几乎没有个人隐私。一位青年说他家6口人挤在一个房间里，"每个人都能想象夜里房间的空气怎样"。他和兄弟能相对奢侈地睡在客厅的沙发和卧榻上。这样的情况屡见不鲜。1929年德意志青年协会调查20万学徒工显示，超过三分之二的人没有自己的房间；20%的受访者要和另外一位家庭成员睡在一起，甚至还有一小部分要挤在出租屋里，让人担心是否会有伤风败俗之事发生。[100] 20世纪20年代中期，仅仅租床一族（Schlafgänger）就有约44600人，合租人数大约为135000人。库尔特·图霍夫斯基①认为，在这样的条件下，没有谁能"单独一人"。[101] 若是合租人不能像年轻的克里斯多福·伊舍伍德（Christopher Isherwood）那样文明礼貌，总会产生摩擦。克里斯多福·伊舍伍德借住在柏林哈雷门区的一座院子里，很快适应了贫穷工人诺瓦克一家的生活节奏。[102] 1929 年，一位少女这样告诉记者：

> 我们的房间和厨房之间没有走廊，而是一个房间，所以我们和借住人之间很快产生了不愉快。比如，因为借住人住在最后的房间里，几乎每晚带朋友回来，而且是很晚的时候。每个人都能想象这是多么不愉快的事。他们没有敲门，穿过我们的房间，而那时我们正在换衣服。[103]

不过需要指出的是，这种拥挤的住房条件在魏玛共和国之前已经存在，1933 年后依然继续。1918 年，帝国及地方房屋管理处规定，一个家庭至少需要 2 个半房间才能"健康"生活。按照这一标准判断，1938 年仅柏林就有三分之二的家庭不合格，而这在这座首都屡见不鲜。[104]

这样的生活条件与一个人是否有稳定工作有关。对于魏玛共和国的工薪阶层而言，工作不稳定是常态，而工作稳定相当罕见。且不说 1922 年至 1928 年实现所谓的全面就业期间，大多数工人经常经历短期失业（甚至 1925 年至 1928 年失业率也从 3.4% 上升至 6.3%，1926 年更飙升至 10%）；20 世纪 20 年代下半叶，某些行业失业工人的失业时间越来越长（这种现象发生在 30 年代大萧条普遍失业之前）[105]。此外，某些经济领域出现很强的季节性规律，比如建筑行业、食品加工业及德国主要港口（汉堡、基尔及库克斯港），还包括像科隆这样的内陆港口。[106]

一个人对汉诺威生活往事的回忆，展现了工薪阶层一直缺钱、长期贫困的状态。这位作者的父亲 1931 年失业，此后的四年中一直如此。每周的失业补助是 17.5 地租马克，刨除租金后，一家人能用在食物和其他生活必需品的钱不足 10 马克。缺钱让母亲过早衰老，也毁掉了作者的童年——即使是他父亲于 1935 年找到工作。即便如此，家庭依然缺钱。

---

① 库尔特·图霍夫斯基（Kurt Tucholsky, 1890—1935 年），德国记者、作家，曾用笔名有碧玉房子、彼得·潘特、提奥巴尔特·老虎和伊格纳斯·和若贝尔。 图霍夫斯基是魏玛共和国时期最重要的评论家。他致力于时政评论，曾参与出版周报《世界舞台》，以海因里希·海涅的传统自命，抨击社会现状。——译者

那个时候我们一家人住在一个带庭院的房子里，只有两个房间，生活得很拥挤。因为实在没有地方，我的姐姐时常要住在祖母家……至于家庭财政方面，毫无疑问，我们经常陷入窘境。比如我一直看到母亲为缺钱而担忧。（1935 年）我的父亲开始在不锈钢厂上班后，收入依然微薄。最多时父亲每周能挣到 40 马克，倒数第二小的孩子出生时，家里有五个孩子，而房租每个月要 30 马克。[107]

在这样境况中长大的孩子，童年的时光很短暂，也缺少了童年的意义。战前，10% 到 20% 的城镇孩子都打过工——这并非不寻常之事；在工业重镇及农村地区这个比例更高。1918 年后，官方统计数据显示，14 岁以下童工大幅减少。但这样的调查往往忽视了许多"看不见的"临时童工（学徒工要至少满 14 岁）：在家工作的血汗童工、农场童工以及街上送信卖报的童工。对于那些生活在社会边缘的家庭，孩子需要做工，无论是照顾更年幼的兄弟姐妹，或者是跑腿小工，甚至后来成为家庭收入的支柱——"一战"及大萧条期间，这种情况极其常见。在一份回忆录中，生活埃菲尔山地区的作者及其兄弟姐妹经常和祖父一起捡柴，用来贴补父亲微薄的收入。家庭的血汗作坊里，孩子们很早就开始学习父母的营生。通常 5 岁左右的孩子就要开始从事简单的劳动步骤，待他们年长时便开始复杂的劳动了。[108]

*

上面提到的记录是有关在社会边缘的贫穷人的每日生活。更难衡量的是新旧"中产阶层"每日生活面临的危机，他们的生活与工薪阶层紧密相关，那些源自无产阶级的白领阶层大约占到中产阶层的四分之一，他们时常感受到工人阶层的物质匮乏。[109] 自 20 世纪 20 年代中期，白领阶层的失业率不断上升，1927 年为 3.6%，1936 年为 11.6%。1933 年 6 月中旬，白领阶层——主要是商业部门——占到领失业金者总数的 15.5%，领取危机救济金者中，有 11.8% 来自白领阶层。[110] 金钱与缺钱，是汉斯·法拉达（Hans Fallada）描写德国"新"中产阶层尴尬处境的《小家伙，现在怎么办？》（*Little Man What Now?*）这本小说中最重要的元素。这本写于大萧条时期的小说中，年轻的主人公平讷贝格（Pinneberg）及其妻子兰穆馨（Lämmchen）原本生活拮据，而平讷贝格因为经济不景气，丢掉了自己在男装店的工作。兰穆馨因为怀孕,又不得不停止薪水微薄的秘书工作。日复一日,他们不得不变卖所有的财产(但却毫无意义地保留了昂贵的梳妆台,显示着平讷贝格"渴望回到中产阶级")[111];最终,他们失去了公寓,搬到了肮脏的废弃建筑里,并在那里照顾新出生的孩子。

随着经济中的第三产业的发展,魏玛共和国时期办公室职员人数大幅增长,成为了所谓的白领无产阶级(Stehkragenproletariat)。[112] 这些员工绝大多数是半熟练的女性,且薪水远远少于男性。在小说《大饭店》中,维姬·鲍姆通过描写一位19岁的弗莱馨(Flämmchen)①(和法拉达一样,鲍姆也用了小化的词尾"-chen",来表示主人公并不独立),准确地描述了这一阶层的窘境。小说中的另外一位小人物,会计克林勒恩(Kringelein)②(另外一位物质匮乏的边缘角色)问她为何与老板保持地下情关系时,弗莱馨回答道:

> 当然是因为钱。我失业已经一年多了,必须得找份工作……很多人说不该因为钱和自己的总经理约会。事实是——不为了钱还为什么!若是一个人已经一年没有工作,不停地去找工作、在报纸上找招工广告,同时自己的内衣越穿越薄、没有衣服穿,再看看那些店里琳琅满目的商品——我没有办法:穿得漂亮是我的理想。只是为了钱;当然是为了钱。钱如此重要,谁要是不这样说,准是个骗子。[113]

哪怕是在大萧条以前,对于生活中真实的平讷贝格及弗莱馨们来说,钱远远不够用;很多自谋职业者很难缴税,直到20世纪30年代,大多数只是维持生计。[114]

第四节 通货紧缩及魏玛共和国作为福利国家的权威的崩溃

魏玛共和国中期,中右翼政府试图减轻税负,支持中等企业及业主,但是最终没有成功。[115] 大萧条期间,经济政策对中等企业不利,营业额大

---

① 德语 Flämmchen,意为"小情人"。——译者
② 德语 Kringelein,意为"小圈圈"。——译者

幅下降。至 1931 年 1 月，工薪阶层家庭平均收入——包括各种社保津贴在内——下降了近五分之一，这对中小企业而言产生了下游连带效应——家庭减少了支出。[116]

大萧条期间海因里希·布吕宁总理到底有多少斡旋空间，在这一点上学者们争论不休。[117] 布吕宁出任两届内阁总理，自 1930 年 3 月至 1932 年 6 月，许多学者指责他让大萧条更恶化，他一贯实行毫无意义的紧缩政策，导致经济萎缩，葬送了魏玛共和国的威信，给希特勒上台铺平了道路。支持布吕宁者，如博尔夏特，认为批评其政策者是基于后世对经济政策的经验，因此是典型的"事后诸葛亮"。[118] 此外，还有证据显示，经济政策的核心问题并不是要给生病的经济下猛药，而是用直接手段对国家进行"极端手术"。[119]

随着贸易和收入大幅下降，加上国家、各州及地区政府用尽方法加税加费，德国中产阶级面临着巨大压力。1929/1930 年及 1932/1933 年两个周期中间，每年中央政府向地方支付的补助大幅削减，有时甚至减至一半；而在大萧条期间由于社保费用上升，地方急需资金。对地方财政而言，税赋重担落在了商业及有产阶级的身上——因为从失业者那里显然压榨不出钱（不过可以减少他们的补助）。地方议会决定对企业营业额收取特别费用；对地产总金额收取额外费用——大萧条期间，大多数情况下地产费用翻了 3 倍至 4 倍，有些地方甚至达到 7 倍；1931 年开始征收人头税；政府官员及管理者薪水下调，并大幅裁员。这一系列政策给中产阶级造成的心理忧虑，记录在了维克多的日记里：

> 至此，层出不穷的各种新税让人饱受折磨。30 马克，准确地说是 29.75 马克人民公仆特别税，125 马克教会税，52 马克收入附加费。昨天开始，内阁又在讨论减少公务员工资。我深深感到不安。我不知道怎么能够缩减家用；我不知道按照现在的生活我该怎样继续。我若是对爱娃（Eva）说这些，她会完全失去控制。这些事给我带来太多压力。尽管还有存款……此外，还要不停地担心政治。某一天一切都可能崩溃。[120]

布吕宁的紧缩政策被纳粹宣传巧妙地利用（尽管克伦佩勒及妻子并没有受其影响）。[121] 社会主义者们抨击政府削减福利，不过却支持政府加税；

中间派及右翼党忙着内讧；而纳粹党则集中攻击政府让中产阶级为通货紧缩买单，这极其不公平。[122] 纳粹党承诺，一旦上台就修改税法并重振经济——这在魏玛共和国无论是"旧"中产阶级还是"新"中产阶级中都非常欢迎。[123] 1929 年 11 月普鲁士、巴登、巴伐利亚以及莱茵河摩泽尔河各地同时举行的地方选举，以及 1930 年的国会选举，其关注点都集中在影响中产阶层的税法以及农村地区农民生活的困境上。[124]

9 月大选的结果远远超出了纳粹党的预期，他们总共获得 18.3% 的选票。[125] 从 11 月普鲁士地方选举以及 6 月萨克森州议会选举中可以看到这种趋势：纳粹党议员几乎增加了两倍，从 5 名上升到 14 名，同时他们获得的选票翻了三番。[126] 9 月国会选举中，纳粹党席位增长十倍，同期的地方选举他们也有类似的成绩。14 日在不伦瑞克举行的选举，纳粹党得到五分之一的选票，并在州议会中获得四分之一的席位；在不来梅这个传统左派堡垒，11 月举行的选举中纳粹党选票仅比社民党少 5%，占总票数的四分之一，得到该市议会（Bürgerschaft）32 个议员席位。[127] 1932 年秋末，纳粹党经历挫折陷入危机，而此前纳粹党似乎锐不可当，横扫地方及国家选举。[128] 1931 年及 1932 年的州议会选举中，纳粹党获得 26%（符腾堡州）及 42.5%（图林根州）的选票，在其他地方票数也飞速增长。1932 年 7 月的国会选举中，纳粹党得到近 1400 万选票。[129]

仿佛是要强调这种成功背后与利益的巨大关系，盖格尔特别强调了那些 9 月进入国会的 107 名纳粹议员：

> 从《人民观察家报》上我看到，107 名议员中，17 名是农民，18 名是手工业者（及工人阶层），19 名来自小商业及白领领域，14 名是教师，13 名是自由职业者，12 名是中低层公务员，8 名是律师，6 名是前军官。尽管从这些数字关系中，人们无法进行什么判断，但是我们可以看到，这些议员的出身表明了该党瞄准了哪些社会阶层。[130]

尽管对这种认为纳粹党支持者主要来自"下层中产阶级"的论调存在着质疑[131]，但是恐惧的中产阶级与 1929—1932 年纳粹党不寻常的崛起之间的联系，在一系列分析纳粹党势力强大选区的调查中显示出来。

这些研究调查明显地展示出，在那些新旧中产阶级占主导地位的城镇，自 1930 年起纳粹党的支持率最高。[132] 举例来说，1932 年，位于哈茨山附近的戈斯拉尔第一至第三选区，以及第八到第十一选区，这些中产阶层选区中对纳粹党的支持率上升到60%至70%。[133] 在纽伦堡，城市公园区的下层中产阶级中，同一年有52%的选民支持纳粹党。[134] 奥格斯堡的情况与此相同，在城内各社会阶层混合区莱西角（Lechviertel）、乌尔里希角（Ulrichsviertel）以及市中心，纳粹党获得了巨大支持；城外则有南外城、西南外城以及霍赫措尔新城区，这些新老中产阶层集中的区域也鼎力支持纳粹。[135] 不伦瑞克类似的选区也对纳粹党没有抵抗力。[136] 在汉堡，各社会阶层混居的选区，如罗藤鲍姆、霍亨费尔德、福尔斯比特、埃贝克及老城，纳粹党主要依靠中产阶层的选票。同样的情况也出现在中产阶层集中的阿尔托纳。[137] 1930年夏天的选举拉票中，特里尔当局注意到，中产阶层及"更高阶层"参加纳粹党会议的频率和数量都在增加。[138] 该当局1931年的报告指出："值得一提的是，中小企业者以及来自法院、海关、税务、财政及铁路管理部门的许多公务员对这些（纳粹）会议有着更大的兴趣"。[139]

公共债务及税收这两个重担，也主导了1931年各州的选举。这些问题到1932年明显恶化，纳粹党竞选传单中有许多图片，反映城市乡村普通人的悲惨生活。[140] 盖格尔记述道：

> 中产阶层并不是被伟大当代思想的洪流所主宰，真正主宰他们的是担忧和害怕——这两者压迫着他们。数年来中产阶层一直耷拉着脑袋，等待拯救——拯救那些特别利益；他们参加着这样或那样的舞会，但每次都更糟。破碎的中产阶级已经不名一文。大市民阶层中产必须要瓦解，因为他们的利益实在是太多了。博弈政治永远都是理智的。对中产阶层而言他们的政治没有共同理智；这个时代最大的危机，就是无理智的叛逆政治成了主流。[141]

20世纪30年代初，德国中产阶层面临生存危机。以战前德国社会各阶层固定作为判断标准，中产阶层感到了强烈的不安。在他们眼中，中产被福利社会的监管及再分配特性甩在一旁、饱受其害。这使他们从自由的投票者转变为对共和国合法地位发出革命性的挑战。[142]

对此最生动的例子，要数1929年，石勒苏益格-荷尔斯泰因州负债累累的中产农场主，由于欠税，他们的财产被强行拍卖并没收，为此他们组织抗议并放火烧了当地税务局。[143] 政府对此的反应迅速而且严厉：抗议头领很快被逮捕,并判刑入狱,这使得该州的农民更加痛恨共和国。1930年的选举中,除了基尔、阿尔托纳、弗伦斯堡及兰茨堡之外,整个州都转向了纳粹党,最终1932年8月,纳粹党得到了超过50%的选票。在那些痛恨共和国的地区,比如北迪特马尔申,支持纳粹党者高达80%！[144] 考虑到1924年至1928年,这些选区一直支持德国国家人民党,纳粹党取得的成绩令人震惊。德国国家人民党尽管批评"福利共和国",但是也被看成"体制"的一部分。1929年至1932年,德国国家人民党的支持大幅下滑,自相矛盾的是,魏玛共和国也失去了威信。

*

魏玛共和国在工人阶层中的合法性,来自魏玛共和国宪法中社会福利协议,承诺保障就业及提供救助。尽管共和国初期局势动荡且司法严苛（详情见下一章）,多数公民还是坚定支持福利共和国的理念,尽管十几年后这种承诺无法兑现。共和国多次尝试兑现承诺,但获得的成效越来越小。[145] 同时,对工人阶层不良习惯的渐进式"改革",也带有一定程度上的专制主义痕迹,让公民和共和国之间产生了矛盾。[146] 无论如何,1930年以前,魏玛共和国的工人阶层一直忠于社会主义民主制度或者天主教组织的政治。他们若是抛弃这两者,那么主要是投奔共产党,比如1932年的科隆便是这种情况。[147] 随着魏玛福利国家倒台,其公民被边缘化,共和国的权力也被推向了政治地狱的边缘。

魏玛福利制度的高水准,首先从1927年的失业保险开始——正如我们前面看到的。[148] 历史上第一次,所有的工人在失业时都能得到物质上的保障。但是这种保险计划绝不是为了1930年起德国出现的大规模失业而设计的。[149] 1928/1929年,经济危机前的政府财政预算显示,劳动及失业保险局（Reichsanstalt für Arbeitsvermittlung und Arbeitslosenversicherung）得到了8.2亿地租马克的预算,可以支持大约80万失业者。[150] 到了1931年5月,政府面临着22亿地租马克的赤字,而缴纳社会保险的人越来越少。此时失业人口达到了450万人,给本来就不断吃紧的资金雪上加霜。大约一半失业者定期得到补助,而剩下一半只能领到紧急救助或地方补助。实际上,福利体制早在1929/1930年冬就面临着严峻考验:因为季节性劳动市场波动,造成失业人口达到250万。到了1931年中时,季节性或者暂时性失业变成了长期的普遍失业。到 1932 年，失业人数达到 600 万，相当于工作人口的三分之一，意味着大约 1200 万至 1500 万人（约五分之一人口）要领取救济。失业的重担越来越多地影响到政府财政预算。[151] 失业保险系统能否坚持，不仅受到经济不景气及 1931 年夏天的银行业危机影响，早在 1929 年它就成为政治攻击的对象，也酿成了 1930 年的政治危机，导致穆勒大联盟政府倒台。[152]

随着大萧条不断恶化，政府发现自己政局不稳，不愿再承担长期大规模失业的重担，于是进行了一系列改革，标志着国家职责向地方及当地转化。[153] 因此，1931 年中至 1932 年夏，这个重担转给了财政拮据的地方政府，我们可以在表 4.3 中看到。[154]

表 4.3　需要福利支持的失业者的分布图，1930—1933 年 *

	1930	1931	1932	1933
失业救济金	73.1	44.6	23.7	14.3
危机救济金	10.5	27.2	31.6	34.6
福利金	15.3	28.2	44.7	51.1

* 全年平均

来源：Collated from *Statistisches Jahrbuch für das Deutsche Reich vols* 1931– 4.
失业救济金（ALU）= *Arbeitslosenunterstutzung*; 危机救济金（KRU）= *Krisenunterstutzung*; 福利金（WOLU）= *Wohlfahrtsunterstutzung*

在领取福利的人耗尽了定期发放的救济金后，政府发放的救济金从中央管理的失业救济金（ALU），转为根据个人经济情况进行补助的危机救济金（KRU），最后再到地方管理的福利金（WOLU），使得领取救济金从一种权利变为生活的依赖，导致了国家和公民之间的关系有了复杂的变化。实际上，我们可以看到这种发展是对 1918 年福利制度的背叛。[155] 此外，这次危机还被布吕宁利用，用一系列紧急法令来管束放肆的地方政权，逐渐破坏了共和国在公共领域的威信。[156] 有不少观察者，比如德国机械厂协会主席卡尔·朗格（Karl Lange）及宪法历史学者恩斯特·鲁道夫·胡贝尔（他们都是历史的亲历者），评论认为魏玛共和国最大的成就同时也是报应。[157] 对于那些需要为福利买单的人来说，这种说法似乎很有道理；对工人阶级而言，这一制度的解体则意味着极端化。

越来越多的人落到地方政府的社保体系中，对于领取福利救济的人来说，受到的侮辱越来越多；同时，整个社会越来越依靠地方部门及公务员，也导致地方权力的重新洗牌。社会保险系统出现越来越多的恣意管理——和中央政府管理的失业保险不同，各地的规定千奇百怪、彼此差别很大。比如，1931 年 10 月至 1932 年 1 月，一对夫妇在马格德堡能够领到约 60 马克，而在大小及结构类似的阿尔托纳，他们领取的救济要少 8 马克，而在布雷斯劳附近的拉奇布日，一对夫妇能领到 50 马克；若是单身失业男性，则每个月能够领到 38.56 地租马克。[158] 这样的差别，主要来自各地对福利金管理的释义不同。[159] 曾于 20 世纪 20 年代末在汉堡劳动局工作过的布鲁诺·内利森·哈肯（Bruno Nelissen Haken）撰写了一部（几乎被人遗忘）名为《布德珲特事件》（*Der Fall Bundhund*）的小说（出版于 1930 年），描写了社会保障管理部门的武断和冷漠。小说的平凡主角"布德珲特"被官僚们欺骗，慢慢地被排挤在福利体制之外，最后绝望地死去。[160]

内利森·哈肯出色地描写了靠救济过日子的人，他们的生活越来越恶化；准确捕捉了被社会抛弃者意志不断消沉的画面，是真实生活的写照。德累斯顿西南，玻璃业制造中心布兰德–埃尔比斯多夫（Brand-Erbisdorf），1931 年 4 月除去退休人员的大约 6000 人口中，有近一半的人靠救济度日。大多数失业者已经至少失业两年，已经失去了领取正常失业金的资格。如果是已婚者，他们可以与临近的皮尔纳市（Pirna）的 1000 多个失业人一样领取到类似的补助。1930 年末，一对夫妇每月能领到 57.65 地租马克的当地救济金，如果他们有孩子且不满 16 岁，还可以再领 18 地租马克。这笔补助不到正常三口之家收入的一半，按照《国际劳动评述》（*International Labour Review*）一篇在大萧条开始时所进行的调查报道，正常三口之家的收入为 146.79 地租马克，也比表 4.1 中低收入家庭少很多。[161] 这笔钱几乎不能买什么东西。1930 年施滕博克–费莫尔（Stenbock-Fermor）游遍德国的"无产阶级地区"，他发现那里的贫困程度远远超过十年前他在鲁尔区矿工中看到的境况。"我每到一处，看到的都是更多的贫穷、更多的苦难、更多的困惑；充满贫困、饥饿和剥削。我得重新认识德国。"[162]

美国记者休伯特·尼克博克（Hubert Knickerbocker）曾于 20 世纪 30 年代游历德国，他发现普通家庭每日的食物只有 6 个土豆、5 片切片面包、1 棵小卷心菜、16 立方厘米的一小块黄油。一个月中有三个周日成年人可以吃到鲱鱼，孩子则基本每天可以吃到鲱鱼及半升牛奶。尼克博克还遇到了一对夫妇，除了面包和土豆外基本不吃其他东西；只有在领到救济金的那一天，他们才能开荤吃上一根香肠。此外每周两天不吃东西。"[163] 所以成年人瘦掉 4 公斤完全正常。比如在柏林-克罗伊茨贝格（Berlin-Kreuzberg），很多男性体重低于 50 公斤。食物供应"实在不够生活，但是也不足以饿死"渐渐成为大萧条时代的常态。"此外，和大饥荒的情况类似，食物短缺时妻子会受到最大影响。"[164] 毫不意外地，尤金·迪瑟尔（Eugen Diesel）在游历了那些贫困区后，绝望地总结道："整个民族都陷入到痛苦中；政府干预毫无用处；人们生活在名副其实的恶毒、压迫和变态的地狱中。"[165]

毫不奇怪地，长期失业也"耗尽了为失业者准备的资源"。结果是，失业者的健康状况严重恶化（尽管患有肺结核的人数在全国范围内有所下降，但是在失业者中比例一直居高不下，这种情况一直持续到 1936 年），这也严重破坏了他们的心理健康。一则报道准确地描绘了受到长期失业影响的家庭：

> 由于营养不良，一些疾病猛烈增长，比如贫血、瘰疬、虱子、寄生虫，还有和不良习惯有关的疾病，比如龋齿也大幅增加，还有一些长期紧张情绪造成的疲劳和注意力下降。[166]

人们对孩子的健康状况普遍担忧：年幼的孩子中有许多出现营养不良，比如汉堡及阿尔托纳便有许多这样的孩子。[167] 地方卫生局官员注意到患结核病的人数增加，尽管在两次世界大战之间肺结核人数一直持下降趋势。[168] 比如鲁尔区的盖尔森基兴（Gelsenkirchen），38% 的儿童患上肺结核，乡村地区如图林根的希尔德布格豪森（Hildburghausen），仅比这个数字略低，而柏林由于人口众多、住处拥挤，互相传染更加严重。[169] 据估计患肺结核者有约 100 万，15 岁至 30 岁死亡人群中，因肺结核去世者达到一半。[170] 同时，失业对年轻人性情的影响也成为社会议题。1925 年德国人口大约 10% 是 10 岁到 15 岁的少年。这意味着到 1928/1929 年时，这些孩子已经到了就业年龄或者已经准备进入劳动力市场——但是由于大萧条，工作机会大幅减少。[171] 1932 年 1 月，失业率达到最高点，而失业人口中有五分之一是 21 岁以下的年轻人，他们的遭遇非常悲惨。布兰德-埃尔比斯多夫的市长注意到了失业学徒工的悲惨身心状况。他记述到："他们的衣服明显偏小，一天比一天糟。这些年轻人精神上已经退化。失业的状态让他们失去了对知识和进步的渴望"，这曾经是德国技术工人的典型乐趣。[172] 1931

年晚秋，阿尔托纳市长马克斯·鲍尔在普鲁士州议会发言，在讨论布吕宁的政策时提到其悲惨的社会及文化影响，他质疑这样的政策是否真的公平。他本人做了否定回答。[173] 为了能改变这种情况，政府引入了自愿工作计划（Freiwilliger Arbeitsdienst），安排年轻人就业；到1935年希特勒引入强制劳动时，该计划早就带有了强迫管制的特性。[174]

难以忍受的贫穷和被迫的闲散导致家庭对社交失去了兴趣，慢慢和周围的世界失去了联系。[175] 社会工作者经常发现，很多家庭根本没有使用睡衣的习惯。家访人员发现很多家庭失去了对保持基本卫生的兴趣，生活在骇人听闻的肮脏中。[176] 尽管这样的境况不是直接与大萧条有关，不断恶化的经济条件让情况更加糟糕。失业对心理的影响难以数字表现，但是同时代有许多记录。"不知道一个人活着的意义何在"，这是一位年轻失业女性在大萧条最严重时，领取失业金的时候说的话。[177] 路德维希·普瑞勒（Ludwig Preller）观察到，失业是一段"贫穷且悲惨"的日子，让人迷失方向。[178] 从工作的社会环境脱离，失业者很快就失去了自我，充满失落感，也无从接触典型（工薪阶层）的团结一心的社会结构。

在德国这样一个将工作作为一个人社会价值的地方，长期失业对人的心理有着巨大不良影响。大萧条期间，自杀率略有上升，尤其是年轻的男性及女性。一个悲惨的例子，是一位来自杜塞尔多夫的失业音乐家。这位40岁的父亲，曾经尝试在餐厅演出谋生，但是到了1932年秋时，连这也没有可能。在走投无路的时候，他杀死了自己14岁的儿子，然后再自杀。他的妻子回到家发现两个人的尸体，完全崩溃，决定打开煤气自杀。闻到怪味的邻居通知了警察。[179] 普瑞勒开展了一个有关失业对一个人的社会性、身体及心理影响的调查，其结论和许多同时代者看法类似。1931年11月至1932年5月，保罗·拉扎斯菲尔德（Paul Lazarsfeld）、玛丽·雅霍达（Marie Jahoda）及汉斯·采泽尔（Hans Zeisel）在施蒂里亚（奥地利）对一个工业村马林塔尔进行了调查。《马林塔尔失业调查》（The Unemployed of Marienthal）中，几位研究者发现，在当地唯一一家纺织厂关闭后，共造成358个家庭失业（当地家庭总数为478），"他们失去了工作，也失去了和外界的联系，……失去了物质上和心理上充分利用时间的动力"，在这个过程中对命运听之任之，对世界上发生的事失去了兴趣。[180]

但是不是所有的失业者都像拉扎斯菲尔德在马林塔尔看到的那般无精打采。大萧条中引人注意的一个现象，就是在市郊出现了许多准棚户区，许多失业家庭,和法拉达小说中的平讷贝格(Pinnebergs)家一样,无力支付房租,搬进了本来周末居住的花园小篷里。贝托尔特·布莱希特①和斯拉坦·杜多合作的杰出电影《清凉的露营地,或者世界属于谁?》中,最关键的一幕场景发生在柏林西南部米格尔湖一角的花园中,这一场景并不是偶然,因为这里正是失业者居住的棚户区。"清凉的露营地"其实出现在德国的每个角落。[181] 若是说这种棚户区是"另类共和国"或许有些夸张,但是这些失业者的确有着自己鲜明的亚文化群,以自立和极端政见作为基础,这种文化见证了共和国逐渐失去了福利社会的威信。"失业者共和国"一直是政府的眼中钉,后来纳粹上台后也是如此。1933 年,柏林纳粹市政府采取的第一批措施之一,就是遣散"清凉露营地"及其他类似的准棚户区。到 1936 年,这种小区完全消失。

失业也导致了对悲惨境地及造成这一悲惨境地的体制的愤怒。我们前面提到的布兰德-埃尔比斯多夫的学徒工可以被形容为"绝望"——绝望会导致革命。实际上,20 世纪 30 年代(不仅是在德国),普遍失业是一个社会"最危险的问题",因为它破坏了社群结构,挑战了政治权威。[182] 菲尔·尤齐(Phil Jutzi)的令人沮丧的社会纪录片《瓦尔登堡的饥饿》(*Um's tägliche Brot*,1929),主人公无名氏生活在绝望中,痛打一位剥削别人的农场主,但是在随后的打斗中被推下了楼梯丧命。[183] 尤齐及内利森·哈肯都属于魏玛政治中的左翼,[184] 在共和国注定失败时他们选择代表那些失业者。这与布莱希特及杜多合作的《清凉的露营地》不同,其中的失业者靠集体行动得到了救赎。20 世纪 30 年代初,地方抗议数量不断增加,很多与失业者抗议政府改变救济金计划或者削减救济金有关。[185] 比如,在法兰克福,参加"自愿劳动计划"的 300 名失业者走上街头,希望改善薪金及工作环境。汉堡的救济金发放处,出现了静坐抗议者,显示自己遭受的不公待遇。回想到"一战"及后来的革命,政府也神经质地认为这些抗议的背后都是共产党鼓动的。[186] 但实际上,这些抗议都是自发组织的,与共产党没有什么关系。当然,德国共产党非常了解这种抗议的重要性,随着危机深入,共产党采取了强硬态度来达成政治目标。[187]

因此,德国共产党中央委员会的瓦尔特·乌布利希(Walther Ulbricht)

---

① 贝托尔特·布莱希特(Bertolt Brecht,1898—1956 年),德国戏剧家、诗人。他的剧作在世界各地上演。布莱希特创立并置换了叙事戏剧,或曰"辩证戏剧"的观念。——译者

曾动员了许多失业者，因为他赞同莫斯科第三共产国际的观点，即"控制失业者，不仅仅是为他们提供正确的解决方案，而是首先组织他们每日的抗争"。[188] 到1931年6月中旬，失业者共组建了大约1300个委员会，会员数达到了8万人。[189] 到1932年，德国共产党成为失业者的政党，其25万名成员中，有大约80%都是失业者。[190] 鉴于经济危机的规模，柏林的共产党领导层决定，一定要"打造百万人革命统一阵线，反对饥饿和法西斯主义"。[191] 失业者游行，往往会经过劳动局或者市政厅，目的是展示失业者的悲惨遭遇。比如，1930年8月鲁尔区的地区失业者委员会组织在多特蒙德召开"斗争大会"，其主题是布吕宁紧缩财政（当年夏天由总统下令执行）、等待国会批准的"杨格计划"以及工人阶层物质匮乏之间的联系。[192] 9月初，莱茵兰－威斯特法伦失业工人运动号召失业工人参加全国抗议日，鼓励失去工作岗位的人应该"占领大街小巷"。[193] 但是，靠"占领大街小巷"来显示失业者的痛苦，是无法执行的任务。11月末，德累斯顿、开姆尼茨和普劳恩的小部分失业者尝试占领街道，12月初又再次尝试，这些抗议都被警察驱散。[194]

失业工人的抗议并非是受到意识形态的影响，主要是出于生存危机。[195] 我们也不应该将这些抗议一律视为"反对魏玛共和国"。这些抗议的主要原因，是绝望的人们为了维护自己仅有的一切而进行的绝望抗争。比如，最常发生的抗议与冬季的燃料和食品有关，或者由于没钱缴纳房租但是不愿意被赶走露宿街头。[196] 尽管共产党西北地区委员会以及柏林的共产主义报纸《红流旗帜》（*Red Storm Flag*）将抗议的成功归功于汉堡－阿尔托纳失业人员委员，但是这不意味着失业者对共产党表示感激。[197] 事实上，乌布利希最终承认，共产党力图保持对失业者的动员力——尤其是在失业年轻人中间——基本完全失败。[198] 不过另外一个事实是，德国共产党主要的支持者来自失业的年轻人。随着德国工人阶层的生存危机加剧，支持共产党的人数比例从1930年的10.6%上升到1932年11月的16.8%。各地区之间的差异更加巨大，德国共产党在萨克森、图林根及汉堡得到约五分之一的选票。在阿尔托纳，那些失业人口集中的选区支持共产党的人超过50%；在埃森及柏林类似的选区，共产党也有着类似的成绩，成为两个工人政党中的强者，得到三分之一的选票；据君特·普鲁姆（Günter Plum）的研究，在亚琛附近的工业村也有同样多的支持者。[199]

第五节 结 论

共产主义者一直批评魏玛共和国"背叛"了福利国家，而纳粹则一直打着复兴经济的旗号，争取到了魏玛共和国精英的支持。[200] 1930 年至 1932 年 7 月两个政党获得越来越多的支持，实现了他们政治诉求的力量。纳粹党最终能超过共产党，原因是大多数工人阶层依然投票给社民党——尽管其缺点显著。希特勒的大联盟政府从失败的施莱谢尔计划中受益，该计划旨在抵抗周期性失业。[201] 6 月开始实行的首次莱因哈特计划，很快通过刺激手段把全国带入了就业高潮中。同时，失业者被征召到纳粹党及冲锋队监视的劳动营中。一年内，物质上匮乏便消失——至少是从人们的视线中消失——德国人不断恢复工作，家庭收入增加。正如克林勒恩所说："一个人有钱有购买力后，会变成完全不同的另外一个人。"[202] 但是 1933 年恢复了货币的权威，却是以牺牲个人和政治自由为代价——这一点我们将很快看到。[203]

第五章　法律的权威：司法系统

> 德国法官本质上是与政党无关的；直到现在，人们一直形容他们与世无争（Weltfremd）[1]。

第一节　引言

1942年在纽约流亡时，德国法学家弗兰茨·纳曼（Franz Neumann）写文章指出，德国的司法系统从根基上破坏了魏玛共和国。[2]纳曼的观点与20世纪20年代后的许多学者类似（当然包括他本人在20年代的观点）；他们认为魏玛共和国的司法系统是俾斯麦式国家的残留部分，因而从结构上不能适应民主。[3]1947年的纽伦堡审判中，这一个观点被广泛传播。[4]20世纪50年代中期，格哈德·克拉默（Gerhard Kramer）对司法系统进行批判，认为该系统对民主充满敌意，因此破坏了共和国的权威，也对共和国解体负有不可推卸的责任。同意这一观点的有巴伐利亚州议会的社民党议员威廉·霍格尔（Wilhelm Hoegner，同时他也是战后的巴伐利亚州州长）。[5]过了不到十年，卡尔-迪特里希·布拉赫（Karl-Dietrich Bracher）对共和国解体进行研究，并取得了重要成果；在介绍伊丽莎白·H-D（Elisobeth H-D）及海因里希·汉诺威（Heinrich Hannover）对魏玛共和国司法系统的严厉批评时写道："一个人最终不得不承认，魏玛共和国的司法系统不仅给国家带来了失败，而且还促进了威权和集权运动。因此可以将魏玛的司法系统看作'第三帝国'的必备条件及源头。"[6]

汉诺威夫妇的研究以20世纪20年代初期埃米尔·冈贝尔（Emil Gumbel）的探索性研究为基础，认为魏玛司法系统坚持"阶级司法"的政策，与共和国的支持者相对。[7]十年后在库尔特·克莱勒（Kurt Kreiler）编辑的姐妹篇文献中，魏玛共和国的司法系统受到类似的指责，认为该系统奉行片面的"政治性公正"。[8] 20世纪80年代，一些学者，如戈特哈德·嘉斯帕（Gotthard Jasper）、欣里希·吕平（Hinrich Rüping）、米歇尔·施托莱斯（Michael Stolleis）和拉尔夫·安格蒙德（Ralph Angermund），进行了一系列重要的批判性研究（或多或少受到了他们与纳曼师承关系的影响，还有纳曼的朋友及同事恩斯特·弗伦克尔（Ernst Fraenkel）及其他同时代的法学家的影响），以回应一代保守派历史学者的看法；后者对魏玛共和国司法系统的反民主态度轻描淡写。[9]

戈特哈德·嘉斯帕（Gotthard Jasper）及克里斯托弗·古希（Christoph Gusy）的研究不主要集中在司法系统本身，而是集中在法律及法律辩论与保护共和国的关系上[10]；除这两位学者之外，其余的研究主要与第三帝国的司法系统有关，尤其是研究1934年起出现的人民法庭。[11] 在缺乏实证研究的情况下，司法系统与魏玛共和国的关系是根据法庭后来为纳粹独裁服务的行为而做出判断的。[12]

无论是低级及地方法院的审判政策，还是莱比锡负责审理政治案件的帝国法院（Reichsgerichtshof）的判决，以及卡塞尔曾在宪法问题上进行仲裁的行政法院的判决，对共和国的政治偏见都不容置疑。对于自由派及左派来说，有很多证据表明魏玛共和国的司法系统确实属于司法专制主义；不得不承认，根深蒂固的极端保守司法与社会主流完全不符，从自己的法官席对共和国发起攻击。另一方面，魏玛共和国法庭一直视自己为帝国的捍卫者，而不是共和国的维护者，是对抗犯罪和混乱的屏障。[13] 司法系统的权力巨大，以至于法律历史学者拉尔夫·安格蒙德（Ralph Angermund）称其为魏玛共和国政治中的"第三势力"。[14]

我们将在这一章看到，安格蒙德的形容有众多可取之处，但是若有人采访魏玛共和国的任何一位法官及律师，询问他们如何看待自己的位置，那么他们的回答将会得到与此不同的答案。首先，我们会听到这样的回答：在革命时期，司法系统在维护国家"稳定"方面的作用被严重低估；20年代中期，法官们会说他们对共和国的忠诚被歪曲；[15] 他们会哀叹政治对司法越来越多的干预，道德水准不断下降，一个典型的例子是1928年1月的《德国法律学者报》（Deutsche Juristen Zeitung）中，曾任职柏林高级地方法院（Kammergericht）高级法官的鲍姆巴赫（Baumbach）博士撰文指出"刑事审判几乎成了政客们的妓女"。[16] 到了20年代末，法官及法律专家们会告诉我们，法院的权威被一系列政府的政策削弱，而自由化的宪法框架没有高举"民族健康的价值观"，而是成了犯罪者的"大宪章"。[17] 20世纪30年代初，年轻的一代法官们要求结束自由左派对法律价值的"束缚"，这种对法律价值的束缚暗中破坏了法院及国家的权威，他们要求回归到德国传统的专制主义法律，毕竟这更符合德国价值观。[18]

德国司法系统到底是与共和国对峙的专制"第三势力"，还是不断被政治阉割权力的受害者，这将是本章讨论的主题。必须承认的是，司法系统长期陷于传统的思维模式中，面对民主往往态度模棱两可，但无论在多大程度上司法系统成为保皇党的避风港，这都不意味着法院的每日工作就是反对共和国。然而，1922年拉特瑙被刺杀后，魏玛共和国颁布了《共和国保护法》(Gesetz zum Schutz der Republik)，但根据此法而提起的诉讼中司法系统的判决没有获得政府支持，让人们对其可靠性提出质疑。[19] 但是这样的审判只占了魏玛共和国法庭工作很小的一部分，比如在普鲁士省，司法系统总共审理了45万件刑事案件，相比之下此类审判只有9000件左右。[20] 至于共和国内司法系统被削弱的论调，经不起仔细推敲。有关审判政策确实进行过非常关键的讨论，尤其是在审判政策改革生效后。[21] 但是正如我们将要看到的，魏玛共和国法院的审判与魏玛政治的起伏完全一致：早期偏向专制主义，中期转向自由主义，而自1929/1930年起又偏向专制。换言之，魏玛的司法系统和共和国的步调没有脱钩，而是保持一致。在这一章中，我们将仔细解析权力矩阵——即在1916年至1936年魏玛共和国时期内，法律、社会和政府之间的权力关系。

第二节 司法系统：权威的地位

和其他的行业相同，"一战"前德国的司法系统经历了健康发展时期。许多司法系统的官员作为预备役，1914年后被征召参战。"一战"中，大约有1000名法官战死。法官人数最多的普鲁士省，有414名法官死在前线（占总数的5.8%），而法庭的助理法官及见习法官中，死在前线的人数是这一数目的4倍（Gerichtsassessoren 及 Referendare）。[22] 1918年后，司法系统人数及组成基本保持稳定（尽管略有下降），直到1930年才有所变化。大体而言，其人数从战后直到30年代中期维持在1万人左右。[23]

从社会属性角度而言，魏玛司法系统人员主要来自中产及高级中产阶层，这点和帝国时期相同。一份自 1922 年至 1930 年每年一次的对参与司法系统培训者的调查显示，具有上层、高级中产及中产家庭背景的人数占到了大约 95%（表 5.1）。低阶层法官一般出身较低，相应的，高阶层法官出身较高。[24] 克劳斯·贝斯特莱因（Klaus Bästlein）调查了 1933 年后最高法院的 110 名法官及检察官，54.5% 来自高等教育家庭，40.5% 出身自专业家庭，4.5% 来自农村地区，只有 0.5% 来自手工业家庭。[25] 普鲁士省的司法系统人员家庭背景概览可以在表中看到。[26]

表 5.1　普鲁士法官 / 检察官、公务员毕业生和法律实习生的父亲的职业，
1927 年 12 月 15 日

	法官/检察官	公务员毕业生	法律实习生
	百分比（%）		
高级公务员	19.2	18.6	14.4
中级公务员	11.9	15.1	16.0
低级公务员	0.6	0.9	1.5
教师	4.5	7.9	10.0
实业家	4.1	4.3	2.4
体力劳动者	0.03	0.2	0.7
退休人员 / 房屋业主	4.0	3.2	0.9
不明	55.7	49.8	54.1

来源：Wilhelm Schwister, *Deutsche Richter Zeitung*, Jg. 23, Heft 4 (1931), 125–9.

尽管表格中有一半的法律从业者没有给出其父亲的职业，从中我们还是能看到，魏玛共和国的法律系统中，有很可观的一部分从业者来自公务员家庭，且在高级司法系统人员中占了主导地位。巴伐利亚的法律系统中，也可以观察到这种工作家庭背景组成；在汉堡，社会精英主要来自商业贸易行业，其受教育程度和文化程度极高，而这座城市的法官也主要来自这个阶层。从年龄上来看，20 年代末时，超过半数巴伐利亚的法官为 50~70 岁（50~60 岁占 26.14%，60~70 岁占 27.03%），30~40 岁及 40~50 岁占 40%，汉堡和巴登的情况与此类似。[27] 拉尔夫·安格蒙德（Ralph Angermund）研究发现，社会阶层和年龄能明显影响审判政策，对共和国的看法也有所不同。[28] 恩斯特·弗伦克尔从社会心理学角度进行的研究证

实了这一点：

> 帝国时代的政府公务员从教育、信念和传统上都是坚定的保皇党。法官从内心上必然是保皇党。因此，没有任何一个公务员领域像司法系统一样，对（1918年的）新系统难以适应。[29]

弗伦克尔还观察到，司法系统从业人员年龄偏大，意味着他们在帝国统治时代长大，他们的保守主义通过赞同保皇派展现出来，也反映了旧时代公务员阶层的文化观念。一般而言，1914年以前的法官通常还保有预备役军官的身份，这不仅给了他特别的地位，也让他和君主制系统有着紧密联系。[30]

历史学家迪特列夫·波伊克特（Detlev Peukerk）非常强调这种帝国时代的独裁主义社会化，他认为这解释了司法在面对共和国迫切希望实现民主时的阻挠心态。[31] 不过影响一位法官对职业和国家的忠诚的还有客观因素。从大学毕业到成为法官是一个漫长的过程。大学毕业后，法律专业的毕业生要参加四年的见习（Referendar），然后至少用8~10年担任实习法官（Gerichtsassessor）。这份工作非常不稳定，因为见习法官没有薪水，被调离或者撤职也无人在乎。总的来说，一个见习生需要在毕业后投入12年的时间成为真正的法官。在这样漫长的时间里，他对国家和体制的忠诚被慢慢培养起来，不断被试探及考验。弗伦克尔认为："在这种试探的折磨下，若是一个人没有对旧政治制度及社会系统足够的忠诚，根本无法坚持到底。"[32] 在这个漫长阶段之后，新任法官已经35岁至40岁，有了稳定的工作，如果在普鲁士省，那么他的年薪开始时为每年3000~4000马克，最终可以上升至7200~7900马克。[33] 不过，有证据显示，实习生及见习法官们痛恨这种漫长又毫无收入的过程，他们利用1918年后的德国民主化，试图向国家索要薪酬。[34] 不论如何，法官的薪酬非常稳定，但是法庭见习人员的物质保障不是如此。格哈特·霍普特曼①的剧作《水貂皮》（*Der Biberpelz*，1892/1893年）便刻画了见习生韦尔哈恩（Wehrhahn）的贫穷境况，真实反映了20世纪20年代的现实；那个时代的许多优秀法律工作者，

---

① 格哈特·霍普特曼（Gerhart Hauptmann，1862—1946年），德国剧作家和诗人，自然主义文学在德国的重要代表人，同时也具有其他写作风格，1912年诺贝尔文学奖获得者。——译者

比如库尔特·罗滕贝尔格尔（Curt Rothenberger）也正是在这样的背景下成长的（他在1933年后飞黄腾达，成为汉堡地区高级法院的院长）。[35]

战争及通货膨胀恶化了司法系统从业人员的物质生活水平，因为其薪水大幅贬值。[36] 汉斯·法郎克（Hans Frank）这位希特勒时的"明星法官"，这时还是个年轻人，因为父亲的律师事务所收入大幅减少，因此大多数时候只能靠圆白菜和土豆度日。[37] 这种境况对自尊的伤害，被弗伦克尔敏锐地记录下来：

> 薪水不再够用。法官们必须学会由奢入俭。若是出门坐火车，法官会选择四等车厢，和学徒工及流浪者们挤在一起，否则他接触这些人的唯一方式是在被告席。送儿子们去上大学不再可能，他们只能成为推销员……雇不起佣人，法院总监女士得自己做饭洗衣。[38]

面对（相对的）贫困，一些法官开始对国家进行温和地指责。"若是国家没有法官，那将带来可怕的后果。没有规矩不成方圆（Justitia fundamentum regnum），难道（国家）不知道这句谚语吗？"一位不具名的法官这样问到。[39] 对于那些投资战争债券的法官而言，随着货币改革，他们的物质条件有所改善——大卫·萨瑟恩（David Southern）进行的研究表明了这一点。法官们的激烈抗议，促使政府在1924—1927年为他们增加薪水。[40] 然而，短暂的改善很快由于1930年9月布吕宁总理的紧急政令而消失，该政令对公务员造成了负面影响：1930年12月薪水降低6%，紧接着1931年夏天再次按照级别分别下调4%~8%。[41] 对司法系统而言，从通货膨胀到大萧条，魏玛共和国的政策要么引发要么加强了其对共和国的敌意，加速了与共和国的日益疏远；恩斯特·奥特瓦尔特（Ernst Ottwalt）在小说《毕竟他们知道自己在做什么》（*Denn sie wissen was sie tun*，1931）中准确抓住了这一点，其主人公弗里德里希·威廉·迪克曼（Friedrich Wilhelm Dickmann）是位不关心政治的、柏林某区法院的法官。

作为共和国法律公仆，每个月可以公正地（Gerechtigkeit）领到600马克，如果他是地方法院的院长，并且为国服务多年的话。紧急政令让薪金锐减；若是谁想听地区法院顾问迪克曼（Dickman）的咒

骂，只要和他谈紧急政令就够了。⁴²

法律从业人员感觉自己是通货膨胀及后来经济稳定期中的输家，这让许多人疏远魏玛共和国。⁴³

我们将在下面看到，到20世纪20年代中期，尽管物质生活条件有所改善，许多的法官、检察官及律师都持反对共和国的态度。许多成员参加了疏远共和国甚至公开反对共和国的组织，比如钢盔前线士兵联盟、泛德意志联盟、德意志民族保卫联盟、保皇派皇家游艇俱乐部或者德意志民族军官（俱乐部），此外有资格的话，德国贵族协会。⁴⁴ 1918年10月的宪法改革后，他们很多人参加了祖国党（Fatherland Party），是议会中自由势力的对立派。11月起，司法系统成员主要支持新成立的民族主义政党——德国国家人民党，中间偏右的德国人民党、德国民主党以及社民党大联盟或者独立议员几乎得不到他们的支持。截止到1933年，国会中有总共137名法律工作者，其中43名为保守派议员，他们要么来自司法系统，要么是法学博士。⁴⁵

不过地区之间的差异巨大。施泰因–施特格曼（Stein-Stegmann）研究表明，1933年前的汉堡，司法系统中参加德国人民党、德国民主党和德国国家人民党的人数都在下降。⁴⁶ 类似的，研究巴登司法系统的基森纳尔（Kißener）认为，大多数法官都从政，而且基本都是天主教中央党的党员；直到1932年，该党也是共和国民主的支柱。⁴⁷ 从各地区的研究中我们可以看到，1933年前，司法系统中很少有纳粹党员。与汉堡类似，巴登一直有着自由主义的传统，但是巴伐利亚则是保守派。⁴⁸ 除了一些知名的纳粹法律工作者，如汉斯·科尔（Hans Kerrl）、罗兰德·弗莱斯勒（Roland Freisler）及奥托·提拉克（Otto Thierack）——都是在很早时便加入了纳粹党——以外，有证据表明1933年前只有极少数的法律工作者加入纳粹党，其中之一是帝国总检察长卡尔·沃纳（Karl Werner）。⁴⁹ 事实上，直到1932年底，国家社会主义德国法律工作者协会（1928年由纳粹党早期成员汉斯·法郎克成立）只有1374名成员；尽管在此后数年间，该组织人数迅速增加，但是只有很少成员是法官或者是检察官，大多数成员来自律师行业。⁵⁰ 这种对纳粹党不感兴趣的态度——普鲁士省7000名法官中只有约30人加入纳粹党——促使该省第一位纳粹党司法部长汉斯·科尔于1933年决定，立即开展培训计划，以培养纳粹"法律工作者骨干"。⁵¹

司法系统政治多元化，并不排除大多数法律工作者有反犹太主义倾向。他们中许多人在做学生时参加各种臭名昭著的激烈反对犹太人的学生社团（Burschenschaften），也因此受其影响，比如哥德堡到哥尼斯堡的学生会。[52] 职业协会方面，魏玛共和国司法系统中大多数人员参加了保守的"德国法官协会"（Deutscher Richterbund），以及其在普鲁士和巴伐利亚的分会。[53] 只有一小部分法官公开表明自己对共和国的支持态度，这些人于 1922 年组建了"共和国法官协会"（Republikanische Richterbund），一个支持共和国的跨党派团体。该协会的会长是古斯塔夫·拉德布鲁赫（Gustav Radbruch），一位法律学教授，曾在共和国困难重重的早期担任过两任司法部长。其会员仅占全国法官的 3%，在普鲁士省略高为 5%（相比之下，公开宣称自己是保皇派的法官占到 15%）。[54] 认为法院裁决不仅有失公允，且威胁共和国权力的，主要（尽管不全是）是该协会的法官。这些支持共和国以及改革司法的观点，经常刊登在 1925 年创刊的《司法》（*Die Justiz*）上；这招致保守派且代表大多数法律工作者的《德国法官报》（*Deutsche Richterzeitung*）不断地对此类观点口诛笔伐，此外还有一些抨击来自奥托·利布曼（Otto Liebmann）主编的《德国法学报》（*Deutsche Juristen Zeitung*），但程度较轻；1933 年，《司法》被查禁，另外两份报纸也被"重组"。[55] 作为专业或社会协会成员，或者属于某个政治组织，这意味着实际上司法系统的成员和共和国其他部门一样，也是魏玛政治的一部分，尽管其一再宣称"不参与政治"，并处于政党之外。[56] 不过他们乐意参与某种倾向的组织并不意味着司法系统出于务实的原因，与共和国达成和解。总的来说，司法系统的大多数成员不属于迈内克所说的理性共和主义者（Vernunftrepublikaner）。在 1918 年，司法系统发现自己遇到了一个特别的政治情况，它既不能撤退，也不能控制这一情况。[57]

*

为了促使司法系统反映德国多样的社会结构，共和国政府决定，自 1918 年起，在全国，尤其是在普鲁士省，尝试开放司法系统。但是这一改革的尝试到 20 年代中期时几乎无法推行，原因是司法系统激烈地抵制。[58] 尽管如此，30 年代初，就出身背景而言，司法系统出现了一些有限民主化的迹象；第三帝国时期，由于缺少法官，当局放宽了进入法律系统的标准，因此实习生的出身到 30 年代末时已经更宽泛。那时法律考核委员会（Prüfungsamt）的负责人威廉·施维斯特（Wilhelm Schwister）自 1927 年从杜塞尔多夫地方高级法院调任至此。早在 20 年代末时他就大声疾呼，认为司法系统实习生的质量连年下降。而现在，他要管理这群出身背景广泛的实习生，这颇为讽刺。[59]

按照先前的帝国宪法，一名法官不能被撤职，未经本人同意的情况下也不可以调离岗位；这一特权也被写进魏玛共和国宪法第 129 条中。这种极高的社会地位，以及漫长又昂贵的法律学训练，让法律工作者与社会其他职业人群区别开来。[60] 在共和国框架下，政府尝试让司法系统年轻化，让其更能代表全社会从而民主化。因此，魏玛宪法第 104 条规定，地方政府有权力制定法律，规定司法系统从业人员的年龄限制。普鲁士省政府第一个尝试使用这一条款。对此，杜塞尔多夫高级地方法院院长提出抗议，他认为"许多人民公仆一直把为祖国服务到 65 岁以上看成他们的责任"。阿道夫·冯·施塔夫（Adolph von Staff）称这种改革是"严重违规""毫无必要"且"误入歧途"，本身就是"对普鲁士省司法生存的最大威胁"。[61] 很多人怀疑，一旦该法通过，其他地方政府也将效仿。确实，较小的黑森州于 1923 年夏天强令 12 名高级法官退休。[62] 在普鲁士省，法官的总数量由 1919 年的 6343 名下降至 1924 年的 5346 名，对基层法院影响最大。[63] 截止到 1929 年，基层法院法官数量与 1913 年相比减少了 10%；同时，全国法官数量从 1913 年的 10177 人下降至 1929 年的 9719 人。[64] 尽管这一下降并不显著，但由于案件太多，许多案件积压在法官那里，尤其是在大萧条期间起诉数量增加。

尽管不少人抱怨社会地位及物质生活水平下降，魏玛的司法系统还是享受着巨大的特权，尤其是有些省份中司法系统的成员属于当地贵族——这一情况在共和国中也延续下来。对左翼批评者，如库尔特·图霍夫斯基、恩斯特·奥特瓦尔特及恩斯特·弗伦克尔，他们认为法官的生活随着共和国的稳定有着显著改善，而这并不是所谓相对稳定期时全面改善的一部分，而是因为"社会领导阶层随着不断深入的公民化（Verbürgerlichung），越来越多地重新夺回国家权力的垄断地位，于是司法系统面临的精神危机也越来越少"。[65] 弗伦克尔引用了弗里德里希·德绍尔（Friedrich Dessauer）的独立研究，这份研究于 1928 年出版，他详细论证了这一过程的原因，这是因为作为立法机构的国会被逐渐限制，导致更多的权力转移到法院及官僚手中。⁶⁶ 在危机发生期间，这种趋势更加明显，因为政府会通过一系列紧急法案而无须国会批准。司法系统重获社会及政治上的自信，这被奥特瓦尔特准确地记录在《毕竟他们知道》(Denn sie wissen)中，也体现在司法系统释法时与共和国的关系上，同时还可以从司法系统面对"阶级敌人"或"阶级伙伴"时的审判政策中看出。⁶⁷

第三节　国家的保障：战争及通货膨胀时期的司法系统，1916年至1924年

　　1914年8月4日，参议院通过了授权法（Ermächtigungsgesetz），允许政府在未征得国会批准的情况下实施法律。⁶⁸ 同时，帝国宪法第68条允许"戒严状态"（Belagerungszustand）的存在，这一条款基于1851年普鲁士法，按照其第9条规定，威胁到作战的所有行为，要由特别法庭（Ausserordentliche Gerichte，有时也被称为战争法庭）进行审理。⁶⁹ 在战争及后来的革命时期，特别法庭由五位法官组成，其中三位是军官，但是由另外两位民事法官中资质较深者担任主席。作为预备役军官，司法系统在国内及前线都发挥了至关重要的作用，无论是在战争期间还是共和国成立初期的混乱时期。因此，司法系统是"对内前线"的排头兵，随着战争持续且反战抗议不断增加，其路线越来越强硬。⁷⁰

　　在特别法庭引入普鲁士省一年多后，其数量从25个增加到1917年11月中的38个，在东部边界还有额外9个特别法庭，到战争结束时增加到了约60个。⁷¹ 1916年6月1日至12月，特别法庭总共审理超过62000件该类案件；1917年的1—6月，该数字下降到47442件，但是在1918年1—6月又增加到68000件。被告人数则多出许多，比如1917年达到143641人，这占到了普鲁士全部被告人数量的三分之二，而巴伐利亚、萨克森和阿尔萨斯特别法庭则审讯了35000人。⁷² 戒严状态第9条款的适用范围越来越广，开始涉及普通犯罪、工业纠纷以及对战时政府的批评，如今被视为破坏战争筹备；因此，在符腾堡可以允许在没有审讯及证据的情况下拘留嫌疑人。⁷³ 利用戒严状态，法院愈来愈多地审理微不足道的案件。这些特别法庭越来越多地处理非政治案件，而且关注那些轻微的犯罪，反映了战争期间政府逐渐失去权力，并试图用更严格的法律来弥补。穿着军服的人来担任法官，法院基本上成了简易审判庭，在判决上越来越专制，造成公众

对法律程序的信心迅速下降。[74] 很快就出现报道，称这些法院完全不按照犯罪行为量刑。比如，为了食物抗议，在暴动时偷了面包或者鞋子，将会被送去强制劳动；参加罢工经常会被判监禁，比如 1918 年初，一位妇女因为在罢工期间没有上班，被判四周监禁，因为她"损坏国家利益"，而我们在前面章节也看到一些例子。[75] 或许正是这些特别法庭的越权审判，让瓦尔特·拉特瑙感叹"德国的审判太多太多了"，他号召人们对穷困的人采取更善良的方式。[76] 同时，妓女因为可能传播性病削弱国家战斗力，而被大批关押。[77]

革命并没有终结这些特别法庭的严苛审判，也没有能阻止这些军人法官。尽管 11 月 12 日战时戒严状态解除，但是为了控制骚乱，1918 年 11 月后的数月中，地区性的戒严状态又出现了 13 次。1851 年的普鲁士法中关于戒严状态的条款最终被 1919 年宪法第 48 条有关紧急状态的条款代替。[78] 在这样的废止令后，直到 1923 年末，区域性的戒严状态又出现了 24 次，目的还是为了阻止动乱。与这样的背景相对的是，司法部 1921 年 3 月下令，重新在普鲁士的所有 13 座高级地方法院恢复特别法庭。[79] 在巴伐利亚和不伦瑞克，按照刑事审判条例（Strafprozeßordnung, StPO）第 212 条，允许普通法庭启用快速审判程序；这种程序对被告而言非常不公平，因为没有上诉权。[80]

用严厉司法的手段对付 1919 年春夏开始出现并持续两年困扰德国的地方性骚乱，这在新共和国政权看来是最行之有效的。6 月及 7 月，因为食物及物资短缺，许多城市爆发骚乱。6 月汉堡发生严重骚乱，起因是平民窟中盛传肉皮冻制作时使用了腐烂的原料；最终还是靠殖民地英雄冯·莱托－福尔贝克①将军率兵入城，骚乱才得以平息。[81] 在 1919 年的春夏两季，1851 年的戒严状态法全面恢复，基本在普鲁士全境实行：柏林、布雷斯劳、哈姆、杜塞尔多夫、柯尼斯堡及马林韦尔德尔都重新恢复了特别法庭。[82] 仅仅 3 月，柏林地方法院下属的 3 个特别法庭，已经按照紧急法案审判了超过 100 人。特别法庭经手的绝大多数案件都被重判，参与到罢工、发起罢工、上街游行、违反紧急状态禁令者都犯叛国罪，被判数月监禁到劳教不

---

① 冯·莱托－福尔贝克（Paul von Lettow-Vorbeck，1870—1964 年），德意志帝国陆军将领，是第一次世界大战期间驻德属东非军的司令官。在四年东非战役中，他率领约一万五千人以寡敌众，牵制近 25 万英国、比利时、葡萄牙联军，而未曾遭受重大失败，更是一战当中唯一一位成功侵攻大英帝国疆土的德军将领。——译者

等。在一系列的案件中，法庭公然与雇主串通，对工人工作条件及工资做出不利的审判。[83]

法庭严苛的审判造成了政治及公众的不安，也饱受媒体的批评。[84]1919年，普鲁士议会在数次会议中讨论特别法庭的问题，许多议员引用了不少案件，来证明特别法庭在对待被告时变化无常。社民党议员兼法官阿诺尔德·弗赖穆特（Arnold Freymuth），作为德国人权联盟的发起人之一，批评在一次集体审判中，54名被告只有一名辩护律师；而唯一的被告证人很快被公诉人控告是从犯。弗赖穆特为司法系统缺乏"政治的灵魂"感到悲哀。[85]一个月前，1921年6月15日至17日，普鲁士议会举行为期三天的辩论时，社会主义者大联盟的领袖恩斯特·海尔曼（Ernst Heilmann）宣称，中部德国因为暴乱被判刑的男性及女性，总刑期达到了2500年。他认为，与这些人微不足道的罪行相比，这样的量刑无论如何是不相称的，他接着发言说："我相信司法系统伤害的人远远多于暴乱。"[86]他举例说，一位男子因为大喊"打倒政府"便被特别法庭判刑6年；他还介绍了另外一位被告人的遭遇，这位残废的老兵因为被指控参加所谓"红军"（政府内部调查显示，这一组织纯属虚构）而获刑8年。[87]相比之下，自由军团（Freikorps）犯罪量刑要轻得多，他认为这不利于修补国内的分裂，并且破坏了国家统一。这些道听途说的证据同样出现在国会辩论中，促使1922年埃米尔·冈贝尔分析法庭不公正审判的著作大受重视，两年之内再版。[88]正是这些判决，给奥特瓦尔特的小说《毕竟他们知道》提供了素材，这部小说描写了一个有着狭隘目标、充满政治腐败的法律系统，让法官们实践专制法律。

无论如何，海尔曼不愿意把责任归咎到艾伯特及社民党身上，他认为当时普鲁士中央党及德国民主党组成的自由政府负有主要责任，他们坚持实行不自由的"戒严状态"，并引入特别法庭。一位独立派社会主义议员孔恩（Cohn）博士则认为这样的逻辑不成立，他认为诺斯克应该对此负全责，并谨慎提醒"再一次的猛药比生病还糟糕"。[89]孔恩从共和国早期就呼吁司法系统民主化，同时呼吁在全国范围内撤销戒严状态，取消所有特别法庭以及集体审判，同时还要求法官民主化，且要求司法系统受议会监督。这样的要求被陆军部长古斯塔夫·诺斯克断然拒绝；这位部长在恢复法律及秩序上，不啻用极端手段"对付敌人"——也就是那些左派。[90]诺斯克仅仅是社民党领导层普遍持有观点的代表而已。他的党内同事、普鲁士内政部长、曾于1919年担任国家检察官的沃尔夫冈·海涅（Wolfgang

Heine)也同意诺斯克的看法,但是并不赞同他的方法,不过他认为应该使用特别法庭——莫大的讽刺是,1916年引入特别法庭时,他们两人都极力反对。[91] 尽管如此,海涅还是对军人法官感到相当不安,他认为这些年轻军官实际上是在进行一场隐性的"对内战争"。在一封1919年写给总理的信中,他写道:"不应该忘记,这些军官身上带着4年对外作战的习惯,也会毫不犹豫地在国内政治斗争中使用这些经验。"[92] 实际上地方军官只要认为时机合适,便宣布进入"戒严状态",完全不与地方政府协商;宣布进入戒严状态通常的起因是为回应雇主和农场主要求停止罢工,比如在弗兰茨堡的法庭。在实际生活中,这因为社会斗争被上升到了国家利益,而罢工被视为叛国。[93] 司法系统还造成了其他可怕的结果。比如,1920年一群属于自由军团的学生们在马尔堡被起诉,他们被指控杀害了巴德塔尔(Bad Thal)的15名手无寸铁的工人;负责此案的国家检察官维克托·绍尔(Viktor Sauer)博士按照常理应该为国家服务匡扶正义,但是他却不顾所有证据要求无罪释放学生们。[94]

战争前线与国内前线之间界限的模糊,也成为一些媒体报道的重点,其主要论点是新共和国政权依然采取暴政手段,比如滥用保护性拘留(Schutzhaft),这种情况甚至在战争时期"黑暗"的戒严状态都未曾出现过。[95] 左翼报纸《自由》(*Die Freiheit*)曾经报道一则事件,一名15岁的男孩被"保护性拘留",原因是他在错误的时间出现在错误的地点(在抗议人群中);而另外一位年轻女性格特鲁德·保罗(Gertrud Paul)和自己的未婚夫一起,在没有起诉及审判的情况下,被关进了柏林莫亚比特监狱,原因是在紧急状态时的工人游园会上演唱流行歌曲。[96] 但是攻击政府及法院的不仅只有左翼媒体而已。自由派的《法兰克福报》(*Frankfurter Zeitung*)在评论戒严状态被延续时说:"这是之前的状态,但是不应该再继续下去。"[97] 阿尔弗雷德·胡根贝格(Alfred Hugenberg)所有的舍尔出版集团旗下极端保守派报纸《今日》(*Der Tag*),赞同《法兰克福报》的观点,认为军方滥用了战争时的司法权,这导致民众与国家的关系极端疏远。[98] 最终,政府面对着巨大的压力,采取手段限制过度司法,许多判决在上诉后被推翻,此类被推翻的上诉1921年达到81%,到1923年达到三分之二。这一纠正令由普鲁士司法部长雨果·安姆·岑霍夫(Hugo Am Zehnhoff)发起,[99] 被很多法官批评,认为其颠覆共和国权威,因为"最终此举严重且不可恢复地削弱了审判的可信度"。[100] 尽管有这样批评的声音,政府还是认为惩戒性的审判如果谨慎使用，对民众的影响远远大于集体镇压。[101] 无论如何，司法系统依然坚持严酷执法，导致 1925 年德国共产党及社民党国会议员们分别向政府写信质问有关"阶级正义"的问题。[102]

在魏玛炙热的革命年代，专制的司法系统是稳定共和国不可或缺的工具。哪怕是卡尔·塞弗林（Carl Severing），这位在专制法律秩序上绝不会和诺斯克看法相同的人，居然利用法庭（及瓦尔特将军）来对付 1920 年 3 月保卫共和国、反对卡普及同谋的造反工人！[103] 而这也同样给法庭权力，对所有破坏秩序者开展持久战。这种明目张胆的勾当可以在那些对工人阶层被告不公正的审判中找到证据，这慢慢腐蚀了共和国领导者在天然支持者中的威信，这一点不少社民党人士，比如海涅，深表赞同。[104] 对于魏玛共和国司法系统的批评者而言，这一证据不容置疑。贡贝尔的研究表明，魏玛共和国早期法院带有明显的偏向；1922 年引入的《保护共和国法》，便是针对右翼分子；但是很快这一法律就被用来镇压左翼。[105] 因此，共和国的司法实践只是加深了其政治领导层与其选民之间在"一战"时产生的分裂。

第四节　"福利人民国家内的异类"。司法系统与共和国权威，1924—1929 年

1921 年出现了对司法系统进行改革的呼声，当时新上任的社民党司法部长古斯塔夫·拉德布鲁赫公开指责法官们打着"司法公正"的旗号，却在"福利人民国家"境内进行着"不相容的专制"司法。[106] 拉德布鲁赫这样尖锐批评司法系统面对 1918 年的政治变化的抵制，并非没有原因，《德国法官报》的许多报道可以为此做证。[107] 实际上，魏玛共和国的司法系统很大一部分没有能够在心理上转变为赞同民主；与此相反，他们停留在俾斯麦式国家那种专制且毕恭毕敬的氛围中，这一点被亨利希·曼（Heinrich Mann）准确捕捉到，并写在他的小说《臣仆》（*Der Untertan*，1918）中。[108] 拉德布鲁赫对魏玛司法系统沮丧的看法，其原因也可以在赫尔曼·格罗斯曼（Hermann Grossmann）对司法系统与政治联系的研究中找到——这位莱比锡最高法院（Reichsgerichtshof）的社民党人士是位亲共和国的法官，且有犹太裔血统。[109] 格罗斯曼形容大多数法官是投机分子，他们的政治取向由共和国的政策决定。司法系统回应指责，表示他们毕竟

是共和国的第五大支柱,并发动攻势。1922 年,共和国法官联盟成立时,受到不少法官同僚的批评,认为这个联盟打破了常规,给批评司法系统者口实。在一封《德国法官报》上发表的公开信中,李卜曼(Liebmann)博士回应拉德布鲁赫,他认为司法系统只是行政的忠诚分支,无论国家采取哪种制度。但是成立法官联盟:

> 给人造成一种印象,共和国的真正朋友都聚集在一个阵营里,而此外的人都在对立的阵营里。那么对法官越来越多的攻击,这样就有更明确的目标了。[110]

接下来李卜曼的批评更加尖锐,他委婉地要求:"我们怎么能让谎言压倒我们,就像战争期间那样?……我认为坚决不能!"在接下来的一期《德国法官报》中,另外一位法官指责拉德布鲁赫及社民党媒体对司法系统发难。保守法官反对所谓的共和国政治干预司法,逐渐形成了统一战线。因此,劳奇(Rauch)义愤填膺地反击格罗斯曼的批评,认为法官们不能成为"政治墙头草"(Gesinnungsschnüffelei),而柏林地方法庭庭长魏斯(Weiß)博士坚持认为,法庭判决"超越政治",这一看法在魏玛共和国期间反复出现。[111]

对于法官和公诉人而言,最大的障碍就是,一夜之间他们要从"以帝国的名义"变成"以人民的名义"宣判(魏玛共和国宪法第 130 条),或者以他们的话来说,"以那群卑鄙暴民的名义"。[112] 弗伦克尔对此写道,"革命完全颠覆了法官律师们的世界。"对于司法系统大多数人而言,这种变化导致他们失去了权力,而且很快共和国政府要求进行改革——在他们看来是政治对法治的强行干预。而只要司法系统保持封闭,那么它不可避免地成为讽刺和批评的对象。格罗斯曼的呼吁,及萨克森社民党州长、后来的莱比锡市长埃里希·蔡格纳(Erich Zeigner)要求司法民主化,尤其是要求那些地方及高级地方法庭的高级法官民主化,受到激烈地批评。[113] 试图改变司法系统,扩大其成员的社会成分,无可避免地被指责为政治干预,让司法系统失去自制。[114] 比如,1924 年 12 月 4 日,柏林法院院长在哈伯斯塔特给同僚讲座时,认为如果更多民主党上台,那司法系统将面临大清洗——尤其是在高级法院。事实上,许多法官和国家检察官几乎从不掩饰他们对共和国强制民主令的厌恶。[115] 工业巨子及德国国家民主党发言人瓦尔特·拉德马赫（Walther Rademacher）在国会谈到法治问题时，认为民主和司法（Rechtsprechung）根本水火不容。[116]

一个极端的例子是，1923年11月"啤酒馆政变"后，希特勒以叛国罪被起诉，1924年2月26日至4月1日在慕尼黑人民法院受审。巴伐利亚州长尤金·冯·克尼林（Eugen von Knilling）（叛变者"逮捕"的对象）认为希特勒应该被判死刑，尽管他和德国政府对此没有任何影响力。[117] 但是众所周知的是，主审法官不仅纵容希特勒，让他利用庭审做讲坛宣传他的理想，而且法庭对希特勒格外宽容，仅判他监禁。希特勒很快就被减刑，不到十个月就被巴伐利亚司法部长弗朗茨·京特（Franz Gürtner）特赦出狱。1932年冯·帕彭政府时京特出任司法部长，1933年后留任并一直担任到1941年他去世。[118] 京特的一位朋友，50岁的特奥多尔·冯·德尔·普福尔滕（Theodor von der Pfordten），一位巴伐利亚高级法院的上诉法官，曾于1921年反对《德国法官报》的"新时代"，1922年在对艾斯纳的新闻秘书官菲利克斯·费兴巴赫（Felix Fechenbach）不公正的判决中起了一定作用。这位法官也参与了"啤酒馆政变"，并丢了性命，而《德国法官报》为他发表了长篇悼词。[119]

那些依据《共和国保护法》，因侮辱共和国及其代表而被起诉的案例，更能显示出司法系统在判决时并不支持共和国。法官的行为以及这类案件的审理结果的确让人质疑司法系统对共和国的忠诚度，以及共和国本身的威信。比如，林堡法院院长曾于1919年指责革命是违法行为（Rechtsbruch），因此"所有国家行为的法律基础根本不存在"。这种逻辑质疑了共和国的合法性。[120] 因而，10年后的1930年12月，令人毫不意外的，西里西亚地区格洛高市①法官做出判决，认为被告在法庭上陈述共和国是叛国及伪证的产物，"从内容来看完全正确"（inhaltlich zutreffend sei）。2月15日的《德国法官报》上，普鲁士及全国一系列法官组织发表文章，声援这一判决。[121] 其间，格莱维茨区法院认为钢盔前线士兵联盟的一首实际上号召人们武力反抗共和国的歌曲并无大碍。甚至莱比锡国家最高法院第三法庭的庭长阿道夫·洛伯（Adolf Lobe）在区分"现有国家"及"宪法国家"时，都质疑1922年的一次历史性判决中共和国的合法性，此判决推翻了此前哥达的刑事法院对侮辱共和国的青年德意志骑士团团员做

---

① Glogau，今为波兰西南部城市格沃古夫。——译者

出的监禁判决。[122]

这些判决公开质疑共和国的存在基础，而另一些判决对《共和国保护法》中规定的违法行为，如侮辱诽谤，表示纵容，从而侵蚀了共和国的威信。例如，1923年6月最高法院第一参议庭进行听证，裁决"犹太人共和国"（Judenrepublik）并非是对共和国的侮辱词汇，因为这一词汇只不过客观地描述了"现在国家中犹太人起了主导作用"。[123] 民族主义者经常使用这一词汇指代魏玛共和国，并经常性地被法庭姑息，而这些法官毫不掩饰自己的反犹主义。20世纪20年代末，布雷斯劳地区高级法院（Oberlandesgericht）甚至大胆判决，"犹太人共和国是事实"。[124]

法庭经常审理的有关侮辱共和国的另外一种案件，是将其"黑—红—金"的三色国旗描述为"黑—红—黄"或者"黑—红—芥末色"。[125] 1922年法律规定共和国旗帜为"黑—红—金"，而由此引发的争论贯穿整个共和国时期；德国国家民主党甚至指责该旗帜有着不光彩的暴力历史。对于很多人来说，帝国旗帜依然是统一的象征，因此他们拒绝承认共和国的旗帜。[126] 这一争论尽管未必会引发针对共和国旗帜的暴力行为，但是至少创造了一个允许暴力的环境。举例而言，1926年圣灵降临节期间，康斯坦茨市社民党国旗团组织了一次共和国日，晚间时分两位学生与第14猎人团的两名士兵在莱茵河桥上相遇。双方都喝得醉醺醺，两名士兵大声唱着《黑—白—红三色旗高高飘扬》，两位学生问士兵是否也是"黑—白—红"，得到了肯定的回答。学生中的一位爬上了桥头的旗杆，扯下了共和国旗帜，并大声吆喝说这是"犹太人的旗帜"。参议庭（Schöffengericht，由当地名誉法官组成的法庭）仅仅判他两周监禁，而且看他表现不错很快保释。剩下三名被告被当庭释放。[127] 在兰茨贝格镇，参议庭还当庭释放了一位41岁的商人弗兰茨·舒尔茨（Franz Schulz）——他被指控称共和国国旗是"芥末"旗（Mostrichfahne）。在辩护词中，舒尔茨说他那天早上9点开始一直喝酒，等到他抵达新桥时已经酩酊大醉，因此无法对自己的行为负责。检察官显然对判决结果不满意，他提出上诉但是被地区法院驳回，再次上诉最终还是被最高法院驳回——依据是1924年格莱维茨的先例，他不过是轻微"冒犯"而不是"诋毁"旗帜，"因为按照法律，诋毁不仅仅是龌龊，而是伤害性的明显鄙视"。[128] 这样的判决层出不穷，或许巴伐利亚保守派司法部长弗朗茨·京特也是受此启发，1929年2月巴伐利亚议会辩论中，发言认为共和国旗帜的颜色只要没有用在公共单位那就应该不受保护。[129]

酩酊大醉在上面的案件中起到了关键的作用，释放了一个人对共和国的真正态度。但不是每个人都要喝醉才会如此。《十字报》（*Kreuz-Zeitung*）[《新普鲁士报》（*Neue Preußishe Zeitung*）]重新发表了《东普鲁士报》（*Ostpreußishe Zeitung*）的一篇旧文章，其中称共和国的旗帜是"耻辱污点"（Schandfleck）。这篇文章在 1926 年 5 月由奥托·布勒克（Otto Bleck）博士主张发表，这位 41 岁的柏林人是这家极端保守派报纸的主编。这篇文章表面上是评论东普鲁士马尔堡爆发的一场冲突，冲突的起因是该城 650 周年庆典是否应该用共和国官方的三色旗代替普鲁士的黑白旗。[130] 因为文章中称共和国旗是"耻辱污点"，根据《共和国保护法》，布勒克因侮辱罪被判监禁 2 周并处罚 280 地租马克。他提出上诉要求无罪释放。但是二审法庭的两位法官及两位名誉法官并没有像往常那样推翻一审结果，而是将罚金增加到 500 马克。[131] 布勒克很不走运地落到了柏林法院的手里。同样情况无罪释放的可能性在地方省份会大大增加。比如，《钢盔前线士兵联盟报》（*Bundeszeitschrift Stahlhelmbund*）的主编在一篇文章中，形容共和国宪法"畸形""武断专制"和"无意义条文的愚蠢堆砌"，而地方法院的法官们判他无罪。马格德堡的法官们在判决总结中写道："这位主编并不是蔑视共和国，只不过是按照魏玛宪法民主原则，表达自己的观点。"[132]

这些案件的背景是汉斯·路德（Hans Luther）政府引入的《旗帜秩序政令》（Flaggenordnung Erlaß），按照该政令，曾经的帝国旗帜和黑—红—金三色旗的有着同等地位。这一政令引起轩然大波，导致路德政府被自由派及社民党弹劾，因为不信任票而下台。[133] 因此有关共和国象征的争斗产生了明显的政治影响。

对共和国及其象征及政要的攻击，起因往往是因为遭到轻视或不公正而失望或愤慨，比如一位 42 岁的退伍军官及农民汉斯·克鲁格（Hans Krüger），他来自梅克伦堡州洛克劳附近的帕佩斯霍斯特。[134] 1928 年春末，克鲁格前往柯尼斯堡参加老兵协会的集会时，大声高呼"打倒猪猡国家"及"猪猡共和国"。这让他于 6 月被起诉。在庭审时，克鲁格的律师，德国国家人民党国会议员埃弗林（Everling）博士认为他的委托人并不是特指魏玛共和国，而是泛指抽象的国家。国家检察官及法院不同意这种说法，因为克鲁格当时高呼的语境，正是讨论国旗"且当事人清晰地区别了帝国时代的德国及德意志共和国"。使用这些词汇，克鲁格就是"要贬低现在的国家形式，而且他还认为老兵协会挂上共和国旗帜是种耻辱"。最终审判的结果是他被判3个月监禁,并且要支付罚金;但是上诉后,1930年10月奥得河畔的法兰克福地方法院将刑期减至10天,罚金也降低到100地租马克,这种宽容的判决导致国家检察官非常不悦,最终被普鲁士司法部长驳回。和许多这个时代的农场主类似,克罗格农场由于农产品价格下降和税赋上升陷入了困境,使得他责怪共和国"榨干了他每一分钱"。他显然是许多痛恨共和国的中产阶层农场主中一员,这自然不只反映在投票间里,同样还反映在他们日常与共和国打交道中。[135]

克鲁格的上诉与布勒克不同,引得不少法官同情。正如我们在前面看到的,魏玛共和国司法系统中有许多曾在前线服役的军官,而且他们通常是民族主义者,尽管一般而言他们不会公开反对共和国,但是他们会在审判时尽量宽容。比如,就在克鲁格受审的同时,另外一位退伍军官海斯(Heiß)上校,在一次维尔茨堡的钢盔前线士兵联盟集会上,称共和国的旗帜是"叛乱者的颜色",于是也被起诉在兰茨贝格法院受审。海斯毫不悔改,但是法官依然判他无罪,引起了轰动。[136]

有些法庭用判决表达对共和国不满,经常拐弯抹角地想办法达到目的。若是一个法庭判被告有罪,那么高一级的法院——就像我们在上面例子看到的——直接推翻判决了事。1930年9月,一位城市官员因为辱骂阿尔伯特·格雷茨辛斯基(Albert Grzesinski)是"犹太杂种"和"滑稽荒唐大亨"（Lächerlicher Bonzen）而被判刑,柏林的法庭判他无罪。此后不久,格雷茨辛斯基起诉纳粹党地区领导人污蔑,另外一家法院也宣布这一领导人无罪。[137] 在整个共和国期间,格雷茨辛斯基因为被污蔑总共起诉了约一百次,几乎都和纳粹党有关。与此同时,弗里德里希·艾伯特在担任总统时,卷入173件侮辱诽谤案中,尽管他采取法律手段维护自己的名誉,但几乎没有成功。其中对他的诽谤最严重的要数《中德意志报》（Mitteldeutsche Presse）的主编欧文·罗特哈特（Erwin Rothardt）指责他在1918年罢工中犯下叛国罪行（故意破坏国家的另一种说法）。[138]

1924年3月马格德堡地方法院开始审理此案——通常这类案件会交给国家最高法院审议,而这一次由两位专业法官及两位名誉法官负责审理。媒体大肆报道这一案件,审理持续到圣诞节,法庭最终裁决罗特哈特犯有侮辱罪并判三个月监禁——按照最低的量刑标准。[139] 然而,庭长伯维尔斯多夫（Bewersdorff）及他的同僚舒尔茨并没有在判决书中反驳艾伯特的叛国罪指控。[140] 鉴于两位法官的政治倾向,这并不稀奇;确实马格德堡法院在反对共和国的倾向上享有盛誉。¹⁴¹ 据说伯维尔斯多夫曾经向一群科特布斯的法官宣称，艾伯特是"顶层的马鞍制作学徒工"①（Sattlergeselle da oben），是个"应该被除掉的家伙"。而他的同僚舒尔茨来自地方法院，据说他曾经辱骂菲利普·谢德曼是"蠢猪"。¹⁴² 这样的观点，加上从轻的量刑（与同时期左翼或共产主义报纸的主编相比），不仅是对法律的嘲笑，同时也是对共和国权威的挑战。正如哈斯博士在国会中的陈述：

> 我不得不特别强调，很多人有这样的感觉，若是一个支持共和国的人到法院打官司，在德国的大多数地方，他有着极大的可能得不到公正的审判。¹⁴³

无论如何，政府对侮辱行为绝不放过。不仅仅只是社民党要依靠法庭来捍卫共和国。1931年，布吕宁政府起诉一位退役陆军上校，因为他声称与其缴纳东部辅助税，还不如把东普鲁士"卖给"波兰算了。¹⁴⁴ 为了止住这种呼声，共和国政府采取了更严苛的手段。1931年1月，当时的司法部长及国务卿库尔特·乔尔（Curt Joël）——他曾被库尔特·图霍夫斯基嘲讽"他的共和主义是如此深刻地印在他的心里，以至于他都找不了"——向13个地区高级法院的检察官发出指示，要"全力全速"与那些侮辱共和国、其官员及政治代表的人做斗争。¹⁴⁵

显然，许多的法官和检察官从一开始就与共和国不睦。在他们的眼中，革命就是叛国，背叛且削弱了国家。事实上，巴伐利亚法官协会及德国法官协会的创始人之一约翰·莱布（Johanes Leeb），在他去世前一年的1921年形容共和国仿佛建立在"强调政党、阶级和庶人权利的妥协法律"之上，而不建立在"法律的权威"上。¹⁴⁶ 他的同僚马克斯·赖歇特（Max Reichert）是德国法官协会会长，也是《德国法官报》的编辑，1926年被派往最高法院任职。他曾指出，尽管法官曾经发誓效忠于宪法，"但是我们作为法官对宪法的解读并不完全构成国家的形式"。¹⁴⁷ 对于莱布和赖歇特以及他的同僚来说，他们效忠的对象是德意志国家（帝国）而不是一个共和国，一个他们眼中"偶然"成为现在形式的国家。¹⁴⁸

---

① 讽刺弗里德里希·艾伯特没有受过高等教育，只学习过制作马鞍的技术，也没有正式毕业。——译者

为了克服这种共和国认同的缺失，普鲁士州议会社民党议员库尔特·罗森菲尔德（Kurt Rosenfeld）——他同时兼任普鲁士司法部顾问，是司法事物的申诉专员——倡导所有法官接受公民教育。[149] 但是这一提议几乎没有什么影响。司法系统和共和国之间的关系总是很脆弱且不和，20年代后半叶越加恶化。司法系统认为自己受到自由主义分子的侵蚀及不断的批评，这破坏了司法系统的权威和士气。这一段时期，国会无数次漫长讨论，质疑司法系统是否忠于共和国，中间提到了不少个案。1926年最高法院院长西蒙斯（Simons）博士，这位逻辑上的共和派，认为法官和共和国处于"信任危机"中，与1926年9月在科隆举办的第五次普鲁士司法系统年会中普遍存在情绪相同。[150] 但是关于这一危机的性质，当时参与讨论的双方理解并不相同。到1928年时，讨论越来越多地集中在共和国的司法系统由于政治干预已经陷入危机。1928年2月，保守派司法部长奥斯卡·赫尔格特（Oskar Hergt）呼吁重新建立更强大的司法系统，而社民党议员保罗·列维①在国会讨论这一提议时认为，这本身就是司法系统"信任危机"的症状。[151] 列维至少在某种意义上没有错。但是他也可以说这一"危机"的核心是魏玛司法系统缺少对共和国的支持，而后者的合法性经常受到挑战。

第五节 共和国大灾难：犯罪及"被戴上镣铐的司法"

从一开始有许多围绕着魏玛共和国法律实施的讨论，这些讨论认为共和国的司法是对抗犯罪没有权威的机关。[152] 需要肯定的是，在共和国早期，共和国处在社会和政治的动荡中。抢劫及轻微盗窃案件数量急剧上升；人际间的暴力似乎是每日常态，早期甚至出现了连环杀手的传闻，比如弗里茨·哈尔曼（Fritz Haarmann）一案。[153] 媒体上各种故事疯传，内容是有关黑社会里的各种骗子，他们利用通货膨胀大发横财。这一类故事被生动地搬上了银幕，比如弗里茨·朗的经典电影《赌博者马布斯博士》（*Dr Mabuse, de Spieler*）。[154] 但更糟糕的是，有很多关于法官被被告攻击和法庭暴乱的报道。[155] 因此，对于很多法官而言，共和国没有能力树立法律的权

---

① 保罗·列维（Paul Levi，1883—1930年）是一位德国犹太人共产主义政治领袖。他在1919年卢森堡和李卜克内西遇害后担任了德国共产党领袖。——译者

威,控制有组织犯罪,尽管这种犯罪并不是新的现象。[156] 这种法律陷入危机的讨论,一定程度上也来自司法系统的受害人心态——它一直认为自己被自由派捆住手脚。事实上——正如我们前面看到的——这种指控并无依据;1924年以前军事化法庭被经常使用,这一年以后简易审判程序依然非常多——将犯罪作为"文化危机"的讨论停滞不前。[157]

保守派认为1918年以后的民主化法律改革导致司法系统戴上了"镣铐",在面对犯罪时无计可施。魏玛共和国早期这种论调相当流行,20年代末起甚至成为主导。1931年一本通俗读物出版,主要的内容是司法系统的"失败"案例(对犯罪人有利),这更引起新的一轮争论。[158] 对于右翼而言,指控共和国给司法戴上了"镣铐",是最有效的攻击手段之一。这种限制的最有力证据,是施特雷泽曼第二次内阁中,出任司法部长的拉德布鲁赫引入的改革措施,要求注重犯罪分子重返社会,惩罚并不是法律的主要目的。换句话说,拉德布鲁赫和他的同僚们,比较著名的比如汉斯·冯·亨蒂希(Hans von Hentig)以及自由派法律专家马克斯·希尔斯贝格(Max Hirschberg),认为法律应该注重改造而不是惩罚,而且要考虑到被告人的社会背景。[159] 按照改革提议,法庭引入了社会助理(Soziale Gerichtshilfe),而这一机制的前身是所谓的比勒菲尔德系统,这种对犯罪人的监督自1916年起就在整个普鲁士实行。华伦·罗森布卢姆(Warren Rosenblum)的研究表明,20年代中开始,社会助理扩展到整个德国,大约300个办事处为法庭提供被告人的"完全社会描述"。[160] 对批评者而言,尤其是那些民族主义右翼,社会助理过多地注重社会环境,没有强调个体对社会的责任。因此这一措施没有受到大多数法官的欢迎,但是作为强制举措他们也必须接受。因此,保守派认为共和国引入改革,强调司法系统改造而非惩戒为主导的职能,削弱了法律的地位。[161] 在他们看来,这种改革的结果,就是"社会公正"成了犯罪分子的"挡箭牌",而造成的社会危机只有靠恢复"威权法治"才能解决。[162] 事实上,这样的呼声出现时,"社会主义法治"已经被撤销,因为总统令,尤其是在冯·帕彭政府下的总统令,强烈要求制定一项更强硬、更专制的法律,该法律在1933年1月后移除了剩余自由主义的"镣铐"。[163]

一个社会完全被犯罪分子控制,这种大灾难的景象也进入公众想象的视野,而这种想象又被一系列谋杀案推波助澜:在20世纪前半叶,性侵犯弗里茨·哈尔曼,以及臭名昭著的杜塞尔多夫连环杀人犯彼得·库尔滕

（Peter Kürten），他们的审判及死刑，在时间上正好和1931年弗里茨·朗的电影《M就是凶手》(*M. Eine Stadt sucht ein Mörder*) 吻合，似乎在荧幕上反映了魏玛共和国社会晚期中的恐惧和惊慌。[164] 同时社会上出现大量传言，指责魏玛官员贪赃枉法、腐败不堪，比较著名的例子是柏林自由派大市长古斯塔夫·波斯（Gustav Böß）接受斯科拉瑞克（Sklarek）兄弟的贿赂，和市政府做交易。这些传闻有些确实有根据，有些是空穴来风。[165] 最终，抢劫、小偷小摸、销赃及嫖娼似乎在魏玛共和国已经失去控制，完全任其发展。[166]

在所有这些方面中，无论是人际间的暴力、腐败或白领犯罪、抢劫还是性侵，人们的感觉和现实之间有很大差距。比如，20年代中期有许多恐怖的谋杀故事，然而谋杀案的发生率大幅下降，从1924年的193起下降到1927年的124起，换算成比例为每十万人有0.41起及0.25起。简而言之，谋杀率降低了40%，而大多数人在心理上却觉得谋杀案越来越多。

表5.2　已定罪的、按性别分类的谋杀和杀人案件，1924—1930年

	男性	女性	总数	定罪	占总死亡人数的百分比（%）
	受害者				
1924	896	461	1357	602	44.4
1925	875	538	1413	570	40.3
1926	811	540	1351	574	42.5
1927	756	544	1300	509	39.1
1928	727	537	1264	407	32.2
1929	707	469	1176	417	35.4
1930	734	498	1232	435	35.3

来源：Hans von Hentig, 'Gewaltsame Todesarten 1924–1930', in *Monatsschrift für Kriminalpsychologie und Strafrechtsreform*, Jg 24 (1933), 758–69; Polizeihauptmann Julier (Würzburg), 'War die Tötungskriminalität der Nachkriegszeit wirtschaftlich beeinflußt?' Ibid., Jg. 25 (1934), 121–9, here 124–5.

类似的，恶性伤害案及人身伤害案也有所降低，性侵案也呈同样趋势，只是在大萧条时代才不断上升。[167] 大多数出现在1929年至1934年的死亡及恶性暴力事件是和政治有关，严格意义来说并不属于犯罪讨论的范畴，

无论如何这些案件还是成为那时讨论司法薄弱的论据,且成为人们呼吁严格司法的主要动因(我们将在下面看到)。[168]

在魏玛共和国,不仅仅谋杀犯和暴力罪犯比较少见:那些右派讨论中的典型,所谓的反复社会性"惯犯",在仔细研究之下,往往是警方和司法系统的想象,而不是真实的存在。[169]不论如何,这类人物是人们呼吁专制司法的重要元素。

确实,比如格拉区1900年至1928年近30年中,所有被判刑的人中,几乎一半都有前科,而大多数犯罪都和财产有关。类似地,汉堡受审的被告中,也有很多都做过小偷或帮人销赃。不过,米歇尔·格吕特纳尔(Michael Grüttner)曾对汉堡港区从帝国末年到共和国早期的偷盗进行研究,该研究揭示了"道德经济"的复杂性,详细记载了港口工人的行为,提醒人们不应该对这些港口工人进行粗暴分类。格吕特纳尔发现一小部分的所谓"偷窃"——通常是拿走一些"损坏"的物品——对于港口工人而言是可以理解的,而且被视为一种"补贴";而当雇主的营业利润下降变得越来越严厉时,才会对簿公堂。换言之,港口区雇主政策的变化导致了更高的犯罪率,但这并不意味着偷窃行为的增加。[170]

正如我们在前一章看到的,战争造成物资稀缺,战后又造成经济动荡,使得不少遵纪守法的人不得不采取其他手段生存下去。比如在通货膨胀最严重的时期,偷窃案件数量是战前的363倍,也比1918—1924年平均数量上涨了三分之一。但是这样紧迫的情况在经济稳定后,很快就有所缓和。实际上,1925—1928年的平均犯罪数量只有这一年的67.7%,并且是1910—1913年的年平均数量的79.6%。[171]犯罪的社会背景,尤其对于偷窃而言,也是法庭量刑的因素之一——只要这些犯罪没有进入快速审判程序。比如在格拉地区,20年代有五分之一的被告被释放,而1900—1918年只有十分之一。

在共和国早期,法庭仿佛严酷的角斗场,被告辩护的机会几乎可以忽略。但是,公开数据显示20世纪20年代到30年代初,定罪率基本保持在相同水平上。在量刑上,罚金的比例越来越高,而监禁的比例越来越低。1925—1928年罚金的征收上升,不过在此以后局势有所变化。量刑从监禁转向非监禁,以及无罪审判的数量上升,这并不意味着犯罪情节越来越轻——和那时的说法不同。确实,罚金的数额越来越高;1927年起,小额罚金(少于20马克)所占比例下降,而更高金额的罚金比例上升。与此相比，1931 年少于 20 马克的罚金占 40%，而超过 100 马克的罚金占 53%。当然即使是小额罚金，对于大多数生活拮据的德国人而言也是相当严重的惩罚，越来越多的人交不起罚金；1931 年，至少 37% 的人无法缴纳足够的罚金，只好去监狱服刑来作为补偿。[172]

对魏玛共和国所谓的薄弱司法系统重要的批评者之一，威廉·加拉（Wilhelm Gallas）反对弗兰茨·埃克斯纳（Franz Exner）和汉斯·冯·亨蒂希这样的改革者，认为对犯有社会罪行的人不能进行严格的判决会削弱国家的权威。[173] 在仔细研究犯罪数据后，加拉认为共和国对待罪犯和过去不同，认罪者中被判监禁的比例从开始的 48% 下降到 1928 年的 31%（而 1882 年，按照帝国的司法数据，这一比例是 76.8%）。在这些监禁审判中，在监狱服刑的比例大幅下降，加拉认为，那些惯犯（所谓的 Gewohnheitsverbrecher）最能从魏玛共和国"温和"司法中受益。

若是观察全国的情况，有关共和国法院对待社会犯罪过于温和的讨论，那个时代并没有任何证据能表明这一点。从整体角度而言，审判的模式逐渐从刑事关押转向监狱、拘留和罚金。战争期间和魏玛共和国初期，特殊法庭（1924 年 1 月才废止）也属于例外情况。此外，仔细研究这些特殊法庭的审判结果，会发现它们与普通法庭的量刑策略一致（当然也有上文提到的极端例子）。按照《刑事审判条例》第 212 条（见下文）而制定的快速审判程序，主要出现在稳定时期，其主要目的是加速司法系统处理积压案件，尤其是在案件不复杂的情况下快速审理。即使在这些审判程序中，量刑也和其他法庭一致。因此只要政治及社会生活保持平静，专制司法就会受到控制。若是有些法庭判决引发争议，也主要发生在那些反共和国倾向的法官身上，尤其是共和国东部的法官。

尽管时间短暂，共和国政府还是通过其法律系统展现了良性和稳固民主的一面。然而这种情况只是昙花一现。1929 年夏秋两季，随着经济萎缩，失业上升，各党派都动员自己的成员走上街头抗议，魏玛共和国的政治稳定面临着巨大压力；后来的大萧条时代情况更是糟糕。这种不稳定导致政治动乱及暴力事件，经常导致死亡。[174]（见表 5.3）和"一战"时一样，政治动乱发生在城市里的某个街区内，经常与工薪阶层有关（尽管不全是这样），这更导致了保守派法官与左派政治之间的不和。

表 5.3　2 月 1 日至 8 月 10 日，在普鲁士因党争和政治冲突造成的死亡

月份	纳粹党	共产党	其他	总数
2 月	3	3	2	8
3 月	2	9	–	11
4 月	2	3	1	6
5 月	2	4	1	7
6 月	14	6	–	20
7 月	38	13	35	86
8 月 1—10 日	1	–	4	5
	62	38	43	143

来源：Arnold Brecht, *Preußen contra Reich vor dem Staatsgerichtshof* (Berlin, 1932), pp. 14–16.

为了阻止政治混乱暴力不断升级，1930 年 3 月总统下达一系列紧急法令，又在 1931 年 3 月和 7 月再次下达紧急法令，允许全国范围内重开特别法庭（Sondergerichte）以及普遍使用《刑事审理条例》的第 212 条。[175] 后者允许普通法庭不必进入漫长的审判程序（比如省去法庭调查和被告律师）而可以给那些已经认罪或"不审自明"的被告迅速定罪。此举的目的是给法庭迅速处理大萧条期间迅速增加的与政治有关的案件的能力。[176]

这一系列的总统令导致了强烈抗议，而且不仅仅是自由派和左派媒体。[177] 快速审理程序加大了法官的权利，因为绝大多数案件由一位法官来决定，而不是由一位法官和两位荣誉法官来进行审理。众人批评的焦点，是使用快速审理程序由一位法官审理，极大地放大了"阶级司法"的可能。显然，《刑事审理条例》第 212 条让被告处于不利地位。当然，批评者怒斥那些不公正的判决，比如被告人受教育程度不高，几乎无法理解诉讼过程。共产党议员及律师弗里茨·勒文塔尔（Fritz Löwenthal）博士利用 1931 年 2 月国会讨论的机会，宣称作为魏玛共和国阶级司法的结果，德国从"诗人及思想家的理想国"变成了"法官和绞刑手"。[178] 之后他生动地描绘了一位被告可能在法庭上的遭遇。

被逮捕的人通常只有 24 岁，或者仅仅被捕不到 48 小时（原文如此）。他根本不知道自己被带到哪里。忽然间他就到了一位快速审判

庭的法官面前。检察官起立,嘟囔着用法律术语写成的起诉书,外行根本不知道他在说些什么。接着法官问道:你对此想要说些什么?被告完全没有准备。他根本没有任何权益保障,在这样的审判中辩护只是偶尔才会出现。通常被告没有辩护律师,他不得不直接又突然地面对公诉书。他必须在搞清楚发生什么之前就做出回答。当然,此时被告早已经晕头转向,这时还要让没有受过教育的他注意自己使用的每个词,以避免掉进我们法律系统的陷阱里。[179]

在此次讨论中,勒文塔尔同样举了一个自己曾经参与的案例。这是一场有关8位工人的审判,他们因为参加抗议而被起诉破坏公共秩序,而最终法庭裁决有的人监禁10个月,有的人劳改18个月。上诉后,二审法庭认为量刑较重,但也只是稍微减刑,其中的原因按照勒文塔尔的说法,是小地方法院的法官不会破坏同僚的威信,哪怕是在审判不公正的情况下。

勒文塔尔的评论绝不是夸大其词,因为有大量的例子证明法庭的行为使人联想起了早期司法的冤假错案。[180]但是对所有现存证据的考察,却也证明在这个关头,这样的案件并不是典型,而是属于少数的例外。1931年4月1日至6月30日(我们有可靠数据),13个普鲁士司法区中,快速审判总共定罪5500人;最繁忙的法庭是柏林(1288人)。这13个司法区总共80座法庭的大多数审判是监禁,但主要是短期监禁(2025人监禁时间短于一个月,1157人1~6个月监禁)。判处罚金的案件总数826起,其中半数以上金额少于20地租马克,其余也没有一件超过100地租马克。[181]我们这里看到的数据包括那些由一位法官审理的案件。由荣誉法官参加审理的案件总共1100件,其中188件(17%)宣布无罪,被判3~12个月监禁的案件数量与此类似,128件案件监禁时间少于3个月,而绝大多数(超过800件)被判处罚金。[182]可以理解地,这一时期严厉的审判或者监禁审判,与侮辱共和国及其象征的案件的从轻发落相比,对许多历史学者而言是"阶级司法"的证据。但是紧急法令限定了不同种类案件最少的判刑比例,因而限制了法庭的行为。[183]无论如何,1933年以前,总统特赦及上诉过程被滥用,基本推翻了一审的判决,对被告有利。[184]

勒文塔尔对法庭形象的描述,让我们看到一位被告在法庭上的经历。但是政府部门重新审核判刑的轻重,这也绝非不可能。司法部长们或者总统求情的事也屡见不鲜,尤其是司法部长们对这类案件非常关心。但是到了 1932 年时，政治的气氛迅速改变，严酷的态度越来越明显。公众的感觉（有些人会认为这便是事实）是 1932 年时德国已经陷入了内战，纳粹党和共产党在大街小巷战斗，重新恢复更加严格的法庭是避免国家陷入混乱的必要手段。[185]

20 世纪 30 年代开始，警方和司法系统中的态度转变非常明显。第 25 届国际犯罪学协会德国全体大会上，年轻的法律学者如格奥尔格·达姆（Georg Dahm）和弗里德里希·沙弗施泰因（Friedrich Schaffstein）呼吁回到"专制的刑法"，其基础"不该是个人的自由，而是众人的幸福"。[186]

1933 年，海德堡大学讲师达姆在一篇影响力颇大的文章中指出，魏玛共和国的法律一直就经历着"文化和灵魂危机"，只有通过强权的政府才能解决。[187] 这种论调的基础部分来自 19 世纪法律实证主义者对法律及国家关系的定义，这一派中的重要人物有国家法律理论家如格奥尔格·耶林内克①和保罗·兰邦德（Paul Laband），后来在共和国时期，首席法学家、维也纳大学宪法及行政法学教授汉斯·凯尔森（Hans Kelsen）又完善了这套理论，他一直反对卡尔·施米特的专制法律学说。[188] 对于达姆这样的保守主义者，法律和国家的关系不像凯尔森及自由主义法学家理解的那样，因为司法不是国家奴仆，而是国家的监督。事实是，达姆和他的同事弗里德里希·沙弗施泰因为专制法律大声疾呼的同一年，普鲁士司法部人事及法律专家组长罗兰德·弗莱斯勒②发表了一部备忘录（Denkschrift），其中他主张严格的刑法是国家"不可获缺的实质"；而他自 1942 年 8 月起担任臭名昭著的纳粹人民法庭庭长，而最终于 1945 年 2 月死于轰炸。[189]

第六节 "公正司法—专制司法—人民的司法"[190]

1930 年至 1932 年，紧急法令不少于 13 道，每一道都是对社会不和及政治暴力采取更强硬的手段。国会的权力随着每一道法令被削弱，不断地在政治上被边缘化。1932 年夏，出现了自 1919/1921 年以来不曾出现的街

---

① 格奥尔格·耶林内克（Georg Jellinek, 1851—1911 年），德国公法学者，提出"地位理论"。耶林内克所著"Allgemeine Staatslehre"被视为法学上的重要里程碑，当中提出三要素理论，亦即国家组成三要素为：领土、人民、主权。——译者

② 罗兰德·弗莱斯勒（Roland Freisler, 1893—1945 年），纳粹德国法官，他担任过希特勒的帝国司法部秘书和人民法院的院长。人民法院是在宪法授权外成立的机关，主要负责审理关于对抗希特勒独裁政权的政治活动，并进行过一系列作秀般的公开审讯。——译者

头暴力，国家到了危急时刻。冯·帕彭政府和前任一样是这种危难的始作俑者，该政府引起了 7 月 20 日一场针对普鲁士的政变——政变发生在阿尔托纳血腥周日后，而 8 月 9 日的紧急政令再次启用特别法庭。[191] 历史学家们通常集中研究 1934 年创立的人民法庭（Volksgerichtshof）。但是，这一法庭是特例，而且在 1939 年前只处理高规格案件，后来才变成纳粹党在战争期间制造恐怖的工具。[192] 专制法治的主要工具依然是普通法庭以及特别法庭（Sondergerichte），而这两种法庭都在 1932 年 12 月特赦令中被暂停，并于 1933 年 3 月 21 日被引入并作为法治权力的永久部门。[193]

特殊法庭，无论是 1933 年之前还是之后，其审讯的数量都难以确定，往往数据互相矛盾。在希特勒上台后的数周至数月，数千名反对者被逮捕并被特殊法庭审判。官方数据表明，1933 年（3 月至 12 月），特殊法庭共审理 5365 件案件，其中有很多件都与国会纵火案后 2 月 28 日发布的紧急政令有关，而其中近一半发生在普鲁士。[194] 和此前一样，被告人的权利被严重受限，而检察官的权力出于"消除形式主义"被扩大，而审判的原则是"最大限度的彻底和速度，尽量少的花费及投入"。[195] 不可避免地，这样的情况导致对被告保护不周。比如，审理前司法调查应该决定指控是否有效，同时还要决定公诉律师的开场声明；被告人无从知晓指控，也无法参与计划庭审日期；没有陪审团意味着司法偏向专制，让审判权落在三名专业法官的手中，而庭长则有着非常大的权限，比如拒绝被告律师提供证据的权力；判决下达后，没有任何申诉的可能；只有新的证据或者事实被发现，并且检察官认为有效后（！）才能在普通法院重新进行审理。[196] 简而言之，整个审判的过程是*确认被告的罪名*，并且毫不犹豫地实行惩罚。[197] 1932 年至 1934 年，大多数案件与政治有关，到了 30 年代中期，有证据显示特别法庭不再像早期那样只处理轻微刑事案件。1935 年，慕尼黑、科隆和基尔三座城市，特别法庭处理的轻微案件只占到总案件的 80%，这与"一战"及革命期间的特别法庭类似。[198]

大萧条时代的 1930 年至 1933 年，法院受理案件的数量增加了五分之一。此外，我们从前文看到，判刑标准基本维持不变。实际上，20 年代出现的倾向——短期及中期监禁（3 个月以内及 3 个月到 12 个月），以及罚金——直到 1936 年一直呈下降趋势。严苛的监禁审判也有出现，但是只限于政治案件。1933 年后这种情况并未改变，只不过判死刑比例有所上升。（表 5.4）。[199]

表 5.4　1913—1938 年的死刑判决和执行

	被判死刑人数	执行人数	被处以死刑人数占判刑人数的百分比（%）
1913	110	–	–
1914	82	–	–
1915	68	–	–
1916	74	–	–
1917	71	–	–
1918	87	–	–
1919	89	10	11.2
1920	113	36	31.9
1921	149	28	18.9
1922	124	26	20.1
1923	77	15	19.5
1924	112	23	20.5
1925	95	16	16.8
1926	89	14	15.7
1927	64	6	9.4
1928	46	2	4.3
1929	39	0	0.0
1930	43	1	2.3
1931	49	4	8.2
1932	52	3	5.8
1933	108[17*]	81[11*]	75.0
1934	118[4]	82[4]	69.9
1935	103[9]	73[8]	70.8
1936	81[11]	66[11]	81.4
1937	100[30]	76[26]	76.0
1938	111[13]	96[13]	86.5

*1932.

来源：1913—1932 年的数据来自 Richard J. Evans, *Rituals of Retribution. Capital Punishment in Germany, 1600–1987* (Oxford, 1996), pp. 915 –16; 1933—1938 年的数据来自 Bundesarchiv Berlin–Lichterfelde, R3001/alt R2/1314。括号里的数字是被判有叛国罪者人数。

按照加拉的论点，司法系统如何面对犯罪及其惩罚的争论，根源在于共和国本身妥协的性质。加拉非常清楚，改革行为过于放松不是德国的传统。因而，严格的法律需要独裁国家。[200] 当然这个国家必须有威望，否则只以压迫为目的的专制只能加深人民尤其是青年人与国家的隔绝。[201]

第七节 结论

正如我们看到的，1929 年危机之前，专制的法律已经成为常规。1924年，普鲁士司法部的高级顾问在自由派的《福斯日报》上发表文章，他仔细讨论了戒严状态、紧急法案和特别法庭。他认为个人的权利与国家的需要要严格分开：

> 在公共生活领域，某些情况下，国家必然不可能考虑到所有公民的权利；在为全体人民争取更高利益时必须忽略个体的权利。财产和自由，甚至个体的生命和荣誉也要为更高目标牺牲，这也是为了所有的合法同志。祖国必须生存，哪怕个人的权利被侵犯或者牺牲。[202]

此文作者恩斯特·法尔克（Ernst Falck）并非从反对共和国的角度来评论，事实恰好相反，他认为使用专制法律保护共和国是理所应当的事。这和普鲁士第一任司法部部长沃尔夫冈·海涅的看法类似，在 1919 年的普鲁士国民大会上，他也强调专制法律应该在特殊时期使用，而不是永久性。[203] 专制法律的目标是保护国家的权威，而不是取代它。这种论调表明，在 20 世纪 30 年代初政治右转之前，有关专制法律的讨论和实践就已经出现了。此外，笔者认为，这些事实的存在，能够解释 1930 年后为何司法如此轻易地被用来将共和国改造为极权政体，这种极权政体为独裁和恐怖铺平了道路。

1919 年，沃尔夫冈·海涅支持引入特别法庭，用"致命且彻底的方式"对付那些用行动破坏德国社会及政治重建的人，他认为"折中方法就是失败"。[204] 1932 年这一条原则被再次重申，成为第三帝国法庭的信条。[205] 冯·帕彭在纽伦堡承认，特别法庭和它们的前身一样，能够进行"迅速审判"而不受法律程序上的限制。[206] 事实是，1932/1933 年的特殊法庭和早期相比，无论是在目的还是在操作模式上几乎没有区别。[207] 唯一不同之处，此时特殊法庭已经成为政府的常设机构。尽管各地区之间量刑差异悬殊，特别法庭还是标志着 1933 年 "法律威权" 的重新恢复，同时还促进了自由民主向专制国家的转变。

然而，这并不意味着司法本身全部落入纳粹的控制。[208] 有证据表明，尽管希特勒的众位干将，尤其是希姆莱（Himmler）、鲍曼（Bormann）和戈林（Goering）大举干涉，作为司法部长的京特及其巴伐利亚同僚、帝国法律领袖（Reichsrechtsführer）汉斯·法郎克至少还能在纳粹上台 12~13 个月内，尽量保证司法不受干涉。除此之外，司法系统甚至尝试控制纳粹党——因为其经常藐视法律。比如，冲锋队为了与对手算账，经常滥用逮捕和拘留权，而有些法庭试图阻止这些行为。[209] 情况的转折点正是所谓的"长刀之夜"，即从 1934 年 6 月 30 日至 7 月 2 日，恩斯特·罗姆（Ernst Röhm）及一系列的冲锋队员被清洗。这次行动似乎暗示着司法系统的领导地位；7 月 3 日颁布的《国家自卫法》有追溯效力地为这次行动提供了法律依据；8 月 3 日《德国法官报》总编卡尔·施米特发表文章指出，第三帝国的法治也是希特勒的设想。[210]

呼吁和实践专制法律，并不意味着与魏玛共和国对立。在战后初期，法庭一般采取专制的审判政策，这一点被民主派广泛接受，他们认为此举有利于巩固共和国政权。20 年代中期，一些法庭的实践似乎和复兴的民族主义右翼有关联，对那些藐视共和国的人从轻发落。尽管研究焦点集中在那些反共和国的法官身上，也有证据表明整体而言魏玛共和国司法与民主化进程相符。所谓自由主义法律的软弱——尽管我们应该非常小心不可过分夸张——在 20 年代后期时已经深入审判实践中。

无论如何，专制法律的理念从来没有消失，正如我们在本章看到的，它也绝不是保守派的专利。但是如何理解和使用专制法律，不同党派有很大区别。一方面，自由派和社民党认为，专制法律是在国家进入危机时的特别机制，偏重个人权利的普通法律此时无法胜任这样的使命。另一方面，保守派认为专制法律是国家权力的永恒属性，个人的权力必须服从国家的需要。柏林高级法院第一法庭庭长京特呼吁，应该将快速特别法庭"规范化"，将其纳入刑事审判程序。[211] 这没有发生，也不会发生——只要议会否定这样的实践。1932 年，尤其是 1933 年后，司法系统的行动不再限于议会制定的框架内，而是在一个"戒严状态"的国家中——1933 年 2 月 28 日的紧急令完成了这一转变。[212]

对于魏玛共和国的法官而言，一切并非重新开始。时局和第一次世界大战时相似，那时"戒严状态"和法院也是稳定大后方的重要元素。同时，弗朗茨·京特的格言："公正司法—专制司法—人民的司法"（Gerechte Justiz – Autoritäre Justiz – Volksverbundene Justiz）不仅是纳粹统治时期法律的精辟概括，同时还展示了德国司法系统自1916年起便存在的核心理念。我们将在第九章看到，法律的权威与专制法律之间的界限完全消失，只需要发生在2月及3月的两个事件，便可完成法律国家向不受法律支配国家的转变。

第六章 打造文化权威

> 国家应该促进人民的文化生活。有文化才能有进步,才能先进。[1]

第一节 引言

学者们认同"魏玛文化"超群的活力,不过学者们依然强调其分层的特性,魏玛共和国的文化精英与社会主流相互隔绝。因而,德国历史学者埃伯哈德·库伯以及政治学者特奥·施塔蒙(Theo Stammen)认为,在共和国内魏玛的支持者没有能树立文化权威。[2]库伯和施塔蒙写作的时代,主流观点依然是魏玛是失败共和国的典型,有关(广义的)文化趣味非常狭窄,要么局限在"少数典雅",要么局限在"大众娱乐"。库伯悲观的评价(尽管他认为建筑和戏剧是例外)被历史学家和文化学者广泛接受,其源头是出版于40年前,彼得·盖伊①极富影响力的研究《魏玛文化,作为局内人的局外人》(*Weimar Culture. The Outsiders as Insider.*)。盖伊正确定位"魏玛文化"是漫长轨迹的一部分,而这一轨迹从帝国延伸到共和国再延伸到法西斯时代,但是他认为这个文化缺乏稳定性。"若是我们想到魏玛",他写道:

> 我们能想到艺术、文化和思想的现代化;我们想到儿子对父亲的反抗,达达主义对抗艺术,柏林人痛恨庸俗,自由主义者反对老派

---

① 彼得·盖伊(Peter Gay,1923—2015年),耶鲁大学斯特林历史学荣休教授,前纽约公共图书馆学者与作家中心主任。2004年,盖伊获得美国历史学会颁发的学术杰出贡献奖。盖伊著作等身,其中包括多卷本的《启蒙运动:一种解读》、鸿篇巨著《布尔乔亚经验:从维多利亚到弗洛伊德》。彼得·盖伊出生于德国柏林,于1941年移民至美国。——译者

道德说教者；我们会想到《三文钱的歌剧》(*The Threepenny Opera*)、《卡里加里博士的小屋》(*The Cabinet of Dr Caligari*)、《魔山》(*The Magic Mountain*)，包豪斯风格、玛琳·黛德丽……魏玛文化是一群局外人的创作，被历史推入了局内，结果是短暂、璀璨又脆弱的一瞬。[3]

这就是"魏玛文化"的形象，带着那些艺术、舞台、电影和建筑的偶像符号，交织在一起造就了"璀璨又脆弱的一瞬"；自盖伊写下这些话后，许多学者奉其为正解。

对于现代魏玛共和国研究影响较大的文化学者，比较著名的有约翰·威尔利特（John willett）、约斯特·赫尔曼德（Jost Hermand）、法兰克·特罗姆勒（Frank Trommler）以及社会历史学家迪特列夫·波伊克特（Detlev Peukert），他们一直不愿挑战盖伊学说中认为魏玛文化不稳定的看法。[4] 史蒂夫·兰博（Steve Lamb）及安东尼·费伦（Anthony Phelan）在1996年出版的一系列文章中，写到了魏玛文化的"令人困惑的复杂"，那些互相矛盾的风格、光怪陆离的运动及晦涩难解的活跃，使得其创造者隔绝于主流社会之外。与库伯相同，兰博和惠兰（Whelan）也对魏玛文化精英持批评态度，认为他们没有能创造独特的共和国文化特性。[5] 这些学者写作的时代恰逢人们发现魏玛文化在艺术及科学技术上的现代主义创新，这种现代主义创新对当代世界有着重要启示。[6] 这些艺术创新导致"文化上的战争"——拥护这种想象的新派与拒绝这种想象的保守派精英之间的争论。引用艾里克·韦茨评论魏玛历史的话："［共和国的文化创新］成了关于现代性范围及意义的战场[7]。"两种文化的斗争———一方面是保守反对改革的，另一方面是进步挑衅性的——构成了讨论的框架，认为共和国缺乏文化的权威。许多有着不同背景的学者持这种观点，例如亨利·帕克特（Henry Pachter）、拉里·E·琼斯（Larry E Jones）、乌尔苏拉·布特纳（Ursula Büttner）及理查德·埃文斯（Richard Evans）。[8] 但是如此，人们便忽略了共和国为建立民主文化权威所做的努力。

需要注意的是，"文化转向"是最近才出现在魏玛历史研究中的。20世纪70及80年代，"文化"几乎不是研究共和国的关键。[9] 传统上，"魏玛文化"要么在狭义的"诗人和思想家"[10]的范围讨论，要么是普鲁士军事文化。[11] 近年，人们提到"魏玛文化"，通常是指大都市中相互联系的性、消费主义、享乐及传播等方面；这些方面现在成了研究魏玛共和国文化的学者的主题，几乎取代了阶级、经济和政治。[12] 但是文化历史汗牛充栋，似乎主导了学术市场，把文化主题与魏玛政治背景剥离，实际上是表达了我们生活的这个时代的许多兴趣和焦虑，比如飞来波女郎①中有关雌雄界限不清、同性恋亚文化的公开化、下等酒馆表演（Tingeltangel）、爵士卡巴莱歌舞表演、提勒（Tiller）舞女时事讽刺剧、肉体崇拜以及毒品。[13] 正如修·里德利（Hugh Ridley）所说，魏玛共和国的文化产生在历史学家笔下，而不是真实的历史现象。[14] 当然，这些现象确实存在，也的确构成了都市文化。这些现象在比如斯蒂芬·斯潘德（Stephen Spender）、克里斯多福·伊舍伍（Christopher Isherwood）、哈罗德·尼科森（Harold Nicolson）及哈里·科斯勒（Harry Kessler）[15] 的文学作品中的具像化，深深地影响了英语世界，以至于这些现象与"魏玛文化"融合在一起。然而这只是少数人的文化，根本不能代表魏玛文化；借用雅内·沃德（Janet Ward）的说法，这不过是表面文化。[16] 有关文学、视觉及表演艺术的争论和斗争，特别是现代性象征的电影艺术，其核心不仅仅是道德上的正直，同时也是共和国的权威。

　　文化产品，不论是电影、戏剧、卡巴莱歌舞、艺术、小说、流行音乐（尤其是爵士乐）或者城市新闻报道，学者把所有这一些归入"魏玛文化"的范畴，无论其是"雅"还是"俗"，[17] 这意味着魏玛共和国本身尝试制定自己的文化标准被一直忽视。不过，过去十年中打破过去研究常规的学者越来越多，比如洛塔尔·埃尔利希（Lothar Ehrlich）和于尔根·约翰（Jürgen John）撰写的一系列文章，还有沃尔夫冈·哈尔特维希（Wolfgang Hardtwig）编辑的一系列散文，在比较中对魏玛的政治文化进行了研究。[18] 不过所有这些研究都忽略了共和国权威和文化之间的关系。贝恩德·布希纳（Bernd Buchner）在进行对民族和共和国身份认同的研究时，曾讨论了政治符号，尤其是共和国旗帜之争，还包括节日庆典和宪法日庆典，但是他也忽略了权威和文化的联系。根本上，布希纳的作品是对共和国社会民主运动政治文化的研究，他研究的不是共和国文化。[19] 类似的，温弗里德·施拜特康普（Winfried Speitkamp）对政治遗产的研究，对从帝国到共和国的政策发展做了透彻分析，尽管如此，他也没有关注文化权威问题。[20]

---

　　① 原文为法语 Garçonne，指1920年代西方新一代的女性。她们穿短裙、梳妹妹头发型、听爵士乐，喝烈酒，性开放，张扬地表达她们对社会旧习俗的蔑视。——译者

实际上，直到最近，学者们一直不关心共和国在建立文化权威上，即为了让共和制国家有自己的特质所做的努力。[21]

因此，问题依然是：我们将各种文化现象与魏玛文化"火山"联系在一起，而这些现象是否如两位德国顶尖魏玛政治文化学者德特勒夫·莱纳特（Detlef Lehnert）及克劳斯·麦格勒（Klaus Megerle）所说的那样，实际上加深了这种能够阻挡对共和国认同的矛盾与分歧？[22] 战后共和国政治及文化精英意图重建民族文化的计划是否失败？魏玛共和国是不是在文化上毫无权威？本章将分两部分来解答这些问题：首先考察作为广泛共识的平台而非斗争战场的审查问题，然后再考察共和国在构建公共文化上的努力。尽管这两方面表面上是截然不同的领域，其背后共同的目标把两者联系在一起——魏玛共和国建立文化权力。但是在研究这些领域之前，先简短讨论文化在民族国家中的地位。

第二节　国家的文化及权威

1914年以前，德国作为文化民族，作为诗人和哲学家（当然还有音乐家）的国度，是其力争"大国"身份的一部分。[23] 这份民族文化资本（Kulturgut）构筑在文学、视觉艺术及音乐之上，与受良好教育的市民阶层及贵族紧密联系。这些精英阶层在数量和比例上只占人口的很小一部分，也从来未必是一个整体，但是他们的品味通过沙龙传播开来，构成了德国统一后的文化认同，成为帝国政治权力的基石。[24] 1696年勃兰登堡的腓特烈三世（后来的普鲁士国王）建立了普鲁士学院，和1759年建立的巴伐利亚学院一样，逐渐成为1871年德国统一后准文化护卫（20世纪20年代成了文化斗争之地）；而一大批优秀的大学，比如海德堡大学，以及以浪漫诗人斯特凡·乔治（Stefan George）为主的一批文学及历史学者，成为保守且神化的民族主义的卫道士。[25] 帝国统治时，艺术的基调部分与皇帝可疑的品味所支持的那种刻板文化有关，同时还受到学院院长、新历史主义画家安东·冯·沃纳（Anton von Werner）的影响。总而言之，他们在艺术上的影响力，将德国文化融入到民族主义的工具中，展现了高度的自信和自满。[26]

然而，帝国外露的文化自信，到了世纪之交时受到了崛起的大众文化的挑战——后者处在典雅殿堂文化之外，[27] 而且艺术届也出现了新的流派。²⁸ 比如，亨利希·曼于 1918 年出版的小说《臣仆》或者是弗兰兹·韦德金德（Franz Wedekind）的剧作《青春的觉醒》（Frühling's Erwachen），以及《潘多拉魔盒》（Büchse der Pandora），被巴伐利亚政府形容为"污秽"；格哈特·霍普特曼（Gerhart Hauptmann）的《大老鼠》（Die Ratten）及《织工》（Die Weber），阿诺尔德·勋伯格（Arnold Schönberg）的十二音列，马克思·利伯曼①印象派作品，这些艺术家及作品扰乱和震惊了传统的受教育阶层，瓦解了帝国的文化神话。正如 1916 年格奥尔格·齐美尔（Georg Simmel）指出的："或许是战争，那些毁灭、混乱和危险，遇到了破败且失去自信的文化，才产生了如此毁灭性的效应。"²⁹

齐美尔写下这些文字时，德国政府正在努力建立爱国文化，以动员全社会参加到战争中。正如我们在第二章看到的，1914 年的"八月热情"（可以被视为一种文化民族主义的表现）很快过去，随着伤亡不断增加、生活越来越艰难，政府很快意识到民众意志不断消沉，难以动员。³⁰ 随着战争不断进行，政府发现后方民众不断与国家疏远，因为有关德国中欧大国理想的教育和意识越来越薄弱。齐美尔的评论并不是对帝国的批评，而是对社会普遍不安的诊断，若是这个民族想要在文化上更新自己，那么必须克服这些困难。他和同时代的马克斯·韦伯一样，寻求通过更新文化来达到民族再生。这些观点在军队最高指挥中受到欢迎，尤其受到了格勒纳和鲁登道夫的欢迎；这两人都非常赞同在 1916 年引入的爱国教育（Vaterlandsunterricht），以及其产物祖国服务中心（Reichszentrale für Heimatdienst），这个中心由表现主义及工艺联盟的艺术家组成，主要工作是创作海报及其他视觉文化宣传，而诸如卡尔·施米特和维克托·克伦佩勒则在帝国审查署供职。³¹

尽管德国公众对战争的意义越来越不确定，民族主义者则毫不怀疑其领土扩张的作用，而像托马斯·曼这样的保守主义者，则认为战争的意义在于实现德国泛欧洲的文化使命。³² 但是帝国所谓文化权威的宣传于 1914 年 8 月和 9 月遭受重创，因为德国军队摧毁了比利时鲁汶大学历史悠久的图书馆，轰炸了法兰西国王加冕之地兰斯大教堂。这两个事件都被外界视为文化野蛮主义的实证，让德国所谓的文化扩张名誉扫地。³³ 1918 年 11 月

---

① 马克思·利伯曼（Max Liebermann，1847—1935 年），德国–犹太血统的画家，是德国印象派的领袖人物。——译者

帝国突然崩塌,伴随着退位的热潮,让德国文化的卫道士中弥漫着悲观失望。托马斯·曼哀叹道:"面对衰败的文化我心存敬意……我能清晰感觉到,一个世纪以来建立的文化生活方式(Lebensführung)正在灭亡。"[34] 曼后来适应了1918年后横扫德国的变化,并从1922年从文化事物上支持共和国,而且没有丧失掉其天然的保守主义。[35] 而德国中产阶级中也有另外一些人认为,曼提到的文化灭亡也是德意志民族的末日,而对于寻求文化稳定的人而言,这也是对共和国宣战的理由。[36]

*

1919年起,有不少有意识的努力尝试,不仅仅要恢复共和国的文化地位,还要建立新的文化形式。1918年后,德国领导人确立推广共和国文化实体概念。因此,普鲁士建立了艺术、教育及科学部,而国家层面则建立了维护艺术与文化的机构文化艺术监护署(Reichskunstwart),意图在于塑造共和国的"文化形象"。[37] 本章的第二部分将仔细考察其运作情况,以及其为促进共和国文化权威作为国家形象所做的努力。

一方面,很多人认为共和国的文化机构是一个国家的重要组成部分,它们的任务是将艺术界内(或者社会内)各种"流派"转变成为民族或国家人民(Staatsvolk)的集体认同。[38] 另一方面,共和国的政治精英们认为,在战后的失败和被排斥中,文化能够用来恢复德国在世界舞台上的地位。1929年,著名的明斯特大学神学教授及北威斯特法伦中央党议员格奥尔格·施雷伯(Georg Schreiber)在国会辩论中对影院审查制度评论道:

> 今日战后的德国,被剥夺了军队和武器,(且)不再沐浴着权力的光辉,因此不得不(利用)其在世界上的认同,来争取世界文化市场及民族文化能力,以影响文化世界中的国家……因此没有军队的德国需在今日国联中,努力贡献伟大、充满正能量及精神力的文化成果。[39]

正如我们在上面看到的,文化并不仅仅是世纪之交时格奥尔格·齐美尔所描述的那样,是娱乐消费的产品,即"拜物文化"。实际上,魏玛的文化守卫者将那些娱乐工业中的负面文化现象,与战败后恢复民族自信的文化计划严格区分开来。这种观点在1927年托马斯·曼写给格哈特·霍普特曼的信中有所体现,他认为"文学的尊严"能够产生文化权威。[40]

尽管对文化在民族生活中的作用,各派有着趋同的看法,但到底哪些属于精华需要保留,而哪些属于糟粕应该被抛弃,各党派之间争论不休。[41] 德国民族主义者一直宣称国家正经历精神堕落及民族衰落,民主人士则认为这是精神再生及民族革新。保守派看到的那些破坏德国文化的底层文化在改革派看来则是硕果繁多且必要的试验。无论如何,从共和国伊始,不停斗争的各党派皆认为"文化"是带给国家权威的关键要素。问题不仅仅是为了实现这一权威到底应该遵循怎样的原则,还有应该使用何种手段来建立权威。尽管对于前者他们争论不休,在后者上却达成一致。立法者们,除了国会中的共产党议员外,都一致认为引导品味的文化教育是必要的,同时法律还需要督促诚信的建立。但是在国家层面上试图建立文化权威,良性的自由权威和文化极权之间的界限渐渐模糊,这一点我们将在下面一节看到。

第三节 通过审查建立文化权威

1918年后文化上的保守派有何种担忧?他们的迷惑——尽管这迷惑并不是来源于战败而是来源于"新文化冲击"——有多深?[42]

战争和革命注定要带来大批文化运动,推陈出新。一个典型的例子是极端的无政府文化运动,即众所周知的"达达主义",这一运动1916年出现在苏黎世,1918年抵达柏林。在德国,达达主义成为反叛学院派及表现主义派的代表,用拼贴画和荒诞剧来拆解形式与结构。1920年柏林举办的首届国际达达主义展览中,参观者需要"进入类似开放小便池一样的大门,看到一位身着淫荡服饰的女士,仿佛污秽大聚会……整个展览中到处是奇形怪状的物体,比如约翰内斯·巴格尔德(Johannes Baargeld)的'流动的疑趣'(Fluidoskeptrick),这是一个装满了血红色水的玻璃鱼缸,里面漂浮着女性的头发……当然,大多数参观者被眼前的景象震惊了,而他们还可以通过竖直一块木头上的斧头来表达不满。参观者被要求用斧头劈坏那件木头展品,而他们确实做到了"。[43] 除了作为典雅文化的嘲笑对象,达达主义还催生了一系列短命的期刊,比如双周画报《每个人是自己的足球》(*Every Man his Own Footable*),其中不乏尖锐的批评艺术家,如约翰·哈特菲尔德(John Heartfield)和格奥尔格·格罗兹(Georg Grosz)(创刊号于1919年2月15日发行,但被当局立即封杀)。较年轻一代艺术家的滑稽举止让德国文化节感到恐惧,似乎反映了战败后精神上的破灭。然而,从20年代中期开始,达达主义逐渐让位给一种更理性的艺术流派——新即物主义,其中很多达达主义艺术家,如拉乌尔·豪斯曼(Raoul Hausmann),汉娜·霍希(Hannah Höch),格奥尔格·格罗兹及库尔特·施维特尔(Kurt Schwitters,汉诺威),做出了重要贡献。⁴⁴

达达主义从在革命时代攫住德国的新自由中受益匪浅。就影响力而言,达达主义在艺术或审美上的试验性,远远不及其对艺术价值和文化权威发起的挑战。达达主义破坏了传统文化表达的结构,并因此创造了不稳定。对于保守派而言,1918年11月人民代表大会取消审查制度,是所有糟糕情况的开始,他们眼中,保护社会不受疯狂和伤风败俗洪水淹没的大坝出现了第一道缺口。随后的数年中,德国"文化"因为民族道德指针的崩溃而被颠覆的情况越来越严重。德国舞台、视觉艺术及文学似乎屈服于色情的意愿及粗鄙的价值,这场风暴的源头便是享乐至上的柏林。⁴⁵德国国家人民党杜塞尔多夫地区(Arnsberg)的议员莱因哈特·穆姆^①同时还是教会会议议员,1922年在国会发言时,他认为国家不能再对这种情况熟视无睹。"现有的法律保护",他说道,"对于马戏团、音乐厅和小酒馆肮脏和粗鲁的表演(这种表演和德意志完全不符),还有那些不正派又低俗的明信片、文学和橱窗展示,以及脱衣舞表演和所谓肮脏的家庭餐馆的威慑力不够。"⁴⁶

渐渐地,文化议题成为了政治问题。尤其考虑到德国战败且法国占领着莱茵兰的背景,那么在一出名为《后宫之夜》(*Harem Nights*)的时事讽刺剧中,一群半裸的女性向黑人酋长跪拜,引发民族主义者的愤怒也就不足为奇了。穆姆引用斯图加特《周日报》(*Sonntags-Zeitung*)主编艾里希·沙伊雷尔(Erich Schairer)的报道向国会激昂陈词:"我们怎能……有效抵抗这种'黑色耻辱'(指法军中的黑人士兵),若是不在首都禁止这样的耻辱!"他接着说道:"法国把刀架在我们的喉咙上,想要谋杀我们,而那些法国《唐璜》们(Schwänker)却争相在柏林的舞台上演:一出比一出

---

① 莱因哈特·穆姆(Reinhard Mumm,1873—1932年),德国神学家和政治家。——译者

一无是处，一出比一出污秽。"⁴⁷ 穆姆最终总结道：

  地狱里所有的魔鬼都被释放到我们这个可怜的国家，而且在很大程度上促成了异化（Überfremdung）及外国文化世界的入侵。⁴⁸

*

  穆姆提到的这些魔鬼，在通货膨胀和鲁尔危机之后也没有消失。实际上，"堕落"是保守民族主义者讨论共和国文化时，使用最多的一个词。这一指控的核心，是文化的堕落并不是来自于战败或革命，而是源自于共和国领导人根深蒂固的软弱，且对保护"真正的"民族文化的无能。⁴⁹民族社会主义剧作家汉斯·约斯特（Hanns Johst）于1921年发表文章，定义正宗文化为"既没有方向也没有趋势；既没有党派也没有阶级；民族（文化）是一种责任，是每个德国人在他的时代和他的民族中受到的命运的召唤，因而意识到自己与德意志血脉和文明（Bildung）之间的纽带"。⁵⁰（广义上的）艺术只不过是实现正宗民族文化的工具。⁵¹在许多方面上，约斯特的观点与托马斯·曼非常相近，后者也相信能够达成哪怕是模糊的"精神日耳曼"情感，而不必要与理智相悖。⁵²伊丽莎白·哈维（Elizabeth Harvey）认为，此种保守民族主义的文化讨论，只能增加共和国的不稳定；此前玛格丽特·史迪格（Margaret Stieg）在谈及《保护青年反不良出版物法》（*Gesetz zur Bewahrung der Jugend vor Schund- und Schmutzschriften*）时也表达了类似观点，克劳斯·彼得森（Klaus Petersen）在谈及魏玛审查制度时也赞同这种看法。⁵³然而，共和国中学术界所进行的使反现代、反共和国和反先锋的观点与魏玛的进步主义与经验主义对抗的辩论，或者说是拉里·欧仁·琼斯（Larry Eugene Jones）所言的"波茨坦精神"与"魏玛精神"之间的二元分法，太过于简单化了。⁵⁴

  1919年，政治和社会大动乱作为背景，各党派无论政见基本达成统一阵线，在道德问题上采取统一立场，主导了有关文化政策的讨论——尤其是针对年轻人的文化政策，唯一持不同观点的是独立社民党及德国共产党。⁵⁵因此，在有关大众娱乐的许多次讨论中，德国国家人民党试图收回一些自1918年废除审查后产生的自由，因为按照宪法第118条第2段，在青年品德受到影响时可以采取限制措施。1919 年 10 月中旬召开的国民大会上，德国国家人民党要求对影院、舞台及所谓的糟粕文学进行管制，"只要当下的形势没有缓解"，并宣布"必须以提高道德责任（标准）"为手段，才能拯救混乱、犯罪和污泥浪潮侵袭下的德国。[56] 1918 年德国的道德堕落成为保守派批评共和国文化生活的一个主题。科隆市长康拉德·阿登纳（Konrad Adenauer）在 20 世纪 20 年代末在慕尼黑演讲时指出："物质主义、伤风败俗、缺乏纪律，这些是感染我们人民的疾病。"[57]

这种道德败坏的指责，自然地，在共和国之前的时代就已经出现了。[58] 而且，它们也不仅仅是政治保守派的专利。1919 年 10 月的那次辩论中，不仅穆姆和他的同僚们表达了对文化衰落的忧虑，新上任的内政部长、德国民主党的埃里希·库奇（Erich Koch）[后来的名字改为库奇-威悉（Kach-Weser）[59]] 也声称，自己也"原则上同意"穆姆及其同僚们的保护道德水平的意见，不过他也警告议员们劣质作品与正统文学之间的分界难以确定。[60] 库奇在内阁发言时，表示自己作为内政部长的主要任务之一，便是保障为促进民族文化做努力的教育（广义）与民族认同感（Nationalbewußtsein）之间的联系。[61] 也就是说，共和国及其领导人愿意使用文化手段建立道德权威从而获得其合法性。然而库奇以及随后的各位内政部长在实现这一目标上是否取得成功令人质疑——我们将在下面看到。

事实是，国会对道德标准的定义模棱两可。我们以上看到的保守派和进步派两种相对的观点，又被政治上的合纵连横打破。民族主义者对"公众品味"和"正派"的指责，不应被看作对共和国的蓄意攻击，实际上这一观点也同样出现在自由派和社民党内。[62] 从《电影法》（Lichtspielgesetz，1920 年 5 月 12 日）开始，一系列措施（主要是针对年轮人去影院看电影的限制的措施）作为跨党派的共识于 20 年代早期开始实施。早在 1919 年的国民大会上，这种共识在讨论是否在宪法第 117 条（后来的 118 条）中加入审查制度的内容时，便已经形成。德国国家人民党的议员恩斯特·奥伯弗罗伦（Ernst Oberfrohren）在讨论民族文化权威遇到的挑战时，受到了弗兰肯社民党的议员阿道夫·布劳恩（Adolf Braun）的赞同；这样的跨党派联盟在 10 月针对道德和文化的讨论中再次出现。事实上，在这场讨论中，保守派、民族主义者、自由派和社会主义者的界限基本消失。[63] 1922 年，自由派的埃里希·库奇与巴登保守派议员阿达尔贝特·杜林根（Adalbert Düringer）一同倡议发起了有关保护年轻人道德的动议。[64] 1926 年，一场类似的动议由自由派的内政部长发起,而最终通过的《保护青年反不良出版物法》被不少人看作是令人不安的法律权限拓展。[65]

这些政治家在现代娱乐行为带来的负面影响上,尤其是对社会工作者报告中的城市青年和迅速发展的关于青年文化的社会学的影响,持有相同的观点。[66] 同时,在战争及革命期间,一些难控制的年轻人(犯罪份子),无论是从自由派进步的角度还是从保守派重建民族主义的角度,皆受人诟病。[67] 因而,1926 年,迈内克在大学年会上指出文化身份和民族统一的联系:

> 战争证明,生死存亡的斗争只有在没有内部争吵的情况下才能开展,只有在广大人民在精神上与国家达成一致(innerlich zufrieden)时,他们才会捍卫它。[68]

尽管对于管控艺术的法律曾经有过争执,在对青年人的道德保护问题上国会内达成了跨党派一致。1926 年的法律最终出台,248 张赞成票中包括了保守派、自由派以及天主教中央党的投票,而反对者则投了 158 票。[69] 正如我们在上面提到的,玛格丽特·史迪格(Margaret Stieg)认为这一法律加深了魏玛文化在意识形态及政治上的分裂。不过,政治及意识形态的分裂并非一目了然。引入这一法律的德国民主党内政部长威廉·库尔茨(Wilhelm Külz),非常赞同其中一些严厉的条款,尽管国会中一半以上他的党内同僚们对此并不赞同,加入了社民党和共产党投了反对票。共产党认为这一法案,包括其所有审查手段,都是在迫害无产阶级且保证剥削资本家的利润;社民党对法案最后一刻被改变非常不满——最终法律中没有定义何为不良出版物,因此等于扩大了适用范围;这招致社民党反对,也影响了他们对马克斯中间政府的支持。[70]

对于反对这项法律的人而言,他们对战争期间的审查依然心有余悸。尤其是那些左派感到非常不安,因为法律对青年道德"有危险"的定义极其模糊,导致其很有可能扩展到文化活动的其他领域。20 世纪 20 年代出现了许多艺术家因为攻击教会及国家而"激怒"群众因此被起诉的案例。[71] 谈及社民党时,爱德华·大卫博士指出社民党对所谓的"糟粕"以及其对青年的影响感到非常担忧。但是对于法案他同时表达了与他同党派同僚及议会外艺术机构相同的忧虑,认为这一法案出自"所谓的普通人正常心态";大卫博士认为如果法律全部通过,将会扼杀艺术和文学的试验(这一权力来自宪法第 142 条）[72]，因此也破坏了德国重建文化的努力。

> 国会面临着生死抉择。这样的法律一旦通过，将给文化和艺术创作带来危险，也会唤醒德国知识分子的激烈抗议……
> 艺术需要自由才能生存。在老旧的道德观念或者偶然实现统治地位的道德观念的束缚下，艺术无法生存。今日一个普通人以他所谓的正常道德观念判断为肮脏或下流的内容，后世往往看作理所当然……艺术家和诗人应该允许创作那些普通人感到畏惧的作品。因此立法机构应该注意到这种对艺术创作的束缚……然而束缚艺术创作这一点，正是这一法案的内容。因此我们在这最后一刻再次声明：这部法律现在的状态，是对文学和艺术的永恒威胁。[73]

对这一法案的争论，标志着对文化地位的意识形态差异出现——威权主义和进步主义针锋相对。尽管史迪格揭示了 1926 年法案分裂的特性，但 1928 年 5 月社民党领导的大联盟在选举中大获全胜，赫尔曼·穆勒政府却没有尝试推翻这一法律。实际上，1929 年国会对道德及文化的堕落在此进行讨论，要求使用更加严格的手段来击败大众电影中的恶魔。到这个时代，电影院已经在城市中无处不在，看电影已成为大众娱乐活动的主要部分，300 万消费者中 50% 至 60% 会去看电影。[74]

和此前相同，1929 年的主要议题，并不是针对文化权威的原则，而是实现权威的手段。[75] 这个问题并没有得到解答，讨论也持续到了 1930 年；甚至讨论中还出现提议，对外国（主要是美国）电影的票价进行额外规定，这样可以保护德国电影工业，还可以保护民族文化不受"外国庸俗文化"的侵蚀——这与 20 年代保守派反美主义的风潮有关。[76]

*

因为低俗文学的定义并不清晰，因此对其释义也五花八门，造成各地审查机构混乱——这种审查机构通常由一位作家、一位教师及一位公务员组成。[77] 1926 年法律的释义也同样不清晰，何种文学属于这一法律管制的范围并不确定。该法案通过三年后，中央党发起问询，要求政府在国会前对该法案进行总结，内政部长卡尔·塞弗林承认"这一法律在德国的大部分地区没有产生任何影响"。[78] 塞弗林还认为，由于缺乏清晰定义，在那些该法律强制实施的地区，造成判决与实际脱节。"否则无法理解大量出现的处在灰色区域的例子。" 1927 年 8 月至 1929 年 5 月，被审查制度认定为有害或淫秽的出版物的数量比较少：总共的大约 4203 部作品中，只有 63 部被禁。[79]

将大众文化口味作为政治以尝试建立文化权威，最终被证实是非常复杂的任务。1926 年的法律本来应该与不利于青年人心理发展的出版物做斗争，尤其是那些流行甚广的准色情出版物，其中"低俗的插画和内容毫不相干"。[80] 不过我们应该注意到，刑法第 184 条所谓的"引发众怒"罪成了更有效的手段，法庭及警方更愿意援引这条法律，而不是 1926 年的法案；直到大萧条期间色情出版物出现高峰之前，这条刑法也非常有效。[81] 同时，正如我们将在下面看到的，1926 年的法律被用来控制那些"过于左派或非德意志"的作品及运动。

纵观整个 20 年代，如何利用 1926 年法案来建立文化权威的问题并没有解决。1929 年时，政府发现 1922 年的《电影法》（Cinema Law）（取代旧法）并没有达到效果。本来这一法案是辅助宪法第 118 条，对审查进行详细规定——支持者们认为这一法律非常适宜（尽管反对者们对此有另外的看法）。道德标准下降的证据并不明显，主要因为文化权威的解释本身并不明确。保守派一直指责德国的基督教文化基础自 1918 年开始不断被蚕食，尤其是那些厚颜无耻轻视一夫一妻制的喜剧电影。[82] 1926 年法案的反对者害怕保守派会利用这一法律，配合刑法第 184 条来攻击所有批判共和国或者提倡另类生活方式或性取向的作品。在 20 年代初期，出现了一场反对性教育电影的激烈运动（其中有一些的确是低俗色情作品，性教育只是个幌子），尤其反对里夏德·奥斯瓦尔德（Richard Oswald）非常成功的《与众不同》（Anders als die Anderen，1919），这部作品呼吁不要歧视同性恋者；[83] 20 年代中期，巴伐利亚政府加上天主教会的确是建立保守文化权威的先锋：他们查禁了爱森斯坦（Eisenstein）的著名作品《战舰波将金号》（Battleship Potemkin），并且发起反对在泳池及湖泊混浴的运动（尤其是像身体俱乐部组织的那种活动）；巴伐利亚的剧场和画廊对"非德意志"及"非基督教"的作品检查非常严格。同时，1926—1933 年反淫秽及色情作品局总共将 188 部作品列为"有害"。尽管被禁止的杂志的数量比起共和国早起色情作品最猖獗的时期要少很多，但是 1926 年的法律通过后，被禁止的主要是涉及女同性恋及同性恋生活方式的杂志比如带有读者联系方式的《女友》(*Die Freundin*)、《女恋》(*Frauenliebe*)及《友情》(*Die Freundschaft*);推行丹麦式婚姻的《新生活》(*New Lifestyle*)、《理想伴侣生活》(*Ideal Life Partnership*)及《欢乐人生》(*Laughing Life*);还有包含裸体摄影作品的释放身体文化的杂志《ASA》。[84] 批评家威廉·斯纳帕尔(Wilhelm Staple)于1930年指出共和国已经害死了德意志文化,宣布"是清理垃圾的时候"了。[85]

因此,到了1929年8月,塞弗林在国会做报告时,一场文化大反攻已经开始,阿尔弗雷德·胡根贝格(Alfred Hugenberg)所有的全球电影股份公司所属院线的娱乐电影数量大减,同时影院播放的《新闻周报》(*Wochenschau*)明显带着越来越浓的民族主义调调。[86] 1929年开始的经济危机更成为历史的转折。1929年以前,有关影院的文化正确,各党派达成了较一致的意见;经济危机到来之后,有关文化权威的讨论带着越来越浓的政治倾向,各党派也分成两大阵营,而德国国家人民党则成为攻击大众文化的先锋。穆姆在国会发起提案,对电影院进行更加严格的控制,让警察有权决定何为"低俗"。这一次,穆姆内阁发现社民党不再支持;甚至经济界也反对,认为这是对德国电影工业的巨大威胁;而巴伐利亚人民党则持观望态度,认为这一提案不是对1922年《电影法》的积极改进。无论如何,天主教中央党认为这是一次重要的机会,自1919年开始建立共和国文化权威的努力,终于可以在此时完成。天主教中央党发言人奥格奥尔格·施雷伯在谈到1919年国民大会的初衷时说道:

> 在魏玛共和国,某些我们人民的道德原则坚决不能动摇。那时为了保障宪法,提供必要的精神基础,必须形成一个有积极创造力的体制,因此《电影法》的通过绝非偶然,而是宪法实现的必然。我认为,若是魏玛没有采取手段处理电影问题,那么这将是今日德国的缺陷——毕竟所有文明国家都对电影采取了明确态度。
>
> ……
>
> 电影制作不是经济问题,也不是财政问题,而是全体人民的精神问题。
>
> ……
>
> 只要德国人的良知依然存在,他们便有义务给世界所有民族

（Volksgemeinschaft）提供其明确的道德特征。在立法的最后分析阶段，若是我们不坚持用人民的道德能量来制订重塑民族的法律，我们在国会讨论又有何意义！[87]

但是，共产党报主编及德国共产党发言人彼得·马斯洛夫斯基（Peter Maslowski）在国会谈及文化问题时，认为自20年代初，无论是电影的质量还是大众审美事实上并没有堕落。马斯洛夫斯基和他的同僚们认为，严格审查制度的讨论背后有政治动机。[88]

文化在共和国中，既是娱乐，同时还是政治武器。左派在攻击共和国时利用文化作为利器：这只要看看青年贝托尔特·布莱希特（Bertolt Brecht）的戏剧就明白了［比如1922年的《巴尔》（Baal）中，布莱希特形容其主人公是"生活在一个反社会中的反社会者"[89]，还有1927年他对商业资本主义的讽刺剧《马哈哥尼城的兴衰》（Aufstieg und Fall der Stadt Mahagonny）］；库尔特·图霍夫斯基的批判性评论《德意志之歌》（Deutschland, Deutschland über alles，1929）讽刺魏玛共和国没有实现1918年的承诺；格奥尔格·格罗兹的石版画系列《看，这个人》（Ecce Homo，1922）则是对共和国卖淫业露骨地揭露，而他的反战石版画《背景》（Hintergrund，1927）中，钉上十字架的基督戴上了防毒面具（且被竖在了码头上）；[90]还有我们在第四章遇到的电影：菲尔·尤齐的《瓦尔登堡的饥饿》（1929），其中对工人阶层苦难生活和遭受不公的情节，按照1926年法律被删除；类似地，贝托尔特·布莱希特和斯拉坦·杜多合作的《清凉的露营地，或者世界属于谁？》（1931），其中有关避孕/堕胎、描写无产阶级团结以及裸体镜头也都被删除。[91]

左翼这种文化批判到底在多大程度上破坏了共和国的权威很难确定。另一方面，也很难界定右翼对所谓文化衰退的攻击多大程度上造成了文化权威的危机。这个时代最知名的文化悲观主义作品，显然是斯宾格勒的著作《西方的没落》（Decline of the West），一、二卷分别于1919年及1923年出版。[92]第一卷很受欢迎，并在托马斯·曼举荐下获得尼采奖。[93]事实上斯宾格勒的作品写于"一战"期间，其主题远远早于共和国，主要是对西方工业文明的批评，但是这在当时无人在意。魏玛共和国被批评者看作世纪之交出现的现代性造就的畸形果实。《西方的没落》一夜成名，第二卷发行量几乎达到了5万册。不过此书对共和国文化权威的负面影响是否如后世学者们认为的那样大，十分令人怀疑。1935 年去世的斯宾格勒一直是个边缘人物，20 年代中期开始越发不受重视，甚至连托马斯·曼也早在 1920 年便与其疏离。[94]

关于如何达成文化权威的讨论，极有可能并没有获得民众的注意，也没有得到他们的支持；大众的文化口味基本没有受到共和国文化卫道士的影响。不仅爱德华·大卫对普通人品味低下而感到担心。一些国会议员，包括两位内政部长在内，认为那些无法理解伟大艺术的普通人"庸俗"或"品味狭窄"。[95]托马斯·曼这位无可争辩的魏玛共和国"优雅"文化权威，在 1919 年认为德国文化在革命中毫无用途，对共和国文化前卫的后代也无用途（比如达达主义）；曼认为应该将文化托付给"歌德和尼采等大师的反自由主义"。[96]

毫无疑问的，各省的普通观众主要喜爱大众剧场的娱乐，而不是州立剧院的严肃戏剧——康拉德·杜瑟尔（Konrad Dussel）研究了海德堡的情况后发现了这一点。[97]魏玛画廊中安冬·冯·沃纳（Anton von Werner）①的庸俗作品及历史主义作品大受欢迎，而不是马克思·利伯曼及其同行们的印象派油画，更别提德累斯顿、柏林和慕尼黑出现的表现派作品，以及现代派艺术家克里斯蒂安·沙德（Christian Schad）和奥斯卡·柯克西卡（Oskar Kokoschka），还有奥托·迪克斯（Otto Dix）和格奥尔格·格罗兹那些描绘魏玛生活的露骨作品。[98]勋伯格复杂的十二音列作品及其追随者保罗·欣德米特（Paul Hindemith）或许很受爱乐人士的欢迎，而狂野的爵士乐则迷住了市民阶层青年人，如克劳斯·曼（Klaus Mann）和埃里卡·曼（Erika Mann）。最受大众欢迎的是轻歌剧，传统的进行曲及波尔卡，如保罗·林克（Paul Lincke）的作品，还有奥托·罗伊特（Otto Reutter）的流行歌曲——这些作品才能让他们在酒吧、剧场及作为四百万电台听众的一员跟着哼唱。[99]卡尔·迈（Karl May）的探险小说，或者是非洲殖民地历险才是德国青年最喜爱的作品，而托马斯·曼的《布登勃洛克家族》（*Buddenbrooks*）并不受欢迎。[100]或许鲁道夫·纳尔逊（Rudolph Nelson）精彩且机智的讽刺剧不能被所有人欣赏，至少他的华尔兹作品如《女店员》（*The Shopgirl*）深入酒馆、游乐场及下等酒馆（那里正是讽

---

① 安冬·冯·沃纳（Anton von Werner，1843—1915 年），德国油画家，为普鲁士王室服务，绘制大量的历史题材的油画。——译者

刺剧的发源地），那里的观众热情喧闹地参与演出［这一点在 1931 年约瑟夫·史坦伯格（Joseph Sternberg）导演的《垃圾教授》（*Professor Unrath*）一片中被鲜明地展现出来］。[101]

这种中层审美覆盖高层审美的现象，不仅仅出现在魏玛共和国，也出现在第三帝国。1924 年，维克托·克伦佩勒到斯德丁讲座时，发现那里的城市文化精英非常有趣——在沙龙里他遇到了这些人并就文化展开讨论。克伦佩勒认为"这群富有的乡下人确实受过良好教育，带着典型一半严肃一半势利的语调"。[102] 克伦佩勒还参观了该市收藏的现代艺术作品，充满活力的奥托·穆勒（Otto Müller）馆长亲自带他参观，然而他却依然提不起兴趣。[103] 克伦佩勒本人在文化及娱乐上的品味，与受教育的知识分子相比，属于典型的"中层"——他对妻子热爱的古典音乐毫无兴趣，在日记中对维姬·鲍姆的流行小说《洛温克尔事件》（*Zwischenfall in Lohwinkel*）大加赞赏——这本小说对城市现代生活的肤浅和物质主义进行了深入刻画，同时克伦佩勒还是位铁杆影迷——尽管他也注意到电影这一媒体有着自己的文化等级体系。[104]

*

若是格罗兹和库尔特·图霍夫斯基能够用文化来批评共和国没有带来社会改革和公正，那么查禁则是这场斗争中的另一面。20 年代末，政治氛围不断恶化，导致新的副产品出现：若是警方认为一部艺术作品可能扰乱公众秩序，那么可以将其查禁。众所周知，由埃里希-玛利亚·雷马克（Erich-Maria Remarque）的反战作品《西线无战事》（*Im Westen nichts Neues*，1929/1931）改编的电影被禁止在影院公映，这引起了不小争论。[105] 本来这一电影已经通过审查，最后在纳粹党和民族主义媒体的系统活动后，审查机构完全改变了态度。由此导致的轰动造成了政治上的势不两立：自由派及自由派组织进行了大规模抗议。国会在激烈辩论后，通过 1922 年《电影法》的第一修订案，允许该电影只能在私人场合放映。在图林根该片遭到全面封杀。[106] 类似的，恩斯特·克热内克（Ernst Krenek）极其受欢迎的爵士轻歌剧《强尼带动乐队》（*Jonny Spielt Auf*，1927）描述了一位黑人爵士乐队领队复杂的恋情及物欲，这部作品在一些媒体中被称为"黑鬼歌剧"，该剧在巴伐利亚的一次演出中，当主演阿尔弗雷德·耶格尔（Alfred

Jerger）登台时，观众席中一枚催泪弹爆炸而导致骚乱，从此在巴伐利亚被全面封禁。1927 年 7 月，布莱希特的《马哈哥尼城的兴衰》（*Mahogonny Songspiel*）在巴登首映时，导致大规模骚乱，因而也遭封禁。[107] 正如马斯洛夫斯基观察到的，在这些情况下，审查者并非是法律，而是右翼分子和保守的警方。[108] 因此，1928 年的这一修正案给警方更大的权力，使其在保护青年时发挥管理职能，很多进步派评论员对此表示愤怒。社民党教育家库尔特·勒文施泰因（Kurt Löwenstein）在左翼《社会主义教育》（*Socialist Education*）中撰文指出，这一提案根本无法客观判断什么作品应该被禁，只是把"裁判权交给了警官"。然后他尖锐讽刺道："然而对于一位巴伐利亚或者波美拉尼亚警官来说，什么对青年人没有危险呢？"[109]

但是审查制度在阶级斗争中不单是中产阶层的武器——马斯洛夫斯基和他的同僚一样也会使用。而在 20 年代末 30 年代初狂热的气氛中，这种武器还带有了民族主义暗示。图林根政府教育及内政部长、纳粹党党员威廉·弗利克①决心"清洗"州立文化机构，消除"黑鬼"对戏剧和音乐的影响。[110] 弗利克的倡议于 1932 年夏扩展到普鲁士——那里的代理部长弗朗茨·布拉赫特（Franz Bracht）8 月签署命令，禁止公共场所出现裸体。这里并不是与所谓的色情生活方式做斗争，而是为全面封禁该州最大的裸体运动组织、位于柏林的"人体文化研究院"提供了法律基础。[111] 禁止同性恋活动的同时，也保证了民族文化重新回到民族主义路线，最终导致了纳粹政策。[112] 来年 3 月，内政部再次下令，同时还附有评论，认为该研究院院长库奇（Koch）博士"应该被视为德国文化和道德的最大危险，应该被当作文化错误而删除"，并取消了该协会的法律许可证。[113] 穆姆（1932 年去世）在 20 年代早期德国舞台上看到了披着法国外衣的黑色魔鬼，纳粹和他们的同僚将魏玛视作"破坏德意志民族文化道德"的化身。[114] 因此，1933 年 2 月 4 日通过的《保护德意志人民令》（*Decree For The Protection of The German People*）中，给警方权力没收所有被共和国容忍的"污秽"作品。[115] 这些措施被置于青年人受威胁的讨论中，其巅峰就是臭名昭著的倍倍尔广场焚书事件：民族主义学生 5 月 10 日聚集在柏林洪堡大学外的倍倍尔广场，大管区指导者约瑟夫·戈培尔一个个点名这些"非德意志"的作

---

① 威廉·弗利克（Wilhelm Frick，1877—1946 年），著名纳粹官员，曾任第三帝国的内政部长。在二次大战结束后，他因战争罪而被处以绞刑。——译者

者，而他们的作品被集体焚毁。[116] 自此开始，国家的文化权威在种族清洗的框架内实现。

第四节　文化权威和演出教育

正如我们在上面看到的，国会在讨论审查制度时，新共和国的卫士们非常清楚建立道德权威的重要性。从这个角度而言，议会和文化精英们既是仲裁人又是执行者。甚至那些开始反对1918年革命的人，比如托马斯·曼和弗里德里希·迈内克，最终承认了这一任务的重要性，也认识到了自己应该发挥的作用。1918年，曼曾经拒绝了德国公民教育协会（Deutsche Gesellschaft für Staatsbürgerliche Erziehung）参加会谈的邀请，曾经对亲密的朋友伊达·博伊－埃德（Ida Boy-Ed，坚定的反共和国者）解释自己与共和国的和解："这个可怜的国家努力给公民灌输理想、灵魂和精神，我认为这并不是坏事，而是在做善事。"[117]

曼和迈内克都是共和国的情感上的支持者，是所谓的理性共和派（Vernunftrepublikaner）。两个人都认为成功的民族国家必须要以独特的文化公民认同为基础，这种认同不仅仅和道德有关，同时还要有历史传承。[118] 对他们而言，革命提供了一个打造民族文化新身份的机会，这个机会以宪法为基础。德国领导人们的任务是教育性的：民主的美德必须灌输给每个公民，成为他们的第二属性。[119] 同时，共和国与其基石——宪法，必须要展现出它们来自于德国人民的传统，而不是战败的产物。[120] 在审查制度层面上，重点被放在了青年的公民教育上。1923年举行的"公民周"，目的是完成1917年爱国公民教育运动未能完成的目标：将青年人团结在国家周围（尽管会带来可疑的后果）。[121] 20年代末时，普鲁士文化、科学及教育部长阿道夫·格里默（Adolf Grimme）依然强调"民族教育的重要性"，目的是创造没有狭隘偏见和政治党争的开明社会。[122] 这段讲话的背景是极端主义和政治暴力不断增加，许多政治领导人担心人民尤其是青年人疏远共和国。重视青年人，要求其接受共和国和民主的美德，这一教育计划便是近日普遍存在的"公民课"，不过其背景依然是魏玛共和国寻求实现文化权威，因此我们似乎可以称其为"宪法教育"。我们将要看到，历史学者们在这里起了极其重要的作用——事实是在大学中，对民主的情感和共和国的支持非常薄弱。

为了达成"宪法教育"的目标，仅仅学校教育是不够的。共和国必须成为每日生活中不可获取的要素，即每日文化的一部分。1925年春，亨利希·曼在自由派报纸《福斯日报》发表一系列文章，其主题是"实践共和国"，他建议道：

> 我们是否要"上演"德意志共和国，但不是像过去那样的隐藏在幕后上演？若要如此，那么我们必须时时刻刻提醒公民。没有一个公共建筑，没有一个公开声明，不是以"德意志共和国"为抬头。在所有的邮票上也要写明"德意志共和国"……为了强调共和国，并让其成为现实（"ins Werk zu setzen"），必须要以不同方式教育每个公民。政府部门的命名和邮票不过是微小的例子。每个德国人每时每刻除了呼吸共和国的空气外，不能有任何其他可能。[123]

为了实现这种"无处不在的共和国"，一个新的职位出现了——国家艺术总监（Reichskunstwart）于1919/1920年设立，隶属国家内政部，负责保护民族文化遗产，要"参与到所有制订与艺术有关法律的过程中，做政府和艺术家之间的中间人"。[124] 第一位，同时也是唯一的一位总监，是斯图加特博物馆前馆长埃德温·雷德斯洛布，尽管随着时间推移，预算开支逐渐减少，他还是以不减的热情坚持工作，直到1933年总监职位被撤销，他及助手比尔布拉赫（Bierbrach）被并入戈培尔领导的国民教育与宣传部。[125]

创立这一职位的初衷，本来是由于时代混乱，许多艺术品被卖到了海外，而没有职位能评估这些作品对民族和国家的价值。然而很快，雷德斯洛布就重新定义了自己的职位——他的任务是要用文化及符号"彰显"（Sichtbarmachung）共和国——或许我们今日可以称之为塑造国家形象（Formgebung），而这一过程应该和人民的感情联系在一起，唤醒并展示出他们对"国家的决心"（Wille zum Staat）。[126] 其目标是转变整个民族的精神内核。正如我们在本章开始看到的，主要目标是展示共和国不是"分裂的利益"的结合体（Interessantenhaufen）。[127] 雷德斯洛布对自己任务的理解，并非所有人都赞同，但是也没有人直接反对；实际上（尽管是最后且时间短暂）他的工作获得了各党派的肯定——我们将在下面看到。[128] 总的来说，雷德斯洛布努力建立独特的共和国文化权威，主要集中在两大方面，两者都有民族和身份的重塑工作。首先是一系列符号，比如共和国的一系列证章（比如曼提到的邮票、信笺抬头等）。[129] 不过，我们将在下面一章看到，试图让共和国出现在每日生活中的努力遇到了不少阻力。符号问题首先最能引起争议，尤其是考虑到旗帜作为民族符号。1921 年 4 月 11 日第一旗帜令规定，国旗为黑—红—金三色（黑色在上，红色在中间，金色在下），该法令引发的严重冲突，在整个共和国期间都未能解决。[130] 1926 年 5 月 5 日，汉斯·路德（Hans Luther）政府通过另一法令，允许驻外大使馆和领事馆在共和国国旗的旁边悬挂帝国旗帜，这一次支持共和国的党派组织了大规模抗议。自由派的德国民主党于 5 月 12 日在国会发起不信任案，结果以 177 票赞成对 146 票反对通过，造成路德辞职。而民族主义者也不甘示弱，各地都出现了共和国旗帜被破坏的报道。[131] 1933 年 3 月帝国旗帜问题得到部分解决，总统下令万字旗和帝国旗可以一起悬挂。[132] 国家艺术总监工作的另外一个方面，是将共和国与近期（或者远期）的民主传统相连。雷德斯洛布意识到，魏玛共和国必须有历史，才能有权威。历史事件和人物，比如歌德及施泰因男爵①，从 1919 年（国民大会及宪法之年，不是 1918 革命之年）开始成为共和国构建的文化传统的一部分。为此目的，从 1921 年 8 月 11 日（宪法签署日）开始，共和国每年会举行宪法日庆典，作为象征民主共和国诞生的国家仪式。这一庆典日尝试着赋予宪法情感力量，而不仅仅是干巴巴的条文。

1921 年首次宪法日庆典中发生的一系列事件，是未来数年厄运的开始。魏玛的领导人们似乎认为，确立德意志共和国似乎未必能在民众中得到响应。历史学家赫尔曼·昂肯（Hermann Oncken）接到邀请发表讲话，结果他对约瑟夫·维尔特总理表示自己对宪法日庆典的担忧，认为这样的庆典会引起分歧，因为它无法和其他受欢迎的纪念日竞争。昂肯认为，这样的结果是共和国的宪法权威在国内及国际被削弱。不过，数年后，昂肯接替埃里希·马尔克斯（Erich Marcks）成为柏林大学历史系主任时，时值宪法签署十周年纪念，他发表了为共和国辩护的演说。[133]

宪法日庆典面临的难题之一是，尽管这天是国家纪念日，但不是法定假日，由每个州政府自行决定是否放假。比如，在巴伐利亚这一天从来没有被官方认可为假日（唯一的例外是 1929 年，由巴伐利亚承办宪法纪念

---

① 即 Baron vom Stein（1757—1831 年），普鲁士王国民族主义和民主主义政治家、改革者。——译者

日），而在相对自由的巴登，1924 年起纪念日就是官方认可的公众假日。此外，在普鲁士，公共官员比如市长或州参议院应该为了庆祝宪法日做适当安排，但对于普通百姓而言，宪法日要和一系列地方节日竞争，比如保皇党会庆祝皇帝生日（1 月 27 日）、带有强烈民族主义和反法色彩的色当会战胜利纪念日（9 月 2 日，20 年代初的节日气氛尤其受狂热），尤其是帝国成立纪念日（1 月 18 日）——作为官方正式庆典依然与宪法日竞争，这一点我们将在后面详细分析。[134]

以上种种原因，再加上正在发生的各种政治危机，比如上西里西亚公投，1921 年决定引入宪法日遭到了不少质疑和不情愿。考虑到不到两个月前，签署《凡尔赛和约》的马蒂亚斯·埃尔茨贝格被刺，这或许不足为奇，而此时对共和国支持者的攻击依然在持续。雷德斯洛布的支持者，总理约瑟夫·维尔特坚持认为宪法日庆典应该举行，最终按时在国家剧院拉开帷幕；维尔特发表了重要演讲。[135] 国际危机加上与帝国遗老遗少在权威问题上矛盾不断，且中央政府还面临着独立自主危机，因此维尔特的演讲中认为，德国现在到了"最危急的时刻"，他强调了共和国虽然不完美的宪法此刻的凝聚力：

> 以自由为基础的民族统一是我们的指路明灯。这两者都在魏玛宪法中得以保证和实现。同许多其他国家一样，复杂的历史发展导致德国分裂成邦国，这一直是德国宪法问题面临的巨大困难。当前的宪法成功地考虑当下德国的各种条件，尽管可能有些愿望没有实现，未来还需要进行修改。[136]

第一次宪法日庆典成功完成，虽然算不上真正激励共和国情感，至少自革命后，互相敌视的利益集团汇聚一堂庆祝新国家的诞生。尽管政府和艾伯特都心存疑虑，不知道在庆祝些什么（黑色的帝国之鹰被移出了大厅）；德国文化的符号还是明显可见：朗诵歌德的作品，演奏瓦格纳、贝多芬、马勒的作品和韦伯的《自由射手》（Freischütz）序曲。军乐团的表演最终把场内外观众联系在一起。尽管环境不利，共和国第一次作为文化事件上演。[137]

若共和国需要有历史，那么，在雷德斯洛布看来，共和国必须以情感作为粘合剂。确实，纳迪讷·罗索尔（Nadine Rossol）在研究共和国大型演出后认为，雷德斯洛布的目标是通过文艺手段让"作为整体的德国具像化"。[138] 因此，1922 年，按照"各州与帝国宣言"的原则（Bekenntnis der Länder und Reich），革命后第一次 18 个州的旗帜环绕在帝国之鹰周围，象征着德意志民族的一贯统一。虽然第一次宪法日庆典在国家剧院举行，此次则选择国会大厅作为主办地，且大厅内悬挂巨型横幅，上写"统一，正义，自由"。国会被选中作为民主基础的象征非常明显。考虑到国家与各州之间的二元制，以及有关国家权力和各州权限直到 1934 年纳粹政府时才得以解决，这次庆典的象征意义异常明显。[139] 1922 年，巴伐利亚州政府和共和国政府在权限上发生严重争执（主要是和行政及治安有关），直到宪法日临近时才得以解决。[140] 距离艾伯特总统宣布正式国歌还有几天时间，而庆典上已经演唱了《德意志之歌》的第一段和第三段，这并非是民族主义重新被唤醒的标志，而是一种在公共场和对祖国的热爱的集体肯定——艾伯特敦促庆祝 8 月 11 日的宪法日，并以霍夫曼的歌词作为原则：统一、正义、自由（Einigkeit und Recht und Freiheit）。[141] 因而，强调国家和各州统一团结，共同参与到共和国建设中，暗示了总理和雷德斯洛布承认文化可以用作政治用途；这也成为后来庆典的样板。

此外，1922 年夏末，共和国与法国的关系恶化，于是，雷德斯洛布又在宪法日庆典中加上额外的一层，似乎是警告武力收复失地运动。文化表演中，包括向现场来宾朗诵反战主题诗篇《牺牲》（Opfergang）节选——该诗写于 1916 年凡尔登战役后，直到 1918 年 12 月才出版，其作者表现主义作家和诗人弗里茨·冯·翁鲁（Fritz von Unruh）从凡尔登战役后成为坚定的反战主义者。[142] 朗诵这部作品，似乎向世人宣示共和国的文化是爱好和平，而不是军国主义；和两年后曼的《魔山》一样，直接质问兰杰马克（Langemarck）的血祭神话。[143] 雷德斯洛布同样不忌讳使用宪法日庆典来服务于德国的外交政策。于是在 1923 年，雷德斯洛布说服政府在法兰克福举办庆典，并且由杜伊斯堡市长雅乐斯（Jarres）博士代表鲁尔被占领区发言。这一次《德意志之歌》还是演唱了第一段和第三段，不过和 1922 年的内涵或许不同。[144]

1923 年选择法兰克福作为宪法日庆典举办地不仅和共和国的领土有关（这一主题在共和国历史中反复出现），而且与 1848 年的民主宪政传统相连。鲁尔危机导致整个国家反对法国，法国点燃了德国超民族主义的火炉，也给魏玛共和国带来了无数危险。此次庆典强调了德国民主传统，追溯到了 1848 年的法兰克福圣保罗教堂召开的国民议会，也某种程度上反对了普鲁士的复仇行动。正是出于这一原因，一年后汉堡市长及德国民主党领导人物卡尔·彼得森（Carl Petersen）在国会发言时，强调共和国的爱好和平的宪法基础，其根源在于民主的"德国精神"。"这不仅仅需要自愿牺牲的勇气及对我们自己力量的信心，也是对世界的信任。"[145]

我们知道，1924 年是共和国的转折点：相对稳定的时期正是在这一年开始，货币混乱和政治极端主义逐渐减弱，而且正如我们在第三章看到的，共和国与战胜国尤其是法国关系改善，因而自身地位也得到加强。而这一年 8 月也是"一战"爆发十周年纪念。因此，这一年的宪法日庆典，从国会前悼念战争死亡者开始。雷德斯洛布构思此次庆典应该有众人参加，来表示整个民族在战争的牺牲后重生团结一致。[146] 彼得森发表讲话，认为战争造成的社会紧张破坏了古老的帝国秩序，同时他还强调在逆境中民族的团结，而这种团结造就了共和国的民主秩序。

> 德意志民族在最大的苦难面前空前一致，达成前所未有的团结；这种团结体现在对自由［决策］的坚定承诺中，这种自由［决策］是他们的愿望及责任，是完全民主的表达。[147]

彼得森并非想要准确描述战争期间发生的史实。他简要叙述了腓特烈大帝后的德国历史，将宪法置于德国启蒙运动的自由传统中，并谈到了托马斯·潘恩（Thomas Pains）的《人的权利》（*Rights of Man*，1776）中宣布的个人自由；面对德国不满的中产阶层，他阐述魏玛宪法提供了平等的机会，而不是均贫富（Gleichmacherei）。彼得森继续将共和国与俾斯麦的帝国联系在一起，强调宪法是民族统一的支柱。这里彼得森还讨论了作为民族象征的旗帜：到底应该是黑白红帝国旗还是黑红金共和国旗？他不赞同右派只支持旧旗帜，认为应该以自由为原则达成和解。在仔细分析后，他认为共和国三色旗才是国家统一的唯一标志。在结论部分中，彼得森又讨论了战争以及共和国的起源。事实上，共和国及其宪法来自以城堡和平为内涵的爱国主义："共和国是德意志人民的宣言……在不断的变化和困难中展示出了最优秀的一面"。[148]

战争是自由民主制的基础，托马斯·曼在表达自己对共和国的支持时也持这种观点，他认为共和国不是革命的结果，而是"1914 年精神"的果实。在写给伊达·博伊－埃德的一封信中，他写道："就在那一刻，那荣誉和极具进取心的时刻，她［民主］在年轻的胸膛中诞生了。"[149] 其他学者，比如新康德主义哲学家恩斯特·卡西尔①，在深入研究了德国和欧洲历史后，认为共和国起源自启蒙运动。[150] 这些努力都属于赋予共和国"丰厚"历史的范畴，试图将共和国作为德国发展"正常"的产物，尽管有时不得不把1918年革命放回到历史框架中。或许今日我们会觉得奇怪，但是当时名声显赫的历史学家们，如赫尔曼·昂肯（1929）、弗里茨·吕利希（Fritz Rörig，1929）及弗里茨·哈尔通（Fritz Hartung，1932），以及法律专家比如康拉德·拜尔勒（Konrad Beyerle，1929），在宪法纪念日向学生讲座时，将共和国的民主宪法基础与帝国成立联系在一起。[151]

总共12次的年度宪法日庆典，不仅仅尝试联系历史，也有意识地处理当代话题，目的是宪法的与时俱进。1928年，共和国最自信的时刻，司法部长古斯塔夫·拉德布鲁赫发表了冗长的演讲，反驳人们对共和国的批评。拉德布鲁赫认为共和国政治和解的文化显示了稳定（Stetigkeit）的意愿，这恰恰是强大的力量而不是弱点。此外，共和国基本反映了德国社会。这里再次讨论了宪法改革，拉德布鲁赫转而讨论各州的党派意识被（正确地）看作达成中央极权国家路上的绊脚石（而且还阻碍了国家艺术总监将共和国文化审美民族化）。[152] 1928年拉德布鲁赫的演讲，在精神上树立了共和国权威，而他使用了那个时代最强大的文化符号来达成自己的目标。[153]

这一年五月的选举中，社民党大获全胜重返权力中心；而且这一年，经济恢复和政治平衡达成一致。但是这种平衡愈来愈多地被民族主义右翼攻击。[154] 拉德布鲁赫非常精明地指出共和国正是传统保守派的化身，这一观点来自正坐在第一排的兴登堡。最近的研究显示，兴登堡的神秘身份扩展到政治的所有派别，几乎所有意识形态的流派都认他做自己人。拉德布鲁赫引用了浪漫民族主义诗人斯特凡·乔治（Stefan George）的语句，赞同前任内政部长阿尔伯特·格雷茨辛斯基（Albert Grzesinski）（社民党）及卡尔·彼得森早年称赞兴登堡是"共和国第一位公民"：

---

① 恩斯特·卡西尔（Ernst Cassirer，1874—1945年），德国哲学家，生于西里西亚布雷斯劳，于1939年成为瑞典公民，死于美国纽约。受学于马尔堡的新康德主义传统，卡西尔发展出一套独特的文化哲学。《符号形式的哲学》是卡西尔在文化哲学方面的重要著作。此外，他亦撰写了一系列关于认识论、科学论、哲学史的著作。——译者

> 他拯救过德国，作为旧德国的第一位战士，我们很高兴看到他成为新德国的第一位公民，我们今日在这里对他致以诚挚感谢！[155]

兴登堡在德国社会的所有年龄群中都深受欢迎，这一点看看他当选时的庆典便知。[156] 事实是，安娜·冯·德尔·戈尔茨（Anna von der Goltz）认为兴登堡受欢迎的神话，实际上便是魏玛共和国文化认同的化身。[157] 因此，拉德布鲁赫称其为共和国"第一公民"，既不是幼稚，也不是空洞的修辞，而是准确把握了民众的脉搏。

宪法日庆典的演讲从一开始，便被认为是教人如何做好公民的布道。它们不仅仅要把宪法和德国历史联系起来，还要让其深入当代生活——尤其是年轻人的生活。魏玛共和国的政治及文化精英们非常清楚，若是想要保证共和国的未来，他们必须争取德国青年人的支持，尤其是那些来自传统民族右翼中产家庭的年轻人，他们大多数念高中上大学，是繁茂的民族主义的摇篮。[158] 用历史话题来解决当代问题，宪法庆典主要是为了接近公众，尤其是儿童和青年，要通过"活生生的形式"来展现共和国，并且强调人民当家翻身做公民的变化。[159] 正是带着这样的想法，在1929年宪法十周年庆典时，雷德斯洛布策划在2月初举行纪念国民大会及其历史任务的活动，8月的庆典则与柏林合唱团团长约瑟夫·冯·费利兹（Josef von Fielitz）一起，在柏林体育场组织了大型演出：3500名儿童组成了"鲜活的旗帜"象征着共和国，而7500人参加了大合唱。[160]

实际上"鲜活旗帜"的象征意义，是它代表了国家的色彩，因为人们沉浸在上演的共和国公民教育中。[161] 第10次宪法日庆典的主题是人民"对国家的决心"（Wille zum Staat）；雷德斯洛布后来对《柏林日报》谈道：

> 整个过程非常迅速。主题直接表达出来：对祖国的忠诚，哪怕是时事将其从帝国转变为人民的国家——或许也可以说，正是因为[这个原因]！[162]

所有宪法日庆典都强调共和国是"民族人民团体"（Volksgemeinschaft）的概念。[163] 柏林体育场的庆典，300名来自各行各业的成年人组成合唱队，手拿各种工具，努力竖起巨大的金色旗杆。他们召唤德国的青年人来帮助他们完成任务；青年人每60人组成一组，紧随着17州的旗帜入场，齐声高唱"我们要建立金色的桥";很快整个体育场便充满了 3000 名儿童和青年,组成三色旗的方阵:黑色、红色和金色;他们列队经过主席台,兴登堡和贵宾坐在那里;之后他们在体育场中心集合,接下来是一系列体育娱乐表演。最终全体起立大合唱《德意志之歌》,同时上空飞过飞机喷出共和国三色旗,而韦伯的《精灵王誓言》(Oberson Suite)序曲结束了整场演出。[164]

1930 年 8 月,海因里希·布吕宁第一任内阁(1930 年 3 月 30 日至 1931 年 10 月 10 日)的内政部长约瑟夫·维尔特将重点放在国家的年轻人身上。在大选的背景下,维尔特在国会议员面前演讲,号召德国的年轻人热情支持共和国。[165] 和许多当政者一样,维尔特对年轻人的极端化感到非常担心(在此前一年 11 月的选举中,纳粹党和德国共产党在普鲁士地方选举中收获许多选票),尤其是年轻人越来越多使用暴力。在承认了魏玛共和国面临的困境后,他号召年轻人为民主事业献身,特别要拒绝准军事组织及法西斯主义的诱惑。[166] 雷德斯洛布还组织了一场更加激动人心的表演——我们在第三章看到了这一幕。总的来说,直到 20 世纪 30 年代初的所有宪法日庆典成为公民教育课的核心,规劝年轻人认同共和国——尤其是在威信不断受到更多质疑之时。

*

20 世纪 30 年代初,文化成为民族复兴的手段——这是魏玛精英们的共识。[167] 但是对文化的理解有着根本区别。对民族主义者而言,复兴意味着保持 1914 年前的帝国文化保守主义;对共和派而言,包括那些理性共和派在内,复兴一直包含着苏醒的"民族人民团体"精神,然而必须在民主内实现。[168] 这两者最主要的区别是,一者是民主教育,另一者是领袖教育。[169] 一方面,德国马尔堡大学教师哈里·迈内(Harry Mayne)在 1932 年的帝国成立纪念日时向学生演讲,赞美俾斯麦和歌德,认为他们是德国民主文化身份的核心,用俾斯麦的"遗产"来攻击共和国。而另一方面,在同一年的同一个节日,弗里茨·哈尔通在柏林大学将俾斯麦的帝国和魏玛民族身份联系在一起。[170]

随着 20 世纪 20 年代的慢慢过去,两者的民族复兴主题中,文化都扮演了越来越重要的地位,而"德意志精神"则越来越被神话。[171] 两个阵营为达成"文化权威"都采取了更极权的态度。正如我们在上面看到的,这一变化可以在国会讨论电影及其审查时清晰可见,而且在像迈内克这样的学者的公民教育活动中也很明显,尽管他们支持共和国,但在文化诉求上和托马斯·曼一样是保守的。比如历史学者弗兰茨·施纳贝尔(Franz Schnabel)受邀请,值帝国成立60周年纪念日之际(1931年1月18日),在卡尔斯鲁厄理工大学开设讲座,他似乎并没有看到当时公然象征着俾斯麦式独裁主义的符号特征与他讲座的主题(Freiherr vom Stein)——强调文化民族的基础是主动的公民——有任何矛盾。[172]

或许可以认为施纳贝尔对公民的概念来自传统的国家－公民关系:公民服从于国家的利益,尽管这并不反民主,但是其模式依然偏向于专制——这一观点还有许多学者赞同,如卡尔·施米特。真正的问题是,假设出席者众多,学生们是否认真地聆听了讲座?维克托·克伦佩勒(Victor Klemperer)在他的日记中记载了他所在大学的校长格拉维里乌斯(Gravelius)教授于1922年宪法庆典之际在大型剧场的演讲,其观点非常客观公正。不过他演讲的对象不超过50人,其中还有8~10位教授,但没有学生参加。[173] 如果有学生参加,那么观点将会有所修改,比如阿道夫·格里默(Adolf Grimme)于1931年对柏林大学共和国学生联合国的演讲。[174] 戈林的新闻发言人及传记作者马丁·索默费尔特(Martin Sommerfeldt)回忆共和国文化权威和年轻人时,想起当年做学生时的宪法纪念日,自由和民主"仿佛疲惫不堪的两匹马戏团老马,被牵到公众面前展示,而所有人必须恭顺地鼓掌"。[175]

有关好市民的说教极端重要,而且专门为学生们设计。对普通德国人,埃德温·雷德斯洛布采取了更加民粹主义的路线,结合了百姓文化传统,比如大型表演,以及更现代的文化形式,比如"全体剧场",以及埃尔温·皮斯卡托及鲁道夫·冯·拉邦(Rudolf Von Laban)编排的舞蹈演出来进行说教。[176] 雷德斯洛布认为共和国可以作为大型"表演"表现出来。但是他的设计是为了建立公民与国家的联系,带有19世纪浪漫主义的神话色彩,也成为30年代"民族剧场"(Thingspiele)神秘主义的先驱;同时,将个体融入整体的"完整艺术作品大型演出"远远早于纳粹的极权审美。[177] 文化权威的转向,反应了当时的时代精神——对整体性不断增加的保守需求,同时还反映了雷德斯洛布独特的自由民族主义,以及德国国家党(德国民主党)的诉求。[178]

德特勒夫·莱纳特和克劳斯·麦格勒在研究了共和国宪法庆典后，认为直到1929年，宪法庆典从来没有培育出民族精神，部分是因为所有的庆典都是共和国内部的演出，而人民只是观众。[179] 他们的理由很有问题，主要原因是他们将社会和政治的分裂看作魏玛共和国的独有特征。1929年的宪法日庆典在大型体育场举办。当然，其美感还是极具感染力的——按照当时人的记载。但是这一庆典还是民主共和国的庆典，因此受到了批评。1930年雷德斯洛布编排的《德意志之河》——我们已经在第三章讨论过，内涵有所转变。此次庆典，可以被认为是30年代初的"公民教育"模糊性的典型。共和国的文化权威在转向民族主义后，几乎带有了全体公民性。认为1929年的庆典更"共和国"而1930年的庆典更"民族"，这种强调其极权的本性似乎有些夸张；但是其美学意义与瓦尔特·本雅明① 后来观察到的法西斯政治表演非常接近，[180] 这种政治表演的非常典型的例子就是通过莱尼·里芬斯塔尔（Leni Riefenstahl）镜头记录下来的1934年纳粹纽伦堡全国党代会——《意志的胜利》（Triumph of the Will，1935）。[181] 在谈到魏玛文化时，彼得·盖伊认为在20年代其充满了"对一统的渴望"，而那时的德国缺乏认同感和目的。[182] 克里斯蒂安·维尔兹巴赫尔（Christian Welzbacher）认为，1932年的庆典中，称歌德为共和国第一公民，是"共和国庆典文化的巅峰"。[183] 这一点令人怀疑。这次庆典影响力或多或少地局限于法兰克福，对于魏玛来说，它从未达到过团结的目的，或者是鼓动"民族精神"；国家和普鲁士当局没有大力推广；巴伐利亚政府则完全忽视；慕尼黑大学甚至拒绝了共和派学生为集会纪念歌德而借用讲堂的要求；在巴登和符腾堡，社民党和中央党的提议遭到德国国家人民党的反对。[184] 在魏玛，歌德之城的庆祝活动被人诟病毫无组织，且遭到地方媒体口诛笔伐，致使主讲人托马斯·曼一度威胁要退出。[185] 事实上是1930年的宪法庆典与莱茵河畔各州庆祝联合在一起，统领了民族精神，而其舞蹈表现了作为民族整体的共和国——雷德斯洛布在接受《柏林日报》采访时指出这一点。[186] 但是随后两年的庆典，没有什么值得庆祝的方面，而且演讲带着越来越多极权的味道；有些历史学者认为这是第三帝国的"铺垫"。

---

① 瓦尔特·本雅明（Walter Benjamin，1892—1940年），德国哲学家、文化评论者、折衷主义思想家。本雅明的思想融合了德国唯心主义、浪漫主义、唯物史观以及犹太神秘学等元素，并在美学理论和西方马克思主义等领域有深远的影响。他与法兰克福学派关系密切，且受哥舒姆·舒勒姆 犹太神秘主义理论的影响。——译者

正如上面提到的，魏玛共和国与第三帝国在国家组织大型演出的审美上有相通之处。最明显的例子要数1933年3月21日的波茨坦日——这一天新国会开幕。作为内政部长，威廉·弗利克负责此次庆典——和前任们一样，他也请前艺术总监库尔特·比尔布拉赫（Kurt Biebrach）进行策划——此时雷德斯洛布已经离职，卧病在床。[187] 从现存的历史资料来看，此次庆典中的领袖依然是兴登堡而不是希特勒。[188] 此次庆典的结果，希特勒以其个人的独特魅力成为领袖继任者——这一点在两者握手时体现出来。戈培尔在日记中记录了这一刻：

> 伟大的波茨坦日将永远铭刻在历史中……短暂的静默让现实停止。简单又认真地，总统对国会和德国人民讲话。他的声音坚定镇静。他站立在我们中间，作为那个时代团结的代表。之后元首讲话。他的演讲刚强又带着引人入胜的紧迫。最后，我们所有人都被感染了……所有的人都站起来欢呼，向兴登堡将军致敬；而兴登堡则伸出手与年轻的总理握手。历史性的一刻。[189]

波茨坦日结束了共和国的国家演出；它同时还是第三帝国作为"民族意志集体"神话的基石。[190]

同时，戈培尔也从中受益匪浅。[191] 更重要的，从此开始希特勒走向了神坛，而民众的喝彩也不可或缺。[192]

第五节 结论

按照美国社会学家杰弗里·古德法布（Jeffrey Goldfarb）的观点，"现代国家，无论是专制还是民主，都要用艺术家和学者的创造力，给自己戴上文化的光环——这一点和旧日的君主无疑"。[193] 共和国一开始便利用"文化光环"建立道德权威，一方面通过立法规定文化道德，另一方面使用宪法来教育公民。到底成功与否值得讨论。本文的目的并不在于此，而是展示"文化权威"作为共和国的一项事业是如何同时包含着民主和极权的要素，以及为什么不能简单地将"民主"和"极权"的对立与魏玛共和国一般的政治两极分化联系在一起。公民教育，无论是国会中有关审查制度的辩论，还是大学中教授们有关好公民的说教，认为共和国只能从俾斯麦的国家中寻找合法性，或者是那些激励民族情感的大型演出，到 1930 年时，都成为文化权威/威权主义的一部分。这种矛盾心态，可以从托马斯·曼的例子中看到，他早年对共和国持怀疑态度，慢慢与共和国达成和解，而最终成为共和国的坚定支持者——而他本人不是不折不扣的文化保守派。共和国 10 周年庆典时，他接受了海德堡大学的邀请，另一方面与《帝国之旗》(*Das Reichsbanner*) 编辑通信时，他重申了自己"德意志浪漫主义的公民性"，并同时表示自己"不排除民主制"，而他要在其中"寻求浪漫群体向社会性社会主义的转变"。[194] 这种复杂情感的背后原因也异常复杂，应该单独进行讨论研究。[195] 在这一章中，我们看到"文化权威"只有在符合广大群众情感时才能建立。1929 年的乐观之后的三年中，祖国服务中心一直坚称魏玛共和国是民族的"有机发展"，[196] 然而另外一位极端保守的内政部长威廉·冯·盖尔（Wilhelm von Gayl）在宪法庆典日的国会演讲中，也谈到了"有机国家"的文化，认为宪法本应在"沉重又痛苦的 13 年中"达成这一目标，然而事实是宪法不仅没有团结民族精神，而是造成了分裂。[197] 共和国的文化权威本身的内在模糊性，在理解和运用上体现出来，但是 1932 年出现的方向转变——我们即将在最后一章看到——是不可避免的发展。

我们能得出的结论是，认为"文化权威"是魏玛共和国的另一项"失败"过于简化。共和国的民主建立在利益多元化上，这一点政府发言人无论党派一再强调。意识形态上的分歧并不是缺点，而是魏玛的实力——前提是这些分歧处于平衡中。[198] 历史学者期待在魏玛共和国中出现某些东西，而这些东西出现在希特勒的国家时却遭到他们强烈的谴责，却想在共和国中寻找这些因素，这无疑是误入歧途。1933 年后，国家的形象交给帝国文化部来负责，其任务之一是"让每日生活体现出德国文化"。[199] 但尽管纳粹将民族集体看作是文化动员，到了 30 年代中期这一项目也基本失败，而此时帝国闪耀的"审美商品"也失去了光环。[200]

第七章 反叛权威：容克县长

> 今日，各行各业的人都有着自己的德国。他们可以继续生活，忽视共和国的存在。[1]

第一节 引言

共和国的权威若是想正常实现，需要得到国家行政机构的支持。1918年，艾伯特呼吁所有公务员继续工作，希望他们意识到身上的责任，展现出对国家的热爱，而没有呼吁他们参加革命。如果没有他们的配合，无论是国家还是革命都会崩溃，混乱不断。正如我们在第二章看到的，政府作为国家的机器使得从帝国到共和国的过渡顺利，几乎没有中断。但是这并不意味着公务员们乐意看到这种变化——我们已经在司法系统中看到这一点。这种毫不费力的延续性或许可以在国家的社会学属性及权力施行者的自我意识中找到解释。1919年，德国社会学家马克斯·韦伯观察到，职业官僚是一个社会具有发达且理性秩序的标志。按照韦伯的说法，现代国家的权威存在于其日常运作和管理机构中。正如他的观察，是职业官僚表达且升华了政府的政策；是管理者将这些政策变为现实。因此，韦伯下结论认为，国家真正权力的使用者并不是首脑或者议会，而是公务员。[2]

如果考察魏玛共和国，其公务员队伍中对国家（至少）持怀疑态度者很多，那么按照韦伯的理论，这个民主国家中官僚扮演何种角色将是非常有趣的问题。按照常理判断，怀有敌意的官僚应该在共和国失败中扮演了消极角色。[3]比如，内政部国务卿阿诺尔德·布莱希特（Arnold Brecht），1933年流亡纽约，他谈到了官僚对共和国的"破坏"。布莱希特这里指的是国家机器中的高阶层官员。此外，普通管理部门往往被认为尤其反对共和国。社民党汉斯·西蒙斯博士，自 20 世纪 30 年代初开始担任什切青的州长，在 40 年代末期接受美国政治学家利斯贝思·曼西（Lysbeth Muncy）的采访时表示，他辖区内的所有县长都是"反动派"，他们利用每个机会反对共和国的决议。[4] 曼西的作品写于"二战"后不久，他同意布莱希特及西蒙斯的观点。后世有关这一主题的研究，都假设官僚系统对魏玛共和国存有敌意，甚至没有仔细考察忠诚与不忠诚的关系。[5] 举例而言，赫伯特·雅各布（Herbert Jacob）在研究共和国德国官僚的文章中，也记录了县长们都是"反动派"，而国家没有能清理这一阶层的官僚。"结果是"，雅各布写道，"反对共和国的公务员困扰着政府；共和国从来没有真正得到公务员们的忠诚。"[6] 德国历史学家和政治评论家克里斯蒂安·冯·克罗科夫（Christian von Krockow）在最近非常流行的书《注意，普鲁士！》（Beware of Prussia）中，描写了魏玛的公务员们都有着反叛的心态，导致了共和国的灭亡。[7]

尽管只有很少人反对这种根深蒂固反魏玛官僚系统的学说，事实远远比这些讨论复杂。正如简·卡普兰（Jane Caplan）观察到的，公务员和工人一样，是 1918/1919 年积极政治改革的先锋。她认为我们对公务员系统的看法，来自这些亲身经历者，直到今日依然影响着学术界。[8] 公认的关于公务员反对共和国的观点不过是笼统的断言，往往没有考虑到政策的变化以及德国官僚系统的多样性。比如，在 1920 年 3 月的卡普政变中，有些公务员支持政变者，还有许多表示支持共和国政府。[9] 当然，正如卡普兰的研究显示的那样，这并不足以否决官僚系统中存在的反共和国现象——这一点我们将在本章中看到。[10]

学术界对魏玛共和国的官僚的研究，大多数集中在国家级别的或是普鲁士邦柏林的少数高级官员的活动中，而没有关注地方高级官员以及"日常行政"公务员。[11] 本章将主要研究后者，特别是其中心人物：地区的县长（Landrat）。[12] 县长由政府委任，作为地区的管理者，监督当地政府，因此是共和国生活中的关键人物。[13] 与县议会共同工作，县长负责福利及救助在贫穷和失业者中的分配、公共事业的运作、道路及通信系统的维护、当地储蓄银行及贷款机构的信用，并且创造良好条件来保证当地企业发展。尽管县长处于行政管理的较低层，但是却在一个地区中处于最高位置，而且是省级政府和地方群众之间的纽带，因而有着巨大的政治影响力。[14] 虽然有着这样关键的地位，县长很少受学术界关注。有关县长的资料较少，除了一些早期研究普鲁士行政的参考，以及汉斯－卡尔·贝伦德（Hans-

Karl Behrend)从未出版的研究易北河以东各省的论文外,我们对县长知之甚少,而他作为一省内共和国的代理人,我们对他的日常活动一无所知。[15]

县长所在的行政级别,恰恰是韦伯的讨论中,将国家任务表达和翻译成为权力实践的官僚,[16] 这一点相当明显。但是如果真如曼西及一些人所说,县长们都是反动派,他们是如何上任并服务于共和国的?他们的态度和行为又怎样影响社会环境?毕竟,我们知道在普鲁士的东部省份,自1924年起对魏玛共和国权威的挑战最为严重,最终演变成1932年对纳粹党狂热的支持——很多地区纳粹党票数增长到50%以上。这个问题的解答是本章的核心。在简要论述共和国的行政结构中,我们将质疑曼西批判所有的县长都是反动派的说法;然后我们将简短探索县长的行政工作。最终,我们将仔细研究赫伯特·冯·俾斯麦①,一位"反叛"的县长;本章的最后部分,我们将回到韦伯的假说,即公务员不仅仅是国家权力的交易员,同时也是使用者。通过对县长以平凡的日常行为反对共和国的研究,我们能清晰看到共和国权力的界限。

第二节 共和国的基层行政

自从19世纪开始,随着国家职能不断增加且不断复杂化,德国政府的官僚机构也不断增加。"一战"后的欧洲国家中,魏玛德国毫无疑问有着最大且训练最好的公务员队伍。1928年,包括中央政府及17个州政府(包含萨尔兰州)在内,总共有1187925名公务员。普鲁士邦的官僚机构最为庞大——甚至比中央政府还多,有近50万名公务员。[17] 德国的官僚系统不是一个整体,而是高度分化:中央行政、州级行政及区域行政,而后者是人数最多的。比如,普鲁士邦中大约一半的公务员在区域行政机构中任职;当然,国家的机构也多种多样,从军队到司法,从邮政、电报到铁路,还有教师以及不断增加的福利机构。行政级别也相差较大:20世纪20年代,13个公务员级别反映且加强了社会多样性,每个级别都需要独特的资质,此外每个级别的薪酬也相差悬殊。[18]

承袭帝国体制,各州政府的行政结构没有改变,还是基于19世

---

① 赫伯特·冯·俾斯麦(Herbert von Bismarch,1884—1955年),普鲁士"铁血宰相"奥托·冯·俾斯麦之侄孙,德国政治家,他在1918—1931年间是雷根瓦尔德县长,1930—1933年间,是德国人民党(DNVP)的国会议员。——译者

纪中期改革的制度。我们知道，最大的州是普鲁士，分为 13 省，均有省长（Oberpräsendent）作为政治领导。每个省又分为 37 个行政区（Regierungsbezirke），其首领为区主席（普鲁士称为 Regierungspräsident，第二大的巴伐利亚称为 Bezirkshauptamtmann）。这些行政区又被分为更小的县（Kreise），是最底层的行政机构及政府。普鲁士有着最多的县（总共 423 个，1920 年 3 月由于领土变化时降到 403 个，1932 年改革后降到 352 个）。[19] 巴伐利亚有 156 个县，符腾堡有 61 个，巴登有 53 个，萨克森有 27 个，图林根只有 5 个（还有 10 座县级城市）。按照 1935 年通过的法律，各州的行政区域划分都向普鲁士邦靠拢，且官职也被统一。[20] 尽管在 20 世纪 30 年代中期的改革前，每个县及其管理者的职位的名称在每个州都不同，但其职责大同小异。[21]

普鲁士的县长一直深受保守主义影响。1918 年前，县长构成了威廉时代的政治和行政基石。尤其在普鲁士，19 世纪 80 年代的普特卡默（Puttkamer）改革创造了坚定的保守派官僚。克莱门斯·冯·德尔布吕克（Clemens von Delbrück）很有名的一句话曾形容县长们是"保守统治和自治的铁网"，是构成帝国的基础。[22] 本身这一级别的行政主要是普鲁士贵族独有的职位。[23] 实际上，1914 年前，贵族占了县长的很大部分，大约为 46%，到了 1916 年时达到了 54%。贵族的主导地位不足为奇，因为县长是"政治人民公仆"，因此由皇帝指定（1918 年后要由内政部长批准）。[24] 黎斯贝特·曼西（Lysbeth Muncy）认为通过县长一职，很多贵族，尤其是易北河以东的容克贵族，能够巩固其在波美拉尼亚、东普鲁士、勃兰登堡、西里西亚及萨克森的统治地位。[25] 容克贵族通过行政管理着地方生活，同时还保留了贵族的美德，且一般而言，容克贵族担任县长任期较长，他能够与辖区建立一种所有权的关系。1914 年以前，至少有一半以上的县长任职至少 8 年，五分之一任职 20 年以上。因而，在许多层面上这一体制促进了父母官作风，其遗留依然能在共和国看到，尽管 1918/1920 年、1924 年及 1932/1933 年县长人事大幅调整同时不可避免意味着任期缩减。[26]

对于野心勃勃的公务员，被指派为省中某个偏远地区的县长，实际上是政治生涯的开始。事实上，在帝国中有能力的县长经常会升职为政府顾问（Regierungsrat），然后升职为部长顾问（Ministerialrat），很有可能升职为省长（Regierungspräsent），甚至成为州长。比如石勒苏益格－荷尔斯泰因州长德特勒夫·冯·布洛（Detlev von Bülow）就是这样晋升的。而县长晋升成为更高级别的政府核心官员并非不可能：克里斯托弗·冯·蒂德曼（Christoph von Tiedemann）被称为俾斯麦的私人顾问；鲁道夫·冯·瓦伦蒂尼成为 1908 至 1918 年众议院院长；特奥巴登·冯·贝特曼－霍尔维格以及格奥尔格·米夏埃利斯①成为总理；托尔高民族主义的县长君特·格雷特（Günther Gereke）在失宠之前，短暂成为 1933 年希特勒内阁成员；鲁茨·什未林·科洛希克②伯爵在内阁中出任财政部长直到 1945 年，他的行政职务便是从助理县长开始，1920 年调任国家财政部，1932 年冯·帕彭的"男爵内阁"中，他担任财政部长，并在希特勒上台后继续任职。[27] 不是每位县长都能担任高官，且 1918 年之后这种可能性越来越小，因为高官一般出自政党高层。

雅各布认为，县级基层公务员对共和国态度较为负面。[28] 尽管 1918 年不是所有的县长都完全留任，但是政府起初也并未打算清洗这一阶层的公务员。按照当时的情况，为了避免政府崩溃，并迅速稳定局势，防止革命极端化，艾伯特呼吁所有帝国的公务员们不要放弃岗位。正如我们前面看到的，大多数公务员响应了这一号召，尽管有些地区的市长变动较大。[29] 比如，弗朗茨·科内尔森（Franz Cornelsen）的父亲于 1917 年担任易北河畔施塔德的县长，一直留任到 1932 年。[30] 但无论如何，尤其是在基层干部中，保守派帝国政治文化与新派之间互不相容。

这种对立可以从汉诺威附近的林登看到，革命后当地的县长面临着来自社会主义大联盟的压力。林登的社会主义者势力非常强大，1919 年县议会首次选举中这一特征非常明显。新选举出的议会中，社民党是主导力量，结果很快与保守派的县长罗斯曼（Rossmann）发生冲突——这位县长在过去的 15 年中代表了中产阶层及农场主的观念。社民党很快就对他发起一系列攻击，认为他是改革的最大障碍。最终尽管中产阶层举行抗议，他还是被解职。[31] 随着选举权不断替代了地方行政的旧秩序，和罗斯曼经历相同命运的人为数众多。许多县长自愿辞职，还有许多告病在家（不再复

---

① 格奥尔格·米夏埃利斯（Georg Michaelis，1857—1936 年），德国的法学家、政治家。第一次世界大战中的期间的德意志帝国第 6 任帝国宰相，在职仅 15 个星期（1917 年 7 月 14 日至 10 月 31 日）。他是第一个非贵族出身的首相。——译者

② 鲁茨·什未林·科洛希克（Lutz Schwerin von Krosigk，1887—1977 年），是一名德国法学家及政府官员，并于 1932 年至 1945 年出任德国财政部长。他是一名无党籍的中度保守派人士，总理弗朗茨·冯·帕彭于 1932 年任命他为财政部长。——译者

职),有时甚至直接宣布因为无法和社会主义者领导的议会合作而辞职。但大部分情况是,县长辞职是共和国支持者与保守派长期斗争失败的结果,比如上西里西亚的德特勒夫·冯·赖纳斯多夫-帕琴斯基(Detlev von Reinersdorff-Paczensky)及大瓦滕贝格①的滕钦(Tenczin)就是典型的例子。[32]

林登的例子非常典型,因为斗争的根源在于县长应该被指派还是应该靠选举。但不论是哪种方式,保守派都一定会感到失望,因为1918年后对社民党和自由派的支持在选民中大幅增加,尤其是在德国西部。由于革命后德国局势不稳,县长们的继任者一般只是临时性的,且只有代理地位(尤其是在莱茵兰及西里西亚)。在那些保守派占主导的县中,对普鲁士内政部的抱怨不断,认为其肆意妄为,破坏地方利益。而高阶公务员中有不少人支持抗议,并认为这种"非政治"的性质最终会被"政治化",因为部长有权力委任政治顺从的人选。[33]

传统主义者还有更大的麻烦:普鲁士社民党内政部长沃尔夫冈·海涅曾一度宣布,要改革县长任命制,将其变为由议会选举来使此职位民主化(林登是最好的教训)。[34] 自然,海涅的建议受到共和国支持者的欢迎,而公务员中的保守派对此意见很大。萨克森州长鲁道夫·冯·德尔·舒伦堡(Rudolf von der Schulenburg)也曾担任过县长,他写信给海涅指出,这一提议破坏了民政的结构。在冯·德尔·舒伦堡看来,这样的改革只能增加不稳定因素(尤其是在1918年!)。海涅选举县长的计划会极大改变权力的平衡,同时将导致县长的职位被国内没教养的人占领。

> 按照萨克森现在的情况,县长这一重要的职位未来只有很少人能胜任。萨克森的39个省中,社民党已成为16个地区议会的绝对多数派。在其他10个议会中只缺1至3票便能成为多数派。只有三分之一的议会,中产占多数。社民党的议员大多数不能代表知识分子,只能代表工人。[35]

舒伦堡试图阻止海涅发起的"寂静革命"是他的那个阶层非常典型的行为。

---

① Groß Wartenberg 是1816—1945年之间西里西亚的一个县。——译者

鉴于许多地方的共和派投诉，普鲁士新政府确实努力通过民主化改革公务员制度来解决行政阻力的问题。[36] 1919 年 2 月政府下令，让那些不可靠的公务员退休，其中包括部长的秘书及县长。[37] 老派的政客，包括冯·德尔·舒伦堡在内，很快被顺从共和国计划的人取代，这一从上而下的清洗很快就波及了县长们。几乎所有的省级首脑，以及"480 名县长的大部分"，按照胡贝尔的观察，被内政部撤职。[38] 不过不到一年后发生的卡普政变显示，这些人的继任者也不都是坚定的共和派。在这次政变后，88 位县长被解职，他们或者站在政变者一边，或者没有完全效忠共和国。[39] 1924 年的《公务员法》（Beamtengesetz）又引入了更大范围的改革。[40] 不过，改革行政管理的尝试，即靠指派法学家阶级（传统上他们组成了公务员的队伍）以外的人来改变公务员制度并使其民主化，有着自己的局限性。卡尔·塞弗林两度出任普鲁士内政部长（1920—1926 年及 1930—1932 年），引入所谓的"外来者"这一政策只是部分实现——这个事实与他的回忆录不符。[41] 新上任的县长们往往来自政党推荐。在易北河以东各省中，属于社民党派的县长，三分之二是"外来者"，在属于德国民主党派的县长中，这个比例是三分之一，所有其他与政党相关联的县长，都来自于传统的公务员队伍。[42]

无论如何，由于革命后五年中的种种变化，1918 年时任职县长的只有不到 10% 留任。[43] 1920 年被清洗的官员不都是容克，但是魏玛共和国结束时，县长中贵族的比例大幅下降。1918 年时，超过一半的县长是贵族，20 世纪 20 年代中期容克只占不到三分之一，到 1931 年时只有易北河东部还有容克县长，也只有区区 14 人而已——贵族的支配地位完全结束。[44] 尽管人数不多，曼西还是指责他们"容克傲气十足，专横跋扈，蔑视改革进程"。[45] 对曼西来说，这种蔑视足够明显，以至于从基础上破坏共和国的政策。[46] 我们即将看到，这样的情况确实偶尔发生，但是将其推广到所有县长身上实在夸大其词。

县长的政治观点以及其对共和国的态度，可以从 1919/1920 到 1933 年 4 月的六份调查报告草稿（一部分未标明日期）中得出结论。普鲁士政府内政部的新纳粹掌权者急需这一信息来确定基层官员是否可靠。[47] 此次调查详细记录了普鲁士大约四分之一在职官员的政治观点。除了 1933 年 4 月的最后一次调查中，很多县长已经由纳粹党员担任外，其余的数据显示，大多数县长持有"魏玛大联盟"——即社民党、民主党及中央党组成的联盟（后者主要集中在莱茵兰地区）——的政治观点。

这一调查结果与 1929 年恩斯特·汉堡格尔（Ernst Hamburger）对县长们的研究结果吻合：408 名县长中，一般都属于魏玛大联盟的政党，排在其后的是德国人民党，只有 17 人属于德国国家人民党，余下者没有党派。[48] 这两则文献以外，还有贝伦斯（Behrends）对易北河东的勃兰登堡、波美拉尼亚、东普鲁士及西普鲁士边区的 192 名县长调查，三分之一的县长来自社民党，四分之一属于德国民主党，13.4% 属于德国人民党，12.5% 与中央党有关。还有 17.3% 来自德国国家人民党，这些数字超过汉堡格尔的研究结果。[49]

对这些数据的深入研究，因为其不完整及不断变化或者隐蔽的政治倾向，而变得非常困难。比如，1933 年初，一些"无党派"县长忽然成为纳粹党。还有与汉堡隔易北河相望的哈尔堡地区县长冯·伯恩斯托夫（von Bernstorff）伯爵，以及吕根岛的县长戈特弗里德·冯·俾斯麦 – 勋豪森①，这两者对纳粹的忠诚是他们上任的原因（俾斯麦在 1932 年夏天冯·帕彭政府的清洗中上任，伯恩斯托夫在 1932 年 10 月至 1933 年 3 月间被任命）。此外，还有一些所谓的"无党派"县长很有可能倾向德国国家民主党或者德国人民党，并且保持忠诚。贝伦斯的研究还显示，即使在易北河以东的勃兰登堡、东普鲁士及西普鲁士、波森的容克对柏林政府的抵抗最大，属于魏玛大联盟的县长还是占了县长们中的大部分。而在德国西部，对共和国的支持更加明显，尤其是莱茵兰地区中央党县长占主导的地方。[50] 因此，曼西和雅各布形容的那种"反动派"县长并不普遍，大多数魏玛共和国的县长们都是受过专业训练、来自市民阶层的公务员（1930 年后者占到五分之四），他们支持共和国，因此并不像许多人假设的那样。另外的问题是，县长和共和国当局与当地群众之间的相互关系是怎样的。

我们在前面讨论过，柏林政府最关心的是不仅不能疏远公务员队伍，而且在从帝国过渡到共和国的过程中，要靠他们的帮助，从战争走向和平，从不稳定走向稳定；尽管政府用尽手段促成其民主化，但所任命的公务员并不一定是那些经受过传统法律训练的人——尽管传统不意味着保守。比如，贝伦斯研究易北河以东县长的情况，社民党县长中有三分之二、民主

---

① 戈特弗里德·冯·俾斯麦 – 勋豪森（Gottfried von Bismarck-Schönhausen，1901—1949 年），普鲁士"铁血宰相"奥托·冯·俾斯麦之孙，德国政治家。——译者

党中有三分之一是所谓的"外来者"（中央党、德国人民党和德国国家人民党的县长都是职业公务员）。[51] 我们上面也看到，普鲁士社民党内政部长沃尔夫冈·海涅也努力去除公务员的精英性，实际上是违反了1906年的法律——按照该法律公务员必须接受法律训练。海涅的继任者卡尔·塞弗林尽管在卡普政变后组织了彻底的清洗，但他此后对公务员较为宽松（但在1930—1932年的第二任期时态度较为严厉）；1926—1930年在任的阿尔伯特·格雷茨辛斯基采取了更加坚定虽然偶尔有些迂回的路线，撤销了所有令人生疑的县长，并且找政治可靠的外来者代替了他们。[52] 在这一系列的内政部长任期内，1906年的法律被修改，训练及录用条件被放宽，容许更多非传统训练的候选人走马上任。1922年的《共和国保护法》让政府有了对抗反在那些传统公务员队伍中发起的共和国活动的手段，因此他们必须积极主动地显示自己的忠诚。简·卡普兰也曾记录下这一法律如何导致了小型清洗，而实质上，前面提到的1919年普鲁士政令早已经给了内政部长权力，对那些不称职的官员进行停职处分。[53]

不过尽管有这一系列举措，沃尔夫冈·伦格（Wolfgang Runge）和卡普兰的调查显示，"外来者"很少被委派，而大多数岗位还是偏爱职业行政人员。[54] 此外，在某些情况下，比如符腾堡，人事政策保证了该州的行政保持较大的自由，并不需要改革政策，或者仅仅是进行了微小的改革，没有产生很大的影响。[55] 不过无论这些改革多么微小和有限，普鲁士基层干部的政治及社会构成，在共和国治内确实发生了改变。[56] 事实上，哪怕是什切青区这个一直被其行政首长认为是反动派老巢的地方，民主派的县长还是不少。

虽然进步很多，但是蔑视和质疑还是存在，尤其是在易北河东部的落后省份，虽然有革命和改革，那里容克的影响力依然巨大。[57] 现在我们将仔细研究这个地区。曼西的研究发现，容克县长实质上是机会主义者，他们随时愿意和共和国合作，只要共和国不伤害他们的利益。[58] 仔细审查就会发现，这种在政治及社会权力理解和实践中存在的机会主义穿破了国家的"外壳"，与共和国的权威针锋相对。尽管在共和国中这样的例子比较稀少，但是通常会导致超越辖区的政治后果。雷斯科的县长赫伯特·冯·俾斯麦的案例恰是如此，20世纪30年代初他与塞弗林的对峙在民族主义者中闹得满城风雨，也显示了魏玛共和国晚期政治中两大阵营的对峙。在讨论他的特别案例之前，我们将研究省级行政区划的含义，以方便理解他的行为。

第三节　行政省

20世纪20年代中期，德国人口大约有一半生活在乡村或中小城市——这些中小城市居民数量往往在两万以下。而且在以后的十年中，除了小规模的乡村向城市移民，情况基本没有太大变化。[59] 宏观而言，省区的社会似乎一成不变；其权力结构也较为清晰。[60] 某些地区土地拥有者成为领袖，尽管不见得明显；另外一些地区，当地的牧师（或者神父）及教师一般而言决定整个社区的道德标准。社区生活中自发的组织是非常重要的一部分；大多数城市都有"家乡协会"作为当地历史的保护者；较小的村庄基本都有射击协会，或者类似的组织，经常进行社区活动；社区的头面人物（男性）在更加体面的小酒馆里定期集会，讨论对当地较为重要的各种事物，当然流言蜚语也是重要话题。[61] 在权力混乱的时刻，省区成为稳定和安全的典范。事实上，1919年新选举出的国民大会选择相对安全的省区城镇魏玛作为开会地点而不是柏林，因为柏林有发生革命的危险。在各省区，革命政治基本不存在，此外，那些共和国大都会灯红酒绿和新鲜潮流的脉动，似乎刻意躲开了德国沉睡的省区。这种田园牧歌的景象，按照社会学家瓦伦丁·卢佩斯库（Valentin Lupescu）的说法，只存在于表面。实际上，省区生活表面上的平静背后，对峙一触即发。[62] 1914年以前这种对峙已经破坏了社区的团结。[63] 正如我们在第二章看到的，战争的压力更加让许多社会矛盾浮出水面，最终点燃了1918年革命的火药桶。[64] 即使在那些最小的城市和社区，工人和士兵也组织了委员会，颠覆了过去曾有的秩序。在农村尤其是易北河以东的地区，冲突还带有种族因素，农村工人（及农民）组织在一起并拿起了武器。[65] 从这一时期直到两年后，东部诸省成为政治和种族冲突的战场。自由军团和所谓的黑色军团进行的各种谋杀实际上远离城市，往往在小城镇，或在波美拉尼亚、梅克伦堡、萨克森和图林根的容克地产上，那里农村工人被动员起来，挑战传统的农场主和工厂主。[66]

学者们往往对省区每日生活中的文化分歧和政治矛盾闭口不谈，就像他们对城市中存在的这些冲突闭口不谈一样。确实，比如石勒苏益格－荷尔斯泰因的奥伊廷（大约有七千人口）这种小城市经常是民族主义者的大本营，他们往往反对共和国政治，当然这最终导致希特勒的胜利。不过这种情况，正如劳伦斯·斯托克斯（Lawrence Stokes）论述的，并非典型。[67] 共和国初期地方选举呈现的情况是，423个县中绝大多数支持社会主义大联盟。⁶⁸ 比如威悉河流域的小城霍尔茨明登，其经济和社会结构与奥伊廷类似，但却是坚定的社民党大本营，绍姆堡-利珀的斯塔德哈根也是如此。与林登及较小的不来梅州中半农村的社区类似，斯塔德哈根是共和主义的飞地，与绍姆堡-利珀其余的部分形成鲜明对比（1932 年，这里是首批坚决支持纳粹党的地区之一）。⁶⁹ 图林根的许多社区是坚定的左派，比如萨尔费尔德、格拉、索嫩贝格及松德尔斯豪森是独立社民党、社民党和共产党的大本营。甚至在保守派大本营，即易北河以东的偏僻地界，如果仔细研究会发现情况并非如此简单。比如，尽管东普鲁士以农业为主，小城镇占大多数，并且以保守派为主，在一些区县社民党是主导力量，几乎成为"全民党"（Volkspartei），其议会来自所有的社会阶层。因此，属于贡宾嫩①行政区十二个县之一的安格堡②，社民党党员名单包括两名自由农民、一位教师、两位工会雇员、一位木工、一位抹灰工、一位高级陶公、一名退休人员、一位移民和一位农村雇工；对比之下，德国国家人民党的议员基本都是有土地和财产者。⁷⁰ 贡宾嫩所有的十二个县加在一起，则左派/自由派占多数。（表 7.1）此外，在所谓的反动派大本营波美拉尼亚的什切青区，社民党 1919 年成为最强的党派（表 7.4）。我们即将看到，这些省将成为反对共和国民族主义者的基石，但是他们同时也有很强的自由派天主教信仰（在波森-西普鲁士，上西里西亚和下西里西亚），同时也有很多的社民党支持者（在下西里西亚、勃兰登堡、东普鲁士和波美拉尼亚）。⁷¹ 正是在这样复杂又相互矛盾的环境中，共和国和县长的权力时而一致，时而碰撞。

表 7.1　贡宾嫩地区的县议会政党席位分布图，1919 年

县	市民（无党派人士）	德国国家人民党	德国人民党	德国民主党	德国多数派社民党联盟	德国独立社民党	其他政党	总席数
安格堡	–	4	–	7	16	–	–	27
达克门	–	14	1	7	4	–	–	26
戈乌达普	–	19	3	2	4	–	–	28

---

①　德语：Gumbinnen，1945 年前属于德国东普鲁士，现属于俄罗斯加里宁格勒州。——译者

②　德语：Angerburg，现为波兰城市文戈热沃，在历史上曾属于条顿骑士团及东普鲁士，其名来自"鳗鱼"之意，"二战"后划归波兰，此地的德国人便纷纷离开。——译者

续表

县	市民（无党派人士）	德国国家人民党	德国人民党	德国民主党	德国多数派社民党联盟	德国独立社民党	其他政党	总席数
贡宾嫩	17	–	–	–	12	–	–	29
海德克鲁格	–	–	12	8	5	–	3[a]	28
福尔斯滕贝格	–	10	–	4	15	–	–	29
尼德隆	–	3	1	8	16	1	1[b]	30
奥莱茨科	16	–	–	–	6	2	–	24
皮尔卡伦	–	10	–	12	3	4	–	29
拉格尼茨	–	7	–	8	11	5	–	31
斯塔卢波嫩	–	6	6	7	8	1	–	28
蒂尔西特	–	7	–	6	9	2	4[c]	28
总数	33	80	23	69	109	15	8	337

[a] 立陶宛人。
[b] 波兰人。
[c] 3 位立陶宛人，1 位波兰人。
来源：Geheimes Staatsarchiv Preussischer Kulturbesitz Rep. 77/5695 (1919), Bl. 10–11, Der Reg. Präs. Gesch.Nr. I T. 7118 to M.d.I. 22 November 1919, Betrifft Parteipolitische Zusammensetzung der Kreistage.

1918 年，县长确实面临困境。他们是帝国治下平静和秩序的象征，然而因为革命而完全反转。他们对祖国的责任——即使不再为了皇帝——也要求他们必须坚守岗位，尽全力度过危机。20 世纪 20 年代初，反共和国的苗头才第一次在卡普政变中显示出来。普鲁士行政系统中，对君主主义者沃尔夫冈·卡普的同情相当普遍，在北德和东德的县长们中间，同情者尤其多（卡普本人是奥得河畔的法兰克福辖区内古本县的县长）。举例而言，贡宾嫩区[72]内所有的县长都被免职。只有奥莱茨科的县长，因为靠近波兰加上全民公投临近，才保住了职位。[瓦尔瑟（Walzer）为自己辩解，他认为自己只是服从了省长魏宁格和本区指挥官冯·埃斯托夫将军的命令。][73] 类似的，此次政变后，加尔德莱根、奥斯特贝格（马格德堡辖区）、比特费尔德、德利茨希、利本韦达、桑格豪森（梅泽堡辖区）、北豪森及施洛伊辛根（埃尔福特辖区）的县长全部被免职。[74]

尽管有很多人忠于卡普、吕特维兹和鲁登道夫，还有很多地区并不支持政变者。实际上，卡普政变暴露了县长的个人行为与辖区群众之间的分歧。卡普政变时，社民党和自由派的德国民主党联盟在贡宾嫩区占多数（337席中的178席），如果再加上独立社民党，那么左派/自由派占了总席位的57%，当然在更下层的议会中未必会有同样的比例（表7.1）。正式警觉的社会主义者和相关的公会发现了推翻共和国政府的阴谋，最终导致这一计划失败。例如，波美拉尼亚的一些地区，武装起来的农村工人占领了容克的地产，给昔日的主人带来了痛苦的回忆。[75]

我们在前面谈到过，卡普政变后，被免职的县长总共达到90人，而且主要集中在东部各省。[76]讽刺的是，卡普政变本来试图恢复容克的权力（同时还有皇帝），结果反而加速其灭亡。20世纪20年代末时，哪怕是在易北河以东的腹地，容克县长已经基本消失。[77]

*

在前文我们提到，基层行政机构的共和国化取得了一定成功。20世纪20年代后，为了防止地方行政机构被不良的政治倾向撒下种子，更多措施开始实行。整个20年代中，公务员不断接受培训，其内容包括市政学、宪法和民主，政府尝试向公务员灌输共和国道德观。[78]无论如何，还有少数的政府官员就是无法割断他们在情感上对帝国的忠诚，与共和国理性和解。尽管不会公开反对共和国，"他们也不会改变自己根深蒂固的政治观念。（对共和国的）忠诚不过是空洞的形式"，历史学家汉斯·芬斯克（Hans Fenske）这样评论道。[79]1926年，他们的这种三心二意被尤里乌斯·雷贝尔（Julius Leber）准确地捕捉到了：

> "忠于宪法。"这个字眼被很多公务员当作借口。他们不会做宪法中明确禁止的事。但是他们暗中破坏宪法，为君主主义者摇旗呐喊，宣布他们支持帝国旗帜的颜色（黑—白—红），并诅咒民主和议会。[80]

这种"反叛"共和国的态度到底在20年代的进程中，在县长们中间有多普遍，恐怕难以确定。很稀少的资料反映了县长们低程度的反叛行为（以及一些其他非政治性的不正当行为）。⁸¹ 这些例子，尽管数量不多，还是让我们看到县长们每日工作中的"反叛"态度。本章剩下的部分，将尝试用一个具体的例子，来衡量这种权力的较量，而这个例子中雷根斯瓦尔德的县长恰恰符合尤里乌斯·雷贝尔的描述。尽管这种平凡小事单个看起来微不足道，似乎不值得从历史角度研究，但若将这些小事放在一起考虑，并且考虑到县长也参与其中，就对魏玛晚期政治产生了更大的影响。

第四节　反叛权力："王室的县长"

亨利希·曼观察到，1918年后有许多社会群体建立了他们自己版本的"德国"，此种反对共和国的行为在东普鲁士和波美拉尼亚的偏远地区尤其常见。⁸² 直到1938年以前，雷根瓦尔德一直属于波美拉尼亚邦什切青下属的12个辖区之一，此后被转移到科沙林管辖；这个小县紧邻波罗的海。1945年后，这里成为波兰的领土。该县土地共有1191平方公里，总人口不足五万，共有四座小城（最大的小城是普沃蒂，1939年时有3646人），还有超过100个平均约200~300人的村落（最小的村有77人，最大的有大约800人）；行政中心位于拉贝兹①。

波美拉尼亚邦的这一地区主要受古老容克贵族的控制，他们的地产一般在600至1000公顷之间（相当于1482.6至2471英亩，有些甚至超过了3000英亩），最大的家族是布洛克斯家族（Borckes）、冯·克罗科夫家族（von Krockows）、冯·塔登家族（von Thaddens），普特卡默家族（Puttkamers）、什未林家族（Schwerins）及俾斯麦家族，他们彼此之间大多还有姻亲关系。⁸³ 波美拉尼亚里这些强大的家族统治着大约180万人，大多数比较贫穷，分散居住在众多村落。人口中大约有一半参加劳动，当地的首要产业是农业（41.2%），然后是工业及手工业（23.5%）。⁸⁴ 雷根瓦尔德的情况与此类似。和当地大多数地区一样，这个县属于保守派，不过也有很强大的社民党——毕竟参加工作的人口中有一半是工人阶层。

雷根瓦尔德的农业也是这个地区的典型：土地贫瘠难耕种，主要种植

---

① 德语：Labes，今日波兰的沃贝兹（Łobez）。——译者

谷物、土豆和甜菜。[85] 大农场属于资本密集型，20世纪20年代中期时负债累累，主要原因是农作物价格下降和运输费用高涨。海德堡大学的经济学者们做过研究，认为300英亩的土地平均负债4万马克——大约相当于其价值的53%，且这样的农场利润微薄，因为负债受到严重威胁。[86]

在选举中，特别是区域性的选举（表7.2及7.3），盟友经常变化，不过仅限于政治派别之内而不是之间。举例来说，1929年是保守派议员为了"非政治性"的提名而竞选，但是事实是同一位议员还在德国国家人民党和德国人民党的旗帜下参选，正如我们在表7.4中看到的。事实上，整个地区是保守派的堡垒，德国国家人民党及其"非政治的"民间团体在当地议会中占多数优势。[87] 什切青地区的县长队伍较为稳定，1927年左右更换三人［安克拉姆（Anklam）、乌埃克尔明德（Ueckermunde）和乌瑟多姆（Usedom）］，1931年末更换三人［格莱芬哈根（Greifenhagen）、诺沃加德（Naugard）及雷根瓦尔德（Regenwalde）］，1932年秋又更换三人（安克拉姆、格莱芬哈根和乌瑟多姆）。[88] 所有这些任免都与县长的政治倾向或行为有关。我们即将看到，1927年及1931年的变化，导致许多县长担心自己的乌纱帽不保。连继任者（除一人以外）也因为冯·帕彭政府的政治清洗而被撤换。1933年4月以后，有关县长人选的变化已经无据可考。总的来说，这三次清洗影响了三个县；此外，我们比较确定地说，剩下的6名县长基本反映了当地的政治倾向。

表7.2 波美拉尼亚州议会选举，1919—1933年

党派	1919	1921	1924	1938	1932	1933
	77.0	79.8	80.5	77.5	82.4	86.9
	百分比（%）					
纳粹党	–	–	4.2	1.5	44.7	55.9
德国国家人民党	26.6	43.5	49.0	41.5	17.2	17.1
经济党	–	2.1	2.4	4.9	0.8	–
德国人民党	10.2	14.1	6.4	5.5	1.1	0.6
德国中央党	0.6	0.7	0.9	1.0	1.2	1.1
德国民主党	19.2	–	3.7	3.9	1.5	0.4
德国社民党	41.9	29.3	24.6	30.2	23.6	16.3
德国独立社民党	1.4	4.6	–	–	–	–

续表

党派	1919	1921	1924	1938	1932	1933
	77.0	79.8	80.5	77.5	82.4	86.9
	百分比（%）					
德国共产党	–	3.2	5.8	6.1	7.7	7.5
其他政党	–	–	2.6	5.1	2.5	0.9

来源：http://www.gonschior.de/weimar/Preussen/Pommern/Uebersicht_LTW.html

表 7.3　波美拉尼亚州议会政党席位分布图，1925—1933 年

	纳粹党	德国国家人民党	德国人民党	德国民主党	德国社民党	德国共产党	德国工人党	其他政党[1]	席位总数
1925	–	37	5	3	20	4	3	4	76
1929	4	31	4	3	24	5	4	–	75
1933	44	14	–	–	13	4	–	–	75

[1] 人民正义党，3 席。

来源：http://www.gonschior.de/weimar/Preussen/Pommern/Uebersicht_PLW.html

表 7.4　什切青地区县议会政党席位分布图，1929 年

	纳粹党	市民（无党派人士）[1]	德国国家人民党	德国人民党	经济党	德国民主党	德国社民党	德国共产党	其他政党	席位总数
安克拉姆	2	–	7	2	–	1	9	1	–	22
卡明	2	–	12	1	1	1	5	1	1[a]	24
代明	–	–	11	2	1	–	8	1	1[b]	24
格赖芬贝格	–	13	–	–	–	–	5	1	4[ca]	23
格赖芬哈根	–	–	–	–	[无数据][2]	–	–	–	–	–
诺沃加德	–	–	13	–	1	–	5	1	5[a]	25

续表

	纳粹党	市民（无党派人士）[1]	德国国家人民党	德国人民党	经济党	德国民主党	德国社民党	德国共产党	其他政党	席位总数
皮利茨	4	–	9	–	–	–	6	1	4[d]	24
兰多	1	–	5	2	3	1	11	3	4[d]	30
雷根瓦尔德	–	17	–	–	–	1	7	–	–	25
萨兹科	1	–	13	2	–	1	4	–	2[b]	23
乌埃克尔明德	1	6	–	–	4	1	9	3	1[e]	25
乌瑟多姆-沃林	2	–	4	1	2	–	8	1	8[f]	26
总数	13	36	74	10	12	6	77	13	30	271
[1919	–	90	102	14	–	29	83	7	10[3]	335]

[1] 市民工作联合会。
[2] 1919 年的选举结果是：德国国家人民党 12 席；德国人民党 5 席；德国民主党 4 席；社民党多数大联盟 8 席。
[3] 1919 年的独立社民党。
[a] 地方利益党。
[b] 波兰人。
[c] 情况不明。
[d] 基督教保守派。
[e] 中产阶级。
[f] 右翼各派。

来源：Geheimes Staatsarchiv Preussischer Kulturbesitz Rep. 77/4087 (1929), Bl. 25–7, Reg.Präs. Pr. IVc 3327 II, 9 December 1929, Bl. 29.

*

雷根瓦尔德反映了什切青区甚至是波美拉尼亚的复杂政治现实（表7.5）。整个 20 世纪 20 年代直到 1932 年 7 月，德国国家人民党在选票上占绝对优势，1924 年 12 月的国会选举中达到 65%。哪怕是 1932 年 7 月或

1933 年 3 月势如破竹的纳粹党，也没能超过德国国家人民党。社民党的支持率曾在 1921 年时达到其最高峰的 27%（这一点和全德国的趋势正好相反，1928 年社民党组建政府时只得到少于 25% 的选票）。[89] 在地方议会中，民族主义者占大多数。

表 7.5　雷根瓦尔德县议会中的政党，1919—1933 年

	市民（无党派人士）	德国国家人民党	德国人民党	德国民主党	德国社民党	德国独立民主党	战斗前线	席位总数
1919	18	–	–	3	8	–	–	29
1921	–	13	2	1	6	1	–	23
1925	18	–	–	2	5	–	–	25
1929	17	–	–	1	7	–	–	25
1933	16	–	–	–	2	–	7	25

来源：Collated from Geheimes Staatsarchiv Preussischer Kulturbesitz Rep. 77/5695 (1919), 77/5696 (1925), 77/4087 (1929), 77/5698 (1933).

在这种保守派的背景下，1918 年 10 月中旬，雷根瓦尔德的县长死于流感后，铁血宰相的侄孙赫伯特·冯·俾斯麦以全票当选成为县长，也就不足为奇了。[90]

俾斯麦此时不到 29 岁，11 月末他的试用期开始了；第二年 8 月他被正式任命，并宣誓效忠共和国。[91] 他的誓言或许只是口头承诺，而 1912 年他对皇帝的宣誓恐怕才是深入内心。我们即将看到，赫伯特·冯·俾斯麦因多次违规，引起柏林中央政府的注意，这似乎是他以自己帝国县长的身份在挑战共和国的权威。他一直担任县长到 1931 年 3 月，他极端民族主义的行为与柏林政府直接冲突。作为钢盔前线成员，他后来又加入了哈茨堡前线，1930 年秋他公开参与反对奥托·布劳恩（Otto Braun）普鲁士政府的活动，这导致他 1931 年被停职——同时也导致当地地主［包括其堂兄冯·俾斯麦－奥斯滕（von Bismarck-Osten）伯爵］抗议，即使连他的上级、德国人民党的卡尔·冯·哈尔芬（Carl von Halfern，1930—1933 年任职）表示支持也无济于事。[92] 在被停职后，他兼任帝国青年联盟（德国国家人民党的青年组织）俾斯麦团（成员大约四万两千人）团长，[93] 同时还是国会议员，曾为轰动一时的事件；后来他还短暂被冯·施莱谢尔（von

Schleicher）任命为普鲁士内政部干事；4月，戈林命令其停职，1933年6月正式被辞退。[94] 他和家人回到了波美拉尼亚的地产，"二战"爆发后搬到了柏林－利希特费尔德。在战争的最后岁月里，作为少校军衔，俾斯麦再次回到了雷根瓦尔德出任代理县长，在苏联军队逼近时逃跑。[95]

1884年8月29日，俾斯麦出生在什切青，他的父亲是俾斯麦伯爵菲利普（Philip Count Bismarck），母亲名叫赫德维希（Hedwid，来自冯·哈涅尔家族）；他在克奈普霍夫（诺沃加德辖区）和拉斯贝克（雷根瓦尔德辖区）的家族庄园中长大。作为"铁血宰相"俾斯麦的侄孙，他也与普特卡默家族有亲戚关系。1912年，他娶了玛丽亚·克莱斯特－雷茨奥夫（Maria Kleist-Retzow，父亲曾是贝尔加德县长），两人共有八个孩子（排行第六的儿子赫伯特去世），一家人生活在波罗的海岸科尔贝格①附近拉斯贝克和亨肯哈根的家族庄园里。[96] 俾斯麦家族是易北河东北最传统的容克。他曾在什切青的威廉国王中学就读，是个刻苦又聪明的学生，而且还是位优秀的运动员，1903年毕业时成绩优异。中学毕业后，他曾在慕尼黑大学、洛桑大学和柏林大学先后学习法律、法律史、法医、文学及外交史，最后于1906年回到波美拉尼亚的格赖夫斯瓦尔德大学撰写论文。和许多法律学生一样，加上家族传统，俾斯麦成为公务员，1911年11月参加国家考试，并于第二年1月获得政府助理的职称。这些年中，他进步非常明显，有高效管理的天赋，所有临时的任务也都出色完成。[97] 他的天分加上在当地的影响力，在雷根瓦尔德的县长一职空缺时，让俾斯麦成为不二之选。[98]

俾斯麦是一位实用主义者，但是很快人们便发现他不是理性共和派，不过这对于接受帝国教育的人而言并非新奇。"一战"期间他在总指挥部担任文职，战后他依然保留军衔。作为贵族，他偏向保守主义在改天换地后的共和国内依然继续，这很快让他和当地的农村工人协会陷入斗争中，特别是在卡普政变中，他似乎有些摇摆不定，但是因为没有过错而逃过了惩罚。[99] 作为容克精英子弟，他在农场主中非常受欢迎（也和当地商界关系良好）；什切青的区长赫嫩（Höhnen）博士也非常器重他，认为这位新任县长有着优秀的社交能力，而且对关键行政任务有着精准的把握——尤其是财政方面。此外最重要的，俾斯麦是位可靠的公务员。因而，俾斯麦受到省长尤里乌斯·李普曼（Julius Lippmann）的信任，1925年他被升职为

---

① 德语：Kolberg，今日为波兰西北部城市科沃布热格（Kołobrzeg）。——译者

高级政府顾问，而且薪金也大幅增加。[100]

*

不过一切远远不止如此，柏林政府也注意到了俾斯麦，不过是因为对他在日常行政中的失误进行的投诉。例如，俾斯麦的办公室一直使用战前帝国的邮票及信头（雷根瓦尔德县帝国县长），而这时共和国已经建立了8年。而且，每封信的信头部分还"被印得很大，非常显眼"。[101] 俾斯麦推卸责任，解释这一切都是老助理（任职18年）的失误。但是他却下令，出于节省原因接着使用这些办公用品：县政府还有许多带有帝国鹰徽的纸张和信封，本着节俭的原则俾斯麦下令首先要用完这些办公纸张，并声称他要求在这些符号上打上叉号再使用（显然这点没有执行）。[102]

此外，俾斯麦与共和国的符号象征也难以共处。在公众假日时，他依然在政府机关悬挂帝国旗帜（1922年这些旗帜已经被废除），而没有悬挂共和国的黑—红—金三色旗——1921年已经被正式确立为国旗，这种情况在易北河诸省中非常普遍。共和国旗不仅仅是柏林政府的象征，同时还是共和国权威的象征。[103] 正如一则官方文献中指出的："国家的统一，对国家的忠诚，要在庄严展示的宪法指定黑—红—金三色旗中展现出来。"[104] 此外，法律规定政府公务员必须主动显示出对共和国的支持，保护其标志。[105]

在一系列的事件中，俾斯麦作为政府官员没有能够确保共和国的标志得到庄严展现。比如1926年8月1日举行的战争纪念日，拉贝兹的县政府大楼挂出了一面巨大（按照投诉者的形容，大得不成比例）的帝国旗帜。出差的俾斯麦回到县城时，发现不仅仅是政府，连所有私人家庭也都悬挂了帝国旗帜。他对内政部解释说，帝国旗帜是他手下官员的儿子错误地挂上去的。结果他在报告中称共和国的旗帜为"黑—红—黄"，又惹了麻烦。当然，后来他为此道歉。俾斯麦在共和国中期逃过清洗，主要是由于保守主义的什切青区长利奥波德·赫嫩（Leopold Höhnen）以及德国民主党的省长李普曼的支持。[106]

李普曼在写给内政部的报告中，指出用"黄色"代替金色正是那些"共和国的敌对势力表示拒绝共和国国旗及其权威时使用的字眼"。俾斯麦使用这样的字眼，"是缺乏政治觉悟的体现"。[107] 不过李普曼认为俾斯麦对国家的贡献以及对共和国的忠诚，不应该因为这样的"错误"而被质疑。

李普曼对俾斯麦模棱两可的态度，显示出了他本人的判断失误，同时也表现出他对共和国权威的"背叛行为"相对松懈。[108] 时任普鲁士内政部长的塞弗林也认为对俾斯麦的其中一则指控情况难以确定因此没有作出决定：俾斯麦在拉贝兹的战争纪念中，强调了对将士们的纪念而不是反思，似乎暗示着对战争的庆祝而非反省。[109] 此外，县议会则对俾斯麦表示全力支持，对所有这些议论表示惊讶。实际上，县议会认为"在当地将共和国旗称作黑—红—黄并不是侮辱"。[110]

他的行为被解读为判断失误，因而只能说是轻微越界，不是背叛行为。当然，俾斯麦的行为若是综合来看，确实是对共和国权威的挑战。大多数情况下，这些反叛行为往往发生在日常行为中，而他本人与当地的"王朝主义分子"也有说不清的联系，更何况他还和罗斯巴赫蒂自由军团有关。[111] 他的行为在20年代中期的环境中——当时共和国正面临着国旗之争，右翼又煽动群众反对《洛迦诺条约》，同时加上没收贵族地产——有了不同的解读，特别是俾斯麦并不是唯一一个有此类侮辱共和国行为的人。

阴云笼罩了安克拉姆县——什切青辖区内社民党占多数的县——县长的忠诚。冯·罗森施蒂尔（von Rosenstiel）县长任职已经非常久（1908年上任），经历了战火、革命和改革。他是当地社民党的眼中钉，他们投诉他在众多场合下显示出反共和国的态度和行为，但是调查却没有找到任何他的失误。1927年有关旗帜的事件导致一轮新的针对县长的攻击。这一次，尽管保守派支持者抗议不断，他被调离至施特拉尔松德，他的职位由民主党人菲利普斯伯恩（Philippsborn）接替。[112] 与此同时发生的，是汉诺威附近的明登县长在参加了帝国旗帜飘扬的集会后，拒绝参加类似的共和国集会。[113] 实际上，在地方性的节日或文化庆祝中，对共和国的蔑视行为经常出现，尤其是那些射击协会或者民族主义者老兵联盟（如钢盔前线）组织的活动。作为地方要员，县长经常是这些组织的荣誉会员，因而参加这类活动也属正常。但是这类活动往往很快成为反共和国集会，活动上帝国旗帜飘扬、准军事组织列队游行以及反民主歌曲大合唱。[114] 作为国家的公务员，县长任何时候都应该主动维护共和国，尤其是在1922年的《共和国保护法》实行后。诚然，一位县长一方面要兑现对国家的义务，另一方面他也是恢复失地运动文化的一员，因此经常会陷入两难境地；不过我们这里举的例子并不是这种情况。[115]

20世纪20年代末，县长——包括俾斯麦在内——的过失变得越来越明目张胆。因为他的行为以及在维护共和国方面的不作为,雷根瓦尔德当地的反共和国情绪高涨,正如我们在前面到处悬挂帝国旗帜的例子中看到的。还有一点,便是他的行为可能是种精心的算计,增加个人在当地的威信——以损失共和国的威信为代价。[116] 因为只要不出现直接蔑视共和国的行为,县长便可以受到地区主席及中右翼德国人民党卡尔·冯·哈尔芬的保护。但是 1930 年情况发生了变化:俾斯麦联合周边的格莱芬哈根和诺沃加德县长没有响应官方号召,对钢盔前线及德国国家人民党要求普鲁士领导人奥托·布劳恩辞职而全民公投的动议作出回应。[117] 此前俾斯麦已经被举报政治倾向不正确,因为据说他在 8 月的宪法日庆祝上,对兴登堡和祖国表示敬意,而在讲话中几乎没有提到宪法,而是谈到了法国从莱茵兰撤军。[118] 在被问及有关哈尔茨堡前线要求普鲁士政府下台举行全民公决的事件时,俾斯麦首先声称自己没有收到政府反公投的签名请愿,但是这一理由被他的上司拒绝,因此他第一次面临叛国行为的指控(Landesverrätische Handlungen)。[119] 还在任职时,他全然不顾所有的指责,全力支持钢盔前线和德国国家人民党的公投要求。1931 年 3 月 13 日在一个人数众多的集会上,他发表了激烈的演说,号召人们警惕柏林的中左翼政府,他认为这个政府是"反民族"的。实际上,演讲台上的横幅已经表明了他演讲的主题:"打倒普鲁士的红色政府"(30 年代初,赫尔曼·穆勒政府、由社民党主导的大联盟倒台后,普鲁士省成为共和国的最后保障)。[120] 新上任的普鲁士内政部长卡尔·塞弗林迅速响应,下令立即撤销俾斯麦的职务:

> 如此缺乏公务员的觉悟,特别是作为一名官员,事实清楚,这位县长不能再担任现有职务。[121]

3 月末俾斯麦按时被停职,接替他的是一位来自什切青区长办公室的职业公务员。不过停职并没有能唬住他和他的政治伙伴们继续反政府行动。实际上,他觉得自己如释重负,不必再遵守效忠政府的誓言。[122]

他被撤职催化了对易北河东部及民族右翼的动员。自然,雷根瓦尔德县议会的民族主义成员谴责这一"不公正"的撤职,并通过宣言表示"一致"支持他。[123] 一份地方报纸《格赖芬贝格人地方报》(*Greifenberger Kreisblatt*)于 3 月 28 日刊登头版头条文章:《塞弗林的恐怖主义行动》

（Severing's Terror Act）。《十字报》及《波美拉尼亚日报》（*Pommersche Tagespost*）也加入了这一行列，前者认为俾斯麦是道德败坏的"塞弗林系统"的受害者，并且认为此次撤职是"行将灭亡体制的复仇"。[124] 实际上，免职前俾斯麦一直被柏林政府纵容，后者曾表示对雷根瓦尔德县长的信任。信任破裂，后果惨重。塞弗林的左膀右臂威廉·阿贝格（Wilhelm Abegg）博士，一位职业公务员同时也是民主派，在1933年1月接受采访时认为这次撤职有道理，尤其是当普鲁士的未来和民主的未来同时受到威胁的时候："（1918起）没有一次新的任命像这一次一样，显示出（忠诚）路线的变化，没有任何一个人这样直接地挑战还在统治的普鲁士政府"。[125]

如果说阿贝格的陈述反映着政府的观点，那么波美拉尼亚地方报纸的报道或许表明了俾斯麦的心意。1931年6月《格赖芬贝格人地方报》发表了俾斯麦在民族主义者重镇格赖芬贝格的演讲：《为普鲁士奋斗》（'Our Struggle for Prussia'），其中这位被停职的县长列举了一系列1918年以来的共和国错误。俾斯麦在这篇文章中还对自己的行为进行了解释，他认为共和国没有证据证明自己有罪。

> 有人指责我对国家的忠诚发生了变化，因为我做了12年官员。这不是真的。我从来没有改变过自己的态度。当我从战场回来，看到兴登堡听候新统治者的发落，我那时候认为至少出现了恢复秩序的可能，而我愿意为此效劳。我从未向上级隐瞒过自己的观点。但是我（对秩序）的幻想破灭了。[126]

该报报道，俾斯麦的演讲换来了雷鸣般的掌声，这次集会以群情激昂演唱《德意志之歌》结束，大会主席号召在场的所有人"去为祖国奉献一切吧"。

俾斯麦在所有争取全民公投的演讲中，特别强调1918年后德国政治失去了自己的特性。党派政治导致国家和被选举者分裂，普通公民不知道权威在哪里。他也对"国家反对派"这个概念感到忧虑，同时俾斯麦认为反对派之所以变得必不可缺，原因是共和国是社会主义者（古斯塔夫·鲍尔）联合天主教徒（马蒂亚斯·埃尔茨贝格）的邪恶联盟，他们伙同《凡尔赛和约》中德国的敌人迫害国家。共和国所有的一切都是错误：民族主义者的政治谋杀被司法系统追查，莱茵兰的分裂分子却逍遥法外；政治上的营私舞弊腐败了公务员；施特雷泽曼的外交政策尽管出于好意，但是误入歧途；东部援助远远不足，而整个易北河东部又被那些大都市的报纸诽谤抹黑；上面提到的海德堡调查由一群"社民党教授"发起，他们呼吁解散庄园，破坏波美拉尼亚家乡。只有由他和他的政党（德国国家人民党）来推翻这些政治，发动"全民运动来推行全民政策"，才能为民主争取复兴。[127] 3 月 25 日，德国国家人民党在科隆举行拉票会，他呼吁"结束普鲁士的红色统治"。[128] 对俾斯麦而言，发起全民公投反对普鲁士政府，正是政治重生的开始。[129] 毕竟，"工人阶级政府的目的，……是对民族自由运动的破坏，这一点在普鲁士显而易见"。[130] 因此重新夺回普鲁士、夺回国家是当务之急。钢盔前线首领弗朗茨·塞尔特（Franz Seldte）说过："谁拥有普鲁士，谁就拥有国家。"[131] 塞尔特似乎还应该加上"谁赢得了普鲁士诸省，谁就赢得了普鲁士"。出于这一原因，前一年 8 月，俾斯麦宣布自己参加普鲁士州议会的选举。[132] 但即使在雷根瓦尔德，德国国家人民党占绝对优势的地方，并且俾斯麦的权威似乎不容置疑，纳粹党依旧成功地取代旧制度精英，1932 年赢得了议会和国会选举。在这个过程中，这位反抗共和国的前县长以及许多公务员的命运尘埃落定——尽管他们也偏向极权。

第五节　结论

　　1932 年夏末，俾斯麦担任普鲁士内政部干事，他的前任威廉·阿贝格受冯·帕彭政府清除自由派和社民党基层官员政策牵连而被撤职。这一年的 10 月，普鲁士西部 53 位自由派县长被撤职（这一人事变动同时还伴随着将 352 个县中的 111 个合并成 53 个行政区划）。[133] 但保守派的控制在 1933 年 3 月被纳粹党完全摧毁。[134] 按照普鲁士州政府阿诺尔德·布莱希特的说法，1933 年后总共 1663 名高级政府官员中，有三分之一被撤职。[135] 随着纳粹上台，俾斯麦的公务员生涯结束了。但是第三帝国的多方共管，意味着在地区层面上，纳粹党的区主席和纳粹党的政治主席经常干预县长的工作，虚弱了其权力。[136]

　　实际上，第三帝国中"外来者"在基层行政机构中的人数，远远多于共和国时期。曼西指出这是一种巨大的讽刺，尤其是纳粹党在 1933 年上台前宣称要"恢复专业公务员队伍"。[137] 若是俾斯麦痛恨共和国治下的行政秩序，那么第三帝国时，考虑到基层干部充斥着纳粹党，大大限制了县长的回旋余地，这种痛恨绝不会减轻。[138] 但是 20 世纪 30 年代中期人们意识到这一点时，一切已经太晚了。1932/1933 年，俾斯麦一类人物对权威的想法，还是传统的继承和领导。但是我们即将在下面一章看到，那些为 1918 年强力权威消逝而哀悼的保守派们，此时注视着他们爱戴的领袖——不过他们并不知道他是谁。

第八章　徘徊在民主与独裁间的权威

> 共和国何去何从？它自己也不知道。它甚至不知道自己是不是民主的。[1]
> 从民主通向独裁有一座桥，但不是从自由主义出发。[2]
> 这群无能的浪漫主义者生活在虚构的过往中。他们希望有一日大救星会回来，把他仁慈（但是有力）的脚跟踩在唠唠叨叨议员们的脖子上。[3]

第一节　引言

正如我们在前面数章中看到的，权威的问题是魏玛共和国合法性的基础，不论是经济、外交、文化还是司法，这种权威都受到挑战。然而权威问题最明显的领域，当然是有关政体本身的激烈争论。宽泛地说，在共和国内存在着三种互相关联的政治设想：民主权威、威权民主以及独裁。这三者之间的关系是本章的焦点。我们先短暂讨论三种设想在"一战"中的根源，特别引用雨果·普罗伊斯、马克斯·韦伯及卡尔·施米特的原文，然后讨论魏玛宪法中有关权力和权威的条款。在其中，"宪法架构内独裁的理念"是将共和国从民主权威转变为威权民主的关键因素。本章的最后一部分将研究在高层政治转向极权政府时，越来越多的年轻人追求"强力领导人"或者"独裁者"，来解决被指控陷入政党纷争中而毫无能力的政府。这些年轻人最终被煽动起来，成为1933年后希特勒独裁的基础。[4]

第二节　权威激辩

魏玛共和国中各种对权力的不同解读，其根源在于"一战"中的争论；看看雨果·普罗伊斯、马克斯·韦伯及卡尔·施米特的作品便能体会这一点，而他们正是政治理念的缔造者。[5] 共和国内，各政党对权力的定义完全不同。对于自由主义者，比如马克斯·韦伯和弗里德里希·迈内克而言，一个共和制的权威政府应该以精英民主（Führerdemokratie）为基础，即议会制为基础、由精英领导的国家。[6] 这个理念的源起来自于被压制的1848年法兰克福议会，其成员是德国社会和政治的自由派精英。

1917年夏，韦伯在《法兰克福报》发表一系列文章，介绍了他的政治权威理念——此时，军方与政府之间的权力关系陷入危机。[7] 和许多民族主义自由派一样，他批判俾斯麦式的国家，认为这样的国家阻碍民族发展。国会被排除在主动决策之外，因为不用负责任而成为"清谈场"和政治大看台。这种统治系统无法培养有责任感的政治领导人来胜任民主政治中的事实权责。[8] 在其他的文章中，韦伯继续发展了他对这种权力的构成的想法，指出了它的三个主要来源：功能、传统以及魅力。[9] 20世纪20年代，这一理论也吸引了德国人民党不少党员，甚至还有更民族主义的德国国家人民党议员[10]——尽管他们的政治格言完全不同——代表者比如维斯塔普伯爵瓦尔特；实际上，1927年德国国家人民党制定的宪法改革计划中，就带有这种政治思想；这一计划准备减弱党派基础上大众民主的影响，该党呼吁"给总统更多的权力"。[11]

对于德国政治主流中的左翼而言，1918年旧秩序的覆灭，代表了1848年民主理想的巅峰；1919年7月国民大会中，自由派的雨果·普罗伊斯及社民党的爱德华·大卫在三场讨论中提及这一点。[12] 普罗伊斯是德国民主党的创始人之一，他参与柏林地方政治，在战前和"一战"期间一系列的文章中，他曾多次提出民主自治的理念，尤其是在《德意志民族和政治》(*The German People and Politics*, 1915) 以及短文《世界大战、民主及德国复兴》(World War, Democracy and Germany's Renewal)。在这两部作品中，他认为那种强调上下层、自上而下统治的家长式国家（Obrigkeitsstaat）将被民主的人民国家（Volksstaat）取代——也就是建立在众人合作基础上的"公民国家"。[13]

另外一种权威的理论在普罗伊斯撰写论文的时候逐渐产生了。1916年出版的论文中，宪法专家卡尔·施米特（在斯特拉斯堡大学担任教授直到1918年）建立了现代独裁制度的理论基础——现代独裁制度既是一种例外状态，也是政府的永恒形式。[14] 在这篇文章中，施米特认为独裁者有两种，一种是"例外独裁"，只是暂时拥有压倒一切的权力，能在议会无法决定时帮其渡过危机；另外独裁是"至高独裁"，其权力来自于人民的要求，是终极的形式。后者作为家长式国家和人民国家的组合，也是韦伯提倡的，因为国家和社会以最纯粹的形式结合起来，排除了所有调解机构（比如政党）。[15] 施米特的思想与个人经历有关。1916 年《独裁及戒严状态》（Dictatorship and State of Siege）出版时，施米特自愿参军，成为巴伐利亚皇家步兵团成员，他目睹了巴伐利亚沦为"戒严状态"的惨状。[16] 从他的角度，作为亲历者他看到了军方作为行政权力的力量。按照帝国宪法第 68 条，在战争时期整个帝国被分成 21 个军事区（加上巴伐利亚的 3 个军事区），其指挥官实际上享有独裁权。[17] 对施米特而言，这种权力的集中不仅非常有效，而且是危机中不可或缺的。但是由于平民政府继续存在，导致权力被稀释，这在施米特看来是国家陷入瘫痪的原因。[18] 他从战争时期总结的经验是，权力必须单一纯粹，坚决不能分散。施米特属于"反动现代派"，他认为 19 世纪的自由主义导致政治堕落，导致现代世界没有真正的领袖。[19] 在施米特的观点中，共和国这种被党派主导的国家形式，是种停滞的政体，经不住风雨，内部虚弱，优柔寡断。在思考了这些观察后，20 世纪 20 年代和 30 年代，他逐渐完善了自己的学说，"例外状态"的理念逐渐成为极权独裁宣言，最终为希特勒的独裁提供了理论基础。

*

产生这些讨论的背景，是皇帝及兴登堡-鲁登道夫的"独裁"失败，造成人们对权力本质的疑问。[20] 这些有关权力的理念，在 1918 年后相互碰撞、交织在一起影响魏玛共和国的政治。无论如何，魏玛共和国的政治路线在现代国家的极权与民主之间摇摆，这一点非常明显。[21]

这种摇摆可以从魏玛共和国宪法的一些关键条款中看到。这里有比较关键的六条，第 25 条、35 条第二款、41 条第一款、48 条第二款、第 53 条和第 54 条。[22] 第一条是给总统解散国会的权力；第二条允许立法机构通过常委会监督国会解散后到选举前的空窗期（最长时限不能超过 60 天）；第三条规定总统由全民投票选出来的，以制衡国会的权力；第四条被历史学者们视为最有争议的，是赋予总统下令组建政府的权力；第五条允许总统指定或者解散总理及内阁；第六条要求总理及内阁必须有国会的信任案才可以就职。这些条款或多或少经历过激烈争论，不过在权力原则讨论中最重要的是第 48 条和第 54 条。[23]

魏玛共和国宪法是法律、国家和社会的大杂烩，19 世纪末德国不同的法学和政治经济学派交汇在一起。[24] 更重要的是，魏玛宪法的理论基础不仅仅是来自韦伯、迈内克和普罗伊斯，同时还有宪法理论家罗伯特·雷德斯洛布，他的重要著作是有关"纯粹及非纯粹的议会形式，在此种形式的议会中执政者和议会达成平衡，此著作最近也出版"。[25] 正如我们在第二章看到的，革命并未完全清除了所有的旧秩序。所以最迫切的任务是找到一个平台，从而建立新的政治和社会秩序。1918 年末时，德国国内几乎所有人都赞成，达成稳定的捷径正是议会民主。[26] 普罗伊斯于 1917 年为 "人民国家"（Volksstaat）起草了宪法，同时被任命为内政部事务专员（1919 年 2 月 13 日至 6 月 20 日成为谢德曼内阁的内政部长），11 月 15 日被任命为宪法委员会主席。这个（只有男性的）委员会 12 月召开首次会议，目的在于讨论德国自由主义内各种流派的共同点和分歧，这种共同点和分歧也反映在其成员构成中。[27]

委员会讨论了不同的方案，但党派之间的分歧，远远小于支持全民普选者——法国式或是北美式——和注重议会至高权威的人之间的分歧。[28] 马克斯·韦伯、弗里德里希·瑙曼及弗里德里希·迈内克支持普选总统领导下的民主制度（宪法第 41 条），[29] 社会主义者如马克西·夸尔克（Max Quarck，社民党）和约瑟夫·赫茨菲尔德（Joseph Herzfeld，独立社民党，艺术家约翰·哈尔特菲尔德的叔叔）支持国会的唯一最高权。雨果·普罗伊斯和宪法专家格尔哈德·安许茨（Gerhard Anschütz）一起，认为"议会民主制是人民意志表达的最好方式"，[30] 因此支持将政治权力转给国会。但是最终，他还是不再支持"议会的绝对权威"（也就是政党们的权威）。[31] 这一改变的主要原因，是相信民族中存在的宗教、意识形态和地域的分歧，只有以强有力的领袖才能克服这些困难，团结整个民族，而不能只靠议会选举。[32] 普罗伊斯下定决心加深与社民党的合作，主要因为双方在中央集权国家上类似的观点，尽管他依然认为社会主义者建立一个阶级统治来自另外阶级的理想，不过是"创造了倒过来的极权国家"。[33]

当时的普遍担忧是，普遍参政权导致政治民主化会让左派政党在国会中占有永久性优势。尽管（或者就是因为）这些党派说了很多革命性的言辞，在 1 月 19 日的国民大会选举中，独立社会主义者并没有获得许多支持（选票的 7.6%），而来自议会外激进左翼的威胁实际上被严重夸大了。自由派只得到了不到五分之一的选票，他们的问题是社民党占了绝大多数，还有马克思主义的遗留问题。[34] 因此，由于"艾伯特专制"的前景以及为避免不可调和的观念，自由派选择了普选总统制。[35] 出于这一原因，普罗伊斯最终在宪法中确定总统的权力直接来自于人民。总统有在议会陷入僵局时的决断权，在危机时有着至高无上的权力，能够"超越"政党做决定——而魏玛共和国宪法制定时，国家恰好就在这种危机中。宪法第41条及第48条实质上是个人独裁的前提，这点施米特及韦伯都曾参与讨论；用弗里德里希·迈内克的话来说，这两条在危机情况下提供了"托付独裁"的基础。[36] 这两条法律并不应成为超越民主程序的手段，同时也不想创造"替代皇帝"或者发挥"备用宪法"的职能。[37] 实际上，普罗伊斯在2月首次向国民大会提交宪法草案时，特别强调这两点，并主张在"真正"的议会体制中，立法者与执行者之间应该能完美配合。[38] 1925年兴登堡被选举为总统在国会演讲时，作为坚定的保守派特别赞扬了这种完美配合。[39]

因此，单一独裁和议会多元的不同观念融入了1919年的宪法中。施米特的"例外独裁"体现在第48条中，而"至高独裁"体现在第41条第一款中（这一点也得到韦伯的支持）；保护国会不受极权的干扰，韦伯和普罗伊斯的观念被融入到第35条第二款及第54条。[40] 本来这些条目不应该互相矛盾。[41] 然而现实中这种矛盾还是出现了。仅仅几年内，有关这两条法律的争论就开始了，一方认为第48条是极权主义，与议会民主制不符；另一方则认为第54条是民族不团结、权威虚弱的根源。

第三节 宪法架构内的独裁

20世纪初期到中叶，欧洲的独裁充满着暴力色彩，无论其根源是法西斯主义还是其他主义。[42] 1945年后的独裁和两次世界大战之间的并不相同，后者是更为开放明朗的概念——除意大利墨索里尼之外。[43] 这一点在韦伯、迈内克以及施米特的作品中已经比较明显，而且正如我们在上面讨论的，这一点也写入宪法第48条。美国政治学者克林顿·罗西特（Clinton Rossiter）认为这是一种"宪法性独裁"。[44] 宪法理论家里夏德·格劳（Richard Grau）在一篇讨论宪法第48条及其影响的论文中，也讨论这个问题；社会学家亚历山大·吕斯托（Alexander Rüstow）于1929年有关"大联盟政治的问题"讲座中，也认为为了能组织有效做决定的政府，需要结合独裁和民主中的优点（这个情况下，需要的是一位强势的总理）；的确，正是吕斯托创建了一个新的概念——"宪法架构内的独裁"。[45] 20世纪20年代晚期开始，随着保守派试图控制议会权限，这种架构逐渐失去了民主共识，变得越来越极权。[46]

这种"宪法架构内独裁"理念的基础，是行政者与国会达成一致。实际上，共和国早期时，宪法第48条加上特殊授权法，使得国会在不同意某些政策时可以动用取消权。魏玛共和国初期，1923年10月及1924年12月的两次特殊授权法，虽然过度滥用第48条，但都是政府与国会达成协议的结果，毫无疑问稳定了共和国局势；但最终，国会厌倦了这种状态，意图夺回权力，施特雷泽曼和马克斯两届内阁都被不信任票赶下台。[47] 魏玛共和国晚期时，"宪法架构内独裁"体现在国会（尤其是社民党）对布吕宁不受欢迎的财政政策的"消极宽容"上，而这一财政政策正是靠宪法第48条才得以实施；但是由于违宪行为开始出现，这一进程在政治上被放缓——这一点在冯·帕彭政府时尤为明显。

这两个时期都危机重重。鲁尔区被占领后的消极抵抗失败，施特雷泽曼于1923年8月中旬接任因失去社民党支持而下台的库诺，很快采取行动结束危机。[48] 但是问题依然持续，而且也不仅仅是经济恶化。这一年秋天，民族主义右翼在巴伐利亚进行了大规模政治活动，很快影响到了图林根和萨克森左翼政府与军方和中央政府的关系。[49] 作为维护国家完整的机制，宪法第48条授权总统在政府未能履行职责或其行为威胁到国家完整时，可以武力解除其职务。[50] 萨克森的蔡格纳（Zeigner）博士和图林根的奥古斯特·弗勒里希（August Frölich）都没有通过终止和共产党的合作来改变自己的政治路线及限制社会主义化计划。[51] 此外，鉴于巴伐利亚自由军分遣队活动猖獗，作为防范措施萨克森政府组织了工人阶级民兵武装，但是这违反了《凡尔赛和约》，也违反了共和国法律。国防部长格斯勒（德国民主党）9月宣布两个州进入紧急状态，之后的10月末，蔡格纳政府被强制停职，一周后的11月5日，弗勒里希政府也被停职，并且派兵恢复两个州的"秩序"。[52] 尽管这一事件的前因后果需要详细考察，[53] 但对我们的讨论而言，关键在于这一事件提供了一个例子，即国家权力的完整性受到威胁时，可以暂停民主进程。[54] 以这种威胁作为理由的例子后来出现了很多次；1932年夏，帕彭内阁使用了宪法第48条，暂停普鲁士代政府的职务；1933年希特勒也利用这一年3月23日通过的授权法，从而"统一协调"自治权,并利用 1933 年 3 月 31 日至 1934 年 1 月 31 日之间的三部法律,夺取了各州的权力。[55]

萨克森政府被停职,导致施特雷泽曼内阁分裂,在国会引起哗然,使得德国共产党及德国国家人民党发起不信任投票,在媒体及宪法专家中同样招致公愤。[56] 9 月 3 日施特雷泽曼内阁已经在授权法提案中失败,但此届政府在进行小幅人事调整后,留任直到 11 月底。11 月 3 日社民党部长们集体辞职,11 月 23 日国会投了不信任票,此时的施特雷泽曼已经四面楚歌。[57] 图林根政府被撤职的同一天,自由派的《福斯日报》发表了赫尔姆特·弗兰克(Helmut Franke)的长篇文章,这位保守派报纸《边境使者报》(Grenzboten)前主编呼吁实现"中间派独裁",由内阁首长执政而非选举。按照弗兰克的说法,德国自 19 世纪末开始经历了太多的变化,"(1918 年)我们从家长式国家转变为人民国家,这一变化确实太大"。弗兰克认为,正是这一点造就了软弱无能的领袖,他们毁掉了国家,带来了混乱。德国现在只需要"唯一的平台,那便是独裁"。[58]

这一观点也被很多军官接受,他们认为独裁不是临时应急手段,而是重新恢复政治及外交政策秩序的方法。[59] 在写给明斯特陆军第六师参谋长亚历山大·冯·法肯豪森(Alexander von Falkenhaussen)① 上校的回信中,约阿希姆·冯·施蒂尔普纳格尔(Joachim von Stülpnagel)——这位 1939 年因批评希特勒的战争政策而被撤职的预备军总指挥——提倡军方支持下的独裁,只有这样才能实现德国外交在鲁尔区和莱茵兰的目标,这些目标"在施特雷泽曼手中是无法实现的"。"我们的不幸在于",施蒂尔普纳格尔写道,"整个德国我们找不到一个品格优秀的人能够且愿意进行独裁统治。这个人我们只能支持,但我们无法扮演他的角色。塞弗林体系和协约国的监视一日不除,我们的道路便一日不通。"[60] 在危机最严重的时刻,由三人组成的总指挥部实行"民族独裁"的理念,在政府圈子中得到了一定支持。尽管有人建议由文职人员领导这个总指挥部,陆军上将汉斯·冯·塞克特(Hans von Seeckt)推荐驻华盛顿大使奥托·维德费尔特(Otto Wiedfeldt),但冯·塞克特本人受到军方最高领袖奥托·哈塞(Otto Hasse)将军以及其下属施莱谢尔以及德国国家人民党的反对。德国国家人民党中有人可能会成为"军事总理",

---

① 亚历山大·冯·法肯豪森(Alexander von Falkenhausen,1878—1966 年),德国将军,1940 年至 1944 年期间担任第二次世界大战中被德国占领的比利时军事管制政府的首脑。——译者

但这并未实现，主要是塞克特本身不愿看到军方卷入政治。[61]

1923年时，在独裁问题上出现了泾渭分明的两大阵营，一方认为独裁是推翻宪法的手段，另一方则支持施米特的"例外独裁"来保护宪法。1923年末有关"民族独裁者"的讨论有着复杂的背景，共和国面临重重危机，加上巴黎不愿妥协，独裁似乎是防治德国"内部前线"崩溃的最好办法。[62]这一理念的基础是军方与政府的共识，在危机最为严重时，艾伯特将自己军队最高指挥的职能交给塞克特便表明了这一点；塞克特表示自己愿意保护共和国，尽管"他与我政治思想中的原则相悖"。[63]塞克特、艾伯特以及奥托·格斯勒组成的这个三人领导小组，认为"独裁"不过是临时手段；不过我们前面看到的一些军官以及某些保守派如德国国家人民党国会党团团长冯·维斯塔普认为，例外独裁是对共和国宪法进行改革的绝好机会。[64]在紧急情况下，施特雷泽曼必须依靠宪法第48条及特殊授权法来控制国家糟糕的财政状况，这一手段他的继任者威廉·马克思①也继续沿用。在这种情况下，国会应该全力支持政府。艾伯特在寻找总理组阁问题上颇费周章。马克思在被问询时，表示自己要在没有国会的情况下才会出任总理。[65]艾伯特说服了国会议员，于12月6日和8日的投票中通过特殊授权法。[66]在授权法的支持下，马克思才能进行大幅度的改革，拯救岌岌可危的财政、恢复秩序以及恢复国家权威——这些举措被奥托·哈塞少将（塞克特的同僚）形容为"赤裸裸的独裁"。[67]国会愿意放弃自己的权力，让政府大权独揽，施米特认为这是无法承担政治责任的表现。[68]然而，仔细考察便能发现，授权法也是经过持久和艰难的谈判后才通过的，尤其是此时反对派的社民党确定了一系列条件来保证国会权力以及立法机构监管的职能。[69]第二年2月，马克思不能再指望社民党支持扩展授权法。到这个时候，马克思内阁已经失去了动力，也丧失了决心和团结，同时，国会也无意再继续"宪法框架内独裁"。[70]3月13日，马克思要求总统解散国会，并于5月进行重新选举。6月3日再次当选总理的马克思，只是略微重新调整内阁成员，挣扎着维持自己在国会中的威信。他好不容易坚持到了10月，24日他再次要求艾伯特解散国会。尽管12月大选成绩不错，维尔特还是没有能组建新政府，最终汉斯·路德继任总理，1925年1月组阁上台。[71]

---

① 威廉·马克思（Wilhelm Marx，1863—1946年），德国律师，天主教政治家和中央党成员。两次任德国魏玛共和国总理，1925年也曾短暂担任普鲁士州总理。——译者

在魏玛共和国初期，通过宪法第 48 条或者授权法获得独裁权，并未被当作对共和国的巨大威胁，其前提是各政党愿意在宪法的框架内合作。[72] 确实，动用宪法第 48 条及特别授权法可以看作虚弱内阁的辅助，因此也符合原有的意图。[73] 无论如何，法律历史学家弗里德里希·卡尔·弗罗梅（Friedrich Karl Fromme）以及当代的阿希姆·库尔茨（Achim Kurz）认为，1922 至 1924 年间持续使用宪法第 48 条、对萨克森及图林根使用强制令、1924 年 3 月国会解散不仅仅显示了总统权力不受国会约束的潜在性，也成为 1932/1933 年解体议会民主制的样板。[74]

*

魏玛议会系统下，国家权力的不稳定促使施米特改进了他对独裁的观念，但是其观念并没有根本改变；根本的改变要等到更晚的时期。1928 年《独裁》（*Die Diktatur*）的第二版出版，施米特增加了关键的 46 页附录，内容主要研究施特雷泽曼第二次内阁时期宪法第 48 条的使用。施米特认为，在议会虚弱之时，使用宪法第 48 条与民主并不矛盾，实际上恰恰相反，这一措施保护了民主。[75] 此后的一年中，他在无数作品中继续完善了这一观点，每一次都写于总理与国会陷入政治僵局时。国会能够废除政府，因此在保守派眼中，这严重地从内外部削弱了国家实力，并导致一系列宪法专家——包括施米特在内——转向基于宪法第 41 条及 48 条、更加极权的"例外独裁"模式。

20 年代中期，国会重整旗鼓恢复强势，两次对政府投了不信任票导致政府下台，一次是 1926 年 1 月汉斯·路德——我们曾在第六章讨论过，起因是国旗事件，另一次是威廉·马克思。在这些直接导致危机的原因背后，还有深层次的忧虑。作为"宪法之父"，普罗伊斯被路德第一届内阁中许多部长的行为震惊（1925 年 1 月至 12 月），尤其是内政部长马丁·席勒（Martin Schiele），他公开表达了对议会民主制的反对。[76] 马克思政府下台的主要原因是他与国防部长奥托·格斯勒达成秘密协定，执行重新武装计划；另一方面是他与那些反民主议会制的组织有关联，而正是这些组织导致巴伐利亚 1923/1924 年出现动乱。在 12 月中旬的激烈辩论后，社民党提出"不信任"议案，最终在德国国家人民党、纳粹党及德国共产党的配合下，以多数票通过。[77] 于是再一次，在与国会冲突后，政府的威信扫地。

罢免政府是把双刃剑。艾伯特的继任者兴登堡也卷入了国会各政党团体组阁的谈判中，随着个人角度不同，这既可能证明"强大领袖"的存在，同时也可能让领袖超越政治的光环消磨殆尽，让总统成为不受欢迎的"魏玛系统"政治交易的一部分。[78] 阿尔布莱希特·楚·施托尔贝格–韦尔尼格罗德（Albrecht zu Stolberg-Wernigerode）伯爵（德国人民党）曾经撰文支持，需要限制议会对总理的控制权。[79] 这种谴责的声音不仅仅来自于中右翼政客。社民党的库尔特·冯·赖布尼茨（Kurt von Reibnitz）也持批评态度，他认为甚至不是总统有选择总理的权利了。他写道："宪法第53条规定，总理及由总理提名的部长人选，由德国总统任命后正式就职。"总理根本没有办法选择合适的人担任部长，因为他要考虑国会中党派的力量对比，因此只能选择议员中多数派的政党。1882年俾斯麦在国会发言时，认为总统不过就是个"提名机和签字机"，"仿佛一个阴影中的魔王，需要一位新部长时，召唤出来签字然后消失"。[80] 毫不意外地，保守派对魏玛政党系统没有什么信心，认为宪法第54条绑架了整个民族。席勒认为，"只要这种情况［宪法第54条］存在，德国就没有强大的领袖"。[81] 德国国家人民党主席维斯塔普伯爵在帝国成立庆典（Reichsgründungsfeier）上发言时，呼吁废除这一条法律。1926年2月国家人民党发起投票废除该条法律，而钢盔前线也曾发起全民公投废除这一条法律，结果无果而终。[82]

在这样的背景下，施米特对魏玛议会制度的观点变得越来越强硬，他认为"软弱无能的总理"以及总理和党团之间的"讨价还价"是造成不稳定的原因。[83] 之后的几年中，他对独裁的理论有了长足发展。国会与执政者之间的矛盾对施米特而言正是"言语"和"行动"（deliberare contra agree）之间的差别，也是他理论的依据；1928年德国国家人民党的竞选口号融入了这种理念："让总统拥有更多权力！"宪法第25条和第53条规定的总统权力，因为废除第54条条款而得到提高，且这一结果受到了人民支持而生效（宪法第41条）。这种理念一直被自由派和左翼攻击为独裁，但是右翼认为这是一种"中性权威"——这种对"元首"的呼唤直到1932年一直被自由派主导的国会成功压制。[84]

第四节 专制型民主

20世纪30年代初期，中右翼自由派主张清晰强大的领导层，不过被警告可能出现的执政者权力过大的问题。中央党议员格奥尔格·施雷伯——我们在第六章曾经提到过他——在一篇深刻分析魏玛危机的文章中，认为治疗德国的疾病的良方是"专制民主"，而不是极右翼提倡的"极权国家"。[85] 施雷伯认为布吕宁使用宪法第48条是朝这个方向前进的一步；同时还有莱比锡市长卡尔·格德勒，1933年他也赞成希特勒的独裁。[86] 布吕宁忠诚的国务秘书赫尔曼·平德尔（Hermann Pünder）认为，在宪法架构内使用总统令成立的政府，是一种"健康的威权"，因为这并未威胁到民主的威信。[87] 因而有关宪法第48条存在一种共识，即作为政府的特殊手段，这一条法律可以帮助克服危机，恢复权威。然而，对于这一个时期而言，宪法第48条*长期*被使用，尽管其原意是*短期*手段。

自由派也意识到魏玛的议会系统需要改革，但是同时也看到意大利独裁者墨索里尼式政治的危险。施雷伯写道："我们的人民绝不会接受源自拉丁文的法西斯，而是需要改革的民主。"[88] 弗里德里希·迈内克在谈到布吕宁经常使用宪法第48条时，使用了"托付独裁"（Vertrauensdiktatur）这个概念，为了魏玛共和国面对诸多危机，这种独裁不可避免，不过他并没有为这种极权勾勒出界限。[89] 30年代初，对权力和民主的理解方式显然是危险的。从共和国建立开始，对这两个概念的理解充满了多样性，此时逐渐偏向了极权，对全民普选民主的呼吁转变成为对全民普选独裁的呼吁。到了1932年，国家已经在通往独裁的半路上了，一位社民党员格里哥·宾施托克（Gregor Bienstock）唉叹道："魏玛共和国就在我们眼前消失。魏玛宪法的精神只剩下躯壳，这样毫无意义。"[90]

独裁政府的理论基础主要来自卡尔·施米特的笔下。[91] 1929年《宪法守护人》（*Der Huter der Verfassung*）出版时，正值政治系统陷入信任危机（Vertrauenskrise），施米特在书中提及了单一权威的概念，其核心是利用宪法第41条及48条废除议会制度；一年后，施米特发表《合法性与正当性》（*Legality and Legitimacy*），质疑议会民主的合法性。施米特于1930年出任教授——这一职位雨果·普罗伊斯也曾担任，考虑到两个人的意见相左，这似乎带有讽刺意味；不过，他在首次讲座中赞扬了普罗伊斯有关魏玛宪法的作品，尽管不同意其在宪法及全民公决权上的观点。在他的讲座中，他认为自己的学说发生了根本改变，从宪法研究转到国家研究，其决定性要素不再是赋予党派体系特权的宪法不可侵犯，而是通过领袖保护国家。[92]

在《宪法守护人》中，施米特描写了一位"强大领袖"，他拥有无上的权力,作为宪法的"保护者"而不是破坏者,这位领袖代表了"国家统一的传承及恒久"。[93] 施米特强调例外独裁或全民支持独裁的积极意义,认为实际上宪法的威权潜质与宪法中的薄弱环节不是一回事。因此,人们可以反对议会民主(软弱无力的例子)而不必违反宪法(verfassungswidrig)。[94] 格德勒也呼吁将德国"从党派纷争的钟摆中拯救出来,这些党争轻易忘记了整个民族的未来,只为了迎合乌合之众变化无常的情绪"。[95] 他认为,魏玛议会系统代表了没有权威的政治。与其让议会造成"迷惑",不如让一位民众支持的无党派独裁者担任统治者。1929 年末,他在家乡柯尼斯堡发表题为《人与乌合之众》(Men versus the Herd)的演说中,这样对听众说道:

> [我]再一次希望一个有着腓特烈·威廉一世品格的人,能够给我们的国家创造健康的秩序,只有在这个新秩序中渴望自由的意愿才能化为行动。[96]

魏玛的宪法系统,尤其是宪法第 54 条,无益于达成理想的局势。格德勒认为:

> [宪法中]这些条款正是造成我们政治经济悲惨境地的根本原因;明智的领袖也没有办法执政……一位领袖要么被乌合之众,要么被内阁,要么被议会党派拉回到平庸境地,结果是表面上唯一有权力处理政务的内阁被直接淘汰。[97]

格德勒呼吁废除宪法第 54 条,恰恰是在宪法确立议会民主制十周年纪念时——虽然这只是历史的巧合。对他而言,1919 年以来的十年,政治完全没有方向也没有威信;国家被一群受感情控制的"乌合之众"左右着"误入歧途"。[98] 此时的危机提供了千载难逢的机会,使国家通过单一的领导权恢复权威。

> 只有我们在国家领导层恢复对良知的责任感以及不受乌合之众影响的法律责任时,我们才能达成以自治为基础的政府、民族和家庭的清晰架构。个体,而不是乌合之众——这个格格不入、执迷不悟的存在——必须再一次感觉到对国家和民族的责任,无论是在他的良知

中、在他的家庭中、在他的工作中、还是在他的社会中。[99]

对很多旁观者而言（不仅仅是右翼），德国自1918年开始陷入了危机。较有影响力的知识分子，比如历史学家马丁·史潘（Martin Spahn）及其同僚聚集在极端保守的小圈子中，其中还有亚瑟·穆勒·范登布吕克（Arthur Moeller van den Bruck）、哲学家利奥波德·蔡格勒（Leopold Ziegler），以及出版家汉斯·策雷尔（Hans Zehrer）——他从自由派的《福斯日报》换到了新保守主义的《行动》（Die Tat）月刊；他们猛烈的抨击共和国，要求用"第三帝国"的"真民主"代替它，这培育了1933年独裁的土壤。[100]

1932年秋以前，施米特步入了不受宪法约束的威权民主和独裁之间的模糊区域。[101] 和许多保守派一样，最晚到1932年秋末时，他也越过了魏玛共和国的"卢比孔河"。[102] 到了1932年末，继《合法性与正当性》后施米特又出版了一部重要作品《政治的概念》（Concept of the Political），其中他提出"敌友"二元论来分析魏玛共和国。[103] 更重要地，从夏天开始他以顾问的身份积极参与政治：先是施莱谢尔，之后是帕彭的顾问，参与制定用紧急独裁代替民主共和国的计划。[104]

施米特因此在理论上给魏玛议会民主制重重一击，这些理论轻易地渗透到魏玛共和国晚期讨论独裁的政治文化精神中。赫尔曼·埃莱尔（Hermann Heller）作为施米特辩论的主要对手，斥责其"缺乏教养的德意志思维成为任何一种集体催眠或独裁奇迹迷信的奴隶"。[105] 不过即使观点如此不同，埃莱尔还是看到人们对"独裁者"的呼声，他认为这是因为政府和立法机关纷争不停，促使人们渴望民族团结。[106] 保守派似乎占压倒性优势。有很多宪法学者，比如海因里希·赫尔法特（Heinrich Herrfahrdt），拒绝承认宪法，要求建立平民表决的独裁政府，促成了希特勒上台。[107] 这样，学术界对独裁政府的认可与民众对"强人"政治之间达成了默契的共识。正如维尔纳·布拉茨（Werner Braatz）观察到的："在摧毁了民主共和国的架构后，他们为一党专政铺平了道路——这一党就是纳粹。"[108]

到1932年初时，魏玛政治中对权威的追求转向支持全民公投的总统独裁，但是依然在宪法框架内。[109] 对总统府的保守派小集团而言，布吕宁仿佛力量已经枯竭，无论是其个性还是其政府已经无法使其成为强大领袖。[110] 施莱谢尔、奥斯卡·冯·兴登堡及总统秘书奥托·迈斯纳（Otto Meissner）对布吕宁发动了政治诽谤运动，导致兴登堡和总理越来越疏远。

布吕宁计划终结所谓的东部援助，本来是打算创造经济独立的农场，但这导致矛盾加剧。最终，兴登堡能够再次当选总统要感谢中间派和左派的支持，原本他的核心支持者已经抛弃了他，意味着他的威望每况愈下。[111] 布吕宁被指责是"梵蒂冈的奸细"，在政治上被孤立，5月末辞职——至此他与时间和"秘密社团"的赛跑以失败告终。[112] "秘密社团"的成员之一便是库尔特·冯·施莱谢尔，他对布吕宁面对危机无能为力、无意推行宪法改革无法忍受。在施莱谢尔的建议下，弗朗茨·冯·帕彭被任命为总理，领导"民族新核心内阁"。

帕彭不想在国会的干扰下开展工作。[113] 他从过去十多年的历史中看到，总理被夹在总统和国会间，无能为力。[114] 6月4日，他对全国发表讲话，公布自己的政府计划。帕彭打破常规，在这次讲话中攻击自己的前任面对政党们的软弱无能，哪怕是习惯政治恶作剧的资深观察者也深感震惊。[115] 科斯勒记录到，"在其政府受到媒体灾难性的评论并被社民党和中央党粗鲁地拒绝之后，帕彭在国会解散前都不敢露面。"[116] 科斯勒还认为他的政府计划"令人无法相信，是最黑暗的反应的糟糕程式化节选，比起它来，连帝国的政府公告都是令人愉悦的经历"。[117] 对于即将上任的总理秘书平德尔而言，这一计划实在"恶心"，不过他认为这不是帕彭的错误，施莱谢尔应对此负责。[118]

没有获得国会多数票支持，无法实施宽容的政策，帕彭只好选择前任的道路，靠总统令施政。人们注意到，帕彭使用总统紧急令，在范围和严苛程度上，甚至超过了"一战"时鲁登道夫和兴登堡发出的战时紧急令。[119] 确实，尽管这些总统令中有很多是针对德国的经济问题，但其政治目的越来越明显。一道又一道命令给政治和司法越来越多的权力，而军方则伺机准备颁布戒严令。[120] 曾经布吕宁利用宪法第48条来打破议会僵局，帕彭则利用这一条解散议会。赖布尼茨在他的观察中精辟总结道："在宪法框架内的威权民主中，诞生了独裁总统政府。"[121] 帕彭则对自由派共和国展开了猛烈抨击，在他的眼中，正是共和国在内部和外部造成了德意志民族的虚弱。[122] 回首这些岁月，帕彭为自己的行为辩护，认为国家的权力成了政党利益的玩物。"魏玛的经验证明，所谓人民的意愿不过是蛊惑人心的政客的口水仗平台"。[123]

对权威及无上权力的讨论，此时和冯·帕彭的政治融合到一起，尝试与议会民主完全决裂，重新制订宪法调整权利的平衡。[124] 1932夏天国内的情况似乎也有利于这种政策。德国陷入了混乱：外交政策处在关键拐点，国内政治暴力高涨，威胁民族统一；帕彭认为只有无上的权力才能让他克服国内面临的困难。但是他的目标还不止于此。此前的 10 月，帕彭收到他曾经担任荣誉市长的小镇上的迪尔门农业协会（Landwirtschaftsverein）邀请发表演说，他呼吁实现"民族独裁"（Diktatur auf nationaler Grundlage），不应屈服在国会党争之下。[125] 8 月末他在明斯特的演讲中又重申了这一点。

> 为了能匡扶正义（Gerechtigkeit），国家必须强大且独立，因此社会的所有秩序（Ordnungen）、自治（Selbstverwaltung）和经济才能有强大的基础。它不能是社会力量的玩物，也不能受某党的控制。独立领袖基于威望和正义，为全体人民服务，而这是国家的理想状态。[126]

他的内政部长威廉·冯·盖尔来自德国国家人民党，呼吁建立"以人民有机联系为基础的社会"，取代"无根基"且分裂的共和国。[127] 这一观点与保守派的观点相呼应，保守派不甘于只是废除宪法第 54 条，而是要在危机中看到打破魏玛"党争国家"——这种基于政治党派建立的民主制——的机会。[128] 此外，施米特该年夏天给影响力巨大的鲁尔钢铁工业家协会（Langnamverein）举办讲座，该协会由鲁尔区工业大亨组织，他对听众演讲道：

> 我认为今日的［合法］政府，若是［能够自己做主］决定使用所有的宪法条款，就能够完成实质性的改革和计划。但是依靠议会的政府，连五年计划都完不成。[129]

帕彭毫无保留地支持这一观点。而且按照他的观点，宪法本身有缺陷（Konstruktionsfehler），而他的任务就是消除这种缺陷[130]——此前不久的 8 月，盖尔在宪法日演讲时也使用了同样的词汇！1932 年 9 月 12 日，在奥托·布劳恩领导的普鲁士政府被撤销后 6 周，国会第一次全体会议就给帕彭内阁投了不信任票。尽管在此前的两年中，国会的权力不断下降，但是其手中还是有王牌——即宪法第 54 条，国会中共产党议员党首恩斯特·托尔格勒（Ernst Torgler）曾发起对冯·帕彭政府的不信任票，同时谋求取消 9 月 4 日的紧急法案。在一片混乱中，帕彭根本无法发表任何讲话，他直接把解散国会的总统令（按照宪法第 25 条）放在讲台上愤然离去。这将给他 60 天不受控制的权力，直到 11 月 6 日大选。¹³¹ 这里发生的事情存在争议，还有说法认为早在 8 月 30 日，总理来到国会，宣布兴登堡签署的解散国会令。¹³² 在国会解散当晚，帕彭通过国家电台向民众宣布：

> 只有建立真正无党派的民族政府，建立超越任何党派、不可侵犯的正义堡垒，其权力基础是人民选举的总统，才能引导我们从今日民族解体中走出来，为未来创造有利条件。¹³³

极权政府的天然盟友莱茵霍尔德·夸茨（Reinhold Quaatz）在 9 月 12 日的日记中记述了"我们［国会］是怎样逼着政府走上了独裁的道路的"。¹³⁴ 科斯勒成功预见到 1932 年布吕宁被解职，而并非他担任总理，是从共和国权力到极权的过渡的决定性时刻。¹³⁵ 从这一天起，德国每次面临政治不稳的时刻，都被推向极权的全民公决式的统治。

一系列的社会及政治动乱为普鲁士政府于 7 月 20 日出于宪法第 48 条被解职提供了理由，¹³⁶ 冯·帕彭一直努力实现"权威及真正的民主"，这与魏玛共和国所谓的"伪国家"¹³⁷ 形成鲜明对比，他还宣布社会的存在要为国家服务，而不是反过来。帕彭的目标显然是在宪法上恢复帝国秩序。

> 正如我们今日所见，我们处在时代精神的拐点，处在自由主义世纪的学术上拐点，呼吁我们的民族确保公共生活重建（Neugestaltung）的成功乃是当务之急。政府从当选第一日起，便强调其消除这些缺陷的历史使命。¹³⁸

帕彭未能（与各方达成一致）并树立权威，导致其后来蓄意破坏施莱谢尔尝试建立"中间派为主"的政府，导致政治上斡旋的空间进一步降低。¹³⁹ 最终历史证明，冯·帕彭和施莱谢尔都是"软弱无能的独裁者"，他们没能将统一的人民意志转变为国家特性（Identitätsstaat）的表达。¹⁴⁰ 内政部长冯·盖尔在宪法日庆典上，将民族不团结作为其演讲的主题，呼吁对宪法进行改革，建立权力集中的国家。他认为，议会制导致的"匿名者责任时代"已经过去，取而代之的是"领袖负责制"。¹⁴¹

第五节　寻找元首

共和国早期，人们对"独裁者"的呼吁高涨，赫尔曼·马丁（Hermann Martin）曾下结论道"不由一个人或几个人决定，而是依靠宪法生活，乃是人民本能且自由的需求；宪法给统治者界限，让被统治者有办法监督和确保这些界限"。[142] 对此的证据，即使是在马丁写作时，远远没有那样清晰。随着时间推进到 20 世纪 20 年代末，证据转向了反面。但权力不受限制的"强力政府"并不意味着政府一定稳定，比如施特雷泽曼、冯·帕彭及施莱谢尔的短命内阁。政治中心动荡、政府不停更替或许能够解释普通百姓为何愿意希特勒来解决危机。随着危机的深入，强有力的政府成了强大坚定领导的同义词——这一点恰恰是纳粹精心打造的形象。[143] 1930—1933 年期间，这些对独裁的讨论让"波西米亚下士"轻易上台。而人们期待一位"英雄"同样是重要原因。我们即将看到，呼吁独裁统治者，不仅仅限于学术界或政治谋划的讨论，而是涉及德国社会的各个领域。[144] 这些呼吁并不总是向军方寻求领导。1919 年，柏林公共化学实验室主任海因里希·策尔纳（Heinrich Zellner）不断给拉特瑙写信，规劝他放弃财富，成为拯救德国的弥赛亚（拉特瑙最终要求策尔纳不要再给他写信了）。[145] 但是最重要的，是市民阶层年轻人中对"有非凡个人魅力领袖"的渴望。无论是"高级"还是普通政治界都有对"强力领袖"的期待，这为希特勒独裁提供了基础，起初是在宪法内，最终超越了宪法的界限。

"有非凡个人魅力的领袖"这一神话，和"1914 神话"同时出现：前者是兴登堡化身为"木泰坦"，后者则与民族军事团结的理想有关。[146] 1918 年后，这两者成为民族主义（者）复兴的（Gesundung）愿望中不可分割的部分。对英雄领袖的渴望，可以追溯到 19 世纪德国的浪漫主义，而 20 世纪 20 年代明显的不团结和软弱领导则导致了这种渴望达到高峰，充斥在政治的所有派别中。1920 年初夏，在阅读完米海尔·库兹明（Michail Kuzmin）的小说《亚历山大大帝传》（*Deeds of the Great Alexander*）后，托马斯·曼在自己的日记中问道："类似于此这种神话是否也能运用在近期历史话题上？"[147] 曼问题的确切答案，不仅仅能够在共和国尝试将歌德及施泰因男爵一类的历史人物用来装点门面中找到，同时还体现在民族主义者选择神话人物作为领袖的典范中，比如《尼伯龙根之歌》（*Nibelung*）中的哈根（Hagen），曾经广受欢迎（且一再出现）的"腓特烈电影"似乎充斥着对普鲁士的腓特烈二世及俾斯麦的狂热崇拜。[148]

然而在现实生活中，共和国初期似乎全无英雄。1918年战败的事实让共和国成为懦弱的产物，共和国的领导人成了战胜国欺凌的对象。国内政策也同样缺乏延续性和威信。在"一战"期间，兴登堡（不是皇帝）成为民族团结的象征，而1919年随着他不再担任军队统帅，这种光环也渐渐消失。弗里德里希·艾伯特从来就没有能力赢得这种程度的人民的信任，尽管他有着极强的协调能力，而且作为共和国总统他也是果敢的领袖。[149]此外，他的总统职位从未得到选民们的确认；按照宪法第41条他从来都不是"全民公投总统"；事实上，他的总统职位来自国民大会及国会投票。此外，这位魏玛共和国的第一任总统似乎还是法国人的好朋友（那个时代绝不是有优点），尤其他不是韦伯定义中那种充满个人魅力的领袖。他的权力全都是职务性的，就连他在国会的演讲也非常生硬。[150]作为总统，艾伯特面对反共和国者的恶意攻击，不停地努力维护自己的声誉和总统的尊严——这一点第五章可以看到。艾伯特于1925年2月不幸早亡改变了政治形势，不仅是因为这改变了魏玛共和国的命运，更直接的是它释放了民众高涨的热情，六周后兴登堡便当选总统。[151]

尽管兴登堡早已"退休"，这位战争英雄从未远离过公众视野。最近的学者研究显示，他和他的朋友们谨慎地维护着"兴登堡神话"——无论是在他的政治生涯前还是担任总统时。[152]因此，1922年作为总统有力的候选人（此次选举因为国内外的政治对立而未能举行），兴登堡在一些顾问的建议下，在东普鲁士边境地区进行宣传，获得巨大成功，他被尊为"坦能堡之战英雄"。[153]1925年他当选时，正好与建立德国战死者纪念碑的讨论碰在一起。[154]同时，为了纪念坦能堡之战，另外一座纪念碑被竖立起来（1927年9月18日，兴登堡伴随着高规格的军礼，参加了这一纪念碑揭幕的庆典）。有关坦能堡纪念碑的讨论，加上兴登堡被选举为德国总统，促进了民族主义的复兴。尤其在保守派中间，兴登堡被视为英雄战士。[155]因此重提坦能堡战役，也为兴登堡被神化为英雄领袖推波助澜；10月2日兴登堡在就职不到两周后，度过了他80周岁的生日，民族主义媒体将他比作神话中的罗兰。[156]其中一个例子，是1925年兴登堡当选后，以下这首幼儿园保育员编写并教给自己班级孩子们的歌曲：

> 万岁，献给［我们］亲爱的兴登堡，

献给［我们］的新总统！
领导德国人民
结束所有的苦难。
所有人都大声高呼：万岁！万岁！
救世主来了！[157]

这样幼稚的词句可以说是保育员和教师的特色。其他唱段和词汇有着更多的军事倾向，几乎总是提到坦能堡战役及"一战"。1933 年后，这种对兴登堡亲密无间的称呼如"拿起武器的兄弟"或者"国父"转移到了希特勒身上。[158] 这一现象对于现代之前民俗文化中的"有道明君"来说是非常常见的，在希特勒独裁统治期间，这种现象控制了德国民众，在"元首"形象和每日生活现实相悖时促成了对这种冲突的理解。[159]

哪怕是在兴登堡 1925 年的选举大胜之前，魏玛共和国各阶层就出现了广泛的无理性吹捧。[160] 兴登堡受欢迎的根源远远超越了"1914 神话"以及他作为代皇帝的陈词滥调。[161] 从法律及职能的角度而言，他的权力来自于宪法，这一点他本人非常清楚，1925 年 5 月他在国会发表的就职演说清楚地证明了这一点。[162] 那时特奥多尔·豪斯（Theodor Heuss，后来成为联邦共和国的首任总统）撰文指出，总统的好坏直接取决于担任总统者的个人品质。[163] 接任总统时，兴登堡特别强调他的中立性。很快他就获得赞扬，一位社民党内政部长在 1928 年宪法庆典上称之为"共和国第一公民"。事实上，尽管兴登堡因为指定希特勒担任总理及对共和国态度模棱两可而饱受指责，但是在担任总统期间，他证明了自己不仅仅是"第一公民"，同时也是"第一民主人士"。[164]

不是每个人都拜倒在兴登堡的光环下，比如社民党的阿尔伯特·格雷茨辛斯基（Albert Grzesinski）认为这种光环不过是平庸的编造而已，又比如特奥多尔·莱辛（Theodor Lessing）描述兴登堡是落后地区的愚蠢容克，是十足的"废物"[165]；然而兴登堡神话与民众感受到的共和国政治家的平庸乏味形成鲜明对比。恩斯特·特勒尔奇认为 1919 年时政府和国会令人失望，无论是在外交还是国内政策上，他认为"两者都与大智慧毫无关联"。[166] 特勒尔奇并不是反共和国的批评家——事实恰好相反；而他的观点却代表了大多数共和国领导者和支持者的观点。10 年后的 1930 年 10 月，普鲁士政府在一所霍亨索伦宫殿中举行国宴，哈里·科斯勒伯爵后来回忆，魏玛共和国的政要们不堪入目。所有的参加者在他看来"悲惨至极"。这种在旧时代充满了宏伟和美好的景象，现在却"仿佛单调、无形的灰色群体——好似虱子，阴云一般地涌入辉煌的巴洛克宫殿，犹如猪油蒙住了高雅的宫廷剧院"。[167] 共和国的政治精英不收欢迎。普通的国会议员被指责"铺张浪费、睡懒觉、在柏林最好的餐厅吃喝，然后去国会把一切都毁掉"。[168]

第六节　作为新时代反抗的全民专政

20世纪30年代初，对共和国政治精英的批评，尤其是国会议员，变得越来越直接。批评的对象也不仅仅限于反共和国人士。[169] 自由派国际法学者阿尔布莱希特·门德尔松·巴托尔迪（Albrecht Mendelssohn Bartholdy，1933年他逃离德国）曾经评论道："德国诸政党最明显的错误，并不是那些能用其经验不足来解释的错误；恰恰相反，大多数错误都与年老甚至衰老有关。流言蜚语、诽谤、顽固、好争辩从而喋喋不休，简直和老年人一样……"[170] 门德尔松·巴托尔迪做出此番评论时，国会这种充满了"老年人"的元老院形象，每日没有尽头的争吵，已经深入公众意识。

因此毫不足奇地，那个时代的讨论中，出现了一股怀旧风，怀念过去伟人的时代。1907年出生的海因茨·弗吕格尔（Heinz Flügel）回忆了自己曾经生活在柏林郊区格鲁讷瓦尔德的舒适生活时，他的兄长是如何迷恋父亲压箱底的制服。战前她的父亲曾是挪威顾问，全家曾经在南美洲旅居。后来发生的革命和经济危机结束了这种舒适的生活。1924年他的父亲（由于当年实行的《公务员法》）被迫退休，对家里的孩子们而言，形成了巨大心理阴影。对弗吕格尔一家而言，帝国的光荣（Herrlichkeit）一去不返，随后只有单调乏味的共和国，未来毫无希望。海因茨回忆到"共和国对我们一家而言，毫无魅力，毫无吸引力。共和国毫无光彩。任何人不可能产生热情。它如此沉闷以至于对我们毫无意义"。[171] 从弗吕格尔的回忆中，我们看到他的家庭一直效忠前皇帝，同时成为所谓的"理性共和派"；但是，他的哥哥不接受共和国，最终在纳粹党的准军事组织中找到了"光荣"。[172]

对于弗吕格尔家年长的男孩而言，他们的少年时期应该打上了战争和战败、饥饿和革命的烙印，共和国的领导人——也就是他们的父亲那一辈——与坦能堡的胜利者相比枯燥无味。[173] 到莱茵兰撤军以及大萧条开始时，弗吕格尔的兄长已经 20 多岁，经济衰退带来的消极情绪给未来蒙上了阴影；德国的国际利益受其他国家（尤其是法国）的控制，因而民族自尊和情感受挫。在这样的背景下，共和国的领导人一无是处，提不起人们的精神。极端保守派德国国家商业雇员协会会长（Deutschnationaler Handlungsgehilfen-Verband）、埃森市长格奥尔格·布罗斯特（Georg Brost）在写给弗朗茨·布拉赫特的私人信件中，[174] 谴责共和国根本不是"民族未来的源泉"，而是一口枯井。[175] 对布罗斯特而言，共和国根本没有产生必需的政治领袖（Führerauslese）。[176] 功勋卓著的战斗英雄威廉·施拉姆（Wilhelm Schramm）战后成为记者，1932 年撰写有关共和国政党的畅销书，形容这些政党为"旧世界的人"，根本不能解决德国面临的问题。[177] 的确，公众认为魏玛共和国的政治领导人——其平均年龄大约 55 岁——无法和人民形成共鸣，更无力争取共和国的年轻一代。[178] 科斯勒那"猪油剧院"的评论，恰好出现在希特勒压倒性胜利两周前：1930 年 9 月 14 日，600 万选民的支持，让纳粹党回到国会并获得 107 席。科斯勒也为此感到不安（纳粹党议员增加了十倍），有人认为他的论调表达了自己对现有政党无法吸引选民，尤其是年轻选民的失望。[179] 尽管转向纳粹与当时欧洲议会民主的普遍危机有关，魏玛共和国也有其特别的原因。[180]

1930 年的选举是共和国命运的转折点，主要原因正如变节的社民党奥古斯特·温尼希形容共和国时所说的，年轻一代受够了"这群老废物"，因此发起革命。[181] 尽管有不少保留意见，这种年轻一代革命作为纳粹党大获全胜原因的想法，还是受到了不少支持。[182] 1930 年，4200 万有选举资格的选民中，超过一半（52.38%）不到 40 岁；其中 1250 万的选民不超过 30 岁，大多半人年龄在 20~25 岁之间；500 万选民在 30~35 岁之间。[183] 20 世纪 20 年代，这三组选民构成了"年轻"一代。与此形成鲜明对地的是，选民的政治代表比他们老上整整一代。1919 年至 1933 年国会议员中，将近六分之一出生在 1871 年帝国建立之前（表 8.1）。哪怕是少壮派，比如右翼政治势力中前面提到的"反叛"县长赫伯特·冯·俾斯麦以及他的同党同事戈特弗里德·特雷维拉努斯（Gottfried Treviranus），或者极左翼的共产党彼得·马斯洛夫斯基和玛尔塔·阿伦德塞（Martha Arendsee），再或者是中间派的特奥多尔·豪斯，还有坚定的社民党及女权主义者托尼·森德尔（Toni Sender），1930 年时他们的年龄都在 45~50 岁之间。[184]

表 8.1　国会议员的年龄分布，1919—1933 年

	议员人数	生于1868年之前	占总议员人数比例（%）
共产党人	213	2	0.9
社会党人	341	61	17.9
自由党人	195	50	25.6
中央党人	214	33	15.5
保守党人	212	32	15.1
其他	43	7	16.3
人民党人	27	3	11.1
总数*	1245	188	15.1

* 除去纳粹党的 339 位代表

来源：Martin Schumacher, *M.d.R. Die Reichstagsabgeordneten derWeimarer Republik in der Zeit des Nationalsozialismus* (Düsseldorf, 1994), 'Forschungsbericht', p. 28（百分数精确到小数点后 1 位）。

正如维克多·恩格尔哈特（Victor Engelhardt）所说，国会简直是老人院；1924 年 12 月到 1928 年 5 月的三届议会中，年龄在 50 岁以上的议员所占比例，由 39% 上升到 47%。[185] 不足为奇地，一位评论员在保守派《行动》月刊上提出"老人国会"的说法。[186] 这一趋势直到 1930 年纳粹进驻国会时才彻底改变——纳粹党议员中约三分之二不到 40 岁。[187]

和魏玛共和国主要政治精英形成鲜明对比，纳粹党的领导人更加年轻："前线一代"，如希特勒和戈林；还有更年轻没有参加"一战"的，他们成长在革命的年代，比如海因里希·希姆莱。尽管米夏埃尔·卡特尔（Michael Kater）对纳粹党成员的社会组成进行了研究，还有对一些先驱地区的成员的社会组成进行了初步研究，我们对 1930 年 9 月进入国会的纳粹党年龄组成并不清楚。[188] 第一波加入纳粹党、促成其新生的党员大多出生在 1890 至 1900 年之间；[189] 到 1930 年时，他们大多 30 多岁，比他们痛恨并寻求打倒的国会议员至少年轻 20 岁。纳粹党的国会议员中只有 12% 年龄超过 50 岁，最年长的恩斯特·楚·拉文特罗伯爵（Ernst Graf zu Raventlow）出生于 1869 年，他于 1927 年从德意志民族自由党换到了纳粹党。对比 1930 年数量差不多的国会社民党议员，纳粹党绝对是新鲜的力量；而与其民间最大的对手德国共产党相比，它们成员的年龄相差不

大。(表 8.2)

表 8.2 纳粹党、社民党、共产党的年龄分布：
国会议员、各党派人员与德国人口的比较

	1930			1932		1931	1933
	相应党派的百分比						
	国会议员			党派人员		德国人口	
	纳粹党	德国社民党	德国共产党	纳粹党	德国社民党	纳粹党	德国社民党
18 > 30	11.0	–	11.0	37.6	42.2	19.3	31.1
31 > 40	55.0	12.0	58.0	27.9	27.8	27.4	22.0
40 > 50	22.0	34.0	29.0	19.6	17.1	26.5	17.1
50+	12.0	54.0	2.0	14.9	12.9	26.8	29.8

来源：Compiled from Victor Engelhardt, 'Die Zusammensetzung des deutschen Reichstag', in *Die Arbeit* 1931, p. 32; E. M. Doblin and C. Pohly, 'The Social Composition of the Nazi Leadership', in *American Journal of Sociology* li, July 1945, 43; Hans Gerth, 'The Nazi Party: Its Leadership and Composition'. *The American Journal of Sociology*, xlv, 4 (January 1940), 530.

纳粹党员在较年轻时参与政治（有些只有 20 多岁）并无新奇，国会那些年老的议员参与政治时也差不多是相同情况。然而，年龄的意义在于，1930 年年轻一代的思想与当时的时代精神相符，宣告了 19 世纪末的自由政治文化已经到了穷途末路。正如我们在第二章看到的，"一战"和革命的经验教会社民党和解的重要性，他们上台后也坚持这一点。但是 20 世纪 20 年代末时，这种态度成了停滞不前的同义词，这个时代的年轻人中充斥着激进主义的调调。他们对 1914 年的民族复兴和 1918 年战败存在浪漫化的想象，正如我们看到的弗吕格尔家兄弟中哥哥的情况，这一点最终被纳粹所利用。[190]

*

从一开始，德国的青年人和所谓的"前线一代"就排斥魏玛共和国。[191] 尽管很多在共和国下成长的年轻人没有参军服役，他们中有很多人——尤其是学生——在革命期间参加了自由军团。这些年轻自由军中有许多人参加了臭名昭著的暴力性反犹团体——德意志民族保护抵抗联盟（Deutschvölkischer Schutz- und Trutzbund），1922年该团体在拉特瑙被刺后遭到政府查禁。没有参加到前线战事的这些年轻人选择参加这样的军事组织来反对革命。战争结束后不到十年，特别是市民阶层的年轻人表现出了"对国家奉献的极大热情"，其表达方式便是"比任何时候都更军国主义"。[192] 20世纪30年代初，这些年轻人活跃在各种准军事组织中，这些组织往往对"战壕同志情谊"带有准神话色彩的理解：它们要么是极端反共和国民主，比如俾斯麦青年团（Bismarkjugend，1931年起由赫伯特·冯·俾斯麦担任团长）；要么对共和国的态度模棱两可[193]，比如年轻德意志骑士团（Jungdeutsche Orden）及其神秘的领导人阿图尔·马劳恩①。后来，这些年轻人成为纳粹冲锋队骨干（Sturmabteilung），甚至有些人在德意志民族保护抵抗联盟解散后直接参加了冲锋队。[194] "前线一代"在青年后期参加到"一战"中，对于那些太年轻没有参加战争的人而言，反抗共和国就是"他们的战争"。[195]

这些年轻人往往来自保守派家庭，他们深受浪漫主义影响——确切的说是瓦格纳式"日耳曼"领袖理想的影响，而这种理想在学校和大学课堂上得到延续。截止到1928年，俾斯麦青年团是第二大的青年组织，拥有42000名团员，年龄在14至25岁之间（按照沃尔夫冈·克拉贝的调查，超过半数成员年龄超过20岁），在全德国有约800个分支机构。大多数成员来自中等和高等阶级家庭，在易北河东部诸省还有贵族家庭的后裔；而在一些城市，工人阶级青年领导当地分会并非稀奇。[196] 在柏林以及鲁尔区的城市中，一些纳粹冲锋队的分支机构也有不少工人阶级成员；柯南·费希尔（Conan Fischer）称其为"自由浮动"青年政治极端主义的"社会学重叠"。[197] 约瑟夫·罗特（Joseph Roth）在其小说《蛛网》（Der Spinnennetz）中刻画了年轻且政治上摇摆不定的主人公特奥多尔·洛泽（Theodor Lohse），这位年轻的前中尉希望能"功成名就"，不仅仅加入一个暴力反民主的秘密组织，还被一位堕落王子的魅力所迷惑，这个王子纠集了一群影子军官和政客，带给易受影响的洛泽——这位德国"毫无希望

---

① 阿图尔·马劳恩（Artur Mahraun，1890—1950年），德国政治家，是卡塞尔一位枢密院官员之子，在一战中参加过东线作战。在1920年以条顿骑士团为灵感，创立了年轻德意志骑士团。成员在鼎盛期发展到三十万之众，但后他变成希特勒的批评者并遭到盖世太保的监禁。——译者

青年"的典型代表——一种民族使命感的幻觉，在与毫无权威的共和国斗争中找到权力的快感。[198]

1918 年议会改革的关键时期，瓦尔特·拉特瑙曾经呼吁年轻一代应展现出团结的意志，才能应对变革的时代。"我们需要领袖和尊严，"他写道，但一切必需在民主国家内实现。[199] 但是民主多极化的民主是否能够提供这种领袖和尊严，对很多年轻人而言才是关键问题。恩斯特·荣格（Ernst Jünger，1895）这位七次负伤的战斗英雄曾被授予德意志普鲁士"大蓝徽十字勋章"，后来通过创作战壕小说名声大噪，逐渐成为年轻一代的代言人。1923 年 9 月在《人民观察家报》上发表文章，批评共和国的政治领袖："在需要独立创造新事物的地方，这些新领导者们统统失败；他们没有遇到任何困难，却陷入到缺乏远见的情绪中，而这正是他们应该战斗的时刻"。[200] 荣格于 1923 年写下这些话时，正是他认为帝国（而不是共和国）陷入了 1918 年以来最大的危机中，而面对这样的危机，共和国领导人全部失去了男子气概。荣格对德国青年产生了巨大影响。弗吕格尔回忆到，自己曾一度被荣格的作品和《尼伯龙根之歌》的神话力量所迷惑。[201] 莱茵兰的少年弗朗茨·迈尔（Franz Meyer）和他的同学也感受到了这种英雄气概和民族气节，他们决定拒绝乘坐法国占领方控制的"军管列车"（Regiebahn），宁愿从科隆步行回门兴格拉德巴赫的家。[202]

荣格和年轻的一代认为魏玛共和国的议会体制削弱了德国的"男子气概"，这种不满导致他们排斥民主。[203] 他们认为，民族复兴要靠"革命"和强力的领袖。荣格的传记作者赫尔穆特·基泽尔（Helmuth Kiesel）指出，那时的青年有着普遍的理想主义，使革命的理想具体化，且与无产阶级革命严格区分。1930 年大选之后，荣格写信给卡尔·施米特，认为"欧洲充满了自由派的喋喋不休"，而这正是自由民主制的黄昏，现在是与其决裂的最佳时期。[204] 用一场保守派革命清除议会自由主义的残余，这种理念充满了戈培尔的日记，还可以经常在他的报道中看到；这些报道批评共和国及其代表，使得他经常入狱。他的辩护律师吕迪格尔·冯·德尔·戈尔茨（Rüdiger von der Goltz）是"前线一代"的典型人物，他认为这位年轻的纳粹党柏林大区负责人只不过说出了数百万人的想法。"这是帝国的自由，人民的自由，青年的自由，戈培尔也享有这种自由。"[205]

纳粹党是"青年人"的政党——这点我们在上面看到，1930 年进入国会的 107 名议员中，大多数（66%）都是 30 多岁或小于 30 岁，反映出整体的趋势。²⁰⁶ 里夏德·沙勒（Richard Schaller）的自传也表明了这一点，这位前建筑工在短暂信仰共产主义后，于1923年加入纳粹党；3年后，他进入科隆市议会；1930年只有27岁的他进入国会。1933年后，他取代康拉德·阿登纳成为科隆市长，而且也成为纳粹党内科隆–亚琛大区的区长。²⁰⁷ 他的党内同志威廉·凯泽（Wilhelm Kayser）从事文职工作，加入纳粹党时只有17岁，（短暂）担任希特勒青年团科隆分部的部长。²⁰⁸ 美国政治学者汉斯·格特（Hans Gerth）对纳粹党进行的初始研究显示，纳粹党中18~30岁群体所占比例比在全国人口中所占比例要高，40岁以上者则相对较少。²⁰⁹

1932年，阿图尔·迪克斯（Arthur Dix）对9月大选的研究出版，一定程度上预言了格特的发现。首先，迪克斯认为尽管参加纳粹党的人数之多令当时的人惊讶，但其政治发展的根源可追寻到1928年。迪克斯收集的证据指出，主要的政党在1924年达到了巅峰，之后在议员数量上不断下降，下降了大约三分之二。因此1930年的选举，不过是政治中流危机达到了顶峰而已。²¹⁰ 年轻的选民，尤其是20至30岁的选民，他们经历过战争的苦难；迪克斯认为他们在寻找斗志昂扬的领袖，而希特勒正是最合适的选择。²¹¹ 迪克斯还认为，选民整体右倾，尤其是年轻选民右倾，原因在于共和国的领袖们，特别是1928年5月开始执政的社民党，没有能够理解这一社会群体的需求。最终，这促成了对生活在不堪回首的过去中的老一代的反抗。魏玛共和国的领导人，尽管采取了共和国公民教育的手段，却没有能启发、引导青年人的热忱。纳粹领导人却准确利用了这种对现状的不满，戈培尔曾说过："谁拥有未来，便拥有年轻人。"²¹² 选民拥抱希特勒，正是共和国领导人和年轻人之间代沟的具体表达。

> 前线一代和年轻选民在希特勒运动中找到了动力，那正是他们一直寻求的外在对自由的渴望及内在对纪律的要求。极端主义才符合他们的胃口，而战争和革命的经验显示，强烈的反犹主义并没有威慑力。²¹³

无论如何，共和国内政治转向极权，也不应该过分夸大年轻人反抗所起的作用。

1930年9月，在投靠纳粹的过程中年轻人的角色，也有不少学者提出不同意见。比如，特奥多尔·盖格尔在考察 1930 年选举时，认为希特勒主要吸引年轻选民并非是事实，他下结论道"即使是 1928 年后一半的年轻人投票给纳粹，那也不过是一百万张选票"。[214] 此外，无论是中央党，还是巴伐利亚人民党，尽管有老龄化的趋势，但在这些关键时期并没有明显地失去青年人的支持——虽然各地区情况不尽相同。同时，迪克斯也发现年轻选民在 1930 年选举中，不太可能投票给极端政党。[215] 尽管存在种种证据，不可忽视的事实是，市民阶层青年特别容易受到浪漫化极端政治的吸引。美国学者卢克·斯普林曼（Luke Springman）的研究显示了这一代是如何耳濡目染，在英雄和冒险的故事中成长的。[216] 20 世纪 30 年代初，这一代人寻求极端不同的事物。尽管有着非凡的个人魅力，兴登堡还是代表着过去。此外，到 1932 年时，右翼评论者普遍认为他与共和国政治同流合污。[217] 相比之下，按照"陌生人国王"的传统神话，希特勒代表了"外来英雄"回到故土，成为"真正"的救世主。希特勒的吸引力在于，一方面为共和国不满者发声，而另一方面又代表了新鲜事物。[218] 这种吸引力在他挑战总统权力时受到考验。尽管兴登堡最终取得胜利，民众对希特勒的支持的确不可小视，尤其是在那些民族主义保守派的腹地。[219]

我们在第五章看到，政府努力在学生中打造民主共和国的神话。但是这种努力遇到了极端强调神话和国家的民族主义传统，这种传统与海德堡的格奥尔格圈不无关系。魏玛议会体制中的固有纷争，被保守派视为统一的"人民意志"（Volkswille）道路上的障碍，这种统一的人民意志是建立国内外权威的必需。1931 年，日耳曼语言文学教授沃尔夫冈·施塔姆勒（Wolfgang Stammler）在格赖夫斯瓦尔德大学帝国成立纪念日集会上发表演讲指出，德国人被"分裂成党派"，需要一位领袖来达成统一。施塔姆勒认为曾经的领袖靠英雄的行为来证明自己的价值，而不是靠言语。[220] 两年前，马尔堡大学校长费利克斯·根茨默尔（Felix Genzmer）在就职时发表演讲，也表达了类似的观点，但是言语更加激进。[221] 越来越多地，年轻人在希特勒及其麾下的同僚中看到了他们寻找的英雄。20 世纪 30 年代开始，充斥着反动和反犹思想的传统学生同盟（Burschenschaften）又增加了新成员：国家社会主义德意志学生同盟（Nationalsozialistischer Deutscher Studentenbund，NSDStB），1926 年成立后仅仅四年内，该同盟就招募了 25000 名会员，分布在 34 所大学及研究所内。[222] 大学外，希特勒青年团也募集大量团员。[223]

在这一背景下，内政部长约瑟夫·维尔特在1930年8月的宪法庆典演讲中，着重讨论了德国年轻人中，许多人被意大利法西斯独裁者贝尼托·墨索里尼的领导方式所征服。在一段让听众感到惊讶的文字中，维尔特承认："对我而言，今日政治青年持续呼吁建立独裁体制下的领袖制度，这一点我认为可以理解，但却是不合常理的。"[224] 但是他接着指出这种吸引力是种陷阱，主要原因是个人自由受到威胁。维尔特向年轻人呼吁道：

> 德意志年轻人，如果你们觉得德国人民的代表没有吸引力，也不要放弃。请不要急躁，最重要的是请不要有傲慢的态度。把国家从灾难中拯救出来的人，你们不应该蔑视他们。他们殚精竭虑在德国创造新的政治意志，保障所有人的利益；这在今日，和他们专注恢复外部自由同等伟大。极端主义永远会杀死自己的孩子。它不会改善，只有毁灭，政治仇恨永远不会有果实，也从未在任何地方发生过！[225]

到20世纪20年代时，共和国政治右转，对强大领袖的呼吁甚至出现在民主圈子里。[226]

那些出生在世纪转折前后的人们，他们成长在战争、战败和羞辱的阴影下；对他们而言，强大权威领袖尤其有吸引力。[227] 这"不愿妥协的一代"中，许多人在第三帝国的政治中扮演了关键角色，而共和国对他们而言是缺少权威的教训。[228] 这一代人，有我们在第五章看到的法律工作者达姆和沙夫施泰因，还有我们曾引用的宪法历史学者恩斯特·鲁道夫·胡贝尔，他们都沁润在斯特凡·乔治及他的圈子创造的浪漫主义毒药中，受到恩斯特·荣格的极端民族革命行动主义（年轻的亚历山大·米切利希也被深深吸引）以及宪法理论学家卡尔·施米特不分是非的理论的影响。[229] 1933年，他们和志同道合的人一起，欢迎希特勒上台，在其统治早期努力实现"第三帝国"的独裁制度。[230]

第七节 结论

9月中旬，帕彭动用宪法第48条解散国会。按照宪法，他应该在60日内主持选举。11月6日的选举结果却并未带来太多安慰。他再次担任总理四个星期，但是没有任何政党支持。（希特勒的纳粹党尽管损失了一部分选票,但依然是国会中最大的党团,他们也拒绝加入"民族核心"内阁。)²³¹ 总统对帕彭的支持也不断减少。几乎持久性地使用宪法第 48 条带来了法律及宪法上的一系列问题,使得兴登堡愈加不安,认为独裁已经主宰宪法;此外,当年夏天普鲁士过渡政府被解职,而 10 月末最高法院推翻了这一行政决定。²³² 12 月初时,帕彭发现自己被孤立,不再适合领导政务。12 月 3 日他召开最后的内阁会议,冯·帕彭表示自己很满意,能够促成这届政府"在自由时代的末日坚持保守派领导国家",同时他表达了希望由库尔特·冯·施莱谢尔领导的新内阁能继续这一原则。²³³

到此时,甚至连自由派都意识到,政府和立法机构之间的对峙不能再持续下去,不过他们寻求对宪法进行微小调整,不允许进行大改动。²³⁴ 冯·施莱谢尔算不上是铁杆民主派,有不少人认为他的风格和十年前的"军事总理兼独裁者"塞克特类似,但他依然寻求建立不同政见者的大联盟(所谓的 Querfront),其基础是工会、中央党、格里哥·斯特拉瑟①领导的纳粹党左翼,目的是引导内阁远离独裁,并恢复议会政治。²³⁵ 然而,施莱谢尔尝试建立联盟政府失败,主要原因是这与冯·帕彭及其同僚的目标恰恰相反。这使得他被排挤在德国精英之外,就连他手下的将军们都不支持他。²³⁶ 仅仅上台数周,施莱谢尔便发现自己在政治上陷入孤立,被鹰派人物说服的兴登堡也不支持他。这位阴谋家最终成了阴谋的牺牲品,施莱谢尔倒台时,共和国的最后一点权威也消失殆尽。²³⁷ 1933 年 1 月 30 日,希特勒担任总理;导致希特勒上台的种种原因有许多资料记录。²³⁸ 在一系列的谈判后,希特勒担任总理不可避免。1 月 28 日,冯·施莱谢尔给总统提出了两种选择:要么是希特勒领导的多数派内阁,要么是兴登堡出面领导少数派内阁,但后者需要动用特别总统令。兴登堡不愿意面对第二条路可能带来的前景;因而最终的选择只有希特勒。²³⁹

转向希特勒也是帕彭及其同僚努力的一部分,在复兴的民族中寻找统一的意志。帕彭非常清楚托马斯·曼所说的"这个狡猾卑鄙的反动派"指的是谁,²⁴⁰ 而春夏举行的总统和国会选举已经表明,希特勒能够打破阶级、性别和代际的坚冰;在第二轮的总统选举中希特勒获得三分之一的选票;尽管 1932 年 11 月纳粹党失去了 200 万张选票,它还是获得了 33% 的选票,

---

① 格里哥·斯特拉瑟(Gregor Strasser,1892—1934 年),德国政客、纳粹党知名人物。他曾成为阿道夫·希特勒的对手,1932 年从职位上辞职,1934 年在"长刀之夜"中被杀。——译者

并在国会中获得 196 席（此前为 230 席）。[241] 虽然说 1933 年 1 月希特勒出任总理是种必然未免有些夸张，但当时的环境确实充满了某些必然的因素，尤其是许多鲁尔钢铁工业家协会的工业界巨子，比如弗里茨·蒂森（Fritz Thyssen）和保罗·罗伊施（Paul Reusch），在 1932 年 11 月全部赞成希特勒组阁。[242] 但正如弗朗茨·布拉赫特（中央党埃森市长，在帕彭和施莱谢尔内阁出任部长）与自己的妹夫马丁·史潘的私人通信中写道：

> 似乎人们不是青睐希特勒，而是相信希特勒政府是大势所趋。在这样的情况下，必需加快希特勒进入政府的速度，尽管他的表现不尽如人意，而他的政府，或许如工业界某些怀疑者所言，只能持续数周。[243]

无论是布拉赫特还是史潘似乎都没有注意到经济好转的征兆，正如阿罗德·詹姆斯指出的，这有助于希特勒稳定威信，牢牢掌握权力。[244] 他们的信件中也没有对希特勒独裁政府采取何种形式作出判断。尽管右翼呼吁统一独裁，进行"自上而下"的革命，然而对其形式并不统一；但在一些人看来，议会应该永远被排除在政府决策以外。[245] 因此，无论是冯·帕彭还是希特勒，第一次内阁会议都是讨论结束选举和议会，选择动用特殊授权法。[246] 在这一时间点，虽然正如帕彭后来声称的那样，当保守派相信他们能够以政府的职能将希特勒"圈禁"，但以希特勒个人权威为基础的独裁既不是注定也不是必然。[247]

第九章 1933—1936 年权威的释放

> 让我们下这样一个定义：独裁是一种政府形式，其中国家的一个或多个成员违反先前的现行法律，公开且经常地在全国实行强制性统治，且非统治者不能参与其中。[1]
>
> 他搬入威廉大街，并不是一位独裁者，他并不是那种除了自己意志以外不承认任何法律的人。从来就没有希特勒内阁，而是希特勒－帕彭－胡根贝格联合政府。尽管内部充满矛盾，但是这一联合政府决心推陈出新。这是一次危险的试验，除了深切的担忧和极度的怀疑外，我们没有别的感觉。[2]
>
> ……国家作为客观政体无法作为政治权力的源泉，政治权力交与元首，让他执行民族的共有意志。[3]

第一节　引言

从 1932 年夏天谈判开始时，纳粹党就公开参与政府事务，随后经历挫折，最终于该年末恢复进行。[4] 1 月开始这些谈判不断增强，导致 1 月末希特勒出任总理，这一过程令不少人讶异。[5] 希特勒出现在全国政坛上还不到十年；尽管如此，有些观察者似乎已经非常了解希特勒的个性和为人。丹尼尔·宾奇（Daniel Binchy）1929 年至 1932 年担任爱尔兰驻德国大使，1921 年在慕尼黑贝格勃劳凯勒啤酒馆第一次遇见这位粉刷匠，他见证了希特勒的转变。"在过去的这些时间里"，宾奇写道，"（希特勒）职位越来越高，现在已经成了总理。" 1921 年时，这位身材不高的纳粹领导人似乎还不是位天生的领袖；在宾奇看来，讲台下的希特勒不值一提，形容"暗淡"

且"苍白"。随着时间流逝,一个新的人物诞生了,他变成了有非凡魅力和品格的"元首"(Führer)。宾奇问道:"人们不禁会问:希特勒是一个怎样的人?"他继续解答道:

> 有些人认为希特勒的优势在于他的口才,其他一些人认为他是宣传天才,还有一些人认为他能和自己的追随者处在同一个智力层面上(原文如此)。尽管这些都有道理,但是希特勒的性格是最重要的因素……他力量的源泉是那疯狂、神话般地对自己和所担负使命的信仰。[6]

宾奇认为希特勒的自信是他作为领袖吸引人的地方,但是这一点在他上台时还没有广为人知。比如卡尔·施米特在日记中总写着"虚伪又可笑的希特勒"。[7]

比较老的历史著作把希特勒看作有着非凡目标、奸诈狡猾的政治操盘手;然而也有证据表明希特勒的脾气变化无常,而且有着犹豫不决的倾向。希特勒的公众人物形象和私人性格之间的差距戈培尔也非常清楚,他在日记中一方面记载了公开场合中希特勒极富魅力的个人权力,另一方面也记录他在私人生活上面的优柔寡断。即使是精心策划过地与他在公众场合相遇,遇不遇得到也只能是碰运气,这与"老板"的性情有关——戈培尔称希特勒为"老板"。实际上,戈培尔1932年以前的日记中,我们偶尔可以看到希特勒虽然是位魅力非凡的领导者,但是却没有与生俱来的威仪。[8] 尽管如此,很快登上权力巅峰的希特勒却建立了无限的权威。与来自爱尔兰的宾奇类似,德国流亡伦敦的作家赛巴斯蒂安·哈夫纳(Sebastian Haffner)曾于1940年问道:希特勒这样一个没有什么才能也并非道德模范的人,何以从魏玛共和国政治舞台上脱颖而出,占据其中心成为国家的"领袖"?

> 每一个有能力且有意愿夺取权力、统治和领导的人,在德国都能找到一大群人欢喜又自愿地服从并跟随他……
> 我们不需要仔细地探究原因。简单来说,对权威和好政府的正常需要,在许多德国人那里变成了对赤裸裸的暴力廉价又粗鄙地崇拜。内容空洞的纯粹强权正在对现在这一代的德国人施展魔法。激烈且残暴的群体受虐狂十分普遍。这位"强大的领袖"煽动了他们的热情,

使他们热爱"强硬手腕"的政府。希特勒正是发现并利用了这种心理。⁹

哈夫纳的激烈批评的核心是种精明的观察——不过这种观察需要证据。¹⁰ 因为1933年后这种无限权力有三个来源：第一个来源，群众的支持，这一点来自宪法第41条，1934年8月末，巩固了对希特勒作为总理和元首的忠诚；第二个来源，不受限制的授权，不受任何机构限制；最后一个来源是合法使用恐怖手段加强权力。在本书的最后一章中，我们将研究第三帝国早期时，这三个源头的发展是如何铺垫了希特勒"元首国家"的无限权力基础，1939年最终允许希特勒将这个国家带入战争和毁灭。¹¹

*

1933年，比社民党更右翼的政党都在寻求参加所谓的"民族复兴运动"（Nationale Erhebung），尽管这并不意味着所有的政党对此的理解完全相同。巴伐利亚人民党领袖弗里茨·舍费尔（Fritz Schäffer）和中央党卡斯（Kaas）博士强烈抗议他们的政党被排除在国民联合政府外，尽管这两个政党愿意与希特勒（及帕彭）谈判。¹² 最大的争论似乎是国会未来是否应该存在，卡斯坚持认为国会是宪法中不可改变的部分。希特勒放出风声，指责中央党不愿意配合，不同意他暂停国会12个月的要求，因此建立内阁毫无共同基础。¹³ 希特勒利用这次无法组建"大联盟政府"的"失败"，要求兴登堡解散国会并进行新的选举，重新为大联盟政府构建基础（但是要建立在纳粹党和德国国家人民党的联盟上，而不是建立在一个政党的基础上）；兴登堡批准了这一提议。¹⁴ 国会被解散后，预计3月5日进行大选，而帕彭和兴登堡的秘书迈斯纳（Meissner）对此大力支持。

3月5日大选以及3月12日普鲁士的地方选举中，选民表示对政府的坚决支持；希特勒认为，这是对自己个人威望的肯定。¹⁵ 在这两次选举中，纳粹党在地方议会中取得胜利，以至于戈林认为"政治格局非常明朗"。¹⁶ 希特勒被委任总理当晚，柏林警方估计有大约15000至17000人手执火炬，在威廉大街欢呼游行，向分别出现在新旧总理府的兴登堡和希特勒致意。¹⁷ 当时BBC驻柏林记者哈里森·布朗（Harrison Brown）写道："这么多年来第一次群众自发组织庆祝新总理上台。"¹⁸ 这种群众的欢天喜地并非为了希特勒，更多是为了国民联合政府。在普通德国人眼中，希特勒－帕彭的双极领袖是他们一直期待的强大且果断的政府。来自汉堡的保守派教师露易丝·索尔密兹（Luise Solmitz）在她自己的日记中写出了自己的期待，这反映了中产阶级的心声：

> H博士①给我们带来了什么？他的战友希特勒出任德国总理！多么棒的内阁！！！这是我们在去年7月做梦都想不到的。希特勒、胡根贝格、塞尔特和帕彭联合起来了！！！
>
> 他们每个人都肩负着德国的希望。国家社会主义作为动力，国家民族党带来理智，非政治的钢盔前线，当然还不能忘记帕彭。这令人难以置信的美妙，我要在那些批评到来之前赶紧写下来，要知道德国什么时候经历了美丽春天后又迎来了幸福的夏天？大概只有在俾斯麦主政时了。兴登堡做了多么伟大的事！
>
> 国家社会主义者和钢盔前线举着火把进行大规模游行，兴登堡和希特勒出席，所有人终于团结在一起。真是值得纪念的1月30日！[19]

3月的选举并非全民公投。但是利用对于领导者和被领导者之间在全民公投上的关系的有关民族总体价值的保守讨论，3月选举仅仅8个月内，希特勒便呼吁全国人民以直接赞成/反对的投票的方式决定是否退出国联。这种类型的全民公决成了希特勒统治的一大特征。他不再需要（优柔寡断的）议会批准，也不再需要纳粹党，并且在1934年8月后，也不再需要总统批准——他可以任意实行自己的决定，尤其是在外交政策上（经常的情况是，全民公决发生在决定实施后，而不是之前）。因此，希特勒无上权力的授权，直接来自于"人民的意愿"。

"真正民族整体"的概念不可分离地与有魅力的全民公投威权捆绑在一起。希特勒那充满魅力的权力基础则更加复杂，无论是在1933年前还是在此之后，从伊恩·克肖（Ian Kershaw）撰写的传记中我们可以看到这一点。[20] 但强大的民众支持也显而易见，首先是国内经济政策的成功伴随着越来越多的外交政绩——正如我们在第三章看到的。伴随着1933年后希特勒全民公决的领导权——虽然这表面上与共和国成立者拥有的权力差别不

---

① 指兴登堡，兴登堡拥有几十个名誉博士头衔。——译者

大——的是我们即将看到的与其他权力极其不同的方面。[21]

同时，一系列公共计划，比如创立劳动营，解决了城市男性失业问题，这也巩固了希特勒的权力；因此，德国很快实现了全民就业。从过去两年中政府失败的经验中总结教训，1932 年及 1933 年交替的冬天经济触底，希特勒内阁采取一系列政策来解决经济危机带来的迫切问题。[22] 仅仅在"就业战"打响半年内，失业率下降一半，到 1934 年春失业人数下降到 300 万以内，并继续下降。[23] 失业率下降的例子，可以在 1935 年 6 月的下萨克森看到，这里失业人数与 1933 年相比下降了 80%，仅为 66521 人。尽管如此，拖欠工资的情况经常出现，尤其在公务员中；私人企业中，全民就业也给政府带来了新问题，尤其是要遵守劳动法。老中产阶级中也有一些批评的声音，主要来自贸易和手工业，他们抱怨政府没有采取措施来改善他们不安稳的境况。[24] 不过这样的抱怨从来没有对政府构成严重威胁。此外，中产及工薪阶层的资产在第三帝国不断增加，这促进了民族热情，也间接辅助了希特勒取得外交政策上的成功，特别是 1936 年 3 月莱茵兰恢复军备武装。[25] 中产阶级的抱怨又被没收犹太商人财产而得来的收益平复。[26] 总而言之，通过改善物质生活条件，希特勒政权成功消除了各种怀疑，同时完全清除了共和国时期，在毫不留情彻查反对者时，那种所谓的"民族羞耻感"。

*

国会解散后，2 月 1 日直到 3 月 5 日这一时期对希特勒建立无上权力的独裁至关重要。卡尔-迪特里希·布拉赫称这一时期是"伪全民公决"，这一时期希特勒的特权建立在群众的支持上，但却以恐怖为基础。[27] 尽管这一切没有计划，不受限制权力的基础都在这期间确定下来。一系列的法律手段和恐吓被付诸实施，无论是在内阁会议还是地方政府。特别是曾经担任图林根教育部长的弗利克和戈林一起，在内阁中发起进攻（希特勒反而非常小心），要求采取新措施控制共产党的相关活动。也正是戈林在 2 月 2 日的一次部长级会议上，催促在普鲁士通过投票箱"夺取权力"，这预示着 3 月 12 日的地方议会选举"并未完全反映民意"。与此同时，在同一次会议上，弗利克提出了一份"保护德国人民"草案，其用意明显是限制反对党派在即将到来的选举中的活动。[28]

接下来的 12 个月中，一系列法案为希特勒独裁政府确立了合法环境，而且其中一些，比如特别授权法案（1933 年 3 月 24 日），消除了议会在政治决策中的作用，建立了不受限制的行政权力。类似地，《帝国政府州长法》（*Reichsstatthaltergesetz*，1933 年 4 月 7 日）解决了各州自治带来二元制的棘手问题。[29] 这一法律早在冯·帕彭内阁时便开始制定，目的在于集中帝国决策权，一年后与《帝国重建法》（*Gesetz über den Neuaufbau des Reiches*）合并（1934 年 1 月 30 日），这部法律经常被描绘成为纳粹党"统领"的基石（Gleichshaltung）；而实际上，它只不过实施了讨论已久的为实现中央集权国家而进行的改革，这种讨论可追溯到 1919 年关于宪法的辩论。[30]

1933 年夏，魏玛党派政治系统的毁灭曾被格德勒形容为通向"真正民族整体"的"伟大实践"，尽管他认为政府管理中纳粹党不受限制的影响力对"民族整体"不利。[31] 政府也下定决心将冯·帕彭开始的改革措施推行到底，彻底解决中央地方政府二元制的问题。其中，施米特同样在推动独裁上扮演了重要角色（但是必须指出的是，国家理论专家中，他并不是唯一参与其中的）。[32] 这一年 1 月，他在高等贸易学校针对中央集权国家话题发表演讲，在 2 月的电台讲座中也谈到了这一问题。[33] 按照他本人的说法，1932 年秋，他在最高法院（Reichsgericht）为冯·彭帕对抗普鲁士政府而辩护后便"小有名气"。由于在这次争论中发挥了关键作用，施米特也参加到《帝国政府州长法》的制定中。[34] 施米特很快便对第三帝国大加赞赏。如果说 2 月时他对纳粹的潜力还有些犹豫不决，[35] 到 3 月时他已经在为授权法确立法律基础了。[36] 在魏玛举办的"国家科学再教育协会"（Vereinigung für Staatswissenschaftliche Fortbildung）春季会议上，他发表讲座的主题是《国家主权和授权法案》（*Souveränitätsrecht und Ermächtigungsgesetz*）；与会者大加喝彩，这一点让施米特感到欣慰。[37]

但很快，权威复兴带给保守派的喜悦开始在不少地方打破了人们的幻想。1934 年 6 月 17 日，帕彭在马尔堡讲话发出批评声音，这位副总统呼吁希特勒遏制（由冲锋队发起的）过度"自下而上革命"，从而重新恢复自上而下的保守派权威，[38] 显示出保守派对国家权力的定义。保守派对权力的定义与希特勒正在建立的独裁之间区别的例子，可以在 1934 年秋卡尔·格德勒的改革计划中找到。尽管格德勒赞扬希特勒消灭了魏玛的政党系统，但他认为不该以损害国家为代价保留纳粹党作为国家统治的支柱，因为这延续了"魏玛系统的诅咒",将会带来多头统治的混乱。格德勒呼吁全民投票的独裁领袖作为集权国家的唯一基础。[39] 按照赖因哈德·梅林(Reinhard Mehring)的说法,施米特也在格德勒或帕彭之前表达了自己对以希特勒为首的统治的不满。1933 年 7 月,在一篇批评不受限制纳粹极端主义的"非法性"的文章中,施米特通过强调从冯·帕彭对普鲁士的"强制执行令"(Reichsexekution)到当下希特勒的"人民总理"的"协调"政策的一贯性为传统的民族保守主义理念下的集权政府做了阐释。[40] 施米特或许愿意自己以极端思想家的身份出现,不过他的直觉赞同自上而下的秩序,而不是自下而上的过度革命。梅林认为,施米特很快意识到希特勒政府对政权本质有着自己的定义。[41] 不过施米特非常灵活多变,随着时机调整自己的政策。那一年他去了科隆大学——替代了自由派法学及国家史教授汉斯·凯尔森①(后者因为犹太人血统而被解职)。任职后,施米特撰写了无数文章,尤其是在纳粹党的《西德意志观察报》(*Westdeutscher Beobachter*)上发表文章,为希特勒政权的政策和行动辩解(我们将在下文看到)。但和大多数民族主义者和保守派(如格德勒和帕彭,他们为建立"集权国家"付出了巨大的努力)的命运类似,施米特在巨大的成功后,1936 年却从政治舞台消失了。[42] 无论如何,哪怕是风光早已不再之后,他还坚持不懈地维护自己在希特勒执政早期"明星律师"的形象。[43]

*

战后的研究描绘到,希特勒的合作者选择希特勒的内阁,而不是传统保守派主导的政府,主要为了阻止施莱谢尔准军事政府。这些盟友一进入内阁,就很快被根本无法被职责驯服的"波西米亚下士"欺骗。[44] 这种描述自然为 1933 年追随希特勒并活到第三帝国以后的人们开脱主要责任,让他们集体成为配角。在关于希特勒政权的暴力本性问题上尤其如此。[45] 20 世纪 30 年代中开始,希特勒的不少追随者意识到了他们心中的集权国家和希特勒独裁之间的差异越来越大,但这不能掩盖希特勒政权早期时,精英阶层容忍极权国家的暴力行径。[46] 这被埃伯哈德·库伯称作是合法的"恐

---

① 汉斯·凯尔森(Hans Kelsen,1881—1973 年),20 世纪著名奥地利裔犹太人法学家,法律实证主义的代表人物。——译者

怖制造器"，为在1933年前几个月内建立独裁起了关键作用。3月21日即所谓的"波茨坦日"（Tag von Potsdam）上，希特勒在驻军大教堂介绍政府计划时，人们已经可以隐约感受到他的风格。⁴⁷但仅仅两天后，在柏林动物园的科罗尔歌剧院，在要求国会实施《特别授权法》时新政府的暴力本性暴露了出来。⁴⁸

　　3月23日晚，希特勒向在场的94名社民党议员发表长达50分钟的激烈演讲，⁴⁹用幽默、暴力语言和人身威胁对所谓的马克思主义者进行抨击，称其为"民族崛起"（Nationale Erhebung）的敌人。这些人应该从民族主体中"全部消灭"（auszurotten），公开吊死——在场的纳粹和德意志国家人民党的议员对这一提议报以热烈的掌声。⁵⁰这一次演讲，不仅仅是希特勒激烈地蛊惑人心的典型例子，同时也是以暴力为基础的权威的公开宣告。若是国会投票反对这一建议（这并不太可能发生），希特勒说他的政府"坚定地做好与被拒绝打交道的准备：先生们，你们现在可以选择要战争还是要和平"。这一对已经失败的反对党发出的战书，使在场的议员发出一阵阵笑声，随后是纳粹党和德意志国家人民党议员们雷鸣般的长久掌声。⁵¹社民党主席奥托·威尔斯对希特勒的演讲进行了大约10分钟的无力辩驳，试图为社民党自1918年开始的政策辩解，甚至还表示愿意在国会和政府合作（当然是种希望废除《特别授权法》的幻想）。⁵²接下来的25分钟希特勒对此进行了反驳，同样充满了暴力词汇；同样地获得热烈的欢呼，而社民党议员几乎一直保持沉默。⁵³国会的这次最后会议，以最后一次（同时也是可疑的）选举为基础，只持续了不到两个小时，从6点一刻持续到7点50分。在会议厅之外，按照一位英国人的记述，聚集了数千名纳粹党，齐声高呼"我们需要特别授权法"。⁵⁴这一事件很难被称为政治，只能说是安排好的政治戏剧，彻底终结了议会权力，开始了为期四年的内阁独裁。⁵⁵

　　甚至是自由派的《福斯日报》也支持《特别授权法》，形容其为"注定的法律"（Schicksalsgesetz），是维护国内稳定的必要措施，也是这一年末德国与法国、英国谈判的前提条件。⁵⁶第三帝国称之为"基本法"，尽管这种手段并非是纳粹发明的。按照魏玛共和国宪法，以及此前两次动用此法律的经历，必须获得国会三分之二以上的支持才能使用此法。希特勒政府为达成这一点使用了两个手段，一是清除国会中的共产党议员、逮捕或者恐吓大多数社民党议员；二是获得中央党的默许支持（自由派的国家党也赞成，让社民党被孤立）。人们不禁会假设，若是希特勒和冯·帕彭没有得到这样的支持，历史将会有怎样的发展，尤其是考虑到中央党领袖如路德维希·卡斯（Ludwig kaas）、约翰内斯·贝尔（Johannes Bell）及路德维希·佩利提乌斯（Ludwig Perlitius）对国会休会一年持反对态度，更别提最终投票时设定的休会期限是4年。[57] 巴伐利亚人民党卡斯和舍费尔发表声明，说他们相信各政党和国会应该通过一个顾问委员会发挥作用，尽管这一点希特勒也保证实现，但从来没有得到书面确认。[58] 在领导层的激烈争论中，显然只有布吕宁表示反对这一法律，但是他愿意尊重大多数人的意见，并和他的政党一起投了赞成票。[59] 因此23日的投票基于不正确的假设，即国会将在政府中发挥（尽管是削弱的）作用（与20世纪20年代初的特别授权法情况类似）；中间派政党的领导层被不断削弱，尽管客观上希特勒需要他们的支持。[60] 不论如何，他们赞成《特别授权法》，并非是支持希特勒独裁，更多地是对宪法独裁政府的支持——毕竟对此种独裁的讨论已经在魏玛共和国进行了十多年。同时，看到国会积极的投票结果，加上对《特别授权法》投票结果在预料之中，希特勒第二天带着"无限欣慰"回到了办公桌，他认为"德意志民族终于团结在一起了"。[61]

*

正如我们在其他章节看到的，国家支持的暴力从来是魏玛共和国的特色，尤其是在共和国早期。因此，伴随着纳粹政权上台而来的暴力浪潮并非是新鲜事物。无论是在民主还是专制语境中，暴力是追求权力过程中的自然属性，反映了"国家被围困"的紧张关系（无论围困是事实还是想象）。3月8日，马赫威森林发现三名工人的尸体，其中两人一位是粉刷匠弗里茨·尼奇曼（Fritz Nitschmann）一位是19岁的汉斯·巴尔库沙特（Hans Balkuschat），两人皆被枪杀。① 第二天在不伦瑞克，社民党党员汉斯·赛勒（Hans Saile）在一次冲锋队搜查该党报纸《人民之友》（*Volksfreund*）时被杀害。3月11日，来自斯潘道的22岁工人埃里希·迈尔（Erich Maier）被冲锋队逮捕并毒打；之后他被枪杀，尸体被扔在波茨坦以北的地方。[62] 这些谋杀既是"街道革命"暴力文化的一部分——这在魏玛共和国晚期已经习以为常（参见表5.3），同时它们还是伴随着3月5日全国

---

① 两人皆与共产党有关系。——译者

选举和 3 月 12 日普鲁士地方选举中，纳粹大获全胜带来的陶醉。[63] 希特勒政府初期的暴力经常被视为"清算"，地方纳粹分子惩罚对手——比较著名的例子如社民党的奥托·埃格施泰特（Otto Eggerstedt）被谋杀，还有 10 月阿尔托纳的警察局长在埃姆斯兰（奥尔登堡）的埃斯特尔韦根集中营被其纳粹警卫枪杀。[64]

因此，和 1918 年类似的，1933 年希特勒的"民族革命"中，人际暴力也起到了辅助作用；这些事件往往随机发生，并没有中央的领导；事实上，纳粹领导层及其保守派盟友们对这种暴力的态度大多模棱两可，并且认为其确实有用。[65] 更重要的，是逮捕带来的恐吓与不安。上台后，纳粹及其盟友们占有了总理以下所有重要的位置：内政部及司法部。中央政府中，内政部长由威廉·弗利克出任，1924 年他与希特勒一起在兰茨贝格监狱服刑。司法部由冯·帕彭亲信弗朗茨·京特担任，1924 年他曾担任巴伐利亚司法部长，对希特勒从轻审判有着功劳。两个最大的州普鲁士和巴伐利亚，内政部长和司法部长这两个重要的职位分别由戈林、汉斯·科尔（Hanns Kerrl）及希姆莱、汉斯·法朗克担任。特别法案通过两周内，普鲁士逮捕了 7099 人，绝大多数是共产党，其中包括恩斯特·托尔格勒及共产党领袖恩斯特·台尔曼①；月底前又逮捕了 3669 人；大规模逮捕持续到了夏天。那些还没有被"保护性监禁"的人，比如鲁道夫·布赖特沙伊德，因为担心自己的性命而逃逸；不过和普鲁士前内政部长恩斯特·海尔曼及巴伐利亚社民党检察官威廉·赫格曼（Wilhelm Hoegner）一样，他们并没能在逃很久。[66] 截止到 7 月，按照官方数据，整个德国共有 26789 人被"防护性拘留"，主要集中在普鲁士（14906 人），然后是萨克森（4500 人）和巴伐利亚（4152 人）。[67]

以"防护性拘留"为理由大规模逮捕政治对手，此前曾在"一战"快要结束时出现，然后在革命混乱的 1918 年末和 1919 年初再次使用。快速审判程序是确保政权和希特勒不受限制的权力的重要手段，开始时这种程序被普通法庭采用，从 3 月 23 日开始也被特殊法庭（参见第五章）采用。运用宪法第 48 条而启用的《保护人民及国家授权法》，由于 2 月 28 日的国会纵火案，最终在国会通过，尽管此前对授权法进行过详细讨论；这一

---

① 恩斯特·台尔曼（Ernst Thälmann, 1886—1944 年），德国共产党主席，著名的反法西斯战士，1933 年他在柏林被盖世太保逮捕，1944 年 8 月 18 日在布痕瓦尔德集中营被杀。——译者

法律通过暂停基本个人权利为国家恐怖创造了法律框架；3月29日通过的《死刑审议及执行法》允许对纵火犯追加死刑，此法按照2月的授权法取消了罪刑法定原则，允许对纵火案主犯马里努斯·凡·德尔·卢贝①执行死刑。[68] 这两部法律的特别之处在于其暴力本质。[69]

兴登堡对追加死刑表示不安，此外他也不希望凡·德尔·卢贝被公开吊死；即使是京特在内阁的代表，国务秘书弗朗茨·施利戈伯格（Franz Schlegelberger）也警告追加死刑的危险，但是这并没有阻止希特勒、弗利克和戈林。希特勒对内阁宣布："德国人民要求凡·德尔·卢贝被处决。在国家生死存亡面前我无法遵循法律至上原则。"[70]《国会纵火法》是依照宪法第48条实行的紧急手段，按照宪法应该只能暂时实行。然而，该法律通过时，期限却是"直到另行通知"，而且加上授权法，两者成为独裁的法律基础。[71] 因此，很快这样的特别手段将国家从"宪法内独裁"彻底转变成了不受宪法限制的独裁，在这个独裁内法律受超越法律的国家控制。法律因此与我们在第五章讨论的专制法律有着本质的区别。这种追加罪行的极端例子，可以在1934年冲锋队的谋杀大清洗中找到，最终消灭了所有对希特勒统治的挑战（无论是真实还是想象），也清算了所有敌人。[72]

我们曾在前面的章节看到，1918年的革命既不是完全由上自下，也绝不是极端地自下而上。1933年，希特勒和他的保守派盟友面对的也是类似情况，这一局面以1934年6月30日所谓的罗姆政变②作为结束；这一次血腥清洗结束了草根纳粹发起的所谓"第二次革命"，意味着不受限制权力的建立。冯·帕彭起初为自己被捕感到震惊和愤怒，同样还有他的五位顾问，其中两位是汉斯·冯·波瑟（Hans von Böse）及埃德加·尤里乌斯·荣格（Edgar Julius Jung）；大概这个时候冯·帕彭才意识到他不过是希特勒的梅菲斯特。显然，希特勒不需要别人指导他如何管理自己的属下，尤其是不需要曾经的"导师"指导。[73] 帕彭于7月14日写信给总理（在希特勒公开澄清了帕彭没有任何的不忠诚之后）宣布自己不渝的忠

---

① 马里努斯·凡·德尔·卢贝（Marinus van der Lubbe，1909—1934年），荷兰共产党员，失业的建筑工人，被纳粹指证为1933年2月27日国会纵火案元凶，并在莱比锡被处以极刑。——译者

② 和下文的"蜂鸟行动"均为"长刀之夜"之意，是发生在1923年6月30日至7月2日的一系列政治处决，以巩固希特勒政权，死者大多是为纳粹冲锋队成员和副总统帕彭的支持者，这次行动加强并巩固了国防军对希特勒的支持。——译者

诚。⁷⁴ 6 月 30 日的 "蜂鸟行动" 的悖论在于，一方面它展示了希特勒与民族主义保守派精英之间的约定，尤其是在军事精英中；另一方面这一行动也让希特勒不再受这种约定的约束。两三天内就有一百多人被杀害，其中大约有一半属于冲锋队。⁷⁵ 在被杀害者中间有很多反目成仇的盟友，如古斯塔夫·冯·卡尔（Gustav von Kahr），啤酒馆政变时的巴伐利亚内政部长；还有格里哥·斯特拉瑟（Gregor Strasser），希特勒纳粹党内的对手；以及 1932 年试图摧毁希特勒的冯·施莱谢尔将军。至少到了这一时刻，希特勒政权的真面目以及其基础应该已经完全显露出来。⁷⁶

为了减轻清洗之后数天内人民中间的不安（尽管对于冲锋队被压制，人民比较欢迎），7 月 13 日希特勒在国会发表长达一个半小时的演说，辩解称大清洗是国家自卫。⁷⁷ 他对那些敢于挑战其权威者发出了明确信息（包括那些与德国绅士俱乐部有关的昔日盟友），即"国家紧急状态"要由希特勒来定义，而他为了维护自己的位置，会一贯地果断采取毫不留情的行动，哪怕这些行动超越法律的界限。⁷⁸ 施米特于 1922 年就直言不讳地指出："元首就是裁决例外［情况］的那个人。"⁷⁹ 在接受德雷克大学文学系主任、曾任美国驻波兰及芬兰大使的皮尔森教授采访时，希特勒重申自己的行动预先制止了一次"军事政变"，而这样的政变可能会导致国家陷入内战。⁸⁰ 还有一些资料表明，6 月 30 日希特勒从巴伐利亚返回柏林时，对整个事件表示愧疚。⁸¹ 无论如何，他的国会演讲是一次个人的胜利，显露出领袖的自信。如果说 7 月 13 日前，公众对大清洗的反应从起初的接受到对被杀害者数量的震惊，那么希特勒的演讲消除了这种对政府及他作为领袖的信任危机，尤其是在清洗后数天内所产生的怀疑。根据外国使领馆的报道，公众的士气有所恢复，普遍对希特勒的果断行动表示赞成。但是这一事件毫不含糊地现实了希特勒权威的基础。7 月 3 日希特勒在内阁对这一事件的评论清晰地表明这一点："他（罗姆等人）的例子会一直警醒其他人。"⁸²

德国保守派精英因此集体噤声。但是也有人公开赞同这种暴力。兴登堡（可能由迈斯纳代写）给希特勒和戈林发消息，感谢他们果断行动避免了一场国家灾难。⁸³ 不久后的一次访谈中，瓦尔特·冯·赖歇瑙① 少将也赞扬了希特勒的"当机立断"，并且认为冯·施莱谢尔被杀也是咎由自取，

---

① 瓦尔特·冯·赖歇瑙（Walther von Reichenau，1884—1942 年），他最后成为陆军元帅，在第二次世界大战前期几乎参加了所有重大战役，担任指挥要职，包括著名的第 6 集团军。——译者

这位前军事总理过多地参与到浑浊的政治世界里。[84] 因为赖歇瑙也参与到 6 月 30 日的行动中,因而也不太可能有别的表示。

卡尔·施米特则是局外人和旁观者,且他的自重(或许是种自我保护,考虑到他与施莱谢尔的关系)促使他从法律上粉饰这一事件。7 月 3 日,政府回溯性地"合法化"这一事件,引入了《国家紧急自卫措施法》(Gesetz über Maßnahmen der Staatsnotwehr)。[85] 有关这部法律和希特勒在 7 月 13 日国会发表的演讲,施米特在《德国法官报》上发表了头版文章《元首保护法律》('The Führer Protects the Law'),其中把法律和希特勒的"意志"等同起来。[86] 在这篇文章中,施米特攻击了共和国时"空洞法律至上"导致"虚假的中立性"。文中他还赞同了希特勒在国会发言时的观点,认为俾斯麦国家 1918 年垮台的原因是没有将战时权力用在关键时刻。结果是这一权力被自由主义破坏,变成了"法制为上"(Rechtsstaat)的国家,因此无法对破坏者及国家敌人采取行动。[87] "所有德国历史上的不幸经验和警告,都在(希特勒)身上体现了出来……元首认真地吸取了德国历史中的教训。"[88] 按照施米特的论证,这允许希特勒在他的"真正元首"(der wahre Führer)基础上,成为国家的最高法律机构(oberster Gerichtsherr),发起 6 月 30 日清洗行动来保卫国家。"事实上,元首的行动才是真正的正义。它不是正义的附庸,而本身就是正义的最高形式。"对施米特而言,这种权威与共和国时期的独裁权力不同,既不受法律约束,也不是临时措施。[89] 引用学生恩斯特·鲁道夫·胡贝尔的观点,施米特指出在元首国家,权力没有行政和司法的区分。"公正的内容和范围由元首决定。"[90] 对无上权力的辩护,为(法律/超法律)"双重国家"的发展奠定了基础,数年后恩斯特·弗伦克尔敏锐地对其进行了剖析。[91]

重要的是,施米特一直引用"一战"和 1918 年革命中的例子,作为希特勒清洗"内部敌人"的正当理由。1934 年 2 月科隆,纳粹德意志法律从业者联盟(BNSDJ)的分区大会上,施米特已经表明自己拒绝市民阶层的法律原则,为《死刑审议及执行法》辩护,认为应该严格区分以纳粹精神为基础的"合法"法律以及法律形式主义的标准。[92] 在这次讲座中,以法律为手段的潜力,对与会的(纳粹化)法律工作者而言,最终表现在《元首保护法律》中。从许多方面而言,施米特的文章展现了他对"无限独裁""合理性和合法性""宪法保护者"等议题的逻辑思考,当然还展现了他的投机主义。广而言之,这里的信号是国家与希特勒这个个体的同步化。施米特和保守派的观点，正如我们看到的，认为以政治多元化为基础的自由民主选举参政权让人民"散沙化"并且令国家陷入瘫痪。希特勒的第三帝国作为"德意志人民的律法"将人民和国家融为一体，让民族焕发新生。[93] 如果说施米特和其他人为作为完全国家的"元首国家"提供了法律理论上的"进攻性防守"，那么"人民"则用他们的"意志"对国家表示支持。[94] 皮尔森在希特勒访谈后下结论道，大街小巷的普通人们支持血腥行动，对"他们的元首"完全信任。[95]

第二节 结论

尽管希特勒建立的独裁中有着保守派专制国家的理念，但是其自身的特色越来越多地显现出来。[96]

直到20世纪30年代中期时，独裁的关键特征反映在民主主义者对权威的讨论上。帕彭－希特勒的特别授权法不仅仅将国会排除在法律制定之外，同时也限制了总统的特权，因为法律上他已经成为多余，因为他赋予了内阁无上的权力，不需要再诉诸于紧急法案来统治。[97] 我们需要注意的是，1934年8月希特勒写给弗利克的信中，"请求"将总理的职位与政党领导合并，借口是"帝国总统"已经和兴登堡等同起来，因此无法再重复使用，终结了魏玛共和国总统的历史。最终的结果是正式开创了"元首国家"，而8月19日全民公投为其提供了群众基础。[98] 丹麦驻柏林大使注意到希特勒这位"充满魅力的领袖"现在有了世界上任何一个国家领导人没有的权力。[99] 或许有些人会认为此种形容过分夸张；当然，其他的外交官在认可希特勒权力扩张时，没有像这位赫鲁夫·扎勒（Herluf Zahle）如此夸张。其中一个很重要的原因是，他们看到公投中有不少人对元首国家展现了明显的排斥。[100]

尽管人民中出现了种种抗议，到1936年3月的全民公投时，这种排斥完全消失：莱茵兰恢复武装以99%赞成通过；因此，至少在表面上，希特勒似乎终于实现1916年以来一直提议并讨论但却从未成为现实的完全国家。[101] 实际上，截止到1935/1936年，公众对政府的反应［包括反复对规定的抱怨，对所谓的"小希特勒们"（纳粹党地方党首）腐败的指控，对物资缺乏、物价和总体经济的抱怨］体现了对人民集体（人民和谐团结的表达）尚未完全实现表示出的失望；我们可以在格德勒的抱怨中看到这种情绪（相反地，政府内部出现了很多抱怨人民缺乏"国家社会主义精神")。[102] 排除人为操纵和胁迫，1936 年公投中对希特勒的完全支持，体现了下层的坚定，以及他们对"底层人"团结，以得到无上权力的渴望。[103] 毫无疑问，"二战"前希特勒的个人魅力没有丝毫动摇。[104] 因此，危机和"一战"中催生的强大且不间断的权力神话使得希特勒和他的骑士们得以控制民众，最后导致战争和种族灭绝。

现代世界中，有效的独裁只能在民众同意的前提下，以统治秩序（Herrschaftsordnung）及人民秩序（Volksordnung）的共生作为基础，才能构成不受限制的独裁。[105] 魏玛共和国时期时，宪法第 41 条确认了全民公投的权威，全民公决作为广泛原则从未受到怀疑，无论是在 1933 年之前还是之后。实际上，《全民公投法》（1933 年 7 月 14 日）通过后，成为希特勒无上权力的基石和遮羞布。[106] 2 月授权法通过后，德国人失去了自己作为公民的主动权力，现在他们成了完全国家的被动公民；与元首"统一"意味着元首的行动就是他们的意志。[107] 正如施米特所说，在自由主义下德国人享受着个体自由，但是没有享受到在元首国家中不受限制的权力带来的集体"自由"。[108] 托马斯·曼在自己的日记中对德国人的心理状态进行了总结，这或许解释了人们对希特勒的热情。"德国人对传说和神话的意愿实际上是纯粹的反真理意愿，反对知识的真诚在这个时期再次出现，非常令人惊讶。"[109] 这种（心理的）倾向，在 1936 年德军进入非军事化的莱茵兰以及 1938 年 3 月德奥合并中再次显示出来。

无论如何，希特勒政权"伪全民公投"的本性以及其"人民与领袖统一为一体"的神话并不能掩盖其暴力的本质。使用致命暴力，即使是对纳粹内部左翼，暴露了希特勒独裁的真实面目。施米特理论中对"敌"与"友"的分析，不仅反映在"政治敌人""社会边缘"，特别是希特勒最常用的"叛徒"等语境中，更是明确的现实恐怖。[110] 1934 年至 1936 年，权力挣脱了法律及宪法的枷锁，德国也转变成为不受限制的独裁国家，让每个人都岌岌可危：因为只有他们这个新民族集体的无上元首，才能决定谁是"友"谁是"敌"，这决定了每个人的生死命运。[111]

注 释

第一章

1 Fritz Stern, 'Adenauer and a Crisis in Weimar Democracy'. *Political Science Quarterly,* LXXIII, 1 (March 1958), 第 1–27 页，此处内容在第 1 页。Eberhard Jäckel, 'Wie kam Hitler an die Macht?', 载于 Erdmann and Schulze (eds), *Selbstpreisgabe*, 第 305–312 页 以及讨论：第 313–321 页。

2 Karl Dietrich Erdmann, 'Die Weimarer Republik als Forschungsproblem'. *Vierteljahrshefte für Zeitgeschichte,* 3 (1955), 第 1–19 页。Hans Rothfels, 'Germany: After the Catastrophe'. *Journal of Contemporary History*, 2, 1 (January 1967), 第 79–91 页。

3 Gerhard Schulz, 'Aufbau und Fehlschlag einer Demokratie', 载于 *Weimar als Erfahrung und Argument. Aussprachen und Referate anläßlich der Feier des 25jährigen Bestehens der Kommission für Geschichte des Parlamentarismus und der politischen Parteien* (Bonn–Bad Godesberg, 1977), 第 5–24 页。参见 Sebastian Ullrich, *Der Weimar-Komplex. Das Scheitern der ersten deutschen Demokratie und die politische Kultur der frühen Bundesrepublik 1945–1959* (Göttingen, 2009), 第 21 页。

4 Eric Weitz, *Weimar Germany. Promise and Tragedy* (Princeton, NJ, 2007); Nadine Rossol, 'Chancen der Weimarer Republik'. *Neue Politische Literatur,* 55, 3 (2010), 第 393–419 页。

5 Oswald Spengler, 'Neubau des deutschen Reiches' (1924), 载 于 同 上，*Politische Schriften 1919–1926* (Waltrop and Leipzig, 2009), 第 179–183 页。

6 August Winnig, *Das Reich als Republik 1918–1928* (Stuttgart and Berlin, 1928)。

7　Kurt Sontheimer, *Antidemokratisches Denken in der Weimarer Republik. Die politischen Ideen des deutschen Nationalismus zwischen 1918 und 1933,* 4th edn (Munich, 1983)。

8　Friedrich Meinecke, *Die Deutsche Katastrophe* (Berlin, 1947), 第 88 页。

9　Theodor Eschenburg, *Die improvisierte Demokratie: gesammelte Aufsätze zur Weimarer Republik* (Munich, 1963)。

10　最经典的例证是：Harold Lasswell, *The Analysis of Political Behaviour: An Empirical Approach* (London, 1948), Ch. III: 'The Psychology of Hitlerism as a response of the Lower Middle Classes to Continuing Insecurity', first written in 1933. Hans Gerth, 'The Nazi Party: Its Leadership and Composition'. *The American Journal of Sociology,* xlv, 4 (January 1940), 第 530 页。但对此注释的批判性反驳，参见 Sidney Mellen, 'The German People and the Postwar World: A Study Based on Election Statistics, 1871–1933'. *The American Political Science Review,* xxxvii, 4 (August 1943), 第 601、623 页。

11　Felix Schottlaender, *Zwang und Freiheit. Ein Versuch über die Entstehung des Terrors in Deutschland* (Stuttgart, 1946), 第 9–10、26、35 页。关于普罗伊斯，参见 'Volksstaat oder verkehrter Obrigkeitsstaat?'. *Berliner Tageblatt,* 47 Jg., Nr. 583 (14 November 1918) Morgen-Ausgabe。另参见 Golo Mann, *Reminiscences and Reflections: Growing up in Germany* (London, 1990, orig. German, 1987)。

12　埃申堡出生于 1904 年，在私人工业领域工作一段时间后进入公共管理领域，成为蒂宾根大学的教授。Rudolf Huber, *Deutsche Verfassungsgeschichte seit 1789. Vol. 6: Die Weimarer Verfassung* (Stuttgart, Berlin, Cologne, Mainz, 1981), 第 222 页，注释 82。

13　传记参见 http://www.akademie-stuttgart.de/schottlaender.htm。

14　通常参见 Eberhard Kolb, *Die Weimarer Republik* 4th edn (Munich, 1998), 第 148–150 页。

15　Karl Dietrich Bracher, *Die Auflösung der Weimarer Republik* ([Villingen 1955] Düsseldorf, 1984)。

16　Walter Ganßer, *Abwehrbereit. Demokratie und Verfassungsschutz* (Munich, 1985), 第 18 页。

17 Hans Mommsen, *Die verspielte Freiheit. Der Weg der Republik von Weimar in den Untergang 1918–1933* (Berlin, 1989)。

18 Ursula Büttner, *Weimar: Die überforderte Republik 1918–1933; Leistung und Versagen in Staat, Gesellschaft, Wirtschaft und Kultur* (Stuttgart, 2008)。

19 Hendrik Thoß, *Demokratie ohne Demokraten? Die Innenpolitik der Weimarer Republik* (Berlin, 2008)。

20 西德史学材料参见 Hans Mommsen, 'Der lange Schatten der untergehenden Republik: Zur Kontinuität politischer Denkhaltungen von der späten Weimarer zur frühen Bonner Republik', 载于 Karl Dietrich Bracher, Manfred Funke and Hans-Adolf Jacobsen (eds), *Die Weimarer Republik 1918–1933. Politik, Wirtschaft, Gesellschaft* (Düsseldorf, 1987), 第 552–586 页; 东德史学材料参见 Andreas Dorpalen, 'Weimar Republic and Nazi Era in East German Perspective'. *Central European History*, 11, 3 (September 1978), 第 211–230 页。近期修正主义方法研究的例子，参见 Eric D. Weitz, 'Weimar and its Histories'. *Central European History*, 43 (2010), (=special issue 'Culture of Politics – Politics of Culture: New Perspectives on the Weimar Republic' ed., Kathleen Canning), 第 581–591 页; Jochen Hung, 'Introduction: Beyond Glitter and Doom. The New Paradigm of Contingency in Weimar Research', 载于 Jochen Hung, Godela Weiss-Sussex, Geoff Wilkes (eds), *Beyond Glitter and Doom: New Perspectives of the Weimar Republic* (Munich, 2012), 第 7–13 页。

21 Detlef Lehnert, 'Forschungsprojeckt "Politische Kultur in der Weimarer Republik, Identitäts- und Konsensprobleme in einer fragmentierten Gesellschaft"' (Berlin Free University, 1985)。

22 十分有用的观点参见 Dagmar Barnouw of John Willett, *Art and Politics in the Weimar Period. The New Sobriety, 1919–1933* (London, 1978), 载于 *The German Quarterly*, 53, 2 (March 1980), 第 268–269 页。

23 Thomas Mergel, *Parlamentarische Kultur in der Weimarer Republik* (Düsseldorf, 2002); Nadine Rossol, *Performing the Nation in Interwar Germany: Sport, Spectacle and Political Symbolism, 1926–36* (London and New York, 2010); John Bingham, *Weimar Cities: The Challenge of*

Urban Modernity in Germany, 1919–1933 (London, 2007); Leif Jerram, *Germany's Other Modernity: Munich and the Making of Metropolis, 1895–1930* (Manchester, 2007); David Crew, *Germans on Welfare. From Weimar to Hitler* (Oxford and New York, 1998); Young–Sun Hong, *Welfare, Modernity, and the Weimar State*, 1919–1933 (Princeton, 1998)。

24 Detlev J. K. Peukert *The Weimar Republic. The Crisis of Classical Modernity*, (trans. Richard Deveson, London, 1991)。更尖锐的批判参见 Peter Fritszche, 'Did Weimar Fail?. *Journal of Modern History*, 68 (September 1996), 第 629–656 页。

25 Harry Graf Kessler, *Tagebücher 1918–1937. Politik, Kunst und Gesellschaft der zwanziger Jahre* (Frankfurt/Main: Insel, 4th edn, 1979), Berlin, 2 October 1930, 第 643 页。关于科斯勒提到的这一改变中，对于自我的自观性精彩的重新评估，参见 Moritz Föllmer, *Individuality and Modernity in Berlin. Self and Society from Weimar to the Wall* (Cambridge, 2013)。

26 Mary Nolan, *Visions of Modernity: American Business and the Modernization of Germany* (Oxford, 1994); Helmuth Lethen, *Verhaltenslehren der Kälte. Lebensversuche zwischen den Kriegen* (Frankfurt am Main, 1994)。

27 Peter Gay, *Weimar Culture. The Outsider as Insider* (Harmondsworth, 1974); Carola Hepp, *Avantgarde: Moderne Kunst, Kulturkritik und Reformbewegungen nach der Jahrhundertwende* (Munich, 1987); August Nitschke, Gerhard A. Ritter, Detlev J. K. Peukert, Rüdiger vom Bruch (eds), Jahrhundertwende: *Der Aufbruch in der Moderne 1880–1930,* 2 Vols (Reinbek, 1990); Stephan Lamb, Anthony Phelan, 'Weimar Culture: The Birth of Modernism', 载于 Rob Burns (ed.), *German Cultural Studies* (Oxford, 1996), 第 53–99 页。

28 Anthony McElligott, *The German Urban Experience. Modernity and Crisis* (London, 2001)。

29 John Wheeler Bennett, 'The End of the Weimar Republic'. *Foreign Affairs*, 50, 2 (January 1972), 第 351–371 页，此处内容在第 352 页。

30 Tim Mason, 'The Legacy of 1918 for National Socialism', 载于 Anthony Nicholls and Erich Matthias (eds), *German Democracy and the Triumph of*

Hitler (London, 1971), 第 215–239 页。

31 McElligott, *The German Urban Experience*, 第五章。

32 Lewis E. Hill, Charles E. Butler, Stephen A. Lorenzen, 'Inflation and the Destruction of Democracy: The Case of the Weimar Republic'. *Journal of Economic Issues*, 11, 2 (June 1977), 第 299–313 页，此处内容在第 307 页。这几位作者完全根据英文二级文献假设了一个极其简单的论点，这一论点结合了通货膨胀和希特勒之后的掌权。更好的分析参见 Arthur van Riel and Arthur Schramm, 'Weimar Economic Decline, Nazi Recovery, and the Stabilization of Political Dictatorship'. *The Journal of Economic History*, 53, 1 (March 1993), 第 71–105 页。

33 Abraham Diskin, Hannah Diskin, Reuven Y. Hazan, 'Why Democracies Collapse: The Reasons for Democratic Failure and Success'. *International Political Science Review/Revue internationale de science politique*, 26, 3 (July 2005), 第 291–309 页，此处内容在 293、295 页。

34 另参见 Peter Fritzsche, *Germans into Nazis* (Cambridge, MA, 1998) 和同上，*The Turbulent World of Franz Göll. An Ordinary Berliner Writes the Twentieth Century* (Cambridge, MA, 2011)。

35 Howard Becker, 'Monuments: German Personality Types Foreshadowing the Collapse of the Weimar Republic'. *American Sociological Review*, 8, 5 (October 1943), 第 525–530 页，此处内容在 525 页。

36 参见 Dagmar Barnouw, 'Review Essay: Men and Women in Dark Times?'. *The German Quarterly*, 57, 1 (Winter 1984), 第 119–133 页中的更尖锐的批评。

37 一个基本上同意这一立场的有用的讨论，参见 Michael Dreyer, 'Weimar als "wehrhafte Demokratie" – ein unterschätztes Besipiel', 载于 Michael Schultheiss (ed.), *Die Weimarer Verfassung – Wert und Wirking für die Demokratie* (Erfurt, 2009), 第 161–189 页；同上，'Weimar as a "Militant Democracy" ' 载于 Hung, Weiss–Sussex, Wilkes (eds), *Beyond Glitter and Doom*, 第 69–86 页。

38 Edmund Schultz (ed.), with an Introduction by Friedrich Georg Jünger, *Ein Bilderwerk zur Geschichte der deutschen Nachkriegszeit: Das Gesicht der Demokratie* (Leipzig, 1931), 第 7 页。

39 Barch N2001/258, Bl. 1–15, 威廉·阿贝格写给卡尔·塞弗林的一封信的复印件, 31.5.1947。

40 Christoph Gusy (ed.), *Weimars lange Schatten. 'Weimar' als Argument nach 1945* (Baden–Baden, 2003)。

41 最好的研究方法：Moritz Föllmer and Rüdiger Graf (eds), *'Die Krise' der Weimarer Republik. Zur Kritik eines Deutungsmusters* (Frankfurt and New York, 2005)。

42 这一术语来自 Helmut Walser Smith, *The Continuities of German History: Nation, Religion, and Race Across the Long Nineteenth Century* (Cambridge, 2008)。1933 年对它的讨论，参见 Benjamin Ziemann, Christian Szeynmann (guest eds), 'Forum: The Nazi "Seizure" of Power' 载于 *Politics, Religion and Ideology*, Issue 3 (October 2013)。

43 Clinton Rossiter, *Constitutional Dictatorship: Crisis Government in the Modern Democracies* (New York, 1963, orig. Princeton, 1948)。

44 Thomas Mergel, 'Dictatorship and Democracy, 1918–1939', 载于 Helmut Walser Smith (ed.), *The Oxford Handbook of Modern German History* (Oxford, 2011), 第 423–453 页，此处内容在第 430–436 页。

第二章

1 Albert Ballin。参见以下第 73 条注释。

2 *Schulthess Europäischer Geschichtskalender* N.F. 34 Jg. 1918 (Munich, 1922), 第 432 页；Herbert Michaelis, Ernst Schraepler (eds), *Ursachen und Folgen. Vom deutschen Zusammenbruch 1918 und 1945 bis zur staatlichen Neuordnung Deutschlands in der Gegenwart 26 Volumes* (*Ursachen und Folgen*) (Berlin, 1958–1979), vol. 2, Docs. 524, 524a, 525。只有在 11 月 8 日被推翻的巴伐利亚的路德维希三世和其子鲁普雷希特王储拒绝放弃维特尔斯巴赫家族对皇位的继承权。Stefan Malinowski, *Vom König zum Führer. Deutscher Adel und Nationalsozialismus* (Frankfurt am Main, 2004); Lothar Machtan, *Die Abdankung. Wie Deutschlands gekrönte Häupter aus der Geschichte fielen* (Berlin, 2008)。

3 *Vossische Zeitung* Nr. 575 Abend–Ausgabe, 9 November 1918, 'Die

Umwälzung in Berlin'. *Schulthess Europäischer Geschichtskalender*, 在前面引用的书中的第 451 页有完整的演讲稿。同样可参见 Ernst Rudolf Huber, *Dokumente zur deutschen Verfassungsgeschichte Vol. 3: Dokumente der Novemberrevolution und der Weimarer Republik 1918–1933* (Stuttgart, Berlin, Cologne, Mainz, 1966), Doc. 2。根据谢德曼的观点，他的举动激怒了艾伯特，参见 Philipp Scheidemann, *Das historische Versagen der SPD. Schriften aus dem Exil* (Lüneburg, 2002), 第 102 页；Friedrich Stampfer, *Die ersten 14 Jahre der deutschen Republik,* 2 edn (Offenbach-Main, 1947), 第 55 页。对共和国申明的描述，参见 *Käthe Kollwitz, Die Tagebücher 1908–1943* edited and with a postscript from Jutta Bohnke-Kollwitz, new edition (Munich, 2007), 9 November 1918, 第 378 页。

4   Gustav Noske, *Vom Kiel bis Kapp. Zur Geschichte der deutschen Revolution* (Berlin, 1920), 第 7–54 页，此处内容在第 28、45–46 页。

5   Friedrich Meinecke, 'Die Revolution. Ursachen und Tatsachen', 载于 Gerhard Anschütz, Richard Thoma (eds), *Handbuch des Deutschen Staatsrechts* I (Tübingen, 1931), 第 98 页。参见鲁登道夫在 1918 年 1 月 2 日对议会乐观的报道，载于 *Ursachen und Folgen*, vol. 2, Doc. 280a。

6   Wolfram Pyta, *Hindenburg. Herrschaft zwischen Hohenzollern und Hitler* (Munich, 2007), 第 329–331 页。

7   关于两个不同观点的例子，参见 *Bütower Anzeiger,* 55 Jg., Nr. 253, 30 October 1918, 'Feindliche Angriffe überall gescheitert'。关于弗里德里希·瑙曼、雅克斯教授、实业家罗伯特·博世和其他一些人在 1918 年 2 月 11 日写信给鲁登道夫，请求和平谈判，参见 *Ursachen und Folgen*, vol. 2, Doc. 329。还可见巴林对 1918 年 9 月 5 日觐见皇帝的会议叙述，他觉得君主被告之完全错误的战争进程的消息，有寻求和平谈判的必要：*Ursachen und Folgen*, vol. 3, Doc. 352a。

8   Theodor Wolff, *Tagebücher 1914–1919. Der Erste Weltkrieg und die Entstehung der Weimarer Republik in Tagebüchern, Leitartikeln und Briefen des Chefredakteurs am 'Berliner Tageblatt' und Mitbegründers der 'Deutsche Demokratische Partei'* introduced and edited by Bernd Sösemann (Boppard am Rhein, 1984), 第 475 页，1917 年 1 月 28 日。

9   Wolfgang Schivelbusch, *Culture of Defeat. On National Trauma, Mourning,*

and Recovery (London, 2003, orig. *Die Kultur der Niederlage*, Berlin, 2001). 另参见 Meinecke, 'Die Revolution', 第 98 页和 Andreas Wirsching, 'Die paradoxe Revolution 1918/19'. *Aus Politik und Zeitgeschichte,* 50–51 (8 December 2008), 第 6–12 页, 此处内容在第 8 页。

10 Wolfgang Elben, *Das Problem der Kontinuität in der deutschen Revolution. Die Politik der Staatssekretäre und der militärischen Führung vom November 1918 bis Februar 1919* (Düsseldorf, 1965), 第 162–163、165 页; Alexander Gallus, 'Deutsche Revolution 1918/19: die Etablierung der Weimarer Republik', idem (ed.), *Deutsche Zäsuren. Systemwechsel seit 1806* (Cologne, 2006), 第 139–163 页, 此处内容在第 137–138 页。Heinrich August Winkler, 'Die Revolution von 1918/19 und das Problem der Kontinuität in der deutschen Geschichte'. *Historische Zeitschrift* 250 (1990), 第 303–319 页。

11 *Ursachen und Folgen*, vol. 3, Doc. 526. 比较: *Schulthess Europäischer Geschichtskalender*, 第 453 页。

12 Fred S. Baumann, *Um den Staat. Ein Beitrag zur Geschichte der Revolution in Hamburg 1918/18* (Hamburg, 1924), 第 51–53、97 页。另参见 Sabine Mecking, *Immer treu! Kommunalbeamte zwischen Kaiserreich und Bundesrepublik* (Eessen, 2003), 和 Achim Bonte, *Werbung für Weimar? Öffentlichkeitsarbeit von Großstadtverwaltungen in der Weimarer Republik* (Mannheim, 1997), 第 201–219 页。

13 *Vossische Zeitung* Nr. 575, Abend-Ausgabe, 9 November 1918, 'Der Vorfälle in Reich'.。关于平静过渡的类似报道, 也可参见 *Bütower Anzeiger* 55 Jg., Nr. 262, 9 November 1918, 'Der Kaiser Wilhelm entsagt dem Thron'。

14 Elben, *Das Problem der Kontinuität in der deutschen Revolution*, 第 173 页。Heinrich August Winkler, 'Revolution by Consensus? Germany 1918–19', in Reinhard Rürup (ed.), *The Problem of Revolution in Germany 1789–1989* (Oxford, 2000), 第 93–107 页, 此处内容在 97–98 页。Leo Lippmann, *Mein Leben und meine amtliche Tätigkeit: Erinnerungen und einen Beitrag zur Finanzgeschichte Hamburgs. Aus der Nachlaß*, edited by Werner Jochmann (Hamburg, 1964), 第 XX 页 (编者的简介)。

15 Franz J. Bauer, *Die Regierung Eisner 1918/19, Ministerprotokolle und Dokumente* (Düsseldorf, 1987), Doc. 1. 鲍尔（Bauer）写道：这与反民主的情绪没有关系，而是与他们先前对巴伐利亚国王的效忠有关，同上，注释 1。关于艾斯纳（Eisner），参见 Bernhard Grau, *Kurt Eisner: 1867–1919; eine Biographie* (Munich, 2001); 关于慕尼黑革命和苏维埃共和国，参见 Allan Mitchell, *Revolution in Bavaria 1918–1919: the Eisner regime and the Soviet Republic* (Princeton, NJ, 1965); Michaela Karl, *Die Münchener Räterepublik. Porträts einer Revolution* (Düsseldorf, 2008)。

16 更简介的介绍参见 Eberhard Kolb, *Die Weimarer Republik*, third edition (Munich, 1993), 第 1–22、157–168 页; Heinrich August Wnkler, *Von der Revolution zur Stabilisierung: Arbeiter und Arbeiterbewegung in der Weimarer Republik, 1918 bis 1924* (Berlin, 1985), 第 19–26 页。

17 Winkler, *Von der Revolution*, 第 19–26 页; Wolfgang Kruse, 'The First World War: The True German Revolution?', 载于 Rürup (ed.), *The Problem of Revolution*, 第 67–92 页，此处内容在第 67 页。关于本章中部分观点的经典研究，参见 Jürgen Kocka, *Klassengesellschaft im Krieg* (Göttingen, 1973, 2nd edn, 1978)，译为英文版本为 *Facing Total War: German Society 1914–1918* (Leamington Spa, 1984), 参考都是来自英文版本; Wolfgang Mommsen, *Die Urkatastrophe Deutschlands. Der Erste Weltkrieg 1914–1918 = Gebhardt Handbuch der deutschen Geschichte*, Vol. 17 (Stuttgart, 2004), 第 78–134 页; 同上, 'The German Revolution 1918–1920: Political Revolution and Social Protest Movement', 载于 Richard Bessel and E. J. Feuchtwanger (eds), *Social Change and Political Development in Weimar Germany* (London, 1981), 第 21–54 页; Roger Chickering, *Imperial Germany and the Great War, 1914–1918* (Cambridge, 1998); 同上, *The Great War and Urban Life in German: Freiburg, 1914–1918* (Cambridge, 2007); Ute Daniel, *Arbeiterfrauen in der Kriegsgesellschaft. Beruf, Familie und Politik im Ersten Weltkrieg* (Göttingen, 1989) 译为英文版本为 *The War from Within, German Working-Class Women in the First World War* (Oxford, New York, 1997); Belinda Davis, *Home Fires Burning: Food, Politics, and Everyday Life in World War I Berlin* (New York, 2000)。

18 Walther Rathenau, *Nach der Flut* (Berlin, 1919), 第 43–44 页。

19 *Schulthess Europäischer Geschichtskalander* N.F. 30 Jg., 1914 (Munich, 1917), 第 371 页。很难确定威廉声明的真伪, 尤其是考虑到他在普鲁士商业改革中模棱两可的态度, 参见 Susanne Miller, *Burgfrieden und Klassenkampf. Die deutsche Sozialdemokratie im Ersten Weltkrieg* (Düsseldorf, 1974), 第 31 页及以下各页、第 319 页。Jeffrey Verhey, *The Spirit of 1914. Militarism, Myth and Mobilization in Germany* (Cambridge, 2000), 第 65–66 页。

20 Hans-Ulrich Wehler, *Deutsche Gesellschaftsgeschichte 1914–1949* (Munich, 2002), 第 74、87、90 页及以下各页。

21 同上, 第 94 页。

22 Walther Rathenau, *Von kommenden Dingen* (Berlin, 1917), 第 219–223 页。Wehler, *Deutsche Gesellschaftsgeschichte*, 第 72 页。

23 Walther Rathenau, 'Deutschlands Rohstoffversorgung, Vortrag gehalten in der "Deutschen Gesellschaft 1914" am 20 Dezember 1915', in *Walther Rathenau. Gesammelte Schriften in fünf Bänden: fünfter Band* (Berlin, 1918), 第 23–58 页, 此著作提供了一个更加乐观的画面; 对比他于 1914 年 10 月 10 日写给格奥尔格·冯·迪策尔斯基的信件; 于 2015 年 3 月 29 日写给朗格维尔特·冯·西梅尔恩男爵的信件; 于 1916 年 9 月 19 日、1916 年 10 月 21 日、1916 年 11 月 14 日、1919 年 12 月 1 日写给古斯塔夫·斯泰因波墨尔的信件, 载于 Alexander Jaser, Clemens Picht, Ernst Schulin (eds), *Walther Rathenau Briefe Teilband 2: 1914–1922* (Düsseldorf, 2006), 第 1382–1383、1426、1567–1568、1571、1581–1582、1585–1586 页。

24 Wilhelm Deist, *Militär und Innenpolitik im Weltkrieg 1914–1918, Erster Teil* (Düsseldorf, 1970), Doc. 189 (Gen. Hohenborn, 16 September 1916, 'Auszüge aus dem Protokoll'); 同上, Doc. 213 (Ludendorff to Groener, 26 Januar 1917). Jörg Berlin (ed.), *Die deutsche Revolution 1918/19. Quellen und Dokumente* (Cologne, 1978), 第 34–35 页。

25 Hugo Lindemann, *Die deutsche Stadtgemeinde im Kriege* (Tübingen, 1917), 第 63–94 页; *Jahresbericht des Arbeiterrates GroßHamburg, Geschäftsjahr 1920*, 第 32 页; Lippmann, *Mein Leben*, 第 222–228 页; Chickering, *Freiburg, 1914–1918*, 第 162–179 页; Davis, *Home Fires*, 第 191–204 页。

26　Wehler, *Deutsche Gesellschaftsgeschichte*, 第 89 页。
27　*Ursachen und Folgen*, vol. 1, Doc. 149a. Deist, *Militär und Innenpolitik I*, Doc. 154; Kocka, *Klassengesellschaft*, 第 14 页；Daniel, *The War from Within*,　第 150 页；Volker Ullrich, *Kriegsalltag. Hamburg im ersten Weltkrieg* (Cologne, 1982), 第 39 页及以下各页。Anne Roerkohl, *Hungerblockade und Heimatfront. Die kommunale Lebensmittelversorgung in Westfalen während des Ersten Weltkrieges* (Stuttgart, 1991)。另参考重要研究：Maureen Healy, *Vienna and the Fall of the Habsburg Empire: Total War and Everyday Life in World War I* (Cambridge, 2004)。
28　Daniel, *The War from Within*, 第 26、28–31 页。
29　Landesarchiv Berlin (hereafter LAB), Rep. 142, STK 1051. *Statistisches Jahrbuch für das Deutsche Reich* (=StJbDR) 39 Jg., 1918 (Berlin, 1918), 第 158–162 页；*StJbDR* 40 Jg., 1919 (Berlin, 1919), 第 348–352 页。
30　Lippmann, *Mein Leben*, 第 229 页。
31　Roerkohl, *Hungerblockade und Heimatfront*, 第 360 页。更多数据载于 Dietmar Petzina, Werner Abelshauser, Anselm Faust, *Sozialgeschichtliches Arbeitsbuch III. Materialien zur Statistik des Deutschen Reiches 1914–1945* (Munich, 1978), 第 21 页。与此对照的内容，参见 Jay Winter and Jean-Louis Robert (eds), *Capital Cities at War. Paris, London, Berlin 1914–1918* (Cambridge 1999) 中的文章。
32　根据官方资料，战争期间因封锁而死亡的人数如下：

年份	人数	对比战前死亡人数的比率%（1913=100）
1915	88235	9.5
1916	121174	14.3
1917	259627	32.2
1918	293760	37.0

来源：*Ursachen und Folgen*, vol. 1, Doc. 149.

33　[Max Bauer], *Konnten wir den Krieg vermeiden, gewinnen, abbrechen? Drei Fragen beantwortet vom Oberst Bauer* (Berlin, 1919), 第 23、41 页。
34　Kocka *Klassengesellschaft*, 第 40 页及以下、第 71 页及以下；Ullrich,

Kriegsalltag. 第 43 页。Chickering, *Freiburg, 1914–1918*, 第 181、190、196 页。战时行为失检的例子参见 Anthony McElligott, 'Petty Complaints, Plunder and Police in Altona 1917–1920. Towards an Interpretation of Community and Conflict', in Peter Assion (ed.), *Transformationen der Arbeiterkultur* (Marburg, 1986), 第 110–125 页，此处内容在第 112–115 页。

35 Ullrich, *Kriegsalltag*, 40*ff*.; Hellmut G. Hassis *Spuren der Besiegten 3: Freiheitsbewegungen vom demokratischen Untergrund nach 1848 bis zu den Atomkraftgegnern* (Reinbek, 1984), 第 898–899 页。

36 LAB 142/2 StK 717, Preisprüfungsstelle München, 28.10.1916, 'Bericht im Sinne des Ersuchens des stellv. Generalkommandos I.B.A.K. v. 21.10.1916'; 以及 10 月 21 日（科隆）、10 月 26 日（什切青）、10 月 31 日（德累斯顿）、11 月 6 日（莱比锡）、11 月 17 日（美因河畔法兰克福）的报道。

37 Ullrich, *Kriegsalltag*, 第 45–47 页。

38 LAB 142/2 StK 717, 报道来自 11 月 10 日（柯尼斯堡），10 月 19 日和 11 月 20 日（多特蒙德）。Hassis *Spuren*, 第 900–902 页；Daniel, *The War from Within*, 第 141–144 页；同上, *Frauen* (Frankfurt, 1997), 第 189 页及以下各页；同上, 'Der Krieg der Frauen 1914–1918: Zur Innenansicht des Ersten Weltkriegs in Deutschland', 载于 Gerhard Hirschfeld, Gerd Krumeich, Irina Renz (eds), *Keiner fühlt sich hier mehr als Mensch ... Erlebnis und Wirkung des Ersten Weltkriegs* (Essen, 1993), 第 172–173 页。

39 LAB 142/2 StK 717, Magistrat [Paderborn] IV1399 zum Erlaß v. 26.9.1916 Nr. 6574 L. 4.10.1916, 'An der Landrat'; 以及 Mappe 12: 'Besondere Wünsche und Anregungen' (Ludwigshafen)。

40 LAB 142/2 StK 717, Abschrift der Kriegsminister Nr. 186/16 geh. B6 11 Aug. Geheim! Berlin 31 Aug. 1916（原文如此）: 1916 年 9 月 2 日信件副本 'Mehrere Magdeburger Bürger'。

41 [Bauer], *Konnten wir den Krieg vermeiden, gewinnen, abbrechen?*, 第 23、41 页；Deist, *Militär und Innenpolitik* I, Doc. 127; Meinecke, 'Die Revolution', 第 103 页及下页；Ullrich, *Kriegsalltag*, 第 65、195 页；Chickering, *Freiburg 1914–18*, 第 208–261 页各处；Davis, *Home Fires*, 第 216–218、229–236 页。Ute Frevert, *Frauen-Geschichte zwischen bürgerlicher Verbesserung und Neuer Weiblichkeit* (Frankfurt/Main, 1986),

第 159–162 页。

42 参见 Franz Osterroth, and Dieter Schuster (eds), *Chronik der deutschen Sozialdemokratie, Volume 1: Bis zum Ende des ersten Weltkrieges; Volume 1: Bis zum Ende des Ersten Weltkrieges* (Berlin, Bonn–Bad Godesberg, 1975), 第 177–179、182、187–188 页。

43 斯巴达克斯信件的编辑恩斯特·梅耶（Ernst Mayer）博士的证据载于 Ralph Haswell Lutz (ed.), *The Causes of the German Collapse in 1918: Sections of the Officially Authorized Report of the Commission of the German Constituent Assembly and by the German Reichstag, 1919–1928* (Stanford, Calif., 1934), 第 108 页。

44 Icarus（假名）, *The Wilhelmshaven Revolt: A Chapter of the Revolutionary Movement in the German Navy, 1918–1919* (London, 1944), 第 14 页。

45 *Ursachen und Folgen*, vol. 1, Doc. 113; Davis, *Home Fires*, 第 146–152 页。背景载于 Wehler, *Deutsche Gesellschaftsgeschichte*, 第 71–111 页。

46 LAB 142/2 StK 717, 什切青的报道, 1916 年 10 月 26 日。

47 Frevert, *Frauen-Geschichte*, 第 149、162 页；McElligott, 'Petty Complaints', 第 115–120 页。

48 Deist, *Militär und Innenpolitik* I, Doc. 154, 第 378–382 页，此处内容在第 380 页；Daniel, *Frauen*, 第 147 页。

49 Deist, *Militär und Innenpolitik* II, Doc. 274, 第 699 页；Davis, *Home Fires*, 第 80–88 页；McElligott, 'Petty Complaints', 第 121 页。关于巴伐利亚, 参见 Kocka, *Klassengesellschaft*, 第 43–49 页。

50 Deist, *Militär und Innenpolitik* I, Doc. 126, 第 294–249 页，此处内容在第 295 页。

51 同上, Doc. 125。

52 此次军队命令的重新洗牌在文献里被称为"第三德军最高指挥部"。Ernst Rudolf Huber, *Deustche Verfassungsgeschichte seit 1789. Vol. 4: Struktur und Krisen des Kaiserreichs* (Stuttgart, Berlin, Cologne, Mainz, 1969), 第 544 页。Pyta, *Hindenburg*, 第 205、216 页及以下各页、第 221–222 页。Wolfgang Brenner, *Walther Rathenau. Deutscher und Jude* (Munich and Zurich, 2007), 第 329–331 页。

53 Manfred Nebelin, *Ludendorff, Diktator im Ersten Weltkrieg* (Munich, 2010),

第 225 页。

54　Erich Ludendorff, *Mein militärischer Werdegang. Blätter der Erinnerung an unser stolzes Heer* (Munich, 1933); 同上, *Kriegsführung und Politik* (Berlin, 1923), 第 108–162 页。Wehler, *Deutsche Gesellshaftsgeschichte*, 第 107、115 页。一般来说参见 Nebelin *Ludendorff*, 第九章各处。关于鲍尔思想的深刻见解, 参见 *Konnten wir den Krieg vermeiden, gewinnen, abbrechen?*。

55　Gerhard A. Ritter, *The Sword and the Scepter. The Problem of Militarism in Germany. Vol. III: The Tragedy of Statemanship – Bethmann Hollweg as war Chancellor (1914–1917)*, (Florida, 1972), 第 346 页。

56　Deist, *Militär und Innenpolitik* I, Doc. 197, 此处内容在第 509–510 页, Telegramm des Kaisers an den RK über die Dringlichkeit des Hilfsdienstgesetzes, 6 November 1916; *Ursachen und Folgen*, vol. 1, Docs. 7 and 8. Erich Ludendorff, *Meine Kriegserinnerungen 1914–1918* (Berlin, 1919), 第 258–275 页。Brenner, *Walther Rathenau*, 第 325、357 页。Gerald Feldman, *Army, Industry and Labor in Germany, 1914–1918* (Princeton, NJ, 1966)。

57　Brenner, *Walther Rathenau*, 第 310–326 页; 关于拉特瑙在战时的职责和政治活动, 通常参见此书第 293–381 页。Lothar Gall, *Walther Rathenau. Portrait einer Epoche* (Munich, 2010), 第 175–197 页。

58　*Ursachen und Folgen*, vol. 1, Doc. 7, 此处内容在第 17 页。

59　Gerhard A. Ritter, 'Die Entstehung des Räteartikels 165 der Weimarer Reichsverfassung'. *Historische Zeitschrift*, 258, H. 1 (February 1994), 第 73–112 页。

60　法律作为内在的秩序权威参见 Werner Bramke, Ulrich Heß, 'Die Novemberrevolution in Deutschland und ihre Wirkung auf die deutsche Klassengesellschaft'. *Zeitschrift für Geschichte* 36 (1988), 第 1059–1073 页, 此处内容在第 1066–1077 页。

61　Ernst Rudolf Huber, *Deutsche Verfassungsgeschichte seit 1789. Band 5 Weltkrieg, Revolution und Reichserneuerung 1914–1919* (Stuttgart, Berlin, Cologne, Mainz, 1978), 第 58 页及以下各页、74 页及以下各页、216 页。Machtan, *Die Abdankung*, 第 107 页; Martin Kitchen, *The*

Silent Dictatorship. The Politics of the German High Command under Hindenburg and Ludendorff, 1916–1918 (London, 1976), 第一章各处。Pyta, *Hindenburg*, 第 205、216、220、222、241 页。

62 Wehler, *Deutsche Gesellschaftsgeschichte*, 第 75、113、117 页。

63 Meinecke, 'Die Revolution', 第 101–102 页；Walther Rathenau, *Tagebuch 1907–1922* edited and commented by Hartmut Pogge von Strandmann (Düsseldorf, 1967), 第 220–223 页；Brenner, *Walther Rathenau*, 第 357、360 页；Ritter, *The Sword and the Scepter*, 第 347 页。背景载于 Pyta, *Hindenburg*, 第十章。

64 此事件发生在 10 月 9 日内阁会议期间，并于一周后重申。*Ursachen und Folgen*, vol. 2, Doc. 406; Doc. 418. Rathenau to Gustav Steinbömer, 1.12.16, 26.5.17, 载于 Jaser, Picht, Schulin (eds), *Walther Rathenau Briefe*, 第 1585–1586、1692–1693 页。另参见 Brenner, *Walther Rathenau*, 第 342、351 页。

65 国内生产总值下降了 25%，同时英国和意大利却增长了。船舶生产也下降到战前生产力的四分之一，而美国在战争结束时建造的船舶数量则有 14 倍之多。Brenner, *Walther Rathenau*, 第 329 页。参见鲁登道夫对德国国会议员斯特鲁夫（Struve）博士关于到 12 月底为止潜艇建造能力的局限性的评论，*Ursachen und Folgen*, vol. 1, Doc. 108. Niall Ferguson, *The Pity of War 1914–1918* (London, 1998), 第 248–281 页；David Stephenson, *With Our Backs to the Wall: Victory and Defeat in 1918* (Cambridge, MA, 2011)。

66 Ritter, *Scepter*, 第 346、352–372 页；Wehler, *Deutsche Gesellschaftsgeschichte*, 第 75、83 页。Brenner, *Walther Rathenau*, 第 331–332 页。

67 Daniel, *The War from Within*, 第 42–43、47 页。

68 Berlin, *Die deutsche Revolution*, 第 39 页。Petzina, Abelshauser, Faust, *Sozialgeschichtliches Arbeitsbuch III*, 第 14 页此处数据与文中略有不同。Miller, *Burgfrieden und Klassenkampf*, 第 290–298 页。Wehler, *Deutsche Gesellschaftsgeschichte*, 第 134–135 页。

69 *Ursachen und Folgen*, vol.1, Doc. 127, 第 204 页（关于格勒纳）；同上，Docs. 131, 132, 第 220–225 页（关于鲁登道夫；另参见 Bauer, *Konnten wir den Krieg vermeiden, gewinnen, abbrechen?*, 第 48、53、

55 页。关于帝国服务中心，参见 Johannes Richter, *Die Reichszentrale für Heimatdienst. Geschichte der ersten politischen Bildungsstelle in Deutschland und Untersuchung ihrer Rolle in der Weimarer Republik* (Berlin, 1963)。

70 Friedhelm Boll, *Massenbewegungen in Niedersachen 1906–1920* (Bonn, 1981), 第 207 页; Daniel, *The War from Within*, 第 231 页; Machtan, *Die Abdankung*, 第 189 页。

71 Anne Schmidt, 'Eine Staatsführung in der Vertrauenskrise. Deutschland 1918', 载于 Ute Frevert (ed.), *Vertrauen. Historische Annäherungen* (Göttingen, 2003), 第 279–305 页。Boll, *Massenbewegungen*, 第 201–206 页。关于"信任"作为一个历史范畴的问题，参见 Geoffrey Hosking, 'Trust and Distrust: A Suitable Theme for Historians?'. *Transactions of the Royal Historical Society* 16 (2006), 第 95–115 页。

72 Wehler, *Deutsche Gesellschaftsgeschichte*, 第 85、124 页。

73 1917 年 4 月 4 号的信件, *Ursachen und Folgen*, vol. 1, Doc. 165, 此处内容在第 318 页。Wehler, *Gesellschaftsgeschichte*, 第 39 页。

74 1918 年 6 月 28 日来自巴伐利亚内政部的报告，载于 Hellmut G. Haasis, *Spuren der Besiegten vol. 3: Freiheitsbewegungen vom demokratischen Untergrund nach 1848 bis zu den Atomkraftgegnern* (Reinbek, 1984), 第 914 页。1916 年在慕尼黑也发生类似事件，当时政府措施不当导致冲突升级，参见 Kurt Kreiler (ed.), *Fanal. Aufsätze und Gedichte von Erich Mühsam 1905–1932* (Berlin, 1977), 第 88 页。《戒严状态法》在第五章中探讨。

75 Rosenberg, *Entstehung und Geschichte der Weimarer Republik*, 第 67–100 页; Miller, *Burgfrieden und Klassenkampf*, 第 292、302、320、334–335 页。Wirsching, 'Die paradoxe Revolution 1918/19', 第 10 页。

76 我正探讨的是迪特尔·格罗（Dieter Groh）所创造的"负面融入"的概念，参见 Dieter Groh, *Negative Integration und revolutionärer Attentismus: die deutsche Sozialdemokratie am Vorabend des Ersten Weltkrieges* (Frankfurt/Main, 1973)。关于德国社民党在冯·巴登内阁中的参与度，参见 Miller, *Die Bürde*, 第 23–69 页。Winkler, *Von der Revolution*, 第 38 页，将德国社民党的领袖地位描述为理性的君主专制。

77 Wehler, *Deutsche Gesellschaftsgeschichte*, 第 106 页。Carl E. Schorske, *German Social Democracy, 1905–1917. The Development of the Great Schism* (Cambridge, MA, London, 1955, 1983); Richard N. Hunt, *German Social Democracy 1918–1933* (Yale, 1964)。

78 Miller, *Burgfrieden und Klassenkampf*, 第 285 页；Rosenberg, *Entstehung und Geschichte der Weimarer Republik*, 第 107–109 页。Eugen Payer, *Geschichte der USPD* (Berlin, 1921)。

79 Hartfried Krause, *USPD. Zur Geschichte der Unabhängigen Sozialdemokratischen Partei Deutschlands* (Frankfurt/Main, 1975), 第 42–57 页。

80 同上，第 58、87 页注释 155; Miller, *Burgfrieden und Klassenkampf*, 第 156–177 页。以下的评论是在米勒（Miller）评论的基础上得出的。另参见 Icarus（假名），*The Wilhelmshaven revolt*, 第 15 页。

81 Krause, *USPD*, 第 86–92 页；Peter Brandt and Reinhard Rürup, *Volksbewegung und demokratische Neuordnung in Baden 1918/19. Zur Vorgeschichte und Geschichte der Revolution* (Stuttgart, 1991), 第 59 页；Icarus（假名）, *Wilhelmshafen Revolt*, 第 14–15 页，其中描述了左翼的 7 种分类方法。

82 Krause, *USPD*, 第 303; Miller, *Burgfrieden und Klassenkampf*, 第 298 页；Wehler, *Deutsche Gesellschaftsgeschichte*, 第 122 页。

83 Deist, *Militär und Innenpolitik* II, Doc. 315, 第 786–787 页：'Auszug aus dem Protokoll der Sitzung des preußischen Kronrats und des Staatssekretärs des Reichsmarineamts zur Reform des preußischen Wahlrechts', 9 July 1917; 另参见 Doc. 272，载于同上；Meinecke, 'Die Revolution', 第 99 页；Bergstrasser, *Geschichte der Politischen Parteien*, 第 125 页。

84 Ernst-Wolfgang Böckenförde, 'Der Zusammenbruch der Monarchie und die Enstehung der Weimarer Republik', Karl-Dietrich Bracher, Manfred Funke, Hans-Adolf Jacobsen (eds), *Die Weimarer Republik 1918–1933. Politik, Wirtschaft, Gesellschaft* (Düsseldorf, 1987), 第 1–43 页，此处内容在第 29 页。另参见一个极好的概述：Wirsching, 'Die paradoxe Revolution 1918/19'。

85 Edmund Schultz and Friedrich Georg Jünger, *Das Gesicht der Demokratie.*

Ein Bilderwerk zur Geschichte der Deutsche Nachkriegszeit (Leipzig, 1931),第 2–3 页。

86 Friedrich von Payer, *Von Bethmann Hollweg zu Ebert. Erinnerungen und Bilder* (Frankfurt am Main, 1923),第 82 页；Theodor Wolff, *Tagebücher 1914–1919*,第 489 页，16 March 1917。关于"自上而下的改革"参见 J. Wheeler Bennett, *Hindenburg: The Wooden Titan* (London, 1936),第 15、17 页；Theodor Eschenburg, *Die Republik von Weimar. Beitrage zur Geschichte einer improvisierten Demokratie* (Munich orig. 1963, 1984),第 47 页；Kitchen, *The Silent Dictatorship*,第 255 页。Volker Ullrich, *Die nervöse Großmacht 1871–1918* (Frankfurt am Main, 2007),第 557–560 页。

87 Huber, *Dokumente zur deutschen Verfassungsgeschichte 3*, Docs. 331 and 332. Kurt Riezler, *Tagebücher, Aufsätze, Dokumente*, edited and introduced by Karl Dietrich Erdmann, (Göttingen, 1972), Doc. 711, 4 April 1917,第 423 页。参见普鲁士内政部长比尔·德鲁斯（Bill Drews）的备忘录，载于 *Ursachen und Folgen*, vol. 1, Doc. 141, 此处内容在第 270 页；以及德鲁斯于 1918 年 3 月写给总统的内容：*Ursachen und Folgen*, vol. 2, Doc. 180。也可参见 *Vorwärts* Nr 92, 3 April 1917, 载于 *Ursachen und Folgen*, vol. 1, Doc. 122 中的主要文章。

88 Theodor Wolff, *Tagebücher 1914–1919*,第 496 页，30 March 1917。

89 *Ursachen und Folgen*, vol. 1, Doc. 180。

90 Eschenburg, *Die Republik von Weimar*,第 41 页。Wehler, *Deutsche Gesellschaftsgeschichte*,第 109 页。

91 *Ursachen und Folgen*, vol. 1, Doc. 163。

92 Meinecke, 'Die Revolution',第 99 页。

93 Baden, *Erinnerungen*,第 353 页，注释 1；Werner Freiherr von Rheinbaben, *Kaiser, Kanzler, Präsidenten. Erinnerungen* (Mainz, 1968),第 43 页。Huber, *Deutsche Verfassungsgeschichte* 5,第 398、430–432、500–508 页。*Ursachen und Folgen*, vol. 2, Doc. 282; Pyta, *Hindenburg*,第 326–328 页。德国媒体上也没有讨论过这四大目标，参见 http://zefys.staatsbibliothek-berlin.de/。特奥多尔·沃尔夫将兴登堡和鲁登道夫描述为"掘墓人"，促使贝特曼－霍尔维格于 1917 年 7 月倒台，关于"掘墓人"的参考，参见 Theodor Wolff, *Tagebücher 1914–1919*,第 510–511、513、515–516 页，7 月 7、8 日

和 11、13 日。

94 Meinecke, 'Die Revolution', 第 98、104–105 页；Pyta, *Hindenburg*, 第 327、334 页。Adolf Köster, *Konnten wir im Herbst 1918 weiterkämpfen?* (Berlin, n.d.), 第 29 页。

95 关于用"自上而下的革命"对抗"自下而上的革命"，参见国务秘书冯·辛慈在柏林的讲话：*Die deutsche Revolution*, Doc. 98; Friedrich Meinecke, *Straßburg-Freiburg-Berlin 1901–1919*, 载于 *Werke 8: Autobiographische Schriften* edited and introduced by Eberhard Kessel (Munich, 1969), 第 307 页。Huber, *Dokumente zur deutschen Verfassungsgeschichte vol. 3*, Doc. 349. *Ursachen und Folgen*, vol. 1, Doc. 141, 此处内容在第 259–269 页。

96 冯·特尔（von Thaer）上校的日记：*Ursachen und Folgen*, vol. 2, Doc. 368, 此处内容在第 323 页。Meinecke, 'Die Revolution', 第 59 页；Nebelin, *Ludendorff*. 第 463–469 页。参见鲁普雷希特王储集团军总指挥冯·库尔将军于 1918 年 9 月 18 日写的日记评论，其中他描述了兴登堡和鲁登道夫将军事灾难怪罪于所有旁人：*Ursachen und Folgen*, vol. 2, Doc. 357。

97 Pyta, *Hindenburg*, 第 334–335、337、340–341 页。

98 以及 Rürup and Kluge 脚注 18，和 Böckenförde 脚注 74，参见 Boris Barth, 'Dolchstoßlegende und Novemberrevolution', Gallus (ed.), *Die vergessene Revolution*, 第 117–139 页。马克斯·冯·巴登在回忆录中写道，德军最高指挥部反对他的提议：Max von Baden, *Erinnerungen und Dokumente* (Stuttgart, 1927), 第 346–349 页。冯·巴登的内阁预示了"魏玛联盟"，其中包括社会主义者古斯塔夫·鲍尔和菲利普·谢德曼，中央党的国会领袖阿道夫·格吕贝尔以及副总理弗里德里希·冯·佩耶尔领导的进步人民党。

99 根据马克斯·冯·巴登的说法，鲁登道夫已经"不知所措"了：*Erinnerungen*, 第 448 页。另参见鲁登道夫副官的评论：Bauer, *Konnten wir den Krieg vermeiden, gewinnen, abbrechen?*, 第 66 页。Nebelin, *Ludendorff*, 第 441、454–459、462–469 页。

100 Harry Graf Kessler, *Das Tagebuch 1880–1937: Sechster Band 1916–18*, edited Günter Riederer, Roland S. Kamzelak und Ulrich Ott (Stuttgart, 2006), 第 648–651 页，18 November 1918。

101 Generalfeldmarschall Paul von Hindenburg, *Aus meinem Leben* (Leipzig, 1920), 第 429 页。Heinrich Potthoff, 'Der Parlamentarisierungserlaß vom 30 September 1918', 载于 Vierteljahrshefte *für Zeitgeschichte* 20 Jg., Heft 3 (July 1972), 第 319–332 页, 此处内容在第 320 页。

102 *Die Regierung des Prinzen Max von Baden*, prepared by Erich Matthias (Düsseldorf, 1962), Doc. 92, 'Aufzeichnung RK v Baden', 25 October 1918, 第 355 页; 冯·海夫腾对鲁登道夫情绪之观察, 参见: 同上, Doc. 95, 此处内容在第 363 页。冯·海夫腾是当时德军最高指挥部与政府之间的联络人。关于鲁登道夫和兴登堡之间关系的破裂, 详见 Elard von Oldenburg-Januschau, *Erinnerung* (Leipzig, 1936), 第 220–221 页。

103 Testimony of General Kulz in Lutz (ed.), *The Causes of the German Collapse in 1918*, 第 53–91 页。Bauer, *Konnten wir den Krieg vermeiden, gewinnen, abbrechen?*, 第 56 页。Ernst von Wrisberg, *Der Weg zur Revolution 1914–1918* (Leipzig, 1921), 第 137、141、177–179 页。Heinz Brauweiler, *Generäle in der Deutschen Republik: Groener, Schleicher, Seeckt* (Berlin, 1932), 第 12 页。

104 Deist, *Militär und Innenpolitik* I, Doc. 258, 此处内容在第 673、675 页。Alfred Niemann, *Revolution von oben – Umsturz von unten. Entwicklung und Verlauf der Staatsumwälzung in Deutschland 1914–1918* (Berlin, 1927) 第 114 页。

105 Walther Rathenau, *Der Kaiser: eine Betrachtung* (Berlin, 1919), 第 39 页, 这里认为鲁登道夫和兴登堡失败的原因是让位于改革, 并且对皇帝的关注度不够。参见 Theodor Wolff, *Tagebücher 1914–1919*, 第 442 页, 6 October 1916。

106 *Die Regierung des Prinzen Max von Baden*, Doc. 95, 此处内容在第 363 页。

107 引自 Max von Baden, *Erinnerungen*, 第 380 页。Georg Bernhard, 'Ludendorff' 载于 *Vossische Zeitung* Nr. 550 Sonntags-Ausgabe, 27 October 1918。Nebelin, *Ludendorff*, 第 469、472、482 页。也可参见弗里德里希·冯·贝格(Friedrich von Berg, 秘密民事内阁的头领)的有趣观点, 他不仅赞同拉特瑙的观点, 而且相信如果鲁登道夫的政府没有被解散的话, 就不会发生革命了。*Friedrich von Berg. Erinnerungen aus seinem Nachlaß*, prepared by Heinrich

Potthoff (Düsseldorf, 1971), Doc. 26, 此处内容在第 196 页。

108 Willibalt Apelt, *Geschichte der Weimarer Verfassung* (Munich, 1946), 第 35–36 页；Wirsching, 'Die paradoxe Revolution 1918/19', 第 9. Winkler, *Von der Revolution*, 第 27–29 页。

109 Schmidt, 'Eine Staatsführung in der Vertrauenskrise', 第 287 页。

110 韦伯于 1918 年 10 月 11 日写给格哈德·冯·舒尔茨－格弗尼茨（Gerhard von Schulze-Gaevernitz）的信，引自 Huber, *Deutsche Verfassungsgeschichte* 5, 第 623、629 页；比较：Max Weber, *Gesammelte Politische Schriften*, 1921, 第 477 页及以下各页。Theodor Wolff, *Tagebücher 1914–1919*, 31 October 1918, 第 639 页。

111 参见罗伯特·博世于 1918 年 10 月 24 日写给康拉德·豪斯曼的信，载于 Wolfgang Ruge and W. Schumann (eds), *Dokumente zur deutschen Geschichte 1917–1919* (Berlin, 1975), 第 53 页。凯斯勒写道，皇帝的生日（1 月 27 日）是如何引起普遍不满的，*Das Tagebuch* 6, 第 259 页。Winkler, *Von der Revolution*, 第 30–31 页。

112 Deist, *Militär und Innenpolitik* II, Doc. 499, 此处内容在第 1351 页。*Die Regierung des Prinzen Max von Baden*, Doc. 127a, meeting of the Reichstag inter-party committee, 5 November 1918, 第 509–524 页，此处内容在第 512–515 页。关于皇帝性格的探讨，参见 Ernst Müller, *Kaiser Wilhelm II. Eine historische und psychiatrische Studie: ein Beitrag zur Physiognomik der Hohenzollern* (Gotha, 1927); John C. G. Röhl, *Wilhelm II: The Kaiser's Personal Monarchy 1888–1900* (Cambridge, 2004); Christopher M. Clark, *Wilhelm II, the Last Kaiser* (Harlow, 2000); Isabel V. Hull, *The Entourage of Kaiser Wilhelm II, 1888–1918* (Cambridge, 1982); Wolfgang J. Mommsen, *Der Erste Weltkrieg. Anfang vom Ende des bürgerlichen Zeitalters* (Frankfurt, 2004), 第 61–78 页；同上，'Kaiser Wilhelm II and German Politics'. *Journal of Contemporary History* 25 (1990), 第 289–316 页。两个具有重要贡献的集子：John C. G. Röhl and Nicolaus Sombart, *Kaiser Wilhelm II. New Interpretations: The Corfu Papers* (Cambridge and New York, 1982); Annika Mombauer and Wilhelm Deist (eds), *The Kaiser: New Research on Wilhelm II's Role in Imperial Germany* (Cambridge, 2003)。

113 'Ein dunkler Tag' 载于 *Vossische Zeitung*, Nr 512, 7 October 1918; 参见他写给普鲁伊斯的信 7.10.18，载于 Jaser, Picht, Schulin (eds), *Walther Rathenau Briefe*, 第 1985 页。关于这段时间还可参见 Arnold Brecht, *Aus nächster Nähe, Lebenserinnerungen 1884–1927* (Stuttgart, 1966), 第 154–162 页。

114 *Ursachen und Folgen*, vol. 2, Doc. 395, Prince Max von Baden to Wilhelm, 30 October 1918, 第 369 页。Max von Baden, *Erinnerungen*, 第 291–292 页。参见鲍尔于 1918 年 7 月底之前对军队士气和战争后方的评论：Deist, *Militär und Innenpolitik* II, Doc. 464。

115 *The Times*, 6 November 1918, 第 5 页。

116 Riezler, *Tagebücher*, Doc. 749, 19 October 1918, 第 484 页。

117 Meinecke, 'Die Revolution', 第 107 页。Max von Baden, *Erinnerungen*, 第 492–494 页。

118 *Die Regierung des Prinzen Max von Baden*, Doc. 96, meeting of the war cabinet, 26 October 1918, 第 365–377 页，和 Doc. 97, 'Richtlinien der Zentrale für Heimatdienst zu den vom Reichstag beschlossenen Verfassungsänderungen', 第 378–382 页。Meinecke, 'Die Revolution', 第 106 页。*The Papers of Woodrow Wilson*, edited Arthur S. Link et al., Vol. 51, 14 September–8 November 1918 (Princeton, NJ, 1985), 第 419 页。关于隐形"议会制国家"的参考，参见 Miller, *Burgfrieden*, 第 320–331 页，此处内容在第 323 页。Eschenburg, *Die Republik von Weimar*, 第 41 页。

119 Kessler, *Das Tagebuch* 6, 第 612 页，3 November 1918。

120 *Die Regierung des Prinzen Max von Baden*, Doc. 127a, meeting of the Reichstag inter-party committee, 5 November 1918, 此处内容在第 516 页。

121 *Die Regierung des Prinzen Max von Baden*, Doc. 123, meeting of the Reichstag inter-party committee, 4 November 1918, 第 497–503 页。

122 *Schulthess Europäischer Geschichtskalender*, 34 Jg. 1918, 399; *Vossische Zeitung* Nr 572 Morgen-Ausgabe, 8 November 1918, 'Die Sozialisten fordern Abdankung des Kaisers'; *Vossische Zeitung* Nr 573 Abend-Ausgabe, 8 November 1918, 'Noch keine Entscheidung des Kaisers'. 比较：*Ursachen und Folgen*, vol. 2, Doc. 499。

123 Meinecke, 'Die Revolution', 第 106 页，以及同上，*Straßburg-Freiburg-*

Berlin，第 310 页。参见罗伯特·博世关于康拉德·豪斯曼发表的类似评论，载于 Wolfgang Ruge and W. Schumann (eds), *Dokumente zur deutschen Geschichte 1917–1919* (Berlin, 1975)，第 53 页。

124 Kessler, *Das Tagebuch* 6, 29 October 1918, 此处内容在第 600–601 页。

125 Generalfeldmarschall von Hindenburg, *Aus meinem Leben* (Leipzig, 1920), 第 403 页。

126 Deist, *Militär und Innenpolitik* II, Doc. 286, 此处内容在第 717 页；von Westarp, *Das Ende*，第 90 页；Huber, *Deutsche Verfassungsgeschichte* 5, 第 615–619 页。

127 副代表 [阿尔布莱希特] 菲利普（[Albrecht] Philipp）博士的证据载于 Lutz (ed.), *The Causes of the German Collapse in 1918*，第 173 页。菲利普在 1916—1918 年期间，是保守党的成员，后来成为德国人民党成员；他还是一位受过培训的历史老师。Eugen Wolff, *Die Fehler der Demokratie* (Kiel, 1919)，第 6 页。对西方自由民主主义的保守主义批评，参见 Moeller van den Bruck, 'An Liberalismus gehen die Völker zu Grunde', *Die Neue Front* (Berlin, 1922), 第 18–35 页，reprinted in Karl-Egon Lönne (ed.), *Die Weimarer Republik 1918–1933=Quellen zum politische Denken der Deutschen im 19. Und 20. Jahrhundert, Freiherr vom Stein-Gedächtnisausgabe,* Vol. 8 (Darmstadt, 2002), 第 181–193 页。另参见 Erich Otto Volkmann, *Der Marxismus und das deutsche Heer im Weltkrieg* (Berlin, 1925)。

128 Meinecke "Die Revolution'，第 104–105 页。Icarus（假名），*Wilhelmshafen Revolt*，第 16–18 页。*Ursachen und Folgen*, vol. 1, Doc. 133 a–e, 第 225–232 页关于 1917 年 4 月的叛乱。Wilhelm Deist, 'Die Politik der Seekriegsleitung und die Rebellion der Flotte Ende Oktober 1918'. *Vierteljahrshefte für Zeitgeschichte* 14 (1966), 第 341–368 页，此处内容在第 362 页。

129 Rainer Herwig, *Konstruierte Nation. Der Alldeutsche Verband 1890 bis 1939* (Hamburg, 2003)。

130 *Die Regierung des Prinzen Max von Baden*, Doc. 122, meeting of the war cabinet, 4 November 1918, 第 487–497 页，此处内容在第 491–493、495–497 页；同上，Doc. 123, meeting of the Reichstag inter-party committee, 第 497–503 页，此处内容在第 498–499 页。Meinecke, 'Die Revolution',

第 107 页。

131 Bernhard Rausch, *Am Springquell der Revolution: die Kieler Matrosenerhebung* (Kiel, 1918), 第 9–11 页。Prince Max von Baden, *Erinnerungen*, 第 561–588 页，此处内容在第 584–586 页。

132 Rausch, *Am Springquell*, 第 6、10 页。Dittmann, *Die Marine = Justizmorde*, 第 98 页。

133 Wilhelm Dittmann, *Die Marine=Justizmorde von 1917 und die Admiral=Rebellion von 1918* (Berlin, 1926), 第 91–100 页。Niemann, *Revolution von oben*, 第 239、252 页；Deist, *Militär und Innenpolitik* II, Docs. 501–508, 第 1358–1384 页；Huber, *Deutsche Verfassungsgeschichte* 5, 第 650–656 页。

134 Lothar Popp and Karl Artelt, *Ursprung und Entwicklung der November-Revolution 1918: wie die deutsche Republik erstand* (Kiel, 1918), 第 10–16 页。这一事件的动态挑战了尼曼的说法："一个无情但成功的行动，只在一个小地方，却取得了奇迹般的效果。" Niemann, *Revolution von oben*, 第 246 页。

135 这说的是准尉施泰因豪瑟。他的死亡事件是甚至扩散到文学作品中的谣言。他后来在 1919 年 1 月 20 日出现在一个委员会面前，为当天的事情提供证据：BA-MA RM31.2373, Bl. 23RS, 24. 我要感谢马克·琼斯博士（Mark Jones，IRC 战略研究中心博士后研究员）提供的信息和参考资料。

136 关于委员会成员的履历细节，参见 *Ursachen und Folgen*, vol. 2, Doc. 472, Docs. 473a, 475, 476. Gustav Noske, *Vom Kiel bis Ka 第 Zur Geschichte der deutschen Revolution* (Berlin, 1920), 第 8–29 页。

137 Deist, *Militär und Innenpolitik* II, Docs. 503, 505; Rausch, *Am Springquell*, 第 17–18 页；Popp and Artelt, *Ursprung*, 第 21–22 页。威廉·苏雄 1864–1946，海军上将和波罗的海海军军区司令，他从 10 月 31 日起为基尔州长。关于诺斯克，参见 Wolfram Wette, *Gustav Noske: eine politische Biographie* (Düsseldorf, 1987)。

138 Noske, *Vom Kiel bis Kapp*, 第 12 页。

139 Ludwig Bergstrasser, *Geschichte der politischen Parteien Deutschlands* (Munich and Vienna, 1965 [1926]), 第 128 页及下页。

140　Rausch, *Am Springquell*, 第 19 页。

141　同上，第 20 页。也在以下著作中被引述：Hermann Müller, *Die November Revolution. Erinnerungen* (Berlin 1931), 第 5 页。

142　同上，第 24 页。对于战士的需求，参见第 16 页。参见 Wheeler-Bennett, *Hindenburg*, 第 22 和 Helmuth Heiber, *The Weimar Republic*, 第 7–8 页，其中低估了叛变的革命内容。

143　Rausch, *Am Springquell*, 第 25 页。关于揭露其作者所有保守的偏见的历史，见 S. Miles Boulton, *And the Kaiser Abdicates* (New Haven, London, 1920), 第 133–134 页。

144　一个典型的区域性研究案例，参见 Volker Ullrich, *Die Hamburger Arbeiterbewegung vom Vorabend des Ersten Weltkriegs bis zur Revolution 1918/19* (Hamburg 1976); Helmut Metzmacher, 'Der Novemberumsturz 1918 in der Rheinprovinz', 载于 *Annalen des Historischen Vereins für den Niederrhein insbesondere das alte Erzbistum Köln* Heft 168/169 (Düsseldorf, 1967), 第 135–265 页；Erich Kittel, 'Die Revolution von 1918 in Lippe'. *Lippische Mitteilungen aus Geschichte und Landeskunde* 37 (1968), 第 32–153 页。

145　参见 Kollwitz, *Die Tagebücher*, entries, 6 and 8 December 1918. Victor Klemperer, *Leben sammeln, nicht fragen wozu und warum. Tagebücher 1918–1924,* edited Walter Nowojski (Berlin, 1996), 第 19–34 页，尤其是第 25 页，14 December 1918。

146　*Ursachen und Folgen*, vol. 2, Docs., 498, 498a; Huber, *Deutsche Verfassungsgeschichte* 5, 第 662–663、682–684 页。

147　Huber, *Deutsche Verfassungsgeschichte* 5, 第 656–659 页。一个对他怀有同情的评论，载于 Kuno von Westarp, *Das Ende der Monarchie am 9. November 1918: abschließender Bericht nach den Aussagen der Beteiligten*, edited with a postscipt from Werner Conze (Berlin, 1952)。F. A. Krummacher, 'Die Auflösung der Monarchie', Walter Tormin (ed.), *Die Weimarer Republik* (Hannover, 1973), 第 69–71 页。正如里茨勒尔（Riezler）所言："在帝国问题上，人们意识到必须屈服已为时已晚"：Riezler, *Tagebücher*, Doc. 751, 5 November 1918, 487, 关于给调遣军队留有很小的余地，另参见 Brauweiler, *Generäle in der Deutschen*

Republik, 第 10 页。

148　Huber, *Deutsche Verfassungsgeschichte* 5, 第 632–633 页；第 676 页。

149　调查结果载于 Oberst a.D. Hünichen, 'Das Frontheer und der 9. November 1918: Erlebnisse eines Regimentskommandeurs', *Artilleriekorps-Blätter* 4 Jg., Nr. 7, 转载于 Niemann, *Revolution von oben,* 第 437–444 页，此处内容在第 442; von Westarp, *Das Ende,* 第 201–206 页。另参见 *Die Regierung des Prinzen Max von Baden,* Doc. 127a, meeting of the Reichstag inter-party committee, 第 515、517 页。

150　Huber, *Deutsche Verfassungsgeschichte* 5, 第 676–667 页；*Schulthess Europäischer Geschichtskalender* 34 Jg (1918), 第 402 页；*Ursachen und Folgen,* vol. 2, Doc. 525; Brauweiler, *Generäle in der deutschen Republik,* 第 75 页。Joachim Petzold et al., *Deutschland im Ersten Weltkrieg Vol. 3: November 1917 bis November 1918* (East Berlin, 1970), 第 539、541 页；Watt, *The Kings Depart,* 第 182–192、199–200 页。Machtan, *Die Abdankung,* 第 218–226 页；Malinowski, *Vom König zum Führer,* 第 228–246 页。

151　Max von Baden, *Erinnerungen,* 第 539、545、553–554、注释 1、558、561–562 页。*Ursachen und Folgen,* vol. 2, Docs. 498, 501. Huber, *Deutsche Verfassungsgeschichte* 5, 第 682–684 页。关于威廉自己对于他退位的评论，参见 *Ursachen und Folgen,* vol. 2, Doc. 507, 第 567 页。

152　Helmut Neuhaus, 'Das Ende der Monarchien in Deutschland 1918', *Historisches Jahrbuch der Görres-Gesellschaft* Nr. 111 (1991), 第 102–136 页，此处内容在第 110–113、130–132 页；威廉是"影子君主"的描述来自 Meinecke, 'Die Revolution', 第 101–102、105 页；Petzold et al., *Deutschland im Ersten Weltkrieg,* Vol. 3, 第 537 页。Pyta, *Hindenburg,* 第 358 页。

153　*Vossische Zeitung* Nr. 575, Abend-Ausgabe 9 November 1918. 'Niemand sollte dieser Versammlung der Souveränen Vertretung des Volkes, Vorschrift machen. Ihre Beschlüsse über den künftigen Aufbau der Nation werden für Alle binden dsein müssen'. *Schulthess Europäischer Geschichtskalender,* 34 Jg. (1918), 第 418–420、422、429 页。以及 Runkel, *Die deutsche Revolution.* 第 146; Max von Baden, *Erinnerungen,*

第 405 页。Walter Mühlhausen, *Friedrich Ebert 1871–1925. Reichspräsident der Weimarer Republik,* second rev. (Berlin, 2007), 第 250 页。D. K. Buse, 'Ebert and the German Crisis, 1917–1920'. *Central European History* 5 (1972), 第 234–255 页。Udo Bermbach, *Vorformen parlamentarischer Kabinettsbildung in Deutschland. Der Interfraktionelle Ausschuß 1917/18 und die Parlamentarisierung der Reichsregierung* (Cologne and Opladen, 1967), 第 220 页。

154 *Der Zentralrat der Deutschen Sozialistischen Republik 19.12.1918-8. 4.1919=Quellen zur Geschichte der Rätebewegung in Deutschland 1918/19 Bd.I, Der Zentralrat 18.12.1918-8.4.1919*, edited Eberhard Kolb with Reinhard Rürup (Leiden, 1968)。

155 Kurt Eisner, *Die neue Zeit: Reden und Schriften* (Munich, 1919), 第 33 页。Hermann Müller, *Die November Revolution. Erinnerungen* (Berlin, 1931); Hugo Preuss, 'Die Sozialdemokratie und der Parlamentarismus', in Else Preuss (ed.), *Staat, Recht und Freiheit* (Tübingen, 1926), 第 144–172 页。关于从保守的自由主义立场进行精确的分析，参见 Dr Ferdinand Runkel, *Die deutsche Revolution. Ein Beitrag zur Zeitgeschichte* (Leipzig, 1919), 'Fünfter Abschnitt: Rechtsstaat oder Diktatur', 第 145–177 页。Huber, *Deutsche Verfassungsgeschichte* 5, 第 714–725 页；同上，*Dokumente zur deutschen Verfassungsgeschichte. 3*, Docs., 5, 8。Walter Tormin, *Zwischen Rätediktatur und sozialer Demokratie: Die Geschichte der Rätebewegung in der deutschen Revolution* (Düsseldorf, 1954), 第 126–128 页。

156 Schulz, *Zwischen Demokratie und Diktatur*, 第 80 页；Karl Dietrich Erdmann, '*Rätestaat oder Demokratie. Neuere Forschungen zur Novemberrevolution 1918 in Deutschland* (Copenhagen, 1979), 第 8–10、17、19–20 页。Dietrich Orlow, '1918/19: A German Revolution'. *German Studies Review*, 5, 2 (May 1982), 第 187–203 页，此处内容在第 202–203 页；Wirsching, 'Die paradoxe Revolution 1918/19', 第 11–12 页。一般概述和讨论载于 Ulrich Kluge, *Die deutsche Revolution 1918/1919* (Frankfurt/Main, 1985); 另参见 Gallus (ed.), *Die vergessene Revolution* 中编者的导言。

157 Arthur Rosenberg, *Die Enstehung der deutschen Republik 1871–1918* (Berlin, 1928) reprinted in *Entstehung und Geschichte der Weimarer*

Republik edited and introduction by Kurt Kersten (Frankfurt, 1961), 第 217–219 页；以及同上, *Geschichte der Weimarer Republik* in ibid, 第 20–21 页。我采用了后面的版本。Eberhard Kolb, '1918/19: Die steckengebliebene Revolution', 载于 Carola Stern and Heinrich A. Winkler (eds), *Wendepunkte deutscher Geschichte 1848–1990* (Frankfurt/Main, 1994 (1979), 第 99–125 页。

158 引自 Reinhard Rürup, *Probleme der Revolution in Deutschland 1918/19* (Wiesbaden, 1968), 第 51 页；同上, 'Problems of the German Revolution' *Journal of Contemporary History*, 3, 4, (October 1968), 第 109–135 页，此处内容在第 119 页，此处他反对罗森堡议会反对 10 月份的改革的观点；同上, 'Demokratische Revolution und "dritter Weg." Die deutsche Revolution von 1918/19 in der neueren wissenschaftlichen Diskussion', *Geschichte und Gesellschaft* 9 Jg., (1983) Heft 2, 第 278–301 页。

159 *Regierung des Prinzen Max von Baden*, Doc. 123。背景可参见 Richard Breitman, *German Socialism and Weimar Democracy* (Chapel Hill, NC, 1981), 第 9–21 页。

160 Theodor Heuß, *Führer aus deutscher Not: 5 politische Porträts* (Berlin, 1928), 第 101 页。

161 Winkler, *Von der Revolution*, 第 37–58 页各处。

162 Müller, *Die November Revolution*, 第 43 页。

163 *Volkswille* 246, 19 October 1918, 引自 Berlin, *Die deutsche Revolution*, Doc. 104, 第 125 页。

164 Philipp Scheidemann, *Der Zusammenbruch* (Berlin, 1921), 引自 Niemann, *Revolution von oben*, 第 313 页。

165 *Die Regierung des Prinzen Max von Baden*, Doc. 129, cabinet meeting 5 November 1918, 第 534 页中第一次提到，Eschenburg, *Die Republik von Weimar*, 第 193 页中第二次提到。参见 Bergstrasser, *Geschichte der Politischen Parteien*, 第 117–123 页；Rürup, 'Problems of the German Revolution', 第 130 页；Winkler, *Von der Revolution*, 第 37–58 页各处。通常参见 Peter Lösche, *Der Bolschewismus im Urteil der Deutschen Sozialdemokratie* (Berlin, 1967)。

166 Miller, *Die Bürde der Macht*, 第 62–69 页，尤其是第 68 页。

167 *Die Regierung der Volksbeauftragten 1918/19 Erster Teil*, prepared by Susanne Miller and Heinrich Potthoff (Düsseldorf,1969), Doc. 55。参见 Meinecke's comments, *Straßburg-Freiburg-Berlin*, 第 311 页。

168 Kollwitz, *Die Tagebücher*, 27 October 1918, 第 377 页。

169 Günter Bers, *Der Jülicher Arbeiter- und Soldatenrat im November 1918* (Jülich, 1974); Helmut Metzmacher, 'Der Novemberumsturz 1918 in der Rheinprovinz', 载于 *Annalen des Historischen Vereins für den Niederrhein insbesondere das alte Erzbistum Köln* Heft 168/169 (Düsseldorf, 1967), 第 135–265 页；Erich Kittel, 'Die Revolution von 1918 in Lippe'. *Lippische Mitteilungen aus Geschichte und Landeskunde* 37 (1968), 第 32–153 页。

170 William H. Maehl, *The German Socialist Party: Champion of the First Republic, 1918–1933* (Lawrence, Kansas, 1986), 第 21 页，这里描绘艾伯特对待格勒纳很轻率，这在我看来是错误的。比较：Breitman, *German Socialism*, 第 27–28、32–33 页。

171 *Die Regierung der Volksbeauftragten 1918/19 Erster Teil*, Doc. 44a. Winkler, *Von der Revolution*, 第 97–113 页。Meinecke, *Straßburg-Freiburg-Berlin*, 第 312 页。

172 Heinrich Schäfer, *Reichsverfassung und Rätesystem. Diktatur oder Demokratie?* (Cologne, 1920), 第 11 页；Heinrich Ströbel, *Die deutsche Revolution. Ihr Unglück und ihre Rettung* (Berlin, 4th edn, 1922), 第 156–163 页；Meinecke, 'Die Revolution', 第 115–119 页；Walter Tormin, *Zwischen Rätediktatur und sozialer Demokratie* (Düsseldorf, 1954), 第 97–100、136 页；Erdmann, *Rätestaat oder Demokratie*, 第 10–14 页；Gerhard Schulz, *Zwischen Demokratie und Diktatur I, Die Periode der Konsolidierung und der Revision des Bismarckschen Reichsaufbaus 1919–1930,* second edn (Berlin and New York, 1987), 第 65–100 页；Böckenförde, 'Der Zusammenbruch', 第 29–31 页；Eckhard Jesse, Henning Köhler, 'Die deutsche Revolution 1918/19 im Wandel der historischen Forschung. Forschungsüberblick und Kritik der 'herrschenden Lehre'. *Aus Politik und Zeitgeschichte* (1978), Beilage 45/78, 第 3–24 页。

173 Rosa Luxemburg, 'Der Anfang', *Rote Fahne*, 18 November 1918, reprinted in Lönne (ed.), *Der Weimarer Republik*, 第 79–82 页；另参见她在德国共产

党成立大会上的讲话：Hermann Weber (ed.), *Die Grundungsparteitag der KPD. Protokoll und Materialien* (Frankfurt, 1969), 第 180 页。Dr Heinrich Laufenberg, *Zwischen der ersten und zweiten Revolution* (Hamburg, 1919), 第 3、5、48 页。Icarus (假名), *The Wilhelmshaven Revolt*, 第 27–9 页。Vladimir I. Lenin, *Staat und Revolution. Die Lehre des Marxismus vom Staat und die Aufgaben des Proletariats in der Revolution* (Berlin–Wilmersdorf, 1918), 第 6、15–21、83、93 页。背景载于 Winkler, *Von der Revolution*, 第 114–133 页。

174 *Vossische Zeitung* Nr. 275 Morgen-Ausgabe, 9 November 1918, 'Demokratie oder Klassenherrschaft'. Meinecke, *Straßburg-Freiburg-Berlin*, 第 309 页。

175 Thomas Mann, *Briefe*, Nr. 18/73, 3 October 1918, 251。

176 *Die Regierung des Volksbeauftragten 1918/19* Erster Teil, Doc. 44b。

177 Tormin, *Zwischen Rätediktatur und sozialer Demokratie*, 第 55–59、65–67、128、137 页; Schulz, *Zwischen Demokratie und Diktatur*, 第 79–80 页。

178 Rosa Luxemburg, *Die Rote Fahne* Nr. 5, 20 November 1918, 转载于 Huber, *Dokumente zur deutschen Verfassungsgeschichte* 3, Doc. 35。

179 Emil Barth, *Aus der Werkstatt der deutschen Revolution* (Berlin, n.d.), 第 57 页。

180 Barth, *Aus der Werkstatt*, 第 57、134 页。另参见：匿名, *Die Berliner Spartakus-Unruhen im März 1919* (Berlin, n.d.), 第 3 页。

181 Barth, *Aus der Werkstatt*, 第 59 页。

182 Clara Zetkin, 'Um Schein und Sein voller Demokratie', 载 于 *Leipziger Volkszeitung, Frauenbeilage*, 2 December 1918, cited in Lönne (ed.), *Die Weimarer Republik*, 第 82–88 页，此处内容在第 83–84 页。

183 Kollwitz, *Die Tagebücher*, entries 17 November 1918, 8 December, 19 January 1919.

184 Kessler, *Das Tagebuch* 6, 第 694 页。参见 Kollwitz, *Die Tagbücher*, 1 December 1918, 第 386 页，他将帝国的黑 — 白 — 红色描述为"亲爱的德国"旗帜。

185 Albert Grzesinski, *Inside Germany* (New York, 1939), 第 75 页。

186 'Es war keine Revolution', *Die Welt am Montag*, 6 November 1919, 转载于

Walther Rathenau. Nachgelassene Schriften, Erster Band (Berlin, 1928), 第106页。

187 *Allgemeiner Kongreß der Arbeiter- und Soldatenräte Deutschlands, 16. bis 21. Dezember 1918 im Abgeordnetenhause zu Berlin. Stenographische Berichte*, (Berlin, 1919), cols. 209–248, 第184页。另参见 Eduard Bernstein, *Die deutsche Revolution von 1918/19. Geschichte der Entstehung und ersten Arbeitsperiode der deutschen Republik*, edited and introduced Heinrich August Winkler and annotated by Teresa Löwe (Bonn, 1998), 第123–145页，原版 *Die deutsche Revolution: ihr Ursprung, ihr Verlauf und ihr Werk* (Berlin–Fichtenau, n.d.)。数字来自 Sabine Roß, 'Politische Partizipation und nationaler Räteparlamentarismus. Determinanten des politischen Handelns der Delegierten zu den Rätekongressen 1918/19. Eine Kollektivbiographie'. Zentrum für Historische Sozialforschung Köln 1999 (=Historical Social Research Supplement vol. 10), 第140–141页。比较: *Groß-Berliner Arbeiter- und Soldatenräte in der Revolution 1918/19. Dokumente der Vollversammlungen und des Vollzugsrates. Vom 1. Reichsrätekongreß bis zum Generalstreiksbeschluß am 3. März 1919*, edited Gerhard Engel, Bärbel Holz, Gaby Huch and Ingo Materna (Berlin, 1997)。

188 E. J. Gumbel, *Vier Jahre politischer Mord* (Berlin–Friedenau, 1922)。

189 Helga Grebing, *The History of the German Labour Movement. A Survey*, rev. edn (Leamington Spa, 1985), 第104页。比较: Sabine Roß, 'Revolution ohne Revolutionäre? Kollektive Biographie des deutschen Rätekongresses 1918/19'. *Historical Social Research* 23 (1998), 38–57页。

190 Meinecke, 'Die Revolution', 第119页。

第三章

1 Edgar Salin, *Die Deutschen Tribute. Zwölf Reden* (Berlin, 1930), 第21页。

2 Wolfgang J. Mommsen, *Großmachtstellung und Weltpolitik. Die Außenpolitik des Deutschen Reiches 1870–1914* (Berlin, 1993)。德国扩张目标的经典研究著作: Fritz Fischer, *Griff nach der Weltmacht. Kriegszielpolitik des*

kaiserlichen Deutschland 1914/18 (Düsseldorf, 1961). Andreas Hillgruber, 'Unter dem Schatten von Versailles – die außenpolitische Belastung der Weimarer Republik: Realität und Perzeption der Deutschen', in Karl-Dietrich Erdmann and Hagen Schulze (eds), *Weimar: Selbstpreisgabe einer Demokratie* (Düsseldorf, 1980)，第 51–67 页；同 上，'Kontinuität und Diskontinuität in der deutschen Außenpolitik von Bismarck bis Hitler', 载于同上, *Großmachtpolitik und Militarismus im 20.Jahrhundert. 3 Beiträge zum Kontinuitätsproblem* (Düsseldorf, 1974)，第 11–36 页。Gregor Schöllgen, *Jenseits von Hitler. Die Deutschen in der Weltpolitik von Bismarck bis heute* (Berlin, 2005), 第 86–87 页。

3 U.S. Government Printing Office, *The Treaty of Versailles and After. Annotations of the Text of the Treaty* (New York, 1944, repr. 1968), 第 413–425 页。

4 Carl Schmitt, 'Das Rheinland als Objekt internationaler Politik (1925)', 载于同上, *Positionen und Begriffe im Kampf mit Weimar – Genf – Versailles 1923–1939,* third edition (Berlin, 1994 [1940]), 第 29–37 页，此处内容在第 34、36 页；并在 'Völkerrechtliche Probleme im Rheingebiet (1928)', 载于同上，第 111–123 页中复述了更详细的细节。比较：Reichszentrale für Heimatdienst, *Die Sicherheitsfrage 1918–1925* (Berlin, 1925), 此著作着重于德法两国相互的安全需求。

5 但可以参见阿尔伯特·巴林写给拉特瑙有趣的评论：如果德国不断取得胜利，那么他将毫不怀疑皇帝将以发号施令的姿态向白金汉宫递交和平条件，1918 年 10 月 17 日的书信，载于 Alexander Jaser, Clemens Picht, Ernst Schulin (eds), *Walther Rathenau Briefe Teilband 2: 1914–1922* (Düsseldorf, 2006), 第 2002–2003 页。

6 *National Versammlung* 327, 39th Session, 12 May 1919, 第 1082、1084 页。

7 Herbert Michaelis, Ernst Schraepler (eds), *Ursachen und Folgen. Vom deutschen Zusammenbruch 1918 und 1945 bis zur staatlichen Neuordnung Deutschlands in der Gegenwart 26 Volumes* (Berlin, 1958–1979), vol. 2, Docs. 290, 293。在《布列斯特－立陶夫斯克条约》中，要求俄罗斯割让其三分之一的领土，包括最富有和最高度工业化的地区。

8 这些论点包含在 *German White Book Concerning the Responsibility of*

the Authors of the War (New York, 1924). Robert E. Ireton, 'The Rhineland Commission at Work'. *The American Journal of International Law,* 17, 13 (July 1923), 第 460–469 页。

9   Ernst Troeltsch, *Spektator-Briefe. Aufsätze über die deutsche Revolution und die Weltpolitik 1918/22* edited H. Baron (Tübingen, 1924, repr. 1966), 第 47 页。参见 Eberhard Kolb, 'Internationale Rahmenbedingungen einer demokratischen Neuordnung', 载于 Karl Dietrich Bracher, Manfred Funke and Hans-Adolf Jacobsen (eds), *Die Weimarer Republik 1918–1933. Politik, Wirtschaft, Gesellschaft,* (Düsseldorf: Droste, 1987), 第 257–284 页 and Gerd Meyer, 'Die Reparationspolitik. Ihre außen- und innenpolitischen Rückwirkungen', 载于同上，第 327–342 页。另一个对战争期间德国的外交政策的有用的简介，参见 John Hiden, *Germany and Europe 1919–1939,* second edition (Harlow, 1993)。另参见 Ursula Büttner, *Weimar, Die Überforderte Republik* (Stuttgart, 2008), 第 153–165 页。

10 Albert Ströhle, *Der Vertrag von Versailles und seine Wirkungen für unser deutsches Vaterland* (Stuttgart, 1921). Jacques Bariéty, *Les relations franco-allemandes après la première guerre mondiale* (Paris, 1977)。

11 *National Versammlung* 327, 34th Session, 10 April 1919, 931, 943. Klaus Schwabe (ed.), *Quellen zum Friedensschluss vom Versailles* = Ausgewählte Quellen zur Deutschen Geschichte der Neuzeit, vol. 30 (Darmstadt, 1997), 第 12 页。

12 Baron Werner von Rheinbaben, 'How the Treaty Looks to Germany', 载于 *Listener* (London, England, 13 June 1934)。

13 Wolfgang Elz, 'Versailles und Weimar', in *Aus Politik und Zeitgeschichte* 50–51/2008, 8 December 2008, 第 31–38 页，此处内容在第 33 页；Thomas Lorenz, *'Die Weltgeschichte ist das Weltgericht'. Der Versailler Vertrag in Diskurs und Zeitgeist der Weimarer Republik* (Frankfurt, New York, 2008), 第 74 页；Thomas Mergel, *Parlamentarische Kultur in der Weimarer Republik* (Düsseldorf, 2005), 第 233 页。

14 施特雷泽曼有许多传记，一部关于施特雷泽曼一生的比较早的传记是 Rocchus Freiherr von Rheinbaben, *Der Mensch und der Staatsmann* (Dresden, 1928), 而 Rudolf Olden, *Stresemann* (Berlin, 1929) 这部传记是

反传统观点的。最新的学术著作包括：Henry Ashby Turner, *Stresemann and the Politics of the Weimar Republic* (Princeton, 1963); Manfred Berg, *Gustav Stresemann. Eine politische Karriere zwischen Reich und Republik* (Göttingen, 1992); Jonathan Wright, *Gustav Stresemann: Weimar's Greatest Statesman* (Oxford, and New York, 2002; paperback 2004)。另参见载于 Wolfgang Michalka and Marshall Lee (eds), *Gustav Stresemann* (Darmstadt, 1982) 的文章，以及载于 Karl Heinrich Pohl (ed.), *Politiker und Bürger. Gustav Stresemann und seine Zeit* (Göttingen, 2002) 的文章，特别是对施特雷泽曼传记作品的有益的讨论，参见 Wolfgang Michalka, 'Stresemann im Lichte seiner gegenwärtigen Biographien: Stresemann aus deutscher Sicht', 载于同上，第 267–289 页。

15 两部优秀的概述：Gottfried Niedhart, *Die Außenpolitik der Weimarer Republik* (=Enzyklopädie deutscher Geschichte, 53 页；Munich, 1999), 以及 Wolfgang Elz, 'Weimar Foreign Policy', 载于 Anthony McElligott (ed.), *The Short Oxford History of Germany: Weimar Germany* (Oxford, New York, 2009), 第 50–77 页。

16 *Ursachen und Folgen*, vol. 2, Doc. 282; Hans–Dietrich Schultz, 'Deutschlands "natürliche" Grenzen', 载于 Alexander Demandt (ed.), *Deutschlands Grenzen in der Geschichte* (Munich, 1990), 第 32–93 页, 此处内容在第 48–75 页。

17 *Ursachen und Folgen*, vol. 2, Doc. 280c。

18 Rheinbaben, *Der Mensch und der Staatsmann*, 次数强调施特雷泽曼修正了维尔特和拉特瑙失败的政策，重新回归了俾斯麦对德国的设想，第 175、177 页。Peter Krüger, *Die Aussenpolitik der Republik von Weimar* (Darmstadt, 1985), 第 507–555 页，尤其是 551–555 页；Wright, *Gustav Stresemann*, 第 492–525; Eberhard Kolb, 'Die Weimarer Republik und das Problem der Kontinuität vom Kaiserreich zum "Dritten Reich"', 载于 Jost Dülffer, Bernd Martin, Günter Wollstein (eds), *Deutschland in Europa. Kontinuität und Bruch. Gedenkschrift für Andreas Hillgruber* (Frankfurt/Main, Berlin, 1990), 第 273–289 页；Schöllgen, *Jenseits von Hitler*, 第 33–152 页各处。关于对连续性的强调，参见 Marshall Lee and Wolfgang Michalka, *German Foreign Policy 1917–1933: Continuity or Break?* (Leamington Spa, Hamburg, New York, 1987); 可以在 Andreas Rödder,

Stresemanns Erbe: Julius Curtius und die deutsche Außenpolitik 1929–1931 (Paderborn, Munich, Vienna, Zurich, 1996) 这本书中找到一个更细致的方法，这本书承前启后，向 1931 年方向转变。关于连续性（设法避免提及魏玛）的简介讨论，参见 Konrad H. Jarausch, 'From Second to Third Reich: The Problem of Continuity in German Foreign Policy'. *Central European History,* 12, 1 (March 1979), 第 68–82 页。

19 Anthony McElligott, 'Reforging Mitteleuropa in the Second World War', 载于 Peter Stirk (ed.), *Mitteleuropa: History and Prospects: 1815–1990* (Edinburgh, 1994), 第 129–159 页。

20 关于这两方面的联系，参见 Hermann Graml, *Zwischen Stresemann und Hitler. Die Außenpolitik der Präsidialkabinette Brüning, Papen und Schleicher* (Munich, 2001)。

21 Emil Stutzer, *Die deutschen Großstädte, einst und jetzt* (Berlin, Braunschweig, Hamburg, 1917), 转载于 Anthony McElligott, *The German Urban Experience 1900–1945. Modernity and Crisis* (London and New York, 2001), 第 2–4 页。

22 Walther Rathenau, 'Deutschlands Rohstoffversorgung, Vortrag gehalten in der "Deutschen Gesellschaft 1914" am 20 Dezember 1915', 载于 *Walther Rathenau. Gesammelte Schriften in fünf Bänden: fünfter Band* (Berlin, 1918), 第 23–58 页，此处内容在第 26–27 页。

23 *Verhandlungen des Deutschen Reichstags* 319, 39th Session, 5 April 1916, 第 856–857 页 (Spahn); *Verhandlungen des Deutschen Reichstags* 311, 128th Session, 1 December 1917, 3977 (Ledebour); *Verhandlungen des Deutschen Reichstags* 312, 157th Session, 3 May 1918, 4907 (v. Schulze-Graevenitz)。

24 Ernst Rudolf Huber, *Deutsche Verfassungsgeschichte seit 1789. Vol. 5 Weltkrieg, Revolution und Reichserneuerung 1914–1919* (Stuttgart, Berlin, Cologne, Mainz, 1978), 第 1173 页。美国并没有批准该条约，而是在 1921 年 8 月与德国签署了一个单独的条约，参见 Ernst Rudolf Huber, *Deutsche Verfassungsgeschichte seit 1789. Vol. 7: Ausbau, Schutz und Untergang der Weimarer Repulblik* (Stuttgart, Berlin, Cologne, Mainz, 1984), 第 18 页。

25 *National Versammlung* 326, 7th Session, 14 February 1919, 79. *Akten zur Deutschen Auswärtigen Politik (=ADAP)* Serie A: 1918–1925, I, Doc. 95。
26 Schwabe (ed.), *Quellen*, Doc. 19, 一封贝恩斯托夫伯爵约翰·海因里希（Johann Heinrich Graf von Bernstorff）写给威廉·索尔夫（Wilhelm Solf）的信，此处内容在第 69 页。
27 *National Versammlung* 326, 1st Session, 6 February 1919, 1 (Ebert); 同上, 7th Session, 第 79 页 (Keil)。关于布洛克多夫－兰晁的立场，参见 Schwabe (ed.), *Quellen*, Doc. 26, 1918 年 12 月 24 日丹麦报纸的政治采访，以及 Doc. 34, 外国记者在 1919 年 1 月 24 日的采访。
28 *National Versammlung* 327, 34th Session, 10 April 1919, 第 924 页。
29 同上，第 961 页。
30 Lorenz, *'Die Weltgeschichte ist das Weltgericht'*, 第 75 页。
31 *ADAP Serie A*, I, Doc. 238, 第 452–453 页, von Brockdorff-Rantzau, 29 April 1919, reprinted in Schwabe, *Quellen*, Doc. 87. Edgar Stern–Rubarth, *Graf Brockdorff-Rantzau, Wanderer zwischen Zwei Welten. Ein Lebensbild* (Berlin, 1929), 第 83–86、96–110 页。Alma Molin Luckau, *The German Delegation at the Paris Peace Conference* (New York, 1941). Udo Wengst, *Graf Brockdorff-Rantzau und die außenpolitischen Anfänge der Weimarer Republik* (Bern, Frankfurt Main, 1973), 第 46–47 页。Peter Krüger, *Deutschland und die Reparationen 1918/19* (Stuttgart, 1973), 第 161–209 页。
32 *National Versammlung* 326, 7th Session, 14 February 1919, 第 66 页。
33 *Is Germany Guilty? German White-book concerning the Responsibility of the Authors of the War* (Berlin, 1919), 第 5 页，另参见 Graf Brockdorff-Rantzau, *Dokumente und Gedanken um Versailles* (Berlin, 1925), 第 70–73 页。另参见他于 5 月 13 日写给克列孟梭的照会，他重申德国的立场和第 231 条的一揽子赔偿的不公正：*Is Germany Guilty?*, 第 9–10 页，在备忘录"关于国联和相关政府关于作战人员责任的报告意见"上签字的有汉斯·德尔布鲁克、马克斯·韦伯、马克斯·蒙特格拉斯伯爵和阿尔布雷希特·门德尔松·巴托尔金，他们要求公正的调查，见同上，第 43–55 页。Udo Wengst, *Graf Brockdorff-Rantzau und die außenpolitischen Anfänge der Weimarer Republik* (Bern and Frankfurt am Main, 1973).

34 Wengst, *Graf Brockdorff-Rantzau*, 第 51–52 页。
35 Schwabe (ed.), *Quellen*, Doc. 98, 一封瓦尔特·西蒙斯（代表团国务卿）写给其妻的信, 1919 年 5 月 10 日。虽然西蒙斯给部长留下了深刻的印象，但协约国的成员包括伍德罗·威尔逊却对他极其不认同。Peter Krüger, *Die Aussenpolitik der Republik von Weimar* (Darmstadt, 1985), 第 74–75 页；Schöllgen, *Jenseits von Hitler*, 第 109 页。布洛克多夫 – 兰晁为此事还留了明信片，送了张给特奥多尔·沃尔夫，参见 *Tagebücher 1914–1919. Der Erste Weltkrieg und die Entstehung der Weimarer Republik in Tagebüchern, Leitartikeln und Briefen des Chefredakteurs am 'Berliner Tageblatt' und Mitbegründers der 'Deutsche Demokratische Partei'* introduced and edited by Bernd Sösemann (Boppard am Rhein, 1984), 第 743 页，22 June 1919。
36 *Akten der Reichskanzlei, Kab. Scheidemann*, Doc. 133。
37 Schwabe (ed.), *Quellen*, Doc. 130, 1919 年 6 月 16 日，克列孟梭写给布洛克多夫 – 兰晁。
38 *ADAP Serie A*, II, Doc. 5, 第 7–17 页，Friedensprotokoll, 8 May 1919。
39 *ADAP Serie A*, II, Doc. 122, 第 90–91 页。
40 Ulrich von Brockdorff-Rantzau, *Dokumente und Gedanken um Versailles* (Berlin, 1925); Schwabe, *Quellen*, Doc. 95, telegram to Geschäftsstelle für die Friedensverhandlungen, 8 May 1919。
41 *Ursachen und Folgen*, vol. 3, Doc. 719, 第 360–362 页。另参见 Schwabe, *Quellen*, Doc. 116。背景可见 Wengst, *Graf Brockdorff-Rantzau*, 第 72–93 页。
42 *Akten der Reichskanzlei, Kab. Scheidemann*, Docs. 117, 118。另参见 Docs. 114, 116。另可参见吉斯贝特·冯·罗姆贝格男爵写给谢德曼的信，载于同上，Doc. 109, 12 June 1919, 这封信中外交家认为协约国会进军斯图加特 – 马尔堡 – 施吕希滕 – 哈姆一线，将莱茵兰从德国分离出来。
43 Theodor Wolff, *Tagebücher 1914–1919*, 8, 10, 18, 21 June, 第 729–372、736、740 页。
44 Schwabe, *Quellen*, Docs. 137 and 138 (比较 *Ursachen und Folgen*, vol. 3, 第 386–387 页)。
45 古斯塔夫·鲍尔在国民议会 1919 年 6 月 22 日发表演说，后由菲利普·谢德曼在之后关于道威斯计划中的辩论引用，参见 *Verhandlungen des*

Deutschen Reichstags 381, 18th Session, 25 July 1924, 677. Huber, *Deutsche Verfassungsgeschichte* 5, 第 1173 页；同上，*Deutsche Verfassungsgeschichte* 7, 第 17 页。

46 Bernhard Fulda, *Press and Politics in the Weimar Republic* (Oxford, 2009), 第 48–50、55 页。

47 Troeltsch, *Spektator-Briefe*, 第 53 页。

48 Thomas Mann, *Tagebücher 1918–1921*, edited Peter de Mendelssohn (Frankfurt, 2003), 16 December 1918, 第 109 页。

49 Walther Rathenau, 'Versailles', *Der Spiegel*, 15 May 1919, 转载于 *Walther Rathenau, Nachgelassene Schriften Erster Band* (Berlin, 1928), 第 101 页。比较：'Das Ende', *Die Zukunft*, 31 May 1919。

50 *National Versammlung* 327, 39th Session, 12 May 1919, 第 1081 页。

51 Theodor Wolff, *Tagebücher 1914–1919*, 第 710–712 页，12 May 1919。

52 *National Versammlung* 327, 39th Session, 12 May 1919, 第 1082 页。

53 Lorenz, '*Die Weltgeschichte ist das Weltgericht*', 第 79–80 页。对于社会民主对失败和合约的反应，参见 Ulrich Heinemann, *Die verdrängte Niederlage: politische Öffentlichkeit und Kriegsschuldfrage in der Weimarer Republik* (Göttingen, 1983)。

54 William Maehl, 'The German Socialists and the Foreign Policy of the Reich from the London Conference to Rapallo'. *Journal of Modern History,* 19, 1 (March 1947), 第 35–54 页，此处内容在第 36 页。

55 Harry Graf Kessler, *Tagebücher 1918–1937. Politik, Kunst und Gesellschaft der zwanziger Jahre* (Frankfurt/Main: Insel, 4th edn, 1979), 22 June 1919, 第 184 页。关于凯斯勒的政治观点以及他从民族主义向共和民主转变之过程，参见 Jonathan Steinberg, 'The Man Who Knew Everybody'. *London Review of Books* (23 May 2013), 第 35–36 页。

56 关于反对埃尔茨贝格的新闻宣传以及对其生活的攻击，参见 Fulda, *Press and Politics*, 第 48–63 页。关于对拉特瑙的相似的攻击，有些是反犹太主义者隐性的攻击，参见他写给德国国家人民党代表的信：Reinhard Mumm, 27.5.1919, and Johann Goettsberger, 14.12.21, 载于 Jaser, Picht, Schulin (eds), *Walther Rathenau Briefe Teilband 2*, 第 2193–2195、2623–2625 页。

57 Mann, *Tagebücher 1918–1921*, 20 June 1919, 第 269 页。另参见 21 June 1919, 第 270 页。

58 同上，第 273 页。Kessler, *Tagebücher*, 23 June 1919, 第 185–186 页。Wolfgang Stresemann, 'Mein Vater, der Kanzler und Außenminister', 载于 Rudolf Pörtner (ed.), *Alltag in der Weimarer Republik. Erinnerungen an eine unruhige Zeit* (Düsseldorf, Vienna, New York, 1990), 第 102 页。

59 Wolfgang Schivelbusch, *Culture of Defeat. On National Trauma, Mourning, and Recovery* (London, 2003, orig. *Die Kultur der Niederlage*, Berlin, 2001)。Richard Bessel, 'Die Krise der Weimarer Republik als Erblast des verlorenen Krieges', 载于 Frank Bajohr, Werner Johe, Uwe Lohalm (eds), *Zivilisation und Barberei. Die widersprüchlichen Potentiale der Moderne* (Hamburg, 1991), 第 99–111 页，此处内容在第 110 页。

60 Lorenz, '*Die Weltgeschichte ist das Weltgericht*', 第 197 页。

61 Käthe Kollwitz, *Die Tagebücher 1908–1943*, edited with a postscript by Jutta Bohnke-Kollwitz (Berlin 1989, new edn, 2007), 第 427 页；Victor Klemperer, *Leben sammeln, nicht fragen wozu und warum. Tagebücher 1918–1924,* edited Walter Nowojski (Berlin, 1996), 第 129 页，20 June 1919。

62 *National Versammlung* 330, 92 Session, 7 October 1919, 第 2880 页。参见 Sally Marks, 'The Myth of Reparations'. *Central European History,* 11/3 (September 1978), 第 231–255 页。"右派的攻击"这一说法取自 Huber, *Deutsche Verfassungsgeschichte* 7, 第 33 页。

63 Heinemann, *Die verdrängte Niederlage*, 第 29–35 页，社民党和独立社民党为"战争罪"争论不休。

64 Huber, *Deutsche Verfassungsgeschichte* 7, 第 33 页。卡普和吕特维兹都是因为裁军至十万人而起了反心。

65 同上，第 148、155–156、179 页及以下各页。关于在斯帕的争辩，参见 *Verhandlungen des Deutschen Reichstags* 363, Anlage Nr. 187: 'Auswärtiges Amt, Die Konferenz in Spa vom 5. Bis 16. Juli 1920'。

66 *Verhandlungen des Deutschen Reichstags* 348, 第 2656–2882 页；比较：*Verhandlungen des Deutschen Reichstags* 366, Drucksache Nr. 1640, 第 133 页。

67 *Verhandlungen des Deutschen Reichstags* 349, 26 April 1921, 第 3471–3480 页。

68 因此劳合·乔治(Lloyd George)在 Huber, *Deutsche Verfassungsgschichte* 7, 第 174 页中提到。

69 Huber, *Deutsche Verfassungsgeschichte* 7, 第 172–174、180–191 页可见细节。

70 *Verhandlungen des Deutschen Reichstags* 349, 第 3629–3651 页。中央党、多数社民党和独立社民党一致通过；德国民主党 17 票赞成, 21 票反对；德国人民党 17 票赞成, 21 票反对；德国民族党 6 票赞成, 41 票反对；巴伐利亚人民党 2 票赞成, 15 票反对；德国共产党只有 1 票赞成, 其余 17 票全部否决；德国国家人民党和农民联盟一致全投反对票。

71 Huber, *Deutsche Verfassungsgeschichte* 7, 第 197 页。

72 引用自 Maehl, 'The German Socialists and the Foreign Policy', 第 41 页。

73 *Verhandlungen des Deutschen Reichstags* 349, 110th Session, 2 June 1921, 第 3742 页。另参见 Wirth, *Verhandlungen des Deutschen Reichstags* 352, 160th Session, 26 January 1922, 第 5557 页。

74 引用自 Huber, *Deutsche Verfassungsgeschichte* 7, 第 217 页。比较：Walther Rathenau, 'Ja oder Nein', *Berliner Tageblatt*, 10 May 1921, 转载于 *Nachgelassene Schriften*, 第 244–249 页，此处内容在第 246 页。

75 *Die Wiesbadener Protokolle vom 6. und 7. Oktober 1921* (Berlin, 1921)。

76 *Akten der Reichskanzlei Weimarer Republik. Die Kabinette Wirth I und II: 10. Mai 1921 bis 26. Oktober 1921/26. Oktober 1921 bis 22. November 1922*, prepared by Ingrid Schulze–Bidlingsmaier 2 vols (Boppard am Rhein, 1973), vol. 1, Docs. 97, 107 注释 9。

77 Walther Lambach, *Diktator Rathenau* (Hamburg, Leipzig, 1918), 第 23、33、41–43 页。Rathenau to Sophie von Benckendorff und Hindenburg, 22.11.192, 载于 Jaser, Picht, Schulin (eds), *Walther Rathenau Briefe Teilband 2*, 第 2619–2620 页。

78 Jakob Reichert, *Rathenaus Reparationspolitik. Eine kritische Studie* (Berlin, 1922)。一位名叫赖歇特的德国国家人民党的议员对拉特瑙的批评不典型，因为他声称钦佩拉特瑙，但同时批评了他对法国的卖国政策。在强调拉特瑙和施特雷泽曼之间政策的连续性上，参见 Adolf Neumann, 'Rathenaus Reparationspolitik' (Phil. Diss Leipzig University, 1930), 第 16–55、71 页。

79 *Verhandlungen des Deutschen Reichstags* 372 Drucksache Nr. 4140: Aktenstücke zur Reparationsfrage vom Mai 1921 bis März 1922'。

80 Huber, *Deutsche Verfassungsgeschichte* 7, 第 232 页。Anne Orde, *British Policy and European Reconstruction after the First World War* (Cambridge, 1990), 第 255、259、261–262 页。

81 Huber, *Deutsche Verfassungsgeschichte* 7, 第 221–222 页。拉特瑙正式独立，但他的政治观点接近德国人民党的观点。

82 *Verhandlungen des Deutschen Reichstags* 355, 231st Session, 21 June 1921, 第 7922–7997 页。Huber, *Deutsche Verfassungsgeschichte* 7, 第 244 页。

83 *Verhandlungen des Deutschen Reichstags* 352, 161 Session, 27 January 1922, 第 5609–5619、5621–5622 页。

84 *Verhandlungen des Deutschen Reichstags* 352, 160 Session, 26 January 1922, 第 5563–5574 页; Huber, *Deutsche Verfassungsgeschichte* 7, 第 222 页。关于韦斯塔普和保守政治，参见 Henry Bernhard, *Reventlow, Hugenberg und die anderen* (Berlin, 1926); Larry Eugene Jones, 'Kuno Graf von Westarp und die Krise des deutschen Konservatismus in der Weimarer Republik', 载于 Larry Eugene Jones and Wolfram Pyta (eds), *'Ich bin der letzte Preuße'. Der politische Lebensweg des konservativen Politikers Kuno Graf von Westarp (1864–1945)* (Cologne, 2006), 第 109–146 页。

85 同上，第 116 页有关于在拉特瑙被刺之前，德国国家人民党的政客亨宁（Henning）在《保守党月刊》（*Konservative Monatsschrift*）上对拉特瑙进行猛烈抨击的内容。Reichert, *Rathenaus Reparationspolitik*, 第 8–9、280–302 页有对拉特瑙在《威斯巴登协议》中扮演的角色进行猛烈抨击的内容。Huber, *Deutsche Verfassungsgeschichte* 7, 第 252–253 页。

86 *Die Kabinette Wirth I und II*, vol. 2, Docs. 404, 408。Huber, *Deutsche Verfassungsgeschichte* 7, 第 270 页。

87 并在此重申了他的前任在 11 月 14 日对赔偿委员会的政策。*Verhandlungen des Deutschen Reichstags* 357, 273 Session, 24 November 1922, 第 9099–9105 页，此处内容在第 9101 页。

88 Huber, *Deutsche Verfassungsgeschichte* 7, 第 275 页。*Verhandlungen des Deutschen Reichstags* 361, 378 Session, 8 August 1923, 第 11749–11758 页。Hermann J. Rupieper, *The Cuno Government and Reparations 1922–1923*.

Politics and Economics (The Hague, Boston, London, 1979), 第 211–217 和 174–217 页各处。

89 Huber, *Deutsche Verfassungsgeschichte* 7, 第 278 页。

90 Eduard Rosenbaum, *Der Wirtschaftskrieg nach dem Versailler Vertrag* (Leipzig, 1932), 第 28–33 页。Jacques Bariéty, 'Die französische Politik in der Ruhrkrise', 载于 Klaus Schwabe (ed.), *Die Ruhrkrise 1923* (Munich, 1986), 第 11–27 页，此处内容在第 12 页。

91 可参见三份德国政府的报告：Auswärtiges Amt, *Aktenstücke über den französisch-belgischen Einmarsch in das Ruhrgebiet* (Berlin, 1923); 同上, *Übersicht über das Reparationsproblem* (Berlin, 1923); 同上, *Das Reparationsproblem* (Berlin, 1929)。

92 Orde, *British Policy*, 第 237–245 页；Margaret Pauley, *The Watch on the Rhine. The Military Occupation of the Rhineland, 1918–1930* (London, New York, 2007), 第 81–97 页；Conan Fischer, *The Ruhr Crisis, 1923–1924* (Oxford, 2003), 第 49–107、243–249 页。关于占领后情况更细致的研究，参见 Martin Süß, *Rheinhessen unter französischer Besatzung. Vom Waffenstillstand 1918 bis zum Ende der Separatistenunruhen im Februar 1924* (Wiesbaden, Stuttgart, 1988)。

93 Elz, 'Versailles und Weimar', 第 34 页。

94 John Horne and Alan Kramer, *German Atrocities, 1914: A History of Denial* (New Haven, CT, 2001)。

95 German Government, *Sammlung eidlicher Aussagen über Gewaltakte der französisch-belgischen Truppen im Ruhrgebiet* [3 parts] (Berlin, 1923). 有关鲁尔区的宣传，参见 Franziska Wein, *Deutschlands Strom – Frankreichs Grenze: Geschichte und Propaganda am Rhein 1919–1930* (Essen, 1992)。

96 *The Burden of Military Occupation. Representative Cases and Statistics Compiled from the Memoranda of the German Ministry of Finance* (Leipzig, 1923), 第 8 页。

97 Sally Marks, 'Black Watch on the Rhine: A Study in Propaganda, Prejudice and Prurience'. *European Studies Review*, 13, 3 (1983), 第 297–333 页；Gisela Lebzelter, 'Die "Schwarze Schmach" 载于 Vorurteile–Propaganda–Mythos'. *Geschichte und Gesellschaft* 11 (1985), 第 37–58 页；Julia Roos,

'Nationalism, Racism and Propaganda: Contradictions in the Campaign against the 'Black Horror on the Rhine'. *German History,* 30, 1 (March 2012), 第 45–74 页。

98 Wolfgang Elz, 'Versailles und Weimar', 第 34 页，其中作者做了一个有趣的观察：鲁尔危机代表"一战"的最后一役。

99 Huber, *Deutsche Verfassungsgeschichte* 7, 第 304 页。

100 同上，第 305 页。胡伯谈到了国会的"自我关闭"——这是 1933 年授权法的危险的先例，同上，第 335 页。

101 参见第八章。Anthony McElligott, 'Political Culture', 载于同上，*Weimar Germany*, 第 34 页。

102 'Der Passive Widerstand' reprinted in Rocchus von Rheinbaben (ed.), *Stresemann. Reden und Schriften,* 2 vols (Dresden, 1926), vol. 2, 第 58–87 页；另参见他的文章 'Fraktionspolitik oder Volksgemeinschaft?' 载于同上，第 87–100 页。

103 引用自 Huber, *Deutsche Verfassungsgeschichte* 7, 第 337 页。

104 *Verhandlungen des Deutschen Reichstags* 376 Drucksache Nr. 5471; Ver. RT 358, 9526ff. Prussian Landtag 1921–23, Vol. 10, col. 14548。

105 *ADAP Serie A*, Vol. X, 7 April bis 4 August 1924, Doc. 235, 'Aufzeichnung des Ministerialdirektors von Schubert', 31 July 1924, 第 591–592 页。另参见施特雷泽曼发给柏林的电报，载于 *ADAP Serie A*, Vol. XI, 5 August bis 31 Dezember 1924, Doc. 7, 第 16–18 页，Doc. 21, 第 50–53 页，Doc. 65 (Freiherr von Maltzan), 第 149–150 页。

106 Orde, *British Policy*, 第 253、256 页。Heinrich Klümpen, *Deutsche Außenpolitik zwischen Versailles und Rapallo: Revisionismus oder Neueorientierung?* (Münster, 1992), 第 131 页。Elspeth Y. O'Riordan, *Britain and the Ruhr Crisis* 第 125–176 页。英国知识精英阶层对德国有很深的同情，参见 Colin Storer, 'Weimar Germany as Seen by an Englishwoman: British Woman Writers and the Weimar Republic'. *German Studies Review,* 32, 1 (February 2009), 第 129/147 页，此处内容在第 131–133 页。

107 'In the Ruhr'. *Advocate for Peace and Justice*, 85, 4 (April 1923), 第 146–147 页。

108 Walter James Shepard, 'The German Elections'. *The American Political*

Science Review, 18, 3 (August 1924), 第 528–533 页，此处内容在第 529 页。

109 Verhandlungen des Deutschen Reichstags 381, 18th Session, 25 July 1924, 第 661 页（冯·雷芬特洛夫，纳粹党）、第 662、664–671 页（贝恩特，德国国家人民党）、第 681–685 页（罗森博格，德国共产党）。

110 Shepard, 'The German Elections', 第 532 页。Elmer D. Graper, 'The Reichstag Elections'. The American Political Science Review, 19, 2 (May 1925), 第 362–370 页，此处内容在第 367 页。

111 ADAP Serie A, Vol. XII, 1 Januar bis 25 April 1925, Doc. 25, Ambassador Hoesch in Paris to AA Berlin, 15 January 1925, 第 60–61 页。

112 Karl Heinrich Pohl, Weimars Wirtschaft und die Außenpolitik der Republik, 1924–1926. Vom Dawes Plan zum Internationalen Eisenpakt (Düsseldorf, 1979), 第 29、31–32、40、43 页。Andreas Hillgruber, ' "Revisionismus"–Kontinuität und Wandel in der Außenpolitik der Weimarer Republik'. Historische Zeitschrift 237 (1983), 第 597–621 页。

113 'The Locarno Treaties'. Bulletin of International News, 1, 21 (2 November 1925), 2–3 页；Krüger, Aussenpolitik, 第 280–282、294、300 页。Wright, Stresemann, 第 330–339 页，此处内容在第 333 页。

114 Klaus Megerle, Deutsche Außenpolitik 1935: Ansatz zu aktiven Revisionismus (Frankfurt, 1973), 第 131 页。Klümpen, Deutsche Außenpolitik, 第 132–133 页。

115 Elard von Oldenburg-Januschau, Erinnerungen (Leipzig, 1936), 第 219 页，提到兴登堡的信件，信中总统并不信任施特雷泽曼，对洛迦诺的结果也不满。

116 Verhandlungen des Deutschen Reichstags 384, 8th Session, 19 January 1925, 第 92 页。这次演讲原定于 16 号下午，在第一次内阁会议后进行，但却被推迟至 19 日，参见 Akten der Reichskanzlei Kab. Luther I und II, vol. I, Docs 1 and 3。

117 Verhandlungen des Deutschen Reichstags 384, 8 Session, 19 January 1925, 第 93 页。

118 Verhandlungen des Deutschen Reichstags 385, 63 Session, 19 May 1925, 第 1886–1894 页 (Breitscheid, SPD)；第 1894–1903 页 (Westarp, DNVP)。

119 *Verhandlungen des Deutschen Reichstags* 381, 18th Session, 25 July 1924, 第 679 页。关于伦敦会议，Orde, *British Policy and European Reconstruction*, 第 254–265 页。

120 Rupieper, *The Cuno Government*, 第 160–161 页 (Appendix D: Critical Votes on Foreign Policy Issues in the German Reichstag from 1923 to 1929)。

121 *Verhandlungen des Deutschen Reichstags* 381, 18th Session, 25 July 1924, 第 701 页。

122 Barry A. Jackisch, 'Kuno Graf von Westarp und die Auseinandersetzungen über Locarno', 载于 Jones and Pyta (eds), *'Ich bin der letzte Preuße'*, 第 147–162 页。

123 *Verhandlungen des Deutschen Reichstags* 391, 262nd Session, 3 February 1927, 第 8792 页。

124 对于管制的解除，参见 'Alleviation of Allied Control in the Rhineland'. *Advocate of Peace through Justice*, 88, 2 (February 1926), 第 81–82 页。对英国占领当局面对以民族主义为动机而违反盟国莱茵兰最高占领委员会制定的（作为 1945 年后政策制定样板的）法律而进行的日常运作的有趣见解，参见 F. L. Carsten, 'The British Summary Court at Wiesbaden, 1926–1929'. *The Modern Law Review*, 7, 4 (November 1944), 第 215–220 页。

125 *Verhandlungen des Deutschen Reichstags* 391, 262nd Session, 3 February 1927, 第 8793 页。

126 海牙会议的文件载于 *Akten zur deutschen auswärtigen Politik 1918–1945* (=ADAP), Serie B: Vol. X: 1 September–31 December 1928, Vol. XI, 1 January–31 May 1929, Vol. XII 1 June–2 September 1929。

127 Ernst Meier, *Zeittafel der deutschen Reparation 1918–1930* (Berlin, 1930), 第 27–38 页，此处内容在第 32–33 页。

128 施特雷泽曼接受《柏林日报》的采访：Theodor Wolff, 转载于 Wolfgang Elz (ed.), *Quellen zur Aussenpolitik der Weimarer Republik 1918–1933* (Darmstadt, 2007), Doc. 96, 第 186–187 页（orig. Gustav Stresemann, *Vermächtnis. Der Nachlass in drei Bänden*, edited Henry Bernhard, vol. 3 (1933), 第 563–566 页）。

129 *Ursachen und Folgen*, vol. 8, Doc. 1728f。此处 227 页有对柯蒂斯的褒奖。另参见 Julius Curtius, *Der Young-Plan* (Stuttgart, 1948)。

130 Ursachen und Folgen, vol. 8, Doc 1701. Franz Knipping, *Deutschland, Frankreich und das Ende der Locarno-Ära 1928–1931. Studien zur internationalen Politik in der Anfangsphase der Weltwirtschaftskrise* (Munich, 1987), 第 96–104 页。

131 *Verhandlungen des Deutschen Reichstags* 427, 140th Session, 12 March 1930, 第 4371 页。

132 'Rhineland and Reparations'. *Advocate for Peace and Justice,* 90, 10/11 (October–November 1928), 第 617–618 页，此处内容在第 617 页。法国人看到了硬币的另一面的情况，要求在考虑结束占领之前进行全面和最后的赔偿，同上，第 618 页。

133 *ADAP Serie B*, *1925–1933*, Vol. VIII, Doc. 121, 第 259–261 页，此处内容在第 260 页。

134 *ADAP Serie B*, *1925–1933*, Vol. IX, Doc. 88。

135 *ADAP Serie B*, *1925–1933*, Vol. XV, Doc. 113, 第 269–271 页和 Doc. 114, 第 271–273 页，此处内容在第 272 页。

136 'Memorandum Defining the Relations Between the Allied Military Authorities and the Interallied Rhineland High Commission'. *The American Journal of International Law*, 13, 4, Supplement: Official Documents (October 1919), 第 409–410; German Government, *Das Rheinland Abkommen und die Ordonnanzen der Interalliierten Rheinlandkommission in Coblenz* [Nr 1–257] (Berlin, 1924); Werner Vogels, *Die Verträge über Besetzung und Räumung des Rheinlandes und die Ordonnanzen der Interalliierten Rheinlandoberkommission in Coblenz: Textausg. d. Verträge u. d. Ordonnanzen 1–302 u. d. Anweisungen 1–26 in franz. u. dt., nebst e. Kt. d. besetzten Gebiets* (Berlin, 1925)。

137 'The Geneva Agreement regarding Rhineland Evacuation'. *Bulletin of International News*, 5, 6 (29 September 1928), 第 3–10 页。'International Agreement on the Evacuation of the Rhineland Territory'. *The American Journal of International Law*, 24, 2, Supplement: Official Documents (April 1930), 144–152 页。Krüger, *Aussenpolitik*, 第 461–465 页；

Wright, *Stresemann*, 第 337–338、428–439、479–482 页。

138　Thomas Nipperdey, 'Der Kölner Dom als Nationaldenkmal'. *Historische Zeitschrift* 233 (1981), 第 595–613 页，此处内容在第 599 页。

139　Hans-Peter Schwarz, *Adenauer* I: *Der Aufstieg: 1876–1952,* third rev. edn (Munich, 1991), 第 293、295 页。

140　Knipping, *Deutschland, Frankreich und das Ende der Locarno-Ära,* 第 142–148 页。关于莱茵兰的分离主义，请参阅其领导人之一的报告：Hans A. Dorten, 'The Rhineland Movement'. *Foreign Affairs,* 3, 3 (April 1925), 第 399–410 页。对那些与占领军有"勾结"的分裂主义分子的袭击，参见 *ADAP Serie B*, Vol. XV 1 May bis 30 September 19130, Docs, 119, 124, 125. *Ursachen und Folgen*, vol. 8, Doc. 1718b。

141　帝国文艺总监的作用将在第六章讨论。

142　材料载于 Barch R32/434 Bde. 1–3。在这里，"河流"可以被理解为"意向"或"趋势"。

143　Barch R32/281, Bl. 128。

144　*Edwin Redslob, Befreiungs-Festspiel Deutschlands Strom. Chorische Dichtung zur Feier der Rheinland-Befreiung Wiesbaden 19., 20. und 21. Juli 1930* (Offenbach, 1930)。

145　细节见 Barch R32/279 and 280。

146　Barch R32/281, Bl. 127。

147　Barch R32/280, Bl. 52. 'Wir sind das Volk und wir/Mußten es tragen/Wollen die Ketten der/Knechtschaft zerschlagen!'。

148　一座临时桥梁后来坍塌了，造成 30–40 位观众死亡。

149　Barch R32/280, Bl. 53–4。

150　同上, Bl. 55; Barch R32/281, Bl. 129。

151　Barch R32/542 中有关于新闻界的回应。关于整体与艺术，参见 Stephan Lamb and Anthony Phelan, 'Weimar Culture: The Birth of Modernism', 载于 Rob Burns (ed.), *German Cultural Studies* (Oxford, 1996), 第 79–80 页。

152　Eberhard Kolb, *Die Weimarer Republik*, third edn (Munich, 1993), 第 99 页。Richard Bessel, *Germany after the First World War* (Oxford, 1993), 第 273 页。

153 *Berliner Tageblatt* 375, 11 August 1930, R32/437, Bl. 51。

154 *Ursachen und Folgen*, vol. 8, Doc. 1718f, 此处内容在第 228 页。另参见 Doc. 1719 载于同上。

155 Barch R32/437, Bd. 8 中有媒体的报道。Rödder, *Stresemanns Erbe*, 第 112 页，里面提到柯蒂斯说莱茵兰早期撤军的影响是舆论上一个"潮湿的火药"（"嘶嘶"）。

156 Barch R32/434, Bl. 26, 没有署名的信件 1930 年 7 月 29 日；Knipping, *Deutschland, Frankreich und das Ende der Locarno-Ära*, 第 146 页。

157 *Ursachen und Folgen*, vol. 8, Doc. 1718a。

158 Barch R32/280, Bl. 1, Ministerialrat Dr Eugen Mayer Reichsministerium für die besetzten Gebiete to Redslob 30 July 1930。

159 *Ursachen und Folgen*, vol. 8, Doc. 1718c-e。兴登堡已经明确表示他希望巡回清点仅限于几个重要城市，参见 Barch R32/281 Bl. 40, 'Der Reichsminister für die besetzten Gebiete I 1/509, 29 April 1930'。

160 也见 Salin, *Die Deutschen Tribute*, 还可见 Heinrich Schnee and Hans Draeger (eds), *Zehn Jahre Versailles* 3 Vols (Berlin, 1929); Graf Max Montgelas, *Leitsätze zur Kriegsschuldfrage. Als Manuskript gedruckt von der Zentralstelle für Erforschung der Kriegsursachen* (Berlin, 1929)。共和主义的观点，参见 Karl Bröger, *Deutsche Republik: Betrachtung und Bekenntnis zum Werke von Weimar* (Berlin, 1926), 同上, *Versailles! – Eine Schrift für die Schuljugend* (Berlin, 1929)。

161 一个典型的例子就是一位代表"年轻的一代"的发言人林德纳-维尔道（Lindeiner-Wildau）在关于德国进入国际联盟的辩论中所持的矛盾的立场，参见 *Ursachen und Folgen*, vol. 6, Doc. 1377b。

162 签名活动得到了 10.2% 的选民的支持，仅比最低门槛高 0.2 个百分点，在易北河以东的省份得到高支持率，但莱茵、鲁尔、下巴伐利亚和巴登的支持却不多，参见 *Statistik des Deutschen Reichs, Neue Folge*, Vol. 372 (Berlin, 1930), Anhang: Volksbegehren und Volksentscheid über den Entwurf eines 'Gesetzes gegen die Versklavung des Deutsche Volkes'。

163 Ernst Otto Bräunche, 'Die Reichstagwahlen 1919–1930: Die politischen Parteien der Pfalz und ihre Wähler', 载于 Wilhelm Kreutz and Karl Scherer (eds), *Die Pfalz unter französischer Besetzung: (1918/19–1930)*

(Kaiserslautern, 1999), 第 77–103 页，此处内容在第 92、102 页。国际数据载于 J. Falter et al., *Wahlen und Abstimmungen in der Weimarer Republik* (Munich, 1986), 第 72 页；Alfred Milatz, 'Das Ende der Parteien im Spiegel der Wahlen 1930 bis 1933', 载于 E. Matthias, R. Morsey (eds), *Das Ende der Parteien 1933* (Düsseldorf, 1960), 第 744–758 页。

164 这个基调由德国自由党的发言人定下，后来由纳粹党人冯·雷文特洛（von Reventlow）于 1924 年的外交政策中定下，参见 *Verhandlungen des Deutschen Reichstags* 381, 18th Session, 25 July 1924, 第 670 页。

165 *Hitler Reden Schriften Anordnungen Februar 1925 bis Januar 1933, Band III Zwischen den Reichstagswahlen Juli 1928-September 1930, Teil 3: Januar 1930-September 1930*, edited and with a commentary by Christian Hartmann (Munich, New Providence, London, Paris, 1995), 第 243 页。

166 Pohl, *Weimars Wirtschaft und die Außenpolitik*, 第 15–59、264–266、274–278 页。

167 Manfred J. Enssle, 'Stresemann's Diplomacy Fifty Years After Locarno: Some Recent Perspectives'. *The Historical Journal*, 20, 4 (December 1977), 第 937–948 页。

168 Klümpen, *Deutsche Außenpolitik*, 第 116、122、124 页。Pohl, *Weimars Wirtschaft und die Außenpolitik*, 第 266 页。前外相布洛克多夫-兰晁是一个东方政策（Ostpolitik）的热心倡导者，参见 Elz, *Quellen*, Doc. 15, 第 51–52 页。Krüger, *Aussenpolitik*, 第 166–183 页。Wright, *Stresemann*, 第 354–359 页。

169 *Die Kabinette Wirth I und II*, vol. 1, Introduction, LXIV。

170 *Ursachen und Folgen*, vol. 8, Doc. 1721 and Elz, *Quellen*, Doc. 116（由冯·布洛（von Bülow）记录的关于东部边界的讨论以及布吕宁与意大利外长格兰迪之间有关《凡尔赛和约》的修订，1931 年 10 月 27 日）。

171 Rochus von Rheinbaben, *Liberale Politik im neuen Reiche* (Karlsruhe, 1928), 第 51–55 页。莱茵哈本用"kämpferisch"（激进）形容，但直接翻译成"好斗的"（combative）会改变这种情况下的含义。一些学者强调了施特雷泽曼的民族主义观点，参见 Larry E. Jones, 'Gustav Stresemann and the Crisis of German Liberalism'. *European Studies Review* 4, 2 (1975), 第 141–163 页；尤其是 Enssle, 'Stresemann's

Diplomacy', 第 940–941 页。

172 *ADAP* Serie B: Vol. IX, Doc. 210, 第 514–517 页；Christian Holtje, *Die Weimarer Republik und das Ostlocarno-Problem 1919 bis 1934. Revision oder Garantie der deutschen Ostgrenze von 1919* (Wurzburg, 1958), 第 23–47、106–130 页。

173 Gottfried Niedhart, *Internationale Beziehungen 1917–1947* (Paderborn, 1989), 第 35 页。

174 Wright, *Gustav Stresemann*, 第 485 页。怀特密切关注最初在 Rödder, *Stresemanns Erbe*, 第 113–119 页中提出的争执。参见重要文章：Erich Hahn, 'The German Foreign Ministry and the Question of War Guilt in 1918–1919', 载于 Carole Fink, Isabel, MacGregor Knox (eds), *German Nationalism and the European Response, 1890–1945* (Norman, Oklahoma, 1985), 第 43–70 页。

175 埃恩斯特·冯·魏茨泽克写给他母亲的一封家书，1930 年 3 月 16 日，载于 Elz, *Quellen*, Doc. 99, 第 190 页；柯蒂斯给议会的信，1930 年 6 月 25 日，载于同上，Doc. 102, 第 193–194 页；Julius Curtius, *Sechs Jahre Minister* (Heidelberg, 1948), 第 171 页。

176 Reinhard Frommelt, *Paneuropa oder Mitteleuropa. Einigungsbestrebungen im Kalkül deutscher Wirtschaft und Politik 1925–1933* (Stuttgart, 1977), 第 80–93 页。参见魏茨泽克写给其母的书信，1930 年 12 月 26 日，1931 年 3 月 21 日，1931 年 5 月 4 日，载于 Elz, *Quellen*, Docs. 108, 112a and b, 第 201–202、206 页。这并不是无视裁军的问题，当希特勒放弃日内瓦协定时，此裁军问题从 1932 年到 1933 年主导外交政策的政治方面。

177 关于此的经典研究是 Henry Cord Meyer, *Mitteleuropa in German Thought and Action 1815–1945* (The Hague, 1955). Peter M. R. Stirk, 'The Idea of Mitteleuropa', 载于同上 (ed.), *Mitteleuropa: History and Prospects* (Edinburgh, 1994), 第 1–35 页。在此著作中有基本概述：Jörg Brechtfeld, *Mitteleuropa and German Politics 1848 to the Present* (Basingstoke, 1996), 第四章。

178 Hermann Haß, *Herrschaft in Mitteleuropa Bismarcks Bündnispolitik* (Hamburg, 1933), 第 191–201 页。

179 Trade figures and networks in Rosenbaum, *Der Wirtschaftskrieg*, 第 20 页; Hartmann Freiherr von Richthofen, 'Die Lahmlegung des deutschen Außenhandels', Schnee and Draeger (eds), *Zehn Jahre Versailles* I, 第 226–228 页。Meyer, *Mitteleuropa*, 第 58–65 页，此著作中有关于对中欧计划的限制的参考。

180 背景于 Ernst Rudolf Huber, *Deustche Verfassungsgeschichte seit 1789. Vol. 4: Struktur und Krisen des Kaiserreichs* (Stuttgart, Berlin, Cologne, Mainz, 1969), 第 1076–1077 页。Andreas Peschel, *Friedrich Naumanns und Max Webers 'Mitteleuropa': eine Betrachtung ihrer Konzeptionen im Kontext mit den 'Ideen von 1914' und dem Alldeutschen Verband* (Dresden, 2005)。

181 Theodor Heuss, *Friedrich Naumann: der Mann, das Werk, die Zeit* (Stuttgart and Tübingen, 1949)。

182 Friedrich Naumann, *Mitteleuropa* (Berlin, 1915), 第 19、58、101、231 页。Ulrich Prehn, 'Die "Entgrenzung" des Deustchen Reichs: Europäische Raumordnungsentwürfe in der Zeitschrift *Volk und Raum* (1925–1944)', 载于 Carola Sachse (ed.), *'Mitteleuropa' und 'Südosteuropa' als Planungsraum. Wirtschafts- und kulturpolitische Expertisen im Zeitalter der Weltkriege* (Göttingen, 2010), 第 169–196 页。

183 Naumann, *Mitteleuropa*, 第 177–178 页。

184 *Verhandlungen des Deutschen Reichstags* 307, 40th Session 6 April 1916, 870 页。

185 同上，第 868 页。

186 施特雷泽曼的话不是完全没有根据，参见国际联盟的数据：*Europe's Trade* (New York, 1941)。

187 *Verhandlungen des Deutschen Reichstags* 307, 40th Session, 6 April 1916, 第 872 页。

188 同上，第 870 页。关于施特雷泽曼对德国霸权的设想，参见 Marvin L. Edwards, *Stresemann and the Greater Germany 1914–1918* (New York, 1963)。参见特奥多尔·沃尔夫对伯恩哈德·冯·比洛的评价：*Deutsche Politik* (Berlin, 1916), 载于 *Tagebücher 1914–1919*, 第 397 页，2 July 1916。

189　*Verhandlungen des Deutschen Reichstags* 311, 128th Session, 1 December 1917, 第 3977 页。

190　Karl Kautsky, *Die Vereinigten Staaten Europas* (Stuttgart, 1916), 第 11、42–43 页。一般来说参见 Woodruff D. Smith, *The Ideological Origins of German Imperialism* (Oxford, 1986)。

191　关于试图和奥地利结成联盟，参见 *Ursachen und Folgen*, vol. 8, Docs. 1723–36；关于法国人反对与奥地利结盟，参见 *ADAP Series B*, Vol. IX, Docs., 198 和 263。Hans Paul Höpfner, *Deutsche Südosteuropapolitik in der Weimarer Republik* (Frankfurt am Main, 1983), 第 125、140–160、267 页及以下各页。Petra Svatek, 'Hugo Hassinger und Südosteuropa. Raumwissenschaftliche Forschungen in Wien (1931–1945)', 载于 Sachse (ed.), *'Mitteleuropa' und 'Südosteuropa'*, 第 290–311 页。

192　Konstantin Loulos, *Die deutsche Griechenlandpolitik von der Jahrhundertwende bis zum Ausbruch der Ersten Weltkrieges* (Frankfurt am Main, Bern, New York, 1986), 第 90 页。Höpfner, *Deutsche Südosteuropapolitik*, 第 125、140–160、267 页及以下各页。

193　*Deutschland-Berichte der Sozialdemokratischen Partei Deutschlands (Sopade) 1934–1940*, 7 Vols (Salzhausen, Frankfurt am Main, 1980), Vol. 1: 1934, Teil B: Übersichten (Prag am 8. January 1935), 第 831–849 页，此处内容在第 840 页。报告强调德国经济外交政策的局限性，第 834 页；Peter M. R. Stirk, 'Ideas of Economic Integration in Interwar Mitteleuropa', 载于同上，*The Idea of Mitteleuropa*, 第 86–111 页，此处内容在第 96–97、102–106 页。一般来说参见 Dietrich Orlow, *Nazis in the Balkans* (Pittsburgh, 1967)。

194　贸易数据及分析参见：'Der Warenaustausch mit Südosteuropa', *Frankfurter Zeitung*, 9 December 1938; 'Deutschland–Südosteuropa', *Germania* 14 January 1938; 'Macht Deutschland eine Wirtschaftsoffensive im Südostraum?', *Völkischer Beobachter*, 12 October 1938, all located in Barch, NS22/522H. Radandt, 'Berichte der Volkswirtschaftlichen Abteilung der I. G. Farbenindustrie AG über Südosteuropa'. *Jahrbuch für Wirtschaftsgeschichte* IV (1966), 289–314 页；同上，'Die IG-Farbenindustrie AG und Südosteuropa 1938 bis zum Ende des Zweiten Weltkrieges'. *Jahrbuch für Wirtschaftsgeschichte* 1 (1967),

第 77–146 页。另参见 Verena Schröter, 'The IG Farbenindustrie AG in Central and South-East Europe, 1926–38' 和 Harm Schröter, 'Siemens and Central and South-East Europe between the two world wars', 两篇文章载于 Alice Teichova and p. L. Cottrell (eds), *International Business and Central Europe 1918–1939* (Leicester, New York, 1983), 第 139–172、173–192 页, 评注参见第 192–206 页。

195 参见 20 世纪 30 年代末期和战争期间关于此活动的大量材料, 载于 Barch R7/1041. Mirko Lamer, 'Die Wandlungen der ausländischen Kapitalanlagen auf dem Balkan'. *Weltwirtschaftliches Archiv,* 48/3 (1938), 第 470–524 页。

196 *Deutschland-Berichte der Sozialdemokratischen Partei Deutschlands =Sopade*, 6 Jg. Nr. 7 (1939) (reprint Verlag Petra Nettelbeck Zweitausendeins Salhausen/Frankfurt am Main 1980), 第 941–961 页。

197 Höpfner, *Deutsche Südosteuropapolitik,* 第 149–156 页; Hans–Joachim Hoppe, 'Deutschland und Bulgarien 1918–1945', 载于 Manfred Funke (ed.), *Hitler, Deutschland und die Mächte. Materialien zur Außenpolitik des Dritten Reiches* (Düsseldorf, 1976), 第 604–611 页。

198 *ADAP Serie B*, 1925–1933 Vol. XIX, 16.Okt. 1931 bis 29.Feb. 1932 (Göttingen, 1983), Doc. 109, 10 December 1931 [Friedberg], 第 248–250 页; 同上, Vol. XX, Doc. 4, 冯·比洛写给驻维也纳大使, 1932 年 3 月 2 日, 第 8–13; 同上, Doc. 33, 30 March 1932, 第 69–73 页。另见冯·比洛关于与法国大使见面的笔记, 同上, Doc. 10, 5 March 1932, 第 23–25 页。

199 *ADAP Serie C*, 1933–1937, Doc. 189, Memorandum 17 January 1934, 第 364–365 页。

200 Höpfner, *Deutsche Südosteuropapolitik,* 第 353 页。Hans–Jürgen Schröder, 'Die deutsche Südosteuropapolitik und die Reaktion der angelsächsischen Mächte, 1929–1933/34', 载于 Josef Becker Klaus Hildebrand (eds), *Internationale Beziehungen in der Weltwirtschaftskrise 1929–1933. Referate und Diskussionsbeiträge eines Augsburger Symposions, 29. März bis 1. April 1979* (München, 1980), 第 343–360 页。到了 20 世纪 30 年代末, 几乎每一个巴尔干国家 50% 的贸易都依赖德国。W. Schumann (ed.), *Griff nach Südosteuropa. Neue Dokumente über die Politik des deutschen Imperialismus im Zweiten Weltkrieg* (East Berlin, 1973)。

201 秘密备忘录，希腊外交部长，雅典，1935 年 12 月 1 日，载于 *Documents on German Foreign Policy, Series C*, Vol. IV (1935–36)。

202 特别是在恶意的封锁中挺过来的教训，参见 *Akten der Reichskanzlei Weimarer Republik. Das Kabinett von Papen 1. Juni bis 3. Dezember 1932*, prepared by Karl-Heinz Minuth, 2 vols (Boppard am Rhein, 1989), vol. 2, Doc. 135, 此处内容在第 553 页，Doc. 143, 此处内容在第 590 页；Doc. 166, 此处内容在第 757 页；'Nationalsozialismus und Autarkie', 载于 *Der Angriff* 10 Mai 1932; *Völkischer Beobachter* 28 Juli 1940: 'Der Südosten in der neuen Wirtschaftsordnung', 载于 Barch NS22/522; McElligott, 'Reforging Mitteleuropa', 第 132 页。20 世纪 30 年代初，关于自给自足的优缺点已经很明显，参见 Ferdinand Fried, 'Wo stehen wir?' 载于 *Die Tat* 23 Jg., Heft 8 (August 1931) 转载于 *Ursachen und Folgen*, vol. 8, Doc. 1657a, 第 4–5 页；Carl Driever, 'Die Irrelehre von der Autarkie', *Kölnische Volks-Zeitung*, 20 March 1932 转载于同上，Doc. 1657b, 第 6 页。William Carr, *Arms, Autarky and Aggression. A Study in German Foreign Policy, 1933–1939*, 2nd edn (London, 1979)。

203 Circular, Foreign Ministry, Berlin 17 August 1936, *Documents on German Foreign Policy, Series C*, Vol. VI (1936–37), 第 903 页。

204 *Akten der Reichskanzlei Regierung Hitler* Part I 1933/34, Vol. 1, Doc. 93, 第 311–327 页，此处内容在第 313–326 页各处，有对以下论点的参考。

205 同上，Doc. 126, 第 447 页。*Verhandlungen des Deutschen Reichstags* 457, 3rd Session, 17 May 1933, 第 47–54 页。

206 Alan Bullock, 'Hitler and the Origins of the Second World War', 载于 Esmonde M. Robertson (ed.), *The Origins of the Second World War* (London, 1971), 第 189–224 页，此处内容在第 195–196、209–210、213–214 页。

207 Andreas Hillgruber, *Großmachtpolitik und Militärismus im 20. Jahrhundert. 3 Beiträge zur Konituitätsproblem* (Düsseldorf, 1974), 第 11–36 页；Klaus Hildebrand, *Deutsche Außenpolitik 1933–1945*, fourth expanded edition (Stuttgart, 1980), 第 30–42、78–93 页。Marie-Luise Recker, *Die Außenpolitik des Dritten Reiches* (Munich, 1990). 关于各种对希特勒的外交政策解读的清晰概述的英语文献，参考 Ian Kershaw, *The Nazi*

Dictatorship, Problems and Perspectives of Interpretation, 4th edn (London, 2000), 第 134–160 页。

208　Akten der Reichskanzlei Regierung Hitler I vol. 1, Doc. 93, 第 314 页。

209　同上, Vol. 2, Doc. 264, 注释 13, 第 1012 页。关于目标的一致性，参见 William Mulligan, 'The Reichswehr and the Weimar Republic', 载于 McElligott (ed.), Weimar Germany, 第 78–101 页。

210　Akten der Reichskanzlei Regierung Hitler I vol. 1, Doc. 126, 注释 6, 第 449 页。

211　同上, Vol. 2, Doc. 243, 第 939–941 页, 此处内容在第 940–941 页。

212　参阅德国驻罗马大使的私人笔记，Ulrich von Hassell, 载于 Ursachen und Folgen, vol. 10, 第 417–418 页, Ian Kershaw, Hitler 1936–45: Nemesis (New York, London, 2000), 第 xxxv–xl 页。

第四章

1　Vicki Baum, Menschen im Hotel (Berlin, 1929), 第 294–295 页。

2　Gustav Stolper, supplemented by Karl Häuser and Knut Borchardt, The German Economy 1870 to the present (London, 1967, orig. 1940), 第 73–74 页。Knut Borchardt, 'Wachstum und Wechsellagen 1914–1970', in Hermann Aubin and Wolfgang Zorn (eds), Handbuch der deutschen Wirtschafts- und Sozialgeschichte Vol. 2: Das 19. Und 20. Jahrhundert (Stuttgart, 1976), 第 685–740 页，此处内容在第 696–712 页；Gerald D. Feldman, The Great Disorder: Politics, Economics, and Society in the German Inflation, 1914–1924 (New York and Oxford, 1993)。Thomas Childers, 'Inflation, Stabilization, and Political Realignment in Germany 1924–1928', 载于 Gerald D. Feldman, Carl Ludwig Holtfrerich, Gerhard A. Ritter, Peter–Christian Witt (eds), The German Inflation/Die Deutsche Inflation. Eine Zwischenbilanz (Berlin and New York, 1982), 第 409–431 页；Heinrich Bennecke, Wirtschaftliche Depression und politischer Radikalismus, 1918–1938 (Munich and Vienna, 1970); Charles P. Kindleberger, Financial History of Western Europe (London, Boston, Sydney, 1984), 第 311–328 页。

3　除了先前引用的文献，战后通货膨胀的经典研究来自国联、经济、金融和运输部：*The Course and Control of Inflation: A Review of Monetary Experience in Europe after World War I* (Geneva, League of Nations, 1946); 另参见 Michael Kaser and E. A. Radice (eds), *The Economic History of Eastern Europe 1919–1975. Volume 1 Economic Structure and Performance between the Wars* (Oxford, 1985), 第 40–45 页。

4 Derek Aldcroft, *The European Economy 1914–2000,* 4th edn (London, New York, 2001)。

5 Detlev J. K. Peukert, *The Weimar Republic. The Crisis of Classical Modernity,* translated Richard Deveson (London, 1991)。关于欧洲法西斯主义的成因与变化，参见 Stanley Payne, *A History of Fascism, 1914–1945* (Madison, 1995)。

6 Martin Geyer, *Verkehrte Welt. Revolution, Inflation und Moderne: München 1914–1924* (Göttingen, 1998), 第 150 页。

7 Niall Ferguson, 'Constraints and the Room for Manoeuvre in the German Inflation of the Early 1920s'. *The Economic History Review*, New Series, 49, 4 (November 1996), 第 635–666 页。

8 Harold James, 'The Weimar Economy', in Anthony McElligott (ed.), *The Short Oxford History of Germany: Weimar Germany* (Oxford, New York, 2009), 第 111 页。也可参见 Carl-Ludwig Holtfrerich, *The German Inflation 1914–1923: Causes and Effects in International Perspective* (Berlin, 1986), 第 93 页。

9 此事件在 1934 年劳动法中的高潮，参见 Tim Mason, 'Zur Entstehung des Gesetzes zur Ordnung der nationalen Arbeit vom 20. Januar 1934: Ein Versuch über das Verhältnis "archäischer" und "moderner" Momente in der neuesten deutschen Geschichte', 载于 Hans Mommsen, Dietmar Petzina, Bernd Weisbrod (eds), *Industrielles System und politische Entwicklung in der Weimarer Republik*, 2 vols, I (Düsseldorf, 1977), 第 322–351 页。

10 Gerd Hardach, *The First World War 1914–1918* (Berkeley, 1977), 第 150–155 页。

11 同上，第 155–160 页；Peter Christian Witt, 'Tax Policies, Tax Assessments and Inflation', 载于同上, *Wealth and Taxation in Central Europe. The History and Sociology of Public Finance* (Leamington Spa, 1987), 第 141

页注释 9。

12 Knut Borchardt, *Perspectives on Modern German Economic History and Policy,* trans. Peter Lambert (New York and Cambridge, 1991), 第 133、135 页。Feldman, *The Great Disorder,* 第 25–51 页。

13 Robert Kuczyinski, 'Öffentliche Finanzen und Valute', *Finanzpolitische Korrespondenz* Nr. 5, 5.12.1919, 引自 Jens Flemming, Claus-Dieter Krohn, Dirk Stegmann, Peter-Christian Witt (eds), *Die Republik von Weimar vol.2: Das sozialökonomische System* (Königstein/Ts., Düsseldorf, 1979), 第 316 页。但必须指出"超发货币"的政策在某些方面也是有利的，比如它使得国外投机者蜂拥而至，以便宜的价格购买德国有价证券，期望其日后升值。因此，大约有 76 亿至 150 亿马克的资本流入，即 1919 年至 1922 年国内上产净值的 5% 至 10%。参见 James, 'Weimar Economy', 第 110 页。

14 Karl Hardach, *Wirtschaftsgeschichte Deutschlands im 20.Jahrhundert* (Göttingen, 1976).

15 Ferguson, 'Constraints', 第 637–638、650 页。C. Bresciani-Turroni, *The Economics of Inflation: A Study of Currency Depreciation in Post-war Germany, 1914–1923,* translated (London, 1937)。

16 Borchardt, *Perspectives,* 第 134、136 页。James, 'Weimar Economy', 第 109–110 页；Ferguson, 'Constraints', 第 659 页，其中认为政治危险性被夸大了。

17 Carl-Ludwig Holtfrerich, 'Political Factors of the German Inflation, 1914–1923', 载于 Nathan Schmukler and Edward Marcus (eds), *Inflation through the Ages. Economic, Social, Psychological and Historical Aspects* (New York, 1983), 第 400–416 页。

18 Niall Ferguson, 'Keynes and the German Inflation'. *The English Historical Review* 110, 436 (April 1995), 第 368–391 页；同上以及 Brigitte Granville, 'Weimar on the Volga': Causes and Consequences of Inflation in the 1990s Russia Compared with 1920s Germany'. *The Journal of Economic History,* 60, 4 (December 2000), 第 1061–1087 页。James, 'Weimar Economy', 第 107 页，其中将通货膨胀视为政治灾难。

19 Heinrich Bechtel, *Wirtschaftsgeschichte Deutschlands, Band 3: Im 19. und*

20. *Jahrhundert* (Munich 1956), 第 426、428 页。

20　Arno Klönne and Hartmut Reese, *Die deutsche Gewerkschaftsbewegung. Von den Anfängen bis zur Gegenwart* (Hamburg, 1984), 第 93 页。

21　凯恩斯援引前海军大臣以及劳合·乔治的密友埃里克·格蒂斯（Eric Geddes）爵士之语：John Maynard Keynes, *The Economic Consequences of Peace* (London, 1919), 第 131 页。Stolper, *The German Economy*, 第 76 页。

22　数据引自 D. Petzina, W. Abelshauser, A. Faust (eds), *Sozialgeschichtliches Arbeitsbuch III. Materialien zur Statistik des Deutsche Reiches 1914–1945* (Munich, 1978), 第 151 页。

23　参见 Herbert Michaelis, Ernst Schraepler (eds), *Ursachen und Folgen. Vom deutschen Zusammenbruch 1918 und 1945 bis zur staatlichen Neuordnung Deutschlands in der Gegenwart 26 Volumes* (Berlin, 1958–1979), vol. 4, Part VI, 2: 'Reparationen, Wiederaufbauleistungen und Sanktionen', 第 266–437 页。

24　Eugeni Xammar *Das Schlangenei. Berichte aus dem Deutschland der Inflationsjahre 1922–1924* translated Kirstin Brand (Berlin, 2007), 第 21–33 页。

25　Borchardt, *Perspectives*, 第 137 页。

26　同上，第 138 页。Niall Ferguson, *The Pity of War 1914–1918* (London, 1998), 第 421–428 页；以及 395–432 页各处。

27　这七次分别为赫尔曼·穆勒：1920 年 3—6 月，康斯坦丁·费伦巴赫：1920 年 6 月至 1921 年，约瑟夫·维尔特：1921 年 5 月，威廉·古诺：1922 年 11 月至 1923 年 7 月，古斯塔夫·施特雷泽曼：1923 年 8 至 10 月，1923 年 10 至 11 月，威廉·马克斯：1923 年 11 月至 1924 年 6 月。

28　*Akten der Reichskanzlei Weimarer Republik. Die Kabinette Marx I und II: 30 November bis 3 Juni 1924/3. Juni 1924 bis 15. Januar 1925*, prepared by Günter Abramowaski 2 vols (Boppard am Rhein, 1973), vol. 1, Doc. 2.

29　Charles S. Maier, *In Search of Stability. Explorations in Historical Political Economy* (Cambridge, 1987), 第 200、203 页。

30　Borchardt, *Perspectives*, 第 135–136 页。Winkler, *Weimar*, 第 244–246 页。

31　Rudolf Tschirbs, 'Der Ruhrbergbau zwischen Privilegierung und

Statusverlust: Lohnpolitik von der Inflation bis zur Rationalisierung (1919–1927)', 载于 Feldman, Holtfrerich, Ritter, Witt (eds), *The German Inflation*, 第 308–346 页。

32 Rudolf Meerwarth, Adolf Günther, Waldemar Zimmermann, *Die Einwirkung des Krieges auf Bevölkerungsbewegung, Einkommen und Lebenshaltung in Deutschland* (Stuttgart, Berlin, Leipzig, 1932). Gerhard Bry, *Wages in Germany, 1871–1945* (Princeton, 1960).

33 Jens Flemming, Klaus Saul, Peter-Christian Witt (eds), *Familienleben im Schatten der Krise. Dokumente und Analysen zur Sozialgeschichte der Weimarer Republik 1918–1933* (Düsseldorf, 1988), 第 81 页。Wilfried Deppe, *Drei Generationen Arbeiterleben. Eine sozio-biographische Darstellung* (Frankfurt/Main, 1982), 第 83–84 页。

34 Andreas Kunz, 'Verteilungskampf oder Interessenkonsensus? Zur Entwicklung der Realeinkommen von Beamten und Angestellten in der Inflationszeit 1914–1924', 载于 Feldman, Holtfrerich, Ritter, Witt (eds), *The German Inflation*, 第 347–384 页；同上，*Civil Servants and the Politics of Inflation, 1914–1924* (Berlin, 1986)。

35 Gustav Böß, *Die Not in Berlin. Tatsachen und Zahlen* (Berlin, 1923), 第 13–14 页。Bernard von Brentano, *Der Beginn der Barbarei in Deutschland* (Berlin, 1932), 第 174 页。有关婴儿死亡率的数据载于 Dietmar Petzina, Werner Abelshauser, Anselm Faust, *Sozialgeschichtliches Arbeitsbuch III. Materialien zur Statistik des Deutschen Reiches 1914–1945* (Munich, 1978), 第 33 页。

36 首先参见 Feldman, *The Great Disorder*, 第十二章各处。

37 Rudolf Küstermeier, 'Die Proletarisierung des Mittelstandes und die Verwirklichung des Sozialismus'. *Die Arbeit. Zeitschrift für Gewerkschaftspolitik und Wirtschaftskunde* 8 (1931), H. 10, 761–764, here 第 763–764 页。尤其是 Anthony McElligott, *Contested City. Municipal Politics and the Rise of Nazism in Altona* (Ann Arbor, 1997), 第五章。

38 Max Rolfes, 'Landwirtshaft 1914–1970', 载于 Aubin and Zorn (eds), *Handbuch*, 第 741–795 页，此处内容在第 753 页；比较：Frieda Wunderlich, *Farm Labor in Germany 1810–1945. Its Historical Development within the Framework of Agricultural and Social Policy* (Princeton, New Jersey, 1961), 第 14–15 页，

其中的数字略低一些。

39 Robert Moeller, *German Peasants and Agrarian Politics, 1914–1924. The Rhineland and Westphalia* (Chapel Hill, N.C., 1986); Jonathan Osmond, *Rural Protest in the Weimar Republic: The Free Peasantry in the Rhineland and Bavaria* (New York, 1993)。另见他们的贡献：Gerald D. Feldman, Carl Ludwig Holtfrerich, Gerhard A. Ritter, Peter Christian Witt (eds), *The German Inflation: A Preliminary Balance/Die Deutsche Inflation: Beiträge zu Inflation und Wiederaufbau in Deutschland und Europa 1914–1924* (Berlin, New York, 1982)。

40 Borchardt, *Perspectives*, 第 138 页。

41 Greg Eghigian, 'Pain, Entitlement, and Social Citizenship in Modern Germany', 载于 Greg Eghigian and Paul Betts (eds), *Pain and Prosperity. Reconsidering Twentieth-Century German History* (Stanford, Cal., 2003), 第 16–34 页，此处内容在第 26–27 页。同上，'The Politics of Victimization: Social Pensioners and the German Social State in the Inflation of 1914–1924'. *Central European History* 26 (1993), 第 375–403 页。

42 Michael Hughes, 'Economic Interest, Social Attitudes, and Creditor Ideology: Popular Responses to Inflation', 载于 Feldman, Holtfrerich, Ritter, Witt (eds), *The German Inflation*, 第 407 页。

43 McElligott, *Contested City*, 第 140–141 页。参见 Peter J. Lyth, *Inflation and the Merchant Economy. The Hamburg Mittelstand, 1914–1924* (New York, Oxford, Munich, 1990), 第 18 页，其中引用了弗朗茨·欧伦伯格（Franz Eulenberg）1924 年的研究报告，报告显示，投资者储蓄（截至 1914 年）已蒸发了 1500 亿至 1600 亿马克。

44 Meerwarth, Günther, Zimmermann, *Die Einwirkung des Krieges*, 第 194 页; Petzina, Abelshauser, Faust *Sozislgeschichtliches Arbeitsbuch* III, 第 105 页。

45 Hughes, 'Economic Interest, Social Attitudes, and Creditor Ideology', 第 392–394 页；Childers, 'Inflation, Stabilization, and Political Realignment in Germany 1924–1928', 第 415–416 页。另参见 David B. Southern, 'The Impact of the Inflation: Inflation, the Courts and Revaluation', 载于 Richard Bessel and E. J. Feuchtwanger (eds), *Social Change and Political Development in Weimar Germany* (London, 1981), 第 55–76 页。

46 分段基于以下收入群体：

	1913		1926		1928/1936	
	马克		地租马克		地租马克	
1	0 >	900	0 >	1,200	0 >	1,200
2	900 >	2,100	1,200 >	3,000	1,200 >	3,000
3	1,200 >	3,300	3,000 >	5,000	3,000 >	5,000
4	3,300 >	5,500	5,000 >	9,000	5,000 >	8,000
5	5,500 >	8,500	9,000 >	12,000	8,000 >	12,000
6	8,500 >	10,500	12,000 >	16,000	12,000 >	16,000
7	10,500 >	16,500	16,000 >	25,000	16,000 >	25,000
8	16,500 >	30,500	25,000 >	100,000	25,000 >	50,000
9	30,500 >	70,000	100,000 +		50,000 >	100,000
10	70,000 +				100,000 +	

来源同表 4.1。

47 Flemming et al., *Familienleben*, 第 63–64 页。Meerwarth, Günther, Zimmermann, *Die Einwirkung des Krieges*, 第 127 页。

48 Meerwarth, Günther, Zimmermann, *Die Einwirkung des Krieges*, 第 200、209 页。

49 Theodor Geiger, *Die soziale Schichtung des deutschen Volkes. Soziographischer Versuch auf statistischer Grundlage* (Stuttgart, 1932).

50 参见 Lyth, *Inflation and the Merchant Economy*, 以及 Gerald D. Feldman, Carl-Ludwig Holtfrerich, Gerhard A. Ritter and Peter-Christian Witt (eds), *Die deutsche Inflation. Eine Zwischenbilanz/The German Inflation Reconsidered. A Preliminary Balance* (Berlin and New York, 1982)。

51 McElligott, *Contested City*, 尤其 第 144–153 页以及第五章各处。

52 Thomas Childers, *The Nazi Voter. The Social Foundations of Fascism in Germany, 1919–1933* (Chapel Hill and London, 1983), 尤其第二章。

53 参见 Wolfram Pyta, *Hindenburg: Herrschaft zwischen Hohenzollern und Hitler* (Munich, 2007), 尤其第十六、十七章。关于中产阶级利益的差异，参见 Küstermeier, 'Die Proleterisierung des Mittelstandes', 第 767–768 页。

54 伍德罗·威尔逊在 1920 年 11 月致劳合·乔治的一封信中拒绝接受盟国债务与德国赔偿之间的联系。1922/1923 的变化情况迫使德国和盟国重新考虑需要达成新的共识，参见 James, 'The Weimar Economy', 第 113 页。

55 截止到 1917 年 4 月，英国一直是主要的贷方：相当于出借 38 亿（法国出借约 5 亿）。美国参战的条件是接管战争资金，美国出借了 70 亿，一半贷给英国，英国又转手贷给自己的盟友（主要是俄罗斯、意大利和法国），到战争末期，已经形成了一个复杂的三角债的借贷模式。Theo Balderston, *Economics and Politics in the Weimar Republic* (Cambridge, 2002), 第 58–59 页；Hardach, *The First World War*, 第 148 页；Charles P. Kindleberger, *The World in Depression 1929–1939* (London, 1973), 第 41–55 页。

56 Hardach, *Wirtschaftsgeschichte*, 第 39–40 页。

57 同上，第 40–41 页，注释 18 和 19。

58 Klaus Lorenzen-Schmidt, 'Die Landvolkbewegung in Schleswig-Holstein', 载于 Urs J. Diederichs and Hans-Hermann Wiebe (eds), *Schleswig-Holstein unter dem Hakenkreuz* (=Evangelische Akademie Nordelbien Dokumentation 7. Bad Segeberg, Hamburg, n.d.), 第 44、45 页；Gerhard Stoltenberg, *Politische Strömungen im Schleswig- holsteinischen Landvolk 1918–1933. Ein Beitrag zur Politischen Meinungsbildung in der Weimarer Republik* (Düsseldorf, 1962), 第 95、108 页；Dieter Gessner, *Agrarverbände in der Weimarer Republik* (Düsseldorf, 1976), 第 91–92 页。

59 Petzina, Abelshauser, Faust *Sozialgeschichtliches Arbeitsbuch* III, 第 111–112 页，和 Ernst Rudolf Huber, *Deutsche Verfassungsgeschichte seit 1789. Vol. 5 Weltkrieg, Revolution und Reichserneuerung 1914–1919* (Stuttgart, Berlin, Cologne, Mainz, 1978), 第 115 页。

60 Michael Schneider, 'Zwischen Machtanspruch und Integrationsbereitschaft: Gewerkschaften und Politik 1918–1933', 载于 Karl Dietrich Bracher, Manfred Funke, Hans-Adolf Jacobsen (eds), *Die Weimarer Republik 1918–1933. Politik, Wirtschaft, Gesellschaft* (Düsseldorf, 1987), 第 179–196 页。

61 Bechtel, *Wirtschaftsgeschichte Deutschlands*, 第 377、379 页；Bry, *Wages*, 45–49 页；Petzina, Abelshauser, Faust (eds), *Sozialgeschichtliches*,

  Arbeitsbuch III, 第 110 页；Michael Schneider, *Streit um Arbeitszeit. Geschichte des Kampfes um Arbeitszeitverkürzung in Deutschland* (Cologne, 1984), 第 104–146 页。

62 同上, 第 120 页。

63 *Ursachen und Folgen*, vol. 7, Doc. 1652.

64 Ludwig Preller, *Sozialpolitik in der Weimarer Republik*, (1949, repr. Düsseldorf, 1978), 第 310–317 页。

65 Petzina, Abelshauser, Faust (eds), *Sozialgeschichtliches Arbeitsbuch* III, 第 91、114–417 页。

66 Preller, *Sozialpolitik*, 第 399–405 页。Ernst Rudolf Huber, *Deutsche Verfassungsgeschichte seit 1789. Vol. 6: Die Weimarer Verfassung* (Stuttgart, Berlin, Cologne, Mainz, 1981), 第 1138–1146 页；Ursula Hüllbüsch, 'Der Ruhreisenstreit in gewerkschaftlicher Sicht', 载于 Mommsen, Petzina, Weisbrod (eds), *Industrielles System* I, 第 271–289 页。Heinrich August Winkler, *Der Schein der Normalität: Arbeiter und Arbeiterbewegung in der Weimarer Republik 1924 bis 1930* (Berlin etc, 1985), 第 557–572 页。

67 细节在 Huber, *Deutsche Verfassungsgeschichte* 6, 第 1139 页。

68 *Ursachen und Folgen*, vol. 7, Doc. 1652。

69 Jürgen von Kruedener, 'Die Überförderung der Weimarer Republik als Sozialstaat'. *Geschichte und Gesellschaft* 11 (1985), 358–376 页。

70 Borchardt, *Perspectives*, 第 156–157 页；同上，'Wirtschaftliche Ursachen des Scheiterns der Weimarer Republik', 载于 Karl Dietrich Erdmann (ed.), *Weimar: Selbstpreisgabe einer Demokratie; eine Bilanz heute* (Düsseldorf, 1980), 第 211–249 页，此处内容在第 228–233 页，尤其是第 232、233–238 页。另参见 James, 'Weimar Economy', 第 102、107 页。博尔夏特的论点指出，"高工资"是 1930 年大规模失业的真正原因。

71 Jürgen Kuczynski, *Geschichte der Lage der Arbeiter in Deutschland Band I* (Berlin, 1947), 第 324 页；Heinrich Bechtel, *Wirtschaftsgechichte Deutschlands, Band 3: Im 19. und 20. Jahrhundert* (Munich, 1956), 第 386；*Statistisches Jahrbuch für das Deutsche Reich* 49 (1930), 第 275 页；*Statistisches Jahrbuch für das Deutsche Reich* 52 (1933), 第 279 页；Preller, *Sozialpolitik*, 第 158 页；Petzina, Abelshauser,

Faust (eds), *Sozialgeschichtliches Arbeitsbuch III*, 第 98、100、107 页；Gerhard Bry, *Wages in Germany*; Klönne and Reese, *Die deutsche Gewerkschaftsbewegung*, 第 132、147 页；Rolfes, 'Landwirtshaft', 第 754 页。Castellan, 'Zur sozialen Bilanz der Prosperität 1924–1929', 载于 Mommsen, Petzina, Weisbrod (eds), *Industrielles System* I, 第 108 页。

72 Alfred Braunthal, 'Die Legende von den überhöhten Löhnen'. *Die Arbeit. Zeitschrift für Gewerkschaftspolitik und Wirtschaftskunde* 9, H. 6, (1932), 第 329–339 页，此处内容在第 329 页和第 333、337–338 页；另参见马克斯·维克多（Max Victor）的早期研究：Max Victor, 'Verbürgerlichung des Proletariats und Proletarisierung des Mittelstandes: eine Analyse der Einkommenumschichtung nach dem Kriege'. *Die Arbeit: Zeitschrift für Gewerkschaftspolitik und Wirtschaftskunde*, 8, H. 1, (1931), 17–31 页，此处内容在第 21–32、25–27 页。

73 Preller, *Sozialpolitik*, 第 227 页。

74 同上, 第 254 页。

75 可参见一个例子：*Akten der Reichskanzlei Das Kabinett Müller* II/1 (June 1928–July 1929), prepared by Martin Voigt (Boppard am Rhein, 1970), Doc. 17, 第 66–68 页。

76 Preller, *Sozialpolitik*, 第 363–376 页；Huber, *Deutsche Verfassungsgeschichte* 6, 第 1097 页及以下各页。

77 Fritz Terhalle, *Die Finanzwirtschaft des Staates und der Gemeinden* (Berlin,1948), 第 55、57 页；Petzina, Abelshauser, Faust (eds), *Sozialgeschichtliches Arbeitsbuch* III, 第 147、150 页，Hardach, *Wirtschaftsgeschichte*, 第 257 页。更普遍的关于住房的论述：Michael Ruck, 'Der Wohnungsbau im Schnittpunkt von Sozial–und Wirtschaftspolitik. Problemen der öffentlichen Wohnungspolitik in der Hauszinssteuerera 1924/25–1930/31', 载于 Werner Abelshauser (ed.), *Die Weimarer Republik als Wohlfahrtsstaat: Zum Verhältnis von Wirtschaft- und Sozialpolitik in der Industriegesellschaft* (Stuttgart, 1987), 第 91–123 页。

78 Balderston, *Economics and Politics*, 第 69–71 页；最重要的是 Balderston's opus magnum *The Origins and Course of the German Economic Crisis. November 1923 to May 1932* (Berlin, 1993)。数据载于 Petzina, Abelshauser,

Faust (eds), *Sozialgeschichtliches Arbeitsbuch* III, 第 65 页。

79 在 1919 年至 1932 年，有 57457 个小型农庄建立，每个平均面积为 10.5 公顷（总面积：602110 公顷）。Bechtel, *Wirtschaftsgeschichte III*, 第 412–413、469 页；Wunderlich, *Farm Labor in Germany*, 第 20–22 页；Rolfes, 'Landwirtschaft', 第 763 页；Manfred Jatzlauk, 'Landarbeiter, Bauern und Großgrundbesitzer in der Weimarer Republik'. *Zeitschrift für Geschichtswissenschaft* 39 (1991), 第 889 页。

80 Otto Rühle, *Vom Untertan zum Staatsbürger* (East Berlin, 1958), 第 80–81 页。Rolfes, 'Landwirtschaft', 第 754–755 页。

81 Alexander Graf Stenbock-Fermor, *Deutschland von Unten. Reisen durch die proletarische Provinz 1930* (Stuttgart, 1931, reprint Lausanne and Frankfurt a.M., 1980); Rühle, *Vom Untertan*, 第 82 页。

82 Elard von Oldenburg-Januschau, *Erinnerungen* (Leipzig, 1936), 第 218–223 页；Detlef Gotter: *Oldenburg-Januschau, ein Repräsentant des preußischen Junkertums* (Halle-Wittenberg, Univ., Diss., 1978)。Eric D. Kohler, 'Revolutionary Pomerania, 1919–20: A Study in Majority Socialist Agricultural Policy and Civil-Military Relations'. *Central European History*, 9, 3 (September 1976), 第 250–293 页，此处内容在第 261、263、266–268 页，以及各处。参见此研究的第六章。

83 Oldeburg-Januschau, *Erinnerungen*, 第 217 页 . Ernst Rudolf Huber, *Deutsche Verfassungsgeschichte seit 1789. Vol. 7: Ausbau, Schutz und Untergang der Weimarer Repulblik* (Stuttgart, Berlin, Cologne, Mainz, 1984), 第 768、820–821、889–891、911 页。关于对这些大省份管理不善的记录，参见 Dietrich Orlow, *Weimar Prussia 1925–1933: Illusion of Strength 1925–1933* (Pittsburgh, Pa., 1991), 第 180–184 页。

84 'Reports and Enquiries: "Recent Official Enquiries into Wages and Hours of Work in Various Industries in Germany" I & II'. *International Labour Review*, 20 (1929), 第 408–419 页；22 (1930), 第 807–816 页。

85 参见 1931 年和 1938 年的《德意志帝国统计年鉴》(*Statistisches Jahrbuch für das Deutsche Reich*)。

86 Bry, *Wages*, 第 81–118、202–209、219–233 页，尤其是第 93–101、205–206 页。

87 Uwe Westphal, *Die Berliner Konfektion und Mode 1836–1939: Zerstörung einer Tradition,* 2nd edn (Berlin, 1992), 第 61、66 页。

88 *Mein Arbeitstag - mein Wochenende. 150 Berichte von Textilarbeiterinnen*, Collected and edited by Deutschen Textilarbeiterverband (Berlin, 1930), 第 224 页。

89 同上 , 第 150 页。

90 参见 Karen Hagemann, *Frauenalltag und Männerpolitik: Alltagsleben und gesellschaftliches Handeln von Arbeiterfrauen in der Weimarer Republik* (Bonn, 1990)。

91 由埃德加・乌尔默（Edgar Ulmer）、罗伯特・西奥德马克（Robert Siodmak）出品导演：Edgar Ulmer, Robert Siodmak, *Menschen am Sonntag* Germany, 1930。Gudrun Szczepanek, 'Wochenend und Tanzpalast', 载于 Burkhart Lauterbach (ed.), *Großstadtmensch. Die Welt der Angestellten* (Frankfurt am Main, 1995), 第 405–229 页。

92 Sandra Coyner, 'Class Patterns of Family income and expenditure during the Weimar Republic: German White Collar Employees as Harbingers of Modern Society' (PhD. Rutgers University, New Brunswick New Jersey, 1975); 同上 , 'Class Consciousness and Consumption: The New Middle Class During the Weimar Republic'. *Journal of Social History*, 3 (1977), 第 310–331 页。

93 'The German Family Budget Enquiry of 1927–1928'. *International Labour Review*, 22 (1930), 第 524–532 页；Flemming, Saul, Witt (eds), *Familienleben*, 第 73–77 页。Jakob Marschak, 'Löhne und Erspärnisse'. *Die Arbeit: Zeitschrift für Gewerkschaftspolitik und Wirtschaftskunde*, 7 Jg., Heft 8 (1930), 第 505–522 页。关于公务员饮食状况之糟糕，参见 Meerwarth, Günther, Zimmermann, *Die Einwirkung des Krieges*, 第 204、208–209 页。

94 Harry Graf Kessler, *Die Kinder Hölle in Berlin* (Berlin, 1920), 第 5 页。

95 Alf Lüdtke, 'Hunger in der Großen Depression. Hungererfahrungen und Hungerpolitik am Ende der Weimarer Republik'. *Archiv für Sozialgeschichte* 27 (1987), 第 145–176 页；Landesarchiv Berlin (=LAB) Rep. 142/2 StK 1052, 'Zusammenstellung', (Allied blocade). Nick Howard, 'The Social and Political Consequences of the Allied Food Blockade of Germany, 1918–19'.

German History, 11, 2 (June 1993), 第 161–188 页。

96　Kessler, *Die Kinder Hölle*, 第 6 页。比较：Brentano, *Der Beginn der Barbarei*, 第 174 页。

97　同上，第 4 页。

98　Professor Dr E. Friedberger, *Untersuchungen über Wohnungsverhältnisse insbesondere über Kleinwohnungen und deren Mieter in Greifswald* (Jena, 1923), 第 34–38 页。

99　William H. Hubbard, *Familiengeschichte. Materialien zur deutschen Familie seit dem Ende des 18.Jahrhunderts* (Munich, 1983), 第 216–218 页。另参见 Alice Salomon and Marie Baum, *Das Familienleben in der Gegenwart* (Berlin, 1930), 第 42–43 页。

100　Flemming, Saul, Witt (eds), *Familienleben,* 第 101 页; Reinhard Sieder, *Sozialgeschichte der Familie* (Frankfurt am Main, 1987), 第 69–76 页; Detlef Lehnert, 'Mietskasernen – Realität und Gartenstadt Träume, zur Wohnsituation Jugendlicher in Großstädten der 20er Jahre', 载于 Deutscher Werkbund e.V. und Württemburgischer Kunstverein Stuttgart (eds), *Schock und Schöpfung: Jugendästhetik im 20.Jahrhundert* (Stuttgart, 1986), 第 338–341 页。一般来说参见 Otto Baumgarten, 'Der sittliche Zustand des deutschen Volkes unter dem Einfluß des Krieges', 载于同上, Erich Förster, Arnold Rademacher, Wilhelm Flittner (eds), *Geistige und Sittliche Wirkungen des Krieges in Deutschland* (Stuttgart, 1927), 第 1–88 页。

101　Kurt Tucholsky, *Deutschland, Deutschland über alles* (Amherst, MA, 1972, orig. 1929), 第 118–123 页。

102　Christopher Isherwood, *Goodbye to Berlin* (1935), 第 100–120 页。

103　Flemming, Saul, Witt (eds), *Familienleb*en, 第 101 页。

104　Preller, *Sozialpolitik,* 第 235、286–288、483–495 页; *Deutschland-Berichte der Sozialdemokratischen Partei Deutschlands (Sopade) 1934–1940, 7 Vols* (Salzhausen, Frankfurt am Main, 1980), Vol 7, 1938, 第 1106 页。Peter Flora, Franz Kraus, Winfried Pfennig, *State, Economy, and Society in Western Europe 1815–1975. A Data Handbook in Two Volumes: Vol. II: The Growth of Industrial Societies and Capitalist Economies* (Frankfurt, London, Chicago, 1987), 第 306 页; McElligott, *Contested*

City, 第 90 页；Karl–Christian Führer, 'Anspruch und Realität. Das Scheitern der nationalsozialistischen Wohnungsbaupolitik 1933–1945'. *Vierteljahrshefte für Zeitgeschichte,* 45 (1997), 第 225–256 页，此处第 230–244 页写道：在纳粹的统治下住房危机于 1936 年已明确显现。

105 Rüdiger Hachtmann, 'Arbeitsmarkt und Arbeitszeit in der deutschen Industrie 1929 bis 1939'. *Archiv für Sozialgeschichte,* 27 (1987), 第 177–237 页。

106 Max Gottschalk, 'Employment and Unemployment in Some Great European Ports'. *International Labour Review,* 2 (1930), 第 522–527 页。一般来说参见 Peter Stachura (ed.), *Unemployment and the Great Depression in Weimar Germany* (London, 1986) 以及 Richard J. Evans and Dick Geary (eds), *The German Unemployed. Experiences and Consequences of Mass Unemployment from the WeimarRepublic to the Third Reich* (New York and London, 1987)。

107 Deppe, *Drei Generationen Arbeiterleben,* 第 71–72 页。

108 数据参见 Hubbard, *Familiengeschichte,* 162 页；Ingrid Peikert, ' "... manchmal ein leises Weh ..." die Arbeit im Leben proletarischer Kinder', 载于 Wolfgang Ruppert (ed.), *Die Arbeiter. Lebensformen, Alltag und Kultur* (Munich, 1986), 第 207–214 页；个案参见 McElligott, *Contested City,* 第 79–80 页。Deppe, *Drei Generationen Arbeiterleben,* 第 84–85 页。

109 Hugo Lindemann, *Die deutsche Stadtgemeinde im Kriege* (Berlin, 1917), 第 59–62 页；Küstermeier, 'Die Proleterisierung des Mittelstandes', 第 773 页；Erich Engelhard, 'Die Angestellten', *Kölner Vierteljahreshefte für Soziologie,* N.F. X Jg. (1931/32), (479–520), 第 41–82 页，此处内容在第 71–75 (509–513) 页。

110 这些数字来自年刊《德意志帝国统计年鉴》。

111 'Sehnsucht, selbst einmal in die Oberschicht einzurücken', Küstermeier, 'Die Proleterisierung des Mittelstandes', 第 771 页。

112 Szczepanek, 'Wochenend und Tanzpalast', 第 406–407 页。

113 Baum, *Menschen im Hotel,* 第 293–294 页。

114 Leonhard Achner, 'Die Lebenshaltung der Mittelstandes in der Vorkriegszeit und Gegenwart'. *Allgemeine Statistisches Archiv* 15 (1926), 第 371 页；Meerwarth, Günther, Zimmermann, *Die Einwirkung des Krieges,* 第 210 页。

Max Victor, 'Verbürgerlichung des Proletariats und Proletarisierung des Mittelstandes: eine Analyse der Einkommenumschichtung nach dem Kriege'. *Die Arbeit: Zeitschrift für Gewerkschaftspolitik und Wirtschaftskunde*, 8 Jg., Heft 1 (1931), 第 17–31 页，此处内容在第 21–24、27–31 页。

115 Terhalle, *Die Finanzwirtschaft*, 第 140–146 页，尤其是第 142–144 页。Bruno Gleitze, 'Der Streit um die Höhe des deutschen Volkseinkommens'. *Die Arbeit: Zeitschrift für Gewerkschaftspolitik und Wirtschaftskunde,* 7 Jg., Heft 8 (1930), 第 522–538 页。

116 International Industrial Relations Institute (ed.), *International Unemployment.* (Proceedings of the World Social Economic Congress, Amsterdam, August 1931), 第 173 页。

117 数据来自 Jürgen Baron von Kruedener (ed.), *Economic Crisis and Political Collapse: The Weimar Republic, 1924–1933* (New York, 1990); Ian Kershaw (ed.), *Weimar: Why did German Democracy Fail?* (London, 1990); 还有一个出色的概述：Balderston*, Economics and Politics*, 第 88–98 页。Ursula Büttner, 'Politische Alternativen zum Brüningschen Deflationskurs. Ein Beitrag zur Diskussion über "ökonomische Zwangslagen" in der Endphase der Weimarer Republik'. *Vierteljahrshefte für Zeitgeschichte,* 37 (1989), 第 209–551 页。

118 Borchardt, *Perspectives*, 第 144、146、148 页。参见布吕宁自己关于优先权的记录：Wolfgang Michalka and Gottfried Niedhart (eds), *Deutsche Geschichte 1918–1933: Dokumente zur Innen- und Außenpolitik* (Frankfurt am Main, 2002), Doc. 109, 第 202–203 页。

119 *Akten der Reichskanzlei Weimarer Republik. Die Kabinette Brüning I und II: 30. März 1930 bis 10. Oktober 1931/10. Oktober 1931 bis 1. Juni 1932*, 3 vols, prepared by Tilman Koops (Boppard am Rhein, 1982), vol. 1, Doc. 112, 此处内容在第 426 页。Wilhelm Treue, 'Der deutsche Unternehmer in der Weltwirtschaftskrise 1928–1933', 载 于 Werner Conze and Hans Raupach (eds), *Die Staats- und Wirtschaftskrise des deutschen Reichs 1929/33* (Stuttgart, 1967), 第 82–125 页，此处内容在第 108–109 页。

120 Victor, *Leben Sammeln, nicht fragen wozu und warum. Tagebücher 1925–1932*, edited Walter Nowojski (Berlin, 1996), 26 September 1930, 第 659页。

121 LAB StB 2846; StB 2230 I; *Ursachen und Folgen*, vol. 7, Doc. 1590L, 'Adolf Hitler manifesto to the German people, 10 September 1930', 第 371–372 页。Klemperer, *Leben Sammeln*, 第 658–669 页, 15 September 1930。

122 Thomas Childers, *The Nazi Voter. The Social Foundations of Fascism in Germany, 1919–1933* (Chapel Hill, North Carolina, London 1983), 第 156 页。

123 Alfred Braunthal, 'Die Ökonomischen Würzeln des Nationalsozialistischen Wirtschaftsprogramms'. *Die Gesellschaft* IX (1932) 1, 487, 491; F-J. Heyen, *Nationalsozialismus im Alltag: Quellen zur Geschichte des Nationalsozialismus vornehmlich im Raum Mainz-Koblenz-Trier* (Boppard am Rhein 1967), 第 74 页。

124 Landesarchiv Schleswig (=LAS) 301/4691 Report, 23 September 1930; Johnpeter Horst Grill, *Nazi Movement in Baden 1920–1945* (Chapel Hill, 1983), 第 200 页; Heyen, *Nationalsozialismus im Alltag*, 第 23 页。

125 Elke Fröhlich (ed.), *Die Tagebücher von Joseph Goebbels. Sämtliche Fragmente. Teil 1, Aufzeichnungen 1924–194: Vol.1 27.6.1924-31.12.1930*, 第 602–604 页 (9 月 13、14 和 15 日这几项)。

126 Jürgen Falter et al., *Wahlen und Abstimmungen in der Weimarer Republik. Materialien zum Wahlverhalten 1919–1933* (Munich, 1986), 第 108 页。

127 Falter et al., *Wahlen*, 第 92–93 页。

128 Thomas Childers, 'The Limits of National Socialist Mobilisation: The Elections of 6 November 1932 and the Fragmentation of the Nazi Constituency', 载于 Thomas Childers (ed.), *The Formation of the Nazi Constituency 1919–1933* (London and Sydney, 1986)。

129 之前的记录曾短暂地由社民党持有，在 1919 年赢得过 1150 万张选票。Falter et al., *Wahlen und Abstimmungen in der Weimarer Republik*, 第 41、86–113 页，各处。

130 Theodor Geiger, 'Panik im Mittelstand', 载于 *Die Arbeit. Zeitschrift für Gewerkschaftspolitik und Wirtschaftskunde* (1930), 第 637–654 页, 此处内容在第 649 页; Brentano, *Der Beginn der Barbarei*, 第 176–201 页。另参见 Kate Pinsdorf, 'The Nature and Aims of the National Socialist Labor

Party'. *American Political Science Review,* XXV (1931), 第 377–388 页。

131 William Sheridan Allen, 'Farewell to class' in 'Symposium: Who Voted For Hitler?': *Central European History* XVII/1 (1984), 第 54–62 页。而更为激烈的是理查德·汉密尔顿（Richard Hamilton）对石勒苏益格－荷尔斯泰因州的首府基尔的纳粹党所做的略有瑕疵的分析: 'The Rise of Nazism: A Case Study and Review of Interpretations – Kiel, 1928–1933'. *German Studies Review,* 26/1 (2003), 第 43–62 页。一般来说参见 Detlef Mühlberger, *The Social Bases of Nazism, 1919–1933* (Cambridge, 2003)。

132 经典的研究是 Rudy Koshar, *Social Life, Local Politics, and Nazism. Marburg, 1880–1935* (Chapel Hill, N.C., 1986)。

133 Liselotte Krull, *Wahlen und Wahlverhalten in Goslar während der Weimarer Republik* (Goslar, 1982), 第 36、130 页。

134 Eric G. Reiche, *The Development of the SA in Nürnberg 1922–1934* (Cambridge, 1984), 第 96–97 页。

135 Gerhard Hetzer, 'Industriestadt Augsburg. Eine Sozialgeschichte der Arbeiteropposition', 载于 Martin Broszat et al. (eds), *Bayern in der NS-Zeit,* Vol. 3 (Munich and Vienna, 1981), 第 1–71 页。

136 Ernst-August Roloff, 'Die bürgerliche Oberschicht in Braunschweig und der Nationalsozialismus: Eine Stellungnahme'. *Central European History,* XVII/1 (1984): Symposium: Who Voted for Hitler?, 第 37–44 页。

137 Ursula Büttner, *Hamburg in der Staats- und Wirtschaftskrise 1928–1931* (Hamburg, 1982), 第 403; McElligott, *Contested City,* 第 29–36、154–159 页。关于对两个城市的社会经济结构的歪曲，参见 Richard Hamilton, *Who Voted for Hitler?* (Princeton, NJ, 1982)。

138 Franz-Josef Heyen, *Nationalsozialismus im Alltag: Quellen zur Geschichte des Nationalsozialismus vornehmlich im Raum Mainz-Koblenz-Trier* (Boppard, 1967), Doc. 10, 第 19 页。

139 同上, Doc. 19, 第 67 页。关于中产阶级本身的政治动荡，参见 Küstermeier, 'Die Proletarisierung des Mittelstandes', 第 769、773 页; 关于白领和纳粹主义的关系，参见 Hans Speier, *Die Angestellten vor dem Nationalsozialismus. Ein Beitrag zum Verhältnis der deutschen Sozialstruktur 1918–1933* (Göttingen, 1977; 2nd edn, Frankfurt/Main,

1989)。一般来说参见 Rudy Koshar and Heinz-Gerhard Haupt 载于 Rudy Koshar (ed.), *Splintered Classes. Politics and the Lower Middle Classes in Interwar Europe* (New York, 1990)。

140 在此著作中可以找到一篇小节选：*Wirtschaftliche Depression und politischer Radikalismus*, 351: 'Landvolk im Not!'; 354: 'Hältest Du den Hunger für Notwendig?'; 关于紧急法令的影响，参见 362、369 页：'Du mußt Zahlen!'。

141 Geiger, 'Panik im Mittelstand', 第 648–649 页。Henry Ashby Turner, *German Big Business and the Rise of Hitler* (New York and Oxford, 1985, pbk 1987), 第 195–196、203 页。

142 McElligott, *Contested City*, 第 160–161 页。

143 GStAPrK I Rep. 77 4043, Bl. 62–73（阿尔托纳警察局长,国家刑警局,1929 年 9 月 15 日和 16 日报告），以及 Bl. 180–224, 'Landvolkbewegung und Verhetzung der bäuerlichen Bevölkerung'（普鲁士内政部 45 页报告，身份不明作者）。Staatsarchiv Hamburg, Zeitungsausschnitt-Sammlung 55a: Prozeß gegen d. Bombenattentäter 1930。汉斯·法拉达（Hans Fallada）在他的小说中精彩地描述了这一反抗事件及其对共和国权威的影响：*Bauern, Bonzen und Bomben* (Berlin, 1931)。

144 写于 1934 年关于农民和纳粹关系的经典研究是 Rudolf Heberle, *From Democracy to Nazism* (Baton Rouge, 1945). Gerhard Stoltenberg, *Politische Strömungen im Schleswig-holsteinischen Landvolk 1918–1933. Ein Beitrag zur Politischen Meinungsbildung in der Weimarer Republik* (Düsseldorf, 1962); Hans Beyer, 'Landbevölkerung und Nationalsozialismus in Schleswig-Holstein'. *Zeitschrift für Agrargeschichte und Agrarsoziologie* 12 (1964), 69–74; Rudolf Rietzler, *Kampf in der Nordmark. Das Aufkommen des Nationalsozialismus in Schleswig-Holstein 1918–1928* (Neumünster, 1982)。

145 Preller, *Sozialpolitik*, 第 387–390 页；Dan Silverman, 'A Pledge Unredeemed: The Housing Crisis in Weimar Germany'. *Central European History* 3 (1970), 第 112–139 页。

146 特别参见 Young-Sun Hong, *Welfare, Modernity, and the Weimar State*,

1918–1933 (Princeton, 1998); 和她的 'Weimar Welfare System', 载于 McElligott (ed.), *Weimar Germany*, 第 175–206 页; Adelheid von Saldern, '"Neues Wohnen": Housing and reform', 载于同上, 第 207–233 页。

147 Arthur Dix, *Die deutschen Reichstagswahlen 1871–1930 und die Wandlungen der Volksgliederung* (Tübingen, J. C. B. Mohr 1930), 第 32 页。Max Schneider, 'Frauen an der Wahlurne', *Die Gesellschaft* XI 1933.

148 Helga Timm, *Die deutsche Sozialpolitik und der Bruch der grossen Koalition im März 1930* (Düsseldorf, 1952), 第 128 页。

149 Peter Lewek, *Arbeitslosigkeit und Arbeitslosenversicherung in der Weimarer Republik, 1918–1927* (Stuttgart, 1992)。对于事业的不同方面及其影响，参阅载于 Stachura (ed.), *Unemployment and the Great Depression in Germany* 中的文章和 Evans and Geary (eds), *The German Unemployed*. Christian Barringer, *Sozialpolitik in der Weltwirtschaftskrise: die Arbeitslosenversicherungspolitik in Deutschland und Grossbritannien im Vergleich, 1928–1934* (Berlin, 1999)。

150 Huber, *Deutsche Verfassungsgeschichte* 6, 第 1103 页。

151 *Die Kabinette Brüning I und II*, vol. 2, Doc. 289, 此处内容在第 1043 页。

152 Eugen Varga, *Die große Krise und ihre politischen Folgen. Wirtschaft und Politik 1928–1934* (Moscow and Leningrad, 1934); Timm, *Die deutsche Sozialpolitik*, 第 130–139 页。

153 Ernst Rudolf Huber, *Dokumente zur deutschen Verfassungsgeschichte Vol. 3: Dokumente der Novemberrevolution und der Weimarer Republik 1918–1933* (Stuttgart, Berlin, Cologne, Mainz, 1966), Doc. 410, 第 444 页; 同上, *Deutsche Verfassungsgeschichte* 7, 第 843–847、863–865 页; *Die Kabinette Brüning I und II*, vol. 2, Doc. 454, 此处内容在第 1612 页注释 21; *Ursachen und Folgen*, vol. 8, Doc. 1662。

154 *Vierteljahreshefte zur Konjunkturforschung*, 7 Jg. Heft 1, Teil A, 第 55 页。Dieter Rebentisch, 'Kommunalpolitik, Konjunktur und Arbeitsmarkt in der Endphase der Weimarer Republik', 载于 Rudolf Morsey (ed.), *Verwaltungsgeschichte. Aufgaben, Zielsetzungen, Beispiele, Vorträge und Diskussionsbeiträge der Verwaltungsgeschichtlichen Arbeitstagung 1976 an der Hochschule für Verwaltungsgeschichte Speyer* (Berlin, 1977), 第

107–157 页。

155 S. Wronksy, 'Die Aspekte der Wohlfahrtspflege um die Jahreswende 1932/33'. *Deutsche Zeitschrift für Wohlfahrtspflege* 8, H. 10 (1932/33), 309–313 页，引自 Longerich, *Die erste Republik*, 第 409–411 页。参见卡尔·格德勒（Carl Goerdeler）的报告，他赞成帝国从失业援助条款中完全撤出来：*Akten der Reichskanzlei Weimarer Republik. Das Kabinett von Papen 1. Juni bis 3. Dezember 1932,* prepared by Karl-Heinz Minuth, 2 vols (Boppard am Rhein, 1989), vol.1, Doc 97, 此处内容在第 369–370 页。*Akten der Reichskanzlei Die Regierung Hitler Erster Teil: 1933/34, vol. 1 30 Januar bis 31 August 1933,* prepared by Karl-Heinz Minuth (Boppard am Rhein, 1983), Doc. 99, 第 343–349 页，此处内容在第 345 页。

156 Barch R43 I/2372, Bl. 657–723, 'Vorstand des Deutschen Städtetags' (Mulert), 13. August 1931. Preller, *Sozialpolitik,* 第 396–400 页。Hans Mommsen, 'Die Stellung der Beamtenschaft in Reich, Ländern und Gemeinden in der Ära Brüning'. *Vierteljahrshefte für Zeitgeschichte,* 21 (1973), 151–165 页。

157 Huber, *Deutsche Verfassungsgeschichte* 6, 第 1103 页。关于朗格的文章匿名发表在《科隆日报》（*Kölner Zeitung*）上，参见 *Die Kabinette Brüning, I und II,* vol. 3, 第 2366 页。

158 LAB, Rep. 142, StB 561, 'Betr. Erhebung des Preussischen Städtetages über die durchschnittlichen Kosten je Wohlfahrtserwerbsloser in den Monaten Oktober 1931–January 1932'。

159 Büttner, *Hamburg,* 第 245–258 页。

160 Bruno Nelissen Haken, *Der Fall Bundhund: ein Arbeitslosenroman* (Jena, 1930)。另见他的 *Stempelchronik: 261 Arbeitslosenschicksale* (Hamburg, 1932). Moritz Föllmer, 'Suicide and Crisis in Weimar Berlin'. *Central European History,* 42 (2009), 第 195–221 页。

161 'Reports and Enquiries: "Recent Official Enquiries into Wages and Hours of Work in Various Industries in Germany" I & II'. *International Labour Review*, 20 (1929), 408–19 页；22 (1930), 第 807–816 页。Bechtel, *Wirtschaftsgeschichte* III, 第 429 页。

162　Stenbock-Fermor, *Deutschland von Unten*, 第 12 页。

163　H. R. Knickerbocker, *Deutschland so oder so?* (Berlin, 1932), 第 15 页。

164　'The Economic Depression and Public Health', 第 845 页。Lüdtke, 'Hunger', 第 146 页。

165　Eugen Diesel, *Germany and the Germans* (London, 1931), transl. of *Die deutsche Wandlung das Bild eines Volks* (Potsdam 1929, 2nd edn, Stuttgart, 1931), 第 255–256 页。

166　'Economic Depression', 第 845 页。

167　Büttner, *Hamburg*, 第 267–271 页；McElligott, *Contested City*, 第 64–66 页。

168　Petzina, Abelshauser, Faust (eds), *Sozialgeschichtliches Arbeitsbuch* III, 第 155 页。Reinhard Spree, *Soziale Ungleichheit vor Krankheit und Tod* (Göttingen, 1981), 第 43 页。

169　'Economic Depression', 第 845 页。Brentano, *Der Beginn der Barbarei*, 第 175 页。

170　Fritz Kahn, *Das Leben des Menschen: Eine Volkstümliche Anatomie, Biologie, Physiologie und Entwicklungsgeschichte des Menschen*, Vol. IV (Stuttgart, 1929), 第 72、77–78 页；Harry Graf Kessler, *Künstler und Nationen. Aufsätze und Reden, 1899–1933* (Frankfurt am Main, 1988), 第 214 页。

171　Kenneth Ingram Wiggs, *Unemployment in Germany since the War* (London, 1933), 第 200 页。

172　LAB, Rep. 142，StB 2846, (Finanzlage der Gemeinden): Stadtrat to Deutsche Städtetag' 'Not in Brand-Erbisdorf!', 15 April 1931; Der Rat der Stadt Pirna, 'Sonderhaushaltsplan der Krisenfürsorge und Fürsorge für Wohlfahrtserwerbslose für 1931/32', 7 April 1931; Magistrat Ratibor to Deutsche Städtetag, Betr. Haushaltsplan 1931, 25 May 1931. Brentano, *Der Beginn der Barberei*, 第 175 页；Flemming, Saul, Witt (eds), *Familienleben*, 第 268–269 页。

173　'Oberbürgermeister Brauer zu den Notverordnungen. Rede im Preußischen Staatsrat am 26. Oktober'. *Amtsblatt der Stadt Altona,* 12 Jg., Nr. 44 (6 November 1931).

174 Elizabeth Harvey, *Youth and the Welfare State in Weimar Germany* (Oxford, 1993), 第 132–151 页；第 277–288 页；Dan P. Silverman, *Hitler's Economy. Nazi Work Creation Programs, 1933–1936* (Cambridge, 1998), 第 69–96 页。

175 Marie Hirsch, 'Zur sozialen und geistigen Lage der Arbeitslosen'. *Neue Blätter für den Sozialismus* 2 (1931), 119–125 页，引用自 Peter Longerich (ed.), *Die Erste Republik. Dokumente zur Geschichte des Weimarer Staates* (Munich, 1992), 第 399 页。

176 Kessler, *Kinder Hölle*, 第 4 及插图 VII 展示了一个邮局工人 11 岁的女儿的床，床上全是破烂衣服。Stefan Bajohr, 'Illegitimacy and the Working Class: Illegitimate Mothers in Brunswick, 1900–1933', 载于 Richard J. Evans (ed.), *The German Working Class: 1888–1933. The Politics of Everyday Life* (London, 1982), 第 142–173 页。McElligott, *Contested City*, 第 62–64 页。

177 Gertrud Staewen-Ordemann, *Menschen der Unordnung. Die proletarische Wirklichkeit im Arbeiterschicksal der ungelernten Großstadtjugend* (Berlin, 1933), 第 81 页，引用自 Longerich, *Die Erste Republik*, 第 403–406 页。

178 Preller, *Sozialpolitik*, 第 165 页。Wolfgang Zorn, 'Sozialgeschichte 1918–1970', Aubin and Zorn (eds), *Handbuch*, 第 876–933 页，此处内容在第 878 页。

179 *Düsseldorfer Nachrichten*, Morgen-Ausgabe 57 Jg., Nr. 533, 19 October 1932: 'Familie geht in den Tod'。关于自杀的数据，参见 Statistisches Bundesamt, *Bevölkerung und Wirtschaft 1872–1972: herausgegeben anläßlich des 100jährigen Bestehens der zentralen amtlichen Statistik* (Stuttgart, Mainz, 1972), 第 121 页；Petzina, Abelshauser, Faust (eds), *Arbeitsbuch* III, 第 136 页。

180 Marie Jahoda, Paul F. Lazarsfeld, Hans Zeisel, *Die Arbeitslosen von Marienthal. Ein soziographischer Versuch über die Wirkungen langandauernder Arbeitslosigkeit* (1933, reprint Frankfurt am Main 1975), 第 82 页及以下各页；Flemming, Saul, Witt (eds), *Familienleben*, 第 250、260、268–269 页。

181 Christoph Timm, ' "Eine Art Wildwest". Die Altonaer Erwerbslosensiedlungen in Lurup und Osdorf von 1932', 载于 Arnold

Sywottek (ed.), *Das Andere Altona: Beiträge zur Alltagsgeschichte* (Hamburg, 1984)，第 159–175 页。Rosenhaft, 'The Unemployed in the Neighbourhood'，第 202 页。

182 Karen Hagemann, '"Wir hatten mehr Notjahre als reichliche Jahre ..." Lebenshaltung und Hausarbeit Hamburger Arbeiterfamilien in der Weimarer Republik'，载于 Klaus Tenfelde (ed.), *Arbeiter im 20. Jahrhundert* (Stuttgart 1991)，其中为团结网络提供了更积极的画面。

183 这部电影在发行时被定为成人片，并于 1933 年 4 月被审查委员会禁播。委员会决议的副本可访问：<http://www.deutsches-filminstitut.de/zengut/df2tb517z.pdf>。另见关于瓦尔登堡情况的评论：Stenbock-Fermor, *Deutschland von Unten*，第 37–53 页。Eve Rosenhaft, 'The Unemployed in the Neighbourhood: Social Dislocation and Political Mobilisation in Germany 1929–33'，载于 Evans and Geary (eds), *The German Unemployed*，第 194–227 页，Lüdtke, 'Hunger'，第 172–173 页；Herbert Kühr, *Parteien und Wahlen im Stadt- und Landkreis Essen in der Zeit der Weimarer Republik. Unter besonderer Berücksichtigung des Verhältnisses von Sozialstruktur und politischen Wahlen* (Düsseldorf, 1973)，第 263 页及以下各页。

184 尤齐出生于 1896 年，曾在 1928 年到 1929 年底参加过德共，后来在 1933 年 3 月加入了纳粹党，参见 http://www.cinegraph.de/lexicon/Jutzi_Phil/biografie.html and http://www.cinegraph.de/filmmat/fm5/fm5_10.html（2011 年 8 月 28 日，两个网站均可访问）；Christa Hempel-Küter, Hamburg, 'Der Fall Bundhund und der Fall Haken. Eklat um einem Arbeitslosenroman 1930'，未发表。我想感谢赫培尔-库特尔（Hempel-Küter）博士，在我们合作的早期，他提供给我了他的这些研究成果。

185 Anthony McElligott, 'Mobilising the Unemployed: The KPD and the Unemployed Workers' Movement in Hamburg-Altona during the Weimar Republic', in Evans and Geary (eds), *The German Unemployed*，第 228–260 页。参见 Christa Hempel-Küter, '"Gestempelt wurde jeden Tag": Zur Situation der Arbeitslosen in Altona in den ersten Jahren der Weimarer Republik (November bis Ende 1923)', Arnold Sywottek (ed.), *Das Andere Altona: Beiträge zur Alltagsgeschichte* (Hamburg, 1984)，第 126–139 页，

其中有从 20 世纪 20 年代开始的类似抗议活动。

186　Staatsarchiv Bremen (=StABr) 4,65 II E.1.a.3 vol. 4, RM.d.I, Nachrichtenstelle, IAN Z164, d/20.9 (30 August 1932), 10, and RM.d.I, Nachrichtenstelle, IAN Z164 d/7.11.a (22 November 1932), 13。

187　StABr 4,65 II E.1a 3 vol. 4, Bremen police, report BNr 1966/33, 3 March 1933。

188　StABr 4,65 II E.1.a.3. vol. 2, RM.d.I, IA AN z164 d/SH 2/25.9, Abschrift: 'Resolution der Prager Konferenz über die Erwerbslosenfrage'。

189　StABr 4,65 II E.1.a.3. vol. 2, Abschrift IA AN Z164, d/SH 2/25/9, n.d。

190　KPD Wasserkante, Bericht der Bezirksleitung Wasserkante, 2–4 December 1932', 第 65–68、80 页。

191　StABr 4,65 II E.1.a.3 vol. 4, RM.d.I, Nachrichtenstelle, IAN 2164 d/30 January 1932, 5 February 1932。这是 1932 年 1 月至 3 月共产党的竞选口号。

192　StABr 4,65 II E.1.a.3 vol. 2, copy: Polizei Präs. in Bochum, Nachrichtenstelle I Nr. 922/30, 14 August 1930, Betr. komm. Kampfkongress am 31 August 1930 in Dortmund. – an die Polizei Bremen。

193　StABr 4,65 II E.1.a.3.vol. 2, 'Aufruf zum Reichs-Erwerbslosentag', 10 September 1930。

194　StABr 4,65 II E.1.a.3. vol. 2, Auszug aus dem Lagebericht der M.d.I Sachsen, Nr. 33040/11 (22 December 1930)。

195　*Die Kabinette Brüning I und II,* vol. 3, Doc. 695, 此处内容在第 2366 页。

196　Armin and Renate Schmid, *Frankfurt in Stürmischer Zeit 1930–1933* (Stuttgart, 1987), 第 34–35、81、156–157 页。

197　*Rote Sturmfahne*, December 1932, 引自 Bericht der Bezirksleitung Wasserkante, 2–4 December 1932, 第 57、92–99、104、112 页中被引用。Schmid, *Frankfurt*, 第 83 页。以及 克劳斯·马耳曼（Klaus Mallmann）对德共的精湛研究：*Kommunisten in der Weimarer Republik: Sozialgeschichte einer revolutionären Bewegung* (Darmstadt, 1996), 参见三份着重于社区政治的社会背景的英语研究作品：Eve Rosenhaft, *Beating the Fascists? The German Communists and Political Violence, 1929–1933* (Cambridge, 1983); McElligott, *Contested City*; Pamela E. Swett, *Neighbors and Enemies: The Culture of*

  Radicalism in Berlin, 1929–1933 (Cambridge and New York, 2004)。

198 *Rote Fahne* 169, 4 September 1931: 'Mobilmachung der Erwerbslosen!'. 对了解这段时期也很有用的著作：Siegfried Bahne, *Die KPD und das Ende von Weimar: das Scheitern einer Politik 1932–1935* (Frankfurt am Main, 1976)。

199 McElligott, *Contested City*, 第 33–35、182–185 页；Herbert Kühr, 'Parteien und Wahlen in Essen in der Endphase der Weimarer Republik', 载于 Otto Büsch, Monika Wölk, Wolfgang Wölk (eds), *Wählerbewegung in der Deutschen Geschichte. Analyse und Berichte zu den Reichstagswahlen 1871–1933* (Berlin, 1978), 第 409–427 页；Günter Plum, 'Gesellschaftsstruktur und politisches Bewußtsein', 载于同上，第 444–447 页；Mallmann, *Kommunisten in der Weimarer Republik*, 第 242–261 页。

200 David Abraham, *The Collapse of the Weimar Republic. Political Economy and Crisis,* second rev. edn (New York, 1986 [1981])。

201 Borchardt, *Perspectives*, 第 160 页；还有 Silverman, *Hitler's Economy*, Richard Overy, *The Nazi Economic Recovery 1932–1938,* second edn (Cambridge, 1996 [London, 1982])。

202 Baum, *Menschen im Hotel*, 第 295–296 页。

203 David Schoenbaum, *Hitler's Social Revolution. Class and Status in Nazi Germany 1933–1939* (1966, reprint 1980); Tim Mason, *Social Policy in the Third Reich. The Working Class and the 'National Community', 1918–1939* (New York, Oxford, Munich, 1993)。舍恩鲍姆（Schoenbaum）认为纳粹通过他们的就业计划团结了第三帝国的所有阶层，而梅森（Mason）认为这种团结很表面，尤其与工人阶级有关系。

第五章

1 Landgerichtsdirektor Dr Weiß, Berlin, 'Der Kampf um das Recht und der deutsche Richterbund'. *Deutsche Richterzeitung,* Heft 6, 17 Jg (15 May 1925), cols. 310–27, 此处内容在 col. 313。

2 Franz Neumann, *Behemoth. The Structure and Practice of National Socialism 1933–1944* (1942, 1944, reprint 1963, edn. New York 1983), 第 20–23 页。

3 Erich Kuttner, *Bilanz der Rechtsprechung* (Berlin, 1922); Dr Otto Warnmeyer, 'Rechtsentwicklung in den letzten zehn Jahren'. *Die Justiz* V (1929/1930), 4–16 页；Dr K[urt] Rosenfeld, 'Justiz und Republik'. *Deutsche Justiz* VI (1930/1931), 第 475–484 页，此处内容在第 476 页。Ernst Toller, *Justiz Erlebnisse* (Berlin, 1927). Paul Levi, *Der Jorns-Prozess. Rede des Verteidigers Dr Paul Levi* (Berlin, 1929)。

4 Bundesminister der Justiz [Gerhard Fieberg], '*Im Namen des deutschen Volkes!' Justiz und Nationalsozialismus. Katalog zur Ausstellung des Bundesministers der Justiz* (Cologne, 1989), 第 340–341 页。

5 Wilhelm Hoegner, *Die verratene Republik. Deutsche Geschichte 1918–1933* (Munich, 1958), 第 261 页。Gerhard Kramer, 'The Courts of the Third Reich', 载于 Maurice Baumont, John M. E. Fried, Edmond Vermeil (eds), *The Third Reich* (New York, 1955), 第 600–601 页。

6 Elisabeth H–D and Heinrich Hannover, *Politische Justiz 1918–1933* (Frankfurt am Main 1966), 第 12 页，引用自 Michael Kißener, *Zwischen Diktatur und Demokratie. Badische Richter 1919–1952* (Konstanz, 2003), 第 12 页。《政治司法》第二版于 1977 年由汉堡阿提卡出版社出版，该版没有布拉彻的介绍，我是用的是之后的版本。其主旨在文献中仍能得到回应，例如 Richard J. Evans, *The Coming of the Third Reich* (London, 2003), 第 138 页。

7 E. J. Gumbel, *Vier Jahre politische Mord* (Berlin–Friedenau, 1922)。

8 Kurt Kreiler (ed.), *Traditionen deutscher Justiz: Große politische Prozeße der Weimarer Zeit. Ein Lesebuch zur Weimarer Republik* (Berlin, 1978), 编辑的导言，特别是第 9 页。

9 Gotthard Jasper, 'Justiz und Politik in der Weimarer Republik'. *Vierteljahrshefte für Zeitgeschichte,* 30 (1982), 第 167–215 页，此处内容在第 169–170 页。嘉斯帕尤其对 Hans Hattenhauer, 'Zur Lage der Justiz in der Weimarer Republik', 载于 Karl–Dietrich Erdmann 以及 Hagen Schulze (eds), *Weimar: Selbstpreisgabe einer Demokratie* (Düsseldorf, 1980), 第 169–176 页诸如此类的作品进行了批评；概述见 Anthony McElligott, 'Sentencing towards the Führer', 载于 Anthony McElligott and Tim Kirk (eds), *Working towards the Führer. Essays in Honour of Sir Ian Kershaw* (Manchester,

2003），第 153–185 页。

10 Gotthard Jasper, *Der Schutz der Republik. Studien zur staatlichen Sicherung der Demokratie in der Weimar Republik 1922–1930* (Tübingen 1963). Christoph Gusy, *Die Weimarer Reichsverfassung* (Tübingen, 1997)，第 194–223 页。

11 Lothar Gruchmann, *Justiz im Dritten Reich 1933–1940: Anpassung und Unterwerfung in der Ära Gürtner* third revised edition (Munich, 2001). Martin Broszat, *Der Staat Hitlers. Grundlegung und Entwicklung seiner inneren Verfassung* (Munich 1969)，第 403–422 页。也可参见 Bundesminister der Justiz, *Im Namen*，各处。

12 普通文献中的例子可见 Paul Bookbinder, *The Weimar Republic* (Manchester, 1996)，第 113、117 页；Andreas Wirsching, *Die Weimarer Republik, Politik und Gesellschaft* (Munich, 2000)，第 107–108 页。

13 Wolfgang de Boor and Dieter Meurer (eds), *Über den Zeitgeist. Deutschland in den Jahren 1918–1995*, Vol. 2 (Marburg, 1995)，第 1 页。

14 Ralph Angermund, *Deutsche Richterschaft, 1919–1945: Krisenerfahrung, Illusion, politische Rechtsprechung* (Frankfurt am Main, 1990)，第 19 页。

15 例如参见格罗斯曼和普鲁士法官协会主席普拉希特（Pracht）博士之间激烈交锋的例子，载于 *Die Justiz* I (1925/26)，第 541–546 页。

16 'Der Bankrott der Strafjustiz'，载于 *Deutsche Juristen Zeitung* 1928, 奥拓·兰茨贝格（社民党）在 *Verhandlungen des Deutschen Reichstags* 394, 367 Session, 25 January 1928, 12392 中提到；Dr Haas (DDP)，载于同上，369 Session, 27 January 1928, 12422. Dr [Kurt] Rosenfeld, ' "Der Bankrott der Strafjustiz" '. *Die Justiz* III (1928)，第 225–232 页，和 Landgerichtsrat von Zastrow (Breslau), 'Nochmals: Bankrott der Strafjustiz?'，载于同上，第 395–403 页。

17 Ernst R. Huber, *Verfassungsrecht des Grossdeutschen Reiches* (Hamburg 1937)，第 280 页。

18 Rüdiger von der Goltz, *Tribut-Justz. Ein Buch um die deutsche Freiheit* (Berlin, 1932)，第 104 页。关于这一代，参见下文第三部分和第八章。

19 *Reichsgesetzblatt* (RGBl.) 1922 I，第 585–590 页。

20 Angermund, *Deutsche Richterschaft*，第 33–34、36 页。关于《共和国

保护法》，参见 Huber, *Deutsche Verfassungsgechichte*, 7, 第 256 页；Gotthard Jasper, *Der Schutz der Republik. Studien zur staatlichen Sicherung der Demokratie in der Weimarer Republik 1922–1930* (Tübingen 1963)。该法于 1929 年重新修订。

21 Warren Rosenblum, *Beyond the Prison Gates. Punishment and Welfare in Germany, 1850–1933* (Chapel Hill, N. Carolina, 2008), 第 177–194 页。

22 数据收集自 *Deutsche Juristen Zeitung,* 24 Jg. (1919), 第 77、251、332、486、586、659、825 页。

23 *Statistik des Deutschen Reichs* (1936), 第 554 页。与以下数字做比较 Bundesminister der Justiz, *Im Namen,* 第 19 页：1917: 10、713; 1919: 10694; 1921: 10031; 1931: 10133。

24 Wilhelm Schwister, 'Die soziale Schichtung der jungen Juristen'. *Deutsche Richterzeitung* Jg. 23, Heft 4 (1931), 第 125–129 页。

25 Klaus Bästlein, 'Als Recht zu Unrecht wurde: Zur Entwicklung der Strafjustiz im Nationalsozialismus', *Aus Politik und Zeitgeschichte. Beilage zur Wochenzeitung Das Parlament* B13–14/89 (24 March 1989)。

26 普鲁士司法部拥有将近 12000 名法官、检察官和律师，是德国最大的队伍。比较 Bundesminister der Justiz, *Im Namen,* 第 10–12 页。

27 Gruchmann, *Justiz,* 第 238 页。Hans-Konrad Stein-Stegmann, 'In der "Rechstabteilung" des "Unrechts-Staates". Richter und Staatsanwälte in Hamburger 1933–1945', 载于 Hamburg Justizbehörde (ed.), *"Für Führer Volk und Vaterland ..." Justiz im Nationalsozialismus* (Hamburg, 2000), 第 152 页。McElligott, 'Sentencing towards the Führer', 第 154–159 页。Michael Kißener, *Zwischen Diktatur und Demokratie. Badische Richter 1919–1952* (Konstanz, 2003), 第 68 页。

28 Angermund, *Deutsche Richterschaft*, 第 41 页。

29 Ernst Fraenkel, *Soziologie der Klassenjustiz und Aufsätze zur Verfassungskrise 1931–32* (orig. 1927–1932, reprint Darmstadt 1968), 第 8 页。也可参见 A. Cohen, 'Soziologie des Beamtentums'. *Die Justiz,* VII (1932), 331–39 页；Bundesminister der Justiz, *Im Namen,* 第 12–13 页。

30 Fraenkel, *Soziologie,* 第 10 页；Hannover-Druck and Hannover, *Politische Justiz,* 第 24–25 页。司法与俾斯麦/帝国关系的背景，参见 Ernst

Rudolf Huber, *Deutsche Verfassungsgeschichte seit 1789. Vol. 3: Bismarck und das Reich* (Stuttgart, Berlin, Cologne, Mainz, 1963), 第 1056–1062 页。Michael Stürmer, *Das kaiserliche Deutschland: Politik und Gesellschaft 1870–1918* (Frankfurt am Main, 1977)。

31 Detlev J. K. Peukert, *Die Weimarer Republik. Krisenjahre der Moderne* (Frankfurt am Main, 1987), 第 219–221 页。

32 Fraenkel, *Soziologie*, 第 10、12 页。汉堡是唯一不采用助理陪审员的地方。

33 *Deutsche Juristen Zeitung*, 24 Jg., 1919, cols. 342–45。*Deutsche Richterzeitung*, 17 Jg., 1925, cols. 291–92, 'Beamtenbezüge ab 1 Dezember 1924'。

34 *Deutsche Juristen Zeitung*, 24 Jg., 1919, cols. 348, 481, 491, 674。

35 Sabine Schott, 'Curt Rothenberger – eine politische Biographie' (D.Phil jur., Martin-Luther-Universität Halle–Wittenberg, 2001), 第 33–34 页。

36 *Deutsche Richterzeitung*, 13 Jg. (1921), col. 255; 同上, 25 Jg., Heft 21 (1933), col. 325。

37 Dieter Schenk, *Hans Frank. Hitlers Kronjurist und Generalgouverneur* (Frankfurt am Main, 2006), 第 34 页。

38 Fraenkel, *Soziologie*, 第 13 页。

39 *Deutsche Richterzeitung*, 13. Jg (1921), col. 259. Bundesminister der Justiz, *Im Namen*, 第 22 页。

40 David B. Southern, 'The Impact of the Inflation: Inflation, the Courts, and Revaluation', 载于 Richard Bessel and E. J. Feuchtwanger (eds), *Social Change and Political Development in Weimar Germany* (London, 1981), 第 55–76 页，此处内容在第 65 页。Fraenkel, *Soziologie*, 第 12–16 页。Ludwig Preller, *Sozialpolitik in der Weimarer Republik* (Düsseldorf, 1978, orig. 1949), 第 317、359 页。Reichsgerichtspräsident Dr Simons, 'Erklärung des Richtervereins beim Reichsgericht zur Aufwertungsfrage', 载于 *Juristischen Wochenschrift,* 15 January 1924, 第 90 页，转载于 Ernst Rudolf Huber, *Dokumente zur deutschen Verfassungsgeschichte 3: Dokumente der Novemberrevolution und der Weimarer Republik 1918–1933* (Stuttgart, 1966), Doc. 355, 第 383–384 页。

41 Preller, *Sozialpolitik*, 第 396–399 页。

42 Ernst Ottwalt, *Denn sie wissen was sie tun. Ein deutscher Justiz-Roman* (Berlin, 1931), 第 11 页。

43 *Deutsche Richterzeitung,* 25 Jg., Heft 12 (1933), col. 325. Kißener, *Zwischen Diktatur und Demokratie,* 第 63–65 页。一般来说参见 Thomas Childers, 'Inflation, Stabilization, and Political Realignment in Germany 1919–1928', 载于 Gerald D. Feldman, Carl Ludwig Holtfrerich, Gerhard A. Ritter, Peter–Christian Witt (eds), *Die Deutsche Inflation/The German Inflation* (Berlin, New York, 1982), 第 409–431 页。

44 Stein–Stegmann, 'In der "Rechstabteilung" ', 第 166 页。

45 数据摘自 Martin Schumacher (ed.), *M.d.R. Die Reichstagsabgeordneten der Weimarer Republik in der Zeit des Nationalsozialismus, Politische Verfolgung, Emigration und Ausbürgerung 1933–1945. Eine biographische Dokumention,* 3rd rev. edn (Düsseldorf, 1994)。

46 Stein–Stegmann, 'In der "Rechstabteilung" ', 第 161 页。

47 Kißener, *Zwischen Diktatur und Demokratie,* 第 122–123 页。

48 同上，第 111–120 页。Justizrat Dr Süßheim (Nuremberg), 'Politik und Justiz in Bayern'. *Die Justiz,* IV/1 (1928/29), 第 106–110 页。

49 Hermann Weinkauff, *Die Deutsche Justiz und der Nationalsozialismus. Ein Überblick* (Stuttgart, 1968), 第 108 页；Angermund, *Deutsche Richterschaft,* 第 43–44 页；Stein–Stegmann, 'In der "Rechtsabteilung" ', 第 161、174 页。关于维尔纳，参见 Bundesminister der Justiz, *Im Namen,* 第 57–58 页。

50 Gruchmann, *Justiz,* 第 219、221 页。古赫曼（Gruchmann）指出在 20 世纪 30 年代末，法官和国家检察官的数量从 21000 人增至 104000 人。据弗莱斯勒（Freisler）的说法，有 54% 的法官和检察官有所属党派或其下属组织。

51 Dr jur. Otto Palandt, 'Drei Monate Prüflinge: aus dem Gemeischaftslager der preußischen Referendare'. *Deutsche Justiz,* 95 Jg. (1933), 640–641 页；Oberstaatsanwalt Spieler, 'Preußischer Geist im Gemeinschaftslager in Jüterborg', 载于同上，第 641–644 页，此处内容在第 642 页。*Deutsche Justiz,* 96 Jg. (1934), 237–239 页，'Die Bedeutung des Gemeinschaftslager der Referendare in Preußen. Eine Unterredung des Preußischen Justizministers Staatsrates Hanns Kerrl mit der Presse'。

52 Peter Weber, 'Republikanische Richter auf verlorenem Posten', Vortrag, gehalten auf der fünften wissenschaftlichen Fachtagung vom "Forum Justizgeschichte" am 4.10.2003 in der Deutschen Richterakademie in Wustrau, 访问网址 http://www.forumjustizgeschichte.de/Dr-Peter-Weber.48.0.html. Frank Bajohr and Dieter Pohl, *Massenmord und schlechtes Gewissen. Die deutsche Bevölkerung, die NS-Führung und der Holocaust* (Frankfurt am Main, 2008), 第 22 页。关于学生及其与右翼政治的关系，参见 Ulrich Herbert, ' "Generation der Sachlichkeit". Die völkische Studentenbewegung der frühen zwanziger Jahre in Deutschland', 载于 Frank Bajohr, Werner Johe, Uwe Lohalm (eds), *Zivilisation und Barbarei. Die widersprüchlichen Potentiale der Moderne* (Hamburg, 1991), 第 115–144 页。

53 *Deutsche Richterzeitung*, Heft 8/9 (1931), 第 283 页。德国法官协会于 1909 年 1 月 1 日在一个当地法官和检察官混合协会的基础上成立，并于 1933 年解散，参见 http://www.drb.de/cms/index.php?id=53&L=0; Präsidium des Deutschen Richterbundes (ed.), *Justiz und Recht im Wandel der Zeit: Festgabe 100 Jahre Deutscher Richterbund* with a foreword by President Prof Dr Horst Köhler (Cologne, 2009)。

54 Geheimes Staatsarchiv Preussischer Kulturbesitz (=GstAPrK) Rep. 84a/3156, 84a/3157. Birger Schulz, *Der Republikanische Richterbund (1921–1933)* (Frankfurt/ Main und Bern, 1982)。在共和国高等法院的 69 名主审法官和高级检察官中，24 人的政治派别是明确的，其中只有 3 人属于自由派（中央党 2 人，德国民主党 1 人），4 人属于右翼的德国人民党，其余都是民族主义右翼。Gruchmann, *Justiz*, 第 288 页，脚注 114。Angermund, *Deutsche Richterschaft*, 第 41 页。Charles E. McClelland, *The German Experience of Professionalization. Modern Learned Professions and their Organizations from the Early Nineteenth Century to the Hitler Era* (Cambridge, 1991), 第 198 页。

55 Theo Rasehorn, *Justizkritik in der Weimarer Republik: das Beispiel der Zeitschrift 'Die Justiz'* (Frankfurt/Main, 1985)。

56 *Deutsche Richterzeitung*, 13 Jg., Heft 8 (1 October 1921), cols. 228–32。

57 Landgerichtspräsident (Limburg) de Niem, 'Durch Nacht zum Licht'. *Deutsche Richterzeitung*, 11 Jg., Heft 1/2 (1919), cols. 1–6, 此处内容在 col. 5; 同上，

Landgerichtsrat Dosenheimer, 'Die deutsche Richterschaft und die Revolution', cols. 12–15. Fraenkel, *Soziologie,* 第 14 页。Gotthard Jasper, 'Beamtentum und Richterschaft' 载于 Everhard Holtmann (ed.), *Die Weimarer Republik Vol. 3: Der brüchige Frieden 1924–28* =Bayerische Landeszentrale für Politische Bildungsarbeit (Munich, 1994) 第 298、302 页。

58 'Reform des Richtertums', Senatspräsident Daub, Celle, *Deutsche Juristen Zeitung,* 24 Jg., 1919, cols. 456–61; 'Zur Reform des deutschen Richtertums', Landgerichtsrat Dr Schroeder, Köslin, 载于同上，cols. 884–87。后者是对来自司法部关于需要整顿司法部门的报告（穆格尔博士）的反驳。

59 Gruchmann, *Justiz,* 第 224 页。

60 Bracher, *Auflösung,* 第 173 页。Bundesminister der Justiz, *Im Namen,* 第 11 页。

61 *Deutsche Juristen Zeitung,* 25 Jg. 1920, Heft 21/22, cols. 800, 803。关于冯·施塔夫——在其 1922 年退休之前转至柏林于 1921–1922 年担任高等法院院长职务——的履历详情参见 http://www.bundesarchiv.de/aktenreichskanzlei/1919–1933/0000/adr/adrsz/kap1_1/para2_420.html。

62 *Deutsche Juristen Zeitung,* 28 Jg. 1923, Heft 21/22, cols. 670–71.

63 *Deutsche Juristen Zeitung,* 25 Jg. 1920, Heft 1/2, cols. 31–7; *Deutsche Juristen Zeitung* 31 Jg. 1926, Heft 2, col. 137。

64 *Deutsche Juristen Zeitung,* 24 Jg. 1919, Heft 11/12, col. 473. Dr Roesner, 'Justizstatistik', in *Deutsche Juristen Zeitung,* 35 Jg. 1930, Heft 1, cols. 84–7。

65 Fraenkel, *Soziologie,* 第 31 页。

66 Friedrich Dessauer, *Recht, Richtertum und Ministerialbürokratie. Eine Studie über den Einfluß vom Machtverschiebungen auf die Gestaltung des Privatrechts* (Mannheim, 1928). 由 Fraenkel 引用, Soziologie, 第 44–45 页。

67 Fraenkel, *Soziologie,* 第 14 页。

68 Huber, *Deutsche Verfassungsgeschichte,* 3, 第 928–929 页。

69 同上，第 1042–1055 页。GstAPrK, I Rep. 84a 11657, Kammergerichtspräsident [Eduard] Tigges (Berlin) to Prussian Justice Minister, IA 30/A 1433, 7 April 1924。虽然这是在战争期间的最初设想，但最终在 1924 年 1 月 1 日被撤回。

70 GStAPrK, I Rep. 84a 11653, von Staff, 'Das Verfahren vor den ausserordentlichen Kriegsgerichten', 这是关于特别法庭发展的 36 页报告。Huber, *Deutsche Verfassungsgeschichte* 3, 第 1042–1055 页，第 68 条"帝国宪法"：1914 年 7 月 31 日写入，1918 年 11 月 12 日撤销。

71 Barch R3001/6624, Bl. 169. GStAPr.K, Rep. 353/179, Preußen, Tätigkeit. Huber, *Deutsche Verfassungsgeschichte* 3, 第 1051 页，同上，*Deutsche Verfassungsgeschichte seit 1789. Vol. 5 Weltkrieg, Revolution und Reichserneuerung 1914–1919* (Stuttgart, Berlin, Cologne, Mainz, 1978), 第 45–47 页。

72 GStAPr.K I Rep. 84a 11653, Bl. 46–47, 353–55。Huber, *Deutsche Verfassungsgeschichte* 5, 第 48 页。

73 Barch R3001/alt. R22/1469, Bl. 114–15. R3001/22086 (6668), Bl. 114–15。

74 GStAPrK I 84a 11655 Bl. 356–357, 高院院长写给普鲁士司法部长，XIV/62/812, 1920 年 5 月 5 日，他告知其对法官复仇的袭击事件。类似报告参见同上 Bl. 362, OLG Düsseldorf, 1920 年 6 月 5 日的报告。比较提格斯写个普鲁士司法部长的信件，IA 30/A 1433, 1924 年 4 月 7 日，第 9 (Bl. 174). 一些资深法官担忧，法院沦为军方的工具以实现其目的，法院受军方还是民事管辖也存在混乱。与此同时，军队认为法院系统组织薄弱，参见 GStAPrK I 84a 11655 Bl. 370–76, Wehrkreiskommando VI Abt JB No. 210 (Münster) 5 June 1920, 'Denkschrift über die Mängel der ausserordentlichen Strafrechtspflege im rheinisch–westfälischen Industriegebiet' (Major General v Lossberg)。

75 GStAPrK. I Rep. 84a 11654, Bl. 364–65. *Volksblatt f. Halle* 51, 4 March 1918。

76 Walther Rathenau, 'Es wird in Deutschland zu viel Prozessiert', *Deutsche Juristen Zeitung*, 12 December 1916, 载于 *Walther Rathenau, Nachgelassene Schriften Zweiter* Band (Berlin, 1928), 第 406–407 页。

77 Barch R3001/22086 (6668), Bl. 8。

78 GStAPrK. I Rep 84a 11655, Bl. 91, Der Staatskommissar, Jr.Nr. 35 33/19 11 Nov. 1919. Barch R3001/22071, Bl. 160–80, 'Zusammenstellung 1919–1923', 它在 1920 年被调用了 16 次；1921 年 3 次；1922 年 1 次；1923 年 4 次。关于法院：GStAPrK. I Rep 84a 11657, Bl. 229–235, 'Übersicht

über die außerordentlichen Kriegsgerichten und die außerordentlichen Gerichte in Preußen seit Anfang September 1919'; Huber, *Deutsche Verfassungsgeschichte* 5, 第 1091–1092 页。需要注意的是，准确统计德国此期间多少次进入紧急戒严状态非常困难；按照一份资料的说法，1919 年 1 月至 7 月就超过 50 次，参见 *Berlin Lokal Anzeiger* Nr. 579, 2 December 1919。

79 RGBl. 1921 I, Nr. 38, 1 April 1921, 第 371–374 页，'Verordnung des Reichspräsidenten über die Bildung außerordentlicher Gerichte. 29. März 1921'. Ernst Rudolf Huber, *Deutsche Verfassungsgeschichte seit 1789. Vol. 6: Die Weimarer Verfassung* (Stuttgart, Berlin, Cologne, Mainz, 1981), 第 720 页。Ingo J. Hueck, *Der Staatsgerichtshof zum Schutze der Republik* (Tübingen, 1996), 第 28 页。

80 Barch R3001/alt 22/4105, Bl. 2–1; R3001/21617, Bl. 146–49。

81 Lippmann, *Mein Leben*, 第 279–281 页。

82 GStAPr.K I Rep 84a 11654, Bl. 186–91; 373–75。

83 Barch R3001/6626, Bl. 182 and R3001/6627, Bl. 35 中可见萨克森的类似案件。

84 Notably the left-wing press, *Die Freiheit,* Nr 496, 14 October 1919 Abendausgabe, 'Belagerungszustand'; 但参见后文讲到的一位普鲁士高级司法官员在自由派《福斯日报》对此的讨论与辩解：*Vossische Zeitung* Nr 226, 13 May 1924, 'Vom Ausnahmezustand'。更多的新闻剪报可以在以下找到：GStAPrK I Rep 84a 1146。

85 GStAPrK I Rep. 84a, 11654, Bl. 222f. Pr. Landesversammlung Sten. Bericht, 38 Session, 27 Juli 1919, cols. 2707, 2901–02。弗赖穆特后来加入了共和国法官联盟，并在整个 20 世纪 20 年代支持法律改革。

86 GStAPrK I Rep. 84a 11656, Bl. 309ff., Pr. Landesversammlung Sten. Bericht, 28 Session 19 June 1921, cols. 1789–90。海尔曼出生于 1881 年，是奥得河畔法兰克福的代表，是普鲁士地方党的成员。他于 1940 年在布痕瓦尔德遇害。

87 Barch R3001/22068, 'Die Lage in Mitteldeutschland'。

88 在 1919—1922 年，右翼犯下了 354 桩政治谋杀，罪犯共获刑 90 年，在同阶段，左翼犯下 22 起政治杀人案，其追随者中 10 人面临死刑，剩余罪犯共获刑 248 年，参见 Gumbel, *Vier Jahre*, 第 73–81 页。

89 GStAPrK I Rep. 84a 11656, Pr. Landesversammlung Sten. Bericht, Dr Cohn, USPD, col. 1892。

90 Barch R3001/22069, Bl. 140 中建议采取更严厉的措施。Huber, *Deutsche Verfassungsgeschichte* 5, 第 1105 页 他因 1919 年 3 月 19 日开枪的命令而臭名昭著。Otmar Jung, '"Da gelten Paragraphen nichts, sondern da gilt lediglich der Erfolg . . .". Noskes Erschießungsbefehl während des Märzaufstandes in Berlin 1919 – rechtshistorisch betrachtet'. *Militärgeschichtliche Mitteilungen*, 45 (1988), 51–79; Klaus Gietinger, 'Nachträge betreffend Aufklärung der Ümstände, unter denen Frau Dr Rosa Luxemburg den Tod gefunden hat'. *Internationale Wissenschaftiche Korrespondenz zur Geschichte der Deutschen Arbeiterbewegung*, 28/3 (1992), 第 319–373 页。同上, *Eine Leiche im Landwehrkanal. Die Ermordung der Rosa L.* (Berlin, 1995)。

91 Barch R3001/22069, Bl. 140, 146. GStAPrK I 84a 11655, Bl. 91–107, here Bl. 95, Der Staatskommissar 11 November 1919。关于海涅拒绝结束国家戒严状态，参见 *Berliner Tageblatt* 111, 19 March 1919; *Die Freiheit*, Nr 496, 14 October 1919, 'Belagerungszustand'。

92 GStAPrK I 84a 11655, Bl. 119–121, 海涅写给帝国总理 1919 年 11 月 29 日。

93 GStAPrK I 84a 11654, Bl. 48–49; 同上, Bl. 322, 'Verzeichnis der beim Gen.K. 11–12 Juli Streiklage' (22 reports Kr. Franzberg)。

94 Gumbel, *Vier Jahre,* 第 57–58 页。Gruchmann, *Justiz*, 第 228 页。这与他在 1933 年阿尔托纳血腥星期天审判中的角色形成了鲜明的对比，那时在没有任何证据的情况下他下令，并要求执行对四名被告对死刑。Anthony McElligott, 'Dangerous Communities and conservative authority: the judiciary, Nazis, and rough people, 1932–33', 载于 Tim Kirk and Anthony McElligott (eds), *Opposing Fascism. Community, Authority and Resistance in Europe* (Cambridge, 1999), 第 33–47 页。关于与马格德堡案件大约同样时间同样情况的案件，1920 年桑格（社民党）死于佩拉赫工人谋杀案，载于 *Verhandlungen des Deutschen Reichstags*, 388, 147 Session, 23 January 1926, 第 5122 页。

95 *Die Freiheit,* Nr. 118, 12 June 1919, 'Die Schande der Schutzhaft'。

96 *Die Freiheit,* Nr. 325, 29 October 1919。

97 *Frankfurter Zeitung* Nr. 400, 1 June 1919。

98 *Der Tag,* Nr. 280, 1 December 1918。

99 Pr. Landesversammlung Sten. Bericht, 27 June 1919, 36 Session, col. 2719。

100 Barch R3001/22086, Bl. 25. Cf., *Deutsche Richterzeitung* 13 Jg., 1921, col. 225。

101 Barch R3001/22056, Bl. 24。

102 *Verhandlungen des Deutschen Reichstags*, 397, III Wahlperiode 1924/28, Interpellation Nr. 181, Müller u. Gen., (8 January 1925); 同上, Interpellation Nr. 201, Stoecker u. Gen., (10 January 1925)。

103 *Akten der Reichskanzlei Kabinett Müller* I, Doc. 8, 注释 3; Ernst Rudolf Huber, *Deutsche Verfassungsgeschichte seit 1789. Vol. 7: Ausbau, Schutz und Untergang der Weimarer Repulblik* (Stuttgart, Berlin, Cologne, Mainz, 1984), 第 113 页。叛乱分子最终在 1925 年 8 月 17 日的总统令得到大赦。

104 GStAPrK I 84a 11655, Bl. 96–7, Der Staatskommissar 11 November 1919; Barch R3001/6627, Bl. 94。对工人阶级和共和国反对者相反的判刑的例子，参见 Bundesminister der Justiz, *Im Namen*, 第 46 页。

105 Barch R1501/25639, Gesetz zum Schutz der Republik, 21.7.22, Bd. 1, 第 1926–1931 页。另参见 *Verhandlungen des Deutschen Reichstags*, 397, III Wahlperiode 1924/28, Interpellation Nr 181, Müller u. Gen., 同上, Interpellation 201, Stoecker u. Gen. Bundesminister der Justiz, *Im Namen*, 第 46 页中可见有偏向的量刑的例子。

106 Diemut Majer in *Die Zeit* Nr. 8, 14 February 1986, 第 70 页中提到这种说法。比较：Angermund, *Deutsche Richter*, 第 35 页。拉德布鲁赫在 1921 年 10 月 26 日至 1922 年 11 月 14 日担任部长。

107 Dr Johannes Leeb (Munich), 'Babel. Ein Schrei in die Zeit'. *Deutsche Richterzeitung*, 13 Jg., Heft 8 (1921), cols. 224–27; [Theodor] von [der] Pfordten, 'Die geistige Lage der Gegenwart und das Recht', 载于同上, cols. 227–32。莱布（Leeb）是《法官报》（*Richterzeitung*）的编辑。冯·德尔·普福尔腾是巴伐利亚的法官，请参阅下文见普福尔腾在啤

酒馆政变中的角色。

108 Evans, *Coming of the Third Reich*, 第 134 页。

109 Friedrich Karl Kaul, *Geschichte des Reichsgerichts 4: 1933–1945* (East Berlin, 1971), 第 56–58 页；Johann Heinrich Lüth and Uwe Wesel, 'Arnold Freymuth (1878–1933), Hermann Großmann (1878–1933 (?)), Alfred Orgler 1876–1943 (?)), Drei Richter für die Republik', 载于 Thomas Blanke (ed.), *Streitbare Juristen: eine andere Tradition (Jürgen Seifert, Mitherausgeber der Kritischen Justiz, zum 60. Geburtstag)* (Baden-Baden, 1988), 第 204–218 页；Thomas Henne, 'Jüdische Juristen am Reichsgerichtshof und ihre Verbindungen zur Leipziger Juristen Fakultät', 载于 Stephan Wendehorst (ed.), *Bausteine einer jüdischen Geschichte der Universität Leipzig* (Leipzig, 2006), 第 188–204 页，此处内容在第 203 页。

110 Dr Liebmann, *Deutsche Juristen Zeitung*, Heft 2, (1926), cols. 59–60。比较 Landgerichtsrat Martin Rauck, 'Die "Republikfeindlichkeit" der Richter'. *Deutsche Richterzeitung*, 18 Jg., Heft 2 (1926), cols. 147–9。

111 Dr Weiß, 'Der Kampf um das Recht und der deutsche Richterstand'. *Deutsche Richterzeitung,* 17 Jg., Heft 6 (1925), cols. 309–27, 此处内容在 313。另参见 *Deutsche Richterzeitung,* Heft 8/9 (1931), 'Das Amt des Richters', cols. 281–86。

112 Rosenfeld, 'Justiz und Republik', 第 477–478 页。Fraenkel, *Soziologie*, 第 8 页：'Nun soll er "Im Namen des Volkes!" Recht sprechen, des Volkes, in dessen Verachtung er groß geworden ist. Einem glitt die Feder aus, und er schrieb, was Hunderte dachten: Im Namen des Pöbels!'。

113 Dr Ernst Müller (Memmingen, Rat an Obersten Landgericht Munich), 'Zuverlässige Richter in der deutschen Republik'. *Deutsche Richterzeitung,* 17 Jg., Heft 7 (September 1925), cols. 422–23。

114 Rechtsanwalt Dr Oelenheinz (Mannheim), 'Gesetz und Richter'. *Deutsche Richterzeitung,* 17 Jg., Heft 9 (1 November 1925), cols. 517–24。

115 *Deutsche Richterzeitung,* 25 Jg., Heft 1 (1933), col. 325. Huber, *Deutsche Verfassungsgeschichte,* 3, 第 1056 页。

116 引自 Fraenkel, *Soziologie*, 第 9 页。

117 *Akten der Reichskanzlei* Die *Kabinette Stresemann I und II,* prepared by

Karl Dietrich Erdmann and Martin Vogt (Boppard am Rhein, 1978), Vol. 2, Doc. 248, 第 1055–1056 页，此处内容在第 56 页和注释 3。

118 Landtagsabgeordneter Dr [Wilhelm] Hoegner, 'Die bayerische Justiz vor dem Untersuchungsausschuß'. *Die Justiz,* III (1927/28), 第 315–323 页；Gruchmann, *Justiz,* 第 29–48 页。Lothar Gruchmann (ed.), *Der Hitler-Prozess 1924: Wortlaut der Hauptverhandlung vor dem Volksgericht München I. Teil 1, 1-4 Verhandlungstag* (München, 1997); 广受欢迎但经过充分研究并且实用的参考：Otto Gritschneder, *Der Hitler-Prozeß und sein Richter Georg Neithardt. Skandalurteil von 1924 ebnet Hitler den Weg* (Munich, 2001) 以及同上，*Bewährungsfrist für den Terroristen Adolf H. Der Hitlerputsch und die bayerische Justiz* (Munich, 1990)，另见 Klaus Gietinger, *Hitler vor Gericht: der Prozess nach dem Putsch von 1923. Fakten, Hintergründe, Analysen* (Munich, 2009)。另参见 Reinhard Weber, '"Ein tüchtiger Beamter von makelloser Vergangenheit". Das Disziplinarverfahren gegen den Hochverräter Wilhelm Frick 1924'. *Vierteljahrshefte für Zeitgeschichte,* 42. Jg., 1. H. (January 1994), 第 129–150 页。关于政变，参见 Harold J Gordon Jr, *Hitler and the Beer Hall Putsch* (Princeton, 1972)。

119 *Deutsche Richterzeitung,* Jg., 16 (1924), col. 122。关于费兴巴赫一案，参见马克斯·希尔斯贝格和弗里德里希·提默（Friedrich Thimme）的原始报告：*Der Fall Fechenbach, juristische Gutachten* (Tübingen, 1924)。

120 *Deutsche Richterzeitung,* 11 Jg., Nr. 1/2 (1 January 1919), cols. 5–6. Fraenkel, *Doppelstaat,* 第 25 页。

121 引自 Rosenfeld, 'Justiz und Republik', 第 480–482 页。

122 Dr Oelenheinz, Mannheim, 'Gesetz und Richter'. *Deutsche Richterzeitung,* Heft 9 17Jg., (1 November 1925), cols. 518–24, 529–31. *Deutsche Juristen Zeitung,* 35 Jg., Heft 6 (1930), col. 400; A. Feisenberger, 'Neues aus der Rechtssprechung'. *Zeitschrift für die gesamte Strafrechtswissenschaft,* 43, Heft 1 (1922), 455–530 页，此处内容在第 520–521、523–524 页。洛布生于 1860 年，在 1921 年至 1928 年担任德国国会参议院议长，之后于 1928 年成为人民右翼党的国会议员：http://www.deutsche-

biographie.de/sfz52015.html#index & http://www.bundesarchiv.de/aktenreichskanzlei/1919–1933/1001/adr/adrhl/kap1_5/para2_161.html。洛布还编了国会的历史: *Fünfzig Jahre Reichsgericht am 1. Oktober 1929* (Berlin and Leipzig, 1929)。

123 Ludwig Foerder, 'Die Judenrepublik in der Rechtsprechung'. *Die Justiz,* 1, Heft 5 (1926), 第 519–533 页。

124 Kramer, 'The Courts of the Third Reich', 第 609–610 页。

125 Barch R1501/25653, 25654, 'Beschimpfung der rep. Staatsform und Reichsfarben'。关于这一点参见第七章赫伯特·俾斯麦县长的例子。

126 Karl Schultz, *Die deutsche Flagge* (Berlin, 1928), 第 75 页。Dr Max Weiß (ed.), *Der nationale Wille. Werden und Wirken der Deutschnationalen Volkspartei 1918–1928* (Leipzig, 1928)。

127 Barch R1501/125653, Bl. 36–43。

128 Barch R1501/125653, Bl. 97–114, Preussischer Justizminister: Strafsache gegen Schulz, 7 Oct. 1927; Bl. 119, Reichsgericht, Abschrift Z.D. 963/1927/IXöl 242, 12 Jan. 1928。

129 Barch R1501/125653, Bl. 152。

130 *Kreuz-Zeitung,* Nr. 164, 7 April 1927。

131 Barch R1501/125653, Bl. 106–08。

132 Barch R1501/125653, Bl. 122–23: Reichskommissar f. Überwachung der öffentlichen Ordnung 2623/28 I, 11 April 1928, Strafsache. Redakteur Dertinger & Rechtsanwalt Kleybolte。强调原创。

133 Huber, *Deutsche Verfassungsgeschichte,* 7, 第 581–585 页。

134 Barch, R1501/126554, Bl.1–7, 以下引述是基于这份文件。

135 Childers, 'Inflation, Stabilization, and Political Realignment', 第 427、429 页。

136 Barch R1501/125653, Bl. 138, *Berliner Tageblatt* 423, 7 Sept. 1928, 'Ein skandalöser Freispruch'. *Morgenpost* 45, 21 Feb. 1929: 'Die Reichsfarben sind Schutzlos'。

137 Anon., 'Calumniare audacter! Neuer Gebrauch eines alten Rezeptes'. *Die Justiz* VIII Doppelheft 2/3 (1932), 第 106–222 页; 同上, Heft 4, 第 201–202 页。

138 *Deutsche Zeitung* 12 March 1924: 'Der Dolchstoß der S.P. D'. 可在莱布尼茨商业信息中心的网站上获取新闻简报：http://zbw.eu/beta/p20/person/4447/about.de.html。

139 RGBl. 1922 I, 第 586 页，第 7 段 I。关于审判，参见 Huber, *Deutsche Verfassungsgeschichte* 7, 第 533 页；de Boor and Meurer (eds), *Über den Zeitgeist*, 第 91–100 页；Mühlhausen, *Ebert*, 第 936–966 页。

140 同上，第 946、964 页。另参见 Weber, 'Republikanische Richter auf verlorenem Posten' 各处。

141 Dr Haas (DDP), *Verhandlungen des Deutschen Reichstags,* 389, 163 Session, 17 Feb.1926, 第 5628–5629 页；同上，390, 187 Session, 26 March 1926, 第 6771–6772 页。比较：Der Richterbund Sachsen–Anhalt, Bezirksgruppe Magdeburg, Magdeburger Justiz in der Weimarer Republik, 可访问以下网站 http://forumjustizgeschichte.de/Magdeburger-Jus.212.0.html。

142 Dr Levi (SPD), *Verhandlungen des Deutschen Reichstags,* 384, 33 Session, 10 March 1925, 第 983 页。关于马德堡审判的尖酸刻薄的交火，另见注释 120 中引用的新闻剪报以及 *Deutsche Richterzeitung* 1925, cols. 114–15、191–95, 'Die preußischen Richter gegen den Republikanischen Richterbund'。Angermund, *Deutsche Richterschaft*, 第 33–34、39 页。

143 Haas, *Verhandlungen des Deutschen Reichstags,* 389, 163 Session, 17 Feb. 1926, 第 5629 页。

144 *Akten der Reichskanzlei Weimarer Republik. Die Kabinette Brüning I und II: 30. März 1930 bis 10. Oktober 1931/10. Oktober 1931 bis 1. Juni 1932*, 3 vols, prepared by Tilman Koops (Boppard am Rhein, 1982), vol. 2, Doc. 454, 第 1607–1608 页，Strafantrag gegen Hauptman a.D. Martini. Also *Akten der Reichskanzlei Weimarer Republik. Das Kabinett von Papen 1. Juni bis 3. Dezember 1932*, 2 vols, prepared by Karl–Heinz Minuth (Boppard am Rhein, 1989), vol. 1, Doc. 99, 此处第 377–378 页有关于对慕尼黑的天主教周刊《义路》（*Der gerade Weg*）编辑侮辱政府的刑事诉讼。

145 Barch R3001/21617 Bl. 18–19, Rundschreiben RJM (sig. Schmidt), 24 Jan. 1931。

146 *Deutsche Richterzeitung*, 13. Jg. (1921), col. 130; 也在 Angermund, *Deutsche*

Richterschaft, 第 31 页和 Bundesminister der Justiz, *Im Namen*, 第 27 页中被提及。可以在 Evans, *Coming of the Third Reich*, 第 135 页中找到一个更完整和不同的翻译。莱布的传记参见 http://www.drb.de/cms/index.php?id=596。

147 *Deutsche Richterzeitung*, 17 Jg., Heft 2 (5 February 1925), col. 17; 也在 Bundesminister der Justiz, *Im Namen*, 第 48 页和 Kramer, 'The Courts of the Third Reich', 第 602 页中被提及。关于赖歇特于高院任职，参见 *Deutsche Richterzeitung*, 18 Jg., Heft 2 (1926), col. 61. 他的传记参见 http://www.drb.de/cms/index.php?id=600&L=0。

148 Ignaz Wrobel (Kurt Tucholsky), 'Die zufällige Republik'. *Die Weltbuhne*, XVIII 13 Jg., Nr. 28 (July 1922), 第 29 页。第 24 页图霍夫斯基（Tucholsky）指出，"国家"与"共和国"之间的这种紧张关系可以在领头的社会民主党中找到。另参见《德意志报》（*Deutsche Zeitung* 119），1919 年 3 月 14 日，和《柏林日报》（*Berliner Tageblatt* 111），1919 年 3 月 15 日，有关在普鲁士国会上对使用紧急法的辩论的报告，紧急法意味着沃尔夫冈·海涅把德国国家置于共和国之上。

149 Rosenfeld, 'Justiz und Republik', 第 482 页。传记细节参见 http://bioso 第 zhsf.uni-koeln.de/biosop_db/biosoprecherche.php; 和 Wilhelm Heinz Schröder, *Sozialdemokratischer Parlamentarier in den deutschen Reichs- und Landtagen 1867–1933 Biographien, Chronik, Wahldokumentation. Ein Handbuch* (Düsseldorf, 1995 [1986]), 第 186 页。

150 Staatsanwalt Dr Max Bautzen, 'Zur Justizkrise'. *Deutsche Richterzeitung*, Heft 9 (1926), cols. 304–06。Angermund, *Deutsche Richterschaft*, 第 40 页。Robert Kuhn, *Die Vertrauenskrise in der Justiz (1926–1928). Der Kampf um die Republikanisierung der Rechtspflege in der Weimarer Republik* (Cologne, 1983). 另参见 Daniel Simons, 'Die "Vertrauenskrise der Justiz" in der Weimarer Republik', 载于 Moritz Foellmer and Rüdiger Graf (eds), *Die 'Krise' der Weimarer Republik: zur Kritik eines Deutungsmusters* (Frankfurt, New York, 2005), 第 139–163 页。

151 *Verhandlungen des Deutschen Reichstags* 392, 275 Session, 22 Feb. 1928, 第 9168 页。参见奥托·威尔斯先前在国会中抨击"可耻的正义"，尤其在巴伐利亚，并呼吁重组，参见 *Verhandlungen des*

Deutschen Reichstags (Protokoll ds Reichstags, 25 June 1922, 第 8042 页。Bundesminister der Justiz, *Im Namen*, 第 39–43 页，表格显示的 "阶级正义" 基于 Hannover and Hannover–Drück, *Politische Justiz*, 第 231 页和 Gumbel, *Vier Jahre*, 第 99 页。独立的证据另参见 E. Könnemann, G. Schulze (eds), *Der Kapp-Lüttwitz-Ludendorff Putsch. Dokumente* (Munich, 2002), Doc. 689, 第 1038 页及注释 1。

152 *Vossische Zeitung* Nr 226, 13 May 1924, 'Vom Ausnahmezustand'。

153 Theodor Lessing, *Haarmann: die Geschichte eines Werwolfs* (Berlin, 1925). Kerstin Brückweh, *Mordlust. Serienmorde, Gewalt und Emotionen im 20. Jahrhundert* (Frankfurt, New York, 2006)。

154 Martin Geyer, *Verkehrte Welt. Revolution, Inflation und Moderne: München 1914–1924* (Göttingen, 1998), 第八章；Bernd Widdig, *Culture and the Inflation in Weimar Germany* (Berkeley, Los Angeles, London, 2001), 尤其第五章。关于新闻媒体，一般而言参见：Bernhard Fulda, *Press and Politics in the Weimar Republic* (Oxford, 2009)。

155 *Deutsche Richterzeitung*, 18 Jg., Heft 7 (15 July 1926), 'Zeitspiegel', cols. 223, 226。

156 R. J. Evans, *Tales from the German Underworld: Crime and Punishment in the Nineteenth Century* (London and New Haven, CT., 1998), 尤其第三、四章。

157 Moritz Föllmer (ed.), *Der 'Krise' der Weimarer Republik. Zur Kritik eines Deutungsmusters* (Frankfurt, New York, 2005)。

158 Gottfried Zarnow (pseud. for Ewald Moritz), *Gefesselte Justiz* (n.p., 1931)。

159 可以在 Richard J. Evans, *Rituals of Retribution: Capital Punishment in Germany 1600–1987* (Oxford, 1996), 第 487–525 页中找到很好的概述。另参见重要研究 Richard F. Wetzell, *Inventing the Criminal. A History of German Criminology 1880–1945* (Chapel Hill, NC., 2000)。

160 Rosenblum, *Beyond the Prison Gates*, 第 165 页；第 159–162 页 (Bielefeld System), 和第六章各处。关于构建 "生活事件表"，参见 Adolf Lenz, *Grundriß der Kriminalbiologie* (Berlin 1927), 以及关于如何在 1933 年后做到了这一点，参见 Friedrich von Rohden, 'Methoden der

Kriminalbiologie', 载于 Emil Abderhalden (ed.), *Handbuch der biologischen Arbeitsmethoden, Abt. IV, Teil 12 1/1: Methoden der gerichtlichen Medizin und Kriminalistik 1 Hälfte, Band 1* (Berlin and Vienna, 1938), 第 627–628 页。

161 Barch R3001/alt R22/887, Bl. 6, Prof Dr Oetker (Würzburg), 'Grundprobleme der Nationalsozialistischen Strafrechtsreform', 这个没有日期的记录 (可能是 1933/34) 包括了右翼对自由派改革的批评意见。

162 Georg Dahm and Friedrich Schaffstein *Liberales oder autoritäres Strafrecht?*' (Hamburg, 1933). Georg Dahm, 'Autoritäres Strafrecht'. *Monatsschrift für Kriminalpsychologie und Strafrechtreform* Jg. 24 (1933), 第 171 页。

163 Dr Hirschberg, 'Die Verschlechterung der Strafrechtspflege durch Notverordnungen'. *Die Justiz* Bd. VIII, Doppelheft 2/3 (1933), 第 131–132 页。Douglas G. Morris, *Justice Imperiled: The Anti-Nazi Lawyer Max Hirschberg in Weimar Germany* (Ann Arbor, 2005)。

164 最好的评论是 Kerstin Brückweh, *Mordlust: Serienmorde, Gewalt und Emotionen im 20. Jahrhundert* (Frankfurt and New York, 2006)。关于哈尔曼，参见经典研究：Theodor Lessing, *Haarmann: die Geschichte eines Werwolfs* (Berlin, 1925), 关于库尔滕，参见 Peter Hüttenberger, *Düsseldorf: Die Industrie- und Verwaltungsstadt (20. Jahrhundert*) (=Geschichte von den Ursprüngen bis ins 20. Jahrhundert, general editor Hugo Weidenhaupt (Düsseldorf, 1989), 第 408–412 页。

165 Christian Engeli, *Gustav Böß: Oberbürgermeister von Berlin 1920–1930* (Stuttgart, 1971); Donna Harsch, 'Der Sklarek–Skandal 1929 und die sozialdemokratische Reaktion', 载于 Ludger Heid and Arnold Paucker (eds), *Juden und deutsche Arbeiterbewegung bis 1933. Soziale Utopien und religiös-kulturelle Traditionen* (Tübingen 1992), 第 193–213 页。

166 F. Exner, 'Die Reichskriminalstatistik für 1930'. *Monatsschrift für Kriminalpsychologie und Strafrechtsreform,* Jg. 24 (1933), 第 424–426 页；和 Walter Mannzen, 'Neue kriminalistische Untersuchungen'. *Monatsschrift für Kriminalpsychologie und Strafrechtsreform,* Jg. 24 (1933), 第 425–434 页。

167 Rudolf Sieverts and Werner Hardtwig, 'Sittlichkeitsdelikte', Sonderdruck: *Die Sexualität des Menschen. Handbuch der medizinischen*

Sexualforschung, edited Hans Giese (Stuttgart, 1955), 第 624 页。

168 Angermund, *Deutsche Richterschaft*, 48; Peukert, *Die Weimarer Republik*, 第 150 页。

169 Patrick Wagner, *Volksgemeinschaft ohne Verbrecher. Konzeptionen und Praxis der Kriminalpolizei in der Zeit der Weimarer Republik und des Nationalsozialismus* (Hamburg, 1996), 第 19–25、74–75 页。

170 Michael Grüttner, 'Working-Class Crime and the Labour Movement: Pilfering in the Hamburg Docks, 1888–1923', 载于 Richard J. Evans (ed.), *The German Working Class 1888–1933. The Politics of Everyday Life* (London, 1982), 第 54–79 页。

171 Mannzen, 'Neue kriminalistische Untersuchungen', 第 427 页。

172 同上, 第 424–426 页。

173 Dr Wilhelm Gallas, 'Die Krise des Strafrechts und ihre Überwindung im Staatsgedanken'. *Zeitschrift für die gesamte Strafwissenschaft*, 53 (1934), 第 11–28 页。

174 *Verhandlungen des Pr. Landtags* III Wahlperiode 1928–32, Bd. 16, col. 22100, Pr.IM (Severing) report 14 October 1931. Huber, *Deutsche Verfassungsgeschichte* 7, 第 894、1039–1070 页。

175 RGBl. 1930 I, 25 July 1930, 第 352 页; RGBl. 1931 I, 28 March 1931, 第 77; 同上, 28 March 1931, 第 79 页; 同上, 17 July 1931, 第 371 页。比 较: *Die Kabinette Brüning I und II*, vol. 2, Doc. 457, 第 1624–1636 页; Barch R3001/21617, Bl. 56-7, Der Vorstand Abt. Strafgericht Amtsgerichtes München, 28 Nov 1931 (gez. Dr Frank); Huber, *Deutsche Verfassungsgeschichte* 7, 第 809–810 页。

176 Barch R3001/21617, Bl. 43–54, 此 处 内 容 在 53, Der Preussische Justizminister I 4225 to the Reichsminister der Justiz, 15 October 1931. 在有关法令前援引第 212 款的例子, 参见同上, Bl. 56, Der Vorstand Abteilung Strafgericht Amtsgerichtes München, 28 February 1931, 'Anordnung'; 同上, Bl.58, Sächsisches Ministerium der Justiz 144 e II/31 to Reichsminister der Justiz, 20 March 1931。

177 Barch R3001/22086, *Deutsche Allgemeine Zeitung* Nr. 443, 26 Sept. 1931, 'Unsere Meinung'; *Berliner Tageblatt* Nr. 280, 17 Nov. 1931; *Hamburger*

Fremdenblatt Nr. 349 17 Dec. 1931; *Vossische Zeitung* Nr. 203 28 April 1932。

178 Barch R3001/21617, Bl. 13, *Verhandliungen des Deutschen Reichstags* 444, 26 Session, 14 Feb. 1931, 第 1046 页, '... aus dem imaginären Lande der Dichter und Denker ein Land der Richter und Henker geworden ist'。

179 同上。

180 更多的例子参见 Barch R3001/21617, Bl. 143, *Berliner Tageblatt* 280, 17 Nov. 1931, '500 Jahre Gefängnis, 50 Jahre Zuchthaus'; 同上, Bl. 167, *Hamburger Fremdenblatt*, 17 Dec. 1931; 同上, Bl. 183, *Vossische Zeitung* 213, 28 April 1932, 'Das Schnellverfahren'。

181 Barch R3001/21617, Bl. 47–55, Der Preussische Justizminister I 4225 to the Reichsminister der Justiz, 15 Oct. 1931, Anlage zu I 4225: 'Übersicht über die Aburteilungen auf Grund der § 212 StPO für die Zeit von 1. April bis 30. Juni 1931'。

182 *Die Kabinette Brüning I und II*, Vol. 2, 第 1624–1636 页, Rundschreiben des RMdI an die Obersten Reichs- und Landesbehörden, 29 August 1931, 此处内容在 1636 页。

183 R3001/22086, Bl. 139–43, 指导方针的文字整理稿未标日期（1932）。

184 Barch R3001/22086, Bl. 22–26 (Außerordentliche Gerichte/Aktenvermerk 8); 同上, Bl. 296–309 (Sondergericht Gladbach–Rheydt)。

185 Arnold Brecht, *Vorspiel zum Schweigen. Das Ende der deutschen Republik* (Vienna, 1948), 第 94–96 页。McElligott, *Contested City*, Chapter 6; 同上, 'Authority, Control and Class Justice: The Role of the Sondergerichte in the Transition from Weimar to the Third Reich'. *Criminal Justice History*, 15 (1995), 第 209–233 页。

186 Dahm and Schaffstein *Liberales oder autoritäres Strafrecht?*', 第 98 页。卡尔·施米特在斯特拉斯堡大学（第二学位论文）《国家价值和个人重要性》（*Der Wert des Staates und die Bedeutung des Einzelnen*）(Tübingen, 1914) 是一篇法律论述，以牺牲第三帝国的个人及预期法律哲学来换取集体的利益。

187 Dahm, 'Autoritäres Strafrecht', 第 175 页。

188 Clemens Jabloner, 'Introduction: Hans Kelsen', 载于 Arthur J. Jacobson and

Bernhard Schlink (eds), *Weimar A Jurisprudence of Crisis* (Berkeley, 2000), 第 70 页。Peter Caldwell, *Popular Sovereignty and the Crisis of German Constitutional Law. The Theory and Practice of Weimar Constitutionalism* (Durham USA., London, 1997), 第 41–42 页。

189 Roland Freisler, 'Nationalsozialistisches Strafrecht. Denkschrift des Preußischen Justizministers' (1933), 载于 Martin Hirsch (ed.), *Recht, Verwaltung und Justiz im Nationalsozialismus: ausgewählte Schriften, Gesetze und Gerichtsentscheidungen von 1933 bis 1945 mit ausführlichen Erläuterungen und Kommentierungen*, second edn (Baden–Baden, 1997 [Cologne, 1984]), 第 432–434 页。Martin Broszat, *Der Staat Hitlers. Grundlegung und Entwicklung seiner inneren Verfassung* (Munich 1969), 第 591 页。

190 弗朗茨·京特 (Franz Gürtner, 1881–1941) 是巴伐利亚司法部长 (1922–1932 年)，后来从 1932 年起担任国家司法部长，在冯·帕彭和希特勒手下工作，一直到他 1941 年 1 月下旬去世为止。引用自 Gruchmann, *Justiz*, 第 982 页。

191 RGBl. 1932 I, 9 August 1932, 第 404 页。

192 Eberhard Kolb, 'Die Maschinerie des Terrors. Zum Funktionieren des Unterdrückungs– und Verfolgungsapparates im NS–System', 载于 Karl–Dietrich Bracher, Manfred Funke, Hans–Adolf Jacobsen (eds), *Nationalsozialistische Diktatur 1933–1945. Eine Bilanz* (Bonn, 1983), 第 270–284 页。

193 'Ministerialbesprechung vom 21 März 1933, 16. Uhr', *Akten der Reichskanzlei Weimarer Republik: Die Regierung Hitler Teil 1: 1933/34*, bearb. von Karl–Heinz Minuth, 2 Vols (Boppard am Rhein 1983), 第 244 页。Ingo Müller, *Hitler's Justice. The Courts of the Third Reich* (London, 1991), 第 45、52–53 页；McElligott, 'Sentencing towards the Führer', 各处。

194 *Statistisches Jahrbuch für das Deutsche Reich 1935* (Berlin 1935), 第 529 页。Broszat, *Der Staat Hitlers*, 第 407–409 页。Detlev Peukert, *Die KPD im Widerstand* (Wuppertal 1980), 第 73 页。

195 最高法院法官奥托·施瓦茨（Otto Schwarz），在 Müller, *Hitler's Justice*, 第 153–154 页中被提及；Anthony McElligott, 'Authority,

Control and Class Justice: The Role of the Sondergerichte in the Transition from Weimar to the Third Reich'. *Criminal Justice History,* 15 (1995), 209–233 页。

196 'Bildung von Sondergerichten. AB. d. IM. v. 9. 8. 1932 (I 4197)', *Justiz-Ministerial-Blatt für die preußische Gesetzgebung und Rechtspflege,* Jg. 94, Nr. 31, 10 August 1932, Sondernummer Ausgabe A, 第 195–196 页。有关特别法庭运作程序的更多详情，参见 Gruchmann, *Justiz,* 第 949–950 页，和 Werner Johe, *Die gleichgeschaltete Justiz: Organization des Rechtswesens und Politisierung der Rechtsprechung, 1933–1945 dargestellt am Beispiel des Oberlandesgerichtsbezirks Hamburg* (Hamburg, 1967), 第 81–116 页。

197 Huber, *Deutsche Verfassungeschichte* 7, 第 1053–1055 页。

198 Peter Hüttenberger, 'Heimtückefälle vor dem Sondergericht München', 载于 Martin Broszat, Elke Fröhlich, Anton Grossmann (eds), *Bayern in der NS-Zeit* IV (Munich, Vienna 1981), 第 435–526 页。关于前期的情况，参见 Barch R3001/21617, Bl. 60–73. Klaus Bästlein, 'Die Akten des ehemaligen Sondergerichts Kiel als zeitgeschichtliche Quelle'. *Zeitschrift der Gesellschaft für Schleswig-Holsteinische Geschichte,* 113 (1988), 第 157–211 页。

199 McElligott, 'Sentencing towards the Führer', 第 168 页。

200 Gallas, 'Die Krise des Strafrechts', 第 12–14、16–19 页。Angermund, *Deutsche Richterschaft,* 第 36 页。

201 Svend Reimers, 'Autorität – wofür?'. *Monatsschrift für Kriminalpsychologie und Strafrechtsreform,* Jg. 24 (1933), 第 222–226 页，此处内容在第 223 页。

202 *Vossische Zeitung,* Nr 226, 14 May 1924, 'Vom Ausnahmezustand'。

203 同上, Nr 544, 17 November 1926, 'Das Diktaturgesetz'。

204 GStAPrK I 84a 11655, Bl. 95。

205 Dr Crohne, "Bedeutung und Aufgabe der Sondergerichte" *Deutsche Justiz* (1933), 第 384–385 页。Barch R3001/altR22/887, Bl.6, Professor Dr Oetker (Würzburg) 'Grundprobleme der Nationalsozialistischen Strafrechtsreform' (undated mss, probably 1935). Klaus Bästlein, 'Als Recht zu Unrecht wurde: Zur Entwicklung der Strafjustiz im

Nationalsozialismus', *Aus Politik und Zeitgeschichte. Beilage zur Wochenzeitung Das Parlament* B13–14/89 (24 March 1989). Johe, *Die gleichgeschaltete Justiz*, 第 107 页。

206 *International Military Tribunal, Nuremberg Trials Major War Criminals,* Vol. 16 (London 1947), 第 281 页。另参见司法部长弗朗茨·施莱格贝格的前秘书的证据，同上，Vol. 20, 第 233 页。关于法院的创立和职权，参见 RGBl. 1932 I, 'Verordnung der Reichsregierung über die Bildung von Sondergerichten. Vom 9. August 1932', 第 404–407 页, and RGBl 1933 I, 'Verordnung der Reichsregierung über die Bildung von Sondergerichten. Vom 21. März 1933', 第 136–138 页。Huber, *Verfassungsgeschichte* 7, 第 1054 页。

207 只不过 1923 年以前，他们属于军方和内政部管辖。Barch R3001/22086, Bl. 22–6（未注明日期的报告，注："特别法庭"）。

208 Brecht, *Vorspiel zum Schweigen*, 第 146–149 页。

209 Schenk, *Hans Frank*, 第 92 页。按照马丁·布洛扎特的说法，到初春就有约 25000 人被拘留（*Schutzhaft*）。Broszat, *Der Staat Hitlers*, 第 407–409 页。

210 *Deutsche Juristen Zeitung* (1 August 1934), col. 945ff. Schenk, *Hans Frank*, 第 99 页。我们会在本书的最后一章再次谈到施米特和本篇文章。

211 GStAPrK. I Rep. 84a 11746, Bl. 30–31, *Berlin Lokal Anzeiger* 579, 2 Dec. 1919, 'Die außerordentliche Kriegsgerichte'。

212 Ian Kershaw, 'The Nazi State: An Exceptional State?'. *New Left Review,* 176 (1989), 第 47–67 页。

第六章

1 Reichszentrale für Heimatdienst, *Deutscher Lebenswille* (Berlin, 1930), 第 29 页。

2 Eberhard Kolb, *Die Weimarer Republik*, third edn (Munich, 1993), 第 92–106 页。Theo Stammen (ed.), *Die Weimarer Republik, Vol. 1. Das schwere Erbe 1918–1923,* second edn (Munich, 1992 [1987]), 第 357 页。

3 Peter Gay, *Weimar Culture. The Outsider as Insider* (Harmondsworth, 1974),

第 xi、xii 页。

4 John Willett, *Art and Politics in the Weimar Republic. The New Sobriety 1917–1933* (New York, 1978); 同上, *The Weimar Years: A Culture Cut Short* (London, 1984); Jost Hermand and Frank Trommler, *Die Kultur der Weimarer Republik* (Munich, 1978); Detlev J. K. Peukert, *The Weimar Republic: The Crisis of Classical Modernity*, translated by Richard Deveson (London, 1991)。关于盖伊的论点的两份最新重述，参见 Eric Weitz, *Weimar Germany. Promise and Tragedy* (Princeton, NJ, 2007), 和 Peter Hoeres, *Die Kultur von Weimar. Durchbruch der Moderne* (Berlin, 2008)。

5 Stephan Lamb, Anthony Phelan, 'Weimar Culture: The Birth of Modernism', in Rob Burns (ed.), *German Cultural Studies* (Oxford, 1996), 第 60 页。1999 年在魏玛宫殿博物馆举办了一个魏玛现代主义的展览，关于此展览简洁但优秀的评论参见 Jonathan Osmond, 'German Modernism and Anti-Modernism. Weimar'. *The Burlington Magazine,* 141, 1158 (September 1999), 第 574–575 页。

6 Thomas W. Kniesche, Stephen Brockmann (eds), *Dancing on the Volcano. Essays on the Culture of the Weimar Republic* (Columbia, SC, 1994); Cornelius Partsch, *Schräge Töne: Jazz und Unterhaltungsmusik in der Kultur der Weimarer Republik* (Stuttgart etc., 2000), 第 72 页。

7 Weitz, *Weimar Germany*, 第 209 页。

8 Henry Pachter, *Weimar Etudes* (New York, 1982), 第 302–308 页; Larry E. Jones, 'Culture and Politics in the Weimar Republic', 载于 Gordon Martel (ed.), *Modern German Reconsidered 1870–1945* (London, New York, 1992), 第 74–95 页，此处内容在第 74 页; Ursula Büttner, *Weimar: die überforderte Republik* (Stuttgart, 2008), 第 296–334 页，尤其第 298–299 页; 关于"文化战争"是应对"民主失败"的一部分，参见 Richard J. Evans, *The Coming of the Third Reich* (London, 2003), 第 118–138 页。

9 Gotthard Jasper (ed.), *Von Weimar zu Hitler 1930–1933* (Cologne and Berlin, 1968); Hans Mommsen, Bernd Weisbrod, Dietmar Petzina (eds), *Weimarer Republik, industrielles System* (Düsseldorf, 1974); Hans Mommsen, *From Weimar to Auschwitz: Essays in German History*, translated by Philip O'Connor (Oxford, 1990), 同上, *The Rise and Fall of Weimar Democracy,*

translated Elborg Forster and Larry Eugene Jones (Chapel Hill, 1996); Ian Kershaw (ed.), *Weimar: Why did German Democracy Fail?* (London, 1990). Jens Flemming, Claus–Dieter Krohn, Dirk Stegmann, Peter–Christian Witt (eds), *Die Republik von Weimar vol. 2: Das sozialökonomische System* (Königstein/Ts., Düsseldorf, 1979); Michael Stürmer (ed.), *Die Weimarer Republik. Belagerte Civitas* (Königstein, 1980)。

10 Gordon Craig, *Germany 1866–1945* (Oxford, 1981), 第 469、475–476 页。Helmut Heiber, *The Weimar Republic*, translated by W. E. Yuill (Oxford, 1993). Edgar J. Feuchtwanger, *From Weimar to Hitler, 1918–1933,* second edn (Basingstoke, 1995)。

11 Goetz A Briefs, 'The Dualism of Weimar Culture'. *American Journal of Economics and Sociology*, 3, 3, Essays in Memory of Franz Oppenheimer, 1864–1943 (April 1944), 第 321–334 页。Andreas Wirsching, *Weimarer Republik*, 第 84–87 页, 其中有近期文献的总结。

12 Bärbel Schrader and Jürgen Schebera, *Kunstmetropole Berlin 1918–1933: Die Kunststadt in der Novemberrevolution, Die 'Goldenen' Zwanziger, Die Kunststadt in der Krise* (Berlin, Weimar, 1987), 同上, *The Golden Twenties, Art and Literature in the Weimar Republic* (New Haven, London, 1990); Thomas Friedrich, *Berlin between the Wars* (New York, 1991); Adelheid von Saldern, 'Massenfreizeitkultur im Visier. Ein Beitrag zu den Deutungs- und Einwirkungsversuchen während der Weimarer Republik'. *Archiv für Sozialgeschichte*, 33 (1993), 第 21–58 页；Anke Gleber, *The Art of Taking a Walk: Flanerie, Literature, and Film in Weimar Culture* (Princeton, NJ, 1998); Karl Toepfer, *Empire of Ecstasy: Nudity and Movement in German Body Culture, 1910–1935* (University of California Press, 1997); Mila M. Ganeva, *Women in Weimar Fashion: Discourses and Displays in German Culture, 1918–1933* (New York, 2008); Ute Daniel, Inge Marszolek, Wolfram Pyta, Thomas Welskopp (eds), *Politische Kultur und Medienwirklichkeiten in den 1920er Jahren* (Munich, 2010)。

13 除了注释 9 中引用的文献外，还可参见 Peter Jelavich, *Berlin Cabaret* (Cambridge, MA, 1993)。一些年轻学者越来越受到"表演性"转变的启发，这种转变在戏剧的框架内重新评估政治。Tim Brown, *Weimar*

Radicals Nazis and Communists between Authenticity and Performance (New York and Oxford, 2009); Henning Grunwald, *From Courtroom to 'Revolutionary Stage': Party Lawyers and Political Justice in the Weimar Republic* (New York and Oxford, 2012)。关于将政治看作"表演"的先锋研究，参见 David Blackbourn, 'Politics as Theatre: Metaphors of the Stage in German History, 1848–1933'. *Transactions of the Royal Historical Society*, Fifth Series, 37 (1987), 第 149–167 页。

14 Gerhard Brunn, 'Berlin – Zwischen Metropole und kleinstädtischen Milieus', 载于 Harm Klueting (ed.), *Nation – Nationalismus – Postnation: Beiträge zur Identitätsfindung der Deutschen im 19. und 20. Jahrhundert* (Cologne, 1992), 第 93–106 页，此处内容在第 93 页；Hugh Ridley, 'The Culture of Weimar: Models of Decline', 载于 Michael Laffan (ed.), *The Burden of German History*, 第 15 页。保罗·贝茨 Paul Betts 对"魏玛文化"的回顾性建构做出了一个很好的批评：Paul Betts, 'Die Bauhaus Legende', 载于 Alf Lüdtke, Inge Marßolek, Adelheid von Saldern (eds), *Amerikanisierung: Traum und Alptraum im Deutschland des 20. Jahrhunderts* (Stuttgart, 1996), 第 282、285–288 页；和 Jürgen Reulecke, 'Das Berlinbild: Was ist Imagination, was Wirklichkeit? Einige abschließende Überlegungen', 载于 Gerhard Brunn and Jürgen Reulecke (eds), Berlin. *Blicke auf die deutsche Metropole* (Essen, 1989), 第 251–263 页。

15 Christopher Isherwood, *Berlin Stories, The last of Mr Norris and Goodbye to Berlin* (New York, 1963, orig. 1935); Stephen Spender, *The Temple* (London, 1988); *The Harold Nicolson Diaries 1907–1963*, paperback edition, edited Nigel Nicolson (London, 2004); *The Diaries of a Cosmopolitan: Count Harry Kessler, 1918–1937*, translated and edited by Charles Kessler (London, 1991)。

16 Janet Ward, *Weimar Surfaces: Urban Visual Culture in 1920s Germany* (Berkeley, Los Angeles, London, 2001)。还可参见 Karl Christian Führer, 'Weimar Culture', 载于 Anthony McElligott (ed.), *Weimar Germany* (Oxford, 2009), 第 260–281 页。

17 一个很好的概述：Elizabeth Harvey, 'Culture and Society in Weimar Germany: The Impact of Modernism and Mass Culture', 载于 Mary Fulbrook (ed.), *German*

History Since 1800 (London, 1997)。

18 Lothar Ehrlich, Jürgen John (eds), *Weimar 1930. Politik und Kultur im Vorfeld der NS-Diktatur* (Cologne, Weimar, Vienna, 1998). Wolfgang Hardtwig (ed.), *Politische Kulturgeschichte der Zwischenkriegszeit 1918–1939* (Göttingen, 2005)。

19 Bernd Buchner, *Um nationale und republikanische Identität. Die deutsche Sozialdemokratie und der Kampf um die politischen Symbole in der Weimarer Republik* (Bonn, 2001)。布希纳的研究完全承袭了早期关于共和国政治符号的提议及对其的争论这种重要讨论的传统。参见 Gottfried Korff, 'Rote Fahnen und geballte Faust. Zur Symbolik der Arbeiterbewegung in der Weimarer Republik', 载于 Dieter Petzina (ed.), *Fahnen, Fäuste, Körper. Symbolik und Kultur der Arbeiterbewegung* (Essen, 1986), 第 85–103 页。

20 Winfried Speitkamp, *Die Verwaltung der Geschichte. Denkmalpflege und Staat in Deutschland 1871–1933* (Göttingen, 1996)。

21 Christian Welzbacher (ed.), *Der Reichskunstwart. Kulturpolitik und Staatsinszenierung in der Weimarer Republik 1918–1933* (Weimar, 2010); Nadine Rossol, *Performing the Nation in Interwar Germany. Sport, Spectacle and Political Symbolism, 1926–36* (London and New York, 2010)。

22 Detlef Lehnert and Klaus Megerle (eds), *Politische Identität und Nationale Gedenktage. Zur politischen Kultur in der Weimarer Republik* (Opladen, 1989), 第 11–16、22–23 页。

23 Speitkamp, *Die Verwaltung der Geschichte*, 第 159 页。Hagen Schulze, *Weimar. Deutschland 1917–1933* (Berlin, 1982), 第 123–138 页。Kolb, *Die Weimarer Republik,* 第 92 页及以下各页。Matthew Jefferies, *Imperial Culture in Germany, 1871–1918* (Basingstoke, 2003)。

24 Wolfgang J Mommsen, *Bürgerliche Kultur und politische Ordnung. Künstler, Schriftsteller und Intellektuelle in der deutschen Geschichte 1830–1933* (Frankfurt am Main, 2000), 第 158–163 页，Wolfgang Martynkewicz, *Salon Deutschland. Geist und Macht 1900–1945* (Berlin, 2009)。

25 Werner Mittenzwei, *Der Untergang einer Akademie eoder die Mentalität*

des ewigen Deutschen. Der Einfluß der nationalkonservativen Dichter an der Preußischen Akademie der Künste 1918–1947 (Berlin, 1992). Ulrich Raulff, Kreis ohne Meister: Stefan Georges Nachleben (München, 2009)。

26 Peter Paret, *Die Berliner Secession: moderne Kunst und ihre Feinde im Kaiserlichen Deutschland* (Frankfurt am Main and Berlin, 1983). Wolfgang J. Mommsen, *Imperial Germany 1867–1918. Politics, Culture, and Society in an Authoritarian State* (London, 1995), 第七章。

27 Wolfgang Kaschuba, Kasper Maase (eds), *Schund und Schönheit. Populäre Kultur um 1900* (Cologne, 2001)。

28 Mommsen, *Bürgerliche Kultur und politische Ordnung*, 第 158–177 页各处。

29 Georg Simmel, 'Die Krisis der Kultur' *Frankfurter Zeitung* 13 February, 1916, 转载于 David Frisby and Mike Featherstone (eds), *Simmel on Culture* (London, 1997), 第 96 页。

30 Wolfgang J. Mommsen, *Der Erste Weltkrieg. Anfang vom Ende des bürgerlichen Zeitalters* (Frankfurt/Main, 2003), 第 138–141 页。

31 帝国审查署在 1919 年年中被归入政府新闻办，充当共和国的宣传办，尤其是要在利益冲突地区，如西里西亚和莱茵兰，以促进德国的利益。Johannes Karl Richter, *Die Reichszentrale für Heimatdienst: Geschichte der ersten politischen Bildungsstelle in Deutschland und Untersuchung ihrer Rolle in der Weimarer Republik* (Berlin, 1963). Klaus Wippermann, *Politische Propaganda und staatsbürgerliche Bildung. Die Reizhszentrale für Heimatsdienst in der Weimarer Republik* (Cologne, 1976)。

32 Willy Schumann, ' "Deutschland, Deutschland über alles" und "Der Lindenbaum". Betrachtungen zur Schlußscene von Thomas Mann's "Der Zauberberg"'. *German Studies Review*, 19, 1 (February 1986), 第 29–44 页，此处内容在第 31 页。

33 Speitkamp, *Die Verwaltung der Geschichte*, 第 164–165 页。

34 V. Hansen and G. Heine (eds), *Fragen und Antworten. Interviews mit Thomas Mann 1909–1955* (Hamburg, 1983), 第 51 页，引自 Mommsen, *Bürgerliche Kultur und politische Ordnung*, 第 174 页。参见同上，*Imperial Germany*, 第 123–124、127 页。

35　尤其是在他的演讲 'Von deutscher Republik' Rede for Gerhard Hauptmann (1922) 中，曼在一封给恩斯特·伯特勒姆（Ernst Bertram）的信中描述为"呼唤教学行动"，载于 Hans Bürgin and Hans-Otto Mayer (eds), *Die Briefe Thomas Manns. Regesten und Register* (Frankfurt, 1977), 22/117: 25 December 1922, 第 348 页。

36　Georg Bollenbeck, 'German Kultur, the Bildungsbürgertum, and its Susceptibility to National Socialism'. *The German Quarterly*, 73, 1, Millenial Issue (Winter 2000), 第 67–83 页。

37　Kristina Kratz-Kessemeier, *Kunst für die Republik. Die Kunstpolitik des preußischen Kultusministeriums 1918 bis 1932* (Berlin, 2008). Bärbel Holtz, 'Preußens Kunstpolitik in der Demokratie (1918 bis 1933)', 载于 *Acta Borussica Neue Folge: 2 Reihe, Preußen als Kulturstaat: Das preußische Kultusministerium als Staatsbehörde und gesellschaftliche Agentur (1817–1934)* (Berlin, 2010), 第 552–613 页；关于国家艺术总监一职，参见下文。

38　Oberregierungsrat Richard I. W. Wicke, 'Staatswille – Kulturwille'. *Deutsche Tonkünstler Zeitung*, 29 Jg., Nr. 532, Heft 19 (5 October 1930), 第 264–266 页，此处内容在第 264 页，col. 2。

39　*Verhandlungen des Deutschen Reichstags* 426, 108/109th Session, 3 Dec. 1929, 3410。

40　Mann, *Register*, letter to Gerhart Hauptmann, 13 Nov. 1927。

41　Peter Labanyi, 'Images of Fascism: Visualization and Aesthetization in the Third Reich', 载于 Michael Laffan (ed.), *The Burden of German History 1919-1945: Essays for the Goethe Institute* (London, 1988), 第 151–177 页，此处内容在第 153 页。参见 George Orwell, *The Collected Essays, Journalism and Letters of George Orwell, Vol. 2: My Country Right or Left, 1940–1948* (London, 1968), 第 276 页。

42　David Hughes, *Shock of the New Art and the Century of Change,* revised and enlarged (London, 1991); Jones, 'Culture and Politics', 第 79 页。

43　Dadaist W. Rubin cited in *Stationen der Moderne. Die bedeutendsten Kunstausstellungen des 20. Jahrhunderts in Deutschland* (Exhibition Catalogue) (Berlin, 1988), 第 157 页。'Baargeld's Fluidoskeptrik' 是指科隆达达主义的共同创始人约翰内斯·西奥多·巴尔格德（Johannes

Theodor Baargeld）。对于达达主义作品的介绍，参见 Robert Motherwell (ed.), *The Dada Painters and Poets: An Anthology* (Cambridge, MA, 1989)。

44 参见艺术家库尔特·施维特尔的典型事例：Dorothea Dietrich, *The Collages of Kurt Schwitters. Tradition and Innovation* (Cambridge, 1993). 对新客观性的批判，参见 Joseph Roth, '"Schluß mit der 'Neuen Sachlichkeit"!'. *Literarische Welt,* Jg., 6, Heft 3 (1930), 第 3 页。

45 Hans Ostwald, *Sittengeschichte der Inflation* (Berlin, 1931); Otto Friedrich, *Before the Deluge: A Portrait of Berlin in the 1920s* (New York, 1972). 一般来说参见 Bernd Widdig, *Culture and Inflation in Weimar Germany* (Berkeley Calif., 2001)。

46 *Verhandlungen des Deutschen Reichstags* I Period 1920/1924, 201 Session, 3 April 1922, 6825–6826。此时柏林的夜总会文化参见, Eberhard Buchner, *Variété und Tingeltangel in Berlin* = Großstadt–Dokumente Nr. 22 (Berlin etc., 1908)。科林·施托雷尔（Colin Storer）做了一个有价值的观察，认为柏林臭名昭著的夜生活可能有所夸大：Colin Storer, 'Weimar Germany as Seen by an Englishwoman: British Woman Writers and the Weimar Republic'. *German Studies Review,* 32, 1 (February 2009), 第 129–147 页，此处内容在第 143 页。

47 *Verhandlungen des Deutschen Reichstags* 354, 201 Session, 3 April 1922, 第 6827 页。

48 同上。关于沙伊雷尔参见 Erich Schairer, *Bin Journalist, nichts weiter. Ein Leben in Briefen,* edited Manfred Bosch and Agathe Kunze (Tübingen, 2002)。

49 主要是由埃德温·雷德斯洛布的主动干预造成，国家艺术总监在法庭审判阿瑟·施尼特勒（Arthur Schnittler）的"圈圈舞"（Reigen）作品中作为证人出席：*Verhandlungen des Deutschen Reichstags*, I Period 1920/1924, 201 Session, 3 April 1922, 第 6828–6829 页。另参见 BarchBL R32/93 Bd. I, Denkschrift des RKW, 1921; A. Pfoser, K. Pfoser-Schweig, G. Renner, *Schnitzler's 'Reigen' 2 vols. Vol 2: Die Prozesse, Analysen und Dokumente* (Frankfurt am Main, 1993), 第 331 页。关于国家艺术总监，参见下文。

50 引用自 Justus H. Ulbricht, 'Im Herzen des "geheimen Deutschland". Kulturelle Opposition gegen Avantgarde, Moderne und Republik in Weimar 1900 bis 1933', 载于 Ehrlich and John (eds), *Weimar 1930*, 第 144 页。约斯特是 1933 年剧作《施莱格特》的作者，第三帝国期间，他成为德意志帝国文学署署长。参见 Gerwin Strobl, 'Staging the Nazi Assault on Reason: Hanns Johst's Schlageter and the 'Theatre of Inner Experience'. *New Theatre Quarterly,* 21 (2005), 第 307–316 页。

51 "我已经说过祖国的工具是艺术。"Hanns Johst, 'Das Drama und die nationale Idee' *Berliner Tageblatt* (25 October, 1922), 引用自 Kaes, Jay, Dimendberg (eds), *The Weimar Republic Sourcebook*, 第 536 页。

52 Bürgin and Mayer (eds), *Die Briefe Thomas Manns,* 19/25, 18 March 1919 to Otto Clar, 第 262 页。

53 Harvey, 'Culture and Society in Weimar Germany', 第 280 页；Margaret F. Stieg, 'The 1926 German Law to Protect Youth against Trash and Dirt: Moral Protectionism in a Democracy'. *Central European History*, 23, 1 (March 1990), 第 22–56 页。Klaus Petersen, 'The Harmful Publications (Young Persons) Act of 1926. Literary Censorship and the Politics of Morality in the Weimar Republic'. *German Studies Review,* 15, 3 (1992), 第 505–523 页。对于一个相反的观点，参阅一篇尖锐的文章：Luke Springman, 'Poisoned Hearts, Diseased Minds, and American Pimps: The Language of Censorship in the Schund und Schmutz Debates'. *The German Quarterly,* 68, 4 (1995), 第 408–429 页。

54 Jones, 'Culture and Politics', 第 80–84 页；Ulbricht, 'Im Herzen des "geheimen Deutschland", 第 144–145 页。Dietrich, *The Collages of Kurt Schwitters*, 第 207 页。

55 参见文章：Gerichtsassessor Dr Albert Hellwig, 'Zur neueren Entwicklung der Schundliteratur', 'Ein Beitrag zum Problem des Verbrechenreizes durch Schundliteratur' and 'Kinotheater und Verbrechensverfolgung'. *Monatsschrift für Kriminalpsycholgie und Strafrechtsreform,* 11 Jg. (1914/18), 第 388–389、560–562、670–672 页。

56 *Verhandlungen des Deutschen Reichstags* Bd.: 330 Wahlperiode 1919/20 (Nationalversammlung), 100th Session, Thursday, 16 October 1919,

Interpellation, Reinhard Mumm, DNVP, 第 3163–3164 页。Sarah F. Hall, 'Youth protection and the prevention of juvenile delinquency: Keeping cinema on the right side of the law'. *Journal of European Studies*, 39 (2009), 353–370 页。一般来说对读者和材料，参见 Ute Schneider, 'Buchkäufer und Leserschaft', 载于 Georg Jäger, *Dieter* Langewiesche, Ernst Fischer, Stephan Füssel, Wolfram Siemann (eds), *Geschichte des deutschen Buchhandels im 19. und 20. Jahrhundert. Die Weimarer Republik 1918–1933. Band 2, Teil 1* (Munich, 2007), 第 149–196 页。

57 Hans-Peter Schwarz, *Adenauer* I: *Der Aufstieg: 1876–1952,* third rev. edn (Munich, 1991), 第 248 页。

58 帝制时代参见 Andrew Lees, *Cities, Sin, and Social Reform in Imperial Germany* (Ann Arbor, 2002); Gary D. Stark, *Banned in Berlin: Literary Censorship in Imperial Germany, 1871–1918* (Oxford, New Providence, 2009)。

59 原名 Koch，1927 年加了 Weser；威悉 Ems 议员兼司法部长；1924–1928 年国会德国民主党议会小组的领导人。库奇－威悉生于 1875 年 2 月 26 日，于 1944 年 10 月 19 日在巴西去世，他于 1933 年移居巴西，成为咖啡农。

60 *Verhandlungen des Deutschen Reichstags* 330 Wahlperiode 1919/20 (Nationalversammlung), 100th Session, Thursday 16 October 1919, 第 3167 页。

61 同上, 第 3171 页。

62 Springman, 'Poisoned Hearts', 第 411 页。

63 *Verhandlungen des Deutschen Reichstags* 330 (Nationalversammlung), 58th Session, 16 July 1919, 第 1592 页；同上, 100th Session, Thursday 16 October 1919, 第 3164–3165、3171、3174–3175 页。

64 杜林根 (1855 年 8 月 11 日–1924 年 9 月 2 日) 曾是德国国家人民党党员，但 1924 年他转为德国人民党党员。

65 威廉·库尔茨 (1875–1948), 德国民主党的国会议员, 参见 Martin Schumacher, *M.d.R. Die Reichstagsabgeordneten derWeimarer Republik in der Zeit des Nationalsozialismus* (Düsseldorf, 1994), 第 268 页。

66 Alfred Lasson, *Gefährdete und verwahrloste Jugend* = Großstadt-Dokumente. Bd. 49 (Berlin, Leipzig, 1908); Emilie Altenloh, *Zur Soziologie*

des Kino: die Kino-Unternehmung und die sozialen Schichten ihrer Besucher (Leipzig, 1913); Lynn Abrams, *Workers' Culture in Imperial Germany Leisure and Recreation in the Rhineland and Westphalia* (London, 1992), 第 173–176 页。Lees, *Cities, Sin, and Social Reform*, 第 255–286 页。

67　Anthony McElligott, *The German Urban Experience 1900–1945: Modernity and Crisis* (London, 2001), 第 97–128 页各处。

68　Friedrich Meinecke, Die *deutschen Universitäten und der heutige Staat*, Referate, erstattet auf der Weimarer Tagung Deutscher Hochschullehrer am 23. und 24 April 1926 (Weimar, 1926), 第 23 页。

69　*Verhandlungen des Deutschen Reichstags* 391, 245th Session, 3 Dec. 1926, 第 8355–8396 页。

70　*Akten der Reichskanzlei: Weimarer Republik, Die Kabinette. Marx* III und IV, 17. Mai 1926 bis 29. Januar 1927, 29. Januar bis 29. Juni 1928, Band 1, Mai 1926 bis Mai 1927, prepared by Günter Abramowski (Boppard am Rhein, 1988), 第 418–419 页，脚注 13 和脚注 16。

71　Wolfgang Hütt (ed.), *Hintergrund. Mit den Unzüchtigkeits- und Gotteslästerungenparagraphen des Strafgesetzbuches gegen Kunst und Künstler 1900–1933* (East Berlin, 1990) 其中有关于此的大量例子。Klaus Petersen, *Literatur und Justiz in der Weimarer Republik* (Stuttgart, 1988)。

72　关于此方面，参见 Speitkamp, *Die Verwaltung der Geschichte*, 第 144 页。

73　*Verhandlungen des Deutschen Reichstags* 391, 245th, Session, 3 Dec. 1926, 第 8378 页。强调原创。

74　在 1910 年，全国只有 480 座电影院分布在 33 个城市中，其中超过半数分布在：柏林（139 座）、汉堡（40 座）、莱比锡（31 座）、慕尼黑（28 座）和柯尼斯堡（18 座）。到 20 世纪 20 年底中期为止，所有电影院中四分之一都位于全国 48 座大城市内。Paul Monaco, *Cinema and Society: France and Germany during the Twenties* (New York, 1976), 第 20–21 页；David Welch, 'Cinema and Society in Imperial Germany 1905–1918'. *German History*, 8, 1 (1990), 第 28–32 页；Karl-Christian Führer, 'Auf dem Weg zum Massenkultur: Kino in der Weimarer Republik'. *Historische Zeitschrift* 262 (1996), 第 742–747 页。

75 *Verhandlungen des Deutschen Reichstags* 426, 109th Session, 3 Dec. 1929, 第 3404–3411 页。施莱克·比勒费尔德（Schreck Bielefeld）代表提议在委员会中进行辩论，可以吸引他们的毒牙。

76 同上, 191 Session, 4 July 1930, 6147。早先辩论过这项措施的德国国会教育委员会发言人社民党代表弗莱斯纳（Fleißner）报告说，该委员会支持关税，但要求限制时间到 1931 年 1 月 1 日，同上，第 6148 页。关于共和国对"美国"的接受以及在 Lüdtke, Marßolek, von Saldern, (eds), *Amerikanisierung* 中的文章，参见 Peter Becker and Elke Reinhardt-Becker (eds), *Mythos USA: 'Amerikanisierung'in Deutschland seit 1900* (Frankfurt, 2006); Ursula Saekel *Der US-Film in der Weimarer Republik – ein Medium der 'Amerikanisierung'?: deutsche Filmwirtschaft, Kulturpolitik und mediale Globalisierung im Fokus transatlantischer Interessen*/(Munich, 2011)。

77 法律创造了三个检查委员会：柏林（1927 年 7 月）、慕尼黑（1927 年 10 月），以及莱比锡的更高级的检查委员会（1927 年 7 月）。检查委员会没有主动权，只能回应青年福利委员会或地区政府等区域型机构的要求。

78 *Verhandlungen des Deutschen Reichstags* 437, Drucksache Nr. 1307, 24 August 1929, 'Bericht der Reichsregierung über die praktischen Erfahrungen bei Durchführung des Reichsgesetzes zur Bekämpfung von Schund– und Schmutzschriften auf Grund des Antrags Dr Stegerwald und Genossen vom 13. Juli 1928 (Drucksache Nr. 323)', 第 2 页。以下内容基于这个资料来源。

79 同上, 第 3 页, Anlage。

80 Staatsarchiv Munich (hereafter STAM), Pol.Dir. 7420, Pol. Präs., 1924 年的年度报告。

81 例子在 GStAPrK I Rep. 77/lit. 2772; STAM Pol.Dir. 7420, Pol.Präs. Tgb. Nr. II Z.B.U. 600/31 10 May 1931 中。

82 *Verhandlungen des Deutschen Reichstags* 426, 109th Session, 3 Dec. 1929, 第 3404 页。

83 James D. Steakley, 'Cinema and Censorship in the Weimar Republic: The Case of Anders als die Andern'. *Film History*, 11, 2 (1999), 第 181–203 页，

此处内容在第 188、190 页以及各处。

84　STAM Pol.Dir. 7420, Report April 1930–March 1931。一般来说参见 Ernst Fischer and Stephan Füssel (eds), *Geschichte des deutschen Buchhandels im 19. und 20. Jahrhundert, Bd. 2: Die Weimarer Republik 1918–1933*, Teil 1 (Munich, 2007)。

85　引自 Kaes, Jay, Dimendberg (eds), *The Weimar Republic Sourcebook*, 第 423 页。斯纳帕尔的传记细节见同上, 第 760 页。

86　1927 / 1928 年有 33 部电影和 100 个（电影）新闻周边；下一季（1928-1929），数字分别为 21 和 160, *Verhandlungen des Deutschen Reichstags* 426, 109th Session, 3 Dec. 1929, 第 3405–3406 页。

87　*Verhandlungen des Deutschen Reichstags* 426, 109th Session, 3 Dec. 1929, 第 3410 页。

88　同上, 第 3405 页。BarchBL R32/94 Bd. 2, Reichskunstwart, 'Kunst und Zensur' manuscript of speech for the Kampfausschusses gegen die Zensur, March 1929。

89　Bertolt Brecht, *Frühe Stücke. Baal, Trommeln in der Nacht, Im Dickicht der Städte* (Frankfurt am Main, 1973, orig. 1967), 第 9 页。

90　Hütt (ed.), *Hintergrund,* 第 56–67 页。背景参见 Eve Rosenhaft, 'Brecht's Germany: 1898–1933', 载于 Peter Thomson and Glendyr Sacks (eds), *The Cambridge Companion to Brecht* (Cambridge, 1994)。

91　*Bertolt Brecht,* Kuhle Wampe Protokoll des Films und Materialien, edited by Wolfgang Gersch und Werner Hecht (Frankfurt am Main, 1969)。

92　Oswald Spengler, *Der Untergang des Abendlandes: Umrisse einer Morphologie der Weltgeschichte 1: Gestalt und Wirklichkeit* (Munich, 1923); *Der Untergang des Abendlandes. Umrisse einer Morphologie der Weltgeschichte 2: Welthistorische Perspektiven* (Munich, 1924)。

93　Bürgin and Mayer (eds), *Die Briefe Thomas Manns,* 18/65, letter to OB Adalbert Öhler, Weimar; 同上, 19/108, letter to Franz Boll, 2 Nov. 1919。

94　同上, 20/25, letter to Alfred Bäumler, 7 Mar. 1920. Hoeres, *Die Kultur von Weimar*, 第 32 页及以下各页。

95　W. Heine, *Der Kampf um den Reigen. Vollständiger Bericht über die sechstägige Verhandlung gegen Direktion und Darsteller des Kleinen Schauspielhauses*

Berlin (Berlin, 1922), 第 13–14 页, 引用自 Hütt, *Hintergrund*, 第 46 页。

96 Bürgin and Mayer (eds), *Die Briefe Thomas Manns*, 22/110, letter 5 Dec. 1922 to Ida Boy-Ed, 第 347 页。

97 "中产阶级趣味"作为文化现象在这个时期的德国并不普遍,但在一些研究中却成为主流。参见 Konrad Dussel, 'Kult oder Komödie? Heidelberger Theater im Nationalsozialismus' (Vortrag am 24. April 2001 im Dokumentations- und Kulturzentrum Deutscher Sinti und Roma in Heidelberg), and Führer, 'Weimar Culture', 第 275 页。

98 M. Kay Flavell, *George Grosz: A Biography* (Yale, 1988)。

99 Christian Schär, *Der Schlager und seine Tänze im Deutschland der 20er Jahre: Sozialmusikalische Aspekte zum Wandel in der Musik- und Tanzkultur während der Weimarer Republik* (Zurich, 1991), 第 58–68 页。Horst Claus, 'Varieté – Operette – Film. Berührungspunkte und Konkurrenzkampf aus der sicht des Fachblattes "Der Artist" ', 载于 Katje Uhlenbrok (ed.), *MusikSpektakelFilm. Musiktheater und Tanzkultur im deutschen Film 1922–1937* (Munich, 1998), 第 70 页。Walter Rösler, *Das Chanson im deutschen Kabarett 1901–1933* (Berlin, 1980), 第 153–200 页各处; Partsch, *Schräge Töne*, 第 69、132、215 页。参见阿道夫·哈菲尔德(Adolf Halfeld)于 1928 的评论,和 Stefan Zweig, 载于 Kaes, Jay, Dimendberg (eds), *The Weimar Republic Sourcebook*, 第 271 页。

100 Schneider, 'Buchkäufer und Leserschaft', 第 169–173 页; Luke Springman, 'Exotic Attractions and Imperialist Fantasies in Weimar Youth Culture', 载于 John Williams (ed.), *Weimar Culture Revisited* (New York, 2011), 第 99–116 页。

101 首先参见: Curt Moreck, *Führer durch das Lasterhafte Berlin* (Berlin, 1931). Peter Jelavich, *Berlin Cabaret* (Cambridge, MA, 1993); Abrams, *Workers' Culture*, 第 99–108 页。

102 Victor Klemperer, *Leben sammeln, nicht fragen wozu und warum. Tagebücher Vol. 1: 1918–1924,* edited Walter Nowojski with Christian Löser (Berlin, 1996), 第 892 页。

103 同上, 第 891 页; Victor Klemperer, *Leben sammeln, nicht fragen wozu und warum. Tagebücher Vol. 2: 1925–1932,* edited Walter Nowojski and

Christian Löser, Vol. 2 (Berlin, 1996), 第 726–727、754–755 页。

104 同上, 第 524、656 页。参见与克伦佩勒同时代的阿诺德·巴尼（Arnold Berney）写给吉哈德·里特的一封信, 其中讨论高级文化和低级文化, Michael Matthiesen, *Verlorene Identität. Der Historiker Arnold Berney und seine Freiburger Kollegen 1923–1938* (Göttingen,1998), 第 27、66 页。一位来自外省的历史学家巴尼, 每次来到柏林时, 都通过与他的导师里特在国家歌剧院观看莫扎特的《魔笛》和在剧场观看果戈里的《钦差大臣》这样的剧目来努力使自己浸润在高雅艺术的氛围中。关于魏玛现代传媒的文化层次结构, 请参阅 Karl Christian Führer, 'Auf dem Weg zur "Massenkultur?" Kino und Rundfunk in der Weimarer Republik', *Historische Zeitschrift*, Bd. 262, H. 3 (June 1996), 第 739–781 页和 Corey Ross, 'Mass Culture and Divided Audiences: Cinema and Social Change in Inter-War Germany'. *Past & Present,* 193 (November 2006), 第 157–195 页。

105 Modris Ecksteins, 'War, Memory and Politics: the Fate of the Film, "All Quiet on the Western Front" '. *Central European History,* 13 (1980), 第 60–82 页。另参见 Schumann, ' "Deutschland, Deutschland über alles" ', 第 38 页, 此书中认为为托马斯·曼的《魔山》是反战小说。

106 Klaus Petersen, *Zensur in der Weimarer Republik* (Stuttgart, Weimar, 1995), 第 263–265 页。

107 Partsch, *Schräge Töne*, 第 191、196–197 页。Klaus Mann, *Der Wendepunkt. Ein Lebensbericht* (Frankfurt, 1953)。

108 *Verhandlungen des Deutschen Reichstags* 426, 109th Session, 3 Dec. 1929, 第 3407 页。

109 Kurt Löwenstein, 'Die Kulturpolitik und der Besitzbürgerblock'. *Sozialistische Erziehung* 3 Jg., Heft 2 (1927), 第 5 页。

110 Florian Odenwald, *Der nazistische Kampf gegen das 'Undeutsche' in Theater und Film, 1920–1945* (Munich, 2006). Kevin Crichton, '"Preparing for Government?" Wilhelm Frick as Thuringia's Nazi Minister of the Interior and of Education 23 January 1930–1 April 1931' (Ph.D., University of St Andrews, 2001)。

111 Runderlaß des Ministeriums der Justiz 18 Aug. 1932。

112 Michael Hau, *The Cult of Health and Beauty in Germany. A Social History,*

1890–1930 (Chicago and London, 2003), 第 201–203 页；Chad Ross, *Naked Germany. Health, Race and the Nation* (Oxford and New York, 2005), 第 105–118 页。比较：Franz Walter, Viola Denecke, Cornelia Regin, *Sozialistische Gesundheits- und Lebensreformverbände* (Bonn, 1991), 第 61–67 页。

113 Runderlaß des Ministeriums des Innerns 3 Mar. 1933。

114 Winfried Speitkamp, '"Erziehung zur Nation". Reichskunstwart, Kulturpolitik und Identitätsstiftung im Staat von Weimar', 载于 Helmut Berding (ed.), *Nationales Bewußtsein und kollektive Identität. Studien zur Entwicklung des kollektiven Bewußtsein in der Neuzeit*, Vol. 2 (Frankfurt am Main, 1994), 第 541–580 页，此处内容在第 575 页。

115 STAM Pol.Dir. 7420, Pol.Präs. IV Z.B.U. 7501/6, 11 April 1934, 第 10 页。

116 Detlev J. K. Peukert, 'Der Schund- und Schmutzkampf als "Sozialpolitik der Seele". Eine Vorgeschichte der Bücherverbrennung?', 载于 Hermann Haarmann, Walter Huder, Klaus Siebenhaar (eds), *'Das war ein Vorspiel nur …': Bücherverbrennung Deutschland 1933: Voraussetllungen und Folgen*, (Berlin, 1983), 第 51–53 页。

117 Bürgin and Mayer (eds), *Die Briefe Thomas Manns*, 22/110, letter to Boyd-Ed; 另见同上，22/106 letter to Witkop, 29 Nov. 1922。同上，18/100, letter 21 December 1918, 第 256 页有关于他拒绝参加德国的社会公民教育的记录。

118 例子参见 Friedrich Meinecke, 'Republik, Bürgertum, Jugend. Vortrag gehalten im Demokratischen Studentenbund zu Berlin am 16. Januar 1925'. *Die Paulskirche 16* (Frankfurt a.M., 1925)。

119 弗里德里希·艾伯特写给他过去的老师海因里希·萨纳（Heinrich Zauner）的信，1919 年 2 月，刊登于 Walter Mühlhausen, Bernd Braun (eds), *Friedrich Ebert und seine Familie: private Briefe 1909–1924* (Munich etc., 1992), Doc. 22, 第 113–114 页，此处内容在第 113 页。

120 在 1928 年，哲学家恩斯特·卡西尔把魏玛共和国宪法和欧洲启蒙运动及 1789 年和 1848 年的理念紧密结合在一起，参见 Ernst Cassirer, *Die Idee der republikanische Verfassung. Rede zur Verfassungsfeier am 11. August 1928* (Hamburg, 1928)。两年后国家服务中心认为这是 "1871

年俾斯麦宪法的有机发展"，参见 *Deutscher Lebenswille*，第 10 页。

121 Kurt Gerhard Fischer, 'Einleitung: Das Problem der politischen Bildung in der Weimarer Republik', 载于同上 (ed.), *Politische Bildung in der Weimarer Republik. Grundsatzreferate der 'Staatsbürgerlichen Woche' 1923* (Frankfurt am Main, 1970), 第 8–41 页。

122 Adolf Grimme, *Auf freiem Grund mit freiem Volk: Ansprachen und Aufsätze* (Berlin, 1932), 第 21 页：'Es wäre eine Tat von gar nicht abzuschätzender nationalpädagogischer Bedeutung, wenn die parteipolitischen Gruppen aller Lager aufhören wollten, politische Erziehung mit parteipolitischer Festlegung zu verwechseln'。

123 Heinrich Mann, *Vossische Zeitung* Nr. 88, 12 April 1925, Erste Beilage: 'Die Inszenierung der Republik' 转载于 Welzbacher (ed.), *Der Reichskunstwart*, 第 78–79 页。

124 *Akten der Reichskanzlei* Kabinett Fehrenbach, 第 18 页，注释 3 中有此段引文。另参见 Barch R43 I/831 和 R32/1–3, 258 页中的相关文档；*Verhandlungen des Deutschen Reichstags* 392, Session 289, 18 March 1927, 第 9664 页，同上, Session 307, 6 April 1927, 10570; Giesbert Laube, *Der Reichskunstwart. Geschichte einer Kulturbehörde 1919–1933* (Frankfurt am Main, 1997), 第 14–25 页；Jost Hermand and Frank Trommler, *Die Kultur der Weimarer Republik* (Munich, 1978), 第 13 页。

125 Edwin Redslob, *Von Weimar nach Europa. Erlebtes und Durchdachtes* (Berlin, 1972), 第 157–164、165–180、289、294 页。Christian Welzbacher, *Edwin Redslob: Biographie eines unverbesserlichen Idealisten* (Berlin, 2009), 第 148–167、229 页。20 世纪 20 年代初，雷德斯洛布分到了两名助理和两位职员，但在经济萧条期间，这个部门只有他和他的秘书两人，参见 Laube, *Der Reichskunstwart*, 第 37–59、201–224 页；Heffen, *Der Reichskunstwart*, 第 269 页。

126 关于国家艺术总监的目的和作用的更多材料，参见 Barch R32/222, Bl. 210; Barch R32/526, 'Grundgedanken für die Arbeit des Reichskunstwarts (Sonderdruck aus der Kunstchronik, Nr. 5, 28 Oct. 1921); Barch R32/480, 'Denkschrift über die Tätigkeit des Reichskunstwarts. Entwurf und Materialsammlung' (1923); Redslob, *Von Weimar nach Europa*, 第 172–

173 页；Barch R32/4; 也可参见 Welzbacher (ed.), *Der Reichskunstwart*. Speitkamp, '"Erziehung zur Nation"', 第 542 页；施拜特康普指出国家艺术总监可施展的领域广泛，还能谏言，但他没有任何决策权，同上 ,*Die Verwaltung der Geschichte*, 第 176 页。Joan Campbell: *Deutsche Werkbund, 1907-1934 (Stuttgart, 1981)*, 第 147 页；Kolb, *Weimarer Republik*, 第 103 页。

127 Oberregierungsrat Richard I. W. Wicke, 'Staatswille – Kulturwille'. *Deutsche Tonkünstler Zeitung,* 29 Jg., Nr. 532, Heft 19 (5 October 1930), 264, col. 2。

128 *Verhandlungen des Deutschen Reichstags* 354, Session 204, 6 April 1922, 第 6950 页 (Dr Luther); *Verhandlungen des Deutschen Reichstags*, 392 Sessions 290/291, 19 March 1927, 第 9722 页［德国国家人民党代表施普勒（Spuler）博士的异议］。

129 Annegret Heffen, *Der Reichskunstwart: Kunstpolitik in den Jahren 1920– 1933; zu den Bemühungen um eine offizielle Reichskunstpolitik in der Weimarer Republik* (Essen, 1986)。

130 Veit Valentin and Ottfried Neubecker, *Die deutschen Farben. Mit einem Geleitwort von Reichskunstwart Dr Edwin Redslob* (Leipzig, 1928), 第 128 页。1926 年 5 月 5 日第二项法令做了两个小的修改，同上，第 137 页。Michael Seeger, 'Der Flaggenstreit der Weimarer Republik', 载于 Arnold Rabbow (ed.), *dtv-Lexikon politischer Symbole* (Munich, 1970). Reichsministerium des Innern in Verbindung mit dem Reichskunstwart, *Die Hoheitszeichen des Deutschen Reichs: Wappen, Flaggen und Kokarden* (Berlin, 1930); Walter Stahlberg, *Zur Flaggen- und Schuldfrage* (Berlin, 1921), 第 11、27 页；Paul Wentzcke, *Die deutschen Farben: ihre Entwicklung und Deutung sowie ihre Stellung in der deutschen Geschichte* (Heidelberg, 1927), 第 1–12、229 页；Karl Schultz, *Die deutsche Flagge* (Berlin, 1928)。一般来说参见：Hans Hattenhauer, *Deutsche Nationalsymbole: Geschichte und Bedeutung* (Munich, 1984)。

131 Barch R1501/125653, Bl. 126, 第 130 页。另参见 Nadine Rossol, 'Flaggenkrieg am Badestrand. Lokale Möglichkeiten repräsentativer Mitgestaltung in der Weimarer Republik'. *Zeitschrift für Geschichtswissenschaft*, 7/8, (2008),

第 617–637 页。

132 Herbert Michaelis, Ernst Schraepler (eds), *Ursachen und Folgen. Vom deutschen Zusammenbruch 1918 und 1945 bis zur staatlichen Neuordnung Deutschlands in der Gegenwart 26 Volumes* (Berlin, 1958–1979), vol. 9, Docs. 2089b–c. Valentin, *Die deutschen Farben*, 第 58–68 页，尤其第 63–67 页。教育部于 1937 年 4 月进一步颁布法令，禁止由《纽伦堡种族法》界定为犹太人的公务员对国家符号宣誓。

133 Hermann Oncken, *Rede bei der Verfassungsfeier der Berliner Hochschulen am 27. Juli 1929* (Berlin, 1929); Felix E. Hirsch, 'Hermann Oncken and the End of an Era'. *The Journal of Modern History*, 18, 2 (June 1946), 第 148–159 页。

134 莱纳特和麦格勒认为三个纪念日反映了共和国的碎片化的政治文化：1 月 27 日帝国建立日、11 月 9 日革命日和 8 月 11 日宪法日：Lehnert and Megerle (eds), *Politische Identität und Nationale Gedenktage*, 第 13 页。与此同时，历史学家的共识似乎是，大众对于政治的积极情绪缺乏"基础时刻"，参见 Peukert, *The Weimar Republic*, 第 5–6、35 页；Thomas Mergel, *Parlamentarische Kultur in der Weimarer Republik* (Düsseldorf, 2005), 第 64 页。Weitz, *Weimar Germany* 和 Hoeres, *Die Kultur von Weimar* 两个著作无视宪法日作为试图完全建立共和国国家文化的证据。但参加 Manuela Achilles, 'With a Passion for Reason: Celebrating the Constitution Day in Weimar Germany'. *Central European History* 43 (2010), 第 666–689 页，他的观点与我的大致相符。

135 *Akten der Reichskanzlei Weimarer Republik Die Kabinette Wirth I und II, Band 1 Mai 1921 bis März 1922*, prepared by Ingrid Schulze-Bidlingsmaier (Boppard am Rhein, 1973), 第 194–195 页，注释 1 和 2。

136 Barch R32/527; R43 I/570; Joseph Wirth, *Reden während der Kanzlerschaft* (Berlin, 1925), 第 157–166 页，此处内容在第 162 页。

137 Barch R1501/116871, Bl. 299. Kolb, *Die Weimarer Republik*, 第 98 页及以下各页。

138 Rossol, *Performing the Nation*, 第 79 页。

139 Barch R32/222, Bl. 211–12. Pollock, *Germany*。

140 *Akten der Reichskanzlei Die Kabinette Wirth I und II*, Vol. 2, Docs. 327,

331, 332, 335, 336, 337, 338 340，第 966–971、981–987、991–1010、1012–1013 页。

141　Ursula Mader, 'Wie das "Deutschlandlied" 1922 Nationalhymne wurde. Aus der Ministerialakte "Nationallied" '. *Zeitschrift für Geschichtswissenschaft* (1990)，第 1088–1100 页，此处内容在第 1092–1093、1099 页。Friedrich Ebert, *Schriften, Aufzeichnungen, Reden. Mit unveröffentlichten Erinnerungen aus dem Nachlaß, Zweiter Band* (Dresden, 1926)，第 248–250 页。

142　细节参见 Barch R32/219, R32/527。

143　Schumann, ' "Deutschland Deutschland über alles" '，第 33–36、44 页。

144　参见一个对国歌和情感有洞察力的短文：Robert Michels, 'Elemente zu einer Soziologie des Nationalliedes'. *Archiv für Sozialwissenschaft und Sozialpolitik*, 55/2 (1926)，第 317–361 页，尤其具体到对德国国歌的评论，第 350–352 页。关于莱茵兰/鲁尔冲突中文化的作用，参见 Franziska Wein, *Deutschlands Strom – Frankreichs Grenze: Geschichte und Propaganda am Rhein 1919–1930* (Essen, 1992)，第 114 页。

145　Barch R32/527, Fiche 2, Bl. 25。关于魏玛共和国保罗大教堂复兴的民主传统，参见 Wolfgang J. Mommsen, 'Die Paulskirche', in Etienne François and Hagen Schulze (eds), *Deutscher Erinnerungsorte Vol. II* (Munich, 2001)，第 47–66 页，此处内容在第 63 页。

146　Barch R32/222, Bl. 20, 32, 33，第 121–126 页 (Opfer & Heldentod) 尤其是关于纪念战争死难者，参见 Sean A. Forner, 'War Commemoration and the Republic in Crisis: Weimar Germany and the Neue Wache'. *Central European History*, 35, 4 (2002)，第 513–549 页。

147　Barch R32/527, Bl. 22。

148　关于对这一时期的革命有争议的回忆：Gavriel Rosenfeld, 'Monuments and Politics of Memory in Munich Revolution 1918/19'. *Central European History*, 30, 2 (1997)，第 221–251 页，此处内容在第 229–233 页。

149　Bürgin and Mayer (eds), *Die Briefe Thomas Manns*, 22/110, letter to Boy-Ed, 5 Dec.1922，第 347 页。Jeffrey Verhey, *The Spirit of 1914. Militarism, Myth and Mobilization in Germany* (Cambridge, 2000)。

150　Cassirer, *Die Idee der republikanische Verfassung*，第 31 页。

151　Oncken 同注释 129; Fritz Rörig, *Vom Werden Deutscher Staatlichkeit. Rede zur zehnjährigen Verfassungsfeier gehalten an der Christian-Albrechts-Universität am 24. Juli 1929* (Kiel, 1929); Fritz Hartung, *Preußen und das Deutsche Reich seit 1871. Rede gehalten bei der Reichsgründungsfeier der Friedrich-Wilhelms-Universität Berlin am 18. Januar 1932* (Berlin, 1932); Konrad Beyerle, *Zehn Jahre Reichsverfassung. Festrede zur Münchner Verfassungsfeier der Reichsbehörden am 11. August 1929* (Munich, 1929); August Manigk, *Revolution und Aufbau des Staates. Rede zur Verfassungsfeier der Universität Marburg am 27. Juli 1930* (Marburg, 1930)。

152　Barch R32/527 Fiche 2, Bl. 72. Welzbacher (ed.), *Der Reichskunstwart*, 第 13 页。

153　罗索尔对 1928 年庆典给出了较为悲观的评价，同上，第 53 页。

154　同上，第 54 页；Dieter Nies, 'Von der Schwierigkeit Republikaner zu Sein. Die gestörte Verfassungsfeier 1927 in Gießen'. *Mitteilungen des Oberhessischen Geschichtsvereins,* 76 (1991), 第 57–65 页。

155　Barch R32/527, Fiche 2, Bl. 78–80。拉德布鲁赫以瓦尔特·拉特瑙和弗里德里希·艾伯特的名义做了结论，他们为祖国"跌落"，以便"让共和国继续存在"。Walther Hubatsch, *Hindenburg und der Staat: Aus den Papieren des Generalfeldmarschalls und der Reichspräsidenten von 1878 bis 1934* (Göttingen, Berlin, Frankfurt/M., Zurich, 1966), 第 49 页。关于格勒纳将军和自由派《法兰克福报》的编辑对兴登堡类似的评价（尽管后者也对兴登堡神话进行了批判），参见 Anna von der Goltz, *Hindenburg Power, Myth, and the Rise of the Nazis* (Oxford, 2009), 第 63–64 页。另一个在共和国复活的伟大神话就是俾斯麦，参见 *The Bismarck Myth. Weimar Germany and the Legacy of the Iron Chancellor* (Oxford, 2005)。

156　Peter Fritzsche, 'Presidential Victory and Popular Festivity in Weimar Germany: Hindenburg's 1925 Election'. *Central European History*, 23, 2/3 (June–September 1990), 第 205–224 页。

157　von der Goltz, *Hindenburg*, 第 122 页。绝大多数关于国家和青年的研究都将社会政策和福利作为约束机制，而不是从国家关注的角度研究其于青年人作为政治代理人的关系。经典的研究包括：Detlev Peukert,

Grenzen der Sozialdisziplinierung. Aufstieg und Krise der deutschen Jugendfürsorge 1878 bis 1932 (Berlin, 1986); Derek Linton, '*Who has the Youth, has the Nation*'. *The Campaign to Save Youth Workers in Imperial Germany* (Cambridge, 1991). Elizabeth Harvey, *Youth and the Welfare State in Weimar Germany* (Oxford, 1993); Edward Ross Dickinson, *The Politics of German Child Welfare from the Empire to the Federal Republic* (Cambridge, MA, 1996)。

158　Speitkamp, *Die Verwaltung der Geschichte*, 第 171–172 页。

159　Barch R32/427, Bl. 26–33; R32/527, Bl.140–144. Rossol, *Performing the Nation*, 第 74 页。

160　同上，第四章各处。

162　Barch R32/426, Bl. 48, 51。

163　Barch R32/430, Bl. 29。参见 Gerhard Hellwig, *Die Verfassungsfeier in der Schule. 4 ausführliche Feiern* (Berlin, 1926), and Ernst Runschke, *Deutschland über alles. Drei Reden zur Verfassungsfeier am 11. August* (Berlin, 1928)。这些是教师如何在学校实施宪法庆典的系列指南的一部分。

164　Barch R32/430, Bl. 100, 105–10。

165　关于年轻人以及其与魏玛共和国政治文化的关系和对权力的质疑的更完整的讨论，参见第八章。

166　*Verfassungsrede gehalten von Reichsminister des Innern Dr Wirth bei der Feier der Reichsregierung am 2. August 1930* (Berlin, 1930), 第 12–14、16 页。

167　Karl Christian Führer, 'German Cultural Life and the Crisis of National Identity during the Depression, 1929–1933'. *German Studies Review*, 24, 3 (October 2001), 第 461–486 页。

168　Harm Klueting, '"Vernunftrepublikaner" und "Vertrauensdiktatur"：Friedrich Meinecke in der Weimarer Republik'. *Historische Zeitschrift*, 242 (1986), 第 69–98 页，此处内容在第 75、80 页。

169　因此《内卡报》（Neckar-Zeitung）的编辑海因茨·古尔德哈默（Heinz Goldhammer）写给特奥多尔·豪斯，1930 年 12 月 12 日，载于 *Theodor Heuss, Bürger der Weimarer Republik. Briefe 1918–1933*, edited and prepared by Michael Dorrmann (Munich, 2008), Nr. 174, 第 404–406 页，此处内容在第 406 页，注释 9。

170 Harry Mayne, *Goethe und Bismarck. Ein Wort an die akademische Jugend. Festrede gehalten am 18. Januar 1932 bei der Reichsgründungsfeier und der mit ihr verbundene Goethe-Hundertjahrfeier in der Aula der Marburger Philipps-Universität* (Marburg, 1932); Hartung, *Preußen und das Deutsche Reich seit 1871*. See Lothar Machtan, 'Bismarck', in François and Schulze (eds), *Deutsche Erinnerungsorte*, Vol. II, 第 86–104 页，此处内容在第 91–96 页，书中完全忽略了俾斯麦对共和体制的拨款，而是集中于他被极右翼和纳粹党控制。

171 Friedrich Meinecke, 'Freiherr vom Stein. Gedächtnisrede', *Bonner Akademische Reden 11* (Bonn, 1931)。另请参见迈内克早些时候在注脚 94 中所引用的演讲。值得注意的是，这一发展过程恰恰与政治过程相一致，在此过程中，行政机构得到加强，代价是不断增加踌躇不决的立法。Stanley Suval, 'Overcoming Kleindeutschland: The Politics of Historical Mythmaking in the Weimar Republic'. *Central European History,* 2, 4 (December 1969), 第 312–330 页。

172 Franz Schnabel, 'Der Freiherr vom Stein und der deutsche Staat. Festrede gehalten vor der Gesamtheit der Studentenschaft in der Aula der Technischen Hochschule Karsruhe am 18. Januar 1931', *Karlsruher akademischen Reden 9* (Karsruhe, 1931)。

173 Klemperer, *Leben Sammeln,* Vol. 1, entry 11 August 1922, 第 606–609 页，此处内容在第 608 页。

174 Grimme, *Auf freiem Grund mit freiem Volk*, 第 46–54 页。

175 Martin Henry Sommerfeldt, *Ich war dabei: die Verschwörung der Dämonen, 1933–1939. Ein Augenzeugenbericht* (Darmstadt, 1949), 第 5–6 页，引用自 Klaus H. Revermann, *Die Stufenweise Durchbrechung des Verfassungssystems der Weimarer Republik* (Münster, 1959), 第 148 页。关于战后立即进行此类沮丧的评估，参见 Ferdinand Friedensburg, *Die Weimarer Republik* (Berlin, 1946), 第 220 页；Willibalt Apelt, *Geschichte der Weimarer Verfassung* (Munich, 1946), 第 431 页；Friedrich Meinecke, *Die deutsche Katastrophe* (Wiesbaden, 1947), 第 71 页。

176　Lamb and Phelan, 'Weimar Culture', 第 79 页。

177　Lehnert and Megerle (eds), *Politische Identität und Nationale Gedenktage*, editors 'introduction, passim. Rossol, *Performing the Nation,* 第 42–49、81、102–120 页。我们应该注意到，雷德斯洛布的观点与齐格弗里德·科拉考尔（Siegfried Kracauer）在其分析"踢乐女孩"的"协调动作"上的观点产生了共鸣，参见 Siegfried Kracauer, *The Mass Ornament. Weimar Essays*, translated, edited, and with an introduction by Thomas Y. Levin (Cambridge, MA, and London, 1995), 第 75–86 页。

178　Welzbacher, *Edwin Redslob*, 第 225、243 页。关于"大饥饿"参见 Gay, *Weimar Culture,* 第 84、101 页。

179　Rossol, *Performing the Nation*, 第 71 页及第四章各处。另参见先前引用的内容：Führer, 'German Cultural Life and the Crisis of National Identity during the Depression, 1929–1933'。

180　瓦尔特·本雅明关于法西斯主义和政治的审美化观点，参见 *Illuminations*，引用在 Richard Wolin, *Walter Benjamin. An Aesthetic of Redemption* (Columbia University Press, New York, 1982), 第 184 页。

181　Labanyi, 'Images of Fascism', 第 169、172 页。

182　Gay, *Weimar Culture,* 第 84、101 页；Brunn, 'Berlin – Zwischen Metropole und kleinstädtischen Milieus', 第 94 页。

183　Welzbacher, *Edwin Redslob*, 第 207 页。另见 Rainer Nägele, 'Die Goethefeiern von 1932 und 1949', 载于 Reinhold Grimm and Jost Hermand (eds), *Deutsche Feiern* (Wiesbaden, 1977), 第 97–122 页。

184　Barch R32/283, Bl. 61–141。

185　Bürgin and Mayer (eds), *Die Briefe Thomas Manns,* 32/44, 7 March 1932, 第 652–653 页。

186　*Berliner Tageblatt* 375, 11 August 1930. Achilles, 'With a Passion for Reason'。在其中关于宪法日庆祝活动的讨论中忽略了这一事件，但她的这一讨论仍是精彩的。

187　Barch R43II/291, Microfiche F.1-3 Reichskanzlei (Akten betr. Einberufung, Eröffnung u. Schluß des Reichstags Bd. 1 v. 30.1.33); Barch R32/282, Bl. 169, 171. Welzbacher, *Edwin Redslob,* 第 238、243 页；Klaus Scheel, *1933, Der Tag von Potsdam* (Berlin, 1996), 第 33–34 页其

中根本就没有提及比尔布拉赫，而是聚焦于纳粹领导人，特别是戈培尔，他对他在谢尔事件中所扮演的角色表面看来可以接受。

188　Martin Sabrow, 'Der Doppelte Mythos' in *Potsdamer Neuesten Nachrichten* 21.03.2013, 第 12–13 页，可访问网页 http://www.pnn.de/potsdam/735386/。

189　Hermann, Weiss and Paul Hoser (eds), *Die Deutschnationalen und die Zerstörung der Weimarer Republik: aus dem Tagebuch von Reinhold Quaatz, 1928–1933* (Munich, 1989), 第 244 页，22 March 1933。Joseph Goebbels, *Die Tagebücher*: *sämtliche Fragmente,* edited Elke Fröhlich (Munich, 1987), Teil 1: Aufzeichnungen 1924–1941: 1.1.31 to 31.12.36, 第 396 页，22 March 1933。

190　*Verhandlungen des Deutschen Reichstags*, 457, 'Der Staatsakt in Potsdam. Blätter der Erinnerung an die feierliche Eröffnung des Reichstags am 21. März 1933', 第 5 页 (Hindenburg), 第 13 页 (Hitler)。

191　Scheel, *1933, Der Tag von Potsdam*, 第 33 页。

192　Thomas Mann, *Tagebücher 1933–1934*, edited Peter de Mendelssohn (Frankfurt am Main, 2003), 第 496–497 页，5 August 1934。

193　Jeffrey C. Goldfarb, 'Dialogue, Culture, Critique: The Sociology of Culture and the New Sociological Imagination'. *International Journal of Politics, Culture, and Society*, 18, 3/4 (Spring–Summer, 2005), 第 281–292 页，此处内容在第 285 页。

194　Bürgin and Mayer (eds), *Die Briefe Thomas Manns*, 29/106, 10 August 1929, 第 558 页。

195　在这个方面，参见 Jeffrey Herf, *Reactionary Modernism. Technology, Culture and Politics in Weimar and the Third Reich* (Cambridge, 1984)。

196　Reichszentrale für Heimatdienst, *Deutscher Lebenswille*, 第 11 页。

197　*Verfassungsrede Freiherr von Gayl* (Berlin, 1932), 第 1 页。*Schulthess' Europäischer Geschichtskalender 1932* Band. 73, 48 Jg. (Munich, 1933), 第 138–140 页，此处内容在第 139 页。

198　Walther Lambach, *Die Herrschaft der 500. Ein Bild des parlamentarischen Lebens im neuen Deutschland* (Berlin, 1926)。

199　Barch NS25/1231。

200　"商品美学"的概念借用自 Peter Labanyi, 'Images of Fascism'. See also Anthony McElligott, *Contested City. Municipal Politics and the Rise of Nazism in Altona, 1917–1937* (Ann Arbor, Mi., 1998), 第 229–235 页。

第七章

1　Heinrich Mann, *Vossische Zeitung* Nr. 88, 12 April 1925, Erste Beilage: 'Die Inszenierung der Republik', 转载于 Christian Welzbacher (ed.), *Der Reichskunstwart. Kulturpolitik und Staatsinszenierung in der Weimarer Republik 1918–1933* (Weimar, 2010), 第 78–79 页。

2　Max Weber, *Economy and Society: An Outline of Interpretive Sociology,* edited by Guenther Roth and Claus Wittich (Berkeley, Calif., 1978), 第 1393 页。

3　Rudolf Morsey, 'Beamtenschaft und Verwaltung zwischen Republik und "neuen Staat"', 载于 Karl Dietrich Erdmann and Hagen Schulze (eds), *Weimar: Selbstpreisgabe einer Demokratie* (Düsseldorf, 1980), 第 151–168 页。

4　Arnold Brecht, 'Bureaucratic Sabotage'. *Annals of the American Academy of Political Science,* 189 (1937), 第 48–57 页。关于西蒙斯的采访，参见 Lysbeth Muncy, 'The Junkers and the Prussian Administration from 1918 to 1937'. *Review of Politics* 9 (1947), 第 488–489 页。

5　Oscar Meyer, *Vom Bismarck zu Hitler: Erinnerungen und Betrachtungen* (New York, 1944), 第 117 页，认为反共和的容克阶层和纳粹"合作"。Hans Fenske, 'Monarchisches Beamtentum und demokratischer Rechtsstaat: Zum Problem der Bürokratie in der Weimarer Republik', 载于 *Demokratie und Verwaltung: 25 Jahre Hochschule für Verwaltung Speyer* (Berlin, 1972), 第 117–136 页；Hans Mommsen, 'Die Stellung der Beamtenschaft in Reich, Ländern und Gemeinden in der Ära Brüning'. *Vierteljahrshefte für Zeitgeschichte,* 21 (1973), 第 151–165 页。

6　Herbert Jacob, *German Administration since Bismarck: Central Authority versus Local Autonomy* (New Haven and London, 1963), 第 96–98 页。

7　Christian Graf von Krockow, *Warnung vor Preußen* (Berlin, 1989, third edition, 1999), 第 129 页。

8　Jane Caplan, *Government without Administration. State and Civil Service in*

Weimar and Nazi Germany (Oxford, 1988),第 16 页及以下各页。

9　E. Könnemann, G. Schulze (eds), *Der Kapp-Lüttwitz-Ludendorff Putsch. Dokumente* (Munich, 2002), Docs. 120, 204,第 173、273 页。

10　Caplan, *Government without Administration*,第 44 页注释 50。同上,'Civil Service Support for National Socialism', in Gerhard Hirschfeld and Lothar Kettenacker (eds), *The 'Führer State': Myth and Reality. Studies on the Structure and Politics of the Third Reich* (Stutgart, 1981),第 167–193 页；同上,'Speaking the Right Language: The Nazi Party and the Civil Service Vote in the Weimar Republic',载于 Thomas Childers (ed.), *The Formation of the Nazi Constituency 1918–1933* (London, 1986),第 182–201 页。

11　Rudolf Morsey, 'Zur Beamtenpolitik von Bismarck bis Brüning',载于 *Demokratie und Verwaltung: 25 Jahre Hochschule für Verwaltung Speyer* (Berlin, 1972); Anthony J. Nicholls, 'Die höhere Beamtenschaft in der Weimarer Zeit: Betrachtungen zu Problem ihrer Haltung und ihrer Fortbildung',载于 Lothar Albertin and Werner Link (eds), *Politische Parteien auf dem Wege zur parlamentarischen Demokratie in Deutschland:Entwicklungslinien bis zur Gegenwart* (Düsseldorf, 1981), 第 195–207 页；Horst Möller, 'Die preussischen Oberpräsidenten der Weimarer Republik als Verwaltungselite'. *Vierteljahrshefte für Zeitgeschichte*, 30 (1982), 第 1–26 页。Wolfgang Runge, *Politik und Beamtentum* im Parteienstaat: *die Demokratisierung der politischen Beamten in Preußen zwischen 1918 und 1933* (Klett, 1965); 例外是：Jacob, *German Administration since Bismarck;* Hans-Karl Behrend, 'Zur personalpolitik des preussischen Ministeriums des Innern: Die Besetzung der Landratstellen inden östlichen Provinzen 1919–1933'. *Jahrbuch für die Geschichte Mittel- und Ostdeutschlands*, 6 (1957), 第 173–214 页。Eberhard Pickart, 'Preussische Beamtenpolitik 1918–33'. *Vierteljahrshefte für Zeitgeschichte,* 6 (1958),第 119–137 页。

12　Otto Constantin and Erwin Stein (eds), *Die Deutschen Landkreise* (Berlin: Deutsche Kommunal-Verlag, n.d. [1926]). Frank Riedel, 'Der Landrat– "König von Preußen in der Provinz" als Paradebeispiel effizienten Regierens'. *Deutschland Journal* Sonderausgabe (2006),参见 http://www.deutschlandjournal.de/Deutschland_Journal_Sonderausg/Frank_Riedel_

Der_Landrat_Konig_von_Preussen_in_der_Provinz.pdf.

13 其他的有：普鲁士下属的省长、警察总长和州长。卡普兰指出政治公务员不是一个普遍性的概念，此概念在普鲁士最普遍，因为普鲁士有 1600 个高级官员，占三分之一，其次普遍的是在萨克森，萨克森有 300 个左右，然后是巴登，巴登的官员是这个数量的三分之一，而符腾堡几乎没有听过这个概念。James Kerr Pollock, *The Government of Greater Germany* (New York, 1938), 第 137 页。

14 Behrend, 'Zur personalpolitik des preussischen Ministeriums des Innern', 第 175 页；Margun Schmitz, *Der Landrat, Mittler zwischen Staatsverwaltung und kommunaler Selbstverwaltung: der Wandel der funktionellen Stellung des Landrats vom Mittelalter bis ins 20. Jahrhundert* (Baden–Baden, 1991)。

15 Hans–Karl Behrend, 'Die Besetzung der Landratstellen in Ostpreußen, Brandenburg, Pommern und der Grenzmark' (Freie Universität Berlin, D.Phil. 1956)。比较：Lysbeth Muncy, 'The Prussian Landräte in the Last Years of the Monarchy: A Case Study of Pomerania and the Rhineland in 1890–1918'. *Central European History*, 6, 4 (December 1973), 第 299–338 页。Margaret Lavinia Anderson, 'Voter, Junker, Landrat, Priest: The Old Authorities and the New Franchise in Imperial Germany'. *The American Historical Review*, 98/5 (1993), 第 1448–1474 页。

16 这对他们的城市同僚也是一样的，和县长不同，市长和大市长是官方选举出来的。参见 Anthony McElligott, 'Servants of the State, Agents of the Party, Representatives of the People: The German Mayoralty in the Twentieth Century', 载于 John Garrard (ed.), *Heads of the Local State. Mayors, Provosts and Burgomasters since 1800* (Aldershot, 2007), 第 131–156 页。

17 *Statistisches Jahrbuch für das Deutsche Reich* 49 (Berlin, 1930), 第 510–511 页。

18 *Deutsche Richterzeitung* 17 Jg., 1925, cols. 291–2, 'Beamtenbezüge ab 1 Dezember 1924'.

19 Ernst Rudolf Huber, *Deutsche Verfassungsgeschichte seit 1789. Vol. 6: Die Weimarer Reichsverfassung* (Stuttgart, Berlin, Cologne, Mainz, 1981), 第 771 页。Dietmar Petzina, Werner Abelshauser, Anselm Faust (eds),

Sozialgeschichtliches Arbeitsbuch III. Materialien zur Statistik des Deutschen Reiches 1914–1945 (Munich, 1978), 第 172 页。

20 Pollock, *The Government of Greater Germany*, 第 136–138、513、533 页及以下各页, 第 536–538、595、614 页。

21 Jacob, *German Administration since Bismarck*, 第 48 页。

22 同上, 第 64 页。但是他们对帝制的忠诚并不能阻止许多县长在修建运河一事上触怒皇帝, 他们对修建莱茵-多特蒙德运河 (1894) 和所谓的中部运河 (1899) 一事上都投了反对票。皇帝对此事的回应是将这些"运河反叛者"撤职。参见 Ernst Rudolf Huber, *Deustche Verfassungsgeschichte seit 1789. Vol. 4: Struktur und Krisen des Kaiserreichs* (Stuttgart, Berlin, Cologne, Mainz, 1969), 第 1087–1105 页, 尤其是, 第 1098–1103 页。

23 Fenske, 'Monarchisches Beamtentum', 第 121–122 页。

24 Ernst Rudolf Huber, *Deutsche Verfassungsgeschichte seit 1789. Band 3: Bismarck und das Reich* (Stuttgart, Berlin, Cologne, Mainz, 1963), 第 127、967 页。Huber, *Deutsche Verfassungsgeschichte* 6, 第 773–774 页。

25 Muncy, 'Junkers and the Prussian Administration', 第 493 页; Jacob, *German Administration since Bismarck*, 第 50、58、63–64 页。

26 Jacob, *German Administration since Bismarck*, 第 57、103 页。Constantin and Stein (eds), *Die deutschen Landkreise*, 特别是第一卷。

27 Günther Gereke, *Ich war königlich-preußischer Landrat* (Berlin-East, 1970), 第 42–97 页; 更多例子参见 Ernst Rudolf Huber, *Deutsche Verfassungsgeschichte* 3, 第 818 页, 注释 3; 第 832 页及以下各页, 注释 1–10; 同上, *Deutsche Verfassungsgeschichte* 6, 第 488 页; Jacob, *German Administration since Bismarck*, 第 49 页脚注 43, 第 51 页脚注 46。

28 同上, 第 71 页。

29 Wolfgang Hofmann, *Zwischen Rathaus und Reichskanzlei. Die Oberbürgermeister in der Kommunal- und Staatspolitik des Deutschen Reiches von 1890–1933* (Stuttgart, 1974), 第 56–68 页; McElligott, *Contested City*, 第 20 页。

30 Franz Cornelsen, 'Die Landratsfamilie Cornelsen in Stade', 载于 Rudolf Pförtner (ed.), *Alltag in der Weimarer Republik. Erinnerungen an eine unruhige Zeit*

(Düsseldorf, Vienna, New York, 1990), 第 187 页。Dietrich Wegmann, *Die leitenden staatlichen Verwaltungsbeamten der Provinz Westfalen 1815–1918* (Münster, 1969), 第 258 页。

31 Geheimes Staatsarchiv Preußischer Kulturbesitz (GStAPrK), Rep. 77/4768; 议会选举的结果参见同上，Rep. 77/5695, Bl. 52。

32 GStAPrK Re 第 77/4530, Bl. 58f. *Groß-Wartenberg Volkszeitung* Nr. 40 17 August 1927。大瓦滕贝格县市在布雷斯劳行政区内，1925 年人口为 2209 人，到 1933 年增长到 2969 人。见网址 http://www.verwaltungsgeschichte.de/wartenberg.html。

33 Lysbeth W. Muncy, 'The Junkers and the Prussian Administration', 第 487 页；Caplan, *Government without Administration*, 第 48 页。

34 1918 年 12 月至 1919 年 3 月期间担任司法部长，1919 年 3 月至 1920 年 3 月 20 日担任内政部长，在卡普政变后被自己的政党推翻，参见 Huber, *Deutsche Verfassungsgeschichte 4*, 第 111 页脚注 85。Martin Schumacher, *M.d.R. Die Reichstagsabgeordneten der Weimarer Republik in der Zeit des Nationalsozialismus, Politische Verfolgung, Emigration und Ausbürgerung 1933–1945. Eine biographische Dokumentation*, third revised and expanded edition (Düsseldorf, 1994), 第 180–182 页。

35 GStAPrK, Rep. 77/4084, Bl. 108–112, letter, 23 May 1919; Bl. 114, letter Der Vorstand der Vereinigung der deutschen Bauernvereine to Pr. M.d.I Abg. Heine, 27 July 1919。

36 Eberhard Pikart, 'Preußische Beamtenpolitik 1918–1933'. *Vierteljahrshefte für Zeitgeschichte* 6 (1958), 第 119–137 页。

37 *Preußische Gesetzsammlung* (1919), Nr. 13, col. 11743: 'Verordnung betreffend die einstweilige Versetzung der unmittelbaren Staatsbeamten in den Ruhestand, v. 26 February 1919'. Fenske, 'Monarchisches Beamtentum', 第 125 页。

38 Huber, *Deutsche Verfassungsgeschichte* 6, 第 518 页。Runge, *Beamtentum und Politik*, 第 100 页及以下各页。

39 Huber, 之前引用的书。关于同时代的对政变和其失败的原因的解释参见 Ernst Troeltsch, 'Der Putsch der Prätorianer und Junker (23. März 1920)', 载于 *Spektator-Briefe. Aufsätze über die deutsche Revolution und*

die Weltpolitik 1918/22, edited H. Baron (Tübingen, 1924), 第 117–125 页和第 122 页，在这里他指出在东普鲁士省中的卡普支持者。

40 Caplan, *Government without Administration*, 第 44 页。

41 Severing, *Mein Lebensweg*, Vol. 1, 第 281、286 页。Behrend, 'Die Besetzung der Landratstellen', 第 9–10、131 页；Jacob, *German Administration since Bismarck*, 第 97 页。

42 Behrend, 'Zur Personalpolitik des preußischen Ministeriums des Innern', 第 202–203 页。

43 Behrend, 'Die Besetzung der Landratstellen', 第 128–129 页。

44 Caplan, *Goverment without Administration*, 第 46 页，表格 1。Muncy, 'The Junkers and the Prussian Administration', 第 492–493、495 页；在 1918 年至 1934 年，48 名容克被普鲁士政府撤职；其中 13 人是县长，占 48 人中的 1/4。Jacob, *German Administration since Bismarck*, 第 89 页提供了一个略高的数据。

45 Muncy, 'Junkers and the Prussian Administration', 第 493 页。

46 同上，第 488 页。

47 Barch R36/46, (Preußische Landkreise)。6 次调查的一致性表明，所有的材料都是普鲁士内政部在 1933 年初，按照帝国内政部的要求收集整理的。

48 Ernst Hamburger, 'Verwaltung'. *Der Beamte* Jg. 1 (1929), 第 335–338 页。Albert Falkenberg, 'Beamtenauslese als Gesellschaftsproblem'. *Der Beamte* 3 (1931), 第 203–205 页。

49 Hans-Peter Ehni, 'Zum Parteiverhältnis in Preußen 1918–1932. Ein Beitrag zu Funktion und Arbeitsweise der Weimarer Koalitionsparteien'. *Archiv für Sozialgeschichte* XI (1971), 第 241–288 页。艾尼（Ehni）给出了 416 位县长的数据，这对 1920 年以后的普鲁士来说太高了。他的同伙的政治立场如下：183 人属于"魏玛联盟"（81 人为中央党，55 人为社民党，47 人为德国民主党）；74 人属于德国人民党；6 人属于德国国家人民党；153 人属于"未知党派"。比较：Behrend, 'Zur Personalpolitik des preußischen Ministeriums des Innern', 第 203 页。

50 Barch R36/46, 'Preußische Landkreise': Bl. 11, 13–15, 27–31, 59–63, 75–9, 94–5。

51 贝伦德关于勃兰登堡、波美拉尼亚、西里西亚和东普鲁士四省的县长的研究表明，"局外人"（体制外人员）在 1920 年代中期，只占 296 名县长中不到 1/5。需要注意到，这种现象不仅发生在共和国期间，在 1905 年"局外人"占 11%，到战争中就只占 6% 了。Behrend, 'Zur Personalpolitik des preussischen Ministeriums des Innern'，第 176、202–203 页。

52 Fenske, 'Monarchisches Beamtentum'，第 128 页和注释 29。Huber, *Deutsche Verfassungsgeschichte* 6，第 764–767 页。普鲁士内政部长名单如下：保罗·赫许，1918-1919 年；沃尔夫冈·海涅，1919-1929 年；卡尔·塞弗林，1920 年 3 月–1921 年 4 月和 1921 年 11 月–1926 年 10 月；阿尔伯特·格热津斯基，1926 年 10 月–1930 年 2 月；海因里希·瓦提希，1930 年 3 月–1930 年 10 月；塞弗林 1930 年 10 月–1932 年 7 月。同上，第 762 页，注 1。参见普鲁士前部长对格热津斯基 1926 年和 1930 年镇压的评价，Otto Braun, *From Weimar to Hitler* (New York, 1940)，第 238–239 页。

53 参见脚注 34。Caplan, *Government without Administration*，第 44 页。特变参见 Runge, *Beamtentum und Politik*，第 100–123 页关于政治委任官员的组成的变更情况。

54 Runge, *Politik und Beamtentum*，第 191 页及以下各页；Caplan, *Government without Administration,* 第 45 页。

55 因此 Fenske, 'Monarchische Beamtentum'，第 125–126 页。

56 同上，第 129 页。关于政治公务员的社会背景，参见 Caplan, *Government without Administration*，第 46 页，表格 1。

57 通常参见 Frank B. Tipton, Jr, 'Farm Labor and Power Politics: Germany, 1850–1914'. *The Journal of Economic History*, 34, 4 (December 1974)，第 951–979 页，和 Richard Bessel, 'Eastern Germany as a Structural Problem in the Weimar Republic'. *Social History*, 3, 2 (May 1978)，第 199–218 页。

58 Muncy, 'The Junkers and the Prussian Administration'，第 485、487 页。

59 *Statistisches Jahrbuch für das Deutsche Reich* (Leipzig/Berlin, 1938)，第 19 页；Anthony McElligott, *The German Urban Experience, Modernity and Crisis 1900–1945* (London, 2000)，第 13–15 页。

60 Hermann Strauß–Olsen, 'Kleinstadt und Großstadt'. *Die Zukunft* XXXIII Jg., No. 2 (10 October 1914)，第 42 页；Willy Latten, 'Die niederrheinische

Kleinstadt'. *Kölner Vierteljahreshefte für Soziologie: Zeitschrift des Forschungsinstitut für Sozialwissenschaften in Köln*, 8 Jg., Heft 1 (Leipzig, 1929), 第 312–224 页。

61 Mack Walker, *German Home Towns. Community State and General Estate* (London, 1971); Celia Applegate, *A Nation of Provincials. The German Idea of Heimat* (Berkeley and Los Angeles, 1990)。对于小镇生活的经典文学描述是亨利希·曼（Heinrich Mann）的 *Der Untertan* (Leipzig, 1918)。

62 Valentin Lupescu, 'Sociology of the German Small Town'. *Die Gesellschaft* VIII (1931), 第 464、471 页。

63 David Schoenbaum, *Zabern 1913. Consensus Politics in Imperial Germany* (London, 1982); Helmut Walser Smith, *The Butcher's Tale. Murder and Anti-Semitism in a German Town* (New York, 2002)。

64 Robert G. Moeller, 'Dimensions of Social Conflict in the Great War: The View from the German Countryside'. *Central European History*, 14, 2 (June 1981), 第 142–168 页。Bernd Kölling, *Familienwirtschaft und Klassenbildung: Landarbeiter im Arbeitskonflikt; das ostelbische Pommern und die norditalienische Lomellina 1901–1921* (Vierow bei Greifswald, 1996)。

65 Eric D. Kohler, 'Revolutionary Pomerania, 1919–20: A Study in Majority Socialist Agricultural Policy and Civil–Military Relations'. *Central European History*, 9, 3 (September 1976), 第 250–293 页。Jens Flemming, 'Die Bewaffnung des "Landvolkes"：Ländliche Schutzwehren und agrarischer Konservatismus in der Anfangsphase der Weimarer Republik'. *Militärgeschichtliche Mitteilungen* 2 (1979), 第 7–36 页。

66 Emil Gumbel, *Vier Jahre politische Mord* (Berlin–Friedenau, 1922)。

67 Lawrence D. Stokes, *Kleinstadt und Nationalsozialismus. Ausgewählte Dokumente zur Geschichte Eutin 1918–1945* (Neumünster, 1984), 第 9 页。应注意到社民党在奥伊廷也有一个强大的据点。另参见，Dirk Stegmann, 'Kleinstadtgesellschaft und Nationalsozialismus', 载于 Lüneburger Arbeitskreis 'Machtergreifung' (ed.), *Heimat, Heide, Hakenkreuz. Lüneburgs Weg ins Dritten Reich* (Hamburg, 1984), 第 16–27页。

68 GStAPrK Rep. 77, Nr. 5695 (1919), MdI Betrifft Parteipolitische

Zusammensetzung der Kreistage (1919)。

69 Reinhard Wulfmeyer, *Lippe 1933. Die faschistische Machtergreifung in einem deutschen Kleinstaat* (Bielefeld, 1987)。

70 GStAPrK Rep. 77/5697 (1925), Bl.4. Cf GStAPrK Rep. 77/5695 (1919), MdI Betrifft Parteipolitische Zusammensetzung der Kreistage (1919), Bl. 4–9, 尤其是 Bl. 7–8 提到埃劳。57% 的人口居住在乡下（人口少于 2000 的村子），只有 14% 的人口居住在城市，另参见 *Statistisches Jahrbuch für das Deutsche Reich* (Leipzig/Berlin, 1934), 第 5 页。Dietmar Petzina, Werner Abelshauser, Anselm Faust (eds), *Sozialgeschichtliches Arbeitsbuch II. Materialien zur Statistik des Deutschen Reiches 1870–1914* (Munich, 1978), 第 42–43 页。

71 J. Falter et al., *Wahlen und Abstimmungen in der Weimarer Republik* (Munich, 1986), 第 104–106 页。

72 贡宾嫩有人口 539778 人，是东普鲁士四大行政区（*Regierungsbezirke*）之一，另外三个是柯尼斯堡，911879 人；阿伦斯泰因，540287 人；西普鲁士，264405 人。

73 GStAPrK, Rep. 77/5565. Ernst Troeltsch, *Spektator Briefe*, 第 122 页。Könneman, Schulze (eds), *Der Kapp-Lüttwitz-Ludendorff Putsch*, Doc. 500, 第 780 页。

74 GStAPrK, Rep. 77/5188。

75 参见脚注 63，Kohler, 'Revolutionary Pomerania' and Flemming, 'Die Bewaffnung des "Landvolkes" '。

76 Johannes Erger, Der *Kapp-Lüttwitz Putsch* (Düsseldorf, 1967), 第 206–210 页。

77 Behrend, 'Die Besetzung der Landratsstellen', 第 123 页。参见：Hamburger, 'Verwaltung', 第 356–357 页；同上，'Die personelle und organistorische Verwaltungspolitik der neuen Machthaber'. *Der Beamte* 4 (1932), 第 216–223 页，此处内容在第 217 页。Caplan, *Government without Administration*, 第 43–44 页。

78 参见柏林行政学院的讲座列表，'Vorlesungsverzeichnis', WS 1919/20–WS 1934/35（洪堡大学图书馆内的微缩胶片拷贝），和 Berliner Verwaltungsakademie, Schriftenreihe der Verwaltungsakademie Berlin 4: Ludwig Bergsträsser, *Geschichte der politischen Parteien in Deutschland*, 4th rev. edn (Mannheim etc., [1921] 1926)。

79 Fenske, 'Monarchisches Beamtentum', 第 135 页。
80 原载于 *Lübecker Volksbote*, 14 May 1926，转载于 Julius Leber, *Ein Man geht seinen Weg* (Berlin, 1952), 第 137 页。Behrend, 'Zur Personalpolitik', 第 179 页。
81 关于此内容的节选，参见：GStAPrK Rep. 77/3555。
82 Andreas Kossert, *Ostpreussen. Geschichte und Mythos* (Munich, 2005), 第 140–273 页。
83 James Kerr Pollock and Homer Thomas, *Germany in Power and Eclipse, The Background of German Development* (Toronto, New York, London, 1952), 第 271–284 页；Shelley Baranowski, *The Sanctity of Rural Life, Nobility, Protestantism and Nazism in Weimar Prussia* (New York, Oxford, 1995), 第 27–38 页。Eberhard Kolb, 'Im Schatten des übermächtigen Vaters. Herbert und Otto von Bismarck', 载于 Thomas Karlauf and Katharina Raabe (eds), *Väter und Söhne. Zwölf Portaits* (Reinbek, 1998), 第 169–201 页。
84 另外商业和运输业占 14.8%，行政占 5%，卫生部门占 1.3%，国内服务占 3.6%，自由职业占 10.5%。.
85 *Archiv für Sozialwissenschaft und Sozialpolitik,* 62, 3 (1929), 第 603 页。
86 同上，第 605 页。
87 县投票结果见 GstAPrK Rep. 77/5695; Rep. 77/5696; Rep. 77/4087 和 Rep. 77/5698。Falter et al., *Wahlen und Abstimmungen,* 第 132 页。直到 1932 年 7 月的选举它被纳粹党取代前，德国国家人民党一直是该省最大党。值得注意的是，兴登堡在 1925 年帝国总统选举中赢得了 71% 的选票，但是到了 1932 年，这个数字减少了一半。另一方面，希特勒在此地取得了最强劲的表现，得票率接近 53%，同上，第 67–79 页。
88 Barch R36/46, Bl. 18, 35, 84.
89 http://www.gonschior.de/weimar/php/ausgabe_gebiet.php?gebiet=1152 (Wahlen in der Weimarer Republik – Gebietseinheit: Kreis Regenwalde。
90 关于流感疫情管理的影响，参见 GstAPrK Rep. 77/5448, Bl. 54。俾斯麦任职的细节见 GStAPrK, Re 第 77/5597, Bl. 194–222。
91 他做过两次宣誓，第一次是 1920 年 3 月 10 日对帝国宪法，第二次是 1921 年 5 月 6 日对普鲁士宪法，Barch R1501PA/4995, Bl. 27, 34。
92 GStAPrK, Rep. 77/5598, Bl. 1599; 卡尔·冯·哈尔芬 (1873–1937) 是

奥特韦勒前县长（1909）和萨尔布吕肯的前县长 (1916–1919)，后来成为普鲁士财政部的部长顾问，以及希尔德斯海姆和什切青的政府主席，他最后于 1930 年 6 月至 1933 年 10 月成为军管区区长，被赫伯特形容为"老学校"出来的军管区区长，Ernst Rudolf Huber, *Deutsche Verfassungsgeschichte seit 1789. Vol. 7: Ausbau, Schutz und Untergang der Weimarer Repulblik* (Stuttgart, Berlin, Cologne, Mainz, 1984), 第 1032 页。哈尔芬接替尤里乌斯·李普曼 (Julius Lippmann，德国民主党，1864–1934)，后者是一位律师，是 1919 年 4 月至 1930 年 4 月的军管区区长。细节见 Huber, *Deutsche Verfassungsgeschichte* 6, 第 766–767 页。

93 Wolfgang R. Krabbe, 'Die Bismarckjugend der Deutschnationalen Volkspartei'. *German Studies Review*, 17, 1 (February 1994), 第 9–32 页，此处内容在第 26 页。

94 显然，当有传言说俾斯麦可能被任命为科沙林政府主席时，波美拉尼亚农民联盟的劳恩堡分部曾激烈地反对过他，他们声称俾斯麦与其他不伦瑞克 – 吕布佐夫和冯·克莱斯特 – 舒曼森的大地主一起，都是国家社会主义的顽固敌人；俾斯麦一直严厉批评党团首领马丁·席勒。Schumacher, *M.d.R. Die Reichstagsabgeordneten*, 第 40–41 页。

95 俾斯麦在 1955 年死于威斯巴登。Barch R1501 PA/4994, Bl. 30; R1501 PA/4995, Bl. 46, 48, 76, 127. Huber, *Deutsche Verfassungsgeschichte* 6, 第 168 页脚注 77。

96 这对夫妇有 7 个孩子，(1914 年诞女，1916 年诞男，1919 年诞男，1922 年诞女，1925 年诞女 (?)，1927 年诞男（赫伯特，死于 1929 年)，1930 年诞男)。传记细节参见 Barch R1501PA/4993。另参见：*Genealogisches Handbuch des Adels, Adelige Häuser* A Band XVI, Band 76 der Gesamtreihe, (Limburg, Lahn, 1981), 第 38 页；Baranowski, *The Sanctity of Rural Life*, 第 31 页及以下各页。

97 Barch R1501PA/4994, Bl. 46, 50–53, 58. R1501PA/4997, Bl. 1–3。

98 Barch R1501PA/4993, Bl. 106–106; R1501PA/4998, Bl. 15。

99 有趣的是独立社民党坚决反对俾斯麦，而多数派社民党却支持他。GStAPrK Rep. 77/5597, Bl. 225–9。

100 Barch R1501PA/4995, Bl. 75, Reg.präs. Dr Höhnen, 7 March 1925; Bl. 116–117, Reg. präs. 18 March 1929。

101 GStAPrK, Rep. 77/5598, Bl. 50。
102 同上，Bl. 53–4。
103 关于共和国标志和导致的关于旗帜的冲突，参见：Nadine Rossol, 'Flaggenkrieg am Badestrand. Lokale Möglichkeiten repräsentativer Mitgestaltung in der Weimarer Republik'. *Zeitschrift für Geschichtswissenschaft,* 7/8 (2008), 第 617–637 页；Bernd Buchner, *Um nationale und republikanische Identität. Die Sozialdemokratie und der Kampf um die politische Symbole in der Weimarer Republik* (Bonn, 2001)。
104 Herbert Michaelis and Ernst Schraepler (eds), *Ursachen und Folgen. Vom deutschen Zusammenbruch 1918 und 1945 bis zur staatlichen Neuordnung Deutschlands in der Gegenwart 26 Volumes* (Berlin, 1958–1979), vol. 7, Doc. 1519。
105 RGBl. I Nr. 52, 1922, 第 590–595 页，此处内容在第 591 页。
106 赫嫩后来在 1927–1933 年期间搬到了希尔德斯海姆，Huber, *Deutsche Verfassungsgeschichte* 6, 第 771 页。关于普鲁士政府有关旗帜的指导的共同挑战，参见 Achim Bonte, *Werbung für Weimar? Öffentlichkeitsarbeit von Großstadtverwaltungen in der Weimarer Republik* (Mannheim, 1997), 第 129–133 页。
107 GStAPrK, Rep. 77/5598, Bl. 34–6, OPräs. O.P.S. Nr. 184 to M.d.I., Stettin 21 December 1926, 'Persönlich und eigenhändig'。
108 Muncy, 'Junkers and the Prussian Administration', 第 489 页。我们不能排除尊重俾斯麦，至少尊重他的姓氏的可能性。
109 GStAPrK, Re 第 77/5598, Bl. 46–7, M.d.I., C. 7176/26, 致俾斯麦的信，1927 年 5 月 13 日。
110 同上，Bl. 38, letter 17 December 1926。
111 关于自由军团的参考，参见 GStAPrK, Rep. 77/5597, Bl. 82, Bl. 225–9. *Volksbote* Nr. 112, 15 May 1925。
112 案件卷宗：GStAPr.K Rep. 77/3335。
113 案件卷宗：同上。
114 GStAPrK Rep. 77/4530。
115 一个更好的例子可以参见劳恩堡下属的勋贝格县的事例，GStAPrK, Rep. 77/3335。

116 Muncy, 'Junkers and the Prussian Administration', 第 496 页注释 38。

117 背景参见 Hagen Schulze, *Otto Braun oder Preußens demokratische Sendung* (Frankfurt/Main, 1977), 第 659–670 页。

118 GStAPrK, Rep. 77/5597, Bl. 122。

119 Barch R1501PA/4496, Bl. 70; GStAPrK, Rep. 77/5598, Bl. 55, Abschrift, M.d.I., Pd. 74, 10 February 1930 to Bismarck; 其他县长的参考，参见同上，Bl. 56。

120 Dietrich Orlow, *Weimar Prussia, 1925–1933. The Illusion of Strength* (Pittsburgh, Pa., 1991)。

121 GStAPrK, Rep. 77/5598, Bl. 60–61, Preuss. M.d.I., 第 7051 页，25 March 1931 to Min. Präs.; Bl. 74, notice of suspension to Bismarck from 第 M.d.I., 第 7052 页, 30 March 1931。塞弗林被重新任命为内政部长，参见 Schulze, *Otto Braun*, 第 619 页及以下各页、第 641 页及以下各页。

122 可参见他在 1930 年 8 月 29 日在皮利兹、1931 年 3 月 27 日在斯维内明德的民族主义集会上的演讲, Barch R1501PA/4995。

123 GStAPrK Rep. 77/5598, Bl. 142–43, 190. Barch R1501PA/4495, Bl. 138; R1501PA/4996, Bl. 77。

124 *Greifenberger Kreisblatt* Nr. 74, 28 March 1931; *Kreuz-Zeitung* Nr. 86, 27 March 1931; *Pommersche Tagespost* Nr. 74, 28 March 1931。

125 Wilhelm Abegg, in *8Uhr Abendblatt* Nr. 11, 13 January 1933, in Barch R1501PA/4997, Bl. 112。

126 Barch R1501PA/4995, Bl. 164, *Greifenberger Kreisblatt* Nr. 128, 3 June 1931, 'Unser Kampf um Preußen'。

127 有关容克阶级对国民道德滑坡的抱怨，参见 Baranowski, *The Sanctity of Rural Life*, 第 39 页。

128 Barch R1501PA/4996, Bl. 77; GStAPrK Rep. 77/5598, Bl. 59。

129 Barch R1501PA/4995, Bl. 179–87, 什切青警长写给波美拉尼亚省长，标记为"私人直接递呈"，1930 年 9 月 2 日，此处内容在 Bl. 180–5。

130 *Deutsche Zeitung* Nr. 86, 10 March 1931, 引用自 Schulze, *Otto Braun*, 第 659 页。

131 同上，第 661 页。

132 *Der Tag* Nr. 185, 5 August 1930; 比较：社民党的 *Volksbote* Nr. 181, 6

August 1930, 'Hugenberg hat sein Ziel erreicht'。

133 *Akten der Reichskanzlei: Kabinett von Papen I und II*, vol. 2, Doc. 196, 第 885–888 页，此处内容在第 888 页。Jacob, *German Administration since Bismarck*, 第 124 页，此书给出了一个更高的数字，认为有 61 位县长。

134 1933 年后继续肃清运动，到 1937 年为止（《新公务员法》颁布），75% 的普鲁士县长和 51% 的其他州县长被罢免。在此之前，只有 5% 的普鲁士县长不是纳粹党员，所谓的"三月烈士"（Märzgefallene）占了 47%，"老战士们"（alte Kämpfer）则占了 48%。其他州的情况与此类似，但没有如此极端，即 42% 的县长不是纳粹，49% 的县长转由"三月烈士"担任，这使纳粹对官僚系统的清洗比共和国彻底得多，确保第三帝国（与第二帝国类似）的统治更为稳固，但它却像混乱中的大多数官僚机构一样，Jacob, *German Administration since Bismarck*, 第 130–134 页。比较：Behrend, 'Die Besetzung der Landratstellen', 第 140 页。

135 Arnold Brecht, *Prelude to Silence. The End of the German Republic* (New York, 1944), 第 110–111 页。

136 Geoffrey Pridham and Jeremy Noakes, *Nazism a Documentary Reader 2: State, Economy and Society 1933–1939* (Exeter, 1984), Doc. 174, 第 256–257 页。

137 Muncy, 'Junkers and the Prussian Administration', 第 497–498 页。

138 Caplan, *Government without Administration*, 第 145、165–174 页。参见警察的例子：*Akten der Reichskanzlei, Regierung Hitler 1933–1933: Teil I 1933/34, Band 2: 30 Januar bis 31 August 1933* prepared by Karl-Heinz Minuth (Boppard am Rhein, 1983), Doc. 295。

第八章

1 Leopold Schwarzschild, '10 Jahre Verfassung, 10 August 1929', 载于 *Die Letzten Jahre vor Hitler. Aus dem 'Tagebuch' 1929–1933*, edited by Valerie Schwarzschild with a foreword by Golo Mann (Hamburg, 1966), 第 26 页。

2 Hermann Martin, *Demokratie oder Diktatur?* (Berlin, 1926), 第 103 页。

3　Howard Becker, 'Monuments: German Personality Types Foreshadowing the Collapse of the Weimar Republic'. *American Sociological Review*, 8, 5 (October 1943), 第 525–530 页，此处内容在第 529 页。

4　参见关于"领袖"和政党的对映体是机器的有益的讨论，参见 Thomas Mergel, Führer, 'Volksgemeinschaft und Maschine. Politische Erwartungsstrukturen in der Weimarer Republik und dem Nationalsozialismus 1918–1936', 载于 Wolfgang Hardtwig (ed.), *Politische Kulturgeschichte der Zwischenkriegszeit 1918–1939* (Göttingen, 2005), 第 91–127 页，此处内容在第 105–111、121 页及以下各页。对于任何关于魅力型领袖的讨论，以下著作也是个有用的出发点：M. Rainer Lepsius, 'The Model of Charismatic Leadership and its Applicability to the Rule of Adolf Hitler'. *Totalitarian Movements and Political Religions*, 7, 2 (June 2006), 第 175–190 页。

5　关于这部分章节在安东尼·麦克利戈特的著作中已修订的形式出现：Anthony McElligott, 'Rethinking the Weimar Paradigm: Carl Schmitt and Politics without Authority', 载于 Jochen Hung, Godela Weiss-Sussex, Geoff Wilkes (eds), *Beyond Glitter and Doom: New Perspectives of the Weimar Republic,* Vol. 98 (Munich: Publications of the Institute of Germanic Studies, 2012), 第 80–94 页；同上, 'Political Culture', 载于同上 (ed.), *Weimar Germany* (Oxford, 2009), 第 26–49 页。

6　Friedrich Meinecke, *Straßburg-Freiburg-Berlin 1901–1919,* 载于 *Werke 8: Autobiographische Schriften,* edited and introduced by Eberhard Kessel (Munich, 1969), 第 315–318 页。Max Weber, 'Der Präsident', 载于 *Gesammelte politische Schriften*, edited by Johannes Winckelmann 5th edn (Tübingen, 1988), 第 301 页。Harm Klueting, '"Vernunftrepublikanismus" und "Vertrauensdiktatur"：Friedrich Meinecke in der Weimarer Republik'. *Historische Zeitschrift*, Bd. 242, H. 1 (February 1986), 第 69–89 页，此处内容在第 86 页；Wolfgang J. Mommsen, *Max Weber and German Politics 1890–1920* (Chicago and London, 1984); Detlef Lehnert, 'Einleitung', 载于同上 (ed.), *Hugo Preuss. Gesammelte Schriften IV: Politik und Verfassung in der Weimarer Republik* (Tübingen, 2008), 第 8–9 页。

7　这些文章修订和出版在 'Parlament und Regierung im neugeordneten Deutschland. Zur politischen Kritik des Beamtentums und Parteiwesens', 转

载于 Weber, *Gesammelte Politische Schriften*, 第 306–443 页 [orig. 1921]。Mommsen, *Max Weber and German Politics*, 第 332–346 页。

8 Richard Schmidt, 'Das Führerproblem in der modernen Demokratie', in *Politische Wissenschaft; Schriftenreihe der Deutschen Hochschule für Politik in Berlin und der Instituts für Auswärtige Politik in Hamburg Heft 10: Probleme der Demokratie Zweite Reihe* (Berlin, 1931), 第 3、5–6、11–16 页。另参见 Stefan Korioth, 'The Shattering of Methods in Late Wilhelmine Germany', in Arthur J. Jacobsen and Bernhard Schlink (eds), *Weimar A Jurisprudence of Crisis* (Berkeley, Los Angeles, London, 2000), 第 44 页。

9 Max Weber, *Wirtschaft und Gesellschaft. Grundriss der verstehenden Soziologie* (Frankfurt, 2010), 第 157–188 页。韦伯在 'Parlament und Regierung', 第 355–356、365 页中明确领导具有无限的权力来做决定；然而在现代国家，即使在鲁登道夫 - 兴登堡所谓的无声专政下，这种情况也只是理想化而并非事实，正如我们在第二章中看到的那样。参见瓦尔特·拉特瑙写给弗朗茨·冯·万德尔（Franz von Wandel）的信件, 1.5.1917, 载于 Alexander Jaser, Clemens Picht, Ernst Schulin (eds), *Walther Rathenau Briefe Teilband 2: 1914–1922* (Düsseldorf, 2006), 第 1666–1667 页。L. A. Coser, *Masters of Sociological Thought* (New York, 1971), 第 227 页。

10 Albrecht Graf zu Stolberg–Wernigerode, *Diktatur oder Parlamentarismus? Flugschriften der Deutsche Volkspartei* (Berlin, 1929)。

11 *Verhandlungen des Deutschen Reichstags* 424, 54th Session, 1 March 1929, 第 1359–1366 页 (Graef), 尤其是第 1362 页。

12 *Nationalversammlung* 327, 44th Session, 2 July 1919, 第 1225–1226 页 (David); 同上, 328, 69th Session, 9 July 1919, 第 2071–2074 页 (Preuß)。

13 Hugo Preuß, *Das deutsche Volk und die Politik* (Berlin, 1915); 同上, 'Weltkrieg, Demokratie und Deutschlands Erneuerung', 载于 Lothar Albertin (ed.), *Hugo Preuß. Gesammelte Schriften I: Politik und Gesellschaft im Kaiserreich* (Tübingen, 2007). Christoph Schoenberger, 'Hugo Preuss', in Jacobsen and Schlink (eds), *Weimar A Jurisprudence of Crisis*, 第 112 页; Detlef Lehnert, *Verfassungsdemokratie als Bürgergenossenschaft. Politisches Denken, Öffentliches Recht und Geschichtsdeutungen bei Hugo Preuß* (Baden–Baden, 1998). Heiko Bollmeyer, 'Das "Volk" in den Verfassungsberatungen der Weimarer

Nationalversammlung 1919 – ein demokratietheoretischer Schlüsselbegriff zwischen Kaiserreich und Republik', 载于 Alexander Gallus (ed.), *Die vergessene Revolution von 1918/19* (Göttingen, 2010), 第 57–83 页。

14 Carl Schmitt, 'Diktatur und Belagerungszustand. Eine staatsrechtliche Studie'. *Zeitschrift für die gesamte Strafrechtswissenschaft* 38 (1916), 第 138–162 页。本篇文章在 1921 年扩写并在 1924 年再版。

15 Stefan Breuer, *Carl Schmitt im Kontext. Intellectuellenpolitik in der Weimarer Republik* (Berlin, 2012), 第 101–109 页。参见有洞察力的观点：Eva Horn, 'Work on Charisma: Writing Hitler's Biography'. *New German Critique*, No. 114, Narrating Charisma (Fall 2011), 第 95–114 页。

16 Reinhard Mehring, *Carl Schmitt Aufstieg und Fall. Eine Biographie* (Munich, 2009), 第 76–81 页，尤其是第 78 页；Breuer, *Carl Schmitt*, 第 78 页。Ernst Hüsmert (ed.), *Carl Schmitt. Tagebücher vom Oktober 1912 bis Februar 1915*, second edition (Berlin, 2005), 第 318–320 页；Reinhard Mehring and Curt Giesler (eds), *Carl Schmitt – Die Militärzeit 1915 bis 1919. Tagebuch Februar bis Dezember 1915. Aufsätze und Materialien* (Berlin, 2005), 第 1–18、181–187 页。

17 普鲁士指挥官的独裁权通过 1852 年的《戒严状态法》第九条得到了进一步增强。

18 Carl Schmitt, *Die Diktatur: von den Anfängen des modernen Souveränitätsgedankens bis zum proletarischen Klassenkampf; mit einem Anhang: Die Diktatur des Reichspräsidenten nach Art. 48 der Weimarer Verfassung*, 2 edn (München, 1928), 第 254–255 页 [orig. 1921], Frank Hertweck and Dimitrios Kisoudis (eds), '*Solange das Imperium da ist*'. *Carl Schmitt im Gespräch 1971* (Berlin, 2010), 第 99 页。

19 Stefan Breuer, *Carl Schmitt im Kontext: Intellektuellenpolitik in der Weimarer Republik* (Berlin, 2012); Jeffrey Herf, *Reactionary Modernism Technology, Culture, and Politics in Weimar and the Third Reich* (Cambridge, 1984); Nicolaus Sombart, *Die deutschen Männer und ihre Feinde: Carl Schmitt, ein deutsches Schicksal zwischen Männerbund und Matriarchatsmythos* (Munich, 1991)。

20 Leopold Ziegler, *Volk, Staat und Persönlichkeit* (Berlin, 1917); Walther

Rathenau, *Der Kaiser: eine Betrachtung* (Berlin, 1919), 第 45 页; Wilhelm Abegg, *Für den neuen Staat* (Berlin, [1926] 1928), 第 86 页。另见文章: Schmitt, Heller and Michels in *Politische Wissenschaft Schriftenreihe der Deutschen Hochschule für Politik in Berlin und des Instituts für Auswärtige Politik in Hamburg Heft 5: Probleme der Demokratie, Erste Reihe* (Berlin-Grunewald, 1928). Achim Kurz, *Demokratische Diktatur? Auslegung und Handhabung des Artikels 48 der Weimarer Reichsverfassung 1919–1925* (Berlin, 1992), 第 185–186 页。Steffen Bruendel, *Volksgemeinschaft oder Volksstaat: Die 'Ideen von 1914' und die Neuordnung Deutschlands im Ersten Weltkrieg* (Berlin, 2003)。

21 G. L. Ulmen, 'The Sociology of the State: Carl Schmitt and Max Weber'. *State Culture and Society*, 1, 2 (Winter 1985), 第 3–57 页, 尤其是第 6 页。Mateusz Stachura, 'Rationale Demokratie: Demokratietheoretische Überlegungen in Anschluss an Max Weber'. *Zeitschrift für Politik,* 53 Jg., (4/2006), 第 393–410 页。

22 Walter Jellinek, 'Entstehung und Aufbau der Weimarer Verfassung', 载于 Gerhard Anschütz, and Richard Thoma (eds), *Handbuch des Deutschen Staatsrechts* I (Tübingen, 1930), 第 127–138 页。Elmar M. Hucko (ed.), *The Democratic Tradition. Four German Constitutions* (Oxford, 1987), 第 147–190 页。总统与德国国会之间的关系由 20–59 条定义, Konrad Beyerle, *Zehn Jahre Reichsverfassung. Festrede zur Münchner Verfassungsfeier der Reichsbehörden am 11. August 1929* (Munich, 1929), 第 10 页。

23 Richard Grau, *Die Diktaturgewalt des Reichspräsidenten und der Landesregierungen auf Grund des Artikels 48 der Reichsverfassung* (Berlin, 1922); Ludwig Richter, 'Reichspräsident und Ausnahmegewalt. Die Genese des Artikels 48 in den Beratungen der Weimarer Nationalversammlung'. *Der Staat* 37 (1998), 第 221–247 页; Hans Boldt, 'Die Weimarer Verfassung', 载于 Bracher/Funke/Jacobsen (eds), *Die Weimarer Republik,* 第 44–62 页。关于第 54 条, 参见 Wolfram Pyta, 'Konstitutionelle Demokratie statt monarchischer Restauration. Die verfassungspolitische Konzeption Schleichers in der Weimarer Staatskrise'. *Vierteljahrshefte für Zeitgeschichte,* 47 (July 1999), 第 417–441 页。

24 Christoph Gusy, *Die Weimarer Reichsverfassung* (Tübingen, 1997), 第 3–5 页。Heiko Bollmeyer, *Der steinige Weg zur Demokratie. Die Weimarer Nationalversammlung zwischen Kaiserreich und Republik* (Frankfurt, 2007), 第 48–184、368–373 页；尤其是第 74–91 页；同上, Bollmeyer, 'Das "Volk" ', 第 69–77 页。

25 Robert Redslob, *Die parlamentarische Regierung in ihrer wahren und in ihrer unechten Form: eine vergleichende Studie über die Verfassungen von England, Belgien, Ungarn, Schweden und Frankreich* (Tübingen, 1918). Manfred Friedrich, 'Robert Redslob'. *Neue Deutsche Biographie*, 21 (Berlin, 2003), 第 251 页 (http://daten. digitale–sammlungen.de/0001/bsb00016339/images/index.html?seite=267)。Peter Haungs, *Reichspräsident und parlamentarische Kabinettsregierung: eine Studie zum Regierungssystem der Weimarer Republik in den Jahren 1924 bis 1929* (Cologne, 1968), 第 29–34、113 页。

26 Hugo Preuß, 'Der demokratische Gedanke in der deutschen Republik', *Vossische Zeitung* Nr. 573 (10 November 1919) Morgen–Ausgabe, reprinted in Lehnert, *Hugo Preuß. Gesammelte Schriften* IV, 第 590–591 页。Ernst Rudolf Huber, *Dokumente zur deutschen Verfassungsgeschichte Vol. 3: Dokumente der Novemberrevolution und der Weimarer Republik 1918–1933* (Stuttgart, Berlin, Cologne, Mainz,1966), Doc. 43, 第 33–35 页。

27 这个委员会内有很多杰出的政治人物，例如德国国家人民党的伯萨多夫斯基－维讷伯爵和克莱门斯·冯·德尔布吕克，德国人民党的威廉·卡尔和鲁道夫·海策；来自中央党的卡尔·特里伯恩）、彼得·史潘和阿道夫·格勒贝尔），民主派人士马克斯·韦伯、弗里德里希·瑙曼、康拉德·豪斯曼和埃里希·库奇，还有 4 位社民党人士，包括国会代表卡尔·希尔德布兰德和律师马克斯·夸尔克，其他的一位律师奥斯卡·科恩来自独立社民党，Beyerle, *Zehn Jahre Reichsverfassung*, 第 11–15 页。Gerhard Schulz, *Zwischen Demokratie und Diktatur: Verfassungspolitik und Reichsreform in der Weimarer Republik. Band 1, Die Periode der Konsolidierung und der Revision des Bismarckschen Reichsaufbaus 1919–1930* second edn (Berlin and New York, 1987), 第 129–130 页；Mommsen, *Max Weber*, 第 335–371 页；Bollmeyer, *Der steinige Weg*, 第 219–222 页；

Christian F. Trippe, *Konservative Verfassungspolitik 1918–1923. Die DNVP als Opposition in Reich und Ländern* (Düsseldorf, 1995), 第 40–49、56–58、70 页。

28 Haungs, *Reichspräsident und parlamentarische Kabinettsregierung*, 第 22–34 页；Trippe, *Konservative Verfassungspolitik*, 第 84–90 页。

29 Wolfgang J. Mommsen, 'Zum Begriff der "Plebiszitären Führerdemokratie" bei Max Weber'. *Kölner Zeitschrift für Soziologie und Sozialpsychologie*, 15, 2 (1963), 第 295–322 页，转载于同上，*Max Weber Gesellschaft, Politik und Geschichte* (Frankfurt am Main, 1974), 第 44–71 页。

30 Hugo Preuß, *Um die Verfassung von Weimar* (Berlin, 1924), 第 73 页。Lehnert, 'Einleitung', 第 13 页注释 45。

31 Lehnert, 'Einleitung', 第 13–14 页；Bollmeyer, *Der steinige Weg zur Demokratie*, 第 235–237 页。

32 Hugo Preuß, 'Denkschrift zum Entwurf des allgemeinen Teils der Reichsverfassung vom 3. Januar 1919' 载于同上，*Staat, Recht und Freiheit: aus 40 Jahren dt. Politik u. Geschichte* (Tübingen, 1926), 第 368–394 页，此处内容在第 387 页。

33 Hugo Preuß, 'Volksstaat oder verkehrter Obrigkeitsstaat?'. *Berliner Tageblatt*, 47 Jg., Nr. 583 (14 November 1918), Morgen–Ausgabe, reprinted in Preuß, *Staat Recht und Freiheit*, 第 365–368 页；Preuß, *Um die Reichsverfassung*, 第 63 页。另参见 Lehnert, *Hugo Preuss. Gesammelte Schriften* IV, 第 73–75 页。Bollmeyer, *Der steinige Weg*, 第 222–234、336–344 页。

34 Preuß, *Staat Recht und Freiheit*, 第 144–172 页。Walther Rathenau to Peter Hammes, 23.6.19, 载于 Jaser, Picht, Schulin (eds), *Walther Rathenau Briefe*, 第 2211–2212 页。

35 Max Weber, *Gesamtausgabe*, edited Wolfgang J. Mommsen, Vol. 16 (Tübingen, 1988), 第 53 页。Max Weber, 'Deutschlands künftige Staatsform', 载于 *Gesammelte Politische Schriften*, 第 469 页；同上, 'Der Reichspräsident', 载于同上，第 498–501 页 [orig. *Berliner Börsenzeitung*, 25 February 1919]。还有一个问题是，比例代表制可能导致德国国会议员僵持不下，无法通过法律，Theodor Heuss, *Führer aus deutscher Not. 5 politische Porträts* (Berlin, 1928), 第 92 页。

36　Klueting, 'Friedrich Meinecke in der Weimarer Republik', 第 90 页。

37　Schoenberger, 'Hugo Preuss', 第 114 页。

38　*Verhandlungen des Verfassungsgebenden Deutschen National Versammlung* 336, 3rd Session, February 1919, 第 12–15 页。为提出此论点，普罗伊斯揭示了宪法专家罗伯特·雷德斯洛布的影响，Mommsen, 'Zum Begriff der "Plebiszitären Führerdemokratie"', 295–322 页，此处内容在第 302 页；Bollmeyer, *Der steinige Weg*, 第 259–260 页。

39　Verhandlungen des Deutschen Reichstags, 385, 'Vereidigung des Reichspräsidenten v. Hindenburg vor dem Reichstag am 12. Mai 1925', 第 1721 页，访问网址 http://www.reichstagsprotokolle.de/Blatt2_w3_bsb00000069_00616.html。

40　Kurz, *Demokratische Diktatur?*, 第 152–156 页。Lehnert, 'Einleitung', 第 13 页。

41　Beyerle, *Zehn Jahre Reichsverfassung*, 第 10 页。Willy Hellpach, *Politische Prognose für Deutschland* (Berlin, 1928), 第 136–139 页。

42　有争议的观点，Ernst Nolte, *The Three Faces of Fascism* (London, 1965)。

43　参见 Otto Forst de Battaglia (ed.), *Prozeß der Diktatur* (Zurich, Leipzig, Vienna, 1932) 中的文章。

44　Clinton Rossiter, *Constitutional Dictatorship: Crisis Government in the Modern Democracies* (New York, 1963, orig. Princeton, 1948)。

45　Waldemar Besson, 'Dokumentation: Zur Frage der Staatsführung in der Weimarer Republik: "Diktatur innerhalb der Demokratie"'. *Vierteljahrshefte für Zeitgeschichte*, 7/1 (January 1959), 第 85–111 页，此处内容在第 87 页；Richard Grau, 'Die Diktaturgewalt des Reichspräsidenten', 载于 Gerhard Anschütz, Richard Thoma (eds), *Handbuch des Deutschen Staatsrechts* II (Tübingen, 1932), 第 274–294 页。

46　关于早期以及对独裁权力的共识，参见 Kurz, *Demokratische Diktatur?*, 第 160–162 页；Ernst Rudolf Huber, *Deutsche Verfassungsgeschichte seit 1789. Vol. 7: Ausbau, Schutz und Untergang der Weimarer Repulbik* (Stuttgart, Berlin, Cologne, Mainz, 1984), 第 451 页。

47　Kurz, *Demokratische Diktatur?*, 第 152–156 页。Haungs, *Reichspräsident und parlamentarische Kabinettsregierung*, 第 174 页。

48 *Schulthess' Europäischer Geschichtskalender* 1923 (Munich, 1927), 第 152 页。
49 Heinz Hürten (ed.), *Das Krisenjahr 1923. Militär und Innenpolitik 1922–1924* (Düsseldorf, 1980), Docs. 25, 27, 29。
50 RGBl. (1919) I, 第 1383 页。
51 关于蔡格纳的政府计划，参见 *Schulthess' Europäischer Geschichtskalender* 1923, 第 192–193 页。
52 Hürten (ed.), *Das Krisenjahr 1923*, Docs. 61, 67, 207, 第 107–110、115–118、334–362 页；*Akten der Reichskanzlei Die Kabinette Stresemann I und II,* prepared by Karl Dietrich Erdmann and Martin Vogt (Boppard am Rhein, 1978), Docs. 147, 194, 222. *Schulthess' Europäischer Geschichtskalender* 1923, 第 210–211 页；*Vossische Zeitung* Nr. 512 Abend-Ausgabe, 29 Oktober 1923: 'Dr Heinze Reichskommissar für Sachsen. Der Zusammentritt des Landtags verboten'; *Vossische Zeitung* Nr. 525 Morgen-Ausgabe, 6 November 1923: 'Gegen die Reichszerstörer! Aufruf zum Schutz der Verfassung'。
53 背景见 Huber, *Deutsche Verfassungsgeschichte* 7, 第 376–386 页；Kurz, *Demokratische Diktatur?*, 第 103–110 页。
54 Hugo Preuß, 'Reichsverfassungsmäßige Diktatur (1923)', 载于 *Hugo Preuss. Gesammelte Schriften* IV, 第 523–535 页；另参见他于 1924 年 12 月 20 日写给赫格维施博士的信，同上，第 566–567 页。
55 RGBl. (1932) I, 第 377 页；RGBl. (1933) I, 第 153、173 页；RGBl. (1934) I, 第 75 页。
56 *Verhandlungen des Deutschen Reichstags* 361, 386th Session, 8 October 1923, 第 11947–12031 页；*Akten der Reichskanzlei: Die Kabinette Stresemann I und II,* Docs. 192。
57 同上，Docs. 102–06, 115, 215, 216。关于社民党继续留在政府的条件，参见 *Schulthess' Europäischer Geschichtskalender* 1923, 第 208–209 页。
58 *Vossische Zeitung* Nr. 525 Morgen-Ausgabe, 6 November 1923: 'Der Schrei nach Diktatur'。
59 Martin, *Demokratie oder Diktatur?* 第 244 页。
60 Hürten (ed.), *Das Krisenjahr 1923*, 第 XXII–XXIX 页，特别是 Docs. 152, 158 和 160（埃尔福特上校、冯·法肯豪森上校和约阿希姆·冯·施蒂尔普纳格尔上校之间的私人通信）。

61 *Akten der Reichskanzlei Die Kabinette Stresemann I und II*, Anhang 1, 第 1176–1203 页。Friedrich von Rabenau, *Hans von Seeckt. Aus seinem Leben* (Leipzig, 1940), 第 339–390 页，此处内容在第 366–367、376 页。Heinz Brauweiler, *Generäle in der Deutschen Republik: Groener, Schleicher, Seeckt* (Berlin, 1932), 第 46 页；Claus Guske, *Das politische Denken des Generals von Seeckt: ein Beitrag zur Diskussion des Verhältnisses Seeckt-Reichswehr – Republik* = Historische Heft 422 (Lübeck, 1971), 第 230、245–246 页。参见 Hürten (ed.), *Das Krisenjahr 1923*, Doc. 26, 第 58–60 页，Doc. 75, 第 127 页 , Doc. 198, 第 302 页 , Doc. 207, 第 334–362 页。背景在 Huber, *Deutsche Verfassungsgeschichte* 7, 第 391–399 页。

62 Guske, *Das politische Denken*, 第 245 页。

63 Rabenau, *Hans von Seeckt*, 第 369 页。Hürten (ed.), *Das Krisenjahr 1923*, 'Introduction', 第 XV 页。塞克特在 1930 年以人民党议员的身份进入国会。

64 *Verhandlungen des Deutschen Reichstags* 361, 386th Session, 8 October 1923, 1169 (Westarp); Martin, *Demokratie oder Diktatur?*, 第 227–244 页。Kurz, *Demokratische Diktatur?*, 第 115–116 页。背景：Guske, *Das politische Denken*, 第 227–228、230–232、237–238、243 页。Haungs, *Reichspräsident und parlamentarische Kabinettsregierung*, 第 185–193页。

65 Ulrich von Hehl, *Wilhelm Marx: 1863–1946; eine politische Biographie* (Mainz, 1987), 第 249–255 页。马克斯的选择在德国国家人民党和艾伯特之间引发了有趣的争吵，前者抱怨总统给不同的总理指定相同的内阁，艾伯特回应道总统有任命部长的特权，而非国会，*Schulthess' Europäischer Geschichtskalendar* 1923, 第 224 页。

66 最终以 313 票赞成，18 票反对，1 票弃权而通过，*Verhandlungen des Deutschen Reichstags* 361, 397th Session, 8 December 1923, 第 12337–12342页；比较：同上，396th Session, 6 December 1923, 12335–12361 页；RGBl. (1923), I 第 1179 页。Heinrich Triepel, 'Die Ermächtigungsgesetz'. *Deutsche Juristen Zeitung* 29 (1924), col. 2。

67 Hürten (ed.), *Das Krisenjahr 1923*, Doc. 133, 此处内容在第 196–197 页。Sylvia Eilers, 'Ermächtigungsgesetz und militärischer Ausnahmezustand zur Zeit des ersten Kabinetts von Reichskanzler Wilhelm Marx 1923/24'

(D.Phil., University of Cologne, 1988)。

68 Schmitt, 'Reichstagsauflösungen', 第 24 页。人民党投了弃权票，*Schulthess' Europäischer Geschichtskalendar* 1923, 第 228 页。即使是自由派也可以采取此观点：Willy Hellpach and Graf zu Dohna, *Die Krise des deutschen Parlamentarismus. Vorträge auf der Tagung deutscher Hochschullehrer in Weimar* (Karlsruhe, 1927), 第 3–4 页。Huber, *Deutsche Verfassungsgeschichte* 7, 第 452–454 页。

69 *Schulthess' Europäischer Geschichtskalendar,* 1923, 第 227–228 页。

70 *Verhandlungen des Deutschen Reichstags* vol, 403rd Session, 28 February 1924, 第 12535 页。

71 Huber, *Deutsche Verfassungsgeschichte* 7, 第 541–544 页。

72 Joseph Wirth, *Der Aufbruch: republikanische Flugschriften* (Berlin, 1926), 第 26–27 页；同上，*Reden während der Kanzlerschaft* (Berlin, 1925)。

73 Haungs, *Reichspräsident und parlamentarische Kabinettsregierung*, 第 174–175 页。温克勒（Winkler）错误地论断，艾伯特并不参与政府的日常事务，Heinrich August Winkler, *Der Schein der Normalität: Arbeiter und Arbeiterbewegung in der Weimarer Republik 1924–1930,* second rev. edn (Berlin, 1988), 第 232–234 页。Walter Mühlhausen, *Friedrich Ebert: 1871–1925. Reichspräsident der Weimarer Republik* (Bonn, 2006)。

74 Friedrich Karl Fromme, *Von der Weimarer Verfassung zum Bonner Grundgesetz,* third expanded edn (Berlin, [1960] 1999), 第 65 页；Kurz, *Demokratische Diktatur?*, 第 183 页。另参见 Gusy, *Die Weimarer Reichsverfassung*, 第 107–113 页。

75 Carl Schmitt, 'Die Diktatur des Reichspräsidenten nach Art. 48 der Reichsverfassung', appendix to *Die Diktatur: von den Anfängen des modernen Souveränitätsgedankens bis zum proletarischen Klassenkampf,* second edn (Munich, Leipzig, 1928), 第 213–259 页，此处内容在第 237–238、240–241、253 页。本附录最初发表于 *Veröffentlichungen der Vereinigung der Deutschen Staatsrechtslehrer* 1 (1924)。关于在此背景下施米特对权威的思考，参见：Ellen Kennedy, 'Emergency government within the bounds of the constitution: an introduction to Carl Schmitt, "The Dictatorship of the Reich president according to Article 48 R.V"'.

Constellations, 18/3 (November 2011), 第 284–297 页 (introduction), 和同上，第 299–323 页，译成英文：Carl Schmitt, 'The Dictatorship of the Reich president according to Art 48 of the Reich constitution'。

76 *Hugo Preuß. Gesammelte Schriften* IV, 第 264–266 页；*Vossische Zeitung* Nr. 123, 23 May 1925: Postausgabe。

77 *Verhandlungen des Deutschen Reichstags* 391, 253rd Session, 17 December 1926, 第 48650–48657 页。参见，Michael Stürmer, *Koalition und Opposition in der Weimarer Republik 1924–1928* (Düsseldorf, 1967), 第 162–181 页；Haungs, *Reichspräsident und parlamentarische Kabinettsregierung*, 第 117–123 页；Hehl, *Wilhelm Marx*, 第 389–393 页。关于社民党和马克斯政府的关系，参见 Winkler, *Der Schein der Normalität*, 第 290–307 页。

78 Fromme, *Von der Weimarer Verfassung*, 第 78 页。Rudolf Wertheimer, 'Der Einfluß des Reichspräsidenten auf die Gestaltung der Reichsregierung' (unpublished jur. Diss., Heidelberg, 1930)。

79 Stolberg-Wernigerode, *Diktatur oder Parlamentarismus?*, 第 11 页。

80 Kurt von Reibnitz, *Im Dreieck Schleicher, Hitler, Hindenburg. Männer des deutschen Schicksals* (Dresden, 1933), 第 114 页。冯·赖布尼茨男爵是职业公务员，曾于 1913–1918 年担任上西里西亚省法尔肯贝格县县长；他于 1918 年加入社民党，1919 年 10 月 13 日至 1923 年 7 月担任梅克伦堡－施特雷利茨首席部长，后来在 1928 年 3 月 13 日至 1931 年 12 月 4 日再次担任此职；传记细节参见 Ernst Rudolf Huber, *Deutsche Verfassungsgeschichte seit 1789. Vol. 6: Die Weimarer Verfassung* (Stuttgart, Berlin, Cologne, Mainz, 1981), 第 827 页，注释 25。

81 Martin Schiele, 'Innere Politik', in Walther Lambach (ed.), *Politische Praxis 1926* (Hamburg, 1926), 第 48–57 页，此处内容在第 53 页。

82 Fromme, *Von der Weimarer Verfassung*, 第 76 页；Fritz Poetzsch-Heffter, 'Vom Staatsleben unter der Weimarer Verfassung' Part II. *Jahrbuch des öffentlichen Rechts der Gegenwart* 17 (1929), 第 103 页。

83 Carl Schmitt, *Die geistesgeschichtliche Lage des heutigen Parlamentarismus* (Berlin, 1923), 第 31、33–34 页；Schmitt, 'Der Begriff der modernen Demokratie in seinem Verhältnis zum Staatsbegriff'. *Archiv für Sozialwissenschaft und Sozialpolitik* 51 (Tübingen, 1924), 第 821 页。Ernst Wolgast, *Die Kampfregierung*.

Ein Beitrag zur Lehre von der Kabinettsbildung nach der Weimarer Verfassung (Königsberg, 1929)。

84 Karl Rothenbücher, 'Der Kampf um Artikel 54 der deutschen Reichsverfassung'. *Zeitschrift für öffentliches Recht* 7 (1928), 第 339 页; Wolgast, *Zum deutschen Parlamentarismus*。对于各种立场的讨论，参见 Fromme, *Von der Weimarer Verfassung*, 第 65–68、71 页。

85 Georg Schreiber, *Brüning, Hitler, Schleicher. Das Zentrum in der Opposition* (Cologne, 1932), 第 15、57 页。

86 Hans Mommsen and Sabine Gillmann (eds), *Politische Schriften und Briefe Carl Friedrich Goerdelers*, Vol. 1 (Munich, 2003), 第 240–259 页。

87 Hermann Pünder, *Der Reichspräsident in der Weimarer Republik* (Frankfurt am Main, Bonn, 1961), 第 18 页。

88 Schreiber, *Brüning, Hitler, Schleicher*, 第 58 页。

89 Klueting, 'Friedrich Meinecke in der Weimarer Republik', 第 94–95 页。对迈内克的政治一个比较负面的评价，参见 Waldemar Besson, 'Friedrich Meinecke und die Weimarer Republik. Zum Verhältnis von Geschichtsschreibung und Politik'. *Vierteljahrshefte für Zeitgeschichte* 7 (1959), 第 113–129 页, 此处内容在第 126 页。

90 Gregor Bienstock, *Kampf um die Macht* (Berlin, 1932), 第 6 页。

91 举个例子，Dr Max Weiß (ed.), *Der nationale Wille. Werden und Wirken der Deutschnationalen Volkspartei 1918–1928* (Leipzig, 1928). Fromme, *Von der Weimarer Verfassung*, 第 78 页。

92 Carl Schmitt, 'Machtpositionen des modernen Staates (1933)', 载于 *Verfassungsrechtliche Aufsätze aus den Jahren 1924–1954. Materialien zu einer Verfassungslehre* (Berlin, [1958] 2003), 第 367–371 页, 此处内容在第 367 页。Mehring, *Carl Schmitt*, 第 249 页。Karl Lowenstein, *Verfassungslehre,* second edn (Tübingen, 1969[1957]), 尤其是第四章。

93 'Der Hüter der Verfassung', *Archiv des öffentlichen Rechts* NF. 16 (1929), 第 161–237 页, 此处内容在第 218 页。

94 Carl Schmitt, 'Legalität und Legitimät (1932)', 载于 *Verfassungsrechtliche Aufsätze,* 第 263–350 页。

95 Carl Goerdeler, 'Denkschrift Anfang 1931', 载于 Mommsen and Gillmann

(eds), *Politische Schriften*, vol. 1, 第 312 页。编辑们指出备忘录可能早在 1929 年 9 月之前就写成了。同上，第 271 页脚注 1 和第 200 页。

96 Carl Goerdeler, 'Mehr Macht dem Präsidenten!', 载于同上，第 212 页。

97 同上，第 204 页。

98 Carl Goerdeler, 无题目的手稿写于 1931–1935 年之间，载于 Mommsen and Gillmann (eds), *Politische Schriften*, 第 254 页。Theodor Eschenburg, 'Das Problem der deutschen Einheit nach den beiden Weltkriege'. *Vierteljahrshefte für Zeitgeschichte*, 5. Jahrg., 2. H. (April 1957), 第 107–133 页。

99 Mommsen and Gillmann (eds), *Politische Schriften*, 第 210 页。

100 Kurt Sontheimer, 'Der Tatkreis'. *Vierteljahrshefte für Zeitgeschichte*, 7 (1959), 第 229–260 页。Martin Spahn, *Für den Reichsgedanken: Historisch-politische Aufsätze 1915–1934* (Berlin, Bonn, 1934); Leopold Ziegler, 'Auslese der Minderwertigkeit' cited by Otto Landsberg, *Die politische Krise der Gegenwart. Nach einem Vortrag* (Berlin, 1931), 第 17 页；关于策雷尔参见 Walter Struve, 'Hans Zehrer as a Neoconservative Elite Theorist'. *The American Historical Review*, 70, 4 (July 1965), 第 1035–1057 页 ; Werner E. Braatz, 'Two Neo–Conservative Myths in Germany 1919–1932: The "Third Reich" and "New State" '. *Journal of the History of Ideas*, 32, 4 (October–December 1971), 第 569–584 页，此处内容在第 577 页；Besson, 'Friedrich Meinecke', 第 126 页。

101 Pyta, 'Konstitutionelle Demokratie', 第 431–432 页。

102 Hertweck/Kisoudis (eds), '*Solange das Imperium da ist*', 第 93 页；*Carl Schmitt Tagebücher 1930–1934*, 第 201 页，20 July1932。Breuer, *Carl Schmitt*, 第 175 页。Gabriel Seiberth, *Anwalt des Reiches: Carl Schmitt und der Prozeß 'Preußen contra Reich' vor dem Staatsgerichtshof* (Berlin, 2001), 第 97–110 页。彼得・考德威尔（Peter Caldwell）认为，施米特早在 1924 年就全面转为极右，Peter Caldwell, 'The Citizen and the Republic in Germany, 1918–1935', 载于 Geoff Eley and Jan Palmowski (eds), *Citizenship and National Identity in Twentieth-Century Germany* (Stanford, Calif., 2008), 第 51 页，而沃尔克・纽曼（Volker Neumann）确认施米特极度反犹，'Carl Schmitt', 载于 Jacobsen and Schlink (eds),

Weimar A Jurisprudence of Crisis, 第 281–282 页。

103 *Legalität und Legitimät* (Munich, 1932), trans. and ed. by Jeffrey Seitzer, *Legality and Legitimacy* (Durham, Conn., 2004); *Der Begriff des Politischen* (Hamburg, 1932), trans. and intro. by George Schwab, *The Concept of the Political* (Chicago, 1996)。参见 Heinrich Muth, 'Carl Schmitt in der deutschen Innenpolitik des Sommers 1932'. *Historische Zeitschrift. Beihefte*, New Series, Vol. 1, 'Beiträge zur Geschichte der Weimarer Republik' (1971), 第 75–147 页, 此处内容在第 138–147 页。

104 Lutz Berthold, *Carl Schmitt und der Staatsnotstandsplan am Ende der Weimarer Republik* (Berlin, 1999), 第 78–88 页。在他的日记中有不计其数与欧根·奥特（Eugen Ott）和埃里希·马尔克斯（Erich Marcks）会面的记录，而这两人和施莱谢尔关系密切。

105 Hermann Heller, 'Genie und Funktionär in der Politik', in *Probleme der Demokratie = Politische Wissenschaft Schriftenreihe der Deutschen Hochschule für Politik in Berlin und des Instituts für Auswärtige Politik in Hamburg*, Heft 10 (Berlin– Grunewald, 1931), 第 68 页。关于海勒（Heller）的观点，参见：Marcus Llanque (ed.), *Souveräne Demokratie und soziale Homogenität: das politische Denken Hermann Hellers* (Baden–Baden, 2010), 和 David Dyzenhaus, 'Hermann Heller', 载于 Jacobsen and Schlink (eds), *Weimar A Jurisprudence of Crisis*, 第 249–255 页。

106 Hermann Heller, *Rechtsstaat oder Diktatur?* (Tübingen, 1930), 第 14–15、17、18 页。另参见 Hans Kelsen, 'Wer soll der Hüter der Verfassung sein?'. *Die Justiz,* 6 (1931), 第 576–628 页。

107 Heinrich Herrfahrdt, *Der Aufbau des neuen Staates* (Berlin, 1932); Walther Schotte, *Der Neue Staat* (Berlin, 1932); Gerhard Leibholz, *Die Auflösung der liberalen Demokratie in Deutschland und das autoritäre Staatsbild* (Munich, 1933), 这本书来自哥廷根大学法学教授莱布霍尔茨（Leibholz）在 1932 年 3 月做的一次演讲。Fromme, *Von der Weimarer Verfassung*, 第 78 页。关于早前的攻击，参见 Erich Kaufmann, *Grundfragen der künftigen Reichsverfassung* (Berlin, 1919) 和 Johannes Viktor Bredt, *Das Werk des Herrn Preuss* (Berlin, 1919)。

108 Braatz, 'Two Neo–Conservative Myths', 第 584 页。

109 参见德国国家人民党代表莱茵霍尔德·夸茨（Reinhold Quaatz）写给总统的信"共和国宪法的组成部分"（'als Bestandteil einer republikanischen Verfassung'），载于 *Die Deutschnationalen und die Zerstörung der Weimarer Republik: aus dem Tagebuch von Reinhold Quaatz, 1928–1933* (Munich, 1989), edited by Hermann Weiss and Paul Hoser, 第 106 页，22 March 1930。

110 Quaatz, *Die Deutschnationalen*, 第 158 页，20 October 1931。赖布尼茨总结到，兴登堡征求意见，但自己决断，最终认识到布吕宁不再能够维持他作为总理的权威, *Im Dreieck*, 第 107–108 页。

111 Huber, *Deutsche Verfassungsgeschichte* 7, 第 971–976 页；Daniel Binchy, 'Heinrich Brüning'. *Studies: An Irish Quarterly Review*, 21, 83 (September 1932), 第 385–403 页，此处内容在第 398–399 页。Erich Matthias, 'Hindenburg Zwischen den Fronten 1932'. *Vierteljahrshefte für Zeitgeschichte* 8 (1960), 第 75–84 页。

112 Harry Graf Kessler, *Tagebücher 1918–1937. Politik, Kunst und Gesellschaft der zwanziger Jahre* (Frankfurt/Main: Insel, 4th edn, 1979), 第 669 页，30 May 1932。Binchy, 'Heinrich Brüning', 第 402 页。William L. Patch, *Heinrich Brüning and the Dissolution of the Weimar Republic* (Cambridge, 1998), 第 256–271 页。

113 Franz von Papen, *Die Wahrheit eine Gasse* (Munich, 1952), 第 32–35 页和第 32–69 页各处。

114 Fromme, *Von der Weimarer Verfassung*, 第 74 页。Jürgen Bach, *Franz von Papen in der Weimarer Republik. Aktivitäten in Politik und Presse 1918–1932* (Düsseldorf, 1977)。

115 Hermann Pünder, *Politik in der Reichskanzlei. Aufzeichnungen aus den Jahren 1929–1932*, edited by Thilo Vogelsang (Stuttgart, 1961), 第 137 页。

116 Kessler, *Tagebücher*, 3 June 1932, 第 670 页。

117 同上，4 June 1932。

118 Pünder, *Politik*, 第 136 页。参见 Quaatz, *Die Deutschnationalen*, 第 106 页，22 March 1930。

119 Dr F. Friedensburg, 'Fünfzehn Notverordnungen in zwei Jahren'. *Die Justiz* Band VIII, Heft 7 (1933), 第 314–322 页；Boldt, 'Der Artikel 48', 第 293–294、301 页；Funke, 'Republik im Untergang', 530; Heiber,

Weimar Republic, 180, 其中数字有些出入。

120 Barch R3001/6670 (22087), Bl. 6, 79, 85; *Akten der Reichskanzlei Weimarer Republik. Das Kabinett von Papen*, prepared by Karl-Heinz Minuth, 2 vols (Boppard am Rhein: Boldt, 1989) vol. 2, Doc. 239b, 此处内容在第 1037 页及以下各页，注释 10。

121 Reibnitz, *Dreieck*, 第 116 页。

122 *Das Kabinett von Papen*, vol. 1, Doc. 7。有关在帕彭政府之前合宪性及其第 48 条运用之间的关系，参见 Carl Schmitt, 'Die Staatsrechtliche Bedeutung der Notverordnung, insbesondere ihre Rechtsgültigkeit'. *Verfassungsrechtliche Aufsätze*, 第 235–262 页。此文章原载于 *Notverordnung und öffentliche Verwaltung* (Berlin, 1931), 第 10–35 页。

123 Papen, *Die Wahrheit*, 第 32–33 页。

124 *Das Kabinett von Papen*, Doc. 97: 'Der Reichskommissar für Preisüberwachung Goerdeler an den Reichskanzler. 8. August 1932 (Vorschläge zur Verfassungs- und Verwaltungsreform)'. McElligott, 'Political Culture', 第 40–41 页。

125 Barch N2035/2 (Nachlass Bracht) Bl. 509–12. Franz von Papen, *Vom Scheitern einer Demokratie 1930–1933* (Mainz, 1968), 第 144–145、182–184 页; Theodor Eschenburg, 'Franz von Papen'. *Vierteljahrshefte für Zeitgeschichte* 1 Jahrgang, 2 Heft (April 1953), 第 153–169 页, 此处内容在第 161、163 页。Manfred Funke, 'Republik im Untergang. Die Zerstörung des Parlamentarismus als Vorbereitung der Diktatur', 载于 Bracher, Funke, Jacobsen (eds), *Die Weimarer Republik*, 第 512 页。Heinrich August Winkler, *Der Weg in die Katastrophe: Arbeiter und Arbeiterbewegung in der Weimarer Republik 1930 bis 1933* (Berlin, 1987), 第 734–740 页。

126 Barch N2035/2 (Nachlass Bracht) Bl. 509–12: Reinhold Wulle (Reichsführer Deutschvölkischen Freiheitsbewegung): Informationsbrief 231, 1 October 1932。

127 Frhr. v. Gayl, 'Gesichtspunkte für den Staatsneuaufbau', 第 22 页。Aug. 1932', 载于 Gerd Schwerin, 'Wilhelm Frhr. v. Gayl, der Innenminister im Kabinett Papen 1932' (Erlangen–Nürnberg, Univ., Diss.,1972), 第 225–231 页。

128 R. G. Quaatz, P. Bang (eds), *Das deutschnationale Freiheits-Programm*

mit einem Vorwort von Dr Alfred Hugenberg (Berlin, 1932), 第 7、10 页。

129 引自 Carl Schmitt 'Gesunde Wirtschaft im Starken Staat', unidentified newspaper cutting (1932), Barch N2035/2 Nachlaß Bracht, Bl.132。这是一次演讲的报告，也以"国家强大经济繁荣"（'Starken Staat und gesunde Wirtschaft'）之名发表，载于 *Mitteilungen des Vereins zur Wahrung gemeinsamen wirtschaftlichen Interessen in Rheinland und Westfalen*, no. 1 (Düsseldorf, 1932), 第 13–32 页，此处内容在第 17 页。Angela Reinthal, Reinhard Mußgnug, Dorothee Mußgnug (eds), *Briefwechsel Ernst Forsthoff – Carl Schmitt* (1926–1974) (Berlin, 2007)。

130 他已经朝着这个方向前进，并于 7 月 20 日参与了反对普鲁士的非法政变，Dietrich Orlow, *Weimar Prussia 1925–1933: Illusion of Strength 1925–1933* (Pittsburgh, Pa., 1991*)*, 第 225、250 页。

131 Fromme, *Von der Weimarer Verfassung*, 第 64 页。该法令已在 8 月 30 日由兴登堡签字，但没有签署日期，而且没有给予解散的理由。*Das Kabinett von Papen*, vol. 2, Doc. 134, 此处内容在第 544 页注释 3；Doc. 158, 此处内容在第 651–652 页。参见施米特的评论：*Carl Schmitt Tagebücher 1930 bis 1934,* edited Wolfgang Schuller and Gerd Giesler (Berlin, 2010), 第 215 页，和载于 '*Solange das Imperium da ist'*, ed. by Hertweck/Kisoudis, 第 70、151 页注释 8。

132 Pünder, *Politik*, 18 September 1932, 第 146 页。

133 *Das Kabinett von Papen*, vol. 2, Doc. 135, 此处内容在第 556–557 页。

134 Quaatz, *Die Deutschnationalen*, 第 203 页，12 September 1932。

135 Kessler, *Tagebücher*, 第 670 页，30 May 1932。也参见持相同意见的 Leopold Schwarzschild, 'Die nächsten Stationen' 4 June 1932, 载于 *Die Letzten Jahre vor Hitler*, 第 190–194 页。Mommsen and Gillmann (eds), *Politische Schriften*, 第 249–251 页，观点最初由 A. 门德尔松·巴托迪（A. Mendelssohn Bartholdy）提出：A. Mendelssohn Bartholdy, 'The Political Dilemma in Germany'. *Foreign Affairs*, 8, 4 (July 1930), 第 628 页。另参见 Michael Dreyer, Militant Democracy, 载于 Hung, Weiss-Sussex, Wilkes (eds), *Beyond Glitter and Doom*, 第 77 页。关于 1930 年中断的一个经典的陈述，参见 Karl Dietrich Bracher, *Die Auflösung der Weimarer Republik* ([Villingen 1955] Düsseldorf, 1984), 第 305、367 页及以下各页，转载于 Kolb, *Die Weimarer Republik*, 第 127 页。

136 到 1932 年夏天为止，政治引发的暴力每天都在发生，以至于德国街道上及乡下的关于"内战"的谈论非常常见，Winkler, *Der Weg in die Katastrophe*, 第 761–765 页；Dirk Blasius, *Weimars Ende: Bürgerkrieg und Politik 1930–1933* (Frankfurt a/Main, 2008)。帕彭对普鲁士政府的帝国强制令实际上将权力从普鲁士移交给了帝国，这让地方政府感到不安，尤其是巴伐利亚。普鲁士政府在其他政府的支持下，将帝国告上法庭，尽管赢得官司，但效果甚微。帕彭对普鲁士的进攻实际上是对国家宪法及行政的改革的第一步，这个改革被讨论多年，直到 1933 年才完全实现。*Das Kabinett von Papen*, vol. 1, Doc. 96, 第 353 页；进一步的文献记录载于 Herbert Michaelis, Ernst Schraepler (eds), *Ursachen und Folgen. Vom deutschen Zusammenbruch 1918 und 1945 bis zur staatlichen Neuordnung Deutschlands in der Gegenwart 26 Volumes*, Vol. 8 (Berlin, 1958–1979), 第 557–601 页各处。关于帝国－各州的关系，参见巴伐利亚社民党总理海因里希·赫尔德（Heinrich Held）博士撰写的小册子：Dr Heinrich Held, *Das preußische-deutsche Problem* (Berlin, Leipzig, 1929)。关于最高法院审理此案，参见 Arnold Brecht (ed.), *Preußen contra Reich vor dem Staatsgerichtshof* (Berlin: Dietz, 1933) 中的档案；Dr Schwalb, 'Die Einwendungen gegen das Staatsgerichts-Urteil vom 25. Oktober 1932 in der Preußensache'. *Die Justiz*, 8, 5/6 (1933), 第 217–239 页。*Das Kabinett von Papen*, vol. 2, Doc. 177, 此处内容在第 808 页注释 2。

137 Edmund Schultz (ed.), with an Introduction by Friedrich Georg Jünger, *Ein Bilderwerk zur Geschichte der deutschen Nachkriegszeit: Das Gesicht der Demokratie* (Leipzig, 1931), 第 7 页。

138 *Das Kabinett von Papen*, vol. 2, Doc. 135, 此处内容在第 556–557 页。

139 Stolberg-Wernigerode *Diktatur oder Parlamentarismus?*, 第 13 页。Winkler, *Der Weg in die Katastrophe*, 第 810–856 页，尤其是 845–848 页。

140 Carl Schmitt, 'Der Begriff der modernen Demokratie in seinem Verhältnis zum Staatsbegriff ', *Archiv für Sozialwissenschaft und Sozialpolitik* 51 (Tübingen, 1924), 第 822 页；Braatz, 'Two Neo-Conservative Myths', 第 576 页。Wilhelm Hennig, 'Zum Problem der deutschen Staatsauffassung'. *Vierteljahrshefte für Zeitgeschichte,* 7 (1959), 第 1–23 页。

141 引用自 Petra Weber, 'Goethe und "der Geist von Weimar". Die Rede Werner Thormanns bei der Verfassungsfeier in der Paulskirche am 11. August 1932', *Vierteljahrshefte für Zeitgeschichte*, 46 (1998), 第 109–135 页，此处内容在第 110 页。

142 Martin, *Demokratie oder Diktatur?*, 第 103 页。

143 Ian Kershaw, *Hitler, 1895–1936 Hubris* (London, 1998), 第 295 页；Lepsius, 'The Model of Charismatic Leadership', 第 178 页。David Welch, 'Working Towards the Führer: Charismatic Leadership and the Image of Adolf Hitler in Nazi Propaganda', 载于 A. McElligott and T. Kirk (eds), *Working Towards the Führer. Essays in Honour of Sir Ian Kershaw* (Manchester, 2004), 第 93–117 页。

144 将希特勒描述为"奥地利下士"，参见 Bracher, *Die Auflösung*, 第 626–627 页注释 137，关于对一个鹬蚌相争的政治阴谋在推动希特勒上台中的作用的强调，参见第 632–638 页。

145 通信载于 Jaser, Picht, Schulin (eds), *Walther Rathenau Briefe*, 第 1985、1987、1992、1998、2017–2018、2103–2106、2108–2109、2114 页。

146 Jeffrey Verhey, *The Spirit of 1914. Militarism, Myth and Mobilization in Germany* (Cambridge, 2000), 第 136 页。Jesko von Hoegen, *Der Held von Tannenberg. Genese und Funktion des Hindenburg-Mythos* (Cololgne, 2007), 第 203–215 页。

147 Thomas Mann, *Tagebücher 1918–1921* (Frankfurt am Main, 2003 [1979]), 第 448 页，22 June 1920。库兹明的小说最初出版于 1910 年。

148 Katherine Roper, 'Fridericus films in Weimar Society: Potsdamismus in a Democracy'. *German Studies Review*, 26, 3 (October 2003), 493–514 页；Robert Gerwarth, *The Bismarck myth: Weimar Germany and the legacy of the Iron Chancellor* (Oxford, 2005). Richard E. Frankel, *Bismarck's Shadow. The Cult of Leadership and the Transformation of the German Right, 1898–1945* (Oxford and New York, 2005). Thomas Mergel, 'Dictatorship and Democracy, 1918–1939', 载于 Helmut Walser Smith (ed.), *The Oxford Handbook of Modern German History* (Oxford, 2011), 第 423–453 页，此处内容在第 430 页。

149 Beyerle, *Zehn Jahre Reichsverfassung*, 第 7、40 页；Reibnitz, *Im*

Dreieck, 第 102–104 页；Mann, *Tagebücher 1918–1922*, 第 199 页；Heuss, *Führer*, 第 103–104 页。

150 Mühlhausen, *Friedrich Ebert*, 第 142–150、572–593 页；Winkler, *Der Schein der Normalität*, 第 232 页；Haungs, *Reichspräsident und parlamentarische Kabinettsregierung*, 第 178–181 页。Theodor Wolff, *Tagebücher 1914–1919*, 第 681–685 页, 6 and 8 February 1919。

151 Peter Fritzsche, 'Presidential Victory and Popular Festivity in Weimar Germany: Hindenburg's 1925 Election'. *Central European History*, 23, 2/3 (June–September 1990), 第 205–224 页。

152 Wolfram Pyta, *Hindenburg: Herrschaft zwischen Hohenzollern und Hitler* (Munich, 2007), 尤其第 466、471–472 页；Anna von der Goltz, *Hindenburg; Power, Myth, and the Rise of the Nazis* (Oxford, 2009), 第 12、75–76 页。背景载于 Heinrich August Winkler, *Der Schein der Normalität: Arbeiter und Arbeiterbewegung in der Weimarer Republik 1924 bis 1930* (Berlin etc, 1985), 第 229–245 页。

153 Andreas Kossert, *Ostpreussen. Geschichte und Mythos* (Munich, 2005), 第 210 页；Pyta, *Hindenburg*, 第 456–457 页。

154 Meinhold Lurz, *Kriegerdenkmäler in Deutschland Band 4: Weimarer Republik* (Heidelberg, 1985), 第 47–100 页。

155 G. Schultze-Pfaelzer, *Wie Hindenburg Reichspräsident wurde* (Berlin, 1925), 第 34–36、46–48、58–59 页。

156 von Hoegen, *Der Held von Tannenberg*, Illustration 13。

157 Anon (Von Regierungsrat ***), *Ein Tag aus dem Leben des Reichspräsidenten* (Berlin, 1925), 第 37 页。

158 Beatrice and Helmut Heiber (eds), *Die Rückseite des Hakenkreuzes. Absonderliches aus den Akten des 'Dritten Reiches'* (Wiesbaden, 2005), 第 123–183 页。Henrik Eberle (ed.), *Briefe an Hitler, Ein Volk schreibt seinem Führer. Unbekannte Dokumente aus Moskauer Archiven – zum ersten Mal veröffentlicht* (Bergisch-Gladbach, 2007), 译成英文为 *Letters to Hitler* (Cambridge, 2012)。

159 关于许多日常生活中的形象和"元首"形象之间的差距，参考 Ian Kershaw, *The 'Hitler Myth': Between Image and Reality in the Third Reich*

(Oxford, 1989 [1987]))。

160　Karl Tschuppik, 'Hindenburg'. *Foreign Affairs,* 10 (October 1931), 第 54–69 页，此处内容在第 60–61 页。

161　这在 von Hoegen, *Der Held von Tannenberg*, 第 260–356 页中被讨论。

162　*Verhandlungen des Deutschen Reichstags* 385, Vereidigung des Reichspräsidenten v. Hindenburg vor dem Reichstag am 12. Mai 1925', 第 1721 页。Pyta, *Hindenburg*, 第 485 页。

163　Heuss, *Führer*, 第 104 页。

164　Haungs, *Reichspräsident und parlamentarische Kabinettsregierung*, 第 181–185 页；Winkler, *Der Schein der Normalität*, 第 245 页。Arnold Brecht, *Aus nächster Nähe, Lebenserinnerungen 1884–1927* (Stuttgart, 1966), 第 455–456 页。相反的看法参见：Pyta, *Hindenburg*, 第 461、481–483、486 页。一般来说参见 Andreas Dorpalen, *Hindenburg and the Weimar Republic* (Princeton, 1964)。

165　Albert Grzesinski, *Im Kampf um die deutschen Republik. Erinnerungen eines Sozialdemokraten*, edited and introduced by Eberhard Kolb (Munich, 2009), 第 245–246 页；Theodor Lessing, *Hindenburg* (Berlin, 1925), 第 20–23 页，最初出版为 'Hindenburg', 载于 *Prager Tagblatt*, 25 February 1925, 第 3 页。另参见 Rudolf Olden, *Hindenburg oder der Geist der preussischen Armee* (Paris, 1935, reprint Hildesheim, 1982), 第 210–246、324–354 页。anon. *Von Hindenburg zu Hindenburg (1914–1925)* (Berlin, 1925), 22 页的小册子是以左派（共产党）的立场写的，也批评了社民党（例如第 13 页）。

166　Ernst Troeltsch, *Spektator-Briefe. Aufsätze über die deutsche Revolution und die Weltpolitik 1918/22*, edited H. Baron (Tübingen, 1924), 第 47 页。

167　Kessler, *Tagebücher*, 2 October 1930, 第 643 页。

168　引用自 Walther Lambach, *Die Herrschaft der Fünfhundert. Ein Bild des parlamentarischen Lebens im neuen Deutschland* (Hamburg and Berlin, 1926), 第 19 页。一位名叫兰巴赫（Lambach）的人民党议员大力反对这一点。

169　Willy Hellpach, *Politische Prognose für Deutschland* (Berlin, 1928), 第 140 页；Leopold Schwarzschild, 'Ende eines Systems'. *Das Tagebuch*

Jg. 11 (5 April 1930), 527–529 页, 此处内容在第 528 页。一般来说参见 Andreas Wesemann (ed.), *Chronik eines Untergangs: Deutschland 1924–39; die Beiträge Leopold Schwarzschilds in den Zeitschriften 'Das Tage-Buch' und 'Das Neue Tage-Buch'* (Vienna, 2005). Bernd Sösemann, *Das Ende der Weimarer Republik in der Kritik demokratischer Publizisten: Theodor Wolff, Ernst Feder, Julius Elbau, Leopold Schwarzschild* (Berlin, 1976)。关于政治背景, 参见, James K. Pollock, 'The German Party System'. *The American Political Science Review*, 24, 4 (November 1929), 第 859–891 页。

170 Mendelssohn Bartholdy, 'The Political Dilemma in Germany', 第 620 页。

171 Heinz Flügel, 'Wir träumten von verborgenen Reich ...', 载于 Rudolf Pförtner (ed.), *Alltag in der Weimarer Republik. Erinnerungen an eine unruhige Zeit* (Düsseldorf, Vienna, New York, 1990), 第 170–183 页, 此处内容在第 174–175 页。参见 Theodore Abel, *The Nazi Movement. Why Hitler Came to Power* (New York, [1938] 1966), 第 262–289 页中的两部传记。后来的版本（1985）由托马斯·奇尔德斯撰写前言, 书名稍有修改: *Why Hitler Came into Power*。我选用了之前的版本。

172 Flügel, 'Wir träumten', 第 176 页。

173 Reibnitz, *Im Dreieck*, 第 216–217 页; Arthur Dix, *Die deutschen Reichstagswahlen 1871–1930 und die Wandlungen der Volksgliederung* (Tübingen, 1930), 第 32–34 页; Wolfram Pyta, *Gegen Hitler und für die Republik. Die Auseinandersetzung der deutschen Sozialdemokratie mit der NSDAP in der Weimarer Republik* (Düsseldorf, 1989), 第 133–136 页。另参见 Jürgen Reulecke (ed.), *Generationalität und Lebensgeschichte im 20. Jahrhundert* (Munich, 2003) 中的文章。

174 和中央党关系密切的布拉赫特, 在 1932 年 7 月 20 日后被任命为普鲁士专员, 之后在帕彭第二内阁中成为内政部长。(1932 年 12 月 3 日 –1933 年 1 月 30 日)。

175 Barch N2035/2, Bl. 210 (Nachlass Franz Bracht)。无日期, 可能写于 1931 年 10 月的某日。

176 参见 Max Weber, 'Politik als Beruf', in *Gesammelte Politische Schriften*, 第 505–660 页。

177 Wilhelm Schramm, *Radikale Politikdie: Welt diesseits und jenseits des*

Bolschewismus (Munich, 1932), 第 55 页。传记的细节可见 Horst G. Kliemann und Stephen S. Taylor (eds), *Who is Who in Germany* (Montreal, 1964). Gerhard Schulz, *Zwischen Demokratie und Diktatur: Verfassungspolitik und Reichsreform in der Weimarer Republik. Band 2, Deutschland am Vorabend der grossen Krise* (Berlin, 1987), 第 33–39 页。同上, *Zwischen Demokratie und Diktatur: Verfassungspolitik und Reichsreform in der Weimarer Republik. Band 3, Von Brüning zu Hitler: der Wandel des politischen Systems in Deutschland 1930–1933* (Berlin, 1992)。

178 August Winnig, *Das Reich als Republik 1918–1928* (Stuttgart and Berlin, 1928), 第 165 页。

179 Kessler, *Tagebücher*, 第 640–641 页, 15 Sept. 1930。R. H. S. Crossman, 'Germany – The Inner Conflict', *The Listener*, 13 June 1934, 第 983 页。

180 Willy Hellpach and Graf zu Dohna, *Die Krise des deutschen Parlamentarismus. Vorträge auf der Tagung deutscher Hochschullehrer in Weimar 1927* (Karlsruhe, 1927)。

181 Winnig, Das Reich als Republik, 第 54 页。

182 Richard Bessel, 'The Front Generation and the Politics of the Weimar Republic', 载于 Mark Roseman (ed.), *Generations in Conflict Youth Revolt and Generation Formation in Germany 1770–1968* (Cambridge, 1995), 第 121–136 页; Hans Mommsen, 'Generationskonflikt und Jugendrevolte in der Weimarer Republik', 载于 Thomas Koebner, Rolf–Peter Janz, Frank Trommler (eds), '*Mit uns zieht die neue Zeit'. Der Mythos Jugend* (Frankfurt am Main, 1985), 第 50–67 页。从文化视角看关于代际间疏远的经典陈述, 参见 Peter Gay, *Weimar Culture. The Outsider as Insider* (London, 1969)。

183 Dix, *Die deutschen Reichstagswahlen*, 第 32 页。关于选举人群的定量/统计分析, 参见 Monika Neugebauer-Wölk, *Wählergenerationen in Preussen zwischen Kaiserreich und Republik. Versuch zu einem Kontinuitätsproblem des protestantischen Preussen in seinen Kernprovinzen. Mit einer Einführung von Otto Büsch* (Berlin, 1987), 第 409 页。一般来说参见 Kurt Sontheimer, *Antidemokratisches Denken in der Weimarer Republik. Die politischen Ideen des deutschen Nationalismus zwischen 1918 und 1933* (Munich, 1968)。

184 Max Knight, *The German Executive* (Stanford, 1952), 第 25–26 页。Martin Schumacher, *M.d.R. Die Reichstagsabgeordneten der Weimarer Republik in der Zeit des Nationalsozialismus* (Düsseldorf, 1994), 'Forschungsbericht', 第 46 页。

185 Victor Engelhardt, 'Die Zusammensetzung des deutschen Reichstags', 载于 *Die Arbeit* 1931, 第 32 页。Heinrich Best, 'Elite Structure and regime (dis)continuity in Germany 1867–1933: the case of the parliamentary leadership groups'. *German History* 7 (1990), 第 1–27 页。

186 Heinrich Geiger, 'Der Reichstag der alten Herren'. *Die Tat* XXII (1930), 第 285 页。关于选举参见: James K. Pollock, 'The German Reichstag Elections of 1930'. *The American Political Science Review*, 24, 4 (November 1930), 第 989–995 页。

187 Victor Engelhardt, 'Die Zusammensetzung des deutschen Reichstags', 载于 *Die Arbeit* 1931, Tabelle 3, 第 32 页。

188 Michael Kater, *The Nazi Party. A Social Profile of Members and Leaders, 1919–1945* (Oxford, 1983); Dietrich Orlow, *The History of the Nazi Party*, Vol. 1, 1919–33 (Pittsburgh, 1969); Detlef Mühlberger, *Hitler's Followers, Studies in the Sociology of the Nazi Movement* (London, 1990); Jeremy Noakes, *The Nazi Party in Lower Saxony, 1921–1933* (Oxford, 1971); Rudy Koshar, *Social Life, Local Politics, and Nazism: Marburg 1880–1935* (Chapel Hill and London, 1986)。关于他们的职业, 参见 Theodor Geiger, 'Panik im Mittelstand', 载于 *Die Arbeit. Zeitschrift für Gewerkschaftspolitik und Wirtschaftskunde* 7 (1930), 第 637–654 页。

189 Barch, Sammlung Schumacher 208 I, Bd.2 Gau Schleswig-Holstein, Bl.145; Barch, NS 26/232 (Innenstadt München). Ernest M. Doblin and Claire Pohly, 'The Social Composition of the Nazi Leadership'. *The American Journal of Sociology*, 51, 1 (July 1945), 第 43 页表格 1。

190 Theodor Heuss, *Hitlers Weg. Eine historisch-politische Studie über den Nationalsozialismus* (Stuttgart, Berlin, Leipzig, 1932), 第 119、159 页。

191 当然, 也有不少人是支持共和国的, 一些亲共的年轻人团体就是如此, 例如 "帝国旗帜"。参见, Franz Walter, '*Republik, das ist nicht zu viel*'. *Partei und Jugend in der Krise des Weimarer Sozialismus*

(Bielefeld, 2011); Peter Zimmermann, *Theodor Haubach (1896–1945). Eine Politische Biographie* (Munich, Hamburg, 2004), 第 123–146 页。我个人关心的主要是反对共和国的青年团体。

192　Dix, *Die deutschen Reichstagswahlen,* 第 43 页。

193　Artur Mahraun, *Das Jungdeutsche Manifest. Volk gegen Kaste und Geld; Sicherung des Friedens durch Neubau der Staaten* (Berlin, 1927), 第 71–79 页。Thomas Kühne, *Kamaradschaft. Die Soldaten des nationalsozialistischen Krieges und das 20. Jahrhundert* (Göttingen, 2006), 第 27–110 页各处。另参见 Bruendel, *Volksgemeinschaft oder Volksstaat*, 第 301–313 页。关于"前线一代"最经典的叙述是 Ernst Jünger, *In Stahlgewittern* (*Storm of Steel*) 首次出版于 1920 年，Rolf Peter Sieferle, *Die Konservative Revolution. Fünf biographische Skizze* (Frankfurt am Main, 1995), 第 132–163 页。

194　Huber, *Deutsche Verfassungsgeschichte* 6, 第 220 页；Klaus Hornung, *Der Jungdeutsche Orden* (Düsseldorf, 1958), 第 23–41、87–96 页；Wolfgang R. Krabbe, *Die gescheiterte Zukunft der Ersten Republik. Jugendorganisationen bürgerlicher Parteien im Weimarer Staat (1918–1933)* (Opladen, 1995)。另参见，同上 (ed.), *Politische Jugend in der Weimarer Republik* (Bochum, 1993)。

195　这句话是从我的同事都柏林三一学院的约翰·霍恩（John Horne）教授那里借用的。Mahraun, *Das Jungdeutsche Manifest,* 第 7–10 页。一般来说参见：Yuji Ishida, *Jungkonservative in der Weimarer Republik. Der Ring-Kreis 1928–1933* (Frankfurt, Bern, New York, Paris, 1988); Berthold Petzinna, *Erziehung zum Deutschen Lebenstil. Vorsprung und Entwicklung des junkonservativen 'Ring'-Kreises 1918–1933* (Berlin, 2000); Annelies Thimme, *Flucht in den Mythos. Die Deutschnationale Volkspartei und die Niederlage von 1918* (Göttingen, 1969)。

196　Wolfgang R. Krabbe, 'Die Bismarckjugend der Deutschnationalen Volkspartei'. *German Studies Review*, 17, 1 (February 1994), 第 9–32 页，尤其是第 15–18、20–21 页。Gerwarth, *The Bismarck Myth*, 第 106–107 页。

197　Conan Fischer, *The German Communists and the Rise of Nazism*, 第 117、137、139–140、145 页；同上，'Class Enemies or Class Brothers? Communist–Nazi

Relations in Germany, 1929–1933', *European History Quarterly,* 15, 3 (1985), 第 259–279 页；Conan Fischer and Detlef Mühlberger, 'The Pattern of the SA's Social Appeal', in Conan Fischer (ed.), *The Rise of the National Socialism and the Working Class* in *Weimar Germany* (Providence and Oxford, 1996), 第 99–113 页。Abel, *The Nazi Movement,* 第 vii 章各处。另参见 Wilfried Böhnke, *Die NSDAP im Ruhrgebiet:1920–1933* (Bonn–Bad Godesberg, 1974)。

198 Harrison Brown, 'Germany: Youth Without Hope', *The Listener,* 2 November 1932 和 Sir Evelyn Wrench, 'What Germany was Thinking Last Week', 同上，19 April 1933, 第 614、632 页。Pyta, *Gegen Hitler und für die Republik,* 第 125–127、134 页；Detlev J. K. Peukert, *Die Weimarer Republik: Krisenjahre der Klassischen Moderne* (Frankfurt am Main, 1987), 第 94 页。

199 Walther Rathenau, *An Deutschlands Jugend* (Berlin, 1918), 第 105、121 页。另见他写给瓦尔特・克朗的信，28.9.1917, 载于 Jaser, Picht, Schulin (eds), *Walther Rathenau Briefe,* 第 1773–1774 页。

200 Ernst Jünger, 'Revolution und Idee', 载于 *Völkischer Beobachter* 23/24 September 1923, 引用自 Helmuth Kiesel, *Ernst Jünger. Die Biographie* (Munich 2007, 2009 pbk edition), 第 267 页。Mahraun, *Das Jungdeutsche Manifest,* 第 43、46、53、57–60 页。

201 Flügel, 'Wir träumten', 第 177 页。

202 Franz Meyer, 'Zu Fuß von Köln nach München–Gladbach', 载于 Pförtner (ed.), *Alltag in der Weimarer Republik,* 第 200–209 页，此处内容在第 204 页。

203 Pyta, *Gegen Hitler und für die Republik,* 第 82 页。

204 *Ernst Jünger, Carl Schmitt Briefe 1930–1983,* edited with commentary and a postscript by Helmuth Kiesel (Stuttgart, 1999)。背景参见，Günter Reuter and Henrique Ricardo Otten (eds), *Der Aufstand gegen den Bürger. Antibürgerlichen Denken im 20. Jahrhundert* (Würzburg, 1999). Armin Mohler, *Die konservative Revolution in Deutschland 1918–1932: ein Handbuch,* third expanded edition (Darmstadt, 1089 [orig.1949])。

205 Rüdiger von der Goltz, *Tribut-Justiz. Ein Buch um die deutsche Freiheit* (Berlin, 1932), 第 104–105 页。冯・德尔・戈尔茨是一位著名的右翼律师，

并且参加过自由军团，1933 年他进入国会。

206 Jürgen Falter, 'The Young Membership of the NSDAP between 1925 and 1933. A Demographic and Social Profile', 载于 Conan Fischer (ed.), *The Rise of the National Socialism and the Working Class in Weimar Germany* (Providence and Oxford, 1996), 第 79–98 页。

207 http://www.ns-dokuzentrum-rlp.de/index.php?id=590。

208 同上。作为格里哥·斯特拉瑟的支持者，凯泽后来发觉自己走到了纳粹党的对立面，1935 年，他因参加黑色前线 (Schwarzen Front) 这一抵抗组织被捕，一直被拘役到大战结束。

209 Hans Gerth, 'The Nazi Party: Its Leadership and Composition'. *The American Journal of Sociology,* xlv, 4 (January 1940), 530 页表格 2。关于议会议员的讨论，另参见，*Der Abend* Nr. 436, 17 September 1930。

210 Dix, *Die deutschen Reichstagswahlen*, 第 30 页。Larry Eugene Jones, '"The Dying Middle": Weimar Germany and the Fragmentation of Bourgeois Politics'. *Central European History*, 5, 1 (March 1972), 第 23–54 页。

211 Junius Alter (pseud. for Franz Sontag), *Nationalisten, Deutschlands nationales Führertum der Nachkriegszeit* (Leipzig, 1930), 第 139 页。这里有一个悖论，因为希特勒此时强调合法性。

212 Heuss, *Hitlers Weg*, 第 156–157、160 页内有引述。新版本由埃伯哈德·雅克（Eberhard Jäckel）撰写了前言并修正了标题：*Hitlers Weg. Eine Schrift aus dem Jahre 1932* (Tübingen, 1968). 我用的是原始的版本。von der Goltz, *Tribut-Justiz*, 第 119; Abel, *The Nazi Movement*, 第 179 页。

213 Dix, *Die deutschen Reichstagswahlen*, 第 33、34–35 页。在共和国开始之初，学生们在反革命自由军团中扮演重要角色，例如柏林-利希特费尔德和东普鲁士的奥特尔斯贝格的学生军和约克猎人团，Günter Paulus, 'Die soziale Struktur der Freikorps in den ersten Monaten nach der Novemberrevolution'. *Zeitschrift für Geschichtswissenschaft,* Heft 5 (1955), 第 685–704 页，此处内容在第 696–699 页。Abel, *The Nazi Movement*, 第 131–132 页。

214 Geiger, 'Panik im Mittelstand', 载于上面引用过的著作中。Jürgen Falter, *Hitlers Wähler* (Munich, 1991), 第 146–154 页，尤其是第 147 页。

215 Dix, *Die deutschen Reichstagswahlen*, 第 32 页。

216 Luke Springman, 'Exotic Attractions and Imperialist Fantasies in Weimar Youth Culture', 载于 John Williams (ed.), *Weimar Culture Revisited* (New York, 2011), 第 99–116 页。

217 Huber, *Dokumente* 3, Doc. 423, 第 468–470 页。

218 Alter, *Nationalisten*, 第 125 页; Heuss, *Hitlers Weg*, 第 125 页。Larry E. Jones, 'German Liberalism and the Alienation of the Younger Generation in the Weimar Republic', 载于 Konrad H. Jarausch and Larry E. Jones (eds), *In Search of a Liberal Germany. Studies in the History of German Liberalism from 1789 to the Present* (New York, 1990), 第 287–321 页。关于神话和"陌生国王"参见: Marshall Sahlins, 'The Alterity of Power and Vice Versa, with Reflections on Stranger-Kings and the Real–Politics of the Marvellous', 载于 Anthony McElligott, Liam Chambers, Ciara Breathnach, Catherine Lawless (eds), *Power in History. From Medieval Ireland to the Post-Modern World* (Dublin, Portland OR, 2011), 第 283–308 页。

219 *Ursachen und Folgen*, vol. 8, Doc. 1804。

220 Wolfgang Stammler, *Germanisches Führerideal. Rede gehalten zum 60 Gründungsfeier des Reichs* (Greifswald, 1931), 第 3–6 页及各处。

221 Felix Genzmer, *Staat und Nation: Rede, gehalten bei der Übernahme des Rektorats der Philipps-Universität zu Marburg* (Marburg, 1929), 第 26 页。

222 *Staat und NSDAP: 1930–1932: Quellen zur Ära Brüning*, prepared by Ilse Maurer (Düsseldorf, 1977), Doc. 6, 第 25–28 页, 此处内容在第 25 页。关于较低的估计, Wolfgang Zorn, 'Student Politics in the Weimar Republic'. *Journal of Contemporary History*, 5, 1 (1970), 第 128–143 页, 此处内容在第 130 页。另参见 Peter D. Stachura, 'The Ideology of the Hitler Youth in the Kampfzeit'. 同上, 8, 3 (July 1973), 155–167 页。

223 *Staat und NSDAP*, Docs. 6, 44, 第 28–30、232 页。

224 *Verfassungsrede gehalten von Reichsminister des Innern Dr. Wirth bei der Feier der Reichsregierung am 2. August 1930* (Berlin, 1930), 第 12 页。

225 同上, 第 16 页。

226 此时这个现象已经不止在德国, 而是欧洲大部分地区皆是如此, Luciano Cavalli, 'Charismatic Domination, Totalitarian Dictatorship and Plebiscitary Democracy in the Twentieth Century', 载于 Carl F. Graumann

and Serge Moscovici (eds), *Changing Conceptions of Leadership* (New York, 1986), 第 67–81 页。

227 Mahraun, *Das Jungdeutsche Manifest,* 第 135 页。

228 Michael Wildt, *Generation der Unbedingten: das Führungskorps des Reichssicherheitshauptamtes* (Hamburg, 2002)。

229 Breuer, *Carl Schmitt*, 第 173–176、233–256 页; Ralf Walkenhaus, *Konservatives Staatsdenken: eine wissenssoziologische Studie zu Ernst Rudolf Huber* (Berlin, 1997); Martin Jürgens, *Staat und Reich bei Ernst Rudolf Huber: sein Leben und Werk bis 1945 aus rechtsgeschichtlicher Sicht* (Frankfurt am Main etc, 2005)。关于米切利希，参见 *Carl Schmitt Tagebücher 1930–1934,* 第 216 页，15 September 1932。关于同时代与胡贝尔类似的预测，比较: Florian Meinel, *Der Jurist in der industriellen Gesellschaft. Ernst Forsthoff und seine Zeit* (Berlin, 2011)。

230 Armin Mohler, *Die konservative Revolution in Deutschland 1918–1932: Ein Handbuch,* sixth revised edition (Graz, 2005); Sebastien Maass, *Kämpfer um ein Drittes Reich. Arthur Moeller van den Bruck und sein Kreis* (Kiel, 2010)。

231 帕彭的内阁于 11 月 17 日辞职，但是继续履行行政职责直到下届政府被选出。*Das Kabinett von Papen*, vol. 2, Docs. 213–215。

232 Quaatz, *Die Deutschnationalen*, 第 207 页，3 November 1932; *Carl Schmitt Tagebücher 1930–1934*, 17, 18, 25 October 1932, 第 225、227 页。法院判决转载于 *Preussen contra Reich vor dem Staatsgerichtshof: Stenogrammbericht der Verhandlungen vor dem Staatsgerichtshof in Leipzig vom 10. bis 14. und vom 17. Okt. 1932, mit einem Vorwort von Ministerialdirektor Arnold Brecht* (Berlin, 1933), 第 492–517 页。

233 *Das Kabinett von Papen* 2, Docs. 215, 第 240 页。

234 Othmar Spann, *Hauptpunkte der universalistischen Staatsauffassung* (Berlin: Erneuerungs-Verlag, 1931). Gerhard Schulz, 'Sand gegen den Wind. Letzter Versuch zur Beratung einer Reform der Weimarer Richsverfassung im Frühjahr 1933'. *Vierteljahrshefte für Zeitgeschichte*, 44 (1996), 第 295–319 页，此处内容在第 308 页。Winkler, *Der Weg in die Katastrophe*, 第 802–809 页; Pyta, 'Konstitutionelle Demokratie', 第

429–430 页。

235 Thilo Vogelsang, *Reichswehr, Staat und NSDAP: Beiträge zur deutschen Geschichte 1930–1932* (Stuttgart, 1962), Doc. 27. Schwarzschild, 'Auch nur eine Partei, 6 August 1932', 载于 *Die Letzten Jahre vor Hitler*, 第 198–204 页, 此处内容在第 202 页。Irene Strenge, *Kurt von Schleicher: Politik im Reichswehrministerium am Ende der Weimarer Republik* (Berlin, 2006), 第 168–170、189–195、204–209 页。Wolfram Pyta, 'Vorbereitungen für den militärischen Ausnahmezustand unter Papen/Schleicher'. *Militärgichichtliche Mitteilungen* 51 (1992), 第 385–428 页。Eberhard Kolb and Wolfram Pyta, 'Die Staatsnotstandsplanung unter den Regierungen Papen und Schleicher', 载于 Heinrich August Winkler (ed.), *Handlungsspielräume und Alternativen in der deutschen Staatskrise 1930–1933* (Munich, 1992), 第 153–179 页。

236 H. L., 'The National Revolution in Germany', *Bulletin of International News*, 16 March 1933, 第 6 页；Bracher, *Die Auflösung*, 第 624 页。Hertweck/Kisoudis (eds), '*Solange das Imperium da ist*', 第 155 页, 注释 15。参见 Pyta, 'Konstitutionelle Demokratie', 第 425–428 页。参见 von Papen, *Der Wahrheit eine Gasse*, 第 253–281 页各处, 他在此书中, 对自己促成施莱谢尔倒台一事轻描淡写。

237 Kessler, *Tagebücher*, 第 702 页, 28 January 1933。Bracher, *Die Auflösung*, 第 632–633 页。

238 同上, 第 624–638 页；Henry Ashby Turner, *Hitler's Thirty Days to Power: 30 January 1933* (London, 1996)。

239 *Akten der Reichskanzlei, Weimarer Republik. Das Kabinett von Schleicher 3 Dezember 1932 bis 30 Januar 1933*, prepared by Anton Golecki (hereafter *Das Kabinett von Schleicher*) (Boppard am Rhein, 1986), LXV–LXX; Funke, 'Republik im Untergang', 第 516–517 页。

240 Thomas Mann, *Tagebücher 1933–1934* (Frankfurt am Main 2003 [1977]), 第 448 页。

241 http://www.wahlen-in-deutschland.de/wrtw.htm。

242 *Das Kabinett von Schleicher*, Docs. 71、77 和 79 各处。

243 Barch N2035/2, Nachlaß Bracht, Bl. 169. 史潘曾是中央党员, 1921 年加入了人民党, 1933 年加入纳粹党。Gabriele Clemens: *Martin Spahn und*

der Rechtskatholizismus in der Weimarer Republik (=Veröffentlichungen der Kommission für Zeitgeschichte. Reihe B: Forschungen. Bd. 37) (Mainz, 1983)。

244 Harold James, 'The Weimar Economy', 载于 McElligott (ed.), *Weimar Germany*, 第 122–124 页。

245 *Schulthess' Europäischer Geschichtskalender* 1932 (Munich, 1933), 第 139、176、274 页。Braatz, 'Two Neo-Conservative Myths', 第 573–575 页；Huber, *Deutsche Verfassungsgeschichte 7*, 第 1006 页。

246 *Akten der Reichskanzlei, Regierung Hitler 1933–1933: Teil I 1933/34, Band 1: 30 Januar bis 31 August 1933,* prepared by Karl-Heinz Minuth (Boppard am Rhein, 1983), Doc. 1, 第 3 页。Winkler, *Der Weg in die Katastrophe*, 第 857–864 页。Bracher, *Die Auflösung*, 第 636–637 页，这里持完全相反的论调，认为希特勒从一开始就参与竞选，他拥有政治主动权。

247 Papen, *Der Wahrheit eine Gasse*, 第 272 页。另参见，Quaatz, *Die Deutschnationalen*, 第 229 页，1 February 1933。

第九章

1 Otto Forst de Battaglia, 'Das Antlitz der Diktatur', 载于同上，(ed.), *Prozeß der Diktatur* (Zurich, Leipzig, Vienna, 1932), 第 385 页。

2 *Vossische Zeitung* Nr. 50, 30 January 1933, Abend-Ausgabe: 'Kabinett Hitler-Papen-Hugenberg'。

3 Ernst Rudolf Huber, *Verfassungsrecht des Großdeutschen Reiches* (Hamburg, 1939), 第 142 页，引自 Jeremy Noakes and Geoffrey Pridham (eds), *Nazism 1919–1945: A Documentary Reader,* Vol. 2 (Exeter, 1984), 第 198–199 页。

4 Ernst Rudolf Huber, *Deutsche Verfassungsgeschichte seit 1789. Vol. 7: Ausbau, Schutz und Untergang der Weimarer Repulblik* (Stuttgart, Berlin, Cologne, Mainz, 1984), 第 1084–1086、1090–1091、1145–1146、1205–1211 页。

5 George Gerhard, 'Herr Hitler Comes to Bat'. *The North American Review*, 234, 2 (August 1932), 第 104–109 页。但可参见 *Bukower Lokal-Anzeiger* Nr. 14,

38 Jg., 31 January 1933, 其中提到了希特勒任命在政治圈里引起的惊喜。

6 Daniel Binchy, 'Adolf Hitler' 载于 *Studies: An Irish Quarterly Review*, Vol. 22, No. 85 (Mar., 1933), 第 29–47 页, 此处内容在第 47 页。

7 *Carl Schmitt Tagebücher 1930–1934*, 第 257 页, 31 January 1933。

8 Goebbels *Tagebücher,* vol. 2, entry 30 June 1930; 另可参见 26 June 1930, 29 June 1930。Ian Kershaw, *The 'Hitler Myth'. Image and Reality in the Third Reich* (Oxford, 1987), 第二章, 关于"魅力神话"的发展; 同上, 'The Führer Image and Political Integration: The Popular Conception of Hitler in Bavaria during the Third Reich', 载于 Gerhard Hirschfeld and Lothar Kettenacker (eds), *Der 'Führerstaat': Mythos und Realität. Studien zur Struktur und Politik des Dritten Reichs/The 'Führer State': Myth and Reality. Studies on the Structure and Policies of the Third Reich* (Stuttgart, 1981), 第 133–163 页。Ludolf Herbst, *Hitlers Charisma. Die Erfindung eines deutschen Messias* (Frankfurt am Main, 2010)。

9 Sebastian Haffner, *Germany Jekyll and Hyde. A Contemporary Account of Nazi Germany* (London, 2008, orig. 1940), 第 21–22 页。Lothar Kettenacker, 'Sozialpsychologische Aspekte der Führer-Herrschaft', 载于 Hirschfeld and Kettenacker (eds), *Der 'Führerstaat'*, 第 98–132 页; 同上, 'Hitler's Impact on the Lower Middle Class', 载于 David Welch (ed.), *Nazi Propaganda: The Power and the Limitations* (London, 1983), 第 11 页。

10 参见西奥多·亚伯引述的马克斯·冯·巴登亲王的话: Theodore Abel, *The Nazi Movement. Why Hitler Came to Power* (New York, [1938] 1966), 第 18 页。以及拉特瑙些给菲利克斯·朔特兰德 (Felix Schottlaender) 的信, 信中描述德国人是"极其独裁"的, 载于 Alexander Jaser, Clemens Picht, Ernst Schulin (eds), *Walther Rathenau Briefe Teilband 2: 1914–1922* (Düsseldorf, 2006), 第 757 页。

11 Norbert Frei, Der Führerstaat. *Nationalsozialistische Herrschaft 1933 bis 1945* (Munich, 1987), 译成英文为 *National Socialist Rule in Germany: the Führer State 1933–1945*, translated by Simon B. Steyne (Oxford, 1993)。弗雷 (Frei) 的无限激进化的第三阶段在此处没有涉及。有关于本书所采用的年代表大致相符的年代表, 参见 Karl Dietrich Bracher, *Stufen der Machtergreifung* = Karl Dietrich Bracher, Gerhard Shulz, Wolfgang Sauer,

Die nationalsozialistischen Machtergreifung. Sudien zur Errichtung des totalitären Herrschaftssystems in Deutschland 1933/34: I (Frankfurt, 1962), 第 498 页。关于对魏玛共和国的领导进行时期划分的有趣尝试，参见 John Wheeler Bennett, 'The End of the Weimar Republic'. *Foreign Affairs*, 50, 2 (January 1972), 351–371 页，此处内容在第 353–358、364 页。

12 *Akten der Reichskanzlei. Regierung Hitler 1933–1933: Teil I 1933/34, Band 1: 30 Januar bis 31 August 1933* prepared by Karl–Heinz Minuth (Boppard am Rhein, 1983), Doc. 2。

13 Doc. 16, 和注释 2。Rudolf Morsey, *Die Protokolle der Reichstagsfraktion und des Fraktionsvorstands der Deutschen Zentrumspartei 1926–1933* (Mainz, 1969), Doc. 737; 同上，'Hitlers Verhandlungen mit der Zentrumsführung am 31 January 1933', *Vierteljahrshefte für Zeitgeschichte* 9 (1961), 第 182–194 页。

14 参见希特勒 2 月 1 日在部长会议上的言论，*Regierung Hitler 1933/34*, Doc. 3. *Vossische Zeitung* Nr. 50, 30 January 1933, Abend–Ausgabe: 'Der Sprung'. *Spandauer Zeitung* Nr 25, 40 Jg., 30 January 1933, 'Dunkle Weg'。

15 Ralf Walkenaus, *Konservatives Staatsdenken: eine wissenssoziologische Studie zu Ernst Rudolf Huber* (Berlin, 1997), 第 171 页。

16 *Regierung Hitler 1933/34*, Doc. 60。

17 数字来源于 *Bukower Zeitung* Nr. 14, 38 Jg., 31 January 1933, 'Ovationen für Hindenburg und Hitler'。

18 Harrison Brown, 'Hitler and his Cabinet', Broadcast 4 February, *The Listener*, 8 February 1933, 第 196 页。

19 引自 Jeremy Noakes and Geoffrey Pridham (eds), *Nazism 1919–1945: A Documentary Reader,* Vol. 1 (Exeter, 1983), 第 129 页。

20 Ian Kershaw, *Hitler, 1895–1936 Hubris* (London, 1998); 同上，*The 'Hitler Myth'. Image and Reality in the Third Reich* (Oxford, 1987)。

21 Karl Loewenstein, 'The Balance between Legislative and Executive Power: A Study in Comparative Constitutional Law'. *The University of Chicago Law Review*, 5, 4 (June 1938), 第 566–608 页。

22 *Regierung Hitler 1933/34*, Doc. 17, Pt. 3, Doc. 18, Doc. 19。

23 同上，Doc. 351, 此处内容在第 1293 页。Dan P. Silverman, *Hitler's*

Economy. Nazi Work Creation Programs, 1933–1998 (Cambridge, 1998), 第 63–64 页；Adam Tooze, *The Wages of Destruction. The Making and Breaking of the Nazi Economy* (London, 2006), 第 38–49 页。

24 参见 V. Bodker, BBC Broadcast 19 April 1934, 'Hitler's Germany', *The Listener*, 25 April 1934, 第 694–695 页，还有 1935/1936 年报告样本，载于 Herbert Michaelis, Ernst Schraepler (eds), *Ursachen und Folgen. Vom deutschen Zusammenbruch 1918 und 1945 bis zur staatlichen Neuordnung Deutschlands in der Gegenwart 26 Volumes* (Berlin, 1958–79), vol. 11, Doc. 2492a–d. Kershaw, *The Hitler Myth*, 第 71、74–77 页。Frank Bajohr, *Fremde Blicke auf das 'Dritte Reich'. Berichte ausländischer Diplomaten über Herrschaft und Gesellschaft in Deutschland 1933–1945* (Göttingen, 2011), 第 422 页（美国大使多德的报告）。

25 *Deutschland-Berichte der Sozialdemokratischen Partei Deutschlands (Sopade) 1934–1940*, 7 Vols (Salzhausen, Frankfurt am Main, 1980), Vol. 3 (1936), March, 第 281–283 页，和 Vol. 8 (1938), March, 第 259–260 页，其中有两个公众反应的例子，一个是对希特勒对莱茵兰的政策的反应，另一个是对合并奥地利的反应（也可参见合并 2 周后公众的反应，载于同上，第 263–264 页）。

26 从征用犹太人物资所得利益，参见 Götz Aly, *Hitler's Beneficiaries: Plunder, Racial War, and the Nazi Welfare State* (New York, 2008)。

27 Bracher, *Stufen*, 第 484 页。

28 *Regierung Hitler 1933/34*, Doc. 9 (details of the draft in note 7)。参见同上，Doc. 11。

29 同上，Doc. 93 第 2 页，Doc. 122。

30 同上，Doc. 294。

31 Hans Mommsen and Sabine Gillmann (eds), *Politische Schriften und Briefe Carl Friedrich Goerdelers*, Vol. 1 (Munich, 2003), 第 265 页。参见评论：Thomas Mann, *Tagebücher 1933–1934*, edited Peter de Mendelssohn (Frankfurt/Main: Fischer, 2003), 第 492 页 (entry for 2 August 1934)。Huber, *Deutsche Verfassungsgeschichte* 7, 第 891 页，注释 76。

32 Reinhard Mehring, 'Decline of Theory', 载于 Arthur J. Jacobsen and Bernhard Schlink (eds), *Weimar. A Jurisprudence of Crisis* (Berkeley, Los Angeles,

London, 2000), 第 313–333 页。

33 Reinhard Mehring, *Carl Schmitt Aufstieg und Fall. Eine Biographie* (Munich, 2009), 第 319–321 页。

34 Frank Hertweck and Dimitrios Kisoudis (eds), *'Solange das Imperium da ist'. Carl Schmitt im Gespräch 1971* (Berlin, 2010), 第 101–103、107 页。Schmitt, *Tagebücher*, 第 276 页, 31 March 1933。参见 Dirk Blasius, *Carl Schmitt: Preußischer Staatsrat in Hitlers Reich* (Göttingen, 2001), 第 157–169 页。*Regierung Hitler 1933/34*, Doc. 93 here 第 312 页, 注释 3–5。

35 'Weiterentwicklung des totalen Staats in Deutschland (January 1933)' 载于 Carl Schmitt, *Positionen und Begriffe im Kampf mit Weimar – Genf – Versailles 1923–1939* (Berlin, 1994 [1940]), 第 211–216 页。

36 'Das Gesetz zur Behebung der Not von Volk und Reich vom 24. März 1933', 载于 *Deutsche Juristen Zeitung* 38, 1933, cols. 455–8。

37 *Carl Schmitt Tagebücher 1930–1934*, 第 274 页, 27 March 1933。

38 Stefan Malinowski, *Vom König zum Führer. Deutscher Adel und Nationalsozialismus* (Frankfurt am Main, 2004), 第 585 页；*Ursachen und Folgen*, vol. 10, Doc. 2375。

39 Huber, *Deutsche Verfassungsgeschichte* 7, 第 891 页, 注释 76。

40 Carl Schmitt, '1 Jahr deutsche Politik. Rückblick vom 20. Juli 1932. Von Papen über Schleicher zum ersten deutschen Volkskanzler Adolf Hitler', 载于 *Westdeutscher Beobachter* 9 (1933), Nr. 176, 23 July 1933, 1. Mehring, *Carl Schmitt*, 第 321 页。

41 同上，第 321、326、328 页。有关施米特机会主义的更强硬的（也许是片面的）观点，参见 Blasius, *Carl Schmitt: Preußischer Staatsrat in Hitlers Reich*。关于施米特反犹太主义，参见 Raphael Gross, *Carl Schmitt und die Juden: eine deutsche Rechtslehre* (Frankfurt am Main, 2000); 和公平但是具有批判性的著作 Gabriel Seiberth, *Anwalt des Reiches: Carl Schmitt und der Prozeß 'Preußen contra Reich' vor dem Staatsgerichtshof* (Berlin, 2001)。

42 Mehring, *Carl Schmitt*, 第 334、380 页。

43 同上，第 322、355 页。施米特在这方面有竞争力，参见其之前的学生的作品：Ernst Rudolf Huber, Ralf Walkenhaus, *Konservatives*

Staatsdenken: eine wissenssoziologische Studie zu Ernst Rudolf Huber (Berlin, 1997). 另参见，Mehring, 'Decline of Theory'，第 318–319 页。

44 最重要的是 Franz von Papen, *Der Wahrheit eine Gasse* (Munich, 1952) 和同上，*Von Scheitern einer Demokratie 1930–1933* (Mainz, 1968); 另参见 Fritz Günther von Tschirschky, *Erinnerungen eines Hochverräters* (Stuttgart, 1972)，第 164–172 页；Otto Meißner, *Staatssekretär unter Ebert, Hindenburg, Hitler* (Hamburg, 1950); Hjalmar Schacht, *76 Jahre meines Lebens* (Bad Wörishofen, 1953)。

45 因此参见卡尔·迪特里希·布拉赫尔的总结讲话：Karl Dietrich Bracher, *Die Auflösung der Weimarer Republik* ([Villingen 1955] Düsseldorf, 1984), 第 638 页。

46 这样的例子可以在一封基督教社会人民服务团的领导辛芬德费尔（Simpfendörfer）写给希特勒的信中找到，日期是 2 月 22 日，*Regierung Hitler 1933/34*, Doc. 28. 另参见格德勒 1937 年写于伦敦的报告，载于 Mommsen and Gillmann (eds), *Politische Schriften* vol. 1, 第 240–259 页，还有他被处决前最后的报告，同上，vol. 2, 第 1202–1235 页。Larry Eugene Jones, 'The Limits of Collaboration. Edgar Jung, Herbert von Bose and the Origins of the Conservative Resistance to Hitler 1933–1934', 载于 Larry Eugene Jones and James Retallack (eds), *Between Reform, Reaction, and Resistance* (Providence and Oxford, 1993), 第 465–501 页。

47 尽管各方约定 3 月 21 日在驻军大教堂举行国会开幕，但希特勒在 3 月 7 日的内阁议会上仍然不确定在哪里开幕，*Regierung Hitler* 1, Docs, 41 Part 4; 第 44 页。

48 根据卡尔·施米特对在 3 月 19 日与约翰内斯·波皮兹的电话交谈的记录，兴登堡对《授权法》的提议持保留意见（但很显然，几天后他改变了态度）：*Carl Schmitt Tagebücher 1930–1934*, 第 271 页，19 March 1933。这一条目同样有反犹内容。

49 剩余的 26 位议员不是被羁押就是因健康问题或被恐吓而缺席。另参见 *Regierung Hitler 1933/34*, Doc., 60, 第 214 页。

50 *Verhandlungen des Deutschen Reichstags* 457, 2 Session, 23 March 1933, 第 27、28 页；戈培尔的日记有个不可靠的记录，他说希特勒讲了两个小时，*Tagebücher*, 第 397 页，24 March. 会议持续了将近一个小时五十

分钟，比较：*Schulthess' Europäischer Geschichtskalendar 1933* (Munich, 1934)，第 66–77 页；*Regierung Hitler 1933/34*, Doc. 72, 第 250 页。

51 同上，第 32 页。

52 *Verhandlungen des Deutschen Reichstags* 457, 2 Session, 23 March 1933。约翰·惠勒·贝内特形容韦尔斯的演讲 "精彩而充满勇气"，'The End of the Weimar Republic'. *Foreign Affairs,* 50, 2 (January 1972)，第 351–371 页，此处内容在第 367 页。

53 参见胡根贝格对希特勒在次日部长会议上讲话的称赞，*Regierung Hitler 1933/34*, Doc. 72, 第 248 页。根据施米特所言，自由工会的领导人特奥多尔·莱帕尔特（Theodor Leipart）准备与新政权合作，*Carl Schmitt Tagebücher 1930–1934*, 第 270–271 页，18 March 1933。

54 Vernon Bartlett, Radio Broadcast 30 March, 'What I have seen in Nazi Germany, *The Listener*, 5 April 1933, 第 521–522 页，此处内容在第 522 页。

55 《授权法》在 1937 年被延长有效期，1941 年再次延长有效期，最后一次在 1944 年延长有效期。

56 *Vossische Zeitung* Nr. 139, 23 March 1933, Morgen–Ausgabe: 'Das deutsche Schicksalgesetz' and 'Aussichten und Belastungen'。

57 *Regierung Hitler 1933/34*, Doc. 2, 特别是注释 6；同上，Doc. 68. Morsey, 'Hitlers Verhandlungen mit der Zentrumsfraktion'，前面引用的著作。

58 *Regierung Hitler 1933/34*, Doc. 10。

59 Wheeler Bennett, 'The End of the Weimar Republic', 367 页。

60 *Vossische Zeitung* Nr. 52 31 January 1933, Abend–Ausgabe: 'Das Zentrum verhandelt' and 'Das Zentrum als Schlüssel'. *Regierung Hitler 1933/34*, Doc. 2. *Vossische Zeitung* Nr. 139, Morgen–Ausgabe: 'Neue Aussprache Hitler-Kaas'。

61 *Regierung Hitler 1933/34*, Doc., 72, 此处内容在第 248 页。

62 例子来源于 Klaus Scheel, *1933, Der Tag von Potsdam* (Berlin, 1996), 第 23–24 页。

63 Anthony McElligott, 'Street Politics in Hamburg 1932/33'. *History Workshop Journal* 16 (Autumn 1983), 第 83–90 页；Eike Hennig, 'Politische Gewalt und Verfassungsschutz in der Endphase der Weimarer Republik', 载

于 Rainer Eisfeld and Ingo Müller (eds), *Gegen Barbarei. Essays Robert M.W. Kempner zu Ehren* (Frankfurt am Main, 1989), 第 106–130 页。Dirk Schumann, *Politische Gewalt in der Weimarer Republik 1918–1933. Kampf um die Straße und Furcht vor dem Bürgerkrieg* (Essen, 2001). Dirk Blasius, *Weimar's Ende: Bürgerkrieg und Politik 1930–1933* (Göttingen, 2005)。

64　Schumacher, *M.d.R. Die Reichstagsabgeordneten derWeimarer Republik*, 第 106–109 页。参见 3 月 30 日播出的韦尔农·巴特利特（Vernon Bartlett）的评论：'What I have seen in Nazi Germany', *The Listener*, 5 April 1933, 第 521–522 页，他在其中指出：" 但是，到目前为止，我相信迫害不像其他国家的许多人所认为的那样严重。" 参见一个 " 在维也纳的英国人 " 的回复：'Another View on Nazi Germany', *The Listener*, 26 April 1933, 第 678 页。

65　例子参见：*Regierung Hitler 1933/34* Docs. 28, 55, 112, 168。

66　参见载于 Martin Schumacher, *M.d.R. Die Reichstagsabgeordneten derWeimarer Republik in der Zeit des Nationalsozialismus* (Düsseldorf, 1994), 第 61–65、175–178、207–208 页中的条目。

67　其余的人：符腾堡：971 人，汉堡：682 人，巴登：539 人，不来梅：229 人，奥尔登堡：170 人，黑森：145 人，安哈尔特：112 人，梅克伦堡 – 什韦林：35 人，吕贝克：27 人，绍姆堡 – 利珀：24 人，利珀 – 代特莫尔德：17 人，图林根：16 人，梅克伦堡 – 施特雷利茨：16 人，*Regierung Hitler 1933/34*, Doc. 193, 注释 17。参见 Martin Broszat, *Der Staat Hitlers. Grundlegung und Entwicklung seiner inneren Verfassung* (Munich 1969), 第 407–409 页；另参见 Scheel, *1933, Tag von Potsdam*, 第 25–26 页。1934 年 8 月 7 日的特赦让 12500 名政治犯释放，由于他们不再对政权有威胁，而且这些人是在罗姆事件之后被逮捕的，*Regierung Hitler 1933/34*, Doc. 383, 注释 10。

68　Barch R3001/alt/R22/1284 Bl. 312（司法部长京特对犯罪法原则的态度，参见 1935 年柏林国际法会议）。这就是所谓的《范·德尔·卢贝法》（*lex van der Lubbe*），并将 2 月 28 日的法令追溯适用至 1 月 1 日至 1 月 28 日之间的犯罪行为，如果被判有罪，被告将被施以绞刑，而不是更人性化、更迅速地断头台处决。在对国会纵火案的内阁讨论上，弗利克在烧焦的王座残基前呼吁吊死范·德尔·卢贝，*Regierung*

Hitler 1933/34, Doc. 44, 第 163–164 页。两部法律载于 RGBl. 1933 I, 第 83、151 页。Martin Broszat, 'Zum Streit um den Reichstagsbrand', *Vierteljahrshefte für Zeitgeschichte* (1960). Lothar Gruchmann, *Justiz im Dritten Reich 1933–1940: Anpassung und Unterwerfung in der Ära Gürtner* third revised edition (Munich, 2001), 第 826 页及以下各页。比较：Kenneth W. Reynolds ' "Der Richter ist konservativ." The German Reichsgericht und der Reichstag Fire Trial 1933' (unpublished M.A. Thesis, McGill University, Montreal, 1992)。

69 根据当时现有法律 (Straf. GB para. 81–86)，在 2 月 28 日的法令通过之前，纵火案最高只能判到终身监禁。*Regierung Hitler 1933/34*, Doc. 60, 注释 20。

70 *Regierung Hitler 1933/34*, Doc. 44, 第 164 页。

71 Ernst Fraenkel, *The Dual State* (New York, 1941), 第 3 页。

72 *Regierung Hitler 1933/34*, Doc. 375. 大清洗还加强了希特勒和军队的关系，参见 *Sopade* 1. Jahrgang Nr. 3, 1934, 189–211 页，此处内容在第 205 页。

73 Thomas Klein, 'Marburg-Stadt und Marburg-Land in der amtlichen Berichterstattung 1933–1936' 载于 Klaus Malettke (ed.), *Der Nationalsozialismus an der Macht* (Göttingen, 1984), 第 134 页。

74 *Ursachen und Folgen*, vol. 10, Doc. 2381a–c, Doc. 2390。Franz von Papen, *Der Wahrheit eine Gasse* (Munich, 1952), 第 353 页及以下各页。von Tschirschky, *Erinnerungen eines Hochverräters*, 第 176–179 页。

75 这一数字众说纷纭：Ian Kershaw, *Hitler* (=Profiles in Power) (Harlow, 1991), 第 73 给出的数字是 87，这接近官方数据 83，而 Alois Prinz, *Der Brandstifter. Die Lebensgeschichte des Joseph Goebbels* (Weinheim, Basel, 2011), 第 206 页说有 200 有余，可能是依据 Charles Bloch, *Die SA und die Krise des NS-Regimes* 1934 (Frankfurt am Main, 1970), 第 104 页，这里面说数字接近 150–200；比较：Heinrich Bennecke, *Die Reichswehr und der 'Röhm-Putsch'* (Munich and Vienna, 1964)。7 月 13 日，希特勒在德国国会的讲话里，说了受害者人数是 77 人。Jürgen Förster, *Die Wehrmacht im NS-Staat. Eine Strukturgeschichtliche Analyse* (Munich, 2007), 第 71–81 页，此为介绍军队、党卫军和冲锋队之间的关系的背景。

76 Mann, *Tagebücher 1933–1934*, 第 463 页，8 July 1934. Gruchmann, *Justiz*, 第 443 页及以下各页。

77 *Verhandlungen des Deutschen Reichstags* 458, 3rd Session, 13 July, 第 21–32 页，尤其是第 31 页。

78 Mehring, *Carl Schmitt*, 第 345、351 页。Malinowski, *Vom König zum Führer*, 第 586 页。将军斐迪南·冯·布雷多（Ferdinand von Bredow）被戈林认为反对体制，于 6 月 30 日也被谋杀。参见 *Regierung Hitler 1933/34*, Doc. 68, 尤其是第 241–242 页。

79 Carl Schmitt, *Politische Theologie* (Munich and Leipzig, 1922), 引自 Neumann, 'Carl Schmitt', 第 283 页。

80 *Regierung Hitler 1933/34*, Doc. 377。

81 *Ursachen und Folgen*, vol. 10, Doc. 2379b。

82 *Regierung Hitler 1933/34*, Doc. 375, 此处内容在第 1358 页。

83 *Ursachen und Folgen*, vol. 10, Doc. 2384。

84 同上，Doc. 2380, 比较：Doc. 2383 中有与维尔纳·冯·勃洛姆堡（Werner von Blomberg）将军类似的评价。赖歇瑙后晋升为元帅，参与了东、西两线的战事，后死于 1942 年的一场空难。

85 RGBl.1934 I, 第 529 页；*Regierung Hitler 1933/34*, Doc. 375。

86 Carl Schmitt, 'Der Führer schützt das Recht. Zur Reichstagsrede Adolf Hitlers vom 13. Juli 1934', 载于 *Deutsche Juristen Zeitung*, Heft 15, (1 August 1934), cols. 945–950。参见 *Ursachen und Folgen*, vol. 10, Doc. 2380c; Doc. 2411a。当年春天施米特接管了《德国法官报》的编辑工作。Mehring, *Carl Schmitt*, 第 350–355 页。Gruchmann, *Justiz*, 第 453 页。

87 施米特会在原作中非常显眼地把法治国家放在引号内，由此质疑这个概念的合理性。

88 Schmitt, 'Der Führer schützt das Recht', col. 946。

89 同上，col. 947。

90 同上，col. 948。胡贝尔的文章跟随施米特的观点，'Die Einheit der Staatsgewalt', 载于同上，col. 950 及以下，在此文中，胡贝尔认为资产阶级社会的立法、司法和行政三权分立，不适宜政治整体性的原则，而此原则乃是"国家社会主义国家的基本特征"。

91 Fraenkel, 注释 71 之前。Mehring, 'Decline of Theory', 第 315 页。

92　Mehring, *Carl Schmitt*, 第 347 页。

93　同上，第 126、333–334 页。

94　Bracher, *Stufen*, 第 472–476 页。关于多民族统一体的复杂性，参见 Martina Steber and Bernhard Gotto (eds), *A Nazi Volksgemeinschaft? German Society in the Third Reich* (Oxford, 2013).

95　*Regierung Hitler 1933/34*, Doc. 377, 此处内容在第 1377 页。

96　最值得注意的是它的种族暴力。参见 Michael Burleigh and Wolfgang Wippermann, *The Racial State: Germany 1933–1945* (Cambridge, 1991).

97　*Regierung Hitler 1933/34*, Doc. 60, 第 216 页和注释 14。迈斯纳仍然建议在授权法下通过一些法律，以方使用兴登堡的权威显现出来。

98　RGBl. 1934 I, 第 751 页 ('Gesetz über das Staatsoberhaupt')。*Regierung Hitler 1933/34*, Docs. 382, 383。

99　Bajohr, *Fremde Blicke*, Doc. 81, 第 417 页。

100　同上，Doc. 84, 第 419 页，有一份由波兰驻莱比锡总领事塔德乌什·布热津斯基（Taduesz Brzezinski）写给波兰驻柏林大使约瑟夫·利普斯基（Jósef Lipski）的报告，内容关于萨克森五个选区的选举报告。

101　*Sopade* 1936, 第 398–404、407 页。Bracher, *Stufen*, 第 498 页。Bajohr, *Fremde Blicke*, Docs.114a–c, 116, 117, 118, 120, 第 452–459 页。

102　比如，Klein, 'Marburg–Stadt und Marburg–Land, 第 118、128 页。

103　关于国内情况和公众情绪，参见不同视角的报告，载于 *Sopade* 1935 和 1936 各处。Klein, 'Marburg–Stadt und Marburg–Land', 第 129 页。关于"自下而上的魅力"，参见 Stein Ugelvik Larsen 'Charisma from below? The Quisling Case in Norway'. *Totalitarian Movements and Political Religions*, 7, 2 (June 2006), 第 235–244 页。

104　Kershaw, *The 'Hitler Myth'*, 尤其是第 3 章，参见大量写给希特勒的书信，载于 Beatrice and Helmut Heiber (eds), *Die Rückseite des Hakenkreuzes. Absonderliches aus den Akten des 'Dritten Reiches'* (Munich, 1993/2001), 第 123–183 页。

105　此种关系在胡贝尔的许多著作中有所提及，尤其在另一个施米特的学生恩斯特·福斯特霍夫（Ernst Forsthoff）的书中被更充分地阐述：*Der Totale Staat* (1933), Mehring, 'Decline of Theory', 第 316、318 页。另参见 Bajohr, *Fremde Blicke*, 第 372 页。

106 *Regierung Hitler 1933/34*, 'Introduction' by Karl–Heinz Minuth, 第 XVII Bracher, *Stufen*, 第 474 页。

107 他们的公民身份当然由 1935 年颁布的《纽伦堡法》按照民族成分确定。Peter Caldwell, 'The Citizen and the Republic in Germany, 1918–1935', 载于 Geoff Eley and Jan Palmowski (eds), *Citizenship and National Identity in Twentieth-Century Germany* (Stanford, Calif., 2008), 第 54 页。

108 Mehring, 'Decline of Theory', 第 324 页。

109 Mann, *Tagebücher 1933–1934*, 第 496–497 页，5 August 1934。

110 Richard Wolin, 'Carl Schmitt, Political Existentialism, and the Total State'. *Theory and Society*, 19, 4 (August 1990), 第 389–416 页，此处内容在第 407–411 页。更多关于国家理论的复杂内在联系的进一步讨论，可以在 Jacobsen and Schlink (eds), *Weimar A Jurisprudence of Crisis* 中找到。

111 Bracher, *Stufen*, 第 484 页。Richard J. Evans, Coercion and Consent in Nazi Germany', 2006 年 5 月 24 日罗利（Raleigh）有关历史的讲座，载于 *Proceedings of the British Academy* 151 (2007), 第 53–81 页。

译后记

魏玛共和国存世仅仅14余载，它仓促诞生在革命的风起云涌中，仿佛一个先天不足的早产儿，从一开始就带着战败的耻辱标记，经历割地赔款、动荡政局、党争、恶性通货膨胀、经济大萧条等危机和挫折，最终它成为一个历史的灰色地带，被毫不吝惜地抛弃，甚至无人扼腕叹息。

在德国历史上尚未有一个政权因起义或革命而建立，基督教式的政治思想理念使得权力在各邦以血缘相承，魏玛共和国一切问题的核心就是无法解释自己政权的"合法性"，因而这一问题仿佛天然隐藏着诅咒。于是，"民主"成为最佳的解释。然而，民主制却与统治的本质相悖，所谓"统治"是指一种"支配—服从"（齐美尔称之为"主宰—臣服"）关系，其社会现象表现为少数人统治绝大多数人，在这样的体制下，最高统治者如果不能取得大多数人的信服和认可，其地位可被轻易取代。

魏玛共和国所处的时代，其时代精神仍受19世纪的浪漫主义的影响，人们对英雄顶礼膜拜，更把国家神化，上升到神圣不可侵犯的地步。在黑格尔的政治理念中，国家是行走在地上的神，君主则是"国家理性"和"国家意识"的单一体现，"国家人格只有作为一个人，作为君主才是现实的"。故在政治理念上，19世纪到卡尔·施米特的专政思想和对自由主义的批评是一气呵成的。

如果说知识分子的理论世界曲高和寡，对大众心理和思想的影响微不足道，事实上是低估了这个精神世界的完整性。通过不穷的英雄戏剧、诗歌、绘画等艺术形式，德意志的人民大众也浸润其中。人们可以从贝多芬谱写的《科里奥兰》序曲中领略爱国主义的豪迈之气，可以从瓦格纳的歌剧音乐中聆听到英雄主义的峥嵘风采；可以徜徉在普鲁士学院画派的画廊中，重温普鲁士腓特烈二世的英姿和镜厅加冕；还有无数英雄君王的雕塑矗立在街心公园的花坛中，俯瞰莱茵河谷的日耳曼尼亚铜像，高达38米的女神手执皇冠，象征着日耳曼民族高尚的武德。在这样的神话和宣传的渲染下，祖国的一草一木都具有神性，从莱茵河到葡萄酒，从城堡的废墟到矢车菊，这样被熏陶出来的民众如何能接受一个黯淡无光又丧权辱国的共和国？

魏玛共和国的上层是一群喋喋不休、勾心斗角的党派议员，而底层民众看到的更为悲惨：战后涌现在大街小巷乞讨的伤残军人，他们身着军服，佩戴着胸章，无声地抗议着政府对为国征战者的冷酷无情，还有救济厨房前排着的长长的队伍，都在刺激着德国人的民族自尊心。之后是一蹶不振的经济和恶性通货膨胀，有人拿100万马克的纸币写便签，在"道威斯计划"和"杨格计划"之后，德国经济严重依赖美国金融集团，使得德国市场成为美国资本的乐园，本土中小企业纷纷破产，农业萧条，而柏林这样的大都市却借资本涌入的东风，成为灯红酒绿的乐土。这样一个"民主"的共和国仿佛如纸牌搭建的房屋，一触即倒。

希特勒和反犹主义的种子就是深植在这一片"神圣国家"理念和民生凋敝现实的鲜明对照的土地之上，钟爱"诗意栖居"的海德格尔敏锐地体察金融集团的"反土地性"，资本是没有祖国的，它游走在任何可以获利的地方，卷走底层的劳动价值，然后消失得无影无踪。纳粹德国宣传"血与土"，即是试图把对乡土的眷恋转化为一种军事行动的力量。在希特勒上台之初，就显示了其和前任们截然相反的社会价值观念和强硬的态度，这体现在他于1933年3月23日在国会内的演讲中，他重申了德国传统的基督教价值观作为社会的基础，并宣称："人民不是为了经济而活，经济不是为了资本存在；而是资本为了经济服务，经济为了人民服务。"（Das Volk lebt nicht für die Wirschaft. Und die Wirtschaft existiert nicht für das Kapital, sondern das Kapital dient der Wirtschaft und die Wirtschaft dem Volk.）希特勒铿锵有力的演讲赢得了议员们风暴一样的掌声，也就顺理成章地，以魏玛之"民主"终结了魏玛之"生命"。

魏玛共和国的终结就如它突如其来的诞生，它迅速地在历史舞台上谢幕。但这短短的十几年却对后来者有着非同一般的借鉴意义，本书的作者安东尼·麦克利戈特先生是爱尔兰利默里克大学历史系系主任，是研究魏玛共和国的权威人士。本书是其研究20年呕心沥血之作，从数个方面考察魏玛共和国的状况，力图通过大量的数据和文献来展示真实的魏玛，使得《反思魏玛共和国》一书成为研究魏玛共和国的权威学术之作。我作为一位年轻的译者和历史爱好者，能被挑选成为商务印书馆的译者，我感到十分荣幸和感激。在此书的翻译过程中花费了不可计数的时间和心血，翻译的过程相当漫长和艰辛，我要感谢家人对我的宽容和帮助，特别是我的丈夫高杨博士的鼎力相助，最后要感谢商务印书馆编辑的耐心帮助，最终促成本书出版。相信这本书将给德国史，特别是魏玛共和国研究添砖加瓦，更增一份绵薄之力。

最后，以斯派尔中心广场上圣乔治喷泉上的铭文：DEUTSCHLAND MUSS LEBEN AUCH WENN WIR STERBEN MÜSSEN（吾辈可亡，德国必存）结束此文，这句铭文铭刻于1930年，也许是这个短命的共和国最好的结语。

王顺君

写于德国普法尔茨

2017年6月30日

图书在版编目(CIP)数据

反思魏玛共和国：1916-1936年的权威和威权主义 /（爱尔兰）安东尼·麦克利戈特（ANTHONY MCELLIGOTT）著；王顺君译 . — 北京：商务印书馆，2020
ISBN 978-7-100-18325-3

Ⅰ. ①反… Ⅱ. ①安… ②王… Ⅲ. ①魏玛共和国—历史—研究 Ⅳ. ①K516.43

中国版本图书馆CIP数据核字（2020）第057990号

权利保留，侵权必究。

反思魏玛共和国：
1916—1936年的权威和威权主义
〔爱尔兰〕安东尼·麦克利戈特 著
王顺君 译

商 务 印 书 馆 出 版
（北京王府井大街36号 邮政编码100710）
商 务 印 书 馆 发 行
艺堂印刷（天津）有限公司印刷
ISBN 978-7-100-18325-3

2020年10月第1版　　　开本 710×1000　1/16
2020年10月第1次印刷　　印张 27½
定价：88.00元